KB172539

이 책에 등장시킨 제 인생의 스승들은
결코 미네르바의 부엉이처럼 한 시대의
황혼에야 날개를 펼치지 않았습니다.
그들은 어둠을 뚫고 새로운 시대를
일깨워주는 새벽의 전령사인
갈리아의 수탉들이었습니다. 그 수탉들의
울음을 제 무딘 솜씨로 정리한 것이
이 책이 되었습니다.
제가 가장 선망하는 빅토르 위고는 '진보'를
"인류의 집단적인 걸음걸이"이자
"국민들의 영원한 생명"이라고 했습니다.
아무리 이념의 시대가 갔다고 우겨도 인류는
영원히 진보합니다. 이건 진리입니다.
진보야말로 인류의 영원한 미래이며 희망이고
사람다운 삶을 보장합니다. 참된 진보란
보수와 진보의 편 가르기가
아닙니다. 보수가 진보하면 미래가 되고
진보도 썩거나 무능하고 편 가르기로 나가면
반동으로 전락하고 맙니다.

Walking the Path of Literature and in the Square of History

By Yim Hunyoung · Yoo Sungho

Published by Hangilsa Publishing Co. Ltd., Korea, 2021

문학의 길 역사의 광장

문학가 임헌영과의 대화

대담 유성호

한길사

『문학의 길 역사의 광장』으로 초대하며

스승과 벗들, 미지의 독자들에게 드리는 인사

여든의 황혼 길에서 제 인생 종합 성적표를 펼치니 자괴감이 듭니다. 권세도 재물도 명예도 비켜간 데다 학식마저 내세울 게 없는 한낱 '꼰대'라고나 할까요. 그렇다고 연륜의 내공으로 은인자중(隱忍自重)하는 경지에도 이르지 못한 초라한 생애를 드러내려는 만용은 철들자 망령 난 꼴인가 봅니다.

"아, 인간의 마음이란 얼마나 공허하며, 더러움에 가득 차 있는 것일까. 인간이란 도대체 괴물 같은 것이 아닌가. 진기하기 이를 데 없고, 무슨 괴물, 무슨 혼돈, 무슨 모순에 가득 찬 것 등이 무슨 놀라운 일들인가? 모든 것의 심판자이면서도, 어리석은 흙 속의 지렁이에 불과한 것, 진리를 맡은 자이면서도 불확실한 오류의 시궁창, 우주의 영광이면서, 우주의 쓰레기다."

파스칼의 『팡세』는 저를 향한 꾸짖음 같습니다.

그런 구차스러운 처지에서나마 한 가지 내세울 게 있다면 우리 시대의 참스승을 찾아 빈 수레를 끌고 폭풍의 언덕길을 마다 않은 채 덜컹대며 헤매면서도 가졌던 황홀감이라고나 할까요.

"자기보다 훌륭하고 덕이 높고
자기보다 잘난 사람
그러한 사람들을
곁에 모아둘 줄 아는 사람
여기 잠들다."

강철왕 대재벌 앤드루 카네기의 묘비명입니다. 이 구두쇠가 일생 동안 간절하게 재물도 아끼지 않은 채 스승 찾기에 전념했던 걸 알게 되면서 저도 부자가 된 것 같아 뿌듯해졌습니다. 노동자 탄압의 전력 때문에 통틀어 예찬할 수만은 없지만 엄청난 재산을 사회진보를 위해 희사한 것 말고도 그는 미국-스페인전쟁을 계기로 미국이 작심하고 약탈적인 제국주의의 길로 들어서려 하자 미국반제연맹(American Anti-Imperialist League)의 부의장으로 활약한 사실만으로도 경의를 표하고 싶어집니다. 작가 마크 트웨인도 이 운동에 적극 앞장서서 역시 부의장을 맡아서 둘은 막역한 관계였지요. 한국에서도 이런 재벌이 등장해 민족주체성에 입각한 평화와 민주화와 통일에 기여한다면 두말 않고 스승으로 모실 용의가 있습니다.

이 책에 등장시킨 제 인생의 스승들은 결코 미네르바의 부엉이처럼 한 시대의 황혼에야 날개를 펼치지 않았습니다. 그들은 어둠을 뚫고 새로운 시대를 일깨워주는 새벽의 전령사인 갈리아의 수탉들이었습니다. 그 가르침에 힘입어 저는 비록 제대로 목청이 터지지 못한 변성기의 울음일망정 그들 틈에 끼어 시대의 아픔을 울며 새 세상을 위해 피와 눈물을 흘려왔습니다.

그런 절절한 소망도 아랑곳 않고 세상은 더욱 팍팍해져 선량한 사람들은 여전히 피고석에 서 있으며 악인들은 검사석에 거만하게 앉아 기세가 등등합니다. 부익부 빈익빈은 더욱 심화되고 있으며, 강대국은 점점 더 강해지고(益强), 약소국은 그들 앞에서 평등호혜의 원칙조차 포기한 채 그대 앞에만 서면 자꾸만 작아지고(益弱) 있는 중입니다.

"신은 멀리 있는 '우주'라는 주식회사의 사장"으로 변해버렸고, 악마가 지옥에서 탈출하여 이 지상에서 성업 중인 시대라는 에리히 프롬의 지적을 부인하기 어렵습니다. 권력·돈·명예·섹스 등을 바겐세일하고 있는 시대라 인간은 누구나 자신을 보다 비싼 값에 악마 메피스토펠레스에게 팔려고 공개 입찰해둔 상태입니다.

나는 판다. 그래서 나는 존재한다!

모든 인간은 시장지향적 존재가 되어가고 있습니다. 최고 입찰가를 받아내고자 진열된 포장이 잘 된 상품일 뿐 존재론적인 가치체계로서의 인간은 점점 사라져가는 모양새입니다. 인간은 '욕망하는 기계'로 변해버렸습니다. 담장을 높일수록 도둑의 다리도 길어진다는 우주의 섭리가 21세기 세계 질서의 황금률이라 지구 전체가 복마전(伏魔殿, Pandemonium)에 다름 아닙니다.

과연 우리가 평등하고 정의로우며 인간답게 살아갈 날이 오기나 하는 걸까요?

이런 복마전 바로 옆에는 천국이 휘황찬란하게 그 위용을 자랑하고 있으며, 거기에는 세상을 아수라장으로 만든 주역들이 생을 향락하느라 분주합니다. 우리가 언제 어떻게 그 천국을 차지할 수 있을까요? 생각할수록 억울합니다.

그 원인은 우리 모두의 연대책임이겠지만 제일차적인 비판은 필시 지구 위의 모든 정치인에게 돌아갈 수밖에 없을 것입니다. 특히 한국 현대정치사는 '소 잃고도 외양간을 고칠 생각조차 않는 철면피'들로 득실거립니다. 이런 몰염치 체질이 이제는 코로나19보다 더 맹렬하게 전염되고 있어 더욱 큰 문제입니다.

천학비재지만 저는 국립대학을 세 군데(서대문·광주·대구 교도소)나 다닌 데다 남들이 상아탑에서 연구비 나오는 논문 쓰느라고 바쁠 때 저는 민주화와 통일운동의 현장을 떠돌며 두 문제연구소(역사문제연구소와 민족문제연구소)에 몸담아 '문제 전문가'로 스펙을 쌓았습니다.

제가 가장 선망하는 빅토르 위고는 '진보'를 "인류의 집단적인 걸음걸이"이자 "국민들의 영원한 생명"이라고 했습니다. 아무리 이념의 시대가 갔다고 우겨도 인류는 영원히 진보합니다. 그건 진리입니다. 진보야말로 인류의 영원한 미래이며 희망입니다. 사람다운 삶을 보장합니다.

진보의 시선으로 본 한반도는 실로 호구(虎口)에 처해 있습니다. 비유하자면 『법화경』의 삼계화택(三界火宅)에서 한낱 장난감에 현혹되어 희희낙락하고 있는 철부지라고나 할까요.

제국주의에 납작 엎드린 덕분에 언제 잿더미로 변할지 모르는 허망한 부를 축적했다는 자긍심으로 북쪽을 향해 약 올리는 자만에 빠진 남쪽이나, 민족주체적인 자주정권이라는 가치관에 몰입하느라 인간 생존의 늪에서 헤어나지 못하는 북쪽을 저는 감히 등거리에서 바라보려고 합니다. 남이나 북이나 공동운명체라는 자각을 잃고 자신만 옳다고 우격다짐한다면 그건 강대국들의 책동에 놀아나는 꼭두각시가 되고 말 것입니다.

이 처지를 벗어나려면 근대 이후 제국주의가 빚어낸 세계사의 비극의 원천부터 우리의 남북분단 문제와 정치세력의 아수라장, 문학과 사회 등등을 주요 화두로 삼지 않을 수 없습니다.

이런 외적인 문제와 함께 인간 자체의 내적 문제인 생각이 다르기 때문에 증오와 적대감을 극대화시켜 상대를 타도의 대상으로만 고착시키려는 풍조도 주목하지 않을 수 없습니다.

왜 다름과 공존할 수 없을까요!

문명의 진보란 다름을 이해·공존·공감으로 승화시킬 줄 아는 지혜의 축적이 아닙니까. 인종과 신앙과 풍습과 문명의 다름을 극복하는 게 민주주의의 원리인데 21세기는 도리어 그 황금률을 파괴하려는 몰염치와 파렴치한 사이비들이 날뛰고 있습니다. 사이비 정치인, 사이비 신앙인, 사이비 지식인, 사이비 보수, 사이비 진보들이 편견과 증오와 잔혹성을 찬양하고 있습니다.

이 '대화'를 통해 저는 그 사이비의 정체를 밝혀보려고도 했습니다. 아쉬운 건 세계문학기행에 대한 소회와 여기서 화두로 삼지 못한 많은 스승과 동지들의 이야기가 있지만 다른 기회가 있을 것으로 봅니다.

평생의 업이었던 평론이 정장으로 대중 앞에 서는 것이라면 산문은 간편한 외출복 차림쯤일 터인데, 이 대화록은 속옷까지 벗어버린 앙상한 나체 그대로라서 여간 쑥스럽지 않습니다. 그러나 초라하지만 황홀하고 달콤하며 통쾌함이 배어 있는 저의 지나간 시간들에 감사하고 싶습니다. 저를 길러준 모든 지인들에게 머리 숙여 절하며 이 책을 올립니다. 물론 그들 중 혹자는 제가 존경했던 시절의 신념과는 반대로 나가버린 경우도 있지만 오로지 좋아했던 때만을 화제로 삼았고, 그런 변모 또한 반면교사이기도 합니다.

세상은 온통 잘난 사람들로 넘쳐나서 자기 책을 봐달라며 팬츠까지 벗어던진 채 멋진 묘기로 대중적인 시선을 유인하는 판세입니다. 이런 막가파 속에서 누가 이 책을 읽어줄까 염려하는 이성적인 저를 감성적인 욕망이 유인해서 저라고 발악 한번 못하란 법 있느냐고 강변해봅니다. 생각이 잘 맞는 한길사의 김언호 대표와 사통팔달의 평론가 유성호 교수의 도움에 깊이 감사드립니다. 한길사의 백은숙 주간과 실무를 맡아준 김지수 님을 비롯한 많은 분들께도 감사를 올립니다.

이왕 판을 벌렸으니, 또 다른 새벽을 맞으러 갈리아의 수탉처럼 실컷 울자! 울어주자! 울어보자꾸나!

여전히 한을 못다 푼 모든 분들, 오늘과 내일이 뭔가 불안한 모든 분들에게 이 책을 바칩니다. 그래도 우리는 용기를 잃지 않고 진보할 수 있는 희망이 있습니다.

2021년 9월
임헌영

차례

1 카산드라의 비극

빈 수레에다 누굴 태울까

유성호 선생님께서 살아오신 80년 세월은 식민지 시대, 해방과 분단, 전쟁과 휴전, 독재와 혁명과 항쟁, 산업화와 민주화와 정보화 등 실로 숨 가쁜 현대사의 장면들이 끝없이 이어져 왔습니다. 이런 역사의 격랑을 거친 선생님은 평론가 중 가장 특이한 경력을 가진 것으로 알려져 있습니다. 우선 가족들로 인해 유년 시절부터 숙명적으로 격변의 역사에 내던져진 사실, 두 차례에 걸친 투옥, 문학뿐 아니라 역사관련 연구소에 투신했던 경력, 학계만이 아니라 한 시대의 전위인 시민운동에 몸담아 오신 생애 등등이 소설보다 더 재미있는 이야깃거리가 나오지 않을까 기대됩니다.

임헌영 흔히들 평론이 정장이라면 시나 소설은 간편한 외출복 차림이고 수필은 실내복 차림이라고들 합니다. 그런데 회상록 같은 글은 아예 벌거벗고 치부까지 드러내는 형식이라 부끄럽기 짝이 없습니다. 누구나 자신을 드러내기를 두려워하지만 은근히 한 번은 벗어버리고 싶기도 하지요. 이런 자리를 마련해준 한길사와 유 교수에게 먼저 감사드립니다.

유성호 선생님은 자신의 80년 삶을 한마디로 뭐라고 축약하시겠습니까?

임헌영 포장 안 된 거친 길로 빈 수레를 끌고 달려온 실속 없는 삶이라고나 할까요? 빈 수레일수록 소리가 크지요. 그 수레에 태우고 싶은 사람과 짐을 찾아 헤맨 짝사랑 같은, 그리움으로 몸 달았던 허기진 삶이었지 않나 싶습니다.

유성호 이제 그 그리움을 향한 대상, 미처 수레에 태우지 못했던 짝사랑들을 하나하나 풀어나가는 게 제 역할이겠습니다. 선생님은 어느 글에서 "지식인이란 외로운 카산드라의 운명을 닮았다"고 한 적이 있습니다. 그녀는 트로이 왕 프리아모스의 딸로, 호메로스는 카산드라가 왕녀 가운데 가장 예쁘고 유난히 영민했다고 했습니다. 그녀에게 연정을 품은 바람둥이 아폴론이 예언의 능력을 부여해주며 야욕의 기회를 노렸으나 거절당하자 앙심을 품고 그녀가 아무리 옳은 예언을 해도 다른 사람들이 전혀 믿지 않도록 저주를 내려버렸다고 합니다. 세상의 모든 권세가들은 옳은 충고를 듣기는커녕 도리어 옳은 말을 하는 자들을 탄압하기에 급급했습니다. 선생님이 지식인의 운명을 카산드라에 비유하신 것도 이런 의미였을 거라는 생각이 듭니다.

임헌영 태어나자마자 왕가에서 버림받은 카산드라의 오빠

파리스 왕자가 성장해 최고의 미녀인 스파르타의 왕비 헬레네를 유인해 트로이 왕가로 돌아오자 모두들 그를 반겼습니다. 그런데 여동생 카산드라는 그가 몰고 올 엄청난 국가의 재앙인 트로이 전쟁을 예언하며 당장 오빠를 추방하라고 외칩니다. 왕은 그 말을 듣기는커녕 예언력이 있는 딸이 미쳤다며 투옥해버리지요. 그 후 트로이는 그녀의 예언대로 멸망합니다. 동독의 여류작가 크리스타 볼프가 『카산드라』라는 소설로 그녀를 재조명해 널리 화제가 됐는데, 볼프야말로 카산드라의 분신 또는 재생이라 할 수 있습니다. 볼프는 마르크스주의의 이상을 향한 열렬한 신봉자였지만 사이비 마르크스주의자인 동독 집권층을 비판해대자 동독 치하에서 감시가 심했습니다. 그녀는 카산드라의 입을 통해 "나는 증인으로 남으련다. 나의 증언을 요구하는 사람이 단 한 사람도 없더라도"라고 말합니다. 바로 이 대담에 임하는 내 심경도 이와 비슷합니다.

유성호 의미심장한 말씀이네요. 선생님의 유소년기는 식민지 시대와 해방기에 걸쳐 있는데요. 먼저 선생님 가족 이야기가 궁금합니다. 선생님에게도 가족이나 고향은 존재론적 기원(origin)일 테니까요. 특별히 한국인에게 가계(家系)는 삶의 불가항력적인 규정력으로 작용하게 되는 경우가 많고, 고향은 단순한 출생지가 아니라 한 사람의 정신적 발생론을 가능하게 해준 어떤 근원적 지점이 아닌가 생각합니다. 이제 '소년 임헌영'으로 돌아가 보겠습니다.

임헌영 워낙 한미한 집안이라 족보나 양반 이야기가 나오면 나는 "세계적인 임마누엘 칸트와 종씨올시다"라고 농을 합

임헌영의 생가. 본채에는 방 3, 부엌이 있었고, 사진에는 보이지 않지만
왼쪽에 디딜방앗간과 외양간이 딸린 초가가 있었다.

니다. 더 보탠다면 우리 시조인 풍천 임가(豐川 任哥)의 원적이 내가 좋아하는 중국의 위대한 작가 루쉰의 고향인 샤오싱(紹興府)이란 겁니다. 물론 루쉰의 생가와는 떨어진 자계현(慈溪縣)이란 곳이지요.

내가 자랑스러워하는 종친을 꼽는다면 임창순 선생입니다. 옥천의 가난한 집안에서 태어나 서당교육으로 성균관대 교수를 지낸 한학의 대가였습니다. 1960년 4월혁명 때 교수 데모대 성명서에 "대통령은 책임지고 물러나라"는 구절을 삽입시키고는 플래카드에다가 "학생의 피에 보답하라"는 글씨를 직접 쓴 주인공이었지요. 그분의 아우라가 직계 조상님들보다 내 인생에 큰 울타리가 되어준 것 같습니다. 태동고전연구소를 설립해 직접 한문 강좌를 열어 많은 후진들을 양성한 훌륭한 진보적인 한학자로 인혁당(인민혁명당)사건에 연루되기도 했습니다. 나도 그분에게 『논어』와 『사기』를 직접 배웠습니다.

그분의 제자군에는 유명인이 즐비한데 역사학자 강만길·성대경이 대학원생이었을 때 명콤비로 만들어준 교수로도 널리 알려져 있습니다. 이처럼 뜻 맞는 제자들을 연계시켜주는 것도 스승의 중요한 역할인 것 같습니다. 그 두 분은 민족사학의 어른이지요.

유성호 성대경 선생은 백낙청 선생과 사돈 간이기도 합니다.

임헌영 경남 문화재자료 제355호(창녕군 대지면 석리 소재)로 지정된 그 명문가에는 인재들이 기라성 같은데, 월북자와 좌익운동가들이 많지요. 널리 화제에 올랐던 건 북한 김정일 국방위원장의 둘째 아내였던 성혜림이 바로 이 집안 출신이란 사실 때문입니다.

한국전쟁으로 멸문지화를 입다

유성호 선생님이 태어나신 의성 쪽은 원래 문향(文鄕)으로 알려져 있잖습니까. 큰할아버지가 면내에서 소문난 선비였다지요?

임헌영 할아버지 형제 중 둘째가 우리 할아버지였어요. 큰할배(할아버지의 경상도 방언)는 지역에서 알아주는 선비에다 면허 없는 한의사로 엄청난 부자였다는데 내가 태어나기 전에 다 몰락했어요. 일제가 지주들을 붕괴시키려고 획책한 계략에 넘어가 논밭을 팔고 대구로 나가 엿과 두부 공장을 차렸다가 폭삭 망했다고 들었습니다.

동생인 우리 할아버지는 선비라기보다는 사람 좋고 유머 감각이 풍부해 동네 사람들과 두루 친했어요. 우리 사랑채는 항상 한유한 동네 어르신들의 집합소 역할을 했지요. 장가들 때 분가하면서 큰할배한테 땅 몇 뙈기와 집 한 채를 받았는데, 거기서 내가 태어나 성년이 되기까지 자랐어요. 우리 할배는 형님에게 논밭을 더 얻어내기 위해 며칠간 단식까지 해서 면천할 정도의 땅을 가졌습니다.

큰할배는 4남 2녀를 두었는데 호랑이상이라 무서워서 자식들이 멀리 떠나버렸다고들 수군댔습니다. 그중 막내 재빈 아재, 나에게는 5촌 아저씨지요. 그는 인물이 출중했으나 8·15 후 좌익에 가담했다가 한국전쟁 때 가족을 두고 북으로 가버렸습니다.

우리 할배는 청송의 안동 권씨 집안에 장가들어 4형제를 두었습니다. 맏이가 우리 아버지였고, 둘째는 형제들 중 가장 훤칠한 미남으로 일제 말기에 수재들이 들어갔다는 대구사범학교를 졸업했습니다. 집안의 희망이었으나 8·15 직후인 1946년에 일어난 대구 10·1사건(또는 대구 10월항쟁)에 연루되어 고초를 당하다가 한국전쟁 때 보도연맹사건으로 숙모와 딸 셋을 남겨두고 우리 아버지와 함께 희생당했습니다. 셋째는 내가 어렸을 때 병사했고, 넷째인 막내삼촌은 초등학교 교사로 대구항쟁에 가담해 고생하다가 한국전쟁 때 아지매(아줌마의 경상도 방언)와 외아들을 남겨둔 채 북행했습니다. 이때 의성공업중학

성품이 온유한 아버지 임우빈.
12세에 세 살 연상인
어머니와 결혼했다.

토목과 4학년이던 제 만형도 같이 떠났어요.

화평했던 우리 집안은 한국전쟁으로 거짓말처럼 어른 장정 다섯이 한꺼번에 사라져 멸문지화를 입었지요. 나는 그때 겨우 아홉 살이었어요.

유성호 할배나 아지매 같은 경상도 방언이 참으로 정겹습니다. 아버지는 어떤 분이셨나요?

임헌영 온유한 성품으로 12세에 세 살 연상인 어머니(이술로미)와 결혼했습니다. 어매(엄마의 경상도 방언)는 안동군 일직면 원골 한산 이씨 집안의 맏딸입니다. 고려의 충신으로 이성계에 반대했던 목은 이색의 재실(齋室)이 산중턱에 서 있던 외가는 양반 자랑이 보통 아니었고, 아버지의 집과는 비교가 안 될 만큼 말끔하게 단장된 넓고 단아한 기와집이었습니다. 외할배는 단정한 두루마기 차림으로 청년들에게 천자문을 가르치는 꽃

아버지는 대구 복명보통학교 제4회 졸업생으로 졸업기념 사진첩 표지다.

꼿한 선비였습니다. 어머니 말로는 대구의 초등학교에 다니던 어린 신랑이 신혼 첫날밤에 신부를 놀려댈 정도로 철이 없어서 정작 초야를 치른 건 이듬해였대요. 아버지는 맏이인 첫아들을 낳은 1931년에야 대구 복명보통학교(復明, 1906-1938년간 일제가 만든 4년제 초등학교를 지칭)를 제4회로 졸업했습니다. 난리 통에도 졸업 사진첩이 남아 있는데 그 첫 장에는 일제 군국주의 이데올로기를 담은 '교육칙어'(1890)가 나오고, 러·일전쟁(1904-1905) 후 유럽과 유대를 강화해 강성한 나라를 만들고자 정신무장을 강조했던 '무신조서'(戊申詔書, 1908. 10. 13), 그리고 관동대지진 직후의 혼란한 민심을 바로 잡고자 황조황종(皇祖皇宗)의 뜻에 따라 사회 기풍을 세우려는 취지를 담은 '국민정신 진흥에 관한 조서'가 실려 있어요.

유성호 아버님의 졸업 사진첩은 생생한 근대사의 사료가 되겠네요. 슬하에 형제분이 모두 몇이셨어요?

임헌영 우리 남매는 모두 6남 3녀였어요. 만형 아래 누님 셋, 그 아래 아들 다섯인데 어려서 둘이 죽었어요. 전쟁 후 만형이 북으로 갔으니 결국 3남 3녀만 남았는데, 그 3남 중 제가 만이예요. 저는 태몽 없이 태어나 워낙 허약하고 볼품없어서 오래 못 살 것 같다고 어매가 윗목으로 밀어놨대요. 백일이 지나고 나서야 죽진 않겠구나, 하고 안심했다고 해요.

유성호 어머니는 어떤 분이셨나요?

임헌영 어머니는 한일합병 이듬해인 1911년에 태어나셨어요. 초등학교도 안 나왔지만 자존심이 강하고 언제나 주변에서 받들어주는 것을 좋아하는 강인한 성격이었습니다. 타고난 암기력이라 구전으로 들은 『춘향전』이나 『장화홍련전』 같은 걸 통째로 외워버려 동네 어른들 모임에 불려가 암송을 해주곤 했습니다. 어려서 한글을 홀로 익혔는데 빈 종이만 보면 모아놨다가 당신의 희로애락을 글로 가득 써놓곤 했어요. 우리 고향에서는 혼인할 때 안사돈끼리 혼서지(婚書紙)를 교환하는 풍습이 있었어요. 어머니는 그 혼서지 대필 전문가였지요. 이웃마을에서까지 혼서지를 부탁하느라고 시루떡을 이고 와서 어머니 덕분에 떡을 자주 얻어먹었습니다. 서른아홉 살 때 전쟁으로 지아비와 맏아들에다 시동생까지 잃고 온갖 고생을 다 했어요. 나중에 제가 서울로 모셔왔지만 흙을 못 잊어 아파트 공터에 호박농사를 짓곤 했어요. 어느 해에는 베개만 한 호박 스물일곱 덩이가 나와 온 아파트에 나눠주었을 정도로 농사 솜씨가

경동보일러 광고 모델로 출연했던 어머니와 성우 문일옥 씨.

보통 아니어서 손주들이 '흙의 마술사'라고 별명을 붙였지요. 만년에 '경동보일러' 광고 모델이 되어 두둑한 출연료를 받고 신바람 내던 모습이 눈에 선합니다. 『스포츠조선』 1994년 11월 8일 자에 「며느리 사랑은 시어머니: 경동보일러 '고부사랑편' 화제」라는 기사가 사진 두 컷과 함께 실렸을 때가 어머니의 전성기였던 것 같습니다.

유성호　그러고 보니 그 광고 선명하게 기억납니다. 그분이 선생님 어머니셨군요? 놀랍습니다. 어떤 인연으로 광고에 출연하게 되셨는지요?

임헌영　제작진이 강남 일대의 노인정을 전부 돌아다녔는데 비녀 꽂은 할머니 찾기가 그렇게 어렵더래요. 그러다 우연히 머리를 쪽 찐 우리 어머니를 찾아낸 거지요. 광고에서는 잠자리에 든 시어머니 방에 며느리가 살그머니 들어서자 "에미냐?"

라고 노인이 물어요. 며느리는 "네, 어머님" 하면서 이불 밑으로 손을 넣고 "어머님, 방이 차지 않으세요?"라는 게 대사의 전부예요. 이 짧은 컷을 위해 며느리 배역을 맡은 분(성우 문일옥)과 종일 같은 동작을 되풀이하면서도 어머니가 한 번도 짜증을 내지 않더라고 동행했던 아내가 놀라워했어요. TV에 광고가 나가자 어머니는 일가친척과 고향과 노인정에서 일약 스타가 되었습니다. 어머니는 96세에 돌아가셨는데 눈감기 석 달 전까지 날마다 일기를 썼어요.

유성호 후대에 태어나셨으면 유명한 여성 문인이 되시지 않았을까 합니다. 형제분들 이야기로 옮겨갈까요?

임헌영 누나들은 셋 모두 중매로 결혼해 착실한 아내이자 며느리로 살고 있습니다. 큰 자형과 둘째 자형은 교원이었고, 셋째 자형은 지방공무원이었어요. 내 바로 아래 남동생 재영은 나와 같은 안동사범학교를 졸업하고 초등학교 교직에 있다가 퇴직했어요. 막내 주환은 내가 대학 다닐 때 상경시켜 경복고와 서울공대를 졸업한 후 독일에 유학했고, 한국 첫 컴퓨터 관련 박사가 되어 한국전자통신연구원(ETRI) 원장 등을 지냈습니다.

가장 가까운 사촌 남동생은 북행한 막내삼촌이 남긴 외아들로 이름이 주열인데, 숙모의 헌신적인 뒷받침으로 경기중고교를 거쳐 서울공대를 졸업하고 현대그룹에 취업해 승진을 거듭했지요. 그런데 월북자 가족이라고 관할 경찰서에서 숙모를 오라 가라 하던 시절이라 해외 출장 여권이 안 나와 승진을 포기하고 사직했어요. 선배의 도움으로 조선일보사에 들어가 인쇄

제작을 총괄하는 국장이 되었고, 나중에는 신문사 건설 관련 일체를 이끄는 요직을 맡아 일하다가 퇴직했습니다.

금성산 기슭의 물 맑은 수정사

유성호 월북자 가족이 되셔서 그동안 얼마나 험난한 수난 속에 살아오셨을지 지금 들은 사례만으로도 충분히 짐작됩니다.

임헌영 집안이 볼품없으면 고향 땅에서라도 지덕(地德)을 얻어야 할 텐데 그러지 못했어요. 지금 전국 군 단위에서 인구 감소로 소멸할 위험에 처한 지역 1위가 내 고향 경북 의성이랍니다. 마늘이 유명하지만 지금은 지난 평창올림픽 때 유명해진 '컬링'으로 더 알려진 곳이지요. 의성 읍내에서 30여 리 떨어진 금성면(金城面) 구련(龜蓮, 속칭 구지미龜池尾) 1리가 내가 태어난 곳입니다. 중앙선 탑리역에 내리면 오른쪽 북북서로 멀찌감치 바라보이는 오동산(梧桐山) 자락의 60호 남짓한 동네가 풍천 임가 집성촌이지요.

지세로는 바로 밑은 어둡고 멀리 비춰주는 등잔혈이라 고향을 떠나야 출세한다지만 다 괜한 말이지요. 이름만 들으면 오동잎이 우거진 산 아래 연못에 연꽃이 화사하게 피고 그 속에 거북이가 노니는 도화원이 떠오르지만 뒷산은 유난히 붉은 흙인데다 나무조차 없어 김동인의 단편 「붉은 산」을 그대로 연상시키는 곳이거든요. 그 흔한 정자나 열녀비 하나 없고 굽이쳐 흐르는 냇물조차 빈약한 한촌이었습니다.

내가 중학교를 졸업할 때까지 온 동네에 시계나 라디오 하나 없는 깡촌이었어요. 물론 내가 자랐던 시절 얘기고, 지금은 역사문화 관광지로 볼거리가 풍성합니다. 유홍준 교수가 『나의 문화유산답사기』 3권에서 북부 경북 순례로 의성과 안동을 영남 답사 일번지라 소개했더군요. 그 책에 "문학평론가 임헌영 선생(의성)의 강의를 들으면 느끼는 당당함"이라고 소개되어 있어서 계면쩍기도 합니다만… 이 동네는 김씨네 4호, 신씨 3호, 최씨 2호, 박씨 1호 빼고는 다 풍천 임가들 집성촌이었습니다.

그래도 내 고향 하면 정든 금성산(金城山, 해발 531m)을 빼놓을 수 없습니다. 백두나 한라보다 더 일찍 형성된 국내 첫 사화산인데다 온통 흑요석(黑曜石)으로 이루어진 특이한 게르마늄 토질이라 마늘 명산지를 만든 은혜로운 산입니다. 명물 '의성 마늘'의 알짜배기는 금성산 화산재가 스며 있는 우리 고향 일대에서 생산된 것입니다. 이 산에다 묘를 쓰고 3년이 지나면 부자가 된다는 전설이 있는 독특한 산이지요. 우리는 어릴 때 심심하면 이 산에 올랐어요.

초등학교 때 단골 소풍지는 금성산 기슭의 유난히 물이 맑다는 수정사(水淨寺)였습니다. 어머니나 우리 동네 여자 어른들은 명절 때면 꼭 이 절을 찾아 불공을 드리곤 했지요.

그런 우리 동네에도 예배당 바람이 불었어요. 이웃 마을에 목사도 없이 '조사'만 있는 작은 예배당이 들어왔어요. 큰할배네 월북한 막내아들(재빈 아재)의 아내인 오동 아지매는 남편을 잃고 홀로 두 딸을 키우다가 그 예배당에 다니면서 기독교 신자가 되었어요. 보수적인 동네라 이변이었지요. 큰할배가 펄펄 뛰면서 며느리를 꾸짖었지요. 그러나 말발 좋은 아지매는 그러면 천당에 못 간다고 꼬박꼬박 대꾸를 했어요. 격노한 큰할배가 집안 망친다고 소리 지르자 아지매는 예수 안 믿어 이미 망한 집안인데 더 망할 게 뭐가 있느냐고 따졌어요. 결국 두 분은 조면(阻面)할 정도로 심각해졌지요.

유성호 조그만 동네에서 아주 회오리바람을 일으켰겠어요.

임헌영 아지매의 두 딸 중 작은 딸이 초등학교 3학년 때 열병으로 사경을 헤매게 되자 아지매는 교회의 조사와 신도들을 집으로 불러왔어요. 남자 손님들이 몰려들자 그때 고교생인 내가 접대차 불려갔어요. 신도들이 기도와 찬송가를 계속 부르자 아이가 갑자기 눈을 크게 뜨더니 발칵 화를 내며 큰 소리로 "시끄럽다, 조용히 해! 어서 나가!"라고 고함을 치는 게 아니겠어요? 놀란 아지매가 "요년이 미쳤나?" 하고 꾸짖자 아이가 말끄러미 자기 어머니를 쳐다보며 "이건 누고?"라고 어른처럼 말했어요. 아지매가 놀라서 얼른 성경책을 펴서 딸 눈앞에다 갖다 대며 "이거 보이제? 읽어봐!" 하니까, "하얀 종이네, 아무것도 안 보인다"라고 대꾸했어요.

모두 무척 놀랐지요. 아지매가 진노해 "요년, 마귀가 씌었구나!"라며 딸의 볼을 찰싹찰싹 때리기 시작했어요. 너무 놀라 내가 간신히 뜯어 말렸지요. 어린아이가 엄마에게 뺨을 맞으면서도 눈을 치켜뜨던 완강한 모습이 너무나 가여웠어요. 그 후 아이는 시름시름 앓다가 나았지만 예쁘고 총명하던 얼굴에 뭔가 옅은 어두움의 그늘이 생겼어요. 그 후 세 모녀는 대구로 이사가버렸습니다. 두고두고 그 장면이 떠오를 때마다 신앙이란 무엇일까라는 화두가 생각났어요.

유성호 수정사 이야기를 하시다가 거기까지 갔군요. 수정사는 영화에서 저도 본 적이 있어요. 물 맑은 계곡에 갖가지 수목이 울창한 아름다운 절이더군요.

임헌영 지금 어머니의 혼백을 모셔놓은 곳도 수정사예요. 임순례 감독의 영화 「소와 함께 여행하는 법」(2010)의 일부 장면을 수정사에서 촬영하기도 했지요. 수정사는 소를 통해 삶을 깨달아가는 7박 8일간의 기행 형식을 띤 이 작품의 한 배경이었지요.

두 번째 소풍지는 바로 얼음굴(氷穴)로 유명한 춘산면 빙계리(氷溪里)였습니다. 이광수의 역사소설 『원효대사』에서 요석공주가 아들 설총을 데리고 애인 원효를 찾아가는 따뜻한 장면이 나오는데, 그 묘사가 엉터리인 것으로 미뤄보아 이광수는 여길 직접 와보지 않은 것 같습니다. 얼음굴 골짜기로 들어가면 수려한 풍광이 펼쳐집니다. 여름에는 얼음이 얼고 겨울에는 훈풍이 불어오는, 최치원과 이여송도 다녀갔다는 명승지입니다.

세 번째는 사곡면입니다. 역시 임순례 감독의 영화 「리틀 포레스트」(2018)에서 여주인공인 탤런트 김태리가 도심의 숨 막히는 중압감에서 벗어나고자 고향으로 내려가 찌든 영혼의 상처를 치유합니다. 바로 그 고향 무대가 우리 금성면 바로 옆인 사곡면 산수유마을(화전리)입니다. 사곡면은 내 중학생 때부터의 친구로 한국문인협회 회장을 지낸 시인 신세훈의 고향입니다. 의성은 군 단위로 문인이 가장 많은 곳으로 알려져 있습니다. 작가로는 신상웅·김호운·김현숙 외, 시인으로는 신세훈·이태수·김용락 제씨가 있습니다.

유성호 그 지역에 중앙선 철도가 지나가지요?

임헌영 이곳에 기차가 들어선 건 내가 태어난 이듬해인 1942년 4월 1일 중앙선 전 구간 개통 영업을 실시하면서부터였습니다. 1923년 조선총독부가 제2종관선(縱貫線, 제1종관선인 경부선에 이은 침략 교두보)을 기획하고, 1935년에 노선을 확정해 이듬해부터 착공했습니다. "반도 제2의 종관선을 형성함으로써 경상북도·충청북도·강원도·경기도 등 4도에 걸치는 오지 연선 일대의 풍부한 광산·농산 및 임산 자원의 개발을 돕고, 지방산업의 발달을 촉진하는 동시에 격증하는 일본·조선·만주의 교통 연락, 여객·화물의 수송 완화를 도모하고자 한다"라는 기록에서 드러나듯이 그 의도는 방방곡곡에서 자원 수탈하기 좋도록 한 조처였습니다. 사실 모든 식민지 역사는 철도의 개발사가 아니겠습니까? 어쨌든 철도가 생기면서 의성은 교통 오지 신세를 겨우 면하게 되었어요.

유성호 어릴 때의 기억 중 지금 떠오르는 것은요?

임헌영 천재일수록 유년 시절을 더욱 선명하게 기억한다고 하지요. 톨스토이는 눈을 뜨고 태어나면서 산파의 얼굴도 기억했다지만 둔재인 나는 아무리 필름을 되돌려 봐도 서너 살 무렵 붉은 사과 한 알을 통째로 들고 신이 나서 대문 밖 우물가까지 뛰어다니던 광경만 기억나요. 형님이 어딘가에 다녀오면서 가져다준 건데 기껏 한 조각 얻어먹던 시절이라 사과를 통째로

1942년에 신설된 탑리 장터. 현재 탑리의 남쪽 시장터.

쥐고 신이 났었나 봐요.

프로이트가 남근기(phallic stage, 3~5세)라고 이름 붙였던 때를 나는 농조로 '고추 장사기'로 고쳐 부르곤 합니다. 설날이나 어른들 생신 전날 밤이면 할배 할매를 비롯해 부모님과 아재·아지매들이 죽 둘러앉아 있고 나 혼자 그 가운데서 걸음마질을 해댔지요. 할배가 내 아명이었던 "명용(命龍)아"라고 불러 세우고는 "니 고추맛 좀 보제이!" 하면 냉큼 다가가 한 손으로 제 고추를 따서는 할배에게 주는 시늉을 합니다. 그런 식으로 내 고추를 둘러앉은 어른들에게 골고루 맛을 보였지요. 내 유년기는 한국전쟁 이전 집안 어른들이 모두 살아서 내 재롱을 보아주던 때였습니다.

침략 군가에서 해방의 노래로

유성호 전쟁 전의 유년 시절은 그래도 평온했지요?

임헌영 철모르니 그럴 수도 있었겠지만 유년 시절 하면 나는 평온함보다 왠지 공포스런 분위기가 먼저 떠올라요. 술 조사인지 공출 조사인지 나온다며 온 동네가 부산하게 뭔가를 몰래 숨기던 삼엄한 분위기였지요. 순사나 다른 공직자들이 긴 쇠막대기로 아무 데나 함부로 쿡쿡 찔러대며 설치던 무서운 모습이 희미하게 떠오릅니다.

어머니는 아버지가 대구에서 보통학교를 졸업한 직후 "상하이로 간다"라며 입버릇처럼 말했다고 해요. 그러나 아버지는 고향 금성면 면서기 회계 담당으로 눌러앉아 머슴을 들여 농사도 겸했습니다. 면사무소가 있는 탑리에서 겪은 사건은 또렷하게 남아 있습니다. 하나는 사이렌 소리에 정복 입은 '순사'가 거리를 오가면서 확성기를 입에 대고 '구슈게이호'(空襲警報, 경습경보)라고 소리를 지르자 사람들이 분주하게 허둥대던 장면입니다. 확성기 소리가 얼마나 무섭던지 아직도 귀에 또렷하게 남아 있습니다. 아이들은 당연히 집으로 뛰어 들어가 숨었지요.

다른 하나는 탑리역 앞에서 징용인지 징병을 떠나던 환송대회입니다. 일장기가 물결을 이루며 노래와 함성과 박수로 요란한 가운데 증기기관차가 긴 기적을 울리면서 서서히 떠나가는 장면입니다. 노래를 하도 반복해 불러대서 그 곡조가 띄엄띄엄 기억나는데, 조사해보니 폴 발레리를 전공한 불문학자이자 시인이었던 사이조 야소가 작사한 해군 조종사 후보생 모집을 위

한 군가(「予科練の歌」 또는 「若鷲の歌」, 1943)였습니다.

젊은 혈기의 예과 훈련병의
일곱 개 단추에는 벚꽃에 닻의 무늬
오늘도 난다 난다 카스미가우라에,
커다란 희망의 구름이 솟는다.

중·일전쟁 때 나온 "이기고 돌아오마라고 용감하게 맹세하고 고향을 떠난 이상"이라는 「야영의 노래」(露営の歌, 1937)는 첫 구절이 "갓데 구루조토 이사마시쿠"인데, 우리 조무래기들이 8·15 이후까지도 "갓데 구루마발통 누가 돌렸노 집에 와서 생각하니 내가 돌렸다"라는 가사로 바꿔 불러댔습니다. 이 노래는 일본에서 1973년 한 TV 판매 전략에 동원되어 「사서 돌아오마 용감하게」(買ッテ来ルゾト勇マシク)라고 개작해 대히트를 쳤지요. 역시 중·일전쟁 때 나왔다는 「아버지여 당신은 강하셨다」(父よ貴方は強かった, 1939)도 꽤나 귀에 익었습니다.

머슴방에서 육자배기나 「논매기 노래」들과 상여를 맬 때 불렀던 만가(輓歌)들에 귀가 틔었던지라 이 노래는 너무나 강렬했습니다. 이런 노래를 굳이 화두에 올리는 까닭은 군국주의 가요가 지닌 무서운 전파력을 상기시키고 싶어서입니다. 시골의 한 어린애의 뇌리에 지금까지 그대로 박혀 있을 정도로 군국가요는 강렬하고 또 강렬했습니다. 형님이 혼자 흥얼거렸던 일본 노래도 있었는데 그것은 중·일전쟁 때의 유행가 「누가 고향을 생각하지 않으랴」(誰か故郷を想わざる, 1940)였습니다.

전혀 군가답지 않은 서정적 가요로 병사들이 중국 전선에서 고향을 그리워하는 정을 담고 있어 별 저항감 없이 받아들여졌겠지요. 나는 지금도 형님 생각이 나면 이 노래를 흥얼거립니다.

세월 몰랐던 내 유년기는 이렇게 일제 말기를 담고 있습니다. 집안이나 친척 중 동학농민전쟁 가담자나 3·1 만세운동에 관련된 이야기는 전혀 없었을 정도로 내 고향과 유년 시절은 조용했는데 일제의 그늘은 조무래기들에게도 공포를 자아냈던 것 같습니다.

유성호 벌써 70~80년 저편의 기억을 이렇게 생생하게 전해주시네요. 누구나 겪었을 유소년기이고, 누구나 색다른 풍경과 순간을 머금고 있을 성장통의 시절이지만, 선생님의 가족과 고향의 서사가 지금의 선생님을 가능하게 했던 둘도 없는 원천이었을 것입니다. 선생님의 기억을 일종의 체험으로 형성하게 된 첫 단추는 해방기가 아니었을까요. 다섯 살 때 해방이 되었고, 아무래도 한국 사회에 가장 커다란 변화의 동력이 되었을 당시에 대한 기억을 소년기의 체험을 통해 듣게 되는 것은 매우 중요한 살아 있는 역사가 되리라 생각합니다. 8·15 해방의 느낌이 어떻게 다가왔을까요?

임헌영 8·15 하면 나와 촌수가 먼 할아버지뻘인 규순 아재의 징병 영장 사건이 먼저 떠오릅니다. 마을에서 유일하게 상급학교를 나온 청년이었는데, 1945년 8월 16일에 탑리역에서 출발하는 입영 영장을 받은 거예요. 온 마을이 초상집 같아, 며칠간 이어지던 송별 모임이 15일에는 절정이었을 터라 종일 온갖 노래를 불러대며 춤추고 서로를 부여잡은 채 울기도 했지만 조무래기들은 먹기에 바빴지요. 그런데 16일이 되니 "해방이 됐다!"는 소식이 들려와 진짜 잔치가 또 벌어졌습니다. 아이들은 멋모르고 어른들을 따라다니면서 박수를 치고 좋아했어요.

그분은 8·15 후 좌익 활동으로 투옥당하는 등 고생하다가, 경남 양산으로 가서 중고교 국어교사로 일생을 보냈습니다. 양산 출신으로 부산에서 활동했던 작가 최해군이 같은 학교에서 친하게 지냈다며 내게 안부를 자주 전해주었어요. 최 작가는 '낙동강의 파수꾼'(같은 제목의 산문집, 한길사, 1978)이라는 별명으로 유명한 작가 김정한 사단의 맏형이었습니다. 여기에는 치열한 투사였던 작가 윤정규와 부산여대 교수로 분단문제를 주로 다룬 작가 이규정이 합쳐 4인방으로, 삭막했던 부산 문단 풍토에서 참여문학 바람을 일으키며 민족문학작가회의에 참여했던 분입니다. 내 개인적으로도 각별했던 분들이었습니다.

유성호 김정한·윤정규·최해군·이규정 모두 반가운 이름들입니다.

임헌영 8·15가 무엇인지 전혀 알지 못했지만 일본 군가가 싹 사라지고 신나는 노래들이 퍼지기 시작했습니다. 나중 알게 된 귀에 익은 몇몇 단어와 멜로디를 이리저리 맞춰보니 8·15 전후 최고의 작곡가였던 김순남이 작곡한 곡으로 널리 불렸던 「해방의 노래」(1945)였습니다.

> 조선의 대중들아 들어보아라
> 우렁차게 들려오는 해방의 날을
> 시위자가 울리는 말발굽 소리와

미래를 고하는 아우성 소리.

노동자와 농민들은 힘을 다하여
놈들에게 빼앗겼던 토지와 농장
정의의 손으로 탈환해라
제 놈들의 힘이야 그 무엇이랴.

그러나 당시 남조선을 점령한 미군정이 1946년부터 진보세력을 불법화하자 민족작곡가 김순남은 월북해버렸고 이 노래를 부르는 것이 금지되었습니다. 이 뒤를 이어 유행한 노래가 서울 소시민들의 삶을 가장 잘 그린 소설가 박태원 작사, 김성태 작곡의 「해방가」였습니다. 일명 「독립행진곡」으로도 불렸지요.

어둡고 괴로워라 밤이 깊더니
삼천리 이 강산에 먼동이 튼다
동포여 자리차고 일어나거라
산 넘고 바다 건너 태평양까지
아아 자유의 자유의 종이 울린다.

어둠아 물러가라 현해탄 건너
눈물아 한숨아 너희도 함께
동포야 두 손 모아 만세 부르자
광막한 시베리아 벌판을 넘어
아아 해방의 해방의 깃발 날린다.

미군에 의해 1945년 9월 8일까지 펄럭이던 총독부 청사의 일장기를
미군이 내리고(왼쪽), 그 자리에 성조기를 게양(오른쪽)했다.

이 노래는 여자아이들이 골목에서 고무줄놀이를 하면서도 마구 불러댔고, 내가 초등학교에 들어가서도 교사의 지도 아래 열창했던 경쾌하고 신나는 곡이었습니다. 그러나 이승만이 들어서자 이 노래조차 폐기되고, '조선의 얼'을 주창했던 지조 높은 민족사학자 정인보 작사, 윤용하 작곡의 「광복절 노래」를 1948년 단독정부 수립 축가로 부르면서 현재까지 이어지고 있습니다.

유성호 해방의 노래 변천사가 한국 정치사를 그대로 반영하고 있군요. 1945년 직후부터 8·15의 공식명칭이었던 '해방절'을 남한 단독정부 수립일인 1948년 8월 15일부터는 '광복절'로 바꾼 걸로 알고 있는데요. 이미 독립운동가들이 부르던 해방의 투지가 사라져버린 세상을 여실히 증명하는 게 아닐까 생각해

봅니다.

임헌영 『경성방송』 취재기자였던 문제안은 『8·15의 기억: 해방공간의 풍경, 40인의 역사 체험』(한길사, 2005)에서 "8월 15일 서울 거리에는 만세 소리가 울려 퍼지고 태극기가 물결치듯 휘날렸다고 떠벌리지만, 다 거짓말"이라고 증언했어요.

"사람들이 독립이 되었다는 사실, 일본이 망했다는 사실을 제대로 인식한 건 그날 밤 정도"인데, 그건 "천황의 방송을 몇 번 되풀이"했고, "우리말로도 방송하고 해설도" 했기 때문이라는 거지요. 그러나 "한국방송답게 방송"을 한 건 16일 하루뿐이었고 다음 날부터는 도로 일본군이 전 언론기관을 장악해 일본인 간부들이 그대로 지배하고 있었다고 합니다. 그의 증언에 의하면 "참다운 한국방송은 1945년 9월 9일 오후 5시부터 시작됐다"라는 게 정설이거든요.

1945년 9월 8일부터 미군통치 시작

유성호 별로 자랑스러운 장면은 아니군요. 그러다 어떻게 9월에는 한국인 방송이 가능했을까요?

임헌영 1945년 9월 8일, 미군 9만 1,800여 명이 인천을 거쳐 상경, 바로 남한은 미육군군정청(The United States Army Military Government in Korea, 약칭 USAMGIK, 미군정)의 통치시기로 들어갑니다. 9월 9일 오후 3시 45분, 총독부 회의실에서 일본과 미군 사이에 항복문서 조인식이 열렸고요. 미국 측 서명자는 7함대 소속 킨케이드 제독과 남한 미군정사령관 하지 중장과 일본 측의 마지막 총독 아베 노부유키와 고츠키 요시오 조선관구사령관 등이었습니다. 이어 미 육군 24군단 7보병사단 17대대 1중대 소속 여덟 명의 병사가 총독부 청사 앞마당의 일장기를 내리고 성조기를 게양했지요.

유성호 일본의 항복 문서 조인식인데 결국 태극기 게양을 못했군요.

임헌영 그렇습니다. 문제안의 증언록은 9월 8일 서울에 도착한 미군이 그날 밤 미군 중령을 방송국에 파견해 서툰 일본말로 "이제부터 내가 방송국에서 제일 높은 사람이다. 내 말을 들어라"며 일본군 경비와 방송국 내 일본인 임원들을 물러나게 하고 한국인의 방송을 시작했다는 것입니다.

유성호 미국이 한반도를 빠르게 장악해오는 속도가 느껴집니다. 방송 말고 다른 분야는 어땠습니까?

임헌영 첫 한글신문이 나온 게 9월 19일 공산당 기관지 『해방일보』였고, 첫 잡지 역시 좌익계의 『선봉』이 10월에 나왔습니다. 식민통치 아래서 민족주체성이 얼마나 괴멸당했는지를 유추할 수 있습니다. 『조선일보』와 『동아일보』 두 신문이 민족지라고 줄기차게 외치고 있는데요. 일제가 한글신문을 말살했을 때 언젠가는 다시 만들 날을 예견하고 한글자판 인쇄시설을 남겨두었다면 일말의 정상참작이 되겠지만 그들은 깡그리 처분해버렸습니다. 한글 활자와 인쇄시설을 다시 갖추고 두 신문이 나온 것은 『조선일보』가 11월 23일, 『동아일보』가 12월 1일이었습니다.

유성호 남한의 미군이 이랬다면 북한의 소련군은 어땠을 것 같습니까?

임헌영 소련군 역시 제국주의였다는 점에서는 똑같았지만, 미군이 한반도 착륙 일성이 '점령군'으로 왔다고 한 데 비해 소련은 '해방군'으로 왔다는 달콤한 첫 선언이 유혹적이었지요. 그러나 둘 다 강력한 군사력으로 자신들의 위성국으로 밑그림을 그렸다는 점은 같았습니다. 미국이 점령지를 기독교 이데올로기에 입각한 신식민지 국가독점 경제체제로 독재정권을 추구했다면 소련은 친일파 청산과 반기독교 이념에 기반한 프롤레타리아 독재체제를 지향한 점이 확연히 달랐지요.

유성호 8·15 이후 남북을 막론하고 가장 시급했던 민족사적인 당면과제가 친일파 청산과 토지개혁이었다는 건 누구도 부정하지 못할 것입니다. 이런 관점에서도 엄청난 차이가 났지요. 진정한 해방을 맞았다고 할 수 있을까란 회의가 솟는 장면인 것 같습니다. 보통 사람들이 할 수 있는 건 고작해야 일장기를 급히 개조한 태극기를 들고 만세를 부르는 것이었을 것 같은데요. 그러나 이러한 상황이 전혀 반갑지 않았던 사람들도 상당수 있었을 것 같습니다. 그래도 해방의 역사적 의미랄까 하는 것을 정확하게 꿰뚫었던 분도 있었지 않았을까요?

임헌영 내가 알기로는 8·15 해방을 발 빠르게 구체적인 기록으로 남긴 건 백범 김구의 『백범일지』였습니다. 1945년 8월 10일 밤 중국 섬서성 주석(도지사 격)이자 국민당 중앙감찰위원이었던 추샤오저우(祝紹周)의 시안(西安) 저택에서 만찬을 끝낸 백범이 객실에서 담화하던 중 주석이 전화를 받은 뒤 "왜적이 항복한답니다"라고 했답니다. 백범은 그 순간의 소회를 이렇게 적습니다.

"이 소식은 내게 희소식이라기보다는 하늘이 무너지고 땅이 꺼지는 일이었다. 수년 동안 애를 써서 참전을 준비한 것도 모두 허사로 돌아가고 말았다. … 지금까지 들인 정성이 아깝고 다가올 일이 걱정되었다. 즉시 추씨 사랑을 출발해 차가 큰길을 지날 때 벌써 군중은 인산인해를 이루었고, 만세소리는 성내를 진동했다." (김구, 도진순 주해, 『백범일지』, 돌베개, 1997, 398~399쪽)

독립군이 국토에 진격하지 못한 상태에서 맞게 된 조국의 미래상이 백범의 뇌리를 스치는 인상적인 장면이지요. 앞으로 펼쳐질 외세 의존, 주체성의 혼란, 이념 갈등이 야기할 대립 등이 빚을 참극을 감지했던 것 같습니다. 빼앗긴 나라를 되찾으려는 독립운동조차 서로 의견이 달라 그토록 싸웠던 분파주의를 경험한지라 백범은 이제 나라를 되찾게 되면 그 추악한 권력의 쟁투가 얼마나 더 파렴치하며 치열해질 것인지를 상상한 것입니다. 이런 근심을 미리 한 인물이 몇이나 될까요?

유성호 아직 해방의 의미를 깨닫지 못했거나 아니면 해방의 의미에서 오히려 물러서는 퇴행적 면모를 보인 인사들이 많았다는 뜻이겠습니다.

임헌영 인문학적으로 탁월한 문학평론가였던 김윤식의 『김동인 연구』(민음사, 1987)에 의하면, 1945년 8월 15일 오전 10시 김동인은 조선총독부 정보과장 겸 검열과장을 만나 친일어용단체 조선문인보국회보다 더 효율적으로 친일을 수행할 작가

단체를 결성할 테니 허가해달라고 간청하고 있었습니다. 과장은 소련까지 참전한 마당에 긁어 부스럼 만들지 말라고 책상을 두드리며 그에게 그만두라고 윽박질렀다고 합니다. 대화 중 전화가 걸려오자 과장은 "두 시간만 더 기다려. 단 두 시간뿐이나 절대로 미리 말할 수 없어. 응, 응, 그러구 예금이나 저금 있나? 은행에구 우편에구 간에 예금이 있거든 홀랑 찾아내게. 방금 곧, 열두 시 이전에"라고 말하는 걸 듣다가 김동인은 예고된 12시 방송이 항복임을 바로 알아채고 뛰쳐나와 전차를 탔답니다. "펑펑 쏟아지는 눈물을 감추기 위해 다른 승객들에게 외면을 하고도 눈을 앓는 체 연해 눈을 비비었소"라고 썼지요. 이때 김동인의 눈물은 무엇을 의미하는 것이었을까요?

유성호 일본이 절대 망하지 않을 거라고 생각했으니 만감이 교차했겠지요. 지난날의 회한과 새로운 날의 환희가 뒤범벅되었지 않았을까 생각해봅니다.

임헌영 시인이자 이승만의 비서였던 김광섭은 「속박과 해방」에서 "이 해방된 감격/이 공통된 환희"라고 했지만, 김동인은 소설 「학병수첩」에서 "나면서부터 일본인인 우리 같은 사람의 처우를 어떻게 해줄는지"라고 썼지요. 흔히 해방이 도둑처럼 왔다는 함석헌의 말에 동조하지만 식민 통치 아래 편안하게 살았던 사람들에게는 들어맞을지 모르나 독립을 위해 각고의 투쟁을 했던 인사들에게는 모욕적인 언사입니다. 감옥에서 광복절 이튿날 풀려난 시인 김상훈이 맞았던 해방과 이광수가 맞았던 해방은 다를 수밖에 없습니다.

이광수는 8월 16일 서울 근방에 B29 폭격에 대비할 방비 공사용 자갈을 채취하는 양주군 진건면 사릉리 앞개울에 나갔다가 근로보국대에 동원된 부역자와 감독하는 일본군 병사가 보이지 않자 웬일이냐고 궁금해하던 중 어제 일본이 항복했다는 소식을 처음 듣게 됩니다. 이광수에게는 정말 해방이 도둑처럼 왔을 겁니다. 그러나 철원에 낙향해 있다가 '상경하라'는 전보를 받고 해방 이튿날 서울로 향한 이태준에게는 해방이 도둑처럼 왔다고 할 수는 없을 것입니다. 오히려 우리는 해방을 미국에게 도둑맞았다는 게 정확한 표현일 겁니다.

유성호 해방을 도둑맞았다는 표현은 우리 근대사의 핵심을 찌르는 것 같습니다. 비록 어렸지만 해방 당시 선생님의 기억은 어떠신지요?

임헌영 이렇게 말하는 나 자신도 회고해보면 식민 의식이 얼마나 무의식 속에 잠재해 있었는지 놀랄 때가 많습니다. 태어나서 겨우 5년 동안 겪었던 식민 잔재는 우리 부모와 선배들 뇌리에 박혀 있던 일상용어와 놀이문화 그리고 집기와 도구 등을 통해 나에게 이입되었습니다. 형님 또래들은 자랑스럽게 예사로 일본어로 대화했고, 나는 그게 부러웠습니다. 실제로 가타카나도 모르면서 인사말과 수사(數詞)는 학교에 들어가기 전부터 일본어로 알아들을 정도였거든요.

유성호 결과적으로 식민통치가 참 무서운 것이라는 생각이 듭니다.

임헌영 세계 식민사상 드물게 일본 식민통치가 우리에게 깊게 뿌리를 내리게 된 원인에는 언어체계나 유교문화권, 생활풍습 등이 많이 닮았기 때문이란 점을 무시할 수 없어요. 두 나라의 인체구조와 기후와 음식 등이 너무 유사하지요. 제가 성인이 되어 단파방송으로 NHK를 듣다가 너무 귀에 익어 마치 내 유년 시절을 떠올리게 하는 곡이 흘러나왔어요. 어떤 아련한 그리움 같은 감성에 빠졌는데, 무슨 곡인가 알아보니 동요 「유야케 코야케」(夕焼小焼, 저녁놀)였습니다. 교사 출신의 동요작가 나카무라 우코우가 1919년에 작사한 시에다, 교사 출신 작곡가 쿠사카와 신이 1923년에 곡을 붙인 이 노래는 우리나라의 「고향의 봄」만큼 널리 알려져 지금도 밖에서 뛰놀던 아이들의 귀가 신호로 전국에서 울려 퍼질 정도입니다. 지역에 따라 오후 4~6시 사이 적합한 시간에 귀가를 독촉하는 이 곡은 전시 중에는 공습경보 아동 대피용으로도 쓰였지요. 일본 점령지 거의 전 지역에 가장 먼저 알려져 역설적이게도 일본 귀빈 환영곡으로 지금도 사용되고 있어요. 어쨌든 식민 의식은 그만큼 무서운 것이었고 우리 아이들도 거기에 녹아 있었던 거지요.

유성호 그래서 식민 의식의 청산이나 민족주체성 정립 같은 정신사적 과제가 중요해지는 것 같습니다. 해방 직후 가족들의 모습은 어떻게 기억하고 계십니까?

임헌영 8·15 후 아버지는 의성군청 '학교계 주임'으로 영전했습니다. 큰형과 큰누나가 합세해 의성군청 뒤 후죽동 약간 오르막 쪽에 방 3개에 부엌이 달린 집에 세를 들었습니다. 저도 몇 번 가보았습니다. 의성은 우리 고향에서 30여 리 길로 탑리에서 기차로 한 정거장인데, 11.7킬로미터나 되는 비교적 먼 거리였습니다.

이때 기차를 처음 탔던 기억이 생생합니다. 마치 온 땅덩어리를 뒤로 막 내던지는 듯한 묘한 긴장감과 터널에 들어갔을 때의 공포감이 생각납니다. 의성 읍내에서 처음 본 전깃불의 신통함은 잊을 수가 없네요. 스위치를 직접 틀어보려고 엄청 떼를 썼는데 형이 위험하다고 말려서 못해봤던 안타까움도 생생히 기억나요. 아버지는 토요일에 귀향했다가 월요일 첫 통근 열차로 다시 의성 읍내로 떠나곤 했어요.

1946년 어느 봄날 토요일에 아버지와 큰누나를 따라 의성에서 집으로 돌아올 때였는데, 어쩐 일인지 그날 아버지는 자전거를 탔고 누나와 나는 그 뒤를 걸어서 따라갔지요. 아버지는 우리 보조에 맞춰 자전거를 아주 느리게 탔어요. 가끔씩 아버지는 나에게 "다리 아프지? 자전거 뒤에 타라"고 했고 말이 떨어지기 무섭게 냉큼 올라타면 내 무게 때문에 아버지는 좀더 힘들어했어요. 오르막길에서 아버지는 나를 내리게 하고서 자전거를 끌고 갔는데, 그 틈을 타서 누나는 내 귀에다 "아버지 힘드시니 타라고 해도 타지 마라!"고 타일렀어요. 그러나 나는 내리막길부터 다시 자전거에 올라탔고 그럴 때마다 누나는 나를 노려보곤 했지요. 아마 나는 걷는 게 싫어서가 아니라 아버지와의 밀착감이 좋아서 그랬을 거예요. 전쟁으로 아버지가 사라지고 가장 먼저 떠오른 게 바로 이 장면이었습니다. 아버지와 함께 가장 멀리 갔던 길이었고, 많은 이야기를 나누었던 시간이었습니다. 그때 왜 누나의 말대로 혼자 용감하게 걸어가겠노라고 사내답게 말하지 못했을까, 두고두고 후회하곤 했어요.

2 이러려고 나라를 되찾았나!

민족끼리 첫 총질로 맞서다

유성호 선생님 가계에 태풍이 몰아친 사건이 1946년 10월 1일 대구에서 일어난 이른바 '인민항쟁'이라고 들었습니다. 그 사건에 대해 어떤 기억이 있으신가요?

임헌영 아버지 바로 아래인 작은아버지 해빈은 대구사범학교 재학 때 독서회 사건 때문에 졸업 후 멀리 여수로 쫓겨가 교단에 섰답니다. 아버지가 돈을 써서 간신히 의성군 가음초등학교로 전근했다고 들었는데, 곧 사직하고는 의성군 과물협동조합 사무장으로 근무하며 고등고시를 준비하고 있었지요. 수재였던 작은아버지가 어떻게 대구 10·1 항쟁에 가담했는지는 알 길이 없습니다. 막내아재(삼촌을 말하는 경상도 방언) 정빈, 오촌 아재 재빈을 비롯한 우리 동네 청년들, 열촌 안에 드는 청장년 다수와 규순 아재까지 연계되어 그 일로 모두 징역살이를 했지요. 초등학교 중퇴 정도의 학력을 가진 반듯한 청장년들이 거의 다 연관된 일대 참사였습니다.

유성호 그런 소읍에까지도 여파가 컸군요.

임헌영 나중에 들은 이야기로는 의성 읍내에서 군중들이 각 관공서와 유관 기관은 물론이고 군수를 비롯한 요직 인사들의 사택까지 찾아다니는 등 시위로 위세를 떨쳤다고 합니다. 브루스 커밍스는 『한국전쟁의 기원』 하권(청사, 1986)의 「10월 민중항쟁」 편에서 "의성군 경찰서가 10월 3일에서 5일 사이에 약 5,000명의 군중에 의해 점령당했고, 그때 16개의 지서도 공격을 받았다. 의성경찰서장은 의성과 군위의 봉기자들이 모두 토착주민이었다고 보고했다"고 썼으니, 소읍 규모에서는 가히 난리 수준이었을 것 아닙니까?

정해구의 『10월인민항쟁연구』(열음사, 1988)에는 더 자세히 나옵니다.

> 10월 3일 오전 9시경 대구에서 내려온 50명을 포함하여 약 5,000명의 군중이 민청원들을 선두로 하여 경찰서에 내습하였다. 이들은 김진수, 박종건 등 20명의 대표를 보내 서장 유시복에게 (1) 경찰은 동정파업을 하고 행동을 같이할 것, (2) 사표를 제출할 것, (3) 치안을 민청에게 넘길 것 등을 요구하였다. 이에 대해 서장은 (1) 폭동화하지 말 것, (2) 경관 및 그 가족들을 해치지 말 것, (3) 유치장을 개방하지 말 것 등을 조건으로 위의 요구를 받아들였다. 한편 군수에게도 군중 앞에서, (1) 파업을 선언할 것, (2) 다음에 유임하지 않을 것 등을 서약하고, 이와 더불어 군중들은

새로운 8·15를 맞이하자며 시민대회를 개최하였다. 의성군 내 각 면사무소와 지서도 완전히 접수되었다.

이들은 4일 오후 6시경, 대구의 치안이 회복되고 응원경찰대가 급파된다는 정보를 탐지하고 태도를 돌변시켜, 유 서장에게 종전대로 서에 나와 일할 것과 금후 이번 일에 대해서 책임을 묻지 말 것 등을 청원하고 물러갔다. 5일 아침에 충북경찰대가 도착하자 군중들은 자취를 감추었다. 피해는 별로 없었고 실탄 100여 발을 탈취당하였다. "의성군에서는 전 면사무소와 지서가 접수되었음에도 불구하고 별 피해가 없었다. … 의성군의 항쟁에 있어 특기할 만한 사항은, 피를 흘리지 않고 지역주민들이 바라는 '해방'(새로운 해방)을 잠시나마 이룩하였다는 점이다. 시민대회의 개최는 이를 잘 보여준다."(119쪽)

10·1 항쟁은 시위 양상으로 보면 민중참여적이라 명백하게 인민항쟁적 성격이어서 몇몇 지역, 예를 들면 영천·선산 등지의 무력성향을 제외하면 평화적이었답니다. 특히 의성은 그 대표적인 지역이었다고 하지요. 그러나 진압 뒤 탄압은 그 반대였습니다. 항쟁이 진압된 뒤 우리 마을은 지아비들이 연행당한 아지매들이 다 우리 집에 모여 울며불며 구출 방법을 궁리했어요. 다들 혼쭐나고 풀려나긴 했지만 그 뒤부터는 묘한 긴장감이 동네를 떠나지 않는 듯했습니다. 아버지가 군청 직원이라 소읍에서 두루 잘 통했기에 그들을 석방시키는 데 큰 역할을 했다고 들었습니다.

유성호　그게 선생님께 남아 있는 고향의 기억이군요. 그렇다면 선생님 마을만 그랬습니까? 그렇지 않았겠지요? 어떻게 확산되어갔는지 궁금하군요.

임헌영 이게 민족사 전체를 뒤집어버린 사건의 신호탄이었습니다. 나는 자라면서 왜 해방을 맞은 지 불과 1년 만에 이런 일이 벌어졌는지 무척 궁금했습니다. 우선 1946년 5~10월에 남북 단일정부 수립을 위해 열린 미·소공동위원회가 결렬되자 사회는 좌절감이 팽배했습니다. 미국과 소련이 한반도를 반반씩 차지하려고 작심한 속임수였지요. 왜 그때 강대국의 속내를 몰랐을까, 아니면 알고도 속은 척한 걸까, 그것도 아니면 아예 강대국에 편승해서 권력을 잡고자 눈이 멀었던 걸까? 그중 세 번째에 속하는 세력들이 가장 민첩하게 '해방된 민족'을 다시 '새로운 제국주의'에 위탁한 거라고 보면 너무 가혹할까요?

유성호 미군정은 그 무렵 어떤 입장이었을까요?

임헌영 미군정은 '조선정판사 위조지폐 사건'(1946. 5)을 조작해서 진보세력과 민족세력 탄압에 나섭니다. 일제가 남긴 최고의 인쇄시설을 불하받은 공산당은 그 인쇄소를 조선정판사라 부르며, 당 기관지 『해방일보』를 거기서 발간했습니다. 그곳에 일본이 남기고 간 조선은행권 인쇄판이 남아 있었는데, 그것으로 공산당이 위조지폐를 찍었다고 조작한 사건입니다. 이를 빙자해서 미군정은 조선공산당 간부 체포령을 내렸고 진보성향 언론을 폐간하거나 정간 처분했습니다.

그러자 조선공산당은 7월에 미군정을 비판하는 '신전술'을 채택하지요. 신전술이란 조선공산당이 미군정에게 썼던 유화정책 대신 강경투쟁으로 나가겠다는 뜻입니다. 조선공산당이 조선노동조합전국평의회 등과 힘을 합쳐 철도노동자 감원과 임금지급 방식 변경 등에 항거해 총파업을 일으킨 게 9월부터입니다. 당시 철도파업 연락정보실은 용산역에 소재하고 있었는데, 나중에 작가 강형구는 단편 「연락원」(조선문학가동맹 기관지 『문학』, 1947. 3 게재)에서 파업 현장인 용산역이 진압당하는 과정과 그 잔학상을 매우 잘 다루었지요. 기억할 만한 단편입니다.

유성호 해방이 되었다지만 혼란과 불안, 새로운 제국의 등장으로 말미암은 폭력적 장면들이 계속 생겨나는 시기였던 것 같습니다. 해방된 지 불과 1년 만에 제국주의에 편승한 세력들이 다시 나서서 민족세력을 탄압하는 판이 벌어졌던 셈이네요.

임헌영 토지개혁도 안 된데다 소작인들은 여전히 굶주렸습니다. 이런 판에 1946년에는 전국 규모로 콜레라가 확산되었지요. 홍수로 대체 농작물도 부족했습니다. 미군정의 해결책은 3·1제 소작료 실시를 주장했습니다. 3·1제란 소작료가 총생산량의 3분의 1을 넘어서는 안 된다는 것입니다. 그러나 궁핍화가 가속화하고 농산물 정책이 실패하자 미군정은 미곡 수집령으로 농가 1인당 67.5킬로그램의 쌀만 남긴 채 모든 수확물은 공출해갔어요.

이때 대구에서는 식량 배급 문제로 불만이 확산되어 1946년 10월 1일, 대구역 앞에 군중들이 모여들었습니다. 노동단체였던 조선노동조합전국평의회 계열 노동자 시위를 진압하다가 경찰이 발포해 노동자가 사망하자 이튿날 시민들이 대구시청과 경찰서를 포위합니다. 군중들이 경찰의 사과와 책임자 처벌

시위 이틀째인 1946년 10월 2일 대구 태평로 삼국상회 부근에서 경찰이
진압을 벌이고 있는 왼쪽에 시위 군중들이 경찰에게 쫓기고 있다.

을 요구하면서 점거에 들어가자 미군정은 계엄령을 선포하지요. 이 대구 역전 시위를 다룬 소설이 작가 전명선의 「방아쇠」(『문학』, 1947. 3 게재)였습니다. 생소한 작품이겠지만 몇 군데는 기억할 만합니다.

"탕탕탕 탕탕탕 탕탕탕탕……

해방 후 조선 사람끼리 마주친 맨 처음 총소리!

"여섯 방씩 쏘면 탄환 끊어진다. 해치지 말아."

군중이 총소리 나는 쪽으로 고개를 돌이켰을 때, 그것은 사실이었다. 옆구리에 찬 탄환 갑에서 또다시 탄자를 재어 넣는 순간

"가자, 저놈들을 쳐부수자."

3일부터 성주, 칠곡, 영천, 의성 등으로 시위가 확대되자 경북 전역에서 친일파 청산에다 토지개혁과 공출제 개선을 요구하는 목소리가 터져나왔습니다. 경남에서도 통영, 진주, 마산으로 퍼졌고 충청, 경기, 황해, 강원 등지로도 번져갔습니다. 11월에는 전남, 12월에는 전북 등 그야말로 전국화한 사건이었습니다.

전국으로 확산된 10·1 항쟁과 박상희의 희생

유성호 그동안 교과서나 역사 개설서에도 그 진상이 확연하게 소개되지 않았는데, 대구 10·1 항쟁은 해방 직후의 큰 사건이었군요. 선생님의 기억과 자료 섭렵으로 한국 근대사의 중요한 장면을 되살려주셨습니다.

임헌영 그때 시위대의 구호란 도시는 식량배급 공정 실시, 농촌은 공출 반대와 소작료 3·7제 요구였고, 토지개혁과 친일파 처단도 요구했지요. 정권을 여운형이 조직한 인민위원회에 맡기자고도 했습니다. 이때 박정희 전 대통령의 셋째 형 박상희가 희생되었어요.

일본 육사 출신 장교였던 박정희는 1946년 5월 8일 중국에서 귀국, 9월에 조선경비사관학교 2기생으로 입교해 단기과정을 수료하고 그해 12월 14일 소위로 임관해서 졸업합니다. 우리 현대사를 대하소설로 재미있게 쓴 작가 이병주는 소설 『그를 버린 여인』(서당, 1990)에서 이때의 박정희를 구체적으로 다루었지요. 소설에 따르면 여주인공 한수정은 박정희의 본처 다음으로 동거녀가 된 두 번째 여인으로 그녀가 단호히 박을 버렸다는 데서 소설 제목이 나왔어요.

그녀의 조부는 항일독립 투사였고 아버지는 북에서 반공주의자로 처형당해 월남한 처지였지요. 그녀는 1946년 원산 루씨여고 선배인 박 마담과 을지로4가에 금성다방을 차렸습니다. 이 다방의 단골로는 남로당(남조선노동당. 조선공산당이 1946년 11월 신민당, 조선인민당과 3당 합당으로 결성. 1946년 8월 북조선에서 공산당을 노동당으로 개칭하면서 그 노선에 따라 재조직해 북은 북로당, 남은 남로당)의 조직에 막강한 영향력을 행사했던 김삼룡계에 속하는 군 장교 최남근 중령, 김종석 중령, 강태무(1949년 연대병력 끌고 월북) 등 군인들이 많았습니다. 이들은 전부 실존인물들입니다. 1946년 12월 23일 밤, 강태무가 "군인 치곤 키가 너무 작다, 몰골이 꾀죄죄하다"는 '그'(박정희)를 데리고 금성다방에 등장합니다. "박 소위는 광복군 출신이며 그 앞엔 일본군의 대위였으며 머리가 비상하니 앞으로 대성할 인물이라며 칭찬"한 게 그녀와 '그'의 첫 대면입니다. "그에 비하면 최남근은 풍채도 좋고 활달한 성격으로 그가 다방에 앉으면 훈훈한 분위기를 만들어내는 마력 같은 것을 가지고 있었다"라고 한수정은 생각합니다. 어느 날 밤 박 소위가 술에 잔뜩 취한 채 다방에 와서는 술을 더 달라고 하면서 대성통곡을 했다고 박 마담은 증언합니다. 한국 현대사를 아는 독자라면 그 눈물이 대구 10·1 항쟁에 가담했던 셋째 형 박상희의 죽음 소식을 들

10월항쟁 때 형 박상희를 희생당한 박정희의 소회를 그린 소설 『그를 버린 여인』의 작가 이병주.

은 뒤의 슬픔과 분노의 표출이었음을 알게 될 것입니다.

박정희는 바로 이 한수정의 집에서 그녀와 동거하면서 남로당 군부 조직을 맡았지요. 그러나 한수정은 박의 친일 행각을 알고서 독립 운동가였던 자기 할아버지의 원수인지라 냉혹하게 헤어지고 맙니다. 이 소설에 의하면 그 뒤에 박은 다른 원산 루씨여고 출신녀와 정식 결혼했으나 역시 그녀도 박을 버렸다는 겁니다. 그 뒤 네 번째가 육영수라고 본 거지요.

유성호 흥미진진합니다. 선생님과 작고한 김윤식 교수는 이병주 작가를 아주 중요한 작가로 평가하시지요?

임헌영 나는 한국 정치인들의 필독서로 『이병주 전집』을 권장합니다. 우리 현대사 3부 연작 대하소설인 『지리산』 『산하』 『그해 5월』(『이병주 전집』, 한길사, 2006)입니다. 일부에서는 『관부연락선』을 주목하지만 그건 가장 이병주답지 않은 작품입니

8·15 이후 민족분단사의 첫 비극이었던 1946년 대구 10월항쟁 희생자 위령탑.
'진실·화해를 위한 과거사 정리위원회'가 위령사업 지원을 권고(2010. 3)한 10년 후인
2020년 10월, 대구시가 달성군 가창면 용계리에 세운 위령탑. 이곳은 10월항쟁
희생자부터 한국전쟁 전후의 국민보도연맹 관련자 등을 살해한 현장이다.

다. 물론 작품상으로는 조정래의 3부작 『아리랑』 『태백산맥』 『한강』이 서가에 꽂아놓아야 할 민족사의 보물이지만 이병주는 조정래와는 결이 다른 실록이란 점에서 주목할 만합니다.

각설하고, 박정희는 유독 박상희 형을 따랐습니다. 박상희는 아우의 만주군관학교 지원과 본처와의 이혼을 극구 만류했습니다. 박정희는 다른 말은 다 들었으면서도 이 두 가지는 거부했지요. 형의 죽음으로 그는 만감이 교차했을 것입니다. 이 일이 그가 남로당에 가담하게 된 원인이라고들 풀이하지만, 나는 그 자신의 약삭빠른 출세욕과 담배씨만 한 민족적 양심의 결합으로 봅니다.

조선공산당을 탄압할 명분으로 10·1 항쟁을 '대구 폭동'이라 불렀지만 2007년부터 '진실·화해를 위한 과거사 정리위원회'의 재조사, 2010년 3월 '진실·화해를 위한 과거사 정리위원회'의 『대구 10월 사건 관련 진실규명결정서』에서 "식량난이 심각한 상태에서 미군정이 친일관리를 고용하고 토지개혁을 지연하며 식량공출 정책을 강압적으로 시행하자 불만을 가진 민간인과 일부 좌익세력이 경찰과 행정당국에 맞서 발생한 사건"이라고 규정했습니다. 그리고 국가폭력을 인정해 희생자 유족들에게 사과와 위령사업을 지원할 것을 권장했습니다. 8·15 이후 제주 4·3 항쟁이나 여순병란 같은 사건은 엄청난 연구와 복권운동으로 확산됐으나 대구항쟁은 지금도 그럴 기미가 나타나지 않고 있습니다. 극우 보수화한 이 지역의 정서 때문이라고 보는데, 정말로 박정희를 좋아한다면 그의 형에 대한 한을 지금이라도 풀어주도록 나서주어야 할 것이라고 나는 생각합니다.

임화의 시 김순남 작곡의 「인민항쟁가」

유성호 이병주 선생의 소설 『그를 버린 여인』이 실록이라니 참 흥미진진하네요. 그분의 행적과 문학적 특징에 대해 최근 선생님께서 출간하신 『한국소설, 정치를 통매하다』(소명, 2020)에서 정밀한 분석이 이루어진 것을 보았습니다. 그 밖에 대구 10월항쟁을 형상화한 작품으로 어느 작품을 꼽으시나요?

임헌영 근대문학사 이래 최고의 투사문인인 임화는 「인민항

현대문학사에서 최고의 혁명문학
투사였던 시인이며
평론가며 영화인 임화.

쟁과 문학」(『문학』, 1947. 3)에서 "10월 인민항쟁은 실로 조선인민의 모든 자유의 새로운 출발점이 된 것이다. 그리하여 인민항쟁은 조선문학의 새로운 기원이 되었으며, 조선의 문학운동은 인민항쟁과 영원히 분리할 수 없이 결합된 것이다"라고 외쳤습니다. 작가 김현구의 「산풍(山風)」(『문학』, 1947. 3)도 꽤 의미가 있는데요. 일제 때도 하지 않았던 여름 식량 수집령에 항거해 농민들이 들고일어나 주재소와 면사무소를 습격해서 읍내로 통하는 전화선을 끊어버리고는 구속된 강 서방을 구출합니다. 함경도 방언을 쓰는 최 순사부장을 비롯한 소문난 경찰들을 "늑신하게 태맹이를 쳐놓았던 것이다"라는 서술도 나옵니다.

진압군이 들이닥쳐 학살을 자행하자 청년들은 입산합니다. 나중에 자수 권유에 응해 하산했다가 피살당하는 모습은 당시 정황을 잘 보여주지요. 작가 이규원의 「해방공장」(『우리문학』,

1948. 9)은 8·15 직후 11월 1일부터 공장 이름을 '팔월공장'으로 개칭하고 노동자들의 자치위원회가 운영 주체로 나섭니다. 그러나 고위직과 소수 친일 세력이 반대해 이들은 모두 추방되지요. 그 이듬해 10·1 사건이 일어나고 드디어 '팔월공장'이라는 새 간판이 다시 걸리게 되는 과정을 담은 소설입니다. 유 교수는 시문학사 전공이라 많이 아실 텐데 우리 민족의 투쟁을 담은 시도 많지요?

유성호 8·15 직후 시문학의 결정판은 『전위시인집』(노농사, 1946. 12)일 겁니다. 당시 가장 열렬한 투사 시인 김광현, 김상훈, 이병철, 박산운, 유진오가 참여한 이 시집은 혁명적 열기가 얼마나 뜨거웠는지를 시적 진정성으로 보여줍니다.

임헌영 그분들은 우리 시문학사에서 특이한 존재들이지요. 이병철 시인은 한센 환자였던 한하운을 시인으로 등단시킨 일로도 유명합니다.

유성호 선생님은 가족사 관계로 대구항쟁에 유난히 관심이 많으셨고, 이 사건을 다룬 문학작품까지 아주 소상하게 알고 계신 것 같습니다. 대구항쟁을 다룬 시들을 더 소개해주신다면 어떤 작품이 있을까요?

임헌영 유진오 시인은 현대 문학사에서 필화를 당한 제1호 시인입니다. 이밖에도 김상훈의 서사시 「가족」도 걸작입니다. 대구항쟁 이후 입산해 무장투쟁을 하는 경위를 다룬 시들에는 조남령의 「내가 자랑하려는 것은」(『신천지』, 1947. 7), 김철수의 「푸른 산맥을 타고서」(시집 『추풍령』, 산호장, 1949)가 있고, 작곡가 김순남이 식민지 시기 최고의 혁명문학인 임화의 시 「인민항쟁가」에 곡을 부친 노래는 아예 10월항쟁가로 바쳐진 작품이었지요.

원수와 더불어 싸워서 죽은
우리의 죽음을 슬퍼 말아라
깃발을 덮어다오 붉은 깃발을
그 밑에 전사를 맹세한 깃발

더운 피 흘리며 말하던 동무
쟁쟁히 가슴속 울려온다
동무야 잘 가거라 원한의 길을
복수의 끓는 피 용솟음친다

백색 테러에 쓰러진 동무
원수를 찾아 떨리는 총칼
조국의 자유를 팔려는 원수
무찔러 나가자 인민유격대

최근 들어서는 관련자들의 증언을 그대로 다룬 고희림 시집 『인간의 문제』(2013)와 『가창골 학살』(2016), 영천지역을 주로 다룬 이중기의 서사시 『10월』(2014)과 그 속편인 『영천 아리랑』(2016), 육사문학상 수상작인 이하석의 『천둥의 뿌리』(2016) 등이 속속 이어지고 있습니다만 피해자 코스프레에 머문 아쉬움이 큽니다. 지구상에서 8·15를 축제처럼 받드는 유일한 나라이면서도 '나라를 찾아서 뭘 하려고? 기껏 이렇게 민족끼리 서로 물어뜯고 싸우며 증오하려고 독립운동을 했던가?' 하는 의문을 줄곧 갖게 합니다.

한국전쟁, 포화 속의 소년들

유성호 해방에서 분단, 전쟁에 이르는 기간에 대한 역사 해석에는 큰 차이가 존재하는 것 같습니다. 그렇더라도 사실로 드러난 사건들에 대해서는 큰 틀에서 인정하고 가해자와 피해자의 관계를 분명히 해 국가폭력이 드러난 것은 국가가 사과하고 피해자들에 대한 명예회복과 보상이 당연히 따라야 할 줄 압니다. 어쨌든 해방과 분단과 전쟁 기간에 겪은 증오와 살육은 무자비한 야만적 광기의 표현이었습니다.

임헌영 1947년 봄, 만 6세에 나는 초등학교에 들어갔습니다. 당시 농촌에서는 적령기를 훌쩍 넘겨 학교에 보냈기 때문에 나는 생년월일 순서대로 매긴 출석번호에서 언제나 꼴찌였습니다. 동급생들은 다 형뻘로 1번은 17세였어요. 그 뒤를 이어 나이순으로 한 반이 60명 전후로 채워졌습니다. 1931년 7월 조문공립보통학교로 개교한 이 학교는 우리 마을에서 2킬로미터 남짓 떨어진 광산 김씨 집성촌 초전리(草田里)에 있었습니다. 마을 동편 끝에 자리한 조문초등학교(현 조문국박물관)는 신라 이전 옛 조문국의 수도였다는 데서 유래한 명칭이었습니다. 입학 후에 배운 노래들 가운데 몇 곡은 지금도 생생한데 가장 많이 불렀던 게 현제명 작사 작곡의 「희망의 나라로」라는 가곡이

조문초등학교 졸업사진(1953). 흙벽돌로 쌓은 위에 기둥을 얼기설기 엮은 초가지붕 아래서 공부했다. 바닥은 맨땅 그대로였다. 넷째 줄 왼쪽에서 일곱 번째가 임헌영.

었습니다. 다 아시는 노래지요?

배를 저어가자 험한 바다물결 건너 저편 언덕에
산천 경개 좋고 바람 시원한 곳 희망의 나라로
돛을 달아라 부는 바람 맞아 물결 넘어 앞에 나가자
자유 평등 평화 행복 가득한 곳 희망의 나라로

밤은 지나가고 환한 새벽 온다 종을 크게 울려라
멀리 보이나니 푸른 들이로다 희망의 나라로
돛을 달아라 부는 바람 맞아 물결 넘어 앞에 나가자
자유 평등 평화 행복 가득한 곳 희망의 나라로

이렇게 노래 이야기를 하는 것은 그만큼 초등학교 저학년 무렵에는 노래가 인상적이었기 때문이에요. 우리 어렸을 때는 공부하라는 말을 들어본 기억이 없었고 집에서 차분하게 공부한 추억도 전혀 없습니다. 6촌 형들을 따라 학교에 가던 도중 산이나 들로 놀아나는 걸 '중간학교'라고 불렀는데, 나는 4학년이 되도록 봄과 여름철에는 '중간학교'의 모범생이었지요. 주로 갔던 곳이 들판의 밀밭과 경덕왕릉, 굴이나 바위가 많은 오동산 골짜기였습니다. 거기서 노래하고 노닥거리며 한나절을 보내고는 귀가해서 책 보따리를 팽개쳐두었다가 이튿날 그대로 가지고 등굣길에 오르기 예사였습니다. 한글과 구구단을 어떻게 익혀 무사히 진급했는지 도무지 알 수가 없어요.

유성호 사회적으로는 소용돌이가 그치지 않았지만 아이들은 놀기 바빴겠죠. 그리고 그 놀이의 기억이 모든 어린이들의 자산이 되지 않았을까요?

임헌영 어린 내가 세상 돌아가는 것 모르던 동안에도 우리 민족사는 분단이 고착화되었고 초등학교 2학년 때인 1948년 5월 10일에는 남한 단독정부 수립을 위한 제헌의회 총선거가 실시되었지요. 그때 제주에서는 단독정부 수립에 반대해 4·3 항쟁이 일어났고 그 진압군으로 파견하려던 군대가 이를 거부해 10월에 여수순천 병란이 일어났지만 우리 고향은 조용했습니다.

친일파가 득세하는 과정

유성호 4·3 항쟁의 원인이기도 했던 총선이 기억납니까?

임헌영 선거운동 풍경은 눈에 선합니다. 오기수 후보는 멋진 자동차에 손을 못 대게 전기장치를 넣었다고 했는데 실제로 손을 대면 짜릿해서 얼른 뗐어요. 그는 의성읍 후죽리 출신으로 의성경찰서 순사보를 하다가 만주로 가서 조선독립단에 가입한 이후 모스크바 공산대학 속성과를 나와 의성적색독서회를 조직해 5년형을 언도받은 경력이 있었지요. 8·15 후 그는 바로 대구에서 건국준비위원회의 지도급 인사로 참여합니다. 우리 집 어른들은 오기수 편이었습니다. 그의 아들 오상균은 광복회 대구지부 사무국장을 지냈습니다. 다른 출마자였던 정운수는 우리 금성면 출신으로 미국 프린스턴대학 신학과를 나와 워싱턴 구미위원부 이승만 보좌관을 역임했습니다. 미국 공군사관학교 훈련 후에 미 공군 소위로 임관했고, 전략정보처 산하에 한미 합작 유격대를 조직해 훈련시키라는 지시를 받고 이순용과 함께 주로 통신교육을 전담한 인물입니다.

의성군 갑 지구 당선자는 토박이 정우일이었습니다. 그는 의성공립간이농업학교를 나와 대구 계성중학교 3학년 수료 후 의성금융조합 평의원, 8·15 후에는 의성읍장을 지냈거든요. 1950년 5월 30일에 제2대 국회의원 선거 때는 박영출이 당선됐어요. 도쿄신학대학을 졸업한 그는 도쿄에서 숭덕학사와 숭덕교회를 설립한 목사였습니다. 대한국민당으로 활동했지만 당선되자 탈당하고 자유당에 입당, 제3대 국회의원 선거에도 당선되어 국회 운영위원장, 외무위원장 등을 지냈지요. 1956년 대통령선거 때 "가톨릭 교인인 민주당 부통령 입후보 장면 박사가 당선되는 날에는 우리나라를 바티칸의 교황청에 팔아먹을 것"이라고 주장해 세론을 들끓게 한 친(親)이승만계였습니다.

유성호 후보들도 각양각색이었군요. 그 후 학교생활은 어떻게 이어졌으며 집안은 어떻게 돌아갔는지요?

임헌영 내가 2학년 때 할머니가 돌아가셨고 이듬해에는 할아버지마저 돌아가셔서 아버지는 3년상을 치르려고 군청을 사직하고 귀향했어요. 오촌 재빈 아재와 공동으로 집 앞 공터에다 정미소를 차렸지요. 그때까지 동네 사람들은 아랫마을인 구련2리의 물방앗간까지 가서 곡식을 찧어다 먹었기에 정미소가 생기자 분주할 정도로 잘 돌아갔어요. 물방아보다 찧는 시간이 훨씬 덜 걸렸기 때문입니다. 아마 이때가 우리 집의 절정기였을 거예요. 밤늦도록 정미소 발동기가 통통통 울리면서 요란한데다 거기서 발전해주는 전깃불까지 켤 수 있어서 그야말로 온 집 안은 별천지였지요.

유성호 선생님의 원체험이랄까 시대나 상황을 읽는 원형의 기억이 그때 만들어졌겠네요. 그 시기에 기라성 같은 거물들이 줄줄이 암살당했는데 혹시 기억나는 게 있습니까?

임헌영 3학년 때였어요. 수업 중 갑자기 사이렌이 요란하게 울려 운동장으로 몰려갔어요. 1949년 7월 5일 백범 김구 선생 장례식 날이었습니다. 묵념과 조사 등으로 의식을 마친 뒤 교실로 돌아가자 담임 오창석 선생은 백범의 생애를 간략하게 이야기해주면서 참으로 슬픈 날이라고 일러주셨습니다. 우리는 괜히 숙연해졌는데, 특히 상하이에서 임시정부를 지켰다는 대목에서 나는 어머니가 자주 거론했던 "니 애비는 틈만 나면 상하이로 가버리겠다고 했다"던 말이 떠올랐습니다.

미국의 후원으로 남한의 절대적 통치권을 쟁취한 거나 다를 바 없었던 이승만은 정적들과 공존할 생각이 전혀 없었습니다. 그는 먼저 단독정부 수립에 장애가 되는 인물부터 제거해나갔습니다. 첫 희생자는 송진우였고, 그다음은 여운형, 장덕수 순이었습니다. 정치적으로 가장 큰 경쟁자였던 김구는 이승만과 똑같이, 아니 더 강하게 신탁통치를 반대했기 때문에 암살 시기가 늦춰진 셈이었다고나 할까요. 전부 이승만보다 대통령으로서 더 자격을 갖춘 명망가들이었습니다. 이분들이 생존했다면 아마 우리 민족의 현대사가 달라질 수도 있었을 겁니다. 남북한이 똑같이 훌륭한 지도급 인사들을 다 없애버렸습니다.

유성호 그들 모두 남북 단일정부 수립에 비판적이었다는 것이 공통점이군요. 친일파 청산은 매우 중요했는데, 어떻게 전개되었는지 풀어주시면 좋겠습니다.

임헌영 국회는 이승만의 뜻대로 움직여주기는커녕 정반대로 나갔지요. 1948년 9월 22일 친일파를 척결하려는 '반민족행위처벌법'이 통과되었고 급행으로 '반민족행위특별조사위원회'(반민특위)가 발족해 업무를 시작하자 이승만은 크게 당황했지요. 김상덕 반민특위위원장은 이승만의 공공연한 만류, 회유, 강압에도 흔들리지 않고 친일파 청산 작업을 진행했습니다. 이에 이승만은 나라의 틀을 근본적으로 친미파의 세상으로 만들려면 국회부터 바꾸고 최후로는 김구를 없애야겠다는 밑그림을 그렸을 것입니다. 그래서 1949년 5월부터 8월까지 반민법 제정에 앞장섰으며 미군 조기 철수를 주장하던 국회의원을 제거하려고 '국회 프락치 사건'을 조작했습니다. 국회의원을 빨갱이로 만들어 투옥시켜버리자 세상은 공포로 떨었고, 그런 분위기에서 경찰을 동원해 반민특위 사무실을 급습해 직원들을 깔아뭉개며 서류를 압수하는 패악을 저질렀습니다. 그러나 국민적 여망이었던 친일파 청산의 열기는 사라지지 않을 것이고 그 구심점은 백범이었기 때문에 결국 자신의 영구집권을 위해서는 그를 제거해야만 했던 것입니다. 1949년 6월 26일에 백범이 암살되었지요. 이런 궤계가 이승만의 짓인지 미 정보작전의 결과인지 둘 다의 협잡인지는 미궁입니다. 더 흥미로운 사실은 이렇게 김구를 암살한 나흘 뒤인 6월 30일, 주한미군이 고문단만 남겨둔 채 철수했다는 사실입니다. 1949년 6월은 이래서 남한에서 친일·친미파 정권이 확고히 섰고, 임무를 완수한 미군이 철수한 달이었는데, 바로 1년 뒤에 한국전쟁이 터진 것입니다.

작은아버지 구하러 간 아버지 영영 돌아오지 않다

유성호 토지개혁은 어떻게 되었나요? 남과 북 모두 큰 과제로 대두된 사안 아닙니까?

임헌영 두 번째 과제였던 토지개혁 역시 매우 급했습니다. 80퍼센트가 빈농에 소작농이었던 시절이었지요. 빨치산들의 입산 동기가 토지 문제에서 비롯되었음은 조정래 소설 『태백산맥』이 실감나게 그려주고 있어요. 이승만은 자신이 가진 땅이 전혀 없는 데다 자신을 적대할 한민당의 지지기반이 지주들이라 그 세력을 약화시키기 위해서라도 토지개혁을 주장할 수밖에 없었던 것입니다. 그러나 북한처럼 무상몰수 무상분배가 아니라 유상몰수 유상분배를 함으로써 지주들의 증오심을 살짝 피해갔지요. 이런 일의 적임자는 역시 공산주의 운동 경험자들이기에 늙은 여우 이승만은 일제 치하에서 공산당 조직에 참여했던 조봉암을 농림부장관으로 발탁해 농지개혁법 시안을 맡깁니다. 이 일로 조봉암의 인지도가 치솟을 것을 미리 차단하고자 농림부 예산에서 장관 관사 수리비를 전용했다는 불명예를 뒤집어씌워 사직시켜버린 뒤에 농지개혁법을 선포했습니다. 각종 부수사항을 달아 시행한 것은 1950년 4월 10일이었고, 이 때문에 빨치산들이 대거 하산해 반민특위를 테러한 이승만에 대한 비난까지도 무디어졌습니다.

유성호 해방기와 관련해 대구항쟁의 큰 파도가 집안에 밀려왔고, 단독정부 수립이나 전쟁 과정에서 선생님 가족들이 겪었을 신산고초가 말이 아니었겠는데요?

임헌영 1950년 초등학교 4학년이 된 나는 새로운 담임을 맞았고 학교생활이나 등하교 길도 무척 재미있었지만 왠지 모르게 세상은 어지럽게 느껴졌어요. 그해 여름방학은 의외로 빨리 시작되어 어른들이 저마다 쑥덕거렸습니다. 6·25 전쟁이 터진 걸 아이들은 정확히 몰랐지요. 어머니는 혹시 피란 갈지 모른다며 쌀을 빻아 백설기 덩어리를 연거푸 쪄내서는 딱딱하게 굳어지도록 그늘진 골방에다 널어 말렸고, 우리들은 그걸 훔쳐 맛있게 먹곤 했습니다. 그런 와중에 보도연맹 관련자 일제 검거령이 내려 작은아버지가 감옥에 갇혔으니 어서 구명운동을 해야 한다는 소식이 들려왔습니다. 아버지는 무척 망설였지만 어머니는 형인 아버지가 나서야 한다고 독촉해댔어요. 결국 아버지가 논매기 때 필요한 반찬거리를 살 겸 몇 가지 볼일을 묶어 의성 읍내로 떠난 게 아마 1950년 7월 15일, 16일경이었을 거예요. 나는 이웃 나들이 배웅이라도 하듯 바라만 보았는데, 그게 지상에서 본 아버지의 마지막 모습이었지요. 논매기 날이 지나도 아버지에게서는 아무런 소식이 없었고 포성은 점점 커져가는 가운데 의성 읍내의 작은어머니가 세 딸을 데리고 우리 집으로 피란 와서야 저간의 정황을 들을 수 있었습니다.

아버지는 인맥을 동원해 동생 구출 작전에 나섰다가 도리어 자신까지 갇히게 되었지만 곧 풀려났고, 작은아버지도 석방시켜주겠다는 확언까지 받았다는 겁니다. 그렇게 석방된 아버지가 작은아버지 집에서 막 잠자리에 들려던 시각에 황 아무개라는 형사가 들이닥쳐 다시 아버지를 잡아가고 말았다는 것이었어요. 작은아버지는 읍내 이웃이었던 황 형사와 평소에 가깝게 지냈는데 그가 작은아버지 소유의 공터를 팔라는 걸 거절한 뒤부터 안면몰수했다고 해요. 작은아버지가 연행되자 작은어머니는 정종 큰 병과 돈뭉치를 싸들고 찾아갔으나 냉대만 당했다고 했어요. 작은어머니는 두 딸을 우리 집에 맡기고 어린 막내딸만 데리고 아버지와 작은아버지가 행여 후퇴하는 경찰들에게 연행되어 대구형무소로 가지 않았는지 알아본다면서 떠났습니다. 우리 가족은 아버지를 기다리느라 오도 가도 못한 채 집에 남기로 했지요.

유성호 그때 시골에서도 남북 양측 군인들의 모습을 볼 수 있었지요?

임헌영 아침부터 신작로가 부산하고 먼지가 뽀얗게 계속 일어났어요. 군인들을 잔뜩 태운 트럭이 그 길이 생긴 이래 가장 많이 꾸역꾸역 지나갔습니다. 다들 풀이 죽어 피곤해보였어요. 미처 트럭을 못 탄 군인들이 줄도 안 맞추고 터벅터벅 걸어서 지나갔는데, 병사들이 집으로 들어와 아침밥을 달라고 했어요. 우리 집에도 군인들 여럿이 들이닥쳐 어머니가 계속 밥과 호박국을 끓여댔습니다. 그들은 이제 곧 인민군들이 올 테니 어서 피란을 떠나라고 했어요. 부산하던 마을이 잠잠해진 건 해가 중천에 떴을 때였습니다.

나는 동무들과 마을 앞 냇물에서 목욕을 하던 중이었습니다. 한참 물놀이에 신이 나 있는데 갑자기 총성이 울려 얼른 동네 쪽을 바라봤어요. 대추나무들이 늘어서 있는 둔덕배기에서 한 군인이 논둑 속으로 날쌔게 몸을 피해 건넛마을 쪽으로 도망쳤습니다. 그 뒤로 사람은 보이지 않는데 불이 번쩍하며 총소리가 연방 울렸습니다. 나중에 알고 보니 구구식 장총 소리였습니다. 우리는 혼비백산해 몸을 말릴 틈도 없이 날쌔게 옷을 들고 각자 집으로 뛰어갔어요. 모두가 뒷방에 쪼그리고 있는데 마을이 쥐 죽은 듯 조용해서 더 무서웠어요. 마을에서는 기독교 신자였던 김 씨네와 동장네만 피란을 떠났고 그 외에는 그대로 남았습니다. 그날 오후 동네 사람 모두가 마을 앞 냇가로 나가 홑이불로 천막을 치고 야영생활에 들어갔습니다.

난생처음 들판에서 밤을 새웠는데 아이들은 마냥 신이 났지요. 이튿날 낮에도 들판에서 신나게 뛰놀았는데 별일이 없자 집으로 돌아왔어요. 그런데 그날 밤 갑자기 온 집 안이 대낮처럼 환해진 거예요. 놀라서 밖으로 나갔던 어머니가 얼른 도망

가야겠다며 우리들을 깨웠습니다. 방 안까지 환해지자 너무나 놀라 우리는 미처 옷 입을 겨를도 없었어요. 어른들은 속옷 차림이었으나 조무래기들은 발가벗고 잤기 때문에 나와 남동생, 사촌 여동생들은 벌거숭이인 채로 들판을 가로질러 냇가로 달려갔습니다. 한참 지나자 하늘 높이 떠 있던 불덩어리는 사라졌어요. 조명탄이었음을 나중에야 알았지요.

유성호 전쟁의 공포가 그대로 전해오네요. 소년의 천진함과 어른들의 광포한 세계가 겹쳐 영화의 한 장면 같습니다.

임헌영 뜬눈으로 밤을 새운 이튿날 아침에 보니 마을은 언제 그랬냐는 듯이 평온했어요. 그날 밤 또 난리가, 아니 멋진 구경거리가 났지요. 야심한 밤에 갑자기 펑 하는 대포소리에 이어 먼 산에서 하늘 높이 불덩어리가 날아가더니 우리 마을 뒷산에 폭발음을 내며 불꽃이 화톳불 더미를 뿌리듯이 사방으로 흩날렸습니다. 그러자 뒷산에서도 맞대응해 대포 소리가 울렸고 반대로 마을 위를 날아 들판 건너 산에서 터졌습니다. 그렇게 대포 공중전이 오갈 때 보았던 불꽃은 가히 장관이어서 무서움조차 잊게 했습니다. 제주 4·3 항쟁의 대표작가 현기영은 함포사격을 아름답다고는 할 수 없다고 했지만 그럼에도 불구하고 철없던 어린아이 눈에는 장관이었습니다. 아마 바로 옆에서 포탄이 터져 죽어가는 참상이 없었기에 그랬을 것입니다. 어느 쪽 발포인지는 모르겠지만 몇 발은 들판 한가운데서 터지기도 했으나 다행히 마을 안에는 한 발도 안 터졌습니다.

이튿날 동네 사람들은 다들 보따리를 싸서 집을 나섰습니다. 우리가 간 곳은 이웃 봉양면의 냇가였는데, 그 마을에는 부자

한국전쟁으로 홀로 된 세 동서. 작은어머니 김향이, 어머니, 막내 숙모 유화영(왼쪽부터).

로 소문난 술도가 사장 집이 있었습니다. 산뜻하고 아담한 기와집에 곳간이 별도로 세워진 정갈한 저택이었는데 우리 또래 몇은 작당해 그 집에서 된장이며 고추장을 야금야금 퍼 날라 왔어요. 냇물 건너 과수원의 탱자 울타리를 뚫고 들어가 닥치는 대로 과일을 따먹기도 했습니다.

유성호 전쟁이란 인간을 야생으로 변모시키는 마술사이기도 한 것 같습니다. 그 와중에도 아이들은 철모르고 아주 신이 났군요.

임헌영 그 들판에서 야트막한 산 너머로 폭격기가 내리박으며 기관총과 폭탄을 터뜨리자 폭음과 함께 연기들이 높이 솟아오르는 게 보였습니다. 그걸 보고 "아, 우리 동네가 다 타는구나!" 하고 울부짖었지요. 이렇게 냇가에서 상당 기간 지내는 동안 폭격은 잠잠해졌고 포성은 아득히 멀어져버려 하나둘씩 마을로 돌아갔습니다. 귀로의 들판에는 시신들이 여기저기 나뒹굴었고 주변에는 피가 고여 있었지만 무섭거나 불쌍한 생각은 전혀 들지 않았습니다. 천진했던 한 소년이 며칠 사이에 그렇게 변할 수가 있을까 싶어요.

고갯길을 넘어 우리 동네를 바라보니 멀쩡했습니다. 초등학교가 있는 초전동은 폭격으로 허물어져 있었습니다. 웅장하던 참봉댁 넓은 마당에는 폭탄 자국이 연못처럼 파인 데다 우아하던 기와집들이 다 무너져버렸습니다. 학교도 그랬어요. 본동과 별채 세 개 교실이 깡그리 허물어져 버렸습니다. 교장 선생님 사택 본채는 완전히 주저앉아버렸고, 도르래 장치가 달렸던 우물에는 피카소의 반전 명화 「게르니카의 학살」처럼 두 눈을 부릅뜬 황소 대가리가 우물 뚜껑을 대신해 덩그러니 얹혀 있었습니다. 가을 운동회가 끝난 뒤 쌓인 땅콩껍질처럼 탄피들로 그득하던 운동장과 우리가 매달려 못살게 굴었던 고목들은 이런 풍경을 나 몰라라 하는 표정으로 여전히 우리를 반겼습니다. 우리는 탄피를 열심히 주워 모아 각자의 비밀 구덩이를 만들어 파묻어두었습니다. 나중에 그걸 고철상에게 팔아 눈깔사탕을 사먹었지요.

역사의 탁류 속에서 보낸 소년 시절

유성호　인민군들은 이미 들어와 있었나요?

임헌영 그렇죠. 우리 집에는 동네 주둔병을 통솔하는 인솔자 격으로 세 명이 사랑방을 차지했습니다. 그들 중 두 명은 기술병으로 멈춰섰던 우리 정미소를 손질해서 돌리기 시작하면서 다시 온 집 안에 전기불이 들어왔어요. 정미한 쌀들은 바로바로 어디론가 실어갔어요. 나머지 한 명은 계급장도 안 달았는데, 날카롭고 권위 있어 보였어요. 그들은 사랑방에서 자기들이 직접 밥을 지어먹으면서 한 번도 뭘 달라고 하지 않았습니다. 오히려 어머니가 자진해서 반찬이나 별식을 주었지만 사양하다가 마지못해 받곤 했어요. 어느 날 내가 들판으로 소를 먹이러 나갔다가 인민군에게 소를 빼앗긴 적이 있었습니다. 군복과 모자에 붉은 줄이 쳐진 걸로 미루어볼 때 필시 보급담당 장교였을 거예요. 너무나 놀라 얼른 우리 집의 그 인민군에게 일렀더니 그가 달려가 우리 소를 되찾아주었어요. 보급장교는 이렇게 하면 곤란하다고 항의했지만 우리 집 인민군이 "잔소리 마!"라며 그의 말을 옹골차게 깔아뭉개더군요.

유성호 인민군 점령 치하에서는 어디든 학동을 소집해서 뭔가 가르쳤다던데 그 마을도 예외가 아니었겠지요?

임헌영 꼬맹이들은 이 집 저 집 다니며 인민군들과 친해졌습니다. 그들은 밤이면 마을 재실로 꼬맹이들을 모아 북한 「애국가」와 「김일성 장군의 노래」 등을 가르쳤습니다. 그중 「애국가」가 아직도 기억납니다.

아침은 빛나라 이 강산
은금에 자원도 가득한

한국전쟁 때 북행한 임상환 형님.

형이 직접 손질한 일어 포켓판 영어사전 표지.

삼천리 아름다운 내 조국
반만년 오랜 력사에
찬란한 문화로 자라난
슬기론 인민의 이 영광
몸과 맘 다 바쳐 이 조선
길이 받드세.

백두산 기상을 다 안고
근로의 정신은 깃들어
진리로 뭉쳐진 억센 뜻
온 세계 앞서 나가리
솟는 힘 노도도 내밀어

인민의 뜻으로 선 나라
한없이 부강하는 이 조선
길이 빛내세.

유성호 경기도 고양 출신으로 월북한 시인 박세영의 가사지요. 배재고보와 연희전문을 나와 카프문학에 투신했던 시인입니다. 나중에 그가 쓴 "림진강 맑은 물은 흘러흘러 내리고/물새들 자유로이 넘나들며 날건만/내 고향 남쪽 땅 가고파도 못 가니/림진강 흐름아 원한 싣고 흐르느냐"라는 시 「림진강」에도 곡을 붙여 한때 일본에서 널리 불렸고 한국에서도 꽤나 알려져 있지요.

임헌영 「김일성 장군의 노래」 작사자인 시인 이찬은 『친일인명사전』에도 실려 있는 친일파입니다. 9월이 깊어지면서 점점 대포 소리가 가까워지더니 인민군들끼리 쑥덕공론이 늘어났습니다. 어느 날 그들이 마을에서 슬슬 사라지기 시작하더니 우리 집의 인민군들도 작별을 고했습니다. 큰형과 작은아재와 오촌 아재를 비롯한 집안 청년들이 고향을 등진 것도 바로 그 시점이었습니다. 어머니는 집안의 귀한 물건과 논밭 문서 등을 몽땅 큰형 가방에 챙겨주며, 다 죽어도 너만이라도 살아 우리 집안의 대를 이어달라고 당부했습니다. 형은 마치 읍내 학교에라도 가는 듯이 발길을 옮겼는데, 그게 내가 본 큰형의 마지막 모습이었습니다.

마을에서는 국군이 들어오면 피란 안 간 사람들을 다 죽일 거라고 수군댔습니다. 큰할아버지는 중국 병법 36계의 32계인

공성계(空城計)를 본받아 온 집의 문을 활짝 열어놓고 다들 피란을 떠나라고 윽박질렀습니다. 한꺼번에 몰려다니면 몰살당한다며 어머니와 막내 누나와 막내 남동생은 동네의 다른 작은 초가집으로 가고, 나머지는 사촌들까지 대가족 일행이 정처 없이 산길을 따라 북쪽으로 내달았습니다. 봉양면 면 소재지인 도리원을 거쳐 가다 쉬다 하면서 안평면을 지나 신평면 어느 산골까지 갔습니다. 산길과 들길에는 시신이 자주 눈에 띄었고 한밤중에 계곡길을 갈 때는 머리 위로 교전하는 총알들이 만들어내는 빨강 노랑 파랑 불꽃들이 튕겨 날았으나 이상하게 겁이 나지 않았습니다.

우리는 어느 날 아침 일찍 길을 나서 산 비탈길을 올라갔어요. 멀리서 총소리가 한 발 울리더니 "거기 사람들, 도망가지 말고 당장 멈추시오!"라는 고함이 들려왔습니다. 산 아래쪽에 10여 명의 군인들이 총을 메고 우리 쪽으로 다가오고 있었습니다. 우린 벌벌 떨었지요. 계급장이나 어떤 표시도 없는 군복 차림(아마 선발 특공대?)이어서 그들이 국군인지 인민군인지 구별조차 못했습니다. 지휘관으로 보이는 군인이 어딜 가느냐고 물었고, 막내 숙모가 우리 외가 동네를 거명하며 집으로 돌아가는 중이라 둘러댔습니다. 군인은 지금 여긴 위험하니 며칠만 더 머물다가 나중에 가라면서 산 밑으로 내려가라고 명령했습니다. 우리가 순순히 내려가자 그들은 산을 급히 오르며 "우리는 용감한 국방군!"이란 구호를 외치더군요. 그제야 그들이 국군임을 알 수 있었습니다. 우리는 온 길을 되돌아가 집을 향해 서둘러 걸었습니다. 신작로가 나오고 도리원에 이르자 무장병들을 가득 태운 군 트럭들이 달리며 힘차게 군가를 부르면서 북진했습니다. 불과 며칠 간의 이별 후에 다시 만난 우리 가족은 서로 얼싸안고 울었습니다.

유성호 생사의 기로를 헤맸던 소년기의 파노라마가 아슬아슬합니다. 그런데 수복 후 민심이 달라졌을 텐데요.

임헌영 당연하지요. 포성이 점점 멀어지더니 아예 사라져버렸고 들에는 농작물들이 풍성하게 익어갔어요. 난리 통엔 풍년 든다는 말이 있잖아요. 그렇게 한동안 잠잠해지는가 싶더니 피란 떠났던 사람들이 돌아오면서 마을이 수런거리기 시작했어요. 그들은 남아 있던 우리를 은근히 '빨갱이들'이라 수군대면서 유세를 부리기 시작했어요. 특히 기독교 신자 집안의 한 할머니는 우리 집에 자주 들러 여기저기를 감찰하듯이 쑤셔보다가 뭔가 탐이 나면 "이거 우리 건데 왜 여기 있지" 하고 꼬투리를 잡았습니다. 그러면 어머니는 두말 않고 "예, 가지고 가시이소"라고 선뜻 내주었습니다. 아끼던 멍석 등 여러 물품을 그런 식으로 빼앗겼지만 우리는 아무런 항변도 못했을 뿐만 아니라 어머니는 죄인처럼 머리를 조아리며 선뜻 "예" 하며 다 내주었습니다.

그 시절 첫 인사말은 "피란 갔어?"라는 것이었고, 갔다면 "어디까지 갔지?"라고 따졌습니다. 안 갔다면 왜 안 갔느냐, 남아서 뭐 했느냐면서 캐물었어요. 그 통에 나도 거짓말쟁이가 됐지요. 무조건 피란 갔다고 대답했고 "어디까지 갔어?"라고 물으면 "청도 냇가요"라고 둘러댔습니다. 피란 장소가 청도 아니면 밀양의 어느 이름 모를 냇가였다고 들었기 때문이었지요.

아버지를 잡아넣은 황 형사도 가끔씩 찾아와 동네 사람들에게 우리 집에 대해 이것저것 묻고 다녔습니다. 그러다 벼 타작에 정신없이 바쁜 어느 날 아예 우리 집으로 들이닥쳤습니다. 양복 차림에 검은 안경을 쓴 그는 일꾼 하나를 불렀습니다. 잽싸게 어머니가 그 일꾼에게 다가가서 술 한 대접 마시고 가라며 귓속말로 아무것도 모른다고, 피란도 갔다 왔다고 해달라고 사정해서 가까스로 위기를 넘겼어요.

군가 부르며 전쟁놀이에 빠지다

유성호 인민군과 국군의 교차, 피란과 귀가, 피란 여부로 인한 갈등에도 불구하고 큰 희생이 뒤따르지 않은 것은 참 다행입니다.

임헌영 이런 혼란 속에서 가을이 깊어지자 개학이 되었습니다. 교장 선생님이 전교생 조회에서 말을 잇지 못한 채 돌아서서 울었지만 우리는 철없이 교장 선생님 흉내를 내며 낄낄댔어요. 후일담이지만 손명술 교장 선생님은 박정희와 대구사범 동기동창으로 5·16 후 교육감을 지냈습니다.

폭격으로 교실을 잃어버려 몇몇 학급만 학교에서 수업을 하고 나머지는 이웃 마을의 재실이나 교회 등으로 뿔뿔이 흩어져 그곳으로 공부하러 다녀야만 했습니다. 우리 4학년 1반이 배치된 곳은 학교보다 더 먼 대리동의 작고 초라한 교회였습니다. 이 마을은 한국소설가협회 이사장인 김호운 작가와 이용섭 시인의 고향입니다. 그마저도 4, 5학년이 함께 써야 했기에 매주

교대로 오전·오후반으로 나뉘었는데, 담임교사의 기분에 따라 비가 오지 않는 날에는 야외 수업을 겸했습니다. 오전반일 때는 수업을 끝내고 바로 야외 수업 장소로 가서 도시락을 까먹은 뒤에 수업을 받았고 오후반일 때는 좀 일찍 아예 그곳으로 등교했습니다. 교실 밖에서의 수업을 우리는 '임간(林間) 교실'이라 불렀어요.

유성호 전쟁은 아이들까지도 황폐하게 만들어버리지만 그런 서정성도 있었군요. 또 무슨 노래들을 불렀나요?

임헌영 동요 같은 노래가 사라지고 아이들도 군가만 불러댔어요. 놀이는 무조건 전쟁놀이로 적군과 아군으로 나눠 싸웠어요. 전쟁 전에는 운동회 때나 보건시간에 홍군과 백군으로 편을 나눴는데 홍군은 사라지고 청군으로 바뀌어서 머리에 두르던 리본도 빨강은 없어지고 청색으로 변했습니다. 즐겨 불렀던 군가는 「전우여 잘 자라」였고, "남아 이십 꽃이라면 이십여 세이 가슴/내일은 싸움터로 찾아갈 테야/사내답게 태어나 사내답게 죽음을. 어머님 전 다시 한번 맹세합니다"라는 노래도 참 좋아했는데, 그 작사가인가 작곡가가 월북해버려서 금지곡이 되었다는 소문이 돌기도 했습니다.

어쩌면 일리가 있을지도 모른다는 확신을 준 사건이 있었습니다. 우리 마을에 젊고 아름다운 여자와 중년 남자가 남매간이라며 나타난 건 1951년 중반이었습니다. 이 집 저 집 옮겨 다니며 어렵게 지내던 그 남매는 둘 다 원산에서 초등학교 교사로 재직하다가 월남했다는 소문이 났고, 김옥녀라는 이름의 여성은 큰누나 또래여서 우리 집에서 살다시피 하며 친하게 지냈습니다. 천사처럼 아름다웠고 목청도 곱고 또렷하며 말하는 악센트가 무척 매력적이었습니다. 점점 서로 정이 들자 그녀는 북한이 싫어 떠난 게 아니라 오빠가 남한으로 가려는 걸 눈치 챈 게 빌미가 되어서 그의 꼬임에 넘어가 어쩔 수 없이 따라왔다며 원산을 그리워하는 이야기를 자세히 해주었습니다. 어머니조차도 큰형을 떠올리며 그녀를 며느리 삼고 싶다면서 반기곤 했어요. 나중에 알고 보니 그들은 부부였습니다.

그런데 그녀가 북한 군가라며 불렀던 노래가 "남아 이십 꽃이라면"이었는데, 가사가 사뭇 달랐습니다. "오랫동안 이곳 소식 전해주지 못해도 삼팔선의 이 아들은 건강합니다"로 시작하는 일절에 이어 "이 아들이 돌아올라 기다리지 마소서, 이 땅 위의 원수들을 파멸하고서 행복스런 새 나라 민주국가 건설을 어머님 전 다시 한번 맹세합니다"라는 가사였습니다. 내가 남한판 가사로 부르면 그녀는 북한판으로 불렀지요. 이들 부부는 마을에 주둔한 국민방위군에 불려가 한참을 시달리다 풀려났는데, 반공 계몽연극과 강연회에 동원되어 여자는 배우로 무대에 섰고 남자는 북한 비판 연설을 했습니다. 이후 그들은 신분증을 얻어 마을을 떠났어요.

우리 마을에서 조문초등학교 가는 길 오른쪽 밭 모서리에는 6·25 때 거기서 생을 마감한 인민군 '리영태의 묘'라는 엉성한 판자때기 묘비명을 세워둔 가묘가 있었습니다. 내가 중학교를 졸업할 때까지도 그 묘의 주인공은 아무렇게나 쌓은 흙더미 아래에서 발목과 군화를 드러낸 채 누워 있었습니다. 이웃 마을 해병대 출신 아저씨가 그의 금이빨을 뽑아 주머니에 넣고 다니며 자랑을 해댔어요. 한참 뒤에야 마음씨 착한 밭 임자가 흙 잔디를 입혀 온전한 무덤으로 만들어주었지요. 진작 그렇게 해주고 싶었겠지만 인민군 묘를 손질해주면 행여 빨갱이로 몰릴까 두려웠던 탓에 우리는 그 시신의 균화를 오래도록 봐야 했습니다. 해병대 출신 아저씨가 시신의 금이빨을 뽑아 자랑하는 것조차 아무도 뭐라고 하지 못했거든요.

유성호　대개 전쟁을 겪으면 아이들은 성의식에 눈뜨게 되는데, 혹 그런 현상은 없었습니까?

임헌영　당연히 있었지요. 프로이트가 아동 성장기 중 잠복기(latency stage, 6~12세)라 부르는 초등학생 때를 공자도 남녀칠세부동석이라 했지요. 윤동주가 「별 헤는 밤」에서 "패(佩), 경(鏡), 옥(玉) 이런 이국(異國) 소녀들의 이름"을 그려본 나이이기도 한데, 나 역시 한국전쟁을 겪으며 여성의 존재에 눈뜨게 되었습니다. 나보다 세 살 많은 데다 한 학년 위인 막내 누나의 단짝이자 우등생으로 전교에 소문난 신 모가 우리 집에 놀러와 한 방에서 잔 적이 있었습니다. 그땐 온 가족이 큰 안방에 함께 잤으니까요. 겨울밤 호롱불 밑에서 그 예쁜 누나가 재잘거리던 모습이 너무나 시선을 끌어 괜히 가슴을 두근거렸던 설렘이 지금도 기억나요. 또 같은 동네 누나의 동기 중 최 모도 우리 집에 자주 들락거려 그 주변을 얼찐거리자 누나가 왜 자꾸 귀찮게 구느냐며 나를 쫓아냈습니다. 학교에서는 한 학년 아래 김 모에게 자꾸 시선이 쏠려 몰래 훔쳐봤던 순간들도 있습니다. 모두 천진난만했던 소년기에 내 가슴을 울렁거리게 했던 소녀상들이지요. 그녀들이 베아트리체가 아니어서인지 내가 단테가 못 되어서인지 더 이상 진척된 건 없으나 내 어린 날의 추억으로 선명하게 녹화되어 그녀들이 어디에서 어떻게 살고 있을지 궁금해지곤 합니다.

유성호 그래도 경제적으로는 남자 어른들이 사라져 생활이 몹시 궁핍했을 것 같은데 힘드셨지요?

임헌영 나는 철딱서니 없이 쏘다니며 학교에 다녔지만 집에만 오면 밤마다 초상집처럼 어머니와 세 누나들이 서로 부둥켜안고 대성통곡을 했어요. 가끔 형사가 찾아와서 험악한 표정으로 닦달하고 간 날 밤엔 더욱 서럽게 울었습니다. 그들을 달래주거나 집안일을 건사하기에 나는 턱없이 어렸습니다. 무학인 어머니는 초등학교만 나왔어도 돈벌이를 할 텐데 하고 한숨 쉬곤 했습니다. 세 누나들은 틈만 나면 윤심덕의 노래 「사의 찬미」를 합창했습니다. 고향집, 하면 떠오르는 첫 장면이 어머니의 울음과 이 노래랍니다.

광막한 광야에 달리는 인생아
너의 가는 곳 그 어디이냐
쓸쓸한 세상 험악한 고해에
너는 무엇을 찾으러 가느냐
(후렴) 눈물로 된 이 세상이
나 죽으면 그만일까
행복 찾는 인생들아 너 찾는 것 설움

유성호 역사의 격류와 함께 선생님의 삶으로 지난했던 어린 시절이 흘러가버렸습니다. 역사의 탁류와 함께였지만, 소년의 앳된 시선에 비친 순간들이 아름답기도 합니다. 윤동주의 시 「소년」에서 바라보던 그 아름다운 순간 말입니다. 폭력의 시대와 맞선 가냘프고도 순정한 힘이 그 안에 출렁거리는 듯합니다.

3 아버지와 형의 흔적을 찾아서

귀신이 진짜 있기나 할까

유성호 전쟁 중에 선생님은 중학생이 되셨지요? 당시 중학교 입시제도는 전국 일제 국가고사였을 것이고 선생님께서도 이런 과정을 거치셨을 것 같습니다.

임헌영 나는 고향 모교가 아닌 8킬로미터쯤 떨어진 가음초등학교에서 국가시험을 치렀어요. 초등학교 동기 120여 명 가운데 중학교에 진학하는 사람은 30명 정도였습니다. 거의가 금성면 탑리에 갓 설립된 금성중학교로 진학했고, 의성중학교 진학은 10여 명, 대구로 간 학생은 전무했습니다.

유성호 이제 본격적인 외지 생활을 하시는 셈인데요. 의성읍 진출이 무엇보다 인상 깊으셨겠습니다.

임헌영 정겨웠던 아버지와 큰형의 추억과 함께 공포와 혐오감이 드는 의성읍이었습니다. 틈날 때면 후죽동 둔덕길 골목의

임헌영이 다녔던 당시의 의성중학 전경(김은수 의성문협 회원 제공).

옛 추억을 더듬기도 했고, 큰누나가 일러준 큰형이 좋아했다는 여학생 집 부근에도 얼쩡거리며 전쟁을 치르고도 그대로인지 살펴보곤 했지요. 아버지와 작은아버지 그리고 우리 동네 여러 청년들이 한때 갇혔었다는 의성경찰서 정문 앞을 괜히 서성거리기도 했습니다. 옛 건물은 폭격으로 사라졌고 신식 회색 시멘트 3층 구조였는데 정문 앞은 도로에 면해 있었으나 옆과 뒤는 다른 집들로 막혀 앞에서만 보았습니다. 건물 1층 한쪽 옆으로 툭 튀어나온 원형으로 된 부분이 구치소라고 하더군요. 지금도 저 안에 아버지가 계신 건 아닐까 하는 망상도 해보았지요. 정부는 사람을 죽였다고 통보하지도 않았고 유족들만 감시해댔지만 우리는 아무런 방어도 할 줄 몰랐습니다.

어머니는 해마다 '토정비결'을 보거나 점을 치면서 혹시 아버지가 살아 있을지도 모른다는 기대를 놓지 않았습니다. 의성

중학 건물은 폭격을 면한 옛 교사 몇 동과 새로 지은 회색 시멘트 2층 건물로 나뉘어 있었습니다. 2층 건물은 피사의 탑처럼 약간 운동장 쪽으로 기울어져 있었는데, 옛 교사는 의성공업고등학교가 썼고, 기울어진 2층 건물은 의성중학교 전용이었습니다.

1937년 의성공립농업실수학교로 세워진 이 학교는 1946년에 의성공립공업중학교로 바뀌었다가 교육법 개정에 따라 1952년에 중, 고교로 분리되었습니다. 큰형이 바로 이 학교 토목과 1기생으로 들어가 4학년 때 전쟁을 만났거든요. 나는 정문에 들어서자마자 먼저 별관인 공업고등학교부터 기웃거려 보았습니다. 분명히 형처럼 전쟁 통에 사라져버린 학생들도 많을 테고 큰형과 친했던 친구들 중에는 복학한 학생도 있었겠지만 아무런 연고도 없는 나로서는 속으로만 슬픔을 달래야 했습니다.

중학교 때 나는 기차를 타고 통학했습니다. 경북 북부의 중앙선 철도교통은 당시 무척 한가했어요. 경주에서 새벽에 출발한 '통근열차'는 탑리역에 7시 20분 전후에 도착했는데, 의성역에 닿으면 등교 시간으로는 너무 빨랐지만 내려서 학교까지 30분 정도 걸어야 했어요. 이 열차는 안동에 8시 20분경 도착하는데, 반대 코스로 안동역에서 새벽에 출발한 통근열차는 경주에 8시 20분경 도착했습니다. 통근열차 말고는 여객열차가 하루에 딱 2회 더 있었어요. 부산에서 청량리까지 가는 여객열차는 탑리역에서 오후 3시경에 있었고, 밤 9시경의 청량리행은 부산발 급행이라서 탑리에는 정차하지도 않았습니다. 우리 고향에서는 이 기차가 시계 대신이라 지나가는 것을 멀리서 바라보며 시간을 어림짐작하곤 했지요.

유성호 어린 나이에 원거리 통학을 택했다니 고생이 많으셨겠습니다. 생각나는 사람이나 추억도 많으실 테고요.

임헌영 그건 고생 축에도 안 들었어요. 걷는 건 얼마든지 할 수 있으니까요. 걸어서라도 갈 데가 없어 못 가지요. 통학생은 1~3개월 단위로 패스권을 사는데 아주 쌌지만 시설은 열악했습니다. 기관차의 기적소리가 메조 음조라면 통근차의 기관차는 좀 작고 아담하게 생겨 소프라노처럼 여성의 음조를 냈기 때문에 기적소리만 듣고도 통근차임을 알 수 있었습니다. 여객칸은 화물칸을 개조해서 딱딱한 나무 의자를 부착시켜 만든 것이라 스프링 장치가 형편없어서 열차가 달리면 너무 심하게 덜컹거려 책을 읽기가 어려울 지경이었습니다. 그런데도 누가 버린 신문만 눈에 띄면 걸신을 내서 읽곤 했어요. 문제는 연착이었습니다. 10~20분 늦는 건 예사였고 어떨 땐 한두 시간, 드물게는 세 시간, 심하면 다섯 시간 늦을 때도 있었습니다. 그런가 하면 정해진 시간보다 더 빨리 도착하기도 했습니다. 우리 집에서 탑리역까지 얼추 4킬로미터를 걸어가야 하는데, 온 동네에 시계 하나 없던 터라 순전히 어머니의 감각으로 새벽밥을 지어 도시락까지 챙겼는데, 흐리거나 비가 내리는 날은 탑리역 바로 아래인 우보역에서의 기적소리까지 들리곤 해서 바로 기차가 오는 줄 착각하고 냅다 달리기도 예사였습니다.

나는 어린 시절 내내 인민군 '리영태의 묘'를 지날 때나, 집에서 제사를 지낼 때나, 할아버지 산소 앞에 섰을 때마다 귀신에 대해 자주 생각해보곤 했어요. 제사 때면 집안 어른들이 내가 쓴 지방을 내리라며 "너는 특별한 경우라 지방을 안 써도 된다"고 했습니다. 조부모님 제사니까 상주는 마땅히 맏아들인 아버지나 맏손자인 형님이 쓰는 게 도리지요. 나는 차남이라 무자격자란 겁니다. 정 쓰려면 지방이 아니라 그런 정황을 다 아뢸 수 있게 긴 축문을 써야 하는데 그걸 쓸 만한 문장가가 우리 집안엔 없었습니다. 이럴 때 나는 과연 귀신이, 과연 저승이 있을지를 여러 번 생각해보았는데, 결론은 늘 '없다'는 쪽이었습니다. 종적 없이 사라진 우리 식구들은 필시 원한에 사무친 원귀가 되어 있을 텐데, 도무지 어머니나 저희들 꿈에조차 나타나주지 않았어요. 어린 마음에 만약 귀신이나 저승이 있다면 그 억울함을 『장화홍련전』이나 『햄릿』에서처럼 꿈에라도 나타나 알려주어야 하지 않을까 생각했어요. 그러다 보니 '리영태의 묘' 앞에서도 무서워 떨 이유가 없다는 결론이 나더군요.

유성호 의성읍에는 작은어머니가 살고 계셨지요? 중학 생활과 그 시절에 주로 접하셨던 책들 이야기도 듣고 싶습니다.

임헌영 봄부터 가을까지는 통학이 가능했으나 12~2월에는 작은어머니 집에 기숙했는데, 작은어머니는 생계 수단으로 하숙을 치고 있어서 나는 다른 하숙생들과 한 이불을 덮고 지냈습니다. 작은어머니는 마당에 양계도 했고, 몰래 누룩을 만들어 파는 등 혼자 세 딸을 키우느라 무척 고생했습니다.

중학교라봤자 피아노도 한 대 없어 음악 선생님이 풍금 한 대를 이 교실 저 교실로 끌고 다니며 수업했습니다. 의성 읍내에 살던 학생들은 개명(開明)해서 책을 많이 봤어요. 그 학생들이 1952년에 창간된 월간 『학원』을 매달 보기에 덕분에 나도 눈요기를 했는데 거기에 글이 실린 학생들이 여간 부럽지 않았지요.

유성호 당시 누구나 생활이 궁핍하기가 이루 말할 수 없었을 텐데요.

임헌영 1950년대 초반이니 그랬지요. 전력 사정도 매우 불안정해서 예고 없이 수시로 정전되어 전기가 언제 들어올 지 예상할 수 없는 암흑천지가 되기 일쑤였습니다. 그런 중에도 다들 공공연하게 '도둑 전기'를 썼지요. 남의 집으로 들어가는 전선을 중간에서 따다 선을 연결해 쓰는 수법인데, 들키지도 않았어요.

1학년 때인 1953년에 의성 읍내 전 학생들이 향교 마당에 집결해 합동 위령제를 숙연하게 치른 적이 있습니다. 의성 출신 전사자들을 위한 집회였는데 나로서는 처음 본 대규모 집회였어요. 유해를 모신 흰 상자들을 쌓아두고 여중고생들의 합창에 이어 한 스님이 목탁을 치면서 긴 추념사를 했어요. 이때 나는 아버지를 비롯한 동네 여럿의 생사 여부도 모르는 처지에서 어째서 이들의 죽음만 이토록 대단하게 모시나 하는 생각이 들어 은근히 울분이 솟구치더군요. 그 유해의 영령이 정말 거기에 있긴 할까 하는 잡념을 떨쳐내지 못한 채 순국선열과 전사자 앞에 묵념을 올리자니 만감이 교차했습니다.

유성호 휴전이 된 해군요. 그땐 다른 집회도 많았지요?

임헌영 정전회담 반대 집회가 생각납니다. 온 읍내 초중고교생들을 집합시킨 큰 행사였는데, 군수부터 감투 순서대로 여러 명이 단상에 올라 하나같이 "함마슐드 유엔사무총장 각하에게 보내는 메시지"란 서두를 되풀이해 귀에 딱지가 앉을 정도여서 내가 '메시지'를 '멧돼지'로 고쳐 부르자 옆의 친구들도 따라하며 킥킥거렸습니다. 마침 진짜 멧돼지처럼 튼실한 남성이 돼지 목 따는 옥타브로 기염을 토해내던 찰나였지요. 전사자가 자꾸 생기는데 왜 휴전을 반대하는지 이해가 안 됐습니다.

38선과 한국전쟁과 일본의 간계

유성호 여기서 잠깐 한국전쟁 문제를 짚고 넘어가볼까요?

임헌영 한국전쟁에 대해서는 다양한 연구가 이루어지고 있지요. 하지만 북한이 '민족해방전쟁'으로 미화해도 미·소 제국주의자들이 음험한 속셈으로 한반도를 대수롭잖게 여겨 한바탕 분탕질한 건 명백합니다. 미국과 유럽은 긴 역사에 걸쳐서 러시아를 경계해왔는데 사회주의 체제가 되자 아예 적대감으로 경계가 더욱 깊어졌습니다. 그러던 중 제2차 세계대전이 터지자 독일·이탈리아·일본을 공동의 적으로 맞서면서 유럽·미국·소련은 적과의 동침을 위해 손을 잡지 않을 수 없게 되었지요. 연합국들은 전쟁이 끝난 뒤처리를 위해 카이로, 테헤란, 얄타, 포츠담 회의를 하면서도 서로 속셈은 달랐지요. 스탈린이 미국과 영국에게 얼른 프랑스로 상륙작전을 감행하라고 독촉한 데는 연합국의 힘을 빼놓고 소련 자신은 서부 전선 군대를 빼돌려 동쪽 일본의 관동군과 싸워 얼지 않는 항구라도 얻겠다는 속셈이었겠지요. 이를 모를 리 없는 미국은 스탈린의 말을 들어주는 척하면서 역으로 소련이 일본에게 선전포고를 하라고 독촉합니다. 일본군을 소련과 싸우게 함으로써 미국은 태평양 지역에서의 희생을 줄이려는 계산이었지요. 이런 미국의 속셈을 드러낸 멋진 말이 있습니다.

> "만일 독일이 승리할 것 같으면 우리는 러시아를 도와야 하며 러시아가 승리할 것 같으면 독일을 도와주어야 한다. 그래서 가능한 한 서로 많이 죽이게 하는 것이 좋다."(『뉴욕 타임스』, 1941. 6. 24, 역사문제연구소, 『해방 3년사 연구입문』, 31쪽 재인용)

당시 상원의원이었던 트루먼이 한 말로 미 제국주의의 속내를 잘 드러내줍니다.

유성호 소련과 독일을 치열하게 싸우게 해서 두 나라의 힘을 약화시키겠다는 이이제이(以夷制夷)군요. 결국 트루먼의 뜻대로 되는 거지요?

임헌영 트루먼은 1944년 부통령에 당선되었다가 루스벨트가 죽자 대통령(재임 1945. 4~1953. 1)이 되어 원자폭탄을 투하하고 트루먼독트린을 선포해 전후 반소 냉전 체제를 구축했으며, 한국전쟁 때 유엔군을 파견하는 등 우리 민족사에 막강한 영향력을 행사했습니다. 이처럼 미국은 독일·일본 동맹과 전쟁을 하면서도 속으로는 같은 '연합국'인 소련을 반대했고, 스탈린 역시 이를 간파해 결국 손해를 본 것은 한반도였지요.

정작 노르망디 상륙작전이 실시된 1944년 6월 6일경에는 이미 독일 주력군이 붕괴되어 유럽 전역에서 수세에 몰린 때였고, 특히 러시아군이 그해 3월부터 공세로 전환해 동유럽으로 진격할 즈음이었습니다. 러시아의 유럽 점령은 연합군과 독일 모두에게 초비상사태였기에 독일은 대러시아 동부전선 방어를 조건으로 나치스 체제의 유지를 연합군과 흥정을 벌일 지경이었으나 좌절되었다고도 합니다. 그러니 노르망디 상륙작전을 전개한 것은 러시아가 유럽을 장악하기 전에 독일을 조기 항복시키기 위한 정치적인 계책이었다고 한들 망발이 아니지요.

유성호 두 강대국이 이렇게 여우같이 설치는데 그걸 간파하지 못할 일본이 아닐 것 같습니다. 일본의 대응은 어땠을까요?

임헌영 일본의 걱정은 첫째는 패전 후 자기 나라가 분단되는 것이었고, 둘째는 천황제가 파탄나는 거였습니다. 이를 막고자 소련의 중재를 바랐지만 이미 소련은 내 코가 석자라 동아시아에서 뭔가 소득을 얻으려고만 했습니다. 미국은 그 반대지요. 일본을 항복시키려면 소련의 참전이 절실했기에 그걸 강조하다가 원자폭탄이 개발되자 소련의 참전 없이 원폭의 위력만으로 일본을 굴복시킬 수 있겠다는 계산이 섰던 겁니다. 전쟁이 끝나면 적이 될 소련이 어떤 전리품도 없는 빈손이기를 미국은 바랐겠지요. 그런 계산으로 1945년 8월 6일 히로시마에 원폭을 투하했으나 일본 군부의 항전파가 외무부의 평화파를 눌러버렸지요. 이때 악랄하지만 국익에는 천재인 스탈린이 얼른 대일선전포고(8월 8일)를 했어요.

유성호 일본이 그걸 전혀 예상 못 했을까요?

임헌영 소련이 참전하면 만주와 한반도로 진로를 잡을 것이라는 예견을 일본은 1945년 5월에 굳혔다고 합니다. 그러니 소련의 한반도 독차지를 막으려고 미국은 혈안이 됐을 테고 그러려면 한반도의 남쪽만이라도 점령해야 되잖아요. 일본이 얼른 항복해버려야 하는데 그 기회를 놓친 겁니다. 일본의 계산법은 소련군으로 하여금 일본에 상륙할 야심의 싹을 얼른 잘라버리고자 만주 일대의 관동군 100만 명을 소련군 침공 예상로에 방어용 배치도 않은 채 도리어 후퇴만 너무 빨리 서둘렀던 겁니다. 그 일대에 거주했던 일본인 150만 명을 소개시키지도 못해 엄청난 희생을 당하게 방치하면서도 후퇴만 거듭해 소련군이 추적도 못 할 정도였습니다.

유성호 그럼 나가사키 원폭도 역시 소련군 저지를 염두에 둔 걸까요?

임헌영 그렇다고 봐야지요. 8월 6일에 히로시마 원폭을 투하하고, 소련군이 참전했지요. 이런 상황에서 더 이상 원폭은 필요 없는데 소련의 남하를 저지하려고 미국은 9일 나가사키에 또 원폭을 투하했고 일본은 바로 무조건 항복을 결정했습니다. 이치로 보면 전범국인 독일이 분단되었듯이 일본이 분할되어야 하는데 아무런 죄가 없는 만만한 한반도가 분단되어버린 거예요.

유성호 그럼 한반도가 분단된 책임이 일본에도 있다고 할 수 있을까요?

임헌영 캘리포니아대 하세가와 쓰요시 교수는 일본이 8·15 항복 선언을 한 것은 원자탄이 아니라 소련의 대일 선전포고 때문이라고 주장합니다(한승동 옮김, 『종전의 설계자들: 1945년 스탈린과 트루먼, 그리고 일본의 항복』, 메디치미디어, 2019). 이 주장에서 보듯이 한반도 분단은 일본이 의도한 국제상황이었다고 할 수도 있습니다.

남은 '빨갱이' 북은 '반동'

유성호 일본의 입장에서 분단을 막으려면 속죄양이 필요한데, 그 제물로 중국이나 조선을 염두에 두었다는 주제의 연구도 많지요?

임헌영 여기서 일일이 다 거론할 수는 없기에 생략합니다만 요지는 일본이 자신들의 살길을 미국과 소련이 양립해 대립하는 구도에서 찾았다고 보는 겁니다.

클레오파트라의 코처럼 역사가 바뀔 뻔한 이런 조건은 일본의 항복 시기가 문제였다고 도쿄대 오다카 토모오 교수도 주장합니다. 미국이 히로시마 원폭을 투하한 8월 6일에 일본이 포츠담 선언을 수락했다면 소련은 참전 기회를 잃었을 것이고, 8월 9일 수락 결정 어전회의에서 일본 항복이 아닌 초토결전(焦土決戰) 강경론이 승리했다면 소련군은 남사할린과 홋카이도, 오우(奧羽, 일본 도호쿠 지방)까지 진출해 당연히 일본이 분단됐을 것이라고 오다카 교수는 말합니다. 이를 중시한 것은 강만길 교수였습니다. 강 교수는 "일본의 식민지배가 한반도 분단의 직접적인 원인으로 얼마나 절실하게 작용했는지를 알 수 있게 된다"면서 이렇게 밝혔습니다.

"일본이 항복한 시점은 소련군이 참전해 한반도의 일부를 점령한 시점인 동시에 소련군이 한반도 전체를 점령하기에는 이른 시점이었다. 다시 말하면 한반도가 미·소 양군에 의해 분할 점령되는 반면, 소련군이 한반도 전체를 점령하고 나아가서 홋카이도와 같은 일본 영토 일부에 상륙하는 것을 방지할 수 있는 시점이었다. 35년간 한반도를 식민지배한 일본은 태평양전쟁의 패배로 연합국에 항복하면서 한반도가 분할될 결정적 요인을 만들어놓은 것이다."(강만길, 『통일운동시대의 역사인식』, 강만길 저작집 6, 창비, 2018, 434~435쪽; 『고쳐 쓴 한국현대사』, 강만길 저작집 16, 256~259쪽)

이로써 태평양전쟁은 도리어 저 20세기 초기에 겪었던 동아시아의 혼란을 원점으로 돌려 한국과 중국을 분단시키는 데 미국과 일본이 앞장선 모양새가 되었습니다. 미국의 묵인과 인정 아래 한반도가 식민지화되어버렸듯이 8·15 후 한국의 분단도 그대로였습니다.

여러 주장 가운데 어느 것이 정설인지는 모르겠습니다만 분명한 사실은 제국주의 세력은 수단과 방법을 가리지 않고 못할 짓이 없다는 교훈만은 우리가 뼈저리게 새겨야 할 것입니다.

역사의 원리란 『삼국지』의 법칙처럼 "대저 천하대세는 나뉜 지 오래면 반드시 합하고 합한 지 오래면 반드시 나뉘더라"(話說天下大勢, 分久必合, 合久必分)"에서 한 치도 어긋나지 않지요.

유성호 나뉘면 전쟁은 피할 길이 없는데, 그 함정이 미·소·일의 간계와 홍정게임이었음을 알고 나면 역사교육이 얼마나

함석헌은 『사상계』, 「생각하는 백성이라야 산다」에서 6·25를 "무서운 난리"라고 절규했다.

소중한지를 절감하게 됩니다. 그런 세계사를 감안하면 그 뒤의 한국전쟁은 피할 수 없었겠다는 생각이 듭니다.

임헌영 그렇지요. 분단 자체가 생살을 찢어 생긴 상처이기에 무슨 탈이든 나게 되어 있어요. 한국전쟁으로 스탈린은 미국의 시선을 잠시 동북아시아로 집중시켜 불안정한 동유럽의 공산정권을 확립할 기회를 얻었고, 미국은 한반도 남부에 영구기지를 얻었을 뿐만 아니라 막대한 이권을 챙겼습니다. 중국은 1949년 갓 성공한 인민공화국의 위력을 세계에 과시했고, 타이완은 장제스의 독재체제를 갖추게 되었습니다. 그러나 가장 큰 이득을 얻은 것은 일본이지요. 패전 후의 폐허에서 벼락부자로 둔갑할 수 있었던 데다 제2차 세계대전의 전범국가로서의 역사적인 죄의식에서 벗어날 수 있었습니다. 일본은 독일처럼 전쟁범죄 국가로서의 역사청산을 하지 않고도 여태까지 큰소리 치고 있습니다.

유성호 그런데 남북한은 철저하게 훼손되고 말았지 않습니까?

임헌영 수백만의 고아와 과부와 사상자를 남긴 데다 불구대천의 증오심으로 남북이 이글거리게 되었고, 양쪽 다 독재체제가 확고히 들어섰는데도 내부적인 갈등과 불신으로 부글부글 끓게 되었습니다. 남북은 각각 자체 안에서 장기집권에 걸림돌이 되는 '불순분자'들을 혹독하게 탄압했지요. 남쪽은 '빨갱이'를, 북쪽은 '반동'을 국가폭력으로 내몰아 학살과 탄압을 행사한 겁니다. 아무리 혹독한 겨울이 대지를 학대해도 봄이 되면 꽃이 피듯이 세상에는 항상 '빨갱이'와 '반동'은 피어나기 마련입니다. 이를 어떻게 잘 여과시키느냐가 정치의 선·후진성을 판가름하지요.

어쨌든 남북은 제국주의자들이 바랐던 그대로 됐어요. 오죽하면 함석헌 선생이 남북을 '괴뢰의 나라'라며 「생각하는 백성이라야 산다」(『사상계』, 1958. 8)에서 "나라의 절반을 꺾어 한배 새끼가 서로 목을 자르고 머리를 까고 세계의 모든 나라가 거기 어울림을 해 피와 불의 회오리바람을 쳐 하늘에 댔던 그 무서운 난리"가 6·25라고 절규했을까요? 흰 고무신에 두루마기 차림의 고매한 이 미남 영감님은 "로키산의 독수리와 북빙양의 곰이 그 미끼를 나누려 할 때 서로 물고 당기다가 할 수 없이 찢어진 금이 이 파리한 염소 같은 우리나라의 허리 동강이인 38선"이다. 그러니 "싸움의 원인은 밖에 있지 안에 있지 않다. 우리는 고래 싸움에 등이 터진 새우다"라고 정곡을 찔렀었지요. 한반도가 새우등을 닮았잖아요.

유성호 이병주가 어느 소설에선가 동족 간의 골육상쟁은 세계 어느 나라나 다 겪었지만 강대국들은 그 아픔을 교훈으로 삼아 극복했으나 우리 민족은 그렇게 당하고도 깨닫지 못한다고 한 말이 떠오릅니다. 남북이 다 그렇지요?

임헌영 참담합니다. 한국전쟁만 없었다면, 이건 역사 가정법으로 죽은 자식 불알 만지기이지만, 아마 남북에서의 독재체제는 장기집권이 불가능했을 겁니다. 아무리 그 목적이 신성하고 정당하다 해도 과정 또한 매우 중요하지요. 수단과 방법을 가리지 않으면 올바른 목적을 도리어 훼손하거나 목적 달성의 장애가 될 수도 있습니다.

그런 민족사적인 참담함을 겪고도 반성은커녕 도리어 자기 권력의 정당성만 강화해온 게 남북의 현실입니다. 남북 어느 쪽이나 나서서 어떤 명분이든 결과적으로 '민족 다수를 억울하게 희생시킨 점을 사과드린다'라고 했으면 아마 민족사적인 영웅이 되었을 겁니다. 동족학살로 독재권력은 살이 통통하게 쪘어요. 전쟁으로 민족주체성은 산산조각이 나버린 겁니다. 북이 표방한 '인민해방전쟁'이 정당화되려면 6·25 때 서울을 비롯한 점령지역에서 끔찍한 학살극은 억제되어야만 했습니다. 중국의 경우를 보면 장제스의 '국민당군'이 쳐들어가면 인민들이 산으로 피신했다가 마오쩌둥의 '인민해방군'이 들어가면 하산해 환영했다고들 합니다. 6·25 때 겪었던 고통의 체험 때문에 1951년 1·4 후퇴 때는 온 서울이 텅 비어버렸기에 항미원조

(抗美援朝, 미국에 저항해 조선을 지원) 지원군 사령관 펑더화이가 북한 수뇌부를 비판했다는 설도 있었습니다.

연희전문의 명(名) 유도선수 출신의 민족주의자 영어교사

유성호 이건 새로운 관점이군요. 울컥해집니다. 화두를 돌리지요. 중학생 때 특별활동 같은 것은 안 하셨나요?

임헌영 형식적인 특별활동이었지만 나는 유도반에 들어갔어요. 유도반을 담당했던 이준상 선생은 금성면 산운의 영천이씨 집안이었고 우리와 함께 기차 통학을 했습니다. 유도 3단으로 의성 읍내에서는 천하무적이라 통학생 중 역무원과 문제가 생기면 그가 나서서 해결사 역할을 했지요. 학교에서는 훈육주임으로 무시무시했습니다. 전혀 웃지 않으면서도 농담을 즐겼습니다. 별명이 '말대가리'였어요. 그는 의성중학과 이웃 군위중학을 전근으로 왔다 갔다 하면서 학생들의 우상으로 군림했습니다.

말이 유도지 체육실도 없었기에 이준상 선생은 특별활동 시간마다 운동장에 뜀틀 보조 장치를 깔아놓고 거기서 뒹굴며 넘어지기 실습을 시켰습니다. 직접 패대기쳐가며 단련시키기도 했어요. 처음 배운 게 낙법이었고 두 번째 실습 때는 맞잡고 상대를 넘어뜨리기를 배웠는데, 참으로 도(道)자가 붙을 만한 게 유도인 듯싶었습니다. 남을 공격하기보다 자기 방어를 먼저 가르치는 게 마음에 들었습니다. 세상 살아가면서 아무리 좋은 일이 생겨도 잘못 됐을 경우나 실패할 때를 가정해보는 습관을 나는 낙법에서 익혔습니다. 그분은 남의 시선을 피해 저에게 은근히 형님 안부를 묻기도 했습니다. 우리 가족 일을 다 꿰고 있었어요. 형님의 교사이기도 했으니까요.

중학 시절 은사 가운데 잊을 수 없는 또 한 분은 영어담당 김영찬 선생이었습니다. 이준상 선생이 군위중학교로 떠나면 바로 김영찬 선생이 훈육주임과 유도반을 맡았습니다. 그분은 연희전문 시절에 최고의 유도선수로 고려대(당시 보성전문)의 유도 주장 김성곤 선수와 용호상박을 이룰 정도였답니다. 대구 10월항쟁에 가담한 경력이 있는 김성곤 선수가 정계와 재계에서 명성을 떨친 것과 달리 김영찬 선생은 『조선일보』 기자로 있다가 폐간으로 낙향한 뒤 일본인을 안 보겠다며 삿갓을 쓰고 다녔다고 해요.

이 민족주의자는 영어에 능통해 미군정에 참여해달라는 권유에도 향리를 떠나지 않고 오로지 고향에서 후진 양성에만 투신했지요. 선생은 향리의 집안 적산가옥들을 고스란히 국가재산으로 등록해 지역민들에게 존경을 받았습니다. 안타까웠던 건 건강의 악화로 시력이 약화되어, 영어시간이면 돋보기를 들고 입실해 왼손으로는 교재를 들고 오른손으로는 돋보기를 맞춰가며, "one day, 어떤 날, a wolf, 한 늑대가" 이런 식으로 가르쳤어요. 만년에는 영국의 시인 밀턴처럼 완전히 실명했는데, 사후 선생의 아들로 내 의성중학교 1년 선배인 김재완 수의사가 부친의 원고를 취합해 유고집 『소정 김영찬 시집』을 펴냈고, 나는 해설을 썼습니다. 선생은 언제나 잿빛 두루마기 차림으로 조용한 목소리를 냈지만 그 위엄 앞에 누구나 숙연해졌지요. 선생은 우리에게 언제나 '해라 주의, Doism'을 강조했습니다. 어른들은 젊은이들에게 무조건 무엇을 하지 말라고만 가르치는데 그런 부정적인 사상을 버리고 무엇을 할 것인지를 생각하라는 취지였습니다.

유성호 대학 총장을 해도 충분할 애국지사가 영어 선생님이셨네요. 또 삽화 같은 기억을 한두 장면 들려주신다면요?

임헌영 나로서는 객지랄 것도 없는 의성중학 체험에서 많은 걸 익히며 세상을 보아나갔습니다. 막내 외삼촌(이경복)은 우리 마을을 문명에 뒤진 촌이라며 안동을 자랑했는데, 기차를 탈 때마다 그는 기차표를 절대 못 사게 하곤 항상 무임승차를 하라고 했어요. 그런 걸로 빠겼지요. 외가에 가면서 표를 사지 않고 운산역에 내려 무사히 빠져 나가는 공짜에 재미를 붙였다가 한 번은 차장에게 걸려 학교로 통보되어 담임에게 혼이 나기도 했어요.

외삼촌에게 나는 첫 수음도 배웠는데, 남몰래 나쁜 짓을 저지른 듯한 수치심 때문에 그만두었어요. 우리의 위대한 종씨인 임마누엘 칸트는 평생 독신으로 잠든 사이에 자신도 모르게 손이 자꾸 그리로 가는 걸 막고자 두 손을 묶은 채 잤다는데, 나는 그렇게까지 하지 않고도 극복했어요. 그러나 그 쾌감을 느낀 이후부터 여성에 대한 인식이 달라지는 것 같았습니다.

담임은 3개월마다 내는 공납금을 마지막 달에 독촉하다가 아침 조회 시간에 나를 부르더니 아예 교실 밖으로 쫓아내버렸습니다. 처음에는 창피했지만 몇 번 당하니 태연해졌어요. 그렇게 추방당한 '동지'들이 금성면 출신 학생만도 항상 대여섯 명은 되기에 외롭지 않았습니다.

그들과 함께 구봉산 자락 냇가로 가서 한나절을 놀다가 도시락을 까먹고는 저녁 통근차를 기다리기에는 시간이 너무 많이 남아 검문소로 향했습니다. 읍내 남북 진입로에는 헌병이 보초 서는 검문소가 있어 모든 자동차는 일단 정지했습니다. 그 틈에 어떤 차든 뒤에 슬쩍 기어올라갔는데 대개는 묵인해주었습니다. 트럭이 없을 때는 군용차도 탔는데 반드시 허락을 받아야 했지요. 거절당하면 가는 동안 노래를 불러주겠다고 제안했고 군인들은 허허 웃으며 태워주었습니다. 포장 안 된 도로라 탑리까지 한 20, 30분 정도 걸렸는데 돌아가며 노래를 부르다 보면 운전병과 동승한 장교도 노래를 따라 부르며 신나게 장단을 맞춰주기도 했어요.

정지용 시인의 얼룩빼기 황소의 금빛 게으른 울음

유성호 그때 접하셨던 문학 작품은 어떤 것이 있었나요?

임헌영 민족시인 정지용의 절창 「향수」가 떠오릅니다. 중학교 3학년 때인 1955년 겨울방학 직전이었습니다. 고교 입시가 학교마다 자율적으로 출제되던 때라 국어 교사는 교재에 없는 글을 아무 데서나 임의로 뽑아 입시준비에 대비시킬 때였지요. 그런데 국어 시험에 이런 지문이 나왔습니다.

질화로에 재가 식어지면
빈 밭에 밤바람 소리 말을 달리고

근대 시문학사의 절창인
「향수」의 시인
정지용.

엷은 졸음에 겨운 늙으신 아버지가
짚베개를 돋아 고이시는 곳,
그곳이 차마 꿈엔들 잊힐리야

지금은 국민 애송시로 널리 알려졌지만 그때는 철통같은 금서로 묶여 정지용이란 이름도 몰랐던 '무찌르자 오랑캐'의 북진통일 구호를 외치던 시절 아니겠어요? 가마니를 짜거나 새끼줄을 꼬다가 그대로 퍼질러 잠들던 겨울 머슴방의 풍정이 떠오르면서 그들과 옆집 마당에 묻힌 독 안의 물김치를 훔쳐 먹던 재미있는 기억이 생각났습니다. 집 옆 개살구나무가 앙상하게 서 있던 빈 텃밭의 겨울 밤바람 소리도 들렸습니다.

나만 그런 게 아니었습니다. 시험이 끝나자 급우들은 교실에서 이 구절을 외워대며 누구의 시인지 궁금해했지만 아무도 몰랐습니다. 다들 자기 마을의 을씨년스러우면서도 정겨운 겨울 밤을 떠올리면서 좋아했어요. 모윤숙의 「국군은 죽어서 말한다」를 연설조로 외워대던 우리들에게 「향수」는 눈을 번쩍 뜨게 해준 절창이었습니다. 문예반이었던 내 단짝 오상현이 어디선가 정지용의 시임을 알아내어 그 전문을 구해와서 몇몇이 쉬쉬하며 비밀결사처럼 돌려보거나 베껴 쓰기도 했습니다. 이 시에 맛을 들이자 국어책에서 보아왔던 작품들이 우리네 삶과 너무나 촌수가 멀다는 걸 깨달았습니다.

유성호 위태위태하면서도 뿌듯하셨겠는데요?

임헌영 그랬습니다. 이 시의 첫 구절도 압권이지요.

넓은 벌 동쪽 끝으로
옛이야기 지줄대는 실개천이 휘돌아 나가고
얼룩백이 황소가
해설피 금빛 게으른 울음을 우는 곳
그곳이 차마 꿈엔들 잊힐리야

육질이 부드러운 얼룩빼기 황소는 칡 넝쿨을 감은 듯해서 칡소, 힘이 세다고 역우(力牛), 호랑이무늬를 닮았다고 호반우(虎斑牛)라고도 불렸답니다. 한 축산 전문가는 이를 토종이라 하기에는 무리가 있다고 주장했지만 적어도 정지용 시대에는 와규(和牛, 일본소)와는 달리 이미 우리 소로 여겼다는 걸 부인할 수 없습니다. 한글학회가 편찬한 『큰사전』(을유문화사, 1947)에는 '칡데기'라는 방언을 소개해주고 있고, 북한의 『조선말대사전』에도 나옵니다. 그런데 '해설피'는 어떤 남북한 사전에도 나오지 않던 차에 시 전문 평론가 김재홍 교수가 『한국현대시 시어사전』(고려대출판부, 1997)에서 "'해가 기울 무렵' '해질머리' '서글프게'라는 뜻으로 해석하는 주장도 있으나 잘못된 것이다"라고 명백히 풀어줌으로써 깨끗이 해결되었지요. 그러나 "금빛 게으른 울음"은 여전히 애매해 그 정확한 개념이 아지랑이처럼 아롱거리며 아삼아삼해집니다. 이 시에서 가장 독창적이며 매력적인 이 술어는 내 체험으로 정확하게 감지하게 되었습니다.

웬만한 가뭄이 아니면 실개천의 물이 지줄대는 여름은 농촌에서 가장 목가적인 풍경인 소를 방목하는 계절입니다. 음력으로는 '어정 칠월 둥둥 팔월'에 해당되는 기간이라 소들도 몇몇 허드렛일은 더위가 오기 전에 해치우고 점심은 풀로 때우는 간이식을 줍니다. 점심 뒤 소는 마구간이나 나무 그늘 아래서 되새김질로 "엷은 졸음에 겨워" 편안하게 빈둥거립니다. 오후 서너 시경 태양의 맹위가 한풀 꺾이면 들판이나 산기슭으로 소를 몰고 가 방목시킵니다. 마음대로 풀을 뜯게 하는 것입니다. 태양이 뉘엿뉘엿 넘어갈 즈음이면 소들은 북처럼 탱탱해진 만복한 상태에서 나무 그늘을 찾아 편한 자세를 취하고는 조는 듯 되새김질을 합니다. 소는 사람보다 정직해 배가 부르면 욕심이 없어져 한유를 즐기는데 그때 표정은 고즈넉한 안분지족으로 정지용이 '해설피'라고 지목한 시간과 일치합니다. '해설피'는 하던 싸움도 그만두고 싶을 만큼 만물을 차분하게 만드는 마력이 있습니다. 잠시 휴식처럼, 명상처럼, 평화처럼 발걸음을 죽인 채 조용히 다가오는 시간입니다.

암소들은 배가 부르면 얌전해지는데 황소는 다릅니다. 특히 가임기의 암소가 암내라도 풍기면 황소들끼리의 싸움이 치열해집니다. 남자아이들이 그걸 빨리 눈치챌 수 있는 건 암소의 국부에서 분비물이 흘러내리며 비릿한 냄새를 풍기기 때문입니다. 황소 싸움을 붙여 즐길 때도 있지만 대개는 곧바로 한 녀석을 몰고 다른 곳으로 가도록 조처합니다. 우리 눈에 암소의 짝으로 어느 녀석이 적합한지를 즉결 심판해서 그놈을 짝으로 지어주고자 탈락자를 딴 곳으로 강제 연행해버리는 것입니다. 엄연한 우권(牛權)과 연애의 자유권에다 황소들의 생식권을 침탈한 조처였지만 예사로 그랬습니다. 이상하게도 암소는 마음에 드는 짝을 선택할 의지가 전혀 없고 누구라도 받아주겠다는 수동적인 자세입니다. 암소의 주인이 쇠코뚜레를 바짝 조여 잡고는 황소와의 교미를 성사시켜주는 동안 다른 우동(牛童, 소먹이는 아이란 뜻으로 필자가 만든 조어)들은 낄낄거리며 요상한 표정으로 열심히 관찰합니다. 이상한 건 분명 암소가 먼저 암내를 풍기면서 다소곳이 황소를 유혹했건만, 황소가 뒷등에 기어오르려고 하면 꼭 뒷걸음질로 몸을 빼며 사리다가 마지못한 척 응해줍니다. 암소의 마음은 알다가도 모르겠으나 아마 황소의 욕망을 더 부추기려는 교태일 것입니다. 교미 직전에 황소가 암소의 엉덩이 냄새를 맡으며 웃는 표정은 일품으로 아마 동물들 중 가장 품격 있는 수컷다운 행위가 아닐까 싶습니다. 이걸 보면 웃음이 인간만의 전유물이 아님이 분명합니다.

내가 중학생 때 우리 집에서 인물이 훤한 데다 무척 용맹하고 매력적인 황소를 1년 동안 키우게 되어 온 동네 암소의 애인 행세를 하는 걸 감독하느라 속을 태웠던 적이 있습니다. 동네에서 송아지가 태어나면 괜히 심술이 났지만 송아지를 얻은 집에서 종잣돈을 줄 거라는 건 아예 꿈도 꾸지 않았기에 우리 황소는 오로지 봉사와 희생정신으로 동네 모든 송아지의 애비가 되어주었던 거지요. 내 눈에는 우리 황소의 품격에 걸맞지 않은 볼품없는 암소였지만 내 의견은 개의치 않고 흔쾌하게 짝이 되어주는 걸 보면서 필시 저것들은 오로지 후손 번식용으로만 짝짓기를 하는 미학적 백치구나 싶었습니다.

사실 그랬어요. 인간과는 달리 암내 풍기는 상대가 없으면 황소들은 거의 성욕을 발동하지 않는 듯했습니다. 가끔씩 눈을 힐끔거리다가 몇몇 암소에게 돌아가며 수작을 걸어 강제로 등뒤에 올라타기도 하지만 암소가 날쌔게 몸을 피하거나 설사 못 피하더라도 긴 꼬리로 음부를 병마개나 지퍼 잠그듯이 꽉 막아버리면 어떤 힘센 황소도 어쩔 수 없어 허망하게 포기하고 맙니다. 암내를 풍기며 유혹하는 암소가 없으면 황소들은 무척 온순합니다.

황소란 곧 수소이기에 정지용의 '얼룩빼기 황소'란 바로 이런 속성을 지닌 수소를 지칭합니다. 그들은 이제 적당히 배가 부르고 쾌적한 날씨에 해설피 서늘한 바람까지 불어 무척 흐뭇합니다. 사람이라면 시를 읊거나 노래를 한 곡 뽑을 법도 합니다. 이럴 때 얼룩빼기 황소가 '으으음무우우우' 하며 우는 게 바로 '금빛 게으른 울음'이 됩니다. 혹 그 황소도 정지용 시인처럼 떠나온 고향을 그리워할까요? 아니면 어머니나 함께 놀던 벗들

백석은 향토적인 서정을
모더니즘적 기법으로 발전·수용한
시들을 발표했다.

을 떠올리거나 언제 만나게 될지 기약 없는 미지의 애인을 그리워하는 세레나데인지도 모르지요. 그러나 그 소리에는 간절함이나 애절함, 원통과 비참, 이악스럽거나 생떼 쓰기, 분노나 원망의 탁한 감정이 묻어 있지 않습니다. 바로 낙이불음(樂而不淫)의 경지로 여유로운 농지거리 같은, 울음이라기보다는 차라리 시조창 같지요. 아, 저 평화로운 흡족한 상태에 처한 황소의 유유자적! 이런 순간에만 들을 수 있는 게 "금빛 게으른 울음"으로 천하태평의 경지가 아닐까 싶습니다.

그 울음은 곧 한국 농촌이 오순도순 다정했던 품앗이로 함께 살던 시절, 따지자면 농민들이 언젠들 고생이 없었으랴만 그래도 등 따습고 배부를 수 있었던 풍경을 상징합니다. 정지용이 그런 울음을 그리워한 건 일제의 수탈로 태평스럽지 못한 고향을 그리워해서일 것입니다. 그 태평연월의 상징인 금빛 게으른 황소의 울음이 남북 삼천리에 퍼질 날은 언제일까요? 그런 경지는 소만이 아니라 우리 사람들도 따라할 만한 열락이 아닐까요? 아마 정지용도 저 같은 심정이었을 것입니다. 이 시인에게 향수란 자기의 땅에서 사라져가는 주체성을 그리워하는 민족애였을 테니까요.

유성호 「향수」에 관한 그 어떤 명문보다도 실감과 울림을 주는 말씀이었습니다. 그런데 그 향수조차도 우리 문학사에서 사라져버린 지 이미 오래되었습니다. 아마 선생님 연배의 시인들은 대부분 고향에 관한 작품을 남겼지만 지금은 거의 없어진 듯합니다. 같은 향수라도 충청도의 정지용과 평안도의 백석은 약간 다르지요. 정지용이 당대의 생활사라면 백석은 풍물사적이지요.

임헌영 좋은 지적입니다. 정지용은 사회경제사에 가깝고, 백석은 민속사적이라 할까요. 맛이 달라요. 고향을 그리워하는 정서는 이제 기대할 수 없지요. 심지어는 농촌 농민문학조차도 사라진 채 환경생태계 문학으로 대체되어버렸으니까요.

유성호 중학교 졸업 후의 진로를 생각할 때가 되었지요?

임헌영 당시 고교 입시는 서울에만 국립 교통고등학교와 체신고등학교가 가장 먼저 있었고, 이어 특차로 전국 사범학교 입시, 1차로 경기고·서울고·경북고 등 고교들, 그 뒤로 2차·3차로 나뉘어 있었습니다. 일제 때 식민통치를 위해 농업학교와 공업학교를 매우 중시했고, 그다음이 사범학교로 각 도별로 1개교씩 있었습니다. 8·15 후 교사가 부족해 도별로 1개 사범학교를 증설해 경북에는 기존 대구사범학교에 추가하여 안동사범학교가 생겼습니다. 경북 북부에서는 안동으로 집결했지요.

우리 중학교 동기생들의 고교 진학 비율은 전교생 3분의 1 정도였습니다. 사범학교에 몇 명을 입학시키는지에 따라 중학교의 서열이 정해질 정도였습니다. 빈곤했던 시절이라 자식들을 대학에 못 보낼 처지여서 고등학교만 졸업하고 초등학교 교사라도 되는 게 농민들의 소망이었기 때문입니다. 우리 중학교 동기생 240명 중에서는 10여 명이 안동사범학교에 들어갔습니다.

4 머리 둘 곳 없는 청춘이여!

무임승차로 입학시험 보러가다

유성호 이제 안동사범학교 시절이 펼쳐질 차례입니다. 이왕이면 안동의 풍물도 곁들여서 전해주시면 좋겠습니다.

임헌영 일제 때 안동의 3대 명물은 안동군수, 안동철도청장, 안동농림학교 교장이었다고 합니다. 8·15 후에는 안동사범학교 교장으로 대체되었지요. 안동은 양반과 소주가 명물입니다. 어머니는 안동소주 애호가이자 숭배자여서 반드시 한 병 보관했다가 누구든지 배가 아프다면 그걸 한 모금 마시게 했는데, 실제로 효험이 있었습니다. '안동소주 45도'에 불을 붙이면 파랗게 불이 붙었지요. 당시 안동에는 5개 고교가 있었어요. 인문계 안동고와 안동여고가 쌍벽을 이루었고 실업계로는 일제 때 명문이었던 농림학교, 기독교계로 미국인 반피득 선교사가 교장이었던 경안고가 있었습니다. 입시를 위해 안동으로 가는 첫

안동사범학교. 정면은 교사, 왼쪽은 서무실과 물리화학 실험실, 그 옆은 여학생관, 여학생관 앞은 별관, 여학생관 뒤 계단 위 숲에 가려진 지붕은 음악실. 본관 오른쪽 뒤쪽은 명륜동 주택가로 그곳에서 자취를 했다.

신고식이었는데 안동중학교를 나와 안동농림고교 1학년이었던 외삼촌이 기차표를 사지 말라고 우격다짐으로 우겨서 아슬아슬하게 무임승차로 첫 신고를 하러 가면서 마음을 졸였어요.

유성호 양반 고장 안동을 무임승차로 가신 거군요. 그래도 청소년 시절이라서 재미난 기억들, 그리움이 많이 있으실 것 같습니다. 매번 외삼촌을 따라 하는 걸 보니 두 분 사이가 무척 가까웠나 봅니다.

임헌영 집안에 남자 어른이 워낙 없어 세 살 차이인 외삼촌과 자주 어울렸고, 그렇게 하는 게 당시로서는 일종의 자랑이었어요. 아무튼 난생처음 본 그 큰 역의 화물차들 밑을 몇 번이고 거듭거듭 기어서 들고양이처럼 아슬아슬하게 빠져나가느라고 혼이 났습니다. 고향 탑리역에서 안동역까지는 다섯 정거장을 거쳐 한 시간 남짓 걸리는데 나는 이번에도 통학을 택했습

니다. 안동을 중심 삼아 북쪽의 제천에서 새벽에 출발한 통학열차가 우리와 비슷한 시간에 안동역에 도착했어요. 경주행을 남행열차, 제천행은 북행열차라고 불렀는데, 북행열차에는 예쁜 여학생이 유난히 많은 것 같다고 내가 말하자 북행열차 통학생은 거꾸로 “내가 보기에는 남행열차에만 미녀가 더 많은 것 같은데”라고 해서 한바탕 웃기도 했습니다. 가보지 못한 곳에 대한 아련한 그리움과 가보고 싶은 욕망이 들끓었지만 그럴 용기도 돈도 없었지요. 북행열차 통학생들에게서 들은 중령의 ‘따뱅이 굴’(또아리 굴의 사투리), 풍기 인삼밭 등이 먼 나라 전설처럼 아련한 그리움을 심어주었을 뿐입니다.

사범학교는 초등학교 교사를 양성하는 곳이라 얌전해야 된다는 철칙이 있었습니다. 안동여고 나와서 안동고 출신과 결혼해 안동농고 출신을 머슴으로 들이고 안동사범학교 출신을 가정교사로 두고 경안고 출신을 목사로 삼는다는 유행어가 나돌았지요.

유성호 사범학교에서는 모범생으로 지내셨는지요?

임헌영 그 반대로 날라리였습니다. 도시풍 서정시로 유명한 조병화 시인이 『조선일보』 주필이었던 작가 선우휘와 경성사범 동문이지요. 조병화 시인이 선우휘 작가는 수석 입학해서 민족의식 때문에 문제아로 유명하다고 했는데, 나는 수석 입학도 아니면서 날라리였습니다. 태어나서 처음으로 고향을 멀리 떠난 첫 해방감에 교복 교모 차림으로 막걸리 집에서 술고래처럼 술을 퍼마셨더니 어른들이 "사범학생들이 그러면 쓰나!"라고 꾸짖으셨는데도 들은 척 만 척했어요. 우산도 없이 비를 맞고 다니기 예사였고, 영화 보러 갔다가 감독 교사에게 걸리기도 했어요. 내가 어쩔 줄 몰라 쩔쩔 매고 있는데 미술교사 김인수 선생이 눈을 찡긋하며 묵인해주기도 했습니다. 미술부장인 친구 이안세와 함께 갔기에 봐준 건데, 김 선생은 전교생들이 우러러보던 교사였습니다.

그분은 진정한 예술가였어요. 첫 수업시간에 누군가 하품을 하다가 들키자 앞으로 불러내더니 "빰 50대!" 하고는 그대로 50대를 다 때려 그 뒤부터 미술 시간에는 다들 정신 바짝 차리는 긴장감이 돌았습니다. 세상에! 미술 시간은 제일 넉넉한 자유 시간이라 깔봤다가 혼쭐났지요. 선배들에게 고자질하니 "두고 봐라, 제일 훌륭한 선생님이다"라고 반박하는 게 아니겠습니까? 사실이었습니다. 김인수 선생은 그렇게 첫 시간에 규율을 잡아놓고는 고교생으로서의 미술 수업이 아닌 인간으로서의 미술 강의, 미학과 예술철학을 가르쳐주었습니다. 서양미술사를 찬찬히 개관해주면서 피카소가 공산당원이라고도 했습니다. 음악, 미술, 체육을 경시하던 풍조였지만 사범학교는 그걸

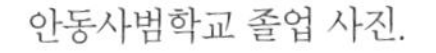

안동사범학교 졸업 사진.

낙동강 철교 밑에서 목욕하던 모습.
뒷줄 왼쪽 첫째가 임헌영.

더 중시했고, 교육심리, 교육사, 논리학, 교육철학 등 교육 관련 과목이 즐비했어요. 제2외국어는 아예 없었고 수학도 미적분 같은 건 가르치지도 않았습니다. 대학 입시는 전혀 안중에 없기에 농땡이 부리기에 최적이었습니다. 문예반이 성행했으나 『학원』에 글을 싣는 것은 난망했지요. 의성중학교와 안동사범학교 1년 위인 김한규 선배의 글이 『학원』에 실려 의성과 안동 일대의 명사가 되었습니다. 그는 나중에 아동문학가로 활동했어요. 교내에는 작가 성학원 선생님이 유일한 문인이었지요. 그는 평북 박천 출생으로 혜화전문을 나왔는데, 우리에게는 "내가 동국대 국문과에 다닐 때는…"이란 말을 서두로 자타칭 국보 양주동, 서정주를 비롯해 문단을 주도했던 평론가 조연현의 자랑을 수없이 되풀이했습니다. 그는 나중에 경주고교 교사로 전근한 후 경주공고 교감, 경주문협 지부장을 지냈습니다.

민주당의 실체와 조봉암 사형

유성호 선생님은 학업보다 당시의 국내 정치에 더 관심이 많았을 것 같은데, 어떤 기억으로 남아 있습니까?

임헌영 사범학교에 입학한 해인 1956년 5월 15일에 제3대 대통령선거가 있었습니다. 민주당 후보 신익희는 상하이 임시정부의 기둥이었으나 남한 단독정부 수립 때 총선에 참여함으로써 정치에 투신했습니다. 이승만에 이어 3선 국회의장을 지냈지만 이내 이승만 독재에 반기를 들고 1955년에 민주당을 창당했습니다. 전국 유세를 돌 때 의성극장에서 집회를 열었는데, 고향 어른들 몇 분이 그를 지지하고 나설 정도로 바람을 일으켰습니다. 의성은 은근히 야당 고장이었습니다. 선거전이 본격화한 5월 2일 한강 백사장 유세에는 분단 이후 최대 인파인 20~30만을 결집시켜 "못 살겠다 갈아보자"라는 유명한 구호로 이승만 정권을 뒤흔들었습니다. 그는 여세를 몰아 전주로 가던 중 이리(현 익산시)에서 5월 5일 갑작스레 심장마비로 유명을 달리했습니다.

그날은 느닷없이 날씨가 돌변하더니 소나기가 한바탕 쏟아지다 이내 맑아지는 변덕을 부렸습니다. 안동역에 이르자 신익희 서거 뉴스가 단연 화두로 통학생들은 자못 숙연하게 그의 죽음을 애도하며 타살이다, 독살이다 등등 분방한 상상력을 발동해 이승만을 규탄했습니다. 마치 국상이라도 당한 분위기였습니다. 통학생들은 늘 신문을 읽어서인지 일반 학생들보다 시사에 밝고 비판의식이 팽배했습니다.

이승만 독재에 항거해 야당 통합으로
정권 교체를 시도했던 해공 신익희.
그의 죽음으로 사실상 야당다운
야당은 종막을 고했다.
야당다운 야당이 부활한 것은
1970년대의 김대중부터였다.

유성호 신익희 서거는 안타까운 역사의 장난 같군요. 이 사건을 선생님은 어떻게 풀이하십니까?

임헌영 나는 의문사라고 명명합니다. 이승만의 종신 집권에 맞서기 위해 지리멸렬했던 야권이 뭉쳐야 했던 시기라 우파 정객의 지도자였던 김성수와 독립운동가였던 서상일 등이 진보파인 조봉암도 야당 창당에 참여시켜야 한다고 간곡히 나섰던 게 1955년이었습니다. 김성수는 민주당 내의 야권 단일화 반대파를 무마시키려고 조봉암에게 "나는 8·15 이후 즉시 공산당과 절연하고 오늘날까지 민주주의 국가로 장래가 약속된 대한민국에 비록 미미하나마 모든 심력"을 바쳐왔다는 굴욕적인 성명서까지 공포하도록 종용하며 통합을 역설했습니다. 신익희 역시 반(反)이승만 투쟁을 위해서는 범야권 단일화를 구축하려고 적극 동조했습니다.

유성호 충분히 그런 생각을 할 수 있을 것 같습니다. 그런데 그게 실현되지 않은 거지요?

임헌영 그렇지요. 장면 그룹과 흥사단, 한때는 진보세력이었다가 변절한 김준연, 기독교인이자 미국 유학파였던 정일형 등이 가장 완강하게 거부했고, 미국 유학파로 미군정 아래서 경무부장을 지낸 조병옥도 이에 동조했습니다. 김성수는 병석에서도 그들을 설득하려고 최선을 다했으나 1955년 2월 18일 타계함으로써 조봉암은 배제된 채 1955년 9월에 민주당은 창당됩니다.

유성호 인촌 김성수에 대한 역사적 평가는 여러모로 엇갈리는 것 같습니다. 일제강점기 때의 친일행위 때문에 매우 비판적인 면이 있지만, 죽음 앞에서 이처럼 반이승만 독재 타도를 위해 진보세력과도 손을 잡아야 한다고 발 벗고 나선 점은 높이 평가해야 한다고 할 수 있겠습니다.

임헌영 그의 친일 행위는 단죄 대상이지요. 그런데도 만약 김성수가 살아서 박정희 독재를 겪었다면 반대에 앞장섰을 것이라고 나는 유추하고 싶고, 그런 면에서 오늘의 『동아일보』가 이처럼 타락해버린 것은 인촌 김성수 정신에 대한 모독이라고 봅니다. 그였다면 박정희의 유신독재 시절(1972~1979)에 해직시켰던 동아일보의 기자들을 잔혹하게 방치하지는 않았을 겁니다.

유성호 공감이 가는 속 시원한 말씀입니다. 그렇게 야권이 분열된 뒤의 대통령 선거는 어땠습니까?

임헌영 이듬해인 1956년에 막상 대통령 선거전이 전개되자 이승만보다 야권이 서로 비방하는 이전투구로 치달았지요. 진

이승만 독재 아래서
진보당을 결성했다가
억울하게 희생된 조봉암.

보계 독립투사 장건상, 아나키스트 독립투사 정화암, 유학자로서의 지조와 절개를 높인 김창숙 선생 등이 연합노선 재추진을 강력히 촉구했습니다. 민주당 대통령 신익희 후보와 부통령 장면 후보가 진보계 대통령 조봉암 후보와 본업인 의술을 버리고 진보정치에 투신한 부통령 박기출 후보의 4자 회담장에 장면은 아예 불참해버렸습니다. 그럼에도 민주당이 집권하면 극우편향 인사의 입각 배제선에서 투표일 직전에 조봉암이 사퇴하기로 합의해 불참한 장면을 설득하기로 했습니다. 그러나 조병옥은 조봉암이 우세하면 차라리 이승만을 지지하겠다고 공언했고 장면 역시 요지부동이었습니다. 이런 상황에서도 조봉암과 신익희 두 후보는 지방 유세 중인 1956년 5월 6일 회동을 약속했으나 그 하루 전 신익희가 의문사한 것입니다. 나는 신익희의 서거로 민족적인 양식을 가진 야당은 한국에서 막을 내렸다고 봅니다. 야당다운 야당은 한참 뒤 김대중에 의해서야 부활했지요.

이제 이승만 독재를 종식시키려면 조봉암 대통령 후보에 장면 부통령 후보로 귀착시키는 게 순리였건만 꼴통 민주당의 계산법은 달랐습니다. "타당 후보는 지지하지 않는다"라고 공식 성명을 내어 결단코 조봉암을 지지하지 않겠다고 분명히 선을 그어버렸지요. 김준연은 "조봉암에게 투표하느니 차라리 이승만에게 투표하라"고 등을 돌렸습니다. 이런 사실은 정태영의 『조봉암과 진보당』(한길사, 1991)에 자세히 나옵니다.

자유는 우리의 생명, 평화는 우리의 이상: 진보당 창당

유성호 민주당이 결국 이승만을 지지했다 해도 지나친 말은 아니군요.

임헌영 자유당과 민주당은 짝짜꿍이 되어 장면 부통령 표의 공정관리를 담보로 이승만 지지표 안에다 조봉암 표를 집어넣어버리는 이른바 '샌드위치 표'로 조작하는 걸 묵인했습니다. 나중에 조병옥조차도 "3대 대통령 선거에서 내 판단에는 만일 자유 분위기의 선거가 행해졌더라면 이 대통령이 받은 표는 200만 표 내외에 지나지 못하리라고 나는 판단합니다"라고 토로할 지경이었습니다. 야박하게 말하면 조병옥은 그런 말을 할 자격조차 없습니다. "만일 그때 범야신당이라는 민주당 창당 과정에서 조봉암을 따돌리지 않았거나 후보 단일화 협의를 위해 만나기로 한 신익희가 급서하지 않았다면, 조봉암이 처형당하는 비극은 일어나지 않았을 것이라는 부질없는 가정"을 한승헌 변호사가 『재판으로 본 한국현대사』(창비, 2016)에서 썼습니다. 민주당 내 일부 저열한 세력들에 의해 이승만 독재는 연장된 셈입니다. 정파 싸움의 무자비성이 낳은 결과이지요. 역사와 진리 앞에서는 누구도 큰소리 못 칩니다.

유성호 이후 조봉암의 행적은 어떠했습니까?

임헌영 나중에 간첩조작 사건으로 처형당했지요. 민주당 창당 때 받은 냉대와 대통령 선거에서 당한 설움 이후 조봉암은 1956년 11월 10일에 진보당을 창당합니다. 서울시립극장에서 개최된 창당대회는 전국 대의원 900명 중 853명 참석이라는 응집력을 과시했습니다. 개회사에 이은 박지수 시인의 묵념시 「피땀 흘리고 가신」은 장엄합니다.

인민의 대열과 목자의 영령에
알뜰히 다듬어 새긴 반만 년 배달의 성서를
땀으로 지키며 이어온 겨레의 횃불
오! 인도 세력의 굳건한 전위는
이 겨레와 온누리
길이 함께
번영할 터전을 닦으며
자유 평등과 우애로 맺힌
훈훈한 복지사회를 이룩하는
세계의 깃발을 높이 들고
바라고 그리던 낙원의 광장을 향해

보무도 우렁차게
이제 권고하나니
피땀 일궈 가신
인민의 대열이여
거룩한 목자의 영령이여
마음 편히 쉬시라.
고이고이 잠드시라.

이어 역시 박지수가 작사한 「진보당 당가」는 "자유는 우리의 생명/평화는 우리의 이상/이 땅에 구현해서/역사를 창조하리/조국의 새 날에 이름해/혁신의 새 깃발 높이 들어/오!/희망과 사랑의 거름되리"라고 했습니다. 대구 태생으로 『자유문학』 출신인 박 시인이야말로 1950년대의 최고 투사시인이었습니다. 그는 조봉암의 사위로 시인이자 영화감독에 예총(한국예술문화단체총연합회) 회장을 지낸 이봉래와 막역한 사이였지요. 내가 아주 깍듯이 모셨던 분들입니다.

그러나 이미 이승만은 1956년 조봉암의 득표에 놀라 그를 제거하기로 마음을 굳혔고, 결국 간첩 조작으로 희생되었습니다. 8·15 직후 공산당과 결별한 조봉암은 불가피한 상황이면 남한만의 단독정부 총선에라도 참여해 통일을 추구해야 된다는 현실적인 행보를 취한 점이 백범보다 더 현실적으로 보입니다. 그는 친미·친소나 반소·반미가 아닌 비미비소(非美非蘇) 민족노선을 주창했습니다. 그러나 남한의 정치 역학은 유럽형 보수 대 진보의 대립으로서의 양당 구조가 아니라, 미국식 보수

양당제로 얼어붙어버렸습니다.

유성호 죽산 조봉암의 최후는 실로 장엄하지요.

임헌영 이승만 권력은 1958년 1월부터 진보당 검거에 나섰고, 2월 25일에 정당등록 취소가 이루어집니다. 조작 간첩이 된 그에게 1959년 7월 31일 오전에 사형이 집행됩니다.

커다란 미루나무 한 그루가 우뚝 서 있었다. 그 곁을 지나는 순간 죽산은 자신에게 남은 시간이 60년 평생을 돌아보기에도 부족할 만큼 짧다는 생각이 들었다. 형무관이 가볍게 등을 밀어 그는 목조건물로 들어섰다. 닫아놓은 커튼 사이로 올가미가 보이는데 반대편에는 10여 개의 의자가 놓여 있고 검사, 형무소장, 보안과장, 목사, 형무관들이 앉아 있었다.

인정심문이 시작되었다.

죽산은 곧 숨이 끊어질 사람답지 않게 담담하게 말했다.

"나는 공산당도 아니고 간첩도 아니오. 그저 이승만과의 선거에서 져서 정치적 이유로 죽는 것이오. 나는 이렇게 사라지지만 앞으로 이런 비극은 없어야 할 것이오. 이 세상에서 골고루 잘 살려고 한 일인데 결과적으로 죄를 짓고 가니 미안할 뿐이오. 가족들은 알아서 잘 살기를 바랍니다."

그렇게 말하고 술 한 잔과 담배 한 대 피울 수 있느냐 물었으나 거부되었다. 그는 곧바로 교수대로 옮겨졌다. 당당한 걸음걸이, 흔들림 없는 눈빛, 몸 전체에 기품과 위엄이 흘렀다.

"장례식을 준비하던 유가족들에게 경찰서장이 와서 조선총독부령 제120호를 다시 들이댔다. 일제가 순국한 독립투사의 공개

장례를 금지하고 묘비조차 세우지 못하게 했던 규정인데 그대로 적용하겠다는 것이었다. 유족들은 5일장을 하려고 했지만 내일 매장하라고 하고, 조문을 받지 말고 묘비도 세우지 말라는 것이었다. 그리고 정복과 사복 경찰을 빈소로 향하는 길목에 배치해 조문객들의 출입을 막았다."(이원규, 『조봉암 평전』, 한길사, 2013)

그로부터 52년이 흐른 2011년 1월 20일, 대법원은 조봉암에게 무죄를 선고합니다. 이용훈 대법원장과 대법원 전원합의체가 내린 역사적인 결단이었습니다.

버버리찰떡과 '산딸기 오믈렛'

유성호 역사의 소용돌이 속에서 귀중한 생명들이 세상을 등지는군요. 화두를 좀 부드럽게 돌려 안동의 대표적인 추억의 먹거리 이야기라도 좀 해주시지요. 성장기 때의 좋은 추억과 반대로 그러지 못했던 허기 같은 것도 남아 있을 것 같습니다.

임헌영 안동소주는 속칭 '제비원 소주'라고 불렸어요. 나는 최근까지도 해외에 나갈 때 귀한 분께 드릴 선물로 안동소주를 사갔습니다. 안동식혜는 서울식혜와 이름은 같지만 너무 다른 안동 특유의 감주입니다. 다섯 가지 맛이 나는 안동문화권 특유의 겨울철 먹거리입니다. '벙어리'의 안동 방언을 붙인 '버버리찰떡' 집은 안동농림고 바로 옆 한적한 초가집에서 손으로 빚은 찰떡이었습니다. 최근 '안동소주 시인'으로 알려진 안상학 시인에게 물어서 사 먹어보니 그때보다 맛이 영 못한 것 같더

균요.

유대계 독일인으로 마르크스주의와 형이상학적인 미학을 결부시키려고 시도했던 벤야민의 산문 「산딸기 오믈렛」을 연상하게 됩니다. 옛날 한 왕이 전쟁에 패퇴해 며칠간 굶으며 산속을 헤매다가 작은 오두막집을 찾아가니 노파 홀로 있었어요. 요기를 부탁하자 노파는 밥은 있지만 반찬은 없다면서 산딸기 오믈렛을 주었습니다. 밥 위에다 산딸기를 삶아 버무려 얹은 것으로 일반적인 메뉴는 아니지요. 이 오믈렛을 허겁지겁 맛있게 먹고 나서 기운을 차린 왕은 반격해 국권을 회복합니다. 오랜 세월 뒤 문득 신하들과 추억담을 하다가 그 산딸기 오믈렛이 먹고 싶어 궁중 주방장에게 그보다 더 맛있게 못 만들면 죽여버리겠다고 위협하지요. 주방장은 불가능하다며 차라리 죽여달라고 애원합니다. 그 이유를 묻자 주방장은 재료나 양념 등으로 훨씬 더 좋은 요리를 만들 수는 있지만 절망 속에 어둠을 뚫고 허기진 채 도망 다니느라 땀에 절은 처지, 그 초가집과 노파의 향취와 운치, 그런 분위기 그런 아우라는 만들 수 없다는 게 아니겠습니까. 왕은 수긍하고 주방장을 죽이지 못했대요. 안동 먹거리에다 벤야민의 심오한 『기술복제시대의 예술작품』 이론을 들이대서 좀 미안하지만 말입니다.

유성호　나치를 피해 피레네 산맥을 넘으려다 실패하자 모르핀을 먹고 자살한 벤야민다운 발상이 느껴지는 대목입니다. 흔히 노인들이 옛날 그 맛이 아니라고 하는 원인도 이와 똑같지 않을까요. 아무리 품질 좋은 걸 골라도 어른들은 항상 옛날 것만 못하다고 푸념이지요. 그 밖에 안동 생활은 어땠나요? 봄가을엔 통학이 가능하지만 겨울엔 어렵지 않았습니까?

임헌영 겨울에는 학교 바로 뒤 언덕의 명륜동에서 자취를 했습니다. 서너 명이 한 조를 이루어 방 하나를 얻어 지냈지요. 방 앞 마루 밑의 아궁이에다 솥을 걸고 땔감을 아끼려고 불 아궁이 뒤를 막아두었습니다. 그래서 겨울에도 냉골이었지요. 식사 때는 신문지 위에 밥솥째 올려놓고는 각자 그릇에다 밥을 덜어먹었고, 반찬은 각자 가지고 있던 김치·간장 등으로 해결했습니다. 형편이 좋을 때는 밥에 버터와 계란을 넣고 비벼 먹었지만 자주 그러진 못했어요. 이때 김치에 물려 나는 어른이 된 뒤에도 한참 동안 김치를 안 먹었어요.

유성호 아까 김인수 선생님에 대한 기억을 말씀해주셨는데, 각별한 추억이 있는 선생님이 또 있나요?

임헌영 고려대 국문과 출신 나동성 선생은 나의 멘토였습니다. 백두산 부근이 고향이라던 선생은 국어 시간이 기다려질 만큼 문학 작품을 감질나게 강의했어요. 특히 그 지역 감자가 얼마나 굵고 맛있는지를 실감나게 이야기할 땐 통일되면 제일 먼저 그 맛을 보러 가야겠다는 생각이 들 정도였어요. 김소월과 러시아문학에 심취했던 선생은 내가 졸업한 후 공주사대 부고로 전근 갔습니다. 거기서 문학평론가 염무웅 선생을 가르쳤다고 '염 군' 자랑을 했지요. 자기 제자 가운데 염무웅과 임헌영이 자랑거리라고 하기에 나중에 염 선생에게 그 이야길 했더니 자신은 직접 배운 적은 없다더군요. 그만큼 염 선생을 아꼈다는 뜻이겠지요. 나동성 선생은 서울의 보성고교 교장을 거쳐 한국 근대사의 명문인 오산고를 비롯한 여러 고교 교장을 지내

안동사범학교 시절 나의 멘토였던
나동성 국어 선생님.

며 학교 행사나 문예반 연사로 나를 자주 불러주었어요. 그는 오산고교 교장 때 승용차를 거절한 비용으로 도서관 책을 사게 했다든가, 화장실 막힌 데를 직접 뚫는 등 신화를 남기기도 했습니다.

유성호 안동사범학교 다니실 때의 삽화들 가운데 더 들려주실 만한 장면에는 어떤 것들이 있을까요?

임헌영 전쟁으로 기둥뿌리를 뽑히는 비운에 처했던 나는 고교 시절에 출가하고픈 간절함을 짓누른 채 염세적으로 변해 공부에는 뜻이 없고 술과 동양철학의 데카당에 빠졌습니다. 수상, 관상, 성명철학, 사주 등에 집중했지요. 사주에서 최상으로 치는 게 사맹격(四孟格)으로 그중에 '인신사해'(寅申巳亥)가 다 갖춰지는 것도 포함됩니다. 속설에는 박정희의 사주에 이게 다 갖춰 있다고들 하지요. 그런데 내 사주는 그중 '신'이 빠져 있어요. 그래서 천을귀인(天乙貴人)이 2개나 있는데도 그게 형충파해(刑沖破害)를 당한다는 풀이였습니다. 결국 내가 발산하는 빛은 매우 강하나 구름이 끼어 있어 짱짱하게 빛을 내기 어렵다는 것이었지요. 쉽게 말하면 노력한 만큼 얻지 못하는 '빈 수레 인생론'이 이때 나온 겁니다. 사람 마음이란 묘해서 내 사주가 나쁘다니까 '에잇, 때려치우자, 어찌 이런 걸 믿느냐'며 동양철학을 무시하고 독서 방향을 문학과 사회과학으로 틀어버렸습니다.

유성호 사범학교 시절 선생님께서 문학에 본격적인 눈을 뜨신 걸로 알고 있습니다. 독서 편력을 들려주시지요.

임헌영 어떤 책이든 탐독하던 시기로 임대서점을 이용해서 하루 한두 권씩 책을 매일 빌려보았습니다. 첫 단계로 대중소설에 열중했는데, 오히려 항일의식과 민족의식을 일깨워주더군요. 추리문학은 선의 승리 공식이 뚜렷했고, 모든 악은 처벌받는다는 주제가 강렬했습니다. 정의로운 사회가 아닌 한국사회는 범죄 드라마조차 하류층 잡범을 다루는 게 주류였습니다. 유럽이나 미국은 거의 상류층 범죄 드라마이지요. 최근에 와서야 우리나라도 법정 드라마가 상류층 범죄로 방향을 바꿔서 인기를 끌고 있죠. 그리고 한국문학은 전기나 평전문학이 부진했어요. 존경할 만한 인물이 부재했거나 이데올로기에 가려졌기 때문이지요. 기형적인 반공 국시에 묶인 문화 풍토가 이런 기형적인 문화를 조성했을 겁니다.

유성호 대중소설, 추리소설, 전기문학으로 다지셨던 독서의 방향은 어떤 곳으로 흘러갔습니까? 선생님 삶의 본궤도가 형성되는 중요한 전기가 마련되었을 것 같은데요.

임헌영 내 독서의 제2단계는 세칭 '순수문학'이었지요. 순수문학이란 오도된 명칭이지만 분단 남한의 문단 정통파들의 별칭이었지요. 뒤이어 전후문학파인 김성한, 추식, 장용학, 손창섭 등이 좋았습니다. 이어서 식민지 시대 문학을 역추적했습니다.

유성호 세계문학도 읽으셨습니까?

임헌영 우선 톨스토이, 도스토옙스키, 앙드레 지드, 헤밍웨이에 집중했습니다. 특히 톨스토이의 『전쟁과 평화』를 2학년 여름방학 동안 통독했습니다. 황홀했어요. 친구 정규홍과 이 소설을 놓고 엄청난 논쟁도 했지요.

그는 나와 의성중, 안동사범 동기로 우리 가족사를 털어놓은 극소수의 친구 가운데 하나지요. 역사의 발전법칙과 자유의지 문제가 쟁점이었어요. 나보다 나이가 많은 그는 잡학에 조예가 깊어 킨제이의 성 보고서나 『완전한 남성』과 『완전한 여성』도 그를 통해 읽게 됐습니다. 미국인의 성생활을 르포 형식으로 쓴 이 책들은 나로 하여금 성에 대한 의식의 억압에서 해방시켜주었습니다. 그는 나와 달리 친구들과 한방에 있는데도 돌아앉아 "야, 나 핸드플레이 할 테니 뒤돌아보지 마!" 하곤 돌아앉아 예사로 용두질을 해서 탄복했습니다.

일생의 멘토가 된 빅토르 위고, 톨스토이, 마크 트웨인

유성호 풍요로운 섭렵이었을 것 같습니다. 그 외의 외국 작

고교 때부터 내 일생의 문학적인 멘토가 된 마크 트웨인, 위고, 톨스토이 흉상(왼쪽부터). 세계문학기행 때 구입하여 내 서재를 장식하고 있다.

가들은 어땠습니까?

임헌영 위고와 로렌스, 마크 트웨인과 시인 바이런 등을 좋아했습니다. 특히 위고는 작품뿐만 아니라 나이들수록 더 진보적인 성향을 지니게 된 작가로 내 최고의 문학적 멘토입니다. 지금도 내 서가에는 위고, 톨스토이, 마크 트웨인 이 세 문호의 흉상이 가지런히 놓여 있어요.

유성호 선생님께서는 『현대문학』 출신이신데 당시 잡지들도 백가쟁명의 구도를 보였지요?

임헌영 몇몇 독서광들이 저절로 형성되어 『사상계』 『현대문학』 『문학예술』 등을 볼 수 있게 되었습니다. 평안도 출신 작가

이자 문예반 지도교사인 성학원은 은근히 『자유문학』과 『문학예술』을 두둔하며, 황순원을 최고로 평가했습니다. 그때 한국문단은 조연현과 『현대문학』의 독무대였고, 그 반감으로 1955년 4월 한국자유문학자 협회가 창립되었는데 위원장 김광섭 시인이 주도했습니다. 문단 비주류인 자유문협은 기관지로 『자유문학』을 창간했으나 1963년 8월 통권 71호로 종간했습니다. 단명으로 끝났지만 『자유문학』은 『현대문학』과는 달리 현실비판의식이 강한 남정현, 최인훈 등과 시인 황명걸, 이세방 등을 등단시켰습니다. 역시 비주류들이 1954년 4월 창간한 『문학예술』은 등단자로 평론가 유종호와 이어령, 소설가 이호철과 선우휘, 시인 신경림과 임종국 등이 있습니다. 1957년 12월 33호로 종간했는데 이 계열 문인들은 나중에 『사상계』로 합류합니다. 1950년대 중반부터 『사상계』가 문학인뿐만 아니라 북쪽 출신인 함석헌을 비롯한 각계의 지식인에다 문학평론가와 외국문학자들, 그리고 『문학예술』 출신 문인들의 대거 합세로 한국 지성사의 풍토를 바꾸기 시작했습니다. 이는 이승만 체제에 대한 비판의식을 고조시키는 계기가 되었지요.

유성호 고교 시절의 벗들 이야기도 좀 들려주시죠.

임헌영 중학교 때부터 친구였던 오상현은 문학에 섬세한 감각을 갖추었는데, 고교 시절 중고교 교사 검정고시를 준비해 결국 졸업 후 합격하여 경북여고 등 대구 시내의 여러 고교 국어교사로 인기를 끌었어요. 당시 검정고시는 정규 사범대학 출신자들도 낙방할 만큼 어렵기로 유명했습니다. 검정고시 출신자들은 대개 일류 고교에 임명되었지요. 그는 나와 함께 자취를 가장 오래 한 친구로 서로의 집을 왕래했고, 온 가족을 다 알고 지냈습니다. 정규홍은 사회과학과 시사문제에 달통했지요. 토론하기를 즐겼고, 근현대사와 독립운동, 사회주의 등에도 해박했습니다.

또 다른 친구 김노현은 호인형으로 실력을 갖춘 안동 양반의 전형입니다. 상경 후 교육부에 근무하면서 나와 가장 밀접하게 지냈던 친구였습니다. 그의 아우는 김영삼 정부 때 문체부 차관이었던 김도현으로, 서울대 학생 때부터 민주화 운동에 앞장섰지요. 김노현은 교총(한국교원단체총연합회)에 오래 근무하다가 교육부로 갔지요. 남기수는 문예반장이었고 나중 교육부 해외 파견 장학관 등을 지냈습니다. 이안세는 미술반 반장으로 나중 교육부에서 김노현과 함께 근무했습니다. 임종섭은 재즈 전문가이자 영화광으로 그 분야의 모든 노래를 섭렵해 여학생들에게 인기가 많았던 친구입니다. 이 친구들이 내 한 시절의 정서적 공동체였다고 할 수 있지요.

두 번의 무전여행으로 사고 치기

유성호 그 친구들과의 에피소드가 많을 것 같습니다.

임헌영 사범학교 2학년 여름방학 때 오상현과 부산을 목적지 삼아 탑리역에서 기차를 타고 내려가기 시작했습니다. 물론 무임승차였습니다. 교복을 입은 채로 모자의 모표와 배지는 떼어냈지요. 지역감정이 심하던 때라 테러를 당하기 일쑤였습니다. 안동에서 경북도민 체육대회를 개최한 적이 있었는데 그때

영천 등지를 비롯한 경상북도 남부지역 학생들을 구타하고 돈을 갈취한 불상사가 일어났기 때문에 더욱 조심했습니다. 농촌 인심은 푸근해서 논밭매기 농부들이 우리에게 "식사들은 했나요?"라며 함께 먹자고 권유할 때여서 그냥 주저앉기만 하면 끼니가 해결되었지요. 영천 은혜사 구경을 잘 하고 나와 가까운 마을에서 방을 제공받아 저녁 대접까지 잘 받고 잠을 자려는데 마을 청년들이 불러내는 게 아니겠어요? 우리는 부산 동래고교생으로 속이기로 짜고 대처했습니다. 마침 부산에 거주하며 유복해 보이는 한 젊은 인텔리 부부가 그 마을에 민박 중이었어요. 그들은 계속 일본 노래 「도쿄 안나」(東京アンナ)를 애교 넘치게 불렀습니다. 이 노래는 안동의 극장에서 하도 자주 옥외 스피커로 틀어놓았기에 나도 익히 알았던지라 친근감을 느꼈지요. 마치 우리의 「에레나가 된 순이」처럼 한 일본 여성이 나이트클럽 무녀로 변신해 춤을 추는 아픔을 노래한 곡이었습니다. 미군 점령하의 일본과 한국 두 나라가 동시에 겪었던 민중의 슬픔을 나타낸 것이었지요. 「도쿄 안나」의 1절 가사는 이렇습니다.

라이트의 무지개를 밟으면서
긴자의 밤을 여는 장미
아아 누가 부르는 무희뇨
그의 이름은 안나
도쿄의 안나
뜬소문의 안나

나는 이 노래가 우리의 「에레나가 된 순이」와 똑닮은 것 같아서 두 노래를 다 18번으로 삼았답니다. 서정적인 소설가 하근찬과 혁명시인 김남주 역시 「에레나가 된 순이」를 18번으로 삼았지요. 어쨌든 우리가 동래에서 왔다니까 그들 부부는 어물쩍 넘어갔으나 청년들은 안 믿고 우리를 불러내 오상현을 코피가 터지도록 폭행했어요. 결국 화해했지만 우리는 이튿날 아침을 얻어먹고는 무전여행을 포기하고 귀향해버렸습니다. 부산까지 가려던 무전여행이 참패로 끝난 거지요.

유성호　아슬아슬합니다. 일종의 사고라면 사고일 텐데, 젊은 날의 삽화라고 할 수 있겠습니다. 이런 이야기를 들으니 선생님이 마크 트웨인을 좋아하는 이유를 알 것 같군요.

임헌영　제2막도 있지요. 사범학교는 3학년 2학기면 곧 교단에 설 걸 대비해 머리를 길렀습니다. 겨울방학이 끝나고 개학을 해도 졸업반은 고향 인근 초등학교에서 현장 실습이란 명분으로 빈둥거리며 놀았습니다. 1959년 2월 초였지요. 이안세와 둘이 바람이 나서 서울행 무전여행을 떠났습니다. 학생 신분에 하늘 같은 존재로 우러러봤던 시인 서정주나 작가 김동리 같은 대문호들을 찾아보자는 야무진 꿈이었지요. 머리가 긴 데다 모자까지 쓰니 덥수룩해 보였습니다. 교복차림으로 청량리행 야간 급행열차에 무임승차해 운 좋게 가는데 원주를 코앞에 두고 검표에 들켜 원주역 플랫폼에서 강제 하차를 당했습니다. 우리는 열차가 떠나는 순간 간신히 매달려 이튿날 새벽 청량리에 내렸어요. 철길을 따라 한없이 걸어가니 철조망이 없어지더군요.

유성호 서울에서 서정주나 김동리는 만났습니까?

임헌영 웬걸요. 청량리역에서 종로를 지나 동화백화점(현 신세계백화점)까지 걸어가서 동시상영으로 영화 두 편을 본 게 전부였어요. 나는 서울에서 찾아갈 곳 하나 없는 초행길이었지만 이안세는 아는 선배와 친척이 있다기에 철석같이 믿었어요. 그런데 정작 그들이 하나같이 우리를 불량학생처럼 걱정스런 눈으로 바라보는 통에 이틀을 묵고는 하향길에 올랐지요. 눈치껏 공짜 승차는 했지만, 원주 부근에서 또 검표를 하는데 재수 옴 붙어서 바로 그 차장에게 걸렸습니다. 우릴 보자마자 "어, 이놈들 안 되겠구먼" 하더니 어떤 풍채 좋은 중년 신사에게 우리를 인계했습니다. 철도경관인 그는 우리가 진짜 안동사범학교 학생인지 확인하고는 용서해줄 듯하더니 정말 돈이 없나 의심하며 소지품을 다 내놓으라고 윽박질렀습니다. 우리는 서울에서 깡패들에게 잡힐까 걱정되어 비상용으로 과도에다 붕대를 감아 칼끝 부분만 살짝 나오게 만든 칼을 갖고 다녔는데 이를 들켜버렸습니다. 경관은 서울에 살인하러 갔었냐고 표변하더니 학생증을 빼앗아버렸어요.

유성호 얌전하신 선생님 이미지와 영 어긋나고 있습니다.

임헌영 졸업식만 하면 교사로 나갈 판인데, 얼마나 걱정이 되었는지 며칠 동안 잠이 안 왔습니다. 대책이 없던 차에 담임이 슬쩍 혹 철도청에서 무슨 일 있었느냐고 귀띔을 하더라고요. 얼른 염치없이 외삼촌에게 달려가서 매달려 외할아버지가 안동 철도청의 인사계 주임을 움직여 해결해줬지요. 그 주임의 아들 이광복 선생은 안동사범의 한 해 선배로 학생운영위원장이었으며, 후에 단국대 수학과 교수를 지냈습니다.

유성호 졸업식은 무사히 치르셨겠네요?

임헌영 더 큰 난관이 기다리고 있었지요. 당시 교육법상 만 19세가 되어야 초등교사가 되는데 나는 너무 일찍 학교에 들어가 1년이 모자라서 2급 정교사 자격증만 받고 학교 발령이 유보되었어요. 다른 친구들은 졸업장과 동시에 교사자격증과 근무할 학교를 배정받아 가는데 나만 보류 상태였지요. 교사가 태부족이었던 시절이라 좀 기다리면 저절로 발령이 나게 되어 있는데 어머니는 그걸 못 참고 읍내 재판소에 들락거려서 가을인 내 생일을 1월로 앞당겨 호적을 고쳤습니다. 친구들은 낭만을 찾아 바닷가나 산속 혹은 큰 도시 학교로 가는 등 뿔뿔이 흩어졌지만 나는 어머니의 주문대로 고향의 모교 조문초등학교로 발령을 받았습니다. 1959년 4월, 동기들보다 한 달 늦었지요. 어머니는 남편과 맏아들을 지키지 못한 한풀이로 고향 말뚝에다 내 발목을 묶은 것이었습니다. 어머니는 귀한 암탉 한 마리를 잡아 축하 파티를 열어주었지만 나는 속으로 때만 되면 떠나리라 벼르며 계속 술고래로 지냈습니다.

초등학교 교사가 겪은 3·15 부정선거

유성호 이제 학생 신분을 벗어나 사회인으로 첫발을 내딛으셨는데 어릴 때 학교로 돌아가 실망이 컸겠습니다. 그동안 쌓아온 독서 편력을 기초로 해 정치 사회적인 생각들은 많이 민감해지셨을 것 같습니다. 교사 생활은 어떻게 해내셨나요?

조문초등학교 교사 시절(1959~60). 앞줄 왼쪽부터 나와 동기생이었던 조정숙, 둘 건너 교장 박용서, 뒷줄 왼쪽에서 두 번째가 나와 절친으로 일어를 함께했던 안동사범 선배 권오석, 선배 도석환과 배상태, 임헌영, 선배 박만제, 나와 동기였던 박광도.

임헌영　햇병아리 교사 생활은 나름 재미있었어요. 사범학교 동기생 박광도와 조정숙도 같은 학교에 근무했지요. 3학년 담임을 맡아 이듬해에도 그 반 그대로 4학년 담임을 했으며, 업무분장은 도서과를 맡아 학교 도서관리와 교과서 공급, 배부, 대금 납입 등을 수행했습니다. 학교에 전화도 없던 시절이었지요. 교사들은 거의 안동사범 선배로 외지인은 소수였습니다. 내 초등학교 은사도 그대로 평교사로 있더군요. 금성지서(지금의 지구대)에서는 정기적으로 내 담당 순경이 학교로 찾아와서는 구독하던 『동아일보』까지 시비하기에 별로 중요한 일도 아니라서 『한국일보』로 바꿔버렸는데, 나중에는 『서울신문』을 강제구독시키더군요. 그는 내 책상에서 카뮈의 『반항적 인간』을 불온서적이라고 트집 잡기도 했어요. 나는 도서과 담당이라 그때 막 완간된 민중서관의 『한국문학전집』 전 36권을 구입해 탐독해나갔어요. 선배 교사 권오석 선생과 일어판 『바이런 전기』 강독으로 일어도 익혔습니다. 잡지의 시와 소설을 읽고 월평 습작을 해서 그다음 달에 실린 기성 평론가의 월평과 대조해보는 방식으로 비평연습에 열중했어요. 그때 나는 김동석의 『부르주아의 인간상』과 『예술과 생활』, 이어령의 『저항의 문학』(1960) 등을 모방해보기도 했습니다.

유성호 목가적이기도 했겠습니다.

임헌영 촌에 살 때 가장 듣기 싫었던 말이 도시 사람들이 와서 "공기 참 좋다!"라고 하는 거예요. 그게 좋은 줄 도무지 몰랐으니까요. 갑갑함을 술로 푸느라 완전히 '술꾼' 별명을 얻었어요. 그 와중에 학교 부근에 살던 젊은 여성들 가운데 테스를 닮은 미녀의 여동생이 우리 반 학생이어서 괜히 가슴을 두근거리기도 했습니다. 워낙 빤한 농촌마을이라 쳐다만 봐야 했지요. 그녀가 소풍 때 예쁜 자수를 수놓은 손수건을 동생 편에 보내와 총각 마음을 들쑤셨습니다. 내가 대학 진학을 않고 교사로 눌러앉았다면 그녀와 결혼해서 고향에다 말뚝 박고 살 수도 있었을 겁니다. 그랬으면 좋았겠다는 생각도 가끔 들어요. 내 인생에서는 아는 게 힘이 아니라 우환이었으니까요.

유성호 그랬다면 오늘의 선생님을 우리가 만나지 못했겠지요? 교사생활을 하면서 맞은 1950년대 말의 모습은 어떠했나요? 1958년에 제4대 총선이 있었지요?

임헌영 그해 총선은 5월 2일이었습니다. 여촌야도(與村野都), 농촌은 여당, 도시는 야당 지지라는 술어가 나온 선거였습니다. 야성이 강했던 의성은 민주당 김규만이 당선되어서 자랑거리였지요. 그런데 그는 4·19 직전인 1960년 초에 자유당으로 변절해 실망한 우리들 입에 오르내렸지요.

유성호 정치철새가 의성에서 나타났군요.

임헌영 총선 이듬해인 1959년 9월 태풍 사라호가 온 나라를 뒤집어버렸습니다. 학교 운동장의 고목조차 뿌리째 뽑힐 지경이었지요. 어쩌면 이 태풍이 이승만 정권의 뿌리까지 뽑아낼 수도 있으리라 기대하기도 했습니다. 태풍의 뒤처리도 하지 못한 상태였지만 나라는 온통 이듬해에 치러질 대통령 선거로 부산했습니다.

1960년에 개학을 하자 교육감과 면장이 번갈아가며 학교로 와서는 이승만 지지운동을 노골적으로 펼쳤습니다. 6학년을 제외한 전교생 수업을 2교시에 끝내고 교사들은 마을을 하나씩 배당받아 주민들 동정을 살피고 정치적 성향을 ABC로 구분하라는 지시를 받았지요. 마음이 통하는 다섯 교사들(권오석, 배상태 등)이 뭉쳐 구멍가게에 웅크리고 앉아 내기 화투로 소일했습니다. 그런 중에도 문교부 시계는 돌아 봉급은 잘 나왔고 가끔 미국에서 잉여농산물을 제공해주어 분유와 옥수수 가루로 찐빵도 쪄먹었습니다.

유성호 드디어 1960년 대변혁을 맞게 되는군요.

임헌영 3·15 정부통령 선거일이 다가오면서 시국은 점점 시끄러워지기 시작했습니다. 민주당 대통령 후보인 조병옥이 신병 치료차 미국으로 간다고 해서 우리는 '저게 또 신익희처럼' 하며 우려 섞인 말을 뱉었습니다. 아니나 다를까, 그는 2월 15일 객사해버립니다. 그가 대통령이 되어도 이승만 노선에서 크게 달라질 전망이 안 보였기 때문에 그의 죽음은 신익희 때와는 달리 맹숭맹숭했습니다. 그러니 대통령 선거는 하나마나였지요. 할 수 있는 일이라곤 기껏해야 부통령 장면을 찍는 것인데 그 역시 이미 부통령직에 있으면서도 별 존재감을 드러내지 못했기에 적극 지지하고 싶은 마음이 나지 않았습니다. 그러나 아무런 대안이 없었기 때문에 모두 울며 겨자 먹기로 그를 지지할 수밖에 없었어요.

자유당 치하에서 대구는 야당 성향으로 유명했기에 장면이 유세를 감행할 2월 28일은 일요일인데도 중고생들의 참석을 막으려고 등교를 강요했습니다. 이를 떨치고 일어선 것이 2·28 시위로 4월혁명의 신호탄이 되었습니다. 3월이 되자 나는 4학년 담임이 되었고, 세상이 시끄러워지자 단파방송을 듣기 위해 아침저녁으로 트랜지스터라디오를 가지고 있던 옆 마을 대선배인 동료교사 신동민 선생 댁을 드나들었습니다. 이승만 비판이나 학생 시위는 철저히 보도를 막아버려 오로지 「미국의 소리」(Voice of America, 약칭 VOA)만이 그 사실을 전해주었습니다.

태평양전쟁 중 시작된 이 방송은 미국의 대외선전용으로서 40여 개 국어를 단파로 송신하는 특수 방송이었습니다. 한국어 방송은 1942년 8월 29일부터 매일 30분간 나왔어요. 단파 수신기로 청취 가능했던 「미국의 소리」는 일제 때 이승만의 "2천만 동포에 고한다"라는 연속 담화로 유명합니다. 8도 조선어 방언 중 어느 특정지역 사투리에도 해당되지 않는데다 외국인처럼 더듬거렸습니다. 그 특유의 어법과 어조는 단파방송이 주는 바람소리 같은 잡음이 섞인 난청도와 조화를 이루어 청취자들에게 감동을 배가시켜 그의 허명을 날리도록 만들었지요. 8·15 이후에는 오키나와에 중계소가 설치되어 청취 조건이 한결 좋아졌습니다. 아침저녁으로 하루 2회에 걸쳐 30분간 기독교 방송에서 「미국의 소리」를 중계해주었지요. "여기는 워싱턴에서 보내드리는 미국의 소리입니다"라고 시작되던 그 목소리가 귀에 아직도 선합니다. 목침만 한 크기의 트랜지스터라디오에다 선을 이어 거미줄처럼 생긴 안테나를 감나무에 높이 매달아야 더 잘 들을 수 있었습니다. 한참 시위가 격해지자 나는 박용서 교장 사택으로 찾아가 함께 방송을 청취했어요. 그 댁 라디오는 크고 성능이 좋았습니다.

당시의 언론은 지금처럼 타락하지 않았다

유성호 4월혁명 전후의 농촌 분위기는 어땠습니까?

임헌영 농촌은 덤덤하고 조용했지만 교사들은 정치정세에 민감했지요. 정부통령 선거 날에 민주당 마산시당은 오전 10시 30분, 경남도당은 오후 1시 30분, 당 중앙은 오후 4시 30분에 불법선거 무효를 선언했습니다. 마산 시내는 온통 시위의 물결이었습니다. 강경진압밖에 몰랐던 경찰의 난폭성은 80여 명의 사상자를 만들어 전국적으로 시위는 파급되어갔습니다. "우리나라에 민주주의의 희망을 걸 수 있다고 장담할 사람은 아무도 없을 줄 믿는다. 사는 길은 오직 호헌구국의 대의를 내걸고 전체 국민과 더불어 투쟁하는 국민운동의 전개 이외에 다른 방법이 없다는 것을 자각하라"(『조선일보』 사설 「호헌구국운동 이외의 다른 방도는 없다」, 1960. 3. 17)라는 글은 연행을 각오하고, 당시 자유언론의 등대 역할을 한 최석채가 쓴 글이었습니다. 이에 대해 공보실장 최치환이 경무대에다 "구속하면 기름에 불을 붙이는 격"이라고 지적해 필화의 위기를 넘겼다고 합니다.

야당이나 모든 언론이 보수 일색이었지만 지금의 일부 매체들보다는 양식이 있었고, 정의와 불의의 구분은 있어서 「마산시민을 공산당으로 몰지 말라」(『동아일보』 사설, 1960. 4. 13)는 글도 가능했었죠. 이런 혼란 속에서 3월 17일 선거관리위원회는 정부통령 당선자를 발표했고 이튿날 국회는 그것을 공포했습니다. 산발적이던 시위는 4월 11일 김주열의 시신 인양으로 고조되어 경남 지방 일대로 번져갔습니다. 4월 13일 망령난 대통령은 특별담화를 통해 마산 사건의 배후에 공산당이 개입한 혐의가 짙다고 언명하며 법에 의한 처리를 강조했습니다. 3일 후인 4월 16일자 『동아일보』 사설은 이렇게 충고합니다.

"공산당과 싸우고 있기 때문에 민중의 저항권 발동이 자제된다는 이치를 백퍼센트 이용하고 있는 것이 바로 자유당 정부인데 … 우리 국민이 공산당을 원수로 알고 이와 열렬히 싸우고 있는 소이는 자유를 수호하기 위한 것이지 자유를 상실하게 하기 위해 그런 것은 아니다."

이 사설은 공산당이 좋아할 사태를 조성한 책임이 정부 여당에 있으니 그들 자신이 반성해야 된다는 정중한 충고까지 곁들이고 있습니다. 그러나 순순히 들을 정권이 아니었지요. 경찰이 '이승만 죽여라'라는 전단을 만들어 병원의 시신과 부상자들의 호주머니에 집어넣어 관제 빨갱이를 만들려 했다는 사실을 부산지검 특별수사반이 폭로했습니다. 언론과 검사들의 기백이 그나마 살아 있을 때였습니다. 그러나 정치인들은 여전히 한심했지요. 4월 23일 장면 부통령은 덜컥 사임해버렸습니다.

유성호　그런 격변기에 시골에 머무는 게 갑갑하지 않았나요?

임헌영　답답해도 별 도리가 없었어요. 그래도 4월혁명 후에는 교직에 종사하기에 아주 좋았습니다. 교육청에서는 그 지겨운 시찰도 지시도 전혀 없었습니다. 그러나 민주당 집권의 정치는 점점 이상해져갔지요. 감투를 독식한 장면 주도의 신파와 불화를 거듭하던 옹고집 윤보선을 필두로 한 구파가 분당을 선언했고요. 비록 '민주반역자 처리법'이 국회를 통과했으나 정작 그 처벌을 위한 특별검찰부는 서로가 기피할 정도로 이미 그 나물에 그 밥으로 전락한 속에서 용산 육군헌병감실에서 특검을 정식 출범시켜, 35일 활동기간을 정했으나 국민의 눈높이에는 어림없이 저조했습니다. 썩은 정치인이나 재벌을 처벌해주기를 바라던 국민들은 점점 실의와 낙담에 빠지기 시작했습니다. 그런 판에 장면 정부는 데모규제법과 반공특별법이라는 2대 악법을 제정하겠다고 했으니 기가 막힐 노릇 아닙니까? 국무원 사무처장 정헌주는 이 법을 적극 홍보했고, 언론들도 『민족일보』 말고는 전부 지지하는 분위기였습니다.

시인 김수영의 장면 정권 비판 "제2공화국, 너는 나의 적이다"

유성호 정치 감각이 문단에서 가장 탁월했던 혁명시인 김수영은 민주당 집권 기간에 매우 비판적이었던 걸로 알고 있습니다.

임헌영 나중에 알게 된 사실입니다만 그는 당시의 쟁점 네 가지를 ①반혁명 세력 처벌에 대한 미온적인 처사, ②통일운동 및 진보적인 정당, 사회활동에 대한 탄압, ③대한교육노조연합회를 비롯한 노동운동에 대한 탄압, ④민주당 내분 등이라고 보았습니다. 이런 기대가 하나하나 허물어져 가자 김수영은 드디어 "제2공화국!/너는 나의 적이다. 나의 완전한 휴식이다./광영이여, 명성이여, 위선이여, 잘 있거라"(「일기초」, 1960. 6. 30)라며 칼날을 곤두세웠지요. 일찌감치 장면 정권의 반혁명성을 간파한 시인의 결기가 느껴집니다. 한낱 촌구석의 나 같은 초등학교 교사의 시선으로도 장면 정권과 민주당은 민족사적인 소망이었던 4월혁명의 이념을 구현시킬 만한 역량도 없는데다 그럴 패기나 의지도 없어보였습니다.

유성호 1960년 전후를 기점으로 직접 역사 현장을 겪으시면서 한국 현대사를 잘 이해하실 수 있으셨겠습니다. 문학사적으로도 4월혁명은 매우 중요한데, 정작 거론만 했지 그걸 상징할 만한 작품이 없지 않습니까? 고작해야 시에서는 김수영이나 신동엽을 거론할 정도이고, 소설은 불모지 같습니다.

임헌영 자칭 '4·19 세대론'을 기치로 내건 문인들이 정작 혁명에 투신했던 예는 아주 드뭅니다. 그저 연령으로 봤을 때 대

4월혁명을 가장 뜨겁게
찬양했으나 민주당 정권에 실망했던
시인 김수영.

학생이었다는 것 말고는 민주주의나 통일문제에 깊은 관심을 가졌던 문학인도 매우 찾기 어렵습니다. 소설 역시 드물어 굳이 거론한다면 한무숙의 단편 「대열 속에서」(1961)가 그나마 혁명정신을 담아냈다고 할 정도입니다. 소설은 박 장관과 그 댁 운전기사가 한 울타리에 살면서도 전혀 다른 처지임을 한국전쟁, 수복, 4월혁명에 걸쳐 그 아들들의 시선으로 보여준 작품입니다. 이 밖에도 밀양 출신의 작가 김춘복의 『꽃바람 꽃샘바람』(1986~89)은 경상도 일대의 학생 시위를 집중적으로 그려주었습니다. 『동아일보』 기자였던 작가 오상원은 「무명기」(1961)에서 언론의 어용성, 당시 기레기의 모습을 묘파해주었습니다.

목포 출신의 탁월한 희곡작가 차범석의 희곡 『껍질이 째지는 아픔 없이는』(1961)과, 고흥 출신 희곡작가 정조의 희곡 『마지막 기수』는 소설이 다루지 못했던 4·19 전후의 정치사회상을 멋지게 그려주었습니다. 이런 걸 보면 한국소설은 다른 장르에 비해 역사의식에서 몇 걸음 늦다는 생각을 버릴 수 없어요. 지금도 소설은 TV드라마에 뒤처져 있지 않습니까.

유성호 그렇게 말하면 작가들이 서운할 것도 같은데, 사회의식을 담아내는 면으로만 보면 확실히 그렇군요. 막상 4·19 뒤 세태는 어떻게 달라집니까?

임헌영 4월혁명을 겪으며 나는 동네 사람들 거의가 장면을 찍었다고들 해서 세상 민심의 변덕을 살필 수 있었습니다. "풀은 바람보다 먼저 눕고 먼저 일어난다"는 김수영 시인의 말이 실감 나지요. 교원노조가 대구에 깃발을 꽂았고 내 주변까지 그 여파가 미쳤습니다. 친일파였던 역사학자 이병도 문교장관은 불허를 천명했고 8·15 후 친일을 사죄한 이항녕 문교차관은 활동을 안 막겠다고 했지만, 장면 정권은 단체 신고필증을 안 내주었습니다. 나는 아예 연좌제로 일체의 사회 활동에 제동을 걸어두는 데 익숙해서 피했지만 나와 비슷한 처지의 안동사범 동기생 오창수는 노조에 가입해 활동하다가 5·16 뒤 파직당해 농사꾼이 되었습니다. 그는 결코 후회하지 않는다고 해 나를 탄복시켰지요.

민간인학살 피해자 탄원운동도 가열찼습니다. 내가 아무리 조심해도 아버지 일을 도외시할 수는 없었기 때문에 우리 동네의 모든 일들을 건사해서 문서를 써주고 도와주면서도 내 이름이 아닌 어머니 명의로 제출했습니다. 그래서 5·16 뒤에 겨우 화를 면할 수 있었습니다.

나는 드디어 고향 탈출의 꿈을 실현하고자 1960년 겨울방학을 앞두고 교직생활 청산을 준비했습니다. 교사들과 계를 조직해 대학 입학금도 마련한 처지였습니다. 12월 말일자로 사직서를 내고 서울로 가겠다고 어머니에게 고했습니다. 어머니는 당연히 펄쩍 뛰었지요. 나도 가슴이 쓰렸고요. 10여 년을 머슴처럼 온갖 들일을 해오다가 내 월급으로 간신히 좀 편해지나 했는데 다시 일꾼처럼 고생할 어머니 모습이 눈에 어른거렸습니다. 며칠 동안 어머니와 나는 잠을 설치며 번민에 번민을 거듭했습니다. 어느 깊은 밤 드디어 어머니가 "좋다. 사내로 태어났으니 뜻대로 한번 해봐라. 내가 더 고생하지 뭐!" 하며 허락하시더군요.

1961년 1월 25일 중앙선 야간 급행열차를 타고 상경했습니다. 이번에는 당당하게 표를 샀습니다. 고향 출신의 족조(族祖)뻘인 임호순 아재를 찾아가 미군부대 아르바이트를 부탁해 직접 실습에 나갔지요. 그걸 다 익힌 뒤 귀향해 입학원서를 썼습니다. 애초 계획은 러시아문학과나 상경계열이었습니다. 그런데 풍문으로 러시아문학과는 형사들이 따라다닌다고 해서 단념했지요. 고3 담임이었던 황병욱 선생은 "국문과겠지?"라고 당연한 듯이 말했어요. 졸지에 나는 "네!"라고 답했는데 '아, 이게 내 숙명이구나' 싶었습니다.

유성호 파노라마처럼 역동적으로 펼쳐진 한국 현대사의 한 중심에 선생님의 젊은 날이 숨 쉬고 있습니다. 드디어 대망의 서울 시대가 열리는군요.

5 5·16 쿠데타 학번의 대학생활

미군 막사 떠돌며 그림 행상

유성호 4월혁명이 좌절되고 5·16 쿠데타가 이어지는 1960년대 초로 들어가 보겠습니다. 그때가 선생님의 대학 시절이 시작되는 시점이지요?

임헌영 저에게 몇 학번이냐고 물으면 '5·16 쿠데타 학번'이라고 답합니다. 1961년 3월에 입학식을 했고 두 달 후 5·16이 터졌어요. 돈 아끼려고 영어와 프랑스어 교재만 사고 나머지는 아예 교과서도 없이 다녔지요.

유성호 이미 겨울에 아르바이트를 구해두었다고 하셨지요?

임헌영 그 아르바이트가 박완서의 소설 『나목』에 자세하게 소개되어 있습니다. 소설에는 현재 신세계백화점(당시 동화백화점)이 미8군의 공식 PX점이라 1층에 하우스보이 출신의 최만길 사장이 화가 다섯 명을 데리고 미군이 주문한 초상화를 스

카프, 손수건, 사륙배판 크기의 노방조각 등에다 그려 파는 이야기가 나옵니다. 여기서 화자는 '이경'이란 이름으로 미군에게 애인이나 가족의 사진을 그림으로 그리도록 유인하는 판촉일과 경리를 겸하고 있습니다. 초상화 한 폭에 6달러를 받았다고 했습니다.

유성호 그로부터 10년이 지났으니 많이 달라졌겠지요?

임헌영 강산이 바뀐 뒤라 미8군 PX는 삼각지 안으로 옮겨졌지요. 그래서 『나목』에 나오는 영업을 하려면 미군부대에 출입할 수 있는 출입증을 얻어야 했는데, 그 값은 삼각지를 기준으로 멀어질수록 더 싸집니다. 지금 돈으로 몇 천만 원대부터 몇 백만 원으로 낮아졌습니다. 영등포, 의정부, 김포, 부천, 평택, 동두천 등 미군부대가 주둔한 곳엔 어디나 이런 장사꾼들이 밥벌이를 했습니다. 나는 출입증 낼 돈이 없어 몰래 드나들기 좋은 곳을 물색했는데, 선참들이 평택을 추천해주었습니다. 공짜 기차 타기처럼 또 공짜 아르바이트를 시작한 겁니다.

유성호 또 하나의 파격이군요. 미군부대에서 아르바이트를 하셨다니 선생님의 평소 이미지와 너무 다릅니다.

임헌영 평택은 공군기지인데 너무나 광대해 미처 철조망을 다 칠 수조차 없는 벌판이었습니다. 부대 정문은 아득히 멀어 군인 막사가 있는 데까지는 차를 타고도 한참 가야 하기에 출입증 없이 몰래 들어가기 딱 좋았어요. 산모퉁이 마을 농가에 하숙을 정하고 낮엔 책을 보며 빈둥거리다가 오후 4시경에 출동합니다. 막사에 들어갈 땐 반드시 노크한 뒤 안에서 허락이 떨어져야 입실할 수 있었어요. 가끔 까칠한 병사가 "유고러패스?"(You got a pass?) 하며 출입증을 보자고 하면 깜빡 잊고 왔다고 사정하는데, 대개 고개를 끄덕였습니다. 물론 일진이 사나우면 쫓겨나지만 바로 옆 막사로 들어가면 되고요. 아주 재수 옴 붙은 날은 미 헌병이 출입 상인들을 점검하는데 걸리면 바로 차에 태워 정문 앞에다 하차시켜버립니다. 더 재수 없는 건 한국인 노무자에게 걸려 아예 경찰에 넘겨지는 겁니다. 평택경찰서에서 하룻밤 지낸 적도 있었어요. 고학생이라고 사정하면 미군은 봐주기도 했는데 한국인은 그러지 않았습니다. 아마 일제 때도 이랬겠지요. 남의 나라 상전보다 내 나라 백성이 더 인정머리 없는 예지요.

미군은 오후 5시에 일과를 끝내고 저녁식사 후 멋진 옷으로 갈아입고 양공주 촌이나 술집을 찾아갑니다. 그 틈새 시간에 여러 막사를 돌며 준비한 상품 견본을 보여주면서 세일 작전을 폈지요. 『나목』의 시대보다 상품이 다양화되어 다빈치의 「최후의 만찬」 모사화, 스카프에 그린 인물화나 풍경화, 버클이나 라이터에 새긴 글자 '내 사랑', 애인 이름이나 얼굴을 그린 견본을 보여주며 "유가러픽처?"(You get a picture?)라는 미8군식 영어로 지껄이면 그들은 이것저것 살피다가 자기 얼굴이나 애인, 아내, 어머니나 아버지 사진을 꺼내 어느 정도 크기의 스카프에 그려달라고 주문합니다. 금액과 배달 날짜를 정하고서 예약금을 받지요. 어떤 병사는 「최후의 만찬」을, 어떤 경우에는 버클이나 라이터에 자신이 요구하는 걸 새겨달라고 해요. 이미 공공연하게 이루어지고 있기에 그들도 익숙했습니다.

그들이 외출하기 전에 나는 전속력으로 여러 막사를 돌며 장사하다가 막사가 텅 비면 나도 그들 틈에 슬쩍 끼어 군용트럭을 탔습니다. 정문까지 가서는 길목 좋은 데다 예의 그림과 상품들을 진열해놓고 그들을 상대로 호객 행위를 합니다. 교양 있어 보이는 미군에게는 「최후의 만찬」을 가리키며 "굿 마스터피스!"라며 엄지를 치켜세웠고, 촌스러운 미군에게는 "유가러 픽처?"를 외쳐대면 효과적이었습니다. 그렇게 호객 행위를 하다가 미군이 뜸해지면 내 영업도 마감됩니다. 간혹 이 술집 저 술집을 기웃거리는 미군을 위해 한두 시간을 더 버티기도 했지요.

백인 기독교도들의 선민의식

유성호 선생님이 개척한 아르바이트는 아닐 테고 사부가 있었겠지요?

임헌영 두 선참이 있었어요. 임호순 아재는 고향에서 초등학교 때부터 천재 소릴 들었지만 가난으로 중학 진학도 못하다가 일찌감치 가출해 미군부대 아르바이트로 고학하면서 중앙대 국문과를 졸업한 소설가 지망생이었지요. 귀향할 때마다 나에게 문학과 한국 문단 이야길 들려주곤 했는데 내가 중앙대에 입학한 것도 그의 권유 때문이었습니다. 다른 한 분은 청송 출신에 고학으로 단국대 법대를 다니다 고려대로 편입해서 졸업한 후 통일혁명당사건(1968)에서 '조국해방전선 교양책'을 맡았던 윤상환 형이었습니다. 그는 3년 형기를 마친 뒤 미국으로 이민 가버렸습니다. 나에게 희귀한 영어 원서를 여러 권 빌려

도미니코회 소속으로 중남미 지역
식민지 선교 중 기독교도들의
잔혹성을 고발하며 인디오
보호정책을 주장한
라스 카사스.

주고 근현대사에 대한 담론과 민족의식을 고취해준 잊을 수 없는 선배입니다. 그는 미국에서 원주민 연구에 투신해 『아메리카 인디안투쟁사: 아메리카 원주민 역사서』(메드라인, 2003)라는 역저를 한국에서 펴냈습니다. 소수민족 문제를 제국주의적 침략의 관점에서 접근하고 있어 주목할 만한 저작이지요. 내가 서평을 써서 주요 언론사에 배포했지만 널리 알려지지 못하고 묻혀버려 참 아쉽습니다. 저자가 사명감을 가지고 20여 년에 걸쳐 인디언 거주 지역을 직접 탐방한 취재 결과를 담아낸 귀중한 결실이었지요.

유성호 화제가 아메리카 인디오로 튀었네요. 이왕 언급하셨으니 개략적으로 훑어주시면 좋겠습니다. 콜럼버스 이후 정복자들이 원주민들을 금광 광부로 혹사시켰다는 건 이제 상식이지요. 그때 아메리카에는 없던 천연두, 홍역, 폐병을 비롯한 각종 전염병이 옮겨졌다죠?

임헌영 스페인의 도미니코회 사제였던 라스 카사스는 그 잔혹상을 "예수와 12제자의 경건과 영광을 위한다며 13세짜리 인디오를 교살시키기도 하고 심지어 장작불 속에 던져 넣어서 살아 있는 인디언을 태워 죽였다"라고 기록하고 있습니다. 윤상환의 저작에는 나오지 않지만, 그는 한몫 잡으려고 중남미로 가서 실제로 돈도 벌고 포교도 했지만 동족인 스페인 침략자들이 지나치게 인디오를 학대하자 이들을 보호하려면 아프리카 흑인들을 노예로 수입해야 한다는 모순된 건의를 했던 인물입니다. 물론 나중에는 그 주장을 철회하고 흑인 노예제를 반대했기 때문에 그를 노예해방과 해방신학 그리고 제3세계 민족해방의 선구자로 보기도 합니다.

그가 작성한 『서인도 제도의 약탈에 대한 간략한 보고서』는 기독교도들의 잔혹사를 고발한 문서로 그 죄악상 때문에 구하기 힘들지만 나는 일인 학자의 글을 통해 내용을 알게 되었습니다. 선교사들이 원주민을 기독교도로 개종시키기 위해 가했던 고문은 비기독교 국가들이 선교사에게 저질렀던 고문이나 순교와는 비교가 되지 않을 정도로 잔혹했습니다. 고문으로 죽음에 임박한 인디오 추장에게 선교사는 예수를 믿고 죽으면 천당에 가는데 그곳이 얼마나 좋은지를 설명해줍니다. 반면 안 믿고 죽으면 지옥에 가는데 그곳의 끔찍함도 설명해줍니다. 그러자 추장은 조용히 천당에도 스페인 사람들이 있느냐고 반문합니다. 선교사가 당연히 있다고 답하니까 추장은 고개를 저으며 그렇다면 자신은 스페인 사람이 없는 지옥으로 가겠다고 했답니다. 그들은 그렇게 1,500만 내지 3,000만 명의 중남미 인디오들을 학살했다고 해요. 널리 알려진 영화 『미션』이 그 한 예지요. 히틀러보다 더 심하지 않습니까? 히틀러의 유대인 학살은 반인륜적이고 예수의 이름으로 저지른 대학살은 성자의 선행입니까?

라스 카사스의 면모는 박설호 교수의 『라스카사스의 혀를 빌려 고백하다』(울력, 2008)에 잘 나와 있습니다. 윤상환의 이 책도 라스 카사스에 못지않은 미 대륙에서의 인디언 수난사를 잘 묘파하고 있습니다.

유성호 윤상환과 라스 카사스를 통해 백인·원주민, 제국·식민, 폭력·정당방위 등 인류 수난사의 면모를 잘 이해할 수 있겠군요. 윤상환 선생의 저작은 꼭 기억되어야겠습니다.

임헌영 이야기가 좀 빗나갔지요? 어쨌든 그 두 분을 따라 평택에서 작업하는 동안 한가한 낮에 평택 읍내로 가서 영화를 보다가 한 번은 미군 위안부 기지촌에 가게 되었어요. 나는 총각이라 꺼림칙했는데 몸을 뺄 처지가 아니었습니다. 마루에 앉아 한가한 시간을 즐기던 여인들에게 "잠깐 놀다 갈 수 있느냐"고 물으니 그녀들은 묘한 표정을 지으며 "우리는 그런 거 몰라요"라고 고개를 젓더군요. 알고 보니 한국인 절대 사절이 그들의 철칙이란 겁니다. 한국인이 다녀갔다고 소문나면 미군이 얼씬도 안 한대요. 그걸 미군이 어떻게 아느냐고요? 이웃 포주들이 미군에게 밀고를 한다는 겁니다. 그때까지 '양공주'라며 함부로 말했던 내 안이한 눈에 불이 번쩍했습니다. 아, 그들이 당하는 인종 차별적인 모멸감을 생각하니 정신이 확 들어 우리 모두 발길을 돌렸어요. 미군 위안부들에게는 심지어 백인과 흑인 상대도 나뉘어져 있다고 해요.

유성호 미군 위안부 문제는 한국문학에서 8·15 후부터 1970년대까지 중요한 소재가 되어왔지요. 반미문학의 근간을 이룬 이 소재는 개풍 출신으로 한양대 토목공학과를 나온 특이한 경력의 작가 송병수가 단편 「쑈리 킴」(1957)에서 고아 소년의 시선으로 바라본 미군 위안부의 가련한 처지를 그린 작품이 큰 화제가 되었지요. 이어 연세대 정외과 출신의 시인 정공채가 장시 「미8군의 차」(1963)에서 미군 위안부의 떠돌이 삶과 주한미군의 침략성을 고발한 게 필화가 되기도 했고요. 바로 그 뒤 반미문학의 황금탑인 남정현의 「분지」(糞地, 1965)는 미군 위안부 문제를 핵문제로 비화시켰습니다.

임헌영 가장 충격적인 작품에는 이문구의 「해벽」(海壁, 1972)이 있지요. 미군들이 둘러앉아 미군 위안부에게 개와 성관계를 시키고 그 모습을 즐기는 장면은 분노를 자아냈습니다. 미군들은 주둔국가의 품격에 따라 그 행동이 달라지는 것 같아요. 미군 전용 AFKN(American Forces Korean Network) 방송은 1957년 10월부터 1996년 5월 30일까지 방영되었습니다. 그 방송에서는 미군들이 휴가를 즐기기 위해 오키나와의 카데나(嘉手納)공군기지로 떠나는 항공편을 매우 빈번하게 소개했습니다. 우리나라에도 미군을 위한 오락 시설이 많은데 굳이 그리로 갈까 궁금했는데 1991년에 일본 사회문학회 주관 '점령과 문학' 국제 심포지엄이 오키나와에서 열려 그곳에 갔을 때 일본의 상황을 자세히 듣고 그 까닭을 알았습니다. 일본은 패전국이지만 미군을 대하는 수완이 우리보다 한 수 높았어요. 그들은 미군기지의 토지 임대료를 야무지게 받아내고도 몇 년에 한 번씩 인상해달라며 미군부대 앞에서 시위를 했어요. 그 공군기지에서 미군기가 이착륙하는 광경을 아주 가까이에서 볼 수 있는 관광 포인트까지 마련해두고 관광객을 유인하더군요. 일명 '팡팡 걸'이라고 부르는 미군 위안부나 일본인에게 미군이 위해를 가하면 온 나라가 벌집 쑤신 듯 난리가 납니다. 진보정당이나 시민운동이 앞장서서 투쟁한 결과지요. 우리나라가 '반미=용공정책'으로 탄압하는 동안 일본은 콧대 높게 미국과의 흥정으로 이득을 취했습니다. 그곳 미군 위안부 거리는 너무나 화사해 한국과는 번지수가 달랐습니다. 일본 시민운동이 매우 주체적이면서 실리적이라는 인상을 받았습니다.

유성호 정말 충격적인 일이군요. 다시 아르바이트로 돌아가실까요?

임헌영 임호순, 윤상환 두 분은 이 초상화 사업에 이골이 나서 가히 도사급이었는데, 내가 자립할 수 있게 되자 그들은 아예 평택 같은 먼 곳은 외면하고, 자기들의 단골 출입처로 떠났어요. 그들은 미군을 '봉'이라고 불렀습니다. 그러나 순진하던 미군도 점점 약아지더니 1960년대에는 아주 까다로워졌다고 합니다. 내가 일할 때도 이미 미군은 봉이 아니었습니다. 그런데도 내겐 아주 괜찮은 아르바이트였습니다.

유성호 그림을 파는 절차가 어땠는지 궁금합니다.

임헌영 주문받은 품목을 단골이었던 영등포 역전의 작은 화상(畫商)에게 가져가 그림을 그리는 데 얼마며 언제까지 완성해달라고 청구합니다. 그 날짜에 그림을 가지고 미군부대로 찾아가 전하고는 잔액을 받지요. 거래는 달러가 아니고 미8군에서만 통용되는 '군표'였는데, 그걸 영등포시장 암달러 아주머니에게 가서 한국 돈으로 바꾸면 일이 끝나요.

우리의 단골 화상은 바로 고향 출신의 임석빈 아재였습니다. 그는 고향 동장으로 우리가 많은 도움을 받았던 홍빈 아재의 친형이라 이들 형제 모두에게 나는 신세를 진 셈입니다. 그 화상을 우리의 아지트로 삼았는데, 거기서 오락처럼 벌어지는 시국담들이 어찌나 신랄했던지 오싹할 때가 많았습니다. 그들은 미군을 오래 상대하다보니 철저한 반미주의자가 되어 미국이 얼마나 비인간적인 나라인지를 성토하면서 그 앞잡이가 이승만이고 그 주도세력이 친일파라는 확신을 침을 튀기며 역설하는 거예요. 4·19 후 집권당이 된 민주당도 투지가 없다며 욕을 바가지로 퍼부었습니다.

의지도 능력도 없는 4·19 후의 민주당

유성호 그때 이미 시민들 속에 그런 생각이 보편화되어 있었습니까?

임헌영 이들은 각성한 계층이라 더욱 격렬했지요. 영어에 능통해 미군이 버린 신문이나 잡지를 주워 보기도 하고 미군방송도 자유롭게 청취했으니 매우 개명되었습니다. 미국에서 학력 좋고 뒷배가 든든했던 미군은 유럽에 배치받았고, 그다음이 일본, 꼴찌가 한국이었답니다. 내가 만난 미군도 대부분 그랬어요. 언젠가 우리가 덕수궁에 갔는데, 외출 나온 미군들이 서울 시청을 가리키며 '시리하우스'(city house)라고 했어요. 그러자 대뜸 윤상환 형이 "무식한 놈들, 시리홀(city hall)이지"라며, 그들 중 상당수가 휘트먼이 누구인지도 모른다더군요. 그때 일부 시민들은 그 정도로 학식 있고 깨어 있었습니다.

유성호 장면 내각에 대한 비판의 핵심은 무엇이었나요?

임헌영 4월혁명의 적자인 민주당 정권은 자유당과는 쌍둥이로 남북교류를 공개적으로 반대하며 그 주동세력을 응징하려고 반공특별법을 성안한 것도 모자라 국가보안법을 강화할 뜻을 장면 총리가 직접 밝혔습니다. 논리적으로 4월혁명의 왕자는 장면 정권이고, 그 혁명정신을 가장 잘 구현한 『민족일보』(1961년 2월 13일 창간)는 공주 격인데, 왕자는 공주를 학대했습니다.

『민족일보』는 대외적으로는 미·일 등 강대국을 비판하고, 대내적으로는 반공임시특별법, 데모규제법 등 2대 악법 반대와 통일운동을 비중 있게 다루었습니다. 특히 2대 악법 반대투쟁은 이 신문이 나서서 전국 규모로 벌였는데 대구에 집중했습니다. 1961년 3월 25일 대구역전 광장에 3만 명이 운집한 건 4·19 이후 최대였지요. 학생들은 "이승만은 독립운동을 한답시고 막대한 돈을 들여 해외를 돌아다니며 잘 쓰고 왔으며, 장면은 그 뒤를 이어 2대 악법을 내걸었으니 이들의 결혼을 축하한다"며 그 둘의 위장 결혼식이라 비꼬았습니다. 서울의 대학생들이 독려차 대구로 출장가기도 했답니다. 이에 대해서는 작가 박태순과 우리 시대 최고의 정론가인 김동춘 교수가 쓴 『1960년대의

장면 민주당 정권 아래서 온갖 탄압을 당했던 『민족일보』 창간호.
오른쪽의 사진은 함석헌.

사회운동』(까치, 1991)에 잘 나와 있습니다.

유성호 젊은 세대에게 『민족일보』는 좀 생소할 것 같은데요?

임헌영 1961년 1월 25일에 민족일보사가 설립됩니다. 인쇄는 서울신문사가 맡았는데, 정헌주 국무원 사무처장이 2월 하순 인쇄 중단 압력을 넣다가 28일에 인쇄 중단을 지시하지요. 3월 2일 오후 5시, 문선 조판을 진행하다가 작업을 중단당한 『민족일보』는 3일간 정간합니다. 제작처를 산업경제신문사로 옮겨 속간해 신문 1면에 "제2공화국 언론자유 탄압 제1호, 절대자유 보장하겠다던 장 내각 집권 반년 만에 국민 기본권 유린"이라는 제목의 항의 기사를 냈습니다. 국회 법사위에서 그 부당성을 추궁하자 정헌주 사무처장은 "특수지 성격을 띤 『민

4월 혁명 후 가장 진취적이었던
『민족일보』 발행인 조용수.
그는 5·16 후 처형당했다.

족일보』에 대한 인쇄를 중단한 조치는 정부의 기본방침"이라고 대답합니다. 이 밖에도 장면 정권은 이 신문을 다양한 방법으로 탄압했어요.

유성호 그러나 대승적인 입장에서 보면 아무리 무능해도 민주당이 지녔던 우리 민족사에서의 역할은 중요하다고 볼 수 있지 않을까요?

임헌영 그렇습니다. 아무리 비판할 점이 많아도 그 혹독한 탄압 아래서도 반독재 투쟁을 했다는 그 자체만으로도 자유당과는 비교해서 안 된다고 봅니다.

유성호 당시 『민족일보』의 논조를 좀더 말씀해주시면 좋겠습니다.

임헌영 『민족일보』는 미국의 원조를 "미국의 국가적 이익을 수호하기 위해 필요한 것"이라고 논설에 썼고 "자국의 과잉상품을 원조 명목으로 제공함으로써 과잉상품을 처리함은 물론 앞으로의 시장 확보를 꾀하고, 나아가 타국의 내정에까지 간섭할 기회를 장악해 1석 3조의 효과를 보고 있다"고도 했습니다. 그 원조가 소비재 집중, 소비 성향 고조에 집중되어 있어 국내 산업이 위축되니까 한국의 자립경제 지원 방향으로 바뀌어야 한다고도 했습니다.

겨우 두 달이었지만 열심히 돈을 벌면서 지내다 보니 공부라는 게 그리 중요하게 생각되지 않았어요. '내가 왜 서울까지 와서 이렇게 지내나' 하고 한순간 자성이 들기도 했습니다.

유성호　대학 입학하고 두 달 만에 군사쿠데타를 겪으신 거지요?

임헌영　그래서 그 아르바이트도 두 달로 끝났어요. 화상 가게에 모인 우리 일당은 겁도 없이 시청 앞으로 가보자며 전차를 타고 남대문 역에서 내렸어요. 지하도(그땐 남대문에 지하도가 있었다) 통행을 헌병들이 막아섰고, 시청과 국회 주변에는 탱크가 버티고 있었습니다. 모든 대학은 폐쇄됐고 미군부대는 일절 출입 금지에다 미군조차도 외출이 금지되어 우리는 졸지에 실직자가 되어버렸습니다. 주문받은 그림도 팔지 못한 채 날릴 판이었고 아무런 전망도 해결책도 없었습니다. 화상에서 돈도 안 생기는 시사담론만 늘어놓던 나는 대학 문이 열리자 오로지 학업에 매달릴 수밖에 없었어요. 나는 '박정희 덕에 공부 좀 했다'고 농담을 하곤 해요.

나는 대학에서 우선 외국어를 한껏 하고 싶어 영어는 필수, 불어는 선택으로 들었고, 독일어도 청강했습니다. 철학과에만 있던 그리스어에 눈길이 가서 수강신청을 했더니 학생이 열 명도 안 됐습니다. 교재도 없이 알파벳부터 시작한 강의는 불과 몇 시간 하더니 폐강되고 말았어요.

백철·양재연·남광우 등 중앙대 명교수진과의 만남

유성호　그때 중앙대 교수진은 굉장했지요?

임헌영　문리과대 학장 백철, 경상대 학장 최호진, 영문과의 정인섭 등 명망가들이 포진해 있었지요. 최호진 교수는 이내 연세대로 가버렸어요. 신화적 존재였던 고전문학의 가람 이병기나 서양사학의 조규동은 떠나고 난 뒤였습니다. 가람은 언제나 만취상태로 두루마기 등 쪽이 앞으로 오고 앞쪽이 뒤로 가도록 입고서 정문에서부터 비틀거리다가 여학생들이 상냥하게 인사하면 대뜸 "야, 이 ××년들아, 여기 뭐하러 왔어!"라고 소리 질렀고, 조규동은 문화사 시간에 이승만을 '하와이 어부'로 호칭하며 코미디언처럼 욕설을 퍼부어대기로 유명했다는 전설이 있었는데 나는 그들이 중대를 떠난 뒤에 입학해서 안타깝게 그런 명장면을 놓쳤지요.

국문과의 고전문학 전공 양재연 교수는 한국 민속학의 대가인 송석하의 사위로 국문학사를 해박하게 강의해 나로 하여금 전공을 고전문학으로 해볼까 하는 유혹을 느끼게 했습니다. 그는 항상 나에게 "자네를 보면 내 젊은 시절의 로맨틱한 꿈을 다시 보는 듯하다"라며 격려해주었습니다. 진보적인 사상과 함께 속을 꿰뚫어보는 듯한 눈매가 매서웠어요. 『중대신문』 기자 모집에 응시하려면 교수 추천서가 필수였는데 그는 대뜸 친필로

『중대신문』 기자 시절.
국문과 양재연 교수는 기자 모집 응시에 필요한 교수 추천서를 친필로 써주었다.

온갖 칭찬을 나열하며 날인해주었습니다. 그는 엄격하게 금기시 당했던 사회주의 계열의 연구도 빼놓지 않고 소개해주었습니다.

국어학의 남광우 교수는 전공에 관계없이 국문과 전 학생에게 우상처럼 군림하면서 우리 인생 전반을 지도했습니다. 댁이 대학 정문 바로 앞에 있어 무시로 드나들었어요. 그의 상징은 '백만 불짜리 폭소'로 내가 『중대신문』에 교수실 탐방 인터뷰를 하면서 붙인 별명입니다. 남 교수는 내가 석사학위를 마친 직후에 서울에서 가까운 모 국립대학에다 교수 자리를 미리 만들어놓은 뒤에 이력서만 내라고 했는데, 내가 끝까지 망설이자, 건방진 녀석이라며 나무랐지만 이내 유감을 풀고 아껴주신 잊을 수 없는 분입니다.

유성호 양재연·남광우. 고색창연하지만 정말 쟁쟁한 교수진이었습니다. 현대문학 분야에는 누가 계셨나요?

임헌영　강사진으로는 소설 담당에 합천 출신 작가 최인욱이 있었고, 시 분야에는 조병화가 있었어요. 최인욱 교수는 한국전쟁 중 최고의 황색소설이었던 『벌레 먹은 장미』로 유명했지요. 이 베스트셀러를 다시 보고 싶어 찾았지만 못 구했어요. 그는 자신에게 소설창작 강의를 하게 만들어준 것은 오로지 몰턴 교수와 일본의 작가이자 평론가인 키무라 키의 책 덕분이라고 했습니다. 몰턴 교수의 명저는 『문학의 근대적 연구』(*The Modern Study of Literature: An Introduction to Literary Theory and Interpretation*)이고 키무라 키의 명저는 『소설연구 16강』(小說硏究十六講, 新潮社, 1925)이지요. 키무라 키의 책은 지금 봐도 창작 강의용으로 좋은 책입니다. 최인욱은 대취하지 않으면 과묵했지만 숙취하면 최고의 만담가로 변신했습니다. 온 동네가 떠나가도록 술집이 소란해지면 우리는 슬금슬금 눈치 보며 탈출했지요.

최인욱 교수는 대하소설 『임거정』(『서울신문』, 1962~65)을 연재하면서 일약 가세가 넉넉해졌습니다. 『임거정』은 5·16 쿠데타 직후 군부 세력의 부정부패로 속이 들끓던 대중들에게 인기 절정을 달려 장안의 화제였습니다. 홍명희의 『임거정』을 많이 차용했다는 소문이 떠돌긴 했으나 그 인기를 잠재울 수는 없었습니다. 이 소설 집필 후반에 숙명여대 국문과생으로 『숙대신보』 기자였던 고경숙이 3학년 여름방학 내내 최인욱 교수에게 300여 명의 작중 인물 인덱스를 만들어주는 아르바이트를 했다고 해요. 컴퓨터가 없던 시절이라 연재가 길어지자 작가도 인물 중복이나 묘사 착오가 생겨 정리 작업이 필요했던 모양이에요. 이 여대생은 나중에 내 아내가 되었는데, 대학시절엔 서로 몰랐습니다.

유성호 사모님과의 인연도 한 자락 깔려 있군요. 조병화 선생 강의는 어땠나요?

임헌영 조병화 시인은 세실 데이 루이스의 저서 두 권을 번역했습니다. 『현대시론』(정음사, 1956)은 원제가 『A Hope for Poetry』(1934)로서 일역본 『セシル·デイ=ルイス 現代詩論』(創文社, 1955)을 텍스트로 삼았고, 같은 저자의 『현대시작법』(정음사, 1959)은 원제가 『The Poetic Image』(1947)이며 일역본은 확인하지 못했지만 아마도 『시를 읽는 젊은이들을 위해』(詩をよむ若き人々のために, 筑摩書房, 1955)일 것입니다. 특히 『현대시작법』은 내가 감동받은 책으로, 명시란 어려운 게 아니라 이야기처럼 쉽고 흥미로워야 한다는 시론을 각인시켜주었습니다.

영문학사에서 제1차 세계대전 이후 1929년 대공황을 거친 시대를 "전후의 시는 폐허에서 태어났다"(Post-war poetry was born among the ruins)는 말로 정의한 데이 루이스는 1930년대의 진보사상을 대표하는 오든 그룹(Auden Group)에 속합니다. 나는 가톨리시즘에다 왕당파였던 엘리엇의 황홀한 늪에 빠져 있다가 데이 루이스 덕분에 헤어나올 수 있었습니다. 오든 그룹은 역사의식을 열망하던 나를 정신이 번쩍 들게 했습니다. 특히 오든의 『스페인 1937』(*Spain 1937*)은 잠을 화들짝 달아나게 만드는 힘찬 구절들로 절창이었습니다.

"아주 먼 곳을 그리워하는 연정 같은 것"이 문학

유성호 참으로 중요한 책들을 소개해주셨군요. 다른 문인들에게는 그런 강의를 들었다는 이야기는 한 번도 못 들어봤어요.

임헌영 조병화 시인이 아주 인상적인 명강의를 했던 추억도 있습니다. 그는 도쿄고사(東京高等師範學校, 서울대 사범대학에 해당) 시절 겨울방학에 나가노(長野)현 간바야시(上林)온천으로 가던 도중에 있는 고모로(小諸)라는 소역을 둘러보려 했습니다. 시마자키 도오손의 시 「고모로의 옛 성터에서」(小諸なる古城のほとり)로 유명하기에 정차하면 사진이라도 찍을 작정이었으나 지나쳤다고 합니다. 엉겁결에 옆자리에서 책을 읽고 있던 여학생에게 "고모로가 여기입니까?"라고 물으니, 그녀는 마치 질문자의 속내를 간파한 듯이 "시마자키 도오손 선생의 고모로는 저 산 쪽입니다"라고 답해 선생을 감동시켰답니다. 수재들만 들어간다는 도쿄고사 정복과 교모를 본 그 여학생은 부러운 듯이 쳐다보며 고향이 어디냐고 묻기에 "게이죠(京城, 서울)입니다"라고 대답하자 "아, 꼭 한번 가보고 싶은 곳입니다"라고 애교 넘치게 말했다지요. 이유를 묻자 그녀는 차창 밖 멀리로 시선을 향하며 "아주 먼 곳이기 때문이에요"라고 답했는데, 그 모습을 상기하듯이 "아주 먼" 하며 창밖을 내다보던 조병화 선생의 마력적인 표정이 눈에 선합니다.

이 대목에서 그는 "시란 먼 곳을 그리워하는 연정 같은 것"이라고 했는데, 나는 가끔 문학 강연에서 이 대목을 표절해서 박수를 받곤 했습니다. 내가 대학 시절에 들었던 이야기는 여기까지였고, 세월이 흐른 뒤 조병화 선생은 그 여학생을 찾았으나 끝내 다시 만나지 못했다는 후일담을 들려주었습니다. 뿐만 아니라 이 이야기를 산문으로도 남기면서 "그 여학생은 시노노이에서 '사요나라' 하고 내렸다"라고 썼지만 내 뇌리에 입력된 강의에서의 정취보다 감동이 훨씬 덜했습니다. 「고모로의 옛 성터에서」는 히로타 류타로가 곡을 붙여 애창곡이 되어 더욱 유명해졌지요.

나는 각자의 시론을 쓰라는 기말 시험 답안지에 하이데거의 "언어는 존재의 숙소"(Language is a house of being)라는 문장을 서두로 뭐라 뭐라 썼어요. 실존주의에 대한 영어 원서 덕분에 아는 척했던 것이라 낯이 뜨거웠으나 조 시인이 내 답안지를 엄청 칭찬하며 강의 때 공개해서 우쭐했습니다. 연인이 바뀔 때마다 시집이 한 권씩 만들어진다던 그가 제13시집 『시간의 숙소를 더듬어서』를 준비하던 중에 원고뭉치를 나에게 주며 한번 읽고 소감을 말해달라고 했어요. 읽은 후 몇몇 구절을 빼면 좋겠다고 했더니 민망할 정도로 탄복하는 거예요. 자신도 그걸 뺄까 말까 망설였던 구절이라는 것이었습니다.

유성호 선생님의 지도교수이셨고 결혼식 주례를 서주셨던 평론가 백철 선생 이야기를 하실 차롑니다.

임헌영 학부 때는 백 선생의 전성기라 너무나 분주해 걸핏하면 휴강을 해서 대학원에 들어가서야 진짜 강의를 들을 수 있었습니다. 선생은 청탁받은 글들의 자료를 우리에게 자문 형식으로 취재하기도 했고, 가끔은 운 좋게 나에게 대필을 시켜 용돈도 벌게 해주었습니다. 어느 학기에는 텍스트를 한국문인

백철 회갑연(1968)을 마치고, 앞줄 왼쪽부터 작가 신상웅·구혜영·백철 부부, 평론가 백승철, 뒷줄 왼쪽부터 시인 신세훈, 평론가 홍기삼·임헌영, 작가 김홍주.

협회 편 『해방문학 20년』(을유문화사, 1966)으로 삼았습니다. 한국문인협회 제1대 이사장은 기독교적 인도주의에 투철했던 작가 전영택이었고 제2대 이사장은 역사소설가 박종화였습니다. 사실상 실무는 조연현이 다 처리했기에 그로서는 문학사를 쓰기 위한 기초로 이런 엄청난 작업을 한국문인협회의 권위를 빌려 수행했던 것 같습니다. 백철 역시 8·15 이후 문학사를 염두에 두고 이 책을 교재 삼아 우리를 조력자로 활용했겠지만 나로서는 너무 좋은 공부가 되었습니다. 아쉽게도 미군정시대의 좌익 관련 잡지는 제외시켜버렸지만 당시로서는 부득이했겠지요. 어쨌든 이 자료집은 1965년까지의 문단 및 문학사 전반의 기초자료로는 가장 권위 있는 소중한 자료집이었습니다.

대학원생 때인 1966년도에 나는 『동아일보』 신춘문예에 처음으로 투고했다가 낙방했어요. 나는 곧바로 「아나키스트의 환가: 장용학의 정치학」이란 글을 『현대문학』에 투고해 조연현 선생의 눈에 들어 1966년에 등단했습니다. 조 선생은 나를 끔찍이 잘 챙겨주어 백철에 이어 제2의 평론 스승으로 모시게 되었지요. 당시 두 스승은 여러 이유로 관계가 안 좋은 걸 온 문단이 다 알 정도여서 나는 두 분을 한자리에 모셔서 화해를 도모해야겠다고 생각했어요. 조심스럽게 점심을 대접하고 싶은데 두 선생님이 함께하시면 어떻겠느냐고 여쭤보았더니 의외로 쉽게 응낙했습니다. 너무나 뿌듯해서 중앙대 출신 작가 신상웅과 평론가 백승철을 대동해서 이 노대가들과 함께 종로 통닭구이 집에서 회동해 화기애애한 시간을 가졌습니다. 의외로 두 대가도 무척 뿌듯해하시더군요.

유성호 어쩌면 두 분도 소원한 관계를 풀고 싶던 차여서 쉽게 성사된 것 같군요.

임헌영 아마 그럴 겁니다. 나이 들어가면서 그런 소원한 관계는 사실 대가들이 취할 자세는 아니었거든요.

당파성을 지닌 지식인과 양심적인 지식인 구별하기

유성호 원래 백철은 영문학 전공인데 국문과에 적을 둔 겁니까?

임헌영 처음에는 영문과 강의도 하다가 나중엔 아예 국문과만 전담했습니다. 그는 나에게 미국 최고의 좌익 평론가이자 운동가였던 그랜빌 힉스를 소개해주었어요. 백철 선생은 그의 저서 『위대한 전통: 남북전쟁 이후 영문학의 해석』(The Great Tradition: An Interpretation of American Literature since the Civil War, Macmillan in 1933)을 가장 아꼈습니다. 민주주의 시인 휘트먼과 진보주의적인 유머 작가 마크 트웨인을 미국문학의 위대한 정통으로 삼았습니다. 주류 작가인 휘트먼과 트웨인과 더불어 드라이저, 싱클레어 루이스, 셔우드 앤더슨 같은 사회비판 소설을 쓴 작가들도 높이 평가했습니다. 그런 한편 헨리 제임스와 와일더도 긍정적으로 평가했습니다. 미국문학에 일천한 나로서는 미국문화보다는 유럽의 유구한 전통에 매료당해 유럽적인 가치관을 존숭하며 심리주의적인 기법을 차용한 제임스나, 일상사와 인생론적인 작품을 쓴 와일더에 대해서도 평가해주는 마르크스주의자로서의 거시적 관점이 돋보였습니다.

유성호 평론가 힉스의 생애 자체가 백철과 너무나 닮은 것 같더군요.

임헌영 힉스는 1930년대에 미 공산당 최고의 이론가이자 활동가였으나 1939년 8월 22일 '독소불가침조약'에 실망해 사회당으로 방향을 전환합니다. 이 사건은 세계 사회주의 운동사에서 매우 중요한 분수령이었지요. 어떻게 국제적인 평화를 지향하는 사회주의 소련이 나치의 독일과 불가침조약을 맺느냐는 실망감이 전 세계 공산주의자들에게 전향의 대유행을 낳았고, 힉스 역시 마찬가지였습니다. 나는 이 독소불가침조약을 어떻게 평가하느냐는 문제가 지식인들뿐만 아니라 일반 시민의 역사의식을 평가하는 데 매우 중요한 잣대가 된다고 봅니다. 아무리 똑똑하다 한들 자신의 세계관에다 당파성을 가졌느냐 아니냐에 따라 하늘과 땅처럼 달라진다는 것이지요.

유성호 무슨 뜻인지 쉽게 이해가 안 됩니다. 좀더 설명해주실 수 있을까요?

임헌영 당시 유럽 부르주아 제국주의 세력의 눈에는 히틀러와 스탈린은 모두 지옥의 사자로 타도 대상이었습니다. 그 경중을 따진다면 '붉은 악마'인 스탈린이 단연 더 불구대천의 원수였습니다. 영국과 프랑스는 러시아혁명의 불길이 서쪽으로 번지는 걸 차단하기 위해서는 오히려 '검은 악마'인 히틀러 독재체제를 묵인해주어 독일로 하여금 방어망을 치자는 은밀한 이심전심이 작동했습니다. 그 추악한 속내는 스페인의 민주주의 정권을 타도한 프랑코의 쿠데타(1936~1939)를 겉으로는 우려하는 척하며 속으로는 묵인했던 것으로 드러나지요.

영국 작가 조지 오웰, 미국 작가 헤밍웨이, 프랑스 작가 말로와 베유, 러시아 작가 에렌부르크 등 진보적인 지식인들이 스페인의 민주주의를 지키기 위해 참전해서 숱한 걸작들을 남겼습니다. 피카소도 조국을 위해 헌신했지만 미·영·불 3대 제국주의의 묵인으로 프랑코 장군의 쿠데타가 승리합니다. 그는 제2차 세계대전 때도 끄떡없이 버티며 장장 36년이란 최장기 독재체제를 지탱했습니다.

이런 제국주의의 두 얼굴은 우리의 5·16 쿠데타 때나 광주 5·18시민항쟁 때도 그대로 드러납니다. 마치 쿠데타를 반대하고 민주정권을 지원하는 듯이 착시현상을 보이면서도 검은 뒷손은 쿠데타를 지지했지요. 1930년대 유럽 판도가 이랬을진대

두뇌회전이 빨랐던 히틀러와 스탈린으로서야 어찌 미·영·불 3국의 속셈을 몰랐겠어요.

유성호 정치인이 지식인을 속이기란 늘 이처럼 쉬운 것 같아요.

임헌영 대재벌이 구멍가게 주인 약탈하듯이 식은 죽 먹기였겠지요. 그 대표적인 예가 히틀러를 집권 과정부터 비판적으로 보아왔던 영국의 역사학자 토인비입니다. 히틀러를 처음부터 싫어했던 토인비는 1936년 베를린 방문 때 그와 장장 2시간 면담으로 마음이 바뀌어서 귀국해 외무부에 "나는 히틀러를 매우 잘못 생각했다는 것을 깨닫게 되었다"는 보고서를 올렸지요. 어쨌든 히틀러로서는 이웃 나라 프랑스에 제일 먼저 쳐들어가야 하는데 그렇게 되면 영국이 프랑스 편에 설 것이고, 거기에다 동쪽 소련이 폴란드를 탐내 독일로 쳐들어오면 양면 공세로 곤욕을 치를 것임은 뻔한 계산이었지요. 그래서 우선 프랑스를 비롯한 유럽을 먼저 칠 때까지만이라도 러시아와의 전쟁을 미루자는 계산이었지요. 스탈린으로서는 어차피 독일이든 미·영·불이든 모두 적대국들이니 그들끼리 실컷 싸워 서로 힘이 빠지도록 만든 후에 전쟁에 끼어들면 적은 희생으로 승리할 수 있겠다는 계산이었을 겁니다. 이런 국제역학을 오늘의 우리는 그리 영리하지 않아도 다 알지만, 당시의 진보적인 지식인들은 원칙만 고수해 어떻게 인류평화의 사도인 소비에트연방사회주의공화국이 악마 히틀러의 더러운 손을 덥석 잡느냐며 분노하지 않을 수 없었을 터였습니다.

유성호 참으로 재미있는 지식인과 역사의식의 상관관계에

대한 풀이입니다. 그러나 모든 지식인들이 다 전향한 건 아니지 않습니까? 그 인식의 경계선이 무엇이지요?

임헌영 그게 바로 투철한 '당파성'을 가졌느냐, 아니면 그저 관념적인 양심만 고수하는 지식인이냐에 달린 문제입니다. 즉 당파성을 가진 지식인과 맹목적으로 정의만 외치는 지식인들의 엄청난 역사인식의 차이가 드러나는 대목입니다. 먼 예를 들 필요도 없이 8·15 직후 한국 지식인들이 취했던 신탁통치안을 둘러싼 논쟁 역시 같은 맥락입니다. 진보란 인간이 지닌 가장 고귀한 판단력을 행사할 때 그 비판의식의 가늠자가 객관적이고 냉철하며 정확하게 작동하도록 조종하는 슬기로움일 것입니다. 아무리 영리하고 비상한 인물일지라도 판단력의 가늠자가 '진보적인 당파성'을 잃어버리면 도리어 극우 보수로 전락하고 마는데 그런 지식인들이 의외로 많습니다.

유성호 그 이야기를 들으니 시인 김수영의 "왜 나는 조그만 일에만 분개하는가/저 왕궁(王宮) 대신에 왕궁의 음탕 대신에/오십 원짜리 갈비가 기름덩어리만 나왔다고 분개하고/옹졸하게 분개하고 설렁탕집 돼지 같은 주인년한테 욕을 하고/옹졸하게 욕을 하고"라는 「어느 날 고궁을 나오면서」의 한 구절이 생각납니다. 큰 것, 근본적인 걸 놓치고 사소한 과오에만 매달려 시비를 거는 게 당파성을 잃은 소지식인이란 뜻이지요? 원칙이 바람직하게 섰으면 약간의 잘못이 있어도 지지해야 하는데 그게 못마땅해서 막 짖어대는 모양새지요.

임헌영 참 멋진 비유입니다. 어떤 조직이나 단체는 물론이고 개개인을 평가할 때도 해당되는 중요한 판단 기준이 바로

은사 백철 선생과 함께
(석사 논문 지도 받을 무렵).

'당파성'이지요. 그랜빌 힉스는 그냥 평당원이 아니라 문화 분야의 지도급 인물이었습니다. 그런 그가 독소불가침조약을 수용할 수 없었던 이유는 그 이론적인 탁월성과 양심이 당파성을 압도해버렸기 때문일 것입니다. 1940년대에 힉스는 독자적 사회주의자로 활동하다가 후에 민주사회주의자가 되었고 1950년대에는 악명 높은 미·소 냉전시대의 산물인 매카시즘 선풍이 몰고 온 국회 비미(非美)활동조사위원회에 2차 증언 후 반공주의자로 활동했습니다. 완전히 전향자가 된 것입니다. 스승 백철이 굳이 힉스를 나에게 추천한 데는 여러 이유가 있었겠지만 자신의 굴곡 많은 생애를 힉스에 빗댄 것도 작용하지 않았을까 생각합니다. 그리고 일찌감치 내 문학적 성향을 간파한 터라 젊어서 한때는 싸돌아다녀도 나중에는 결국 힉스처럼 인생무상임을 보여주려고 했던 게 아닐까도 생각합니다.

유성호 역시 대가다운 풍모가 느껴집니다. 실제로 백철 선생에게 지도받을 때는 어땠습니까?

임헌영 내가 석사학위 논문을 쓸 때 '전후 한국 참여시 연구'라는 주제를 '전후 한국 시 연구: 6·25 이후 시문학의 특이성 고찰'로 수정해주었습니다. '특이성'이란 '참여시'였고, 그 사상적 배경을 나는 근대 카프문학과 8·15 이후의 진보적 정치의식, 6·25 이후 유행했던 실존주의 사상 중 사르트르의 앙가주망을 거론했는데, 그는 탐탁지 않게 여겼습니다. 아깝게도 그는 카프의 영향을 전면 삭제해버리고 뭉뚱그려서 모더니즘이란 항목을 설정해 내 논문은 논리의 파행을 겪게 되고 말았지요.

전후 한국 시단의 흐름

유성호 선생님께서는 중요한 전후시인으로 누굴 꼽았습니까.

임헌영 반쯤 광인이었던 박봉우, 흙냄새 풍기는 농투사니 정서의 신동엽, 외설로 윤리의식을 풍자한 전영경, 모더니즘 기법으로 사회비판 의식을 노래한 정공채, 대중적인 설득력이 가장 강한 어조로 한국적인 정치상황을 질타한 신동문, 반은 취한 듯이 소시민적 시각으로 역사의식을 노래한 김수영, 에로티시즘의 색채를 풍기며 사회를 풍자한 황명걸 등이었습니다. 이들 비판의식의 원천을 앙가주망 문학이라고 본 것만은 양보할 수 없어서 석사학위 구술 발표 때 그렇게 말했더니 백철은 간곡하게 "중앙대학에서는 그런 건 하지 않았으면 좋겠다"고 타일러주었습니다. 사르트르의 유물변증법적 참여문학론을 염두에 둔 경고였습니다.

유성호 아마 백 교수는 임 선생을 어떻게든 반공적인 중앙대 풍토에 적응시켜 기르려고 했던가 봅니다.

임헌영 나도 그렇게 느꼈어요. 그래서 시키는 대로 논문을 고쳤지요.

다른 과 교수로는 두 분만 언급하고 싶습니다. 하경근 정외과 교수는 선구적인 제3세계 정치연구가였습니다. 나중에 중앙대 총장을 지냈지요. 하경근 교수는 재일동포 시인 김윤과 진주 동향으로 절친이었어요. 김윤은 민단(在日本大韓民國民團) 간부를 지냈으면서도 조총련(재일조선인총연합회)의 문학인들과도 친교를 가졌던 유일한 시인이었습니다. 그가 내한하면 나도 끼어들어 허심탄회하게 국내외 정치담을 나누곤 했습니다. 하경근 교수의 강의는 중앙대 신문방송학과 재학생이었던 한길사의 김언호 대표도 열심히 들었다고 하더군요. 그 인연으로 『제3세계정치론』(한길사, 1988)이 출간되었지요. 그는 미국과 유럽을 블록으로 한 제1세계와 소비에트 러시아의 사회주의 연대를 제2세계로, 그 외의 나라들을 제3세계라는 관점에서 국제문제에 접근합니다. 비동맹이란 술어는 29개국이 참가한 1955년 반둥회의를 계기로 1950~60년대에 인도의 국민적인 영웅 네루, 중국의 영원한 제2인자였던 저우언라이, 세계 정치인 중 내가 가장 좋아하는 베트남의 호찌민 등 정치지도자들이 결집해 엄청난 회오리를 일으킨 운동이었으나 그 후 약화되고 말았습니다. 이 비동맹 이념은 그 뒤 선진국과 개발도상국의 경제적인 격차를 줄이고자 1964년에 창설한 운크타드(UNCTAD, United Nations Conference on Trade and Development)로 이어졌습니다. 종속이론, 폭력과 평화론 등 국제적 쟁점들과 연계되어 이어져오고 있지요. 이 일련의 국제정치를 다룬 하경근 교수의 저서는 당시 진보 성향의 청년들에게 대단히 인기였습니다.

황태성 사건과 박정희

유성호 정치학 분야에 훌륭한 스승이 계셨군요. 선생님께서는 정치학에도 많은 관심을 가지셨을 것 같습니다.

임헌영 오히려 정치적이지 못해 그런지 모릅니다. 정치학 전공으로 총장을 지낸 김민하 교수는 강사 시절이었던 1961년에 황태성 간첩사건에 연루되어 혹독한 옥고를 치렀습니다. 이 사건이 내 관심을 끌었던 것은 중앙대 여학생과 강계숙 과장(중앙대 이대룡 교수의 부인)과 김민하 교수가 상주 동향이어서 자주 화두에 올라서였습니다. 더구나 1963년 5·16 세력이 군복을 벗고 민정이양을 위해 대통령선거를 치르는 운동 기간에 야당 후보인 윤보선과 허정이 감춰져 있던 '황태성 사건'을 거론하며 박정희의 여순병란사건 관련까지 들어 사상문제를 거론해서 관심을 가졌지요. 상주·구미·김천은 같은 문화권인데 상주 출신 황태성은 항일운동 때부터 박정희의 형 박상희와 절친한 사이였습니다. 박정희는 그를 친형보다 더 존경하며 자신의 진로 상담도 한 것으로 전하지요. 황태성의 소개로 박상희와 조귀분은 결혼해서 맏딸 박영옥과 둘째 딸 박계옥이 태어났고, 맏딸은 김종필과 결혼합니다.

유성호 모두 대구 10·1 항쟁 때 큰 역할을 하신 분들이네요.

임헌영 박상희·황태성·김성곤은 10월항쟁의 지도자급이었지요. 진압 작전 때 박상희는 경찰의 총에 맞아 희생되었습니다. 박정희는 가장 존경하던 형의 죽음으로 더욱 좌경화해 나중에 남로당 군 책임자로 활동하다가 1948년 여순항쟁으로 숙군 때 피체됩니다. 구명 운동 등으로 간신히 살아남아 예편당했다가 6·25로 복직됩니다. 이승만 치하에서 쿠데타를 모의해 오다가 민주당 정권 때 쿠데타를 일으킵니다. 미국이 그의 좌익 경력 때문에 의심의 눈초리를 보내자 그 의구심을 씻어내고자 그는 모든 진보세력을 싹쓸이하듯이 구속했습니다. 이때 억울하게 걸려 든 인물 중에는 작가 이병주도 있었습니다.

유성호 황태성 사건을 좀더 자세히 들려주세요.

임헌영 월북한 황태성은 무역성 부상까지 지낸 뒤 5·16 쿠데타 소식을 들었습니다. 몸이 불편해 북측 관계자들이 만류했지만 박정희와 김종필이라면 대화가 가능하다면서 자진해서 안내원에게 업혀 휴전선을 넘어 서울에 도착합니다. 그게 1961년 8월 31일이었지요. 그가 가장 먼저 찾은 사람은 대구 10월항쟁의 동지였던 쌍용그룹 창업자 김성곤이었으나 그는 마침 국제언론인협회 회의로 부재중이어서 중앙대 강사 김민하 교수를 찾아 흑석동으로 갔습니다. 황태성은 김민하의 흑석동 집에 머물며 남북 화해를 위한 밀사 자격으로 왔으니 김종필과 박정희를 만날 수 있도록 연락해달라고 부탁했습니다. 그는 근 50여 일간 기다리다가 10월 20일 중앙정보부 요원에게 연행당해 반도호텔 특실에서 극비로 조사받고 극비로 재판을 받아 공식적으로는 대법원 확정판결에 불복, 재심 청구를 했으나 그 결과가 나오지도 않은 1963년 12월 14일, 인천 어느 산골짜기에서 처형당해 유해는 상주에 묻혔다고 합니다.

대통령 선거 때 윤보선은 박정희를 좌익으로 몰아 득표에 큰 도움을 받을 것으로 기대했으나 그건 당시의 영호남 민심을 몰랐던 전통 서울 양반출신의 착각이었습니다. 박정희 측근들은 이 사상 논쟁으로 패배할 것이라 낙담했으나 좌익 경력의 박정희는 책상을 탁 치면서 승리를 장담했다는 소문도 있었지요. 사실 당시 영호남 기층 민중들은 공산당에 대한 혐오감이 그리 높지 않았으며 5·16으로 구속됐던 진보인사들조차도 형무소에서 윤보선의 발언을 듣고는 도리어 박정희 지지로 선회했다는 증언이 있습니다. 민주당조차 친일 세력에 기반을 둔 지주 보수층이었기에 평화통일운동에 방해가 된다는 예를 이미 이승만 치하에서 경험하지 않았습니까? 조봉암을 배제시키면서 민주당을 창당한 그들의 행위에서도 이미 본 것이지요.

빨갱이 혐오증을 강화시켜 색깔논쟁으로 보수정권을 유지하게 만든 것은 박정희 집권 이후였습니다. 그는 자신의 과거를 탈색함과 동시에 미국의 불신을 씻어내고자 반공을 국시로 삼아 광적인 반공 교육을 펼쳤습니다.

유성호 5·16 쿠데타를 선거로 심판할 수 있었던 1963년 대통령 선거에서 박정희를 지지한 사건을 그랜빌 힉스가 했던 전향론에다 비교해보면, 당파성으로서는 그래도 쿠데타 세력을 타도한 뒤에 진보세력의 확산을 추구하는 게 옳았다는 생각이 듭니다. 아무리 민주당이 썩어도 민주주의에 대한 지향성은 군부독재에 비할 바는 아니기 때문입니다.

임헌영 당연히 그렇지요. 다시 황태성으로 화두를 돌려보겠습니다. 김학민과 이창훈이 쓴 『박정희 장군, 나를 꼭 죽여야겠소: 한국 현대사의 미스터리 황태성 사건의 전모』에는 미국에 거주하고 있는 그의 손녀 황유경의 회억담을 이렇게 전하고 있습니다.

> "고2(1965년) 때 가을이었을 겁니다. 그때 저는 '꽃씨회'라는 봉사단체에서 활동하고 있었습니다. 요즘의 '사랑의 열매' 같은 것을 사람들에게 달아주고 성금을 받아 불우이웃돕기를 하는 단체였어요. 그날 회원 10여 명이 청와대에 들어가 대통령에게 인사하고, 그중 제가 대통령 앞으로 가서 열매를 달아주면서 돌연 '제가 황태성 씨 손녀입니다'라고 말해버렸습니다.
>
> 박 대통령은 그 순간 얼굴이 굳어지고, 그러면서 허둥지둥 행사를 끝내더군요. 그 자리에 있었던 어느 누구도 무슨 일이 있었는지 눈치채지 못했습니다. 그날 청와대를 나와 명동으로 갔는데 뜻밖에도 경찰이 철통같이 지키며 못 들어가게 하는 거예요. '꽃씨회'는 1년도 못 가 해체됐어요. 지금도 '꽃씨회'가 왜 해산됐는지 당시 회원 중 누구도 그 이유를 모릅니다."

황태성 사건에 연루된 김민하 교수는 혹독하게 징역살이를 했지요. 언젠가 내가 평양 방문 때 김민하 교수와 동행해 많은 사연을 들었어요. 그 비화를 책으로 남기겠다고 다짐하던데, 결과는 아직 못 봤습니다.

유성호 이제 교수들 화두에서 대학 시절의 교우들로 옮겨 가시지요.

임헌영 1년 선배 박유일과 함용헌, 동기 임기봉과 김윤겸 등이 제일 가까웠던 벗들이고, 문우로는 신상웅·백승철·신세훈 등이 있습니다. 박유일은 고령 박 씨 대구 출신으로 박정희 집안인데 중앙정보부에 근무하며, 박 대통령의 친인척을 담당하다가 나중에는 천주교 담당으로 민주투사 신부들을 전담해서 재미있는 이야기를 많이 들었어요. 함용헌은 용산고 출신으로 졸업을 앞둔 시점에 그의 아버지가 경영하던 『약업(藥業)신문』 기자로 나를 취업시켜준 선배지요. 동기 임기봉은 시계 무역으로 넉넉했어요. 흑석동 연못시장의 술집에서 판이 벌어지면 이들이 항상 선심을 베풀어주었어요. 임기봉은 나중에 내가 최인훈·남정현과 가까워졌을 때 접대를 마다 않은 친구였고, 김윤겸은 『여성동아』 등에 근무한 유능한 편집자였습니다. 2년 선배로 영문과의 신상웅 작가가 있었고, 1년 선배인 신문방송학과의 백승철 평론가도 있었습니다. 나와 의성중학 동기인 시인 신세훈은 「강과 바람과 해바라기와 나」란 작품으로 『조선일보』 신춘문예에 당선(1962)되면서 대학가의 스타로 떠올랐지요.

유성호 『중대신문』 기자 경력이 도움이 되었을 것 같은데요?

임헌영 2학년 때 『중대신문』 기자 시험을 보는데, 문제 중

중앙대학교 졸업식.
왼쪽부터 함용헌,
임헌영, 시인 오미리.

'10간 12지'(十干十二支)에 대해 쓰라는 출제에 나만 답안 작성을 했다고 해요. 고교 시절의 동양철학 공부 때 꿰뚫었던 문제였지요. 신문사의 1년 선배인 영문과 정진석 형과는 막역한 관계로 틈만 나면 단둘이 교정 벤치에서 영어로만 대화를 나누자며 온갖 화두를 토론하곤 해서 주변에서 동성애하냐고 놀릴 정도였습니다. 역시 1년 선배였던 이대룡은 진보적인 사상을 지녀서 나에게 많은 영향을 주었습니다.

유성호 당시 대학가의 문학 활동은 어떤 게 있었지요?

임헌영 1963년 벽두부터 나는 커다란 문화적 충격을 받았어요. 서울대생이 중심이 되어 『산문시대』가 발족한 데 이어 비평동인지 『비평문학』이 나온 것이었습니다. 전자는 1962년부터 1964년까지 5집을 출간한 동인지였고, 후자는 이광훈·임중빈·조동일·주섭일·최홍규로 이루어진 '정오평단' 멤버들

캠퍼스에서 벗들과 함께. 앞줄 왼쪽부터 후배 방의겸, 임헌영, 선배 박공률, 뒷줄 왼쪽부터 정진석, 한 사람 건너 김윤겸, 박유일.

이 주축이 되어 출간한 평론 전문지였습니다. 『고대신문』 취재부장으로 발이 넓었던 이광훈과는 이미 1961년 겨울부터 알고 지냈던 터라 그를 통해 임중빈과도 만났습니다. 임은 입버릇처럼 백철, 조연현, 이어령 등 당대 최고 평론가들을 "원고지 50 내지 70매면 매장시킬 수 있다"며 큰소리쳤지요.

『약업신문』 기자, 그리고 대학원

유성호 다른 아르바이트를 하신 건 없었습니까?

임헌영 겨우 서너 달 했던 미군부대 출입을 5·16 후 금지당하면서 궁해진 나는 보헤미안처럼 대학 4년 동안 16번이나 이사를 다녀야 했습니다. 그러는 동안 도둑이 두 번이나 들었는데, 하필 내가 보물처럼 가지고 다니던 작은아버지와 형님이 봤던 희귀한 책들을 다 훔쳐가 버렸습니다. 친구 하숙에 얹혀 지내다가 밥값 떼어먹고 다른 곳으로 옮겨버린 게 제일 죄스럽습니다. 왜 그 뒤에 찾아갈 생각을 못했는지 후회가 돼요. 친구 자취집에 얹혀 지내면서 여기저기를 전전하다가 가정교사로 나섰어요. 초등생부터 고교생까지 여러 집을 다니면서 온갖 대우를 다 받아보았습니다. 한번은 내가 지도하던 고교생의 시험 성적이 안 올라 학생 부모에게 잔소리를 듣고 나서 학생 방에 들어가 내가 피우던 담배를 학생에게 권했습니다. 그는 얼굴이 붉어지면서 안 피운다고 했지만 나는 이미 그가 몰래 피우는 걸 아는지라 사양 말고 울분도 풀 겸 피우라고 권해서 둘이서 나란히 앉아 연기를 뿜어대고 있는데 학생 어머니가 갑자기 문을 확 열더니 이내 쾅 닫고 돌아섰지요. 호출당한 나에게 주인댁은 "선생님, 내가 아이에게 공부를 가르치랬지 누가 담배를 가르치랬어요!"라며 당장 그만두라고 해서 쫓겨난 적도 있었답니다.

유성호 서울에 집이 있는 학생들이 참으로 부러웠겠습니다.

임헌영 당연하지요. 입주 가정교사를 할 때 씁쓸한 경우도 있었습니다. 가정부가 둘이나 있는 대갓집에 들어가 있을 때였는데 어느 날 한 가정부가 사라졌어요. 내가 지도하던 여고생이 며칠 뒤에 "선생님 때문에 그애가 쫓겨났어요"라고 해서 의아했지요. 사연인즉 그녀가 나를 유혹하려고 내 방을 청소하다가 책상에 편지를 써두었답니다. 내가 보기 전에 여고생이 그걸 어머니에게 갖다바쳐 폭로됐다는 겁니다. 그녀가 떠나면서 다른 가정부에게 자신은 이미 다른 집에서 가정교사를 셋이나

중앙대학교 재학 시절
흑석동 자취방 담장에서.

먹었는데, 이번 네 번째는 실패했다고 하더랍니다. 여고생은 나를 빤히 쳐다보며 "선생님도 아마 그애가 유혹했으면 넘어갔겠지요?"라고 해서 괜히 내가 무슨 죄라도 지은 듯이 쩔쩔맸지요.

유성호 『약업신문』 기자 생활은 어땠습니까?

임헌영 4학년 2학기에 나는 대학원 진학을 결심했습니다. 일자리를 찾다가 함용헌 형의 주선으로 들어간 『약업신문』의 창업자인 함승기 대표는 일제 때 약종상으로 돈을 모은 입지전적인 분입니다. 시인 정지용의 아버지도 약종상이었는데 이 직종은 한약 자재들을 수집하고 공급하는 업종으로 엄연히 약사법 규정 시험을 통과해 자격증을 따야 합니다. 함 사장은 의약 분야에 전문 매체가 없다는 데 착안해 처음에는 1954년 3월

『의약시보』(醫藥時報)라는 주간지를 창간한 이 분야의 독보적인 선구자였습니다. 그러다가 의사만의 전문지가 나오자 『약업신문』으로 개제해 특화시켰습니다. 내가 입사했을 때는 대한약사회에서도 기관지를 발행하고 있었으나 『약업신문』의 전통과 신용은 단연 이 분야의 실세였습니다.

1965년 12월부터 1968년까지 내가 석사학위 과정 동안 만 3년간 몸담았던 이 신문사 덕분에 제약업계, 화장품업계, 보건사회부의 역할 등에 대한 교양을 높일 수 있었습니다. 이때 경험으로 얻은 약에 대한 지식의 요지는 '약은 독이다' '약효란 20%이고 나머지 80%는 마음의 효과다' '약은 오남용하지 말아야 한다' 등이었습니다. 행여 오해가 생길까 싶어 이런 말의 출처를 밝히자면 당시 한국 약학계의 거두로 세칭 '홍박'으로 불렸던 의사이자 약사였던 서울대 약대 홍문화 박사가 이런 말을 입버릇처럼 좌담이나 대담에서 했던 말임을 밝혀드립니다. 그는 함승기 대표와 같은 흑석동에 사는 막역한 관계라서 약업신문사의 거의 모든 행사에 참여했어요.

여러 취재 중 제약회사와 화장품 회사 탐방이 가장 인상적이었습니다. 단체 중에는 대한결핵협회, 대한나환자협회, 대한화장품협회, 각 구청 산하 보건소 등에 출입했습니다. 이 무렵 작가 정을병과 여류작가 김지연이 의학계통 신문사에 근무해 친하게 지냈습니다. 정을병의 소개로 범우사 윤형두 회장과 인연을 맺었지요. 특히 정을병은 『약업신문』으로 옮겨와 잠시 함께 있다가 대한가족계획협회로 가서 실권자가 되었습니다. 그는 나중에 한국소설가협회 이사장이 된 작가 백시종과 윤선도의 후예로 시조시인 윤금초 등을 초치해 함께 근무했습니다.

거기 자주 드나들면서 가족계획이라는 것은 미국을 비롯한 백인들이 타인종의 폭발적인 증가를 막으려는 고도의 음모임을 알게 되었습니다. 그러나 그 음모가 기아가 극심했던 후진국에게는 절실한 문제라 적극 수용했던 거지요. 그때 슬로건은 "둘만 낳아 잘 기르자"였는데 이내 "아들딸 구별 말고 하나만 낳기" 운동으로 번져갔어요. 당시 미국 유학비자는 매우 얻기 어려웠는데 신학이나 가족계획 전문가는 언제든지 환영하는 분위기였습니다. 약업신문사에 근무하면서 나는 서울살이의 기반을 다졌습니다. 그 후 막냇동생 주환을 고향에서 데려와 함께 자취하면서 경복고에 진학토록 했고, 이를 계기로 어머니가 서울로 오시게 되었습니다.

6 한국 문단 반세기 훑어보기

촛불 하나라도 켜는 것이 어둡다고 불평하기보다 낫다

유성호　이제 선생님의 문학적 생애의 첫 장을 열어보겠습니다. 등단 당시의 문단 상황부터 요약해주셨으면 합니다.

임헌영　대학원생이던 1966년 『현대문학』에 조연현 추천으로 평론가로 등단했습니다. 이미 『현대문학』을 통해 등단한 선배들이 즐비하던 때지요. 김양수·정창범·홍사중·윤병로·김우종·김상일·천이두·원형갑 등이 1950년대에 등단했고, 김우규·신동욱·이유식·김윤식·박동규·구인환·김병걸·김영수·장문평·홍기삼·강인숙 등이 1960년대에 등단해서 이미 활동하고 있었습니다. 당시 문단은 오붓한 분위기여서 어떤 장르든 등단만 하면 서로 알고 지내는 사이가 될 정도로 아주 정겨웠습니다. 나는 윤병로·김우종·신동욱·김윤식·김병걸·홍기삼 선배들과는 각별히 가까이 지냈습니다.

유성호 선생님 나름대로 8·15 이후의 한국 현대문학사를 이해하시는 어떤 지형도가 있으셨으리라 생각됩니다. 근대문학 초창기부터 선생님 등단까지 어떤 흐름을 개괄해주시는 것도 공부하는 세대에게 큰 도움이 될 것 같습니다.

임헌영 우선 식민지 시대 한국 문단은 편의상 여섯 가지 정도의 흐름을 가지고 있었어요. 1945년 8월까지 생존했던 주요 인물을 중심으로 보면 다음과 같습니다.

1. 국민문학파: 최남선·이광수·김동인·주요한·김동환·최정희 등 초기 문단 주도권을 장악했었으나 나중에 적극적으로 친일.

2. 중도적 입장: 박종화·양주동·유진오·채만식 등 카프와 국민문학 어느 쪽에도 적극 가담하지 않음. 대개 친일 행적이 있지만 8·15 후 일정한 문학적 양식을 견지.

3. 순수문학 및 해외문학파: 김영랑·김광섭·김상용·이헌구 등으로 해방 후 미군정과 이승만 정부에 가담.

4. 중국 거주: 김광주·박영준·안수길·염상섭·유치환 등 중국 체험자로 8·15 후 중도적 자세.

5. 일제 말기 때 등단한 신인: 곽종원·김동리·박두진·박목월·서정주·조연현·조지훈·황순원 등 분단 후 한국 문단 주도.

6. 카프: 김팔봉·박영희·이기영·한설야·임화·김남천 등 근대 문단 절반 이상을 차지했던 막강한 군단으로 극소수를 제외하고는 친일을 회피.

유성호 이런 문단 흐름은 8·15를 맞아 좌우의 단체로 갈라

지지요?

임헌영 그렇습니다. 다음과 같은 지형도였습니다.

좌파: 조선문학건설본부(1945. 8. 16)와 조선프롤레타리아문학동맹(1945. 9. 17)이 통합해 조선문학가동맹(1945. 12. 13) 창설. 문학건설본부는 임화·김남천 등이 주도해 남로당 노선에 따랐기에 월북 후 대부분 숙청당했고, 프롤레타리아문학동맹은 이기영·한설야 등 주도로 북조선 노선을 지지. 가장 먼저 월북해 북한 문단의 주축을 형성.

우파: 중앙문화협회(1945. 9. 18), 전조선문필가협회(1946. 3. 13), 조선청년문학가협회(1946. 4. 4), 전국문화단체 총연합회(1947. 2. 12).

좌파는 제외하고 우파 예술인들의 총결집이었던 중앙문화협회가 문학인들만의 결집인 전조선문필가협회(회장 정인보, 부회장 박종화·채동선·설의식)로 창립했는데 초기에는 친일청산과 민족문화 건설을 내세우는 등 문학예술의 보편적인 가치인 인도주의적인 문학관을 유지했기에 좌파문학 단체와 큰 차이가 없었습니다. 그런데 총회 후 국일관에서 축하연을 끝낸 뒤 김동리·최태응·김광주·서정주·조지훈·박두진·박목월·김윤성·이한직·조연현·곽종원 등 젊은 문인들이 별도로 뜻을 모아 결성된 것이 '조선청년문학가협회'였습니다. 이들은 사실상 분단 이후 한국문학의 총사령탑 구실을 하게 됩니다. 이 실세들은 친일문학 청산이나 민족문학 건설이라는 강령을 표백시켜버리고 문학 본연의 임무에 충실할 것을 내세웠지요. 사실상 정치문학 배격이란 명분으로 순수문학의 뿌리를 내리게 됩니다.

유성호 순수문학은 대중문학과 구별되는 본격문학의 명칭으로 점유되었던 것 같습니다. 물론 우리의 경우 그 함의가 퇴행적인 것이 사실입니다. 당시 선생님께서는 순수문학의 진면목을 어떻게 받아들이셨는지요?

임헌영 세계문학사에서 가장 순수한 문학의 예로 들 수 있는 건 아마 도스토옙스키일 것입니다. 실제로 어느 반공문학 심포지엄에서 당대 순수문학 아성의 최고 주역인 조연현은 가장 반공적인 문학의 예로 도스토옙스키를 들었어요. 그가 후반기에 반혁명의식을 전파하기 위해 얼마나 고심했던지는 널리 알려져 있으며, 『악령』이야말로 반혁명 문학의 기수라는 걸 부인하기 어려울 것입니다. 그러나 분단 한국을 관통하는 순수문학이란 신식민주의 의식과 독재 비호를 위한 수사학이기도 합니다. 한국을 사랑했던 펄 벅이 1960년 서울에 왔을 때인 11월 4일에 공초 오상순의 명동 청동다방으로 찾아가 사인북에다 남긴 말이 "촛불 하나라도 켜는 것이 어둡다고 불평하는 것보다 낫다"였다고 합니다. 분단 한국의 노 시인이 찻집에서 소녀들과 노닥거리며 담배나 피우고 있는 '순수문학'에 일갈한 것으로 나는 느껴집니다.

유성호 친일청산의 미완으로 인해 한국문학이 왜소화하고 순수문학이라는 불문율로 수렴된 것은 정치적 비극 못지않은 역사적 비극이라 할 수 있겠습니다. 그것은 일제강점기의 혹독한 탄압에서 이룩한 문학의 결실조차 부정하는 것입니다. 그런 연장선에서 친일문학을 비판하는 데 거부감을 가진 문인들도 의외로 상당수 있습니다. 대표적인 예로 이광수에 대해 선생님이 그들을 설득하신다면 어떤 이야기를 하시겠습니까?

임헌영 그가 김성수의 후원으로 두 번째 일본 유학에 오른 것은 스물네 살 때(1915. 9)였습니다. 이듬해 7월 와세다대학 예과를 2등으로 졸업한 그는 철학과에 무시험 장학생으로 결정된 후 일시 귀국해 총독부 기관지이자 유일한 한글 일간지였던 『매일신보』에 「대구에서」(1916. 9. 20~23)라는 서간체 기행문을 연재합니다. 비를 맞으며 대구에 도착한 그는 가는 곳마다 화제였던 '강도사건'을 거론합니다. 상당한 교육도 받은 자들이 '대구친목회'를 조직해 '대죄'를 범했다고 신랄하게 비판합니다. 일제에 의해 강제 해체당한 전 '달성친목회' 회원 중 일부(대부분 독립유공자)가 대구의 이름난 세 부호(『친일인명사전』 수록)에게 독립 자금을 내라고 요구해 불응하자 권총으로 위협한 사건을 두고 파렴치범으로 규정한 춘원은 그들을 다스리는 방법을 총독부에 이렇게 건의하고 있습니다.

"만일 저 20여 명으로 하여금 서양사 1권이나 국가학 1권은 말고, 1, 2년 동안 신문 잡지만 읽게 했더라도 자기네 능력과 그만한 수단이 족하고 그 목적을 달치 못할 줄을 깨달을 것이니, 일찍 해외에 있어 격렬한 사상을 고취하던 자가 도쿄에 와서 2, 3년간 교육을 받노라면 번연히 인구몽(引舊夢)을 버려 이전 동지에게 부패했다는 조소까지 듣게 되는 것을 보아도 알지라."

이 글 한 편이 이광수를 일약 출세시켜줍니다. 당시 식민지 조선 언론의 사령탑인 아베 미츠이에를 감동시켰기 때문입니다. 나는 개인적으로 이게 이광수의 첫 친일 행적을 나타낸 글로 보고 있습니다.

이광수의 출세 비결과 그가 누린 특혜

유성호 독자들의 이해를 위해 보충설명이 필요할 것 같습니다. 일제는 조선을 강제병탄하면서 제일 먼저 손댄 게 언론 통폐합이었지요. 앞잡이를 내세워 민족의식이 있던 신문을 다 사들여 없애고는 일어신문 『경성일보』 산하에 한글신문으로는 『매일신보』 하나만 남겨두었지요.

임헌영 그 배후 조종자가 '일본의 괴벨스'라는 도쿠도미 소호예요. 나는 그를 '조선의 정신적인 초대 총독'이라고 부릅니다. 그는 초대총독 데라우치 마사타케와 한때 막역해서 조선의 언론을 통폐합하지요. 공식 직함이 『경성일보』 감독으로 사실상 언론정책 총책임자였어요. 일본의 막강한 일간지인 『고쿠민신문』(國民新聞) 사장이었지요. 그는 여러 정보기관을 내각 직속 정보국으로 일원화(1940. 12. 6)해 정보국 제5부 제3과가 문학·미술·음악·문예·문화단체를 맡도록 했는데, 여기서 모든 식민지문화까지도 감독했지요. 일본문학보국회(1942. 5. 26)와 대일본언론보국회의 초대 회장을 맡은 것도 그였고, 조선문인보국회(1943. 4. 17)를 만든 것도 그였습니다. 대동아문학자대회도 이 기관이 집행했습니다.

유성호 도쿠토미 소호의 파워가 느껴집니다. 우리로서는 절대 잊어서는 안 되는 인물이군요.

임헌영 그가 조선 현지 언론 감독을 위해 '꼬붕'(子分)으로 박아둔 인물이 바로 아베 미츠이에입니다. 이왕 말이 난 김에 도쿠토미 소호의 동생 이야기도 하고 싶어요. 동생 도쿠토미 로카(德冨蘆花)는 "경세의 수단으로서 형은 제국주의를 취하고 나는 인도의 대의를 취했다"며 형제지간의 의를 끊겠다는 「고별의 말」(1903)을 공개하고 성을 고쳐 형의 부(富)자와 다르게 갓머리 위의 점(冨)을 없애버린 겁니다. 그러나 일본문학사는 동생의 인격이나 품성, 괴팍한 신앙심, 혹은 형에 대한 열등감이 불화의 원인이었다며 동생의 평화주의를 깔아뭉개버립니다. 로카는 기독교 평화사상가 우치무라 간조와 작가이자 사회운동가인 기노시타 나오에 등의 지지를 받으며 인도적 대의를 따랐던 대단한 작가였습니다.

유성호 당시 일본 사회에서 일인자였던 형과 절연하면서 신념을 지킨다는 게 쉽지 않았을 텐데요. 우리가 길이 기억해야 할 인물입니다.

임헌영 1910년 5월, 일본은 조선 침략을 비판하는 진보인사들을 일망타진하려고 '대역'(大逆) 조작사건을 꾸며 3심제가 아닌 단심으로 처형해버립니다. 그러자 로카는 명문 도쿄제1고교(구제 1고) 변론부가 주관한 특별강연에서 국가란 모자처럼 "머리 위에 쓰지만 머리를 지나치게 누르지 않게 해야" 하는데, 머리를 무겁게 하면 모반할 수밖에 없다고 사자후를 토했습니다. "모반이란 반역이고 배반이다. 그럼 무엇을 배반하는가? 낡

형 도쿠도미 소호의 일본 침략주의에 반대하여 성을 바꾼 평화주의 작가 도쿠도미 로카 기념비. 1967년 10월 로카 탄생 100주년을 맞아 구마모토시 기쿠치공원에 건립.

은 상식을 배반하는 것이다. 있을 수 없는, 생각할 수 없는, 해서는 안 되는 일을 해야만이 시대는 변하는 것이 아니던가. 모반을 두려워해서는 안 된다. 모반인을 두려워해서도 안 된다. 스스로 모반인이 되는 것을 두려워해서도 안 된다. 새로운 것은 항상 모반이다. 제군, 우리는 살지 않으면 안 된다. 살아가려면 항상 모반하지 않으면 안 된다. 자기에 대해서, 그리고 주위에 대해서"라고 합니다. 그는 투철한 톨스토이 신봉자로 톨스토이를 직접 찾아가 만났어요. 톨스토이는 러·일전쟁의 반대론자였고, 그 사상이 일본에 전파되어 반전 평화사상의 씨앗이 되었다는 걸 우리는 잘 알지 못하고 있습니다.

러·일전쟁이란 일본이 조선침략을 위한 외교전략의 마지막 단계였음은 널리 알려져 있지요. 바로 이 러·일전쟁의 승리에 도취한 일본을 겨냥해 로카는 「승리의 비애」를 썼습니다. "그 승리도 사실은 러시아를 무릎 꿇린 것"이 아니라 "그들은 이제부터 본격적인 힘을 발휘하려는 움직임"이라면서 "그대의 독립이 만약 10여 개 사단의 육군과 수십만 톤의 해군과 어떤 동맹으로 유지되고 있는 것이라면 그대의 독립은 실로 가여운 독립이로다"라고 개탄했습니다.

유성호 감탄이 나오는군요. 아우의 규탄을 아랑곳 않고 형의 행각은 계속 이어졌겠지요?

임헌영 물론이지요. 파시즘 아래서도 로카처럼 훌륭한 인물이 참 많았어요. 형제간에도 이념이 달라 맞섰던 인물로는 중국에서 형 루쉰이 마오쩌둥 지지자였지만 동생 저우쭤런은 그 반대자였어요. 독일에서는 형 하인리히 만은 사회주의자였으나 동생 토마스 만은 그 반대였지요. 그래도 성까지 바꾸진 않았어요.

유성호 이광수의 글이 맘에 든 아베 미츠이에는 그 뒤에 무슨 특혜를 줍니까?

임헌영 연재가 끝난 나흘 뒤부터 「도쿄잡신」을 연재합니다. 도쿄 유학의 체험을 다룬 잡문인데 못난 우리 민족이 도쿄의 우수한 문명을 수용해야 한다는 민족개량주의를 담고 있습니다. 흔히들 춘원의 민족개량주의가 3·1 운동 이후의 것으로 보지만 이미 이때 나타났지요. 그런데 느닷없이 그는 일반인들이 꼭 읽어야 할 책 7권을 소개하면서 도쿠토미 소호가 쓰고 쿠사노 시게마츠·나미키 센타로가 편찬한 『소호문선』(蘇峰文選, 民

友社, 1915)을 추천합니다. 소호는 투철한 정한론(征韓論, 일본이 조선을 침략해야 된다는 주장)자로, 조선에 언론자유를 줘서는 안 되며, 언론이나 문인들은 이러이러한 글을 써야 한다는, 이른바 친일문학을 '교시'한 인물입니다. 그 인연으로 소호는 이광수의 강력한 후원자가 됩니다.

유성호 이광수가 글이나 강연 등으로만 친일을 한 줄 알았는데 그런 인연이 뒤에 있었군요.

임헌영 우리가 근대적인 소설의 효시로 떠받드는 이광수의 『무정』(『매일신보』, 1917. 1. 1~6. 14 연재)은 이런 특혜에서 대학 2학년짜리였던, 정식 등단도 않은 친일파에게 지면이 주어진 겁니다.

유성호 한글신문이 하나밖에 없는데다 이렇게 계속 글을 써대니 스타 만들기가 시작된 거군요.

임헌영 세간에서 『매일신보』는 총독부의 기관지가 아니라 이광수의 기관지라는 비아냥이 떠돌았다고도 해요.

유성호 모든 조선 여성의 연인이었다던 이광수의 출세 비결이 너무나 간단하군요. 친일파 찾기에 혈안이 된 소호나 아베가 거기에 그치지는 않았겠죠?

임헌영 『무정』 연재를 끝낸 이광수에게 『매일신보』는 여름방학을 이용해 총독부 시정 5년 기념 민정시찰을 제의해 『오도답파여행』(五道踏破旅行, 1917. 6~8)을 연재시킵니다. "조선인 기자로는 처음이라 하여 회사나 총독부로부터도 각지 관헌에 통첩을 보내, 가는 곳마다 실로 면목이 없을 정도의 성대한 환영을 받았다"는 이 여행기는 "우리를 빈궁하게 만들고 우약(愚

弱)하게 만든 옛날은 영원히 장사(葬死)하고, 우리는 우리의 새 세대를 최선을 다해 곱고 아름답고 부(富)하고 강하게 만들어야 한다. 반도의 싹트는 삼림이 날로 성하듯이 신시대의 새 생명은 시시(時時)로 성장한다"며 노골적인 찬양 일색이었어요. 마치 박정희 때의 '새마을문학'이나 영화 『팔도강산』(1967)의 전범을 보여주는 듯합니다.

유성호 선생님이 어느 글에서 이광수를 도쿠토미와 부자지간의 연을 맺은 사이라고 쓴 부분을 본 기억이 납니다.

임헌영 1936년에 소호는 이광수에게 "자네도 내 아들이 되어주게. 내 조선의 아들이 되어주게. 일본과 조선은 하나가 되지 않으면 안 되네. 크게 되어주게. 알겠나?"라면서 "자네는 일생을 문장으로 나아가게. 문장보국(文章報國) 말일세"라고 당부했습니다. 이에 이광수는 감읍해 1940년 2월 12일 가야마 미츠로라는 창씨개명을 경성부 호적계에 신고한 뒤 자신의 심경을 도쿠토미에게 편지로 토로합니다. 언론계 출신 정일성은 『일본 군국주의의 괴벨스 도쿠토미 소호』(지식산업사, 2005)에서 그 편지 전문을 소개해줍니다.

"'내 자식이 되어다오'라는 선생의 말씀을 들은 지 5년의 세월이 지난 오늘에야 비로소 선생의 간곡한 부탁을 따르게 되었습니다. 이제부터 조선의 올바른 민족운동은 황민화의 한 길만이 있을 뿐입니다. 다행히 옛 역사와 문화, 그리고 혈액의 교류는 인식상이든 정치상이든 두 민족의 동일국민화를 자연 복귀로 생각케 해 실로 흘가분한 느낌마저 듭니다. 부디 건강하게 지내시고, 조선

청년들이 읽을 만한 독본을 가르쳐주시기 바랍니다."

이광수와 소호가 이렇게 부자지간이 되었으니 이토 히로부미의 양녀인 배정자와 한 바리에 실어도 기울지 않게 되었지요.

8·15 후의 문학사는 일제강점기와 연동해서 봐야

유성호 8·15 후의 문학사 역시 일제강점기와 연동해서 봐야 할 것 같습니다. 어쨌든 이러한 미학적 불구화 현상은 전쟁과 분단을 통해 더욱 심화되지 않았습니까?

임헌영 자유당 독재는 이를 이용해 분단 한국문화의 주춧돌을 삼게 됩니다. 4월혁명으로 잠시 그 깊은 뿌리가 흔들릴까 기대했으나 장면 내각을 비롯한 민주당이 지닌 태생적 한계와 무능 때문에 문화정책에서는 자유당의 이념이 그대로 답습되었고, 이마저 무너뜨린 5·16 쿠데타는 상황을 더욱 악화시켰습니다. 내가 등단했던 1966년은 이처럼 순수문학의 아성이 너무나 탄탄했던 시기였습니다.

유성호 이런 문단사적인 분위기 속에서 8·15 이후 한국에서 일어났던 일련의 민중항쟁적인 3대 사건들에 대해서는 당시 문인들이 어떻게 대응했습니까? 가장 먼저 발생했던 대구항쟁에 대해서는 이미 이야기했고, 그 뒤 1948년의 제주 4·3 항쟁과 이와 연동되어 일어났던 여순사건은 문학인으로서는 그냥 넘겨버릴 수 없는 민족사적인 비극이 아닙니까? 그걸 어떻게 다루었습니까?

임헌영 200만 년 전 화산의 폭발로 이뤄진 제주도는 '오름'의 섬입니다. 한 해 동안 매일 올라도 다 못 오를 정도라 시칠리아섬의 에트나 화산보다 100여 개나 더 많다는군요. 이 천혜의 절승지는 왕조시대부터 수탈과 귀양지로만 괄시당하다가 일제강점기 때는 조선반도를 빼앗기더라도 여기에다 군사기지를 탄탄하게 예비하겠다며 오무라(알뜨르) 공군기지까지 준비중이었지요. 8·15를 맞아, 단독정부 수립을 위해 1948년 5월 10일을 총선거일로 정하자 섬사람들이 총선을 반대하고 나선 게 4·3 항쟁의 핵심입니다.

유성호 통상 4·3 항쟁이라면 그 기원을 1947년 3월 1일부터 1954년 9월 21일까지 7년 7개월에 걸쳐 일어났던 학살과 만행과 항거의 역사를 총칭하는데요. 우리 세대의 귀에도 익숙한 노래로 안치환이 작사 작곡해서 자신이 부른 「잠들지 않는 남도」는 자못 장엄합니다. "아~아/반역의 세월이여/아 통곡의 세월이여/아 잠들지 않는 남도/한라산이여"라는 대목에 이르면 눈시울이 뜨거워져요.

임헌영 불쏘시개가 온통 쌓인 곳에서는 작은 담배꽁초가 대화재를 일으키듯이 모든 역사적인 대사건의 발단은 항상 사소하지요. 대구 10·1 항쟁과 마찬가지로 경찰의 발포로 시민을 해친 게 4·3의 발단입니다. 1947년 3·1절 기념행사 후 시가행진을 구경하던 군중들에게 총을 쏴서 사상자가 생기자 총파업으로 번졌고, 이에 미군정이 그 배후 세력으로 남로당을 지목하면서 탄압은 강화됩니다. 제주도는 지리적 특성 때문에 도

제주 4·3 항쟁 중 무장대 총책 김달삼과 4·28 평화협상을 진행했던 김익렬 제9연대장.

민들은 거의 다 친인척으로 개미 뒷다리만큼은 연결이 되지요. 그러니 서울에서 아무리 제주 경찰들에게 체포령을 내려도 경찰이 미리 귀띔을 해주기에 피신해버리는 상황이었답니다.

유성호 비슷한 이야길 저도 들었어요. 연좌제가 극성이던 박정희 시대 때는 제주도민은 신원조회할 필요도 없이 다 빨갱이라고 보면 된다는 유행어가 있었다면서요.

임헌영 미군정이나 이승만은 자기들 말 안 들으면 다 빨갱이니까요. 도지사와 군정 수뇌부를 깡그리 비(非)제주인으로 교체하면서 서북청년단원을 투입해 무더기로 체포하지요. 1948년 3월에는 경찰들의 고문치사가 3건이나 터지자, 4월 3일 새벽 2시 한라산 오름에서 봉화를 신호로 무장투쟁이 시작됩니다. 쌍방이 전투상태로 돌입하자 국방경비대 제9연대 김익렬 중령이 근본대책으로 도민간의 문제에 군이 개입하는 걸 비판하며 항쟁 대표 김달삼과 72시간 내에 전투를 종결시키기로 평화협상에 성공(4. 28)했지만, 빨갱이는 다 죽여야 한다는 미군이나 조병옥은 불만이었지요. 오라리 마을에 고의로 불을 지르게 하고서 미군은 정찰기로 공중 촬영해 빨갱이들의 짓이라고 선전합니다. 결국 화평파 김익렬은 쫓겨나고 미군정은 제20연대장(브라운 대령)을 파견하면서 대규모 살육작전을 감행했습니다. 남한 단독의 5·10 선거 때 제주도만은 두 선거구에서 투표자 과반 미달로 무효 처리됐지요.

유성호 제주도민들의 분노가 상상이 됩니다.

임헌영 신임 제9연대장 송요찬 소령이 한라산 중산간 지대 이상의 주민은 다 폭도라며 총살시킨다는 포고령 이후 제주도는 '잠들지 않는 남도'로 변했습니다. 무장대 사령관 이덕구가 사살당한 뒤인 1954년 9월 21일에야 한라산 금족령이 풀리면서 사실상 종결됩니다. 이덕구는 한림화의 소설 『한라산의 노을』(한길사, 1991)에 잘 그려져 있습니다.

4·3 항쟁과 여순사건의 문학적 성과

유성호 4·3의 문학적 성과와 대중화를 이룩한 건 단연 현기영의 「순이 삼촌」이지요? 1949년 1월 17일의 '북촌리 학살사건'을 다룬 이 소설은 너무나 유명해져 '순이 삼촌 문학비'까지 있으니 건너뛰셔도 될 것 같습니다.

임헌영 문단이나 대중들에게 각광받지 못한 여류작가로 분단시대에 가장 민족사적인 관심이 깊었던 박화성이 제일 먼저

4·3 사건을 다뤘습니다. 단편 「활화산」을 탈고(1949)했으나 발표를 못 하다가 완전히 소실되었지요. 나중에 재생시켜 「어머니여 말하라」란 제목으로 발표(『한국문학』, 1973. 12)했으나, 단편집에서는 「휴화산」으로 개제했습니다(『휴화산』, 창작과비평사, 1977).

내가 볼 때 이 작품은 지금 읽어도 손색이 없는 문제작으로 4·3의 비극을 아주 잘 그렸습니다. 제주의 명문 집안 고명딸인 고정애(목포의 여학교 나옴)가 육지의 떠돌이로 제주도로 이사했다가 4·3 때 희생당한 신재식(서울의 명문 S대생으로 정치학과 2학년 때 요절)의 영혼(영정)과 혼례식을 올리는 사건을 다루고 있지요. 고씨네는 4·3 항쟁의 토벌군 편이었기에 고정애는 신재식과 사랑할 때부터 버림받은 딸로 취급당하다가 그 영혼과 결혼하자 아예 가족에게 배척당합니다. 생모조차도 "이 귀신의 기집년이 어디라고 감히 내 집에 발을 댔느냐 썩 나가지 못할까?" 하고 고함을 치고 눈을 부릅뜨며 이를 갈아붙입니다. "귀신의 기집이 됐으니 너도 이젠 귀신이다. 이년! 이 더러운 귀신년 같으니라고. 얘들아! 이 귀신 쫓아내라! 어서 썩 쫓아내라!"며 게거품을 물고 집에 얼씬도 못하게 발악합니다.

유성호 그들도 냉전시대의 피해자라고 할 수 있겠습니다. 전형적인 냉혈 인간상이네요.

임헌영 그녀의 둘째 오빠 고광석 대령은 임신까지 한 여동생이 "반란사건에 관련된 어떤 군인을 하룻밤" 재워준 사실을 알고는 부하들을 시켜 고정애를 문초하게 합니다. 아무런 죄목도 없건만 구속시켜 목포형무소에 갇힌 그녀가 형무소의 병감 한 구석에서 출산(1949. 1. 24)하자 처치가 곤란해져 출소시켜버립니다. 마침 고광석 대령은 "수완과 능력이 비상해" 여순사건 이후 여수의 치안확보를 위해 임시로 그곳에 머물고 있었지만, "저 귀신의 기집이나 귀신의 자식은 집에 들일 수" 없다면서 산후 조리도 못한 여동생을 거들떠보지도 않습니다. 온갖 박해에도 모자는 살아남아 아들 신현구가 서울의 S대 정치학과에 입학합니다. 군 복무까지 마치자 고정애가 아들의 학교에서 도보로 3분 거리인 D동(동숭동)에 자리 잡은 게 1973년 5월(서울대가 관악 캠퍼스로 이전한 게 1975년이기에 동숭동 캠퍼스 시기)이었습니다.

소설은 목포형무소에서 귀신의 어머니가 낳은 귀신의 아들(神子)인 신현구를 내세워 그의 독백체로 풀어나가는 형식이어서 호소력이 강합니다. 신현구는 아버지가 정치학과에 다니다 요절한 한을 풀고자 같은 과를 선택했고, 그는 이렇게 하소연합니다.

> 그리스도는 인자(人子)로 태어났어도 결국 하나님의 아들 즉 신자(神의 子)로 후세에 이름을 남겼지만 나는 귀신의 아들이라는 신자로 태어났기 때문에 후세가 아닌 현세에서 인간의 아들로 참다운 인생을 살고자 이렇게 인자(人子)를 갈망하는 것입니다.

이 사연 많은 정치학 전공의 우수한 청년이 불쑥 이민 가기로 결심했다고 어머니에게 직소하자, "난 차라리 내 나라에서 거지가 될지언정 딴 나라에 가서 부자 되기를 원치 않는 주의

다"라고 단호히 잘라버립니다. 이에 아들이 "귀신의 자식으로 살아가란 말인가요?"라고 하자 "네가 왜 귀신의 자식이란 말이냐? 엄연히 훌륭한 아버지가 계신데"라고 응대합니다. 소설은 이렇게 끝납니다.

> "어머니! 오늘에야말로 모든 것을 말씀해주십시오. 어머니의 말씀에 따라 제 인생의 행로를 결정하겠습니다."
>
> 중요한 대화를 앞에 둔 이 집의 뜰에는 5월의 미풍이 한가롭게 넘나들고 있었습니다.

유성호 감동적인 작품이군요. 작가가 처음에는 제목을 '활화산'으로 붙였다가 나중에 '휴화산'으로 개제한 것 역시 유신통치 시기였다는 점을 주시해야 될 것 같습니다. 그 연배의 작가들만이 접근할 수 있었던 긴장감이 생생하군요. 다른 작가들은 어떻습니까?

임헌영 4·3과 관련해서 처음 발표된 작품은 허윤석의 「해녀」(『문예』, 1950. 2)였고 이어서 황순원의 「비바리」(『문학예술』, 1956. 10), 오영수의 「후일담」(『현대문학』, 1960. 6), 곽학송의 중편 「집행인」(『창작과비평』, 1969. 겨울) 등이 있습니다.

유성호 아마 그 뒤에는 제주도 출신 작가들의 작품이 봇물을 이루기에 다 거론하기 어려우실 거예요.

임헌영 그중 재일동포 작가 김석범의 대하소설 『화산도』는 단연 탁월합니다.

유성호 시에서는 "민족해방을 위한 도민항쟁으로 미화했다"

는 이유로 필화를 당했던 이산하의 장시 『한라산』이 떠오릅니다. 항쟁 주도자들을 생생하게 그렸다는 점에서 주목을 받은 거지요. 시집 목록이 풍성합니다만 역시 피해자의 스케치에 치중되어 있다고 하겠습니다.

임헌영 현길언의 『한라산』을 비롯한 엄청난 작품들이 나왔지만 정작 이걸 읽으면 4·3을 다 이해할 수 있다고 할 작품은 아직 없어요. 민족사의 흐름보다 개별적인 사실 발굴에 치중해 여전히 피해자 코스프레에 함몰되어버린 점이 아쉽습니다. 제주 출신 평론가 김동윤의 연구서 『4·3의 진실과 문학』(각, 2003)이 좋은 길잡이가 될 것입니다. 덧붙이면 제주 출신 화가 강요배의 연작 『동백꽃 지다』(보리, 2008)도 주목해야겠지요.

『태백산맥』의 바탕이 된 여순항쟁

유성호 이에 비하면 4·3보다 반년 늦게 일어난 여순항쟁을 다룬 작품은 드문 편이지요? 우선 그 사건부터 소개할 필요가 있겠습니다.

임헌영 4·3 항쟁을 진압시키려고 여수의 제14연대에 출동 명령이 떨어져 어수선할 때인 1948년 10월 19일 밤에 한 방의 총성과 비상나팔을 신호로 집합한 군인들에게 지창수 상사는 "동족상잔의 제주도 출동을 반대"하고, 평소 군을 홀대한 경찰에 대한 보복을 지적하는 선동에 나섭니다. 군은 여수 시내로 진격(밤 11시 30분)해 쉽게 점령합니다. 이튿날 기차로 순천에 진출하자 그곳에 파견 나가 있던 홍순석 중위가 2개 중대를 끌고 합류해 오후 3시에 순천까지 점령하지요. 사실상 지휘자로 활동했던 인물로는 김지회 중위를 꼽고 있습니다. 여기에 반(反)이승만 세력들이 합세하면서 호남지역 일대가 순식간에 항쟁의 불기운에 휩싸입니다. 이내 진압군이 닥쳐서 10월 27일 항쟁은 종료되었으나, 잔혹한 보복 학살이 12월까지 자행되었습니다.

유성호 1948년 8월 15일에 수립한 이승만 정권이 두 달 만에 닥친 일대 시련이군요. 보나마나 빨갱이 타령으로 온갖 만행을 합리화했겠지요. 우리 문학인들이 이 사건을 얼마나 성실하게 다뤘나요?

임헌영 매우 미흡합니다. 연구 자료로는 김남식의 『남로당 연구』(돌베개, 1984)와 작가 안재성의 『이현상 평전』(실천문학사, 2007) 등이 있고, 소설로는 여류작가 전병순의 장편 『절망 뒤에 오는 것』(『한국일보』, 1962년 연재, 이듬해 단행본 출간)이 단연 돋보였습니다. 이 소설은 정부 수립부터 휴전에 이르는 시기를 배경 삼아 여수시를 무대로 설정했습니다. 회색주의자 교사인 윤동휘는 자신을 연모하는 두 동료 여교사(강서경과 혜련)에게 이렇게 말합니다.

> "이데올로기도 정치체제도 민족의 복지를 위한 거라야 되고, 정치적 파벌도 정책 중심으로 하는, 그래서 거기서부터 갈라져 나온 투쟁이어야 된다는 거예요. 국민은 모두 평온히 살 수 있는 국가를 원하거든요. 강대국들의 이해관계나 사상은 우리 민족의 경우에 그대로 적용시켜 나갈 수는 없다는 거예요."

소설에는 항쟁 투사부터 진압군 중령과 중도론자들이 고루 등장해 당시로서는 드물게 중국의 국제적인 위상이 고양될 것을 예견하는 등 매우 진취적인 역사의식을 기조로 깔고 있습니다. 덧붙이면 벽초 홍명희 전문 연구자인 강영주 교수가 전병순 작가의 영애입니다.

유성호 제가 읽은 작품 중에는 장흥 출신으로 민족사의 한을 그린 작가 한승원의 「폐촌」(廢村, 1976)이 떠오릅니다.

임헌영 그 소설은 연속되는 보복의 역사에 종지부를 찍는 길은 화해밖에 없다고 강조하고 있습니다. 일제의 앞잡이가 8·15 후 보복을 당했으나 이내 이승만 치하에서 되살아나 보복을 감행하지요. 여순항쟁 때 또 보복을 당하다가 진압 때는 도리어 보복을 감행하는 민족사적인 비극을 그려줍니다. 한승원은 이런 역사적인 사실을 리얼리즘적 기법에다 신화와 샤머니즘의 인과응보 사상을 결합시켜 토착미가 풍기도록 접근하면서 마침내 원수 집안끼리 성관계를 함으로써 화해로 결말짓지요. 원수 집안이 성관계를 통해 결합하도록 장치하는 건 이념보다 인간 본연의 존재가 더 소중하다는 작가의식이 낳은 결과입니다. 판소리 『변강쇠타령』을 빌려 아예 무대를 '각시봉'과 '서방봉'으로 설정한 이 소설은 주인공의 이름도 '밴강쉬'와 '미륵례'로 삼아 분단 민족사의 한을 풀어냅니다. 참으로 기발한 접근법입니다.

유성호 조정래의 대하소설 이야기가 나올 차례 같습니다.

임헌영 조정래의 『태백산맥』은 초반부에서 여순항쟁 세력들이 벌교 보성지역으로 진출하면서 시작됩니다. 작가는 동학에서 항일독립투쟁을 거쳐 8·15 후의 토지개혁과 친일파 청산 및 민족주체성에 입각한 통일정부 수립이라는 다수 세력과 그 반대인 동학농민전쟁을 탄압한 친일파들, 이를 지지한 이승만 노선과 친미세력을 대립시킵니다. 역사의식이 뚜렷한 민족 필독의 작품이지요.

부모가 지리산과 백아산 빨치산 출신이란 뜻으로 작명했다는 정지아의 『빨치산의 딸』 전 3권(실천문학, 1990)과 『남부군』을 쓴 이태의 『여순병란』(청산, 1994)도 실록적인 요소가 강한 작품입니다. 진압 때 광복군 지대장 출신으로 김구계였던 송호성은 유화적인 진압작전을 주장했으나 곧 강경노선으로 교체된 점은 제주 4·3 때나 마찬가지였습니다.

유성호 처형을 앞둔 사람들이 많이 불렀던 노래가 「울밑에 선 봉선화」와 「바위고개」여서 그 지역에서는 한동안 금지됐다는 이야기를 저도 들었습니다.

임헌영 정식으로 금지된 유행가는 남인수가 부른 「여수야화」(1949)입니다. 판소리 명창 김초향 작사에 작곡가 이봉룡이 곡을 붙인 이 노래는 아세아 레코드에서 취입했는데, 남한 정부수립 이후 첫 금지곡이 되었어요.

무너진 여수항에 우는 물새야
우리 집 선돌 아범 어데로 갔나요
창 없는 빈집 속에 달빛이 새여 들면
철없는 새끼들은 웃고만 있네

가슴을 파고드는 저녁 바람아
북청 간 딸 소식을 전해주려무나
에미는 이 모양이 되었다만은
우리 딸 살림살인 흐벅지더냐

왜놈이 물러갈 땐 조용하더니
오늘엔 식구끼리 싸움은 왜 하나요
의견이 안 맞으면 따지고 살지
우리 집 태운 사람 얼굴 좀 보자

이 노래는 금지곡이 된 채 일부에게 알려졌지만, 「여수 블루스」(강석오 작사, 임종하 작곡)는 취입도 안 된 상태로 몰래 불렀기에 묻힐 뻔했으나 되살아났다고 해요.

여수는 항구였다 아-
철썩철썩 파도치는 꽃피는 항구
안개 속의 기적소리 옛님을 싣고
어디로 흘러가나 어디로 흘러가나
재만 남은 이 거리에
부슬부슬 궂은비만 내리네

여수는 항구였다 아-
마도로스 꿈을 꾸는 남쪽의 항구
어-버이 혼이 우는 빈터에 서서

옛날을 불러봐도 옛날을 불러봐도

재만 남은 이 거리에

부슬부슬 궂은비만 내리네

더 슬픈 사연도 있지요. 구례군 산동면 산수유마을에 가면 '산동애가(山洞哀歌) 노래비'가 있습니다. 여순사건 때 오빠를 대신해 열아홉 살 처녀 백순례가 처형장으로 끌려갈 때 불렀다는 이야기가 있는 노래지요. "잘 있거라 산동아/너를 두고 나는 간다/열아홉 꽃봉오리 꽃봉오리/피어보지 못한 채로"라는 가사입니다.

유성호 역시 판소리의 지역이라서인지 노래가 많군요. 미군정 시기의 3대사건을 문학작품을 통해 훑어봤습니다. 이제 여순사건을 계기로 일어났던 엄청난 소용돌이인 군부 내의 '빨갱이' 소탕작전이었던 숙군(肅軍) 이야기로 넘어가보지요.

임헌영 역사는 의식하든 않든 변증법적으로 발전합니다. 미군정 치하의 과오가 빚은 반인륜적인 범죄가 한국 현대사의 흐름을 예견해준다고 봅니다. 역사의 변증법을 입증하기 위해 이병주의 멋진 소설 『그를 버린 여인』을 다시 거론하려 합니다. 남로당 군사부의 핵심장교로 활동하던 박정희가 여순사건에 연루되어 붙잡혀 처형 위기에 몰리지요. 이런 그가 사면받을 수 있었던 이유로 흔히들 두 가지를 거론합니다. 첫째는 그가 남로당 지하 군사조직망을 밀고한 것, 둘째는 그를 아낀 몇몇 유력한 군부 실세들의 동정론을 들지요. 그런데 이병주는 그가 살아남을 수 있었던 셋째 이유를 추가해줍니다.

여순사건의 인과응보로 본 김재규의 10·26

유성호 역시 이병주 소설은 흥미진진하군요. 선생님의 평론집 『한국소설, 정치를 통매하다』에서 읽은 기억이 나지만, 독자들을 위해 요약 부탁합니다.

임헌영 결론부터 말하면 김재규 중앙정보부장이 "박정희의 가슴팍과 머리에다 대고 탄환을 쏘아" 넣으려고 결심하도록 만든 게 바로 이 여인, 박을 버린 한수정 때문이라고 이병주는 이 소설에서 주장합니다. 김재규가 "'그'를 버린 그 여인을 만나지 않았더라면 그런 결단(박정희 저격)에 이르지 않았을지 모른다"라는 게 작가의 변증법적인 역사의식입니다.

유성호 그런 결론을 유추한 경위는요?

임헌영 여순항쟁의 발단이 된 제14연대의 주모자인 인사계 지창수 상사를 외부에서 조종한 인물은 남로당 특별공작 책임자이며 대군총책(對軍總責)인 이재복입니다. 그는 평양신학교 출신으로 황태성과는 친구였지요. 박정희의 형 박상희가 대구항쟁 때 처형당한 뒤 그의 유족을 돌봐주다가 박정희와 가까워져 그를 남로당에 가입시킨 인물입니다. 이 소설에 따르면 박정희가 한수정과 동거할 때 이재복이 다녀가면 돈이 듬뿍 생겼답니다. 이재복이 준 것이지요. 이재복은 박에게만이 아니라 남로당 지하활동의 실질적인 책임자인 김삼룡에게도 자금을 댄 거물입니다. 그런데 한수정이 박의 친일행각 과거를 알고서는 배척해 헤어진 뒤에 여순사건이 터지자 수사기관은 박정희 소령의 범행 증인으로 한수정을 연행합니다. 한 여인의 집에서 이재복과 박 소령 사이에 금품수수가 이뤄졌으니 그걸 형식적으로라도 인정해달라는 것이었습니다. 한수정은 박정희에게 정나미가 떨어진 데다 아버지를 죽인 원수인 공산주의 운동까지 했으니 일말의 동정심도 없었지만 오로지 인간으로서 자신의 품성을 지키고자 이재복과 박정희가 만나는 방에 들어가 돈을 주는 걸 직접 보진 않았다고 버텨 갖은 고문을 당합니다. 수사관은 그녀에게 비록 보진 못했지만 여러 정황이 그걸 입증하니 그냥 시인만 해달라고 했으나 끝까지 거절해 그녀는 구속됩니다.

이 기간에 박 소령은 군 내부의 남로당 지하 가담자 명단을 밀고했고, 그걸 계기로 구명작전이 주효해 그녀의 증언은 쓸모없어집니다. 결국 그녀는 풀려났으나, 박 소령이 조직을 밀고한 덕분에 살아남았다는 수사관의 귀띔에 심성이 착한 그녀는 매우 언짢아집니다. 수사관은 그녀에게 당신이야말로 박 소령의 은인이라며, 만약 금품수수의 증언만 해주었다면 박 소령이 밀고했어도 사면 자체가 불가능했을 것이라고 말합니다.

유성호 한수정이 결국 자신이 증오하던 박을 살려준 것이군요. 아이러니가 아닐 수 없습니다.

임헌영 그녀는 박이 총살을 모면했다는 건 다행이지만 "그렇게까지 사전에 계획을 짜고 좌익의 조직에 파고들어 알아낸 사실을 폭로함으로써 많은 사람들을 사지(死地)에 보냈다면 비록 그들이 좌익이었다고 할망정 '그'가 앞으로 떳떳하게 행세할 수 있을까"라고 한탄해요. 그런 그가 쿠데타·대통령·독재·긴급조치 등등으로 세상을 어지럽히자 그녀는 자신이 그를 살려줘서 온 국민들이 고생한다는 자책감에 빠집니다. 그런데 역사는 거짓이 없지요. 그녀의 집에 세를 든 청년들이 정보부에 대거 연행되자 집주인인 그녀도 잡혀갑니다. 박정희 암살을 위한 지하조직원인 청년들은 박정희가 여순사건 때 밀고했던 피해자의 후손들로, "그들 아버지 13명은 같은 날, 같은 시각"에 죽었고, 그들은 아무리 용을 써도 출세하지 못합니다. 정보부에서는 한수정을 심문하다가 박정희와의 관계를 알고서는 감히 손도 못 댄 채 김재규가 직접 면담합니다. 그녀는 김재규에게 평소 자신이 생각해온 인간 박정희의 부정적인 평가를 그대로 털어놓으며, 그 청년들이 박을 암살하려 한 이유를 한 청년의 말을 통해 전해줍니다.

> "내가 노리는 자는 첫째 민족의 적입니다. 일본제국의 용병이었으니까요. 둘째 민주주의의 적입니다. 쿠데타로서 합헌민주정부를 전복한 자니까요. 셋째, 윤리의 적입니다. 자기 하나의 목숨을 살리기 위해 자기 친구를 모조리 밀고해서 사지에 보낸 자이니까요. 넷째, 현재 국민의 적입니다. 자기가 장악하고 있는 정권을 유지하기 위해 언론과 비판활동을 봉쇄하고 자기에게 반대하는 사람이라고 보면 학생이건 지식인이건 정치가이건 경제인이건 인정사정 없이 탄압하는 자이니까요. 게다가 그자는 나에겐 불구대천의 원수입니다. 나는 그자를 없앰으로써 애국자가 되는 동시에 효도를 다하게도 되는 거지요. 나는 그자 하나를 없앰으로써 그자가 계속 존재하면 생겨날지 모르는 수천수만의 희생자를 미리 구할 수 있게 되는 겁니다. 빠르면 빠를수록 희생자의 수를 줄이는

결과가 되겠지요."

만약 그들이 법정에 서면 여순사건이 낱낱이 파헤쳐질 테고, 한수정의 정체도 드러날 판이기에 김재규로서는 그들을 구속시키지 않고 극비리에 석방시킬 명분이 됐어요. 결국 그들이 모두 풀려난 때가 바로 1979년 10월 25일 밤 11시 30분쯤이었습니다. 그녀가 정보부를 나오며 돌아보니 김재규가 "아주 무뚝뚝한 얼굴로 저편 벽에 걸린 태극긴가 '그'의 사진을 바라보고 서" 있었습니다.

유성호 그래서 김재규는 그 이튿날 역사적인 결단을 단행했다는 거군요.

임헌영 나는 이게 픽션이든 사실이든 상관없이 작가로서 역사를 변증법적으로 접근한 그 자세가 매우 훌륭하다고 봅니다. 더구나 그는 현실에서 박정희의 최측근이었으니 세간의 흥미를 자아낼 수밖에 없었어요.

CIA 후원의 '세계문화 자유회의'와 순수·참여문학 논쟁

유성호 당시 문단의 시인들 쪽으로 이야기를 옮겨가 볼까요?

임헌영 한국시인협회가 1957년 2월 창립되어 『현대시』를 창간했습니다. 시협은 연간시집 『시와 시론』을 냈고, 4월혁명 뒤에는 추도시집 『뿌린 피는 영원히』(춘조사, 1960)를 출간해서 이목을 끌었습니다. 이어 장만영이 주선해 『나의 시 나의 시론』(신흥출판사, 1960)을 출간했고, 한국시인협회상을 제정해

1957년 1회 수상자를 김수영으로 정했습니다. 시협은 국제시인회의에 가입하는 등 많은 대내외 활동을 했습니다. 1961년 5·16 쿠데타로 해산당한 뒤에도 재결성할 정도로 응집력이 강했어요.

유성호 펜클럽이 결성된 것이 이 무렵이지요?

임헌영 '국제펜클럽한국본부'가 1954년 10월 23일에 창립되었습니다. 모윤숙이 런던의 펜 국제본부를 방문한 것이 계기였습니다. PEN(Poets, Playwrights, Editors, Essayists, Novelists) 클럽은 여류작가이자 극작가에 시인이었던 도슨 스코트가 존 골즈워디를 비롯해 조지프 콘래드·버나드 쇼·웰즈 등과 함께 1921년에 창립한 진보적 국제문학단체입니다. 초대 회장은 골즈워디로 표현의 자유와 검열 반대, 동물 보호 등으로 유명합니다. 국제펜클럽은 투옥 문인에 대해서도 각별한 관심을 가졌기에 독재 시절의 한국이 그 주목 대상이었습니다. 골즈워디가 1926년에 작성한 PEN 헌장(Pen International Charter)의 3개 조항 중 3항과 1948년 코펜하겐 대회의 대의원 총회에서 추가된 4항은 아래와 같습니다.

> "국제 PEN은 인류 공영을 위해 최대한의 영향력을 발휘해야 하며 종족, 계급 그리고 민족 간의 갈등을 타파하는 동시에 전 세계 인류가 평화롭게 살아갈 수 있다는 이상을 실현하기 위해 최선을 다해야 한다.
>
> 국제 PEN은 한 국가 안에서나 또는 세계 여러 나라에서 사상의 교류가 상호 방해받지 않는다는 원칙을 준수하며, PEN 회원들

분단 한국 문단의 세 거장. 왼쪽부터 주요섭·김팔봉·박종화.

은 각자 국가나 지역사회에서 어떤 형태로든 표현의 자유를 억압하는 데 반대할 것을 선언한다. 또한 PEN은 출판 및 언론의 자유를 주창하며 평화 시의 부당한 검열을 거부한다. 아울러 PEN은 정치와 경제의 올바른 질서를 지향하기 위해 정부, 행정기관, 제도권에 대한 자유로운 비판이 필수적이고 긴요하다는 사실을 확신한다. 이와 함께 PEN 회원들은 출판 및 언론 자유의 오용을 배격하며, 특정 정치 세력이나 개인의 부당한 목적을 위해 사실을 왜곡하는 언론 자유의 해악을 경계한다."

문학인이 당연히 지녀야 할 덕목을 이처럼 명확히 규정한 예는 없을 것입니다. 펜 회원들이 이런 국제규약을 제대로 알고 있는지 모르겠습니다. 한국 펜클럽은 회장 변영로, 부회장 모윤숙·김팔봉, 사무국장 주요섭, 중앙위원 김광섭·이무영·주요섭·오상순·이헌구·백철·양주동·이하윤·조용만·염상섭 등으로 모두 문협 비주류들이었습니다. 펜 작가기금을 만들어 작품이 완성되면 출간까지 해주었는데 그 결실 중 하나가 신동엽의 『금강』이었습니다.

유성호 출발은 좋았군요. 이 무렵의 진보적인 지식인들의 풍향계는 어떻게 돌아갔지요?

임헌영 내가 등단한 이듬해인 1967년 10월, 세계문화자유회의 주관으로 워커힐에서 '작가와 사회' 세미나가 열렸습니다. 미 CIA가 관여했을 것이라는 유언비어가 떠돌던 행사였는데 이후 한국 문단과 지식인 사회에서는 보수와 진보의 이데올로기적인 틈새를 보여주는 순수 참여 논쟁이 끈질기게 전개되었습니다. 물론 이 세미나는 참여문학을 봉쇄하기 위한 기획이었지만 논쟁은 참여문학의 불가피성을 지지하는 여론으로 변해갔어요.

냉전시대 이후의 세계는 혁명의 열기에 들떠 있던 시대였습니다. 반공의 사령탑인 미국은 지식인들이 자발적으로 반소·반공 진영을 형성해 계몽활동을 할 수 있는 분위기를 조성하려고 CIA가 극비리에 후원하는 '문화자유회의'(The Congress for Cultural Freedom)를 1950년 5월 26일 서베를린에서 창립했습니다. 야스퍼스·존 듀이·실로네·러셀·아롱·크로체·테네시 윌리엄스 등 화려한 양심적 지식인들을 대거 참여시켜 전성기 때는 35개국에 지부가 생겨났습니다. 그 일환으로 1953년 영국에서 스펜더가 편집을 맡은 『엔카운터』(*Encounter*)지가 창간되었습니다. 스펜더는 내가 좋아하는 참여파 시인 모임인 오든 그룹 멤버지요. 그런데 1966년 4월 『뉴욕 타임스』는 이 단체가 CIA와 관련이 있다는 기사를 연달아 폭로해서 스펜더는 이듬해에 사임했고, 기구의 명칭과 후원 기관도 바뀌었지만 『엔카운터』는 계속 간행되다가 1991년에야 종간했습니다. 나도 미공보원이나 다른 도서관에서 『엔카운터』를 보곤 했는데 참으로 볼 만한 잡지였습니다.

문화자유회의가 노린 것은 사회주의 혁명의 불길을 잡으려고 맞불 작전을 놓는 것으로, 소련의 사회주의를 지지하지 않는 모든 진보세력을 내세우려는 교묘한 위장전술이었지요. 이왕 막기 어려운 풍조라면 사회주의조차도 소련 제품이 아닌 '미제 사회주의'를 하도록 유도하는 것이었습니다. 나는 이 공작의 일환이 한국에서 여순사건 관련자인 박정희를 쿠데타 주역으로 선택한 것이라고 봐요. 마치 일제가 3·1 운동 이후 '문화통치'를 표방했듯이 말입니다.

유성호 권보드래와 천정환 두 교수는 『1960년을 묻다』(천년의상상, 2012)에서 CIA 문제를 심도 있게 다뤘습니다. 그러니 『엔카운터』의 글을 종종 번역했던 시인 김수영과 반소적이면서도 진보주의적인 지식인들을 즐겨 다루었던 『사상계』가 CIA와 무슨 관계는 없을까 고개를 갸웃거렸다는 이야기가 있는 거군요.

임헌영 내 경험으로는 이승만과 박정희로 '냉전 반북 체제'가 이어졌던지라 진보적 이론을 구하고자 할 때 찬밥 더운밥 가릴 처지가 아니었다고 보면 이해되지 않을까 싶습니다. 다만 나는 정권 보호를 위해 '간첩조작'이나 하는 한국 정보부와 미 CIA는 차원이 달라도 한참 다르다는 것, 미 CIA야말로 반소련·반사회주의 세계체제를 지탱하기 위해서라면 간첩조작보다 더 심한 행위도 서슴지 않는 범죄 집단이라고 봅니다.

유성호 그런 물결이 한국의 문단에서는 어떻게 받아들여졌습니까?

임헌영 한국전쟁 이후 문단 풍토는 학연·지연·세대별로 나뉘어왔기에 조연현·김동리·서정주·황순원 등 구세대를 향한 이어령·유종호·이철범·김우종 등 전후 비평가들의 태도는 다분히 비판적이었습니다. 그런데 이런 관례를 벗어나 이념적 대립 구도로 변모시키는 계기를 만든 것이 김수영과 신동엽입니다. 제국주의의 문화침탈 의지를 눈치챘기 때문에 결벽증 심한 김수영의 만년은 참여문학 논쟁으로 속을 앓았는데, 그 발단이 바로 문화자유회의와 무관하지 않습니다.

문화자유회의 한국본부가 주관한 '작가와 사회' 세미나가 열린 건 1966년 10월이었는데 발제를 맡은 서울대 김붕구 교수의 「작가와 사회참여」의 전문이 공개된 것은 그 이듬해였습니다. 이 무렵 한국을 자주 왕래하던 사이덴스티커는 콜로라도 출신으로 일문학을 전공해서 가와바타 야스나리를 번역해 그가 1968년 노벨문학상을 받도록 만든 장본인입니다. 사이덴스티커는 『설국』(雪國)의 첫 구절을 "The train came out of the long border tunnel into the snow country"(열차는 국경의 긴 터널을 나와 설국으로 들어섰다)로 의역해 원문보다 더 빛나는 문장을 창작했다는 평을 받았습니다. 이 무렵 한국에서는 미국과 일본 숭배열이 극에 달했던 터라 사이덴스티커의 명성은 대단

남정현 필화공판을 마친 휴게실. 왼쪽부터 작가 안수길, 변호사 이항녕과 한승헌, 남정현, 작가 박용숙 · 표문태 · 최인훈.

해서 나도 한국 펜클럽에 자주 들락거리면서 거드름을 피우는 그의 모습을 존경의 염으로 바라보았습니다. 지금 생각하면 좀 억울하지요. 그러나 당시 그가 참석해 창립한 세계문화자유회의는 위풍당당했습니다. 워커힐에서 열린 세미나에서는 김붕구가 '작가와 사회'라는 주제로 발제하면서 참여문학과 그 실천가인 사르트르를 사팔뜨기라며 인격모독까지 곁들여 맹공했습니다. 이 발제는 치열한 공방전을 야기시켜 남정현 · 임중빈 등이 정면으로 반박한 데 이어 전 문단이 참여문학 논쟁으로 토론장을 확장해가는 계기가 되었습니다. 논쟁은 1968년까지 지속되었는데, 참여문학을 말살하기 위한 일환이었음이 드러난 것은 그 뒤의 일이었지요. 논쟁의 끝자락에서 김수영이 1968년, 신동엽이 1969년에 연이어 타계한 것은 무척 애석한 일이었습니다. CIA가 죽인 게 아니냐고 농담을 할 정도로 미 중앙정보부의 어두운 그림자가 지식인들을 억눌렀던 시대입니다.

유성호 제국주의 나라들이 후진국에서 몰래 자행하는 의식화 과정이 새삼 끔찍해지는군요.

임헌영 이 무렵 모윤숙은 화양동 자택에서 '라운드클럽'이라는 비공개 친목단체를 만들어 사교와 토론을 월 1회씩 개최했습니다. 김광섭·박종화·이헌구·전숙희·이호철·남정현·최인훈·박용숙·이철범·김후란 등 20여 문단 비주류가 참여했으며, 그들은 깊은 관계를 이어나갔습니다.

월계다방의 문인들: 남정현·최인훈·신동엽·한무학

유성호 문화자유회의와 펜클럽 그리고 순수 참여 논쟁의 구체적 맥락이 다 들어 있네요. 그렇다면 진보적인 문단 움직임에는 어떤 것들이 있었을까요? 특별히 선생님과 신동엽 선생이 나란히 찍은 사진이 있던데, 신 선생과 가깝게 지내지 않으셨습니까?

임헌영 『금강』의 시인 신동엽이 돈암동 자택에서 간암으로 작고한 것은 1969년 4월 7일이었습니다. 나는 갓 등단한 뒤 좋아했던 작가 남정현의 단골인 광화문의 월계다방에 자주 갔습니다. 『자유문학』 편집장 출신이었던 대학 선배 박용숙과 그들의 절친이었던 최인훈은 가히 삼총사라고 불러도 좋을 만큼 거기서 자주 회동했어요. 신동엽은 남정현과 절친해서 월계다방에 자주 나타나 우리와 어울렸으며 시국담을 진지하게 나누곤 했습니다. 그의 진지함은 엄격해 농담조차도 진담으로 받아들여 말한 상대가 곤혹스러워할 정도였지요.

유성호 신동엽 선생의 그 소박하고 순수한 감성과 농촌 귀속성을 암시하는 시세계는 어떻게 형성되고 전개된 것일까요?

임헌영 그때 내가 집중적으로 알고 싶었던 건 과연 신동엽이 사회과학적 독서를 거친 뒤에 그 순결한 농경적 이상주의의 시편들을 창작한 것인지 아니면 남정현의 주장대로 타고난 천성의 결과였는지 하는 문제였습니다. 남정현은 "그런 사회과학 이론을 알면 도리어 그런 시를 못 쓰게 된다"는, 카프 진영 비평가들의 이론과는 사뭇 다른 논법을 주장했으나, 따지고 보면 남정현 자신은 철저히 이론을 학습한 뒤에 「분지」 같은 작품을 쓴 것이었습니다. 이론이 창작에 방해가 되지 않는다고 해도 남정현은 신동엽만은 천성적 농민기질로 예세닌보다 더 위대한 정서의 소유자로 보더군요. 세계적인 무용가 이사도라 던컨의 남편이기도 했던 예세닌은 러시아의 천성적인 농민 서정시인이지요. 그러나 내가 보기에 신동엽은 당시의 이론공부를 완벽하게 했으나 입을 꾹 다문 채 창작에만 전념한 것 같았습니다.

그런데 어느 날 남정현이 대뜸 "동엽이가 곧 죽게 되었어. 얼른 가봐야 할 것 같아"라고 말하며 앞장섰습니다. 돈암동 한옥의 방에 누워 있던 신동엽은 이미 생사의 고비를 오락가락했습니다. 임산부처럼 나온 배를 부둥켜안고 괴로워하던 그의 마지막 모습은 아무리 세월이 흘러도 눈에서 지워지지 않습니다.

장례식은 너무나 단출했습니다. 잊히지 않는 것은 신동엽이 봉직했던 여고 교감선생의 조사였습니다. "그는 근로대중의 아픔을 노래한 위대한 시인이었다"라는 구절에서 나는 경악했습

펜클럽 주관 서부전선 시찰(1968) 모습. 뒷줄 왼쪽부터 임헌영, 시인 이추림, 작가 정을병, 시인 신동엽, 한승헌 변호사, 작가 남정현.

니다. 그때는 문인 중에도 그런 문구를 쓸 용감한 사람은 아무도 없었는데 고교 교감이 그런 말을 태연하고 진지하게 사용하다니, 고인의 영혼이 흐뭇했을 것입니다.

유성호 신동엽 시인을 거론하면 신동엽·남정현·한승헌 제씨와 선생님이 나오는 사진이 널리 알려져 있는데, 그게 언제 것이지요?

임헌영 펜클럽 주관으로 서부 최전방을 시찰하던 때였습니다. 유독 친했던 사람들만 모인 귀한 사진이지요. 귀로에 육군본부 장교식당에서 문인 한 사람당 장군 한 명이 붙어앉아 장군들의 식단과 똑같은 메뉴로 접대를 받았던 날이었습니다. 그때 한 장군이 한국 군가에 대해 했던 이야기가 생각납니다. 그가 미 육군대학 유학 때 훈련병들이 하루 일정을 끝내고 귀대할 때 부르던 군가를 듣고 너무나 놀랐대요. 가사 내용이 군대라고 들어왔더니 빵을 주는데 너무 딱딱해 한 조각을 떨어뜨리니 발가락이 깨졌다든지, 커피를 주는데 너무 써서 혀가 굳어졌다는 식의 가사였다고 합니다. 그런 노래를 들으며 왜 한국 군가는 저런 맛의 서정성이 없을까 생각했다며 문인들에게 그런 서정적인 작품을 쓰라고 주문하는 게 아니겠습니까?

유성호 그 시절에 그런 장군도 있었네요. 만약 그런 작품을 썼다면 어디 붙들려 가지 않았을까요? 월계다방 이야기 조금 더 해주시지요. 아마도 그 풍경이 1960년대 문단의 이면을 잘 보여줄 듯합니다.

임헌영 광화문 네거리에서 서대문 방향 오른편에 있었던 교통의 요로여서 쉽게 모일 수 있었습니다. 단골 남정현·박용숙·최인훈 외에도 남정현 작가의 스승 격인 한무학 시인을 소개하고 싶습니다. 함경북도 성진 출신인 한무학은 와세다대학 철학과 졸업 후 일본에서 『국제타임스』 외신부 기자로 근무했습니다. 귀국해 제물포고 교사로 재직하던 중 한국전쟁을 맞습니다. 소련행을 목적으로 북행하다가 사리원에서 인민군에 의해 검색당해 입대하고 말았지요. 그해 10월에 벌어졌던 신계리 전투에서 포로로 잡혀 남쪽으로 연행되다가 유엔군이 난사한 기관총에 정신을 잃고 쓰러집니다. 그는 시신들 속에서 살아난 기적의 인물이지요.

한무학은 펜클럽 한국본부 중앙위원 등을 지냈습니다. 세 번째 시집 『시민은 목하 입원 중』(신조문화사, 1970)을 출간하면서

정보부에 연행되어 최악의 고문을 당하기도 했지요. 나중에 그는 "내 손톱까지 빼더니/두 무릎을 뒤 꺾고/제껴진 고개에 미제의 썩은 물을/한없이 쏟아붓던/이 망종들아/양놈들은/조국을 가르더니/네놈들은 마침내/내 허리를 뿐질러"라고 썼습니다. 월계다방 시절의 일입니다.

그는 1974년의 긴급조치 치하에서 지명수배를 당해 피신하던 중 어느 경찰서 S서장이 이민을 권장해 미국으로 갔어요. 워싱턴에서 근근이 지내다가 1992년 LA로 옮겼으나 여전히 엄격한 감시 하에 있었습니다. 내가 LA에 들르면 행사장으로 찾아와 회포를 풀기도 했습니다. 한무학 시인이 LA 시절에 가장 가까이 지낸 인사로는 『한국인 멕시코 이민사』(지식산업사, 1998)라는 역저를 낸 이자경 사학자라고 했습니다. 한무학 시인은 한참 뒤에 귀국했는데, 이내 쓸쓸하게 작고했습니다.

유성호 신동엽·김수영에서 한무학까지 한 시대의 초상을 그대로 간직한 문학사적 인물지(誌)라고 할 수 있겠습니다. 어쨌든 1960년대는 『광장』(1960)이 열어젖힌 시대요, 비평적 매체적 새로움이 밀려들어오던 문학적 지형의 창세기가 아니었던가 싶습니다. 분단문학과 리얼리즘 문학이 만날 수 있는 토양이 준비된 셈이지요.

임헌영 그때 나는 남정현과 최인훈을 스승으로 삼아 엄청 자주 만났기에 재미있는 일화들이 많은데, 그건 내 평론집 『한국소설, 정치를 통매하다』에서 다뤘기에 여기서는 생략합니다. 이 두 스승에게 나는 많은 걸 배웠습니다. 최인훈은 술에 취하면 "운다고 옛사랑이 오리오만은/눈물로 달래보는 구슬픈 이

밤"(「애수의 소야곡」, 이부풍 작사, 박시춘 작곡)이라는 곡을 여기까지만 되풀이해서 처량하게 읊조리곤 했어요. 이 시기에 한국 문학은 비로소 분단문학을 본궤도에 올렸습니다. 최인훈의 『광장』은 처음으로 냉전 시각이 아닌 등거리에서 남북을 관찰하며 그 이데올로기적인 허구성을 비판했습니다. 박경리의 『시장과 전장』(1964)은 반공소설의 규격을 처음으로 깨고 피가 돌고 있는 공산주의자를 부각시켰지요.

유성호 문단의 새로운 지평을 열었던 『창작과비평』은 1966년 1월 창간되었는데, 발간 형식과 이름이 한국 문화풍토에서는 꽤 이채로웠습니다. 창간호는 132쪽에 정가 70원으로 문우출판사에서 출간했지요.

임헌영 이와나미(岩波)의 『세카이』(世界), 『시소』(思想), 『분카쿠』(文學) 세 잡지를 합친 격인 이 계간지는 중국 근대사의 『신청년』(新青年)이라고나 할까, 한국 근대사의 『개벽』이나 『조선지광』 등을 합친 격이라고나 할까, 전적으로 백낙청의 개성이 창출한 잡지라고 할 수 있습니다. 1969년 백낙청의 「시민문학론」이 제기한 만해와 이상에 대한 재평가를 보고 나는 감동했습니다. 그건 마치 마르크스주의자 평론가인 루카치가 낭만파 시인 횔덜린을 재평가한 것처럼 한국 근대문학사에 대한 렌즈 자체를 바꿔 끼우는 놀라움이었습니다. 박정희 정권이 휘청거리기 시작하면서 발동한 유신독재(1972)와 긴급조치(1974~79) 기간에 창작과비평사는 일대 비약을 이루는 한편 판금조치로 큰 피해를 입기도 했습니다.

유성호 창작과비평사가 1960년대 중반부터 70년대까지 선도적으로 이끌었던 문화예술운동의 자취가 소중하게 다가옵니다. 그 밖에 어떤 움직임이 있었나요?

임헌영 『창작과비평』과 쌍벽이었던 『문학과지성』(1970)은 김현·김병익·김주연·김치수의 헌신적인 기여로 탄생했지요. 그 뒤를 이은 홍정선·정과리와 후기 승계자들에 의해 그 영향력 역시 막강하지요.

자랑스러운 것은 세계 어느 나라에 뒤지지 않게 한국은 여전히 문학에 여러 유파가 치열하게 대립·공존하면서 독자층이 비교적 단단하다는 점입니다. 그리고 문학에 대한 열기 또한 뜨겁다는 것도 고무적이지요. 이 두 유파에 참여하지 못했던 나는 비정기간행물 동인지 『상황』을 만들게 됩니다.

『상황』을 만들던 그리운 동인들

유성호 비정기간행물 『상황』은 간행 기간은 짧았지만 『창비』와 『문지』가 담아내지 못했던 가능성을 기획하고 실천했던 중요한 문예지임에 틀림없는 것 같습니다. 선생님께서 직접 겪으신 경험담이 될 텐데요. 그 문학사적 의미를 말씀해주시지요.

임헌영 1969년 비정기간행물 『상황』이 나왔습니다. 등단 직후부터 문단에서 비슷한 생각을 가진 또래의 동지 찾기에 나섰던 나는 그 첫 대상으로 구중서 형을 떠올렸는데, 이심전심인지 그 역시 기다렸다는 듯이 나를 맞아주었습니다. 우리의 주요 아지트는 신상웅 형이 사무국장으로 있던 펜클럽 사무실(당

비정기간행물 동인지
『상황』 창간호(1969) 표지.

시 안국동 걸스카우트 회관)이었습니다.

유성호 『상황』 멤버들에 대한 소개도 좀 해주시지요.

임헌영 경기도 광주 곤지암 출신의 구중서는 별명이 '구닌'이었습니다. 구중서와 레닌의 합성어지요. 듬직한 몸매 그대로 맏형다운 신뢰감을 주었습니다. 우리의 지도자란 뜻이 담긴 멋진 별명이었지요. 사실 훤한 이마부터가 레닌을 닮았습니다. 백승철의 별명은 '백 게바라'였고, 내 별명은 '임스트로'였습니다. 모두 혁명가의 이름을 땄던 게지요. 그 가운데 주성윤은 당대 문단의 기형아였습니다.

유성호 전혀 알려지지 않은 시인이지요.

임헌영 1960년대 초, 서울대 철학과 재학 시절에 옛 문리대 수위실 앞에서 주성윤은 등교시간이면 칫솔을 물고 이를 닦기로 유명했습니다. 그를 모르면 문리대 학생이 아니라고 할 만큼 유명했는데 집도 절도 없어 학교를 잠자리로 삼았던 가난한 디오게네스의 후예지요. 그 사나이가 좋아 마음 졸인 여학생들이 수두룩했을 뿐 아니라 그중에는 세도가 집안 여학생까지 거론되곤 했지요. 1964년 3월 24일부터 들불처럼 번졌던 '굴욕적인 한일회담 반대' 시위로 최루탄이 등장했습니다. 그런 시대적 배경에서 대학생들로 이루어진 '최루탄문학동인회'가 설립되었는데, 그 전말을 『경향신문』은 「한국판 비트 선언, 최루탄문학동인회: 대폿집에서 열린 시화전」이란 제목으로 전해줍니다.

> 시를 쓰는 남녀 대학생들이 대폿집에서 시화전을 열고 있다. 이 아마추어 술꾼들은 시화전의 캐치프레이즈로 '백만 인의 아해들이 울고 싶어 하오'를 내세웠다. "13인의 아해가 도로를 질주하오"라는 이상의 시 한 구절을 상기하면서 픽업한 것. 시화를 내놓은 무리들은 스스로 이름해 '최루탄문학동인회'로 사뭇 아이러니와 씨니컬의 뉘앙스를 지녔다. 이 한국판 비트들의 선언은 이렇게 끝을 맺는다. "함께 가자. 달려가자. 최루탄이 연발하는 도로를 질주하자. 도로를 질주하자."(『경향신문』, 1964. 4. 30, '낙서함'란)

이 최루탄문학동인에는 김지하·안삼환·주성윤·하길종(이상 서울대)·김행숙(이화여대)·신달자(숙명여대) 등이 함께했습니다. 주성윤은 1967년에 서울대 철학과를 졸업하면서 전도가 양양했습니다. 마음먹기에 따라서는 김지하처럼 투사 시인이 될 수도 있었고 천상병처럼 디오게네스의 시인이 될 소지도 충분했지요.

유성호 주성윤 시인의 그 후의 행로가 어떻게 됩니까?

『상황』의 벗들. 뒤쪽 왼쪽부터 신상웅·임헌영, 앞쪽 왼쪽부터 백승철, 기인이었던 시인 주성윤.

임헌영 한국 현대사의 도도한 물결은 그를 『청맥』(靑脈)이라는 잡지사로 몰아넣었지요. 1964년 8월에 창간해 1967년 6월까지 총 27권을 간행한 이 월간지는 통일혁명당 기관지였습니다.

주성윤의 증언에 의하면 『청맥』 편집실 분위기는 당시 한국 문단에서 비평에 조동일, 소설에 김승옥, 시에 주성윤을 선두주자로 꼽았다고 합니다. 통일혁명당 사건(1968. 7)이 검거 선풍을 몰고 온 이후 『청맥』에 글을 싣거나 참여했다는 이유만으로 고통을 겪을 수밖에 없게 되자 주성윤도 혹독한 고통을 겪은 뒤 극심한 피해망상증에 시달렸는데, 내가 처음으로 그를 만난 때가 바로 그 시기였습니다.

그의 시에는 극히 소수의 인물이 등장하는데 노골적으로 찬양한 인물로 스웨덴의 팔메 총리가 있습니다. 미국이 북베트남을 폭격하자 교육부장관의 신분이면서도 대학생 반대시위에

『상황』 동인들과 청년 민주화운동가.
왼쪽부터 통일운동가 권오헌·임헌영,
작가 신상웅·구중서·이재오.

참가해 닉슨 대통령을 정면으로 비난했던 정치인이지요. 사회민주당 당수로 42세 최연소 총리를 지냈던 그는 스웨덴의 각종 사회보장과 노동자의 권익을 다져준 정치인이자 국제적 평화주의자였습니다. 결국 그는 피살되었고 아직도 이 사건은 미궁에 빠져 있습니다.

팔메의 피살 소식을 들은 주성윤 시인은 "밤새워 역청을 집씹듯 화주(火酒)를 들이키며/화풀이를 하듯 목로집에서 땡깡을 부렸습니다"라고 씁니다. 간암으로 죽음을 앞둔 신동엽 시인이 "마지막으로 (주성윤을) 만나보고 싶어왔던" 장면이나, 『청맥』에 근무하던 시절에 만났던 김수영, "서로 이웃 동(棟)에 들어 감방살이를 한/백기완 형과 자주 만나던 때의 한 장면"에다, 신영복과 김진균 교수, 그리고 나도 나옵니다. 그는 만년에 아주 외롭고 가난하게 지내다가 세상을 하직했습니다. 이런 멤버

『상황』 창간호 맨 앞쪽에 실린 이육사 생가. 당시에는 찾는 이 없는 폐가였다.

로 이뤄진 『상황』은 우직하게 5호까지 발간했는데, 1974년 내가 문인간첩단 사건으로 갇혔을 때 폐간 조치를 당해 종막을 고해버렸습니다.

유성호 1970년은 한국 문단사가 지각변동을 일으킨 해지요?

임헌영 이 해에 한국문인협회 이사장직을 놓고 김동리가 박종화에게 도전하면서였지요. 형식적인 선거로 월탄 박종화를 추대해오던 문단에서 김동리가 도전하자 월탄을 지지하던 조연현이 대립각을 세웠습니다. 우정도 감투 앞에서는 쪼개지고 마는가봅디다. 김동리 지지파에는 강용준·하근찬·박경수·이문희·송병수·정인영·이문구 작가에다, 정창범·김상일·구인환 등 평론가가 있었는데 결과는 김동리의 승리였습니다. 김동리 체제의 문협에 이문구가 근무하면서 참여문학 쪽 문인들과 『문학과지성』 쪽 문인들의 출입이 잦아졌습니다. 그러나 조연현은 만만한 인물이 아니어서 그의 문단 기반은 김동리에 비할 바 아니었습니다.

1973년 그다음 이사장 선거에서 조연현은 김동리에게 도전했습니다. 이문구는 김동리를 결사적으로 옹위했기 때문에 이호철도 반(反)조연현이었습니다. 총 회원 971명 중 조연현 334표, 김동리 284표였습니다. 이에 이문구는 삭발로 그 분노를 삭였는데, 옆에서 보기에 딱했습니다. 패배 원인을 문학지의 부재로 본 김동리는 『한국문학』을 창간했고 이문구가 편집장을 맡았습니다. 그런데 1976년 경영난으로 이근배에게 넘어간 이 잡지는 이내 조정래가 인수했다가 그 이후에는 홍상화가 맡았습니다. 이후 문협은 조연현(1973~76), 서정주(1977~78), 조연현(1979~82), 김동리(1983~88), 조병화(1989~91) 체제로 이어졌습니다.

유성호 1970년대는 문단만이 아니라 민주화운동사에서도 일대 지각변동이 일어난 때지요?

임헌영 1971년 4월, 명동 대성빌딩에서 민주수호국민협의회가 발족했습니다. 김재준·이병린·천관우 3인 대표에 함석헌·지학순·장일순·법정·이호철 등 운영위원에 사무국장은 전덕용이었습니다. 이 단체에 초반부터 구중서와 나도 입회했습니다. 그해는 박정희와 김대중이 대결한 4·27 대통령선거에 이어 5·25 총선까지 겹쳤던 해로 민주수호국민협의회는 선거감시를 목표로 삼아 범국민적인 참관인단을 모집해 전국으로 파견했습니다. 문인으로는 이호철·남정현·박용숙·권일송·구중서·박태순·한남철·신상웅과 나도 참여했어요.

문협의 감투싸움 태풍이 1971년에는 펜클럽에도 들이닥쳤어요. 국제펜클럽 한국본부는 변영로(1, 2대 대표), 정인섭(3대), 주요섭(4, 5대), 모윤숙(6대), 주요섭(7~9대)에 이어 백철이 10대부터 19대에 걸쳐 16년간 장기 집권할 정도로 무풍지대였습니다. 그러다가 1966년부터 부회장을 맡았던 모윤숙이 1971년에 회장에 도전했는데, 문제는 문단중견들이 거의 그녀를 지지한 것이었습니다. 위로는 안수길부터 전광용·조병화에다 내가 존경해 마지않았던 이호철·남정현·박용숙 등이 모윤숙 추대에 적극성을 띠게 되어 가히 전투적이라 할 정도였지만 모윤숙은 고배를 마셨습니다. 펜 선거에 낙방한 모윤숙은 몇 달 뒤 총선 때 공화당 전국구 의원이 되더니 이듬해인 1972년 유신독재로 그 금배지를 떼야 했습니다. 신출내기 평론가로 펜클럽 최연소 이사였던 나로서는 백철 선생과 조병화 시인 두 거물 스승 사이에 끼인 새우 꼴이었지만 굳이 촌수를 따진다면 은사였던 백철을 배신할 수는 없었습니다. 아마 이때가 내 문단 생활 중 가장 난처한 시기였을 것입니다. 더구나 펜클럽 대표로 백철이 당선되어 막을 내리자 모윤숙 지지자들은 그 앙금을 꽤나 오랫동안 간직했습니다. 심지어 조병화 선생은 한동안 감정이 풀리지 않아 나를 쌀쌀맞게 대했는데, 그 뒤 내가 문인간첩단에 얽히는 등 징역을 두 번이나 살고나온 뒤에야 화를 풀었지요. 모윤숙이 펜클럽 대표가 된 것은 1979년부터 1982년까지였습니다.

유성호 그야말로 선생님 등단 전후의 한국 사회와 문단은 격동의 시간이었군요. 여러 상황이 있었겠지만, 이러한 문맥에서 비평 활동을 시작하신 선생님의 어깨가 무거웠을 것 같습니다.

7 권력에 길들여지는 언론: 『경향신문』 시절

친일파 척결 주창한 임정 출신 언론인 우승규

유성호 『경향신문』 이야기에 들어가기 전에 잠깐 8·15 이후 한국 언론계를 일별해주시는 게 좋겠습니다.

임헌영 미군정 3년은 1947년 6월을 기준으로 전반기와 후반기로 나뉘는데, 후반기를 통상 '남조선 과도정부'라고 부릅니다. 전반기 군정은 민족주체성을 탈색시키고자 상하이 임시정부와 건국준비위원회를 부정하고 친일파를 앞세워 진보적인 민주통일세력의 날개를 꺾었습니다. 이런 바탕에서 세운 남조선과도정부 입법의원은 군정의 자문 역할에 충실했지요. 입법의원이 제정한 친일파 숙청법이 그 한 예입니다. 대구 10월 항쟁이 친일파 때문에 일어났기에 1947년 7월 2일 입법의원은 이 법을 통과시켰지만 미군정은 거부했습니다. 그 이유가 "반역자 또는 협력자로서 규정받는 자가 누구인지를 확인하는 문

격변의 역사 속으로 사라진
소공동 74번지
『경향신문』 옛 사옥.

제는 상당히 곤란하다"라는 궤변이었지요. 원칙적으로 이런 법률이 필요하지만, 입법의원 전원이 민선으로 선출된 상태에서 해야 한다면서 "본관은 이 법안의 조문을 검토하는 것을 삼간다"라고 군정장관 대리 찰스 헬믹이 말했습니다. 1946년 5월 제1차 미·소공동위원회가 결렬된 후부터 군정은 중도 좌우합작을 돕는 척했는데, 그 속내는 좌파 세력을 약화시키고 제2차 미·소공위를 파탄내기 위한 술책이라고 나는 봅니다.

미군정이 한반도 통일과 민주 정부를 진정으로 원했다면 건국준비위원회나 상하이 임시정부 중 하나를 인정해 간단히 해결할 수 있는 문제였는데 그걸 다 부인하고서 좌우합작을 하는 척하다가 철회하고 노골적으로 친일·친미 정권 창출에 나섰지요. 남의 불에 게 구워 먹을 수는 없다는 냉혹한 국제 정치판을 우리 눈으로 목도한 겁니다. 그렇게 어렵게 독립운동을 하고서도 이런 교훈을 깨닫지 못했거나, 알고서도 개인적인 야망에 결국 또다시 강대국의 날갯죽지 밑으로 들어가게 되어버렸으니 비극이었지요. 이미 이승만은 사실상 남한의 대통령처럼 행세하면서 통일이나 친일파 청산 같은 문제를 묻어버리는 데 진력했습니다.

유성호 그런 시기에 『경향신문』이 창간되지요?

임헌영 1946년 10월 6일에 탄생합니다. 당시 언론은 상하이 임시정부 김구계의 『조선일보』, 우익 한민당(韓國民主黨, 민주당의 뿌리)계의 『동아일보』, 중도 우파로 신민족주의를 주창했던 안재홍계의 『한성일보』, 진보적 신문이었던 『조선인민보』와 『중앙신문』 『현대일보』 『자유신문』 등에다 극우지 『대동신문』이 있었는데 후발주자로 『경향신문』이 뛰어든 겁니다.

유성호 그런 흐름 속에서 『경향신문』의 탄생 과정을 간추려 설명해주세요.

임헌영 일제 말기 국내 최고 수준이었던 고노자와(近澤)인쇄소를 발 빠르게 접수한 조선공산당은 조선정판사로 개명해 당 기관지 『해방일보』를 8·15 후 첫 일간지로 1945년 9월 19일에 창간했습니다. 그런데 미군정이 '조선정판사 위폐사건'을 조작(1946)해 폐쇄시키고 동시에 아예 당 자체를 불법화해버린 이야기는 이미 앞에서 했지요. 미군정에 압류된 이 인쇄시설은 많은 정당과 사회단체·언론기관들이 탐냈는데 이를 한국천주교 서울교구가 매입해 '대건인쇄소'로 개명했어요. 가톨릭 서울교구의 삼두마차인 노기남·윤형중·양기섭 신부가 『경향신문』 창간 주역을 맡았고, 주간은 시인 정지용, 편집국장은 작가 염상섭이 참여했습니다.

창간호 4쪽에 실린 기독교적 민족주의 작가 박계주의 칼럼 「나는 놀랐다」에는 8·15 이후에도 일본인에 대한 복수적인 폭동 한번 못 일으킨 민족이 남의 나라(미국) 명령엔 왜 고분고분하냐고 비꼬고 있습니다. 그는 자기 민족끼리는 어찌 이리도 용감하게 잔혹한 폭력을 일삼느냐고 개탄했어요. 창간 초기 『경향신문』은 좌우합작 추진과 친일파 청산을 유독 강조했습니다. 그러다가 정지용·염상섭의 동시 사퇴(1947. 7. 9)를 고비로 논조가 달라지기 시작합니다. 정지용의 후임으로는 작가이자 영문학자인 조용만이 한 달 정도 이어받았다가 이내 직업적인 언론인 오종식·이관구로 넘어갑니다.

유성호 정계는 슬슬 남한 단독정부 수립으로 방향을 전환하게 되는데요.

임헌영 그렇게 되자 『경향신문』과 『서울신문』이 보수적인 논조로 변하기 시작했고, 양대 민간지인 『조선일보』와 『동아일보』도 이승만과 한민당 노선으로 굳어졌습니다. 상하이 임시정부 청년당원 출신 언론인 우승규는 『경향신문』 편집국장(1948~49)으로서 이승만 정권 수립을 전후해서 친일파 숙청 문제를 가장 집요하게 강조한 우파 논객의 검정말이었습니다.

필명이 '나절로'였던 그는 「이 대통령에 역이(逆耳)의 일언」(1948. 8. 1)이라는 명문에서 한국의 당면문제를 토지개혁과 민생문제와 남북통일 공작이라며 이걸 못하면 미군정처럼 실패할 거라고 못 박습니다. 그 과업을 성취하려면 친일파 척결이 급선무임을 격하게 강조했습니다. 선량한 민중은 친일파들의 사타구니에 끼어 고개를 들지 못할 지경에다 "그들의 등쌀에 생명과 재산을 도탈당하고 있는 형편"이라고 직설을 퍼붓습니다. 3,000만의 해방이어야 하는데 "해방은 저 친일 반역 도배를 위해서 있었던 것과 같은 악인상과 반감"을 주고 있기에 "참애국자들은 나올 때가 아니라 해 진토에 파묻혀" 있다는 진단을 내놓습니다. "실망한 나머지 심지어 '나라가 비록 선다 한들 이래가지고야' 하고 독립에 환멸을 느끼는 기색이 차차 농후해갑니다"라면서, 친일파를 청산해야만 "북한 측이 남한에게 '친일 반역배의 도피소굴'이라고 조롱하는 따위의 누명을 깨끗이 씻을 것입니다"라고 덧붙였습니다.

그는 한국 모리배들을 "동포의 고혈을 빨고 골육을 저미어 사복을 배불리고 있는 자들"로 규정하고 그 뿌리는 친일파라고 정곡을 찌릅니다.

『경향신문』의 '여적' 필화사건

유성호 『경향신문』은 자유당 치하에서 비판적인 기사로 혁혁한 공을 세우다가 폐간까지 당했는데, 그 사건을 좀 소개해 주세요.

임헌영 가톨릭에 뿌리를 둔 『경향신문』이 반(反)이승만 노선을 취하며 자유당 치하의 가장 신랄한 비판적 언론으로 명망을 날리게 되는 것은 당연한 이치였습니다. 그러다가 큰 사고가 난 것은 정지용이 만든 명칼럼 '여적'(餘滴)란에 실린 시인 주요한의 1959년 2월 4일자 글이었습니다.

어제는 다수당을 지지해 그에게 권력을 준 투표자도 내일은 그것을 버리고 그를 소수자로 전락시킬지도 모르며, 당파에 속하지 않는 투표자도 만일 부정행위가 있다고 생각하면 재빨리 다수당을 소수당으로 떨어뜨릴 것이라는 것이다. 문제는 그처럼 투표자가 자유로이 자기 의사를 행사할 수 있는가에 달렸다. (…) 인민이 성숙되지 못하고 또 그 미성숙 사태를 이용해 가정된 다수가 출현된다면 그것은 두말없이 '폭정'이라고 할 수밖에 없는 것이니, (…) 다시 말하면 가장된 다수의 폭정은 실상인즉 틀림없는 '소수의 폭정'이라고 단정할 것이 아닌가. (…) 진정한 다수라는 것이 선거로만 표시되는 것은 아니다. 선거가 진정 다수결정에 무능력할 때는 결론적으로 또 한 가지 폭력에 의한 진정 다수 결정이란 것이 있을 수 있는 것이요, 그것을 가리켜 혁명이라고 할 것이다. 그렇다면 가장된 다수라는 것은 조만간 진정한 다수로 전환되는 것이 역사의 원칙인 것이니 오늘날 한국의 위기의 본질을 대국적으로 파악하는 출발점이 여기 있지 않을까.

유성호 필화를 당하지 않으려고 에두르긴 했습니다만 무서운 기운을 담고 있네요.

임헌영 독일 출생으로 나치 때 미국으로 건너간 허멘스 교수의 『다수결의 원칙과 윤리』를 소개한 이 글은 아무리 다수당이라도 폭정을 자행하면 국민이 선거를 통해 소수로 전락시켜 버린다고 경고합니다. 만약 어떤 악조건 때문에 선거로 폭정을 중단시킬 수 없으면 "폭력에 의한 진정 다수 결정"이 대신하는데 그게 혁명이라는 귀결입니다. 여기서 '폭력'이란 무력이 아니라 민중 다수의 참여, 즉 군중 시위를 뜻합니다.

'여적'은 무기명으로 초대 주간 정지용 이래 통상 주간 또는 주필이 맡았지만 논설위원들도 자주 썼습니다. 문제의 글은 마침 이관구 주필이 국제언론인협회 참석차 미국 출장 중이라 비상임 논설위원이었던 민주당 소속 의원이자 시인인 주요한이 썼습니다. 그는 이 칼럼이 "국민의 다수 의사가 선거로 결정될 수 없을 때는 폭력이 또 하나의 다수의사 결정 방법이라고 경고 삼아 쓴 것"임을 분명히 했습니다. "vox populi vox dei"(백성의 소리는 하늘의 소리)라는 뜻으로서, 만약 이승만이 물러나지 않으면 시위가 점점 커진다고 경고한 것입니다.

유성호 「불놀이」의 시인으로 시작해 친일행위 경력을 거쳐 정치인으로 활약하던 주요한의 또 다른 면모로군요.

임헌영 생전에 주요한 선생 댁으로 가서 뵌 적이 있어요. 태극출판사에서 『문학논쟁집』을 편찬하면서 1920년대에 주요한이 아리송한 시를 썼던 시인 황석우와 별 시답잖은 논쟁을 한 걸 문의하러 갔지요. 내가 놀란 것은 그만한 활약을 한 분이라 어마어마한 저택일 거라 생각했는데 소박한 한옥에 부인도 수수한 차림이었어요. 그 당시를 기억하며 "황석우 시인, 참 성질이 대단했어요. 집까지 찾아와서 행패를 부렸어요"라고 회고하더군요.

유성호 아, 그런 일도 있었군요. 어쨌든 이 칼럼이 빚은 필화가 일파만파였지요?

임헌영 결국 『경향신문』은 폐간당합니다. "국가의 안전과 보다 참된 언론계의 발전을 위해 부득이 『경향신문』을 법령(미군정법령) 제88호에 의거 단기 4292년 4월 30일자로 그 발행허가를 취소하는 바이다"라고 신문사에 통고합니다. 이에 독립운동가 출신으로 분단시대 최고의 법조인인 김병로 전 대법원장(1957년 정년퇴임)은 "군정법령 88호를 적용한 것은 언론자유를 보장하고 있는 헌법에도 위배된 것으로서 당국은 그 책임을 져야 한다"라고 논평했습니다. 신문사 측은 변호인단을 구성해 제소했고, 서울고등법원은 특별 1부에 이 사건을 배정했습니다. 그런데 6월 26일 오후 3시, 재판부는 "『경향신문』 발행허가를 취소한 행정처분의 집행을 정지한다"는 판결을 내렸습니다. 독재가 죽인 신문을 법원이 살려낸 것이지요.

유성호 그래서 살아납니까?

임헌영 윤전기를 멈춘 지 57일 만에 재가동하려 했으나 바로 이날 오후 6시, 예정에 없던 국무회의를 열어 법원의 가처분 결정은 폐간 조치가 너무 가혹하다는 것일 뿐 행정처분이 위법은 아님을 인정한 것으로 법원 의견을 존중해 "발행허가 취소"를 "발행허가 정지"로 바꾸기로 결의합니다. 이승만에게는 재판 결과도 소용없었습니다. 재판은 다시 서울고법 특별2부에 배정되었고 예상대로 정부 손을 들어주었는데, 소송 당사자에게 문서로 송달한다며 1분도 안 걸려 재판을 끝냈습니다. 이승만은 법관연임법을 제정해 2년에 걸쳐 20여 명을 탈락시켜 사법부의 독립성을 위협했습니다. 『경향신문』이 상고했을 때의 대법관 3분의 2가 『친일인명사전』에 올라 있습니다. 3개월이 지난 후에야 대법관 9명 전원으로 구성되는 대법원 연합부로 넘기더니 군정법령 제88호의 위헌 여부를 가리고자 헌법위원회에 제청했습니다.

헌법위원회는 부통령이 위원장이고, 대법원장 제청으로 대통령이 임명한 대법관 5명, 민의원 의원 3명, 참의원 의원 2명 총 11명으로 구성되도록 정해져 있었습니다. 그러나 참의원이 없었기에 "존재하지도 않는 헌법위원회에 위헌 심사를 제청했다는 것인데 도저히 이해할 수 없는 꼼수였다"(한승헌, 『재판으로 본 한국 현대사』, 창비, 2016)고 하지요. 법원의 제청을 받으면 20일 이내에 위원회를 열도록 규정하고 있기에 1960년 2월 26일까지는 열 의무가 있었는데 대통령은 없는 참의원 대신 민의원 2명을 추가 선정해 3월 12일에야 첫 헌법위원회를 열었습니다. 이때는 이미 역사가 4월혁명의 언저리로 들어선 때라 지지부진하다가 헌법위원장 장면 부통령이 사직했고 혁명의 불길은 높아졌습니다. 4월 20일 대법관들은 정례 회합일이 아닌데도 시국 간담을 열어 주심을 맡은 김갑수 대법관이 "대법원에서 우선 효력정지 가처분신청 사건만이라도 처리하자"고 제의해 "정부의 정간처분 효력을 정지한다"는 판결을 내렸습니다. 당장 고지하자는 걸 헌법위원회의 위헌심사 결과가 나오기 전에는 판결할 수 없다는 반대로 "일주일쯤 지나서 하자"고 제동을 걸어 이승만 하야 성명 이후로 미루어졌어요.

1960년 4월 26일 오후 서울고법과 지법 판사들은 "정세가 바뀌자 종래의 태도를 바꿔 돌연히 표변한 것은 종래 법관이 법대로 판결이나 결정을 하지 않았다는 것을 말하는 뚜렷한 증거라며 분개"해 대법원장과 대법관 전원에게 사퇴 권고를 결의했지만 사법부 공백 우려를 구실로 주춤하다가 대한변호사협회의 요구로 사퇴합니다.

4월 27일 복간한 『경향신문』은 사설 「반독재 혁명은 개가를 올리다!」에서 "일제 당시 친일 매족에 광분하다가 해방 직후 갑자기 변장된 애국자"가 정계 기타 중요 지위에 침투해서 비극을 조성했다고 질타하며 "또다시 이러한 비극이 재연되지 않도록 급조 민주투사를 엄중히 경계해야 할 것이다. 이 점은 우리가 완수해야 할 민주 과업 중 가장 현실적인 중요한 경계점일지도 모른다"고 했습니다. 그러나 내가 『경향신문』에 입사했을 때는 그 좋은 전통에 군사쿠데타의 진흙이 묻은 뒤였습니다.

5·16 쿠데타에 비판적이었던 가톨릭

유성호　기막힌 한 편의 드라마군요. 군사쿠데타 이후 『경향신문』의 운명도 이에 못지않게 우여곡절이 많을 것 같습니다.

임헌영　4월혁명 후 민주당 신파 장면 정권의 오른팔이었던 이 신문은 1961년 5·16 쿠데타 세력에게는 타도해야 할 주적이었습니다. 더구나 창간 때 사장 양기섭에 이어 2대 사장으로 12년간 경영을 책임졌던 한창우가 장면과 단순한 교우가 아니라 정책적 동반자면서 막역한 사이였기에 5·16 쿠데타 후 장면 비서였다가 조폐공사 사장이었던 선우종원과 함께 반혁명으로 기소당했습니다. 선우종원은 오제도와 함께 이승만 정부 수립 후 보도연맹에 관여한 검사였지요. 그들은 5·16 이튿날 선우종원의 호출로 한창우를 비롯해 민주당 구파였던 김재순 등이 유엔군으로 하여금 계엄령을 선포하게 해 쿠데타 군을 원대복귀시키고, 장면의 육성으로 "민주당 정부와 총리는 건재하니 국민은 동요하지 말라"는 녹음을 유엔군총사령부방송(VUNC)을 통해 내보내자는 등 모의를 했습니다. 그러려면 장면을 직접 만나야 하는데 그걸 해낼 인물이 한창우밖에 없었습니다.

그는 5월 17일 밤 장면을 만났으나 그 둘 사이의 대화는 영원히 비밀로 남아 있습니다. 다만 드러난 것은 장면이 쿠데타를 저지할 어떤 조치도 취하지 않았다는 건 분명합니다. 필시 미국 관련 관료기구나 군기관에 도움을 요청했으나 거절당한 뒤 갈멜 수녀원으로 갔을 것으로 나는 추정하는데, 장면은 끝까지 함구했지요. 쫓겨났으면서도 미국의 추악한 속내를 가려주었다면 지나칠까요?

한창우는 사장직(1949~1961. 6. 4)에서 고문이란 직함으로 옮기고 3대 경향신문사 대표는 윤형중(재직 1961~1962. 1)이 맡았습니다. 그는 취임 일성으로 "신문이라 할지라도 사회적 책임에서마저 자유로울 수는 없다는 사실을 명심"해야 한다면서 그간 이 신문이 취해왔던 비판적 논조에 철퇴를 가했습니다. 그는 함석헌 선생이 신구교를 가리지 않고 싸잡아 교회가 늘어나는 건 나라가 망할 징조라는 취지의 글 「한국 기독교는 무엇을 하고 있는가」(『사상계』, 1956. 1)에 대해 강력하게 반박해 논쟁을 일으킨 주인공입니다. 함석헌은 한국 교회가 "뚱뚱하고 혈색도 좋고 손발이 뜨끈한 듯하나, 그것이 정말 건강일까? 일찍이 노쇠하는 경향이 아닌가?"라며, "먹을 것 다 먹고 고치에 든 누에"에 비유했어요. "죽은 누에는 자기의 힘이 아닌 신비에 의해 변화해 영광스러운 생명으로 나오는 날이 올 것"이라고도 했습니다. 이에 대해 윤형중은 함석헌의 기독교 비판은 일부 기독교의 부정적인 측면을 과대포장해서 사회문제로 비약시킨 것이라며 원론적 반론을 폈습니다.

노기남과 윤형중과 양기섭은 신학대학 동기로서 1930년에 서품을 받았지요. 노기남은 제10대 서울교구장에 임명되어 8·15 후에는 이승만에게 비판적이라 '정치주교'라는 평을 받았습니다. 윤형중은 교계의 출판 분야를 맡았습니다. 정지용이나 장면의 동생인 화가 장발과 함께 『가톨릭청년』을 창간했다가 폐간되자 『경향잡지』 편집장을 지냈어요. 양기섭은 주로 북한에서 사목 활동을 하다가 8·15 이후에 월남했습니다. 그러나 3대 사장 윤형중은 불과 7개월 만에 물러났는데, 그는 1974년 박정희의 긴급조치 때 지학순 주교가 구속되자 정의구현사제단과 민주회복국민회의 결성에 참여했으며 죽음을 앞두고 국제사면위원회에 헌금도 했고 안구도 기증했습니다. 이런 활동을 높이 평가해 함세웅 신부는 2020년 '윤형중 추모 서예전'을 열기도 했지요.

유성호 한 언론기관의 운명이 이렇게 복잡하게 꼬이는 예도 흔하지는 않을 것 같습니다. 이 무렵이면 이 신문이 가톨릭의 손을 떠날 때이지요.

임헌영 서울교구장 노기남은 재정난에 빠진 경향신문사를 매각해요. 매입을 하겠다는 인물은 다양한 경력을 가진 양한모와 시인 구상이었습니다.

대하소설의 주인공 같은 양한모와 구상 시인, 그리고 박정희

유성호 예상 밖의 두 인물이 등장하는군요. 시인 구상이 그런 일까지 했다는 게 흥미롭네요. 우선 양한모부터 화두를 잡지요.

임헌영 그는 일제 때부터 진보적인 민족운동에 투신해 고초를 겪다가 8·15 후 남로당 서울시당 김삼룡 위원장과 핵심역할을 했던 인물이라 대하소설의 주인공으로 손색이 없을 겁니다. 남로당 와해 직전에 전향한 뒤에는 너무나 중차대한 경력 때문에 온갖 고초를 겪으면서도 그 탁월한 지식과 기민한 실천력에다 인화력으로 자유당 치하에서 여러 언론 기관에 관여하는 한편 증권업에도 손을 대서 성공합니다. 4월혁명 후 장면의 초치로 정책적인 문제부터 재정문제에 이르기까지 모든 면에서 최측근이 됐고, 5·16 후에는 김종필의 초청으로 중앙정보부 일에도 일조했어요. 대한증권거래소 부회장을 지낸 그는 5·16 세력들이 신당 창당을 위한 자금축적 과정 때 공화당 자금줄 역을 했습니다. 민주당 재건에도 일조한 신출귀몰한 인물이었습니다. 당시에는 장면이 정치규제법으로 묶였기에 그의 지시를 받은 양한모가 민주당의 한 기둥이었던 박순천과 당 재건을 도모한 것으로 알려져 있습니다. 1963년 5·16 세력이 군복을 벗고 '민정이양'이란 모자로 바꿔 쓴 채 정권을 잡은 뒤 양한모는 그간의 파란만장한 활동을 접으려던 시기에 『경향신문』에 구미가 당겼습니다. 그러나 신문사는 시인 구상에게 넘어갔고 양한모는 신앙에 투신, 가톨릭사상 평신도가 가톨릭대학 신학부에 입학한 첫 도전자가 되어 만년에는 크리스천 사상 연구소를 세워 '신도신학' 연구에 매진했습니다.

유성호 어렴풋하게 그림이 그려집니다. 여류시인 홍윤숙이 양한모의 아내이며, 사위는 평론가이자 고려대 불문과 교수 김화영이라지요.

임헌영 1970년대 초에 양한모와 나는 작은 인연이 있었습니다. 조연현의 배려로 내가 『한국현대문학사상사』를 『현대문학』에 연재하고 있었는데, 그 글이 갑자기 게재 중단됐어요. 알고 보니 양한모 선생이 문제 있는 글이라고 지적해 부득이 중단했다고 해요. 그 뒤 사석에서 만나자 그는 행여 그 글로 필자나 잡지가 변을 당할까 아끼는 마음에서 그랬다고 해명하더군요.

유성호 그래서 『경향신문』은 누가 맡게 되었나요?

임헌영 협상과정에서 구상이 유리해 계약금을 지불하고 차기 대표로 구상 시인에게 발령장까지 내렸습니다. 그런데 서울교구 측에서 자금 출처를 확인하다가 국가재건최고회의 의장 박정희의 돈이라는 걸 알게 되자 부랴부랴 계약을 취소시킨 소동이 벌어졌습니다. 사장이 되었다가 물러난 구상을 두고 언론인 조갑제가 감쌌어요. 그 후 박정희는 최고회의 의장 고문으로 구상을 염두에 두었으나 구상은 한때 잠시 몸 담았던 걸 인연 삼아 『경향신문』 도쿄 특파원을 자청해 떠나버렸습니다. "어떤 분야라도 한몫 져주셔야지!"라는 박정희의 요청에 구상은 "나는 그냥 남산골샌님으로 놔두세요!"라고 응수했답니다. 『경향신문』 거래가 도로아미타불이 된 뒤 둘 사이에 이런 대화가 오갔다고 조갑제는 『내 무덤에 침을 뱉어라』에서 적고 있습니다.

"보고를 받아 다 알고 있어요. 교회라는 거룩한 탈을 쓰고 그 짓들인데 그 사람들 법으로 혼들을 내주시죠. 그렇듯 당하고만 가만 계실 거예요?"

"그럼 어쩝니까? 예수가 왼빰을 치면 오른빰을 내 대라고 가르치셨는데야!"

"그래서야 어디 세상을 바로잡을 수가 있습니까?"

"그게 바로 천주학의 어려운 점이지요!"

"천주학이라!"

그는 그 말을 되뇌까리면서 더 이상 나(구상)를 힐난하려 들지는 않았으나 자못 내가 한심스럽다는 표정을 지었다. 아마 이때 그는 나를 현실에 이끌어 들이려는 생각을 단념했을 것이다.

어쨌거나 그 뒤 발행인은 돌고 돌아 경영권을 기아산업이 인수했을 때 마당발 정치인이란 별명을 가졌던 김상현 의원은 국회에서 정치적 배후의 작용이라고 국정 질의를 했으나 그렇게 밝혀질 일이 아니었습니다. 이미 이 신문은 가톨릭과는 단절 상태였습니다. 1969년에는 신진자동차공업이 인수했지요.

국제펜 한국대회에 나타난 박정희

유성호 선생님의 『경향신문』 시절은 어땠습니까? 『소년경향』에 처음 들어가셨지요?

임헌영 경향신문사에서 창간하게 된 『소년경향』에 내가 입사한 것은 1968년이었습니다. 바로 한국 신문들이 옐로페이퍼로 변신해 그 전성기를 누리고 있을 때였지요. 신문사마다 주간지를 창간해 매출을 올리느라 혈안이 된 시대였습니다. 월남파병과 한일협정으로 생겨난 신흥 부르주아들은 속물근성을 드러내어 대중문화가 극성을 이루었습니다. 『소년경향』은 조연현의 추천으로 김윤성 시인이 편집장을 맡아 팀을 짰고, 기자로는 나와 안재홍의 손녀인 안혜초 시인 등등이 재미있게 일했으나 적자로 이내 폐간당해 나는 『주간경향』으로 자리를 옮겨 체질에 안 맞는 대중문화에 몸을 담가야 했습니다.

유성호 그 무렵에 국제펜대회가 처음으로 한국에서 개최됐지요?

임헌영 1970년에 한국에서 초유로 국제펜대회가 열렸습니다. 6월 28일부터 7월 3일까지 조선호텔에서 열렸지요. 펜클럽 백철 회장이 개회사로 막을 열었습니다. 나는 회원이자 기자로서 개막식부터 마지막 연회석까지 빠짐없이 따라다녔는데, 개막식 때 촌극이 벌어졌지요. 각본은 박정희가 백철의 개막 연설이 시작되는 장면을 보고 청와대에서 출발하면 환영사가 끝나고, 대회장 입구에 대통령이 도착하자마자 백철은 마침 대통령이 도착했다며 기립 박수를 유도하도록 짜여져 있었답니다. 그런데 백철의 영어 연설이 지연되어 박정희가 식장 중간까지 입장했는데도 끝나지 않았습니다.

통로에 앉아 있던 나는 갑자기 박정희가 등장해 놀랐는데 그가 내 옆을 지나 몇 걸음 더 갔을 때에야 백철은 연설을 멈추고

박정희 시절 언론 감시를 맡았던 중앙정보부의 박기식 선생을 30년 뒤인 2005년 6·15 공동선언 5주년 민족통일축전행사 때 평양 인민문화궁전에서 만났다.

대통령 등장을 알려 모두 일어서서 박수를 쳤습니다. 그러고도 백철은 연설을 계속했지요. 각본대로라면 박정희는 도착 즉시 사회자가 소개한 후 축사를 하고 그대로 퇴장하는 건데 말입니다. 각본이 틀어져버린 이 행사 뒤 박정희는 백철을 멀리했다는 뒷소문이 돌았습니다.

유성호 기자 시절에 많은 분들과 교유하셨지요?

임헌영 주로 언론계 인사들을 많이 만날 수 있었지요. 한국신문기자협회 기관지 『기자협회보』 편집위원을 짧게 맡기도 했었습니다. 중앙 일간지에서 각 1명씩 선정해 편집위원을 구성했기에 대표성이 필요한 역할이었지만, 나는 주간지 기자라 자격 미달인데도 내 대학 절친 정진석 선배가 『기자협회보』 편집실장이어서 얼떨결에 편집위원이 되었어요. 언론 자유가 없던 때였지만 협회보만큼은 비교적 자유로워 각 신문사가 무슨 기사를 안 다루거나 왜곡 보도한 사실들을 파헤치곤 해서 거의 매호 말썽이었습니다. 기자들이 외유 후 귀국 때 선물을 과도하게 챙겼다는 사실을 들춰내서 말썽이 나곤 했습니다. 더구나 가끔 언론인의 비리를 비판하는 글을 쓰기도 해서 사내에서 눈총을 받기도 했고요.

이런저런 이유로 나는 사내에서 골칫거리 취급을 받았습니다. 중앙정보부 언론담당 박기식은 편집실에 들어서면 제일 먼저 나를 노려봤습니다. 내가 신문사를 그만두고 월간 『다리』로 옮기자 그가 제일 기뻐하며, 거기서 맘껏 민주화투쟁을 하라고 격려까지 하더군요. 박기식을 다시 만난 건 20여 년 후 평양의 한 연회장에서였습니다. 몰라보게 몸집이 커진 그는 정보부가 체질에 안 맞아 유신 직후 사직하고 미국으로 건너가 보스턴에 정착해 있더군요. 귀국 때마다 리영희 선생 부부와 우리 부부를 불러내 즐거운 회고담을 나누곤 했습니다. 리영희 선생은 그가 미 CIA가 아닌가 나에게 여러 차례 묻곤 해서 내가 직접 물어보니 미국 도착 즉시 치밀한 조사를 받은 후 협조 요청을 했으나 사양했고, 개인적으로 재미 한국민주화 운동이나 진보적인 학자 등에게 애정을 많이 가지고 있다고 하더군요.

유성호　참 인생유전이군요. 다시 『주간경향』으로 돌아가지요. 임 선생님과 대중지라는 부조화가 어땠을까 싶습니다.

임헌영　팔자에 없이 당대 각계의 유명 여류들·화가·성악가·가수·무용가·탤런트·배우 등등을 돌아가며 만날 수 있었던 내 일생일대의 호화판이었지요. 이원재 편집국장은 시인 권일송의 자형으로 문인들 생태를 너무 잘 알아서 아주 편했습니다. 정치부 박권흠 차장과 이원재 국장이 궁합이 안 맞은 건 편집실의 모든 사람이 다 알 정도였어요. 웬만하면 그만둘 상황인데도 박권흠 차장은 하루도 빠지지 않고 이원재 국장에게 점심을 함께하자고 정중히 제안했지요. 취재부 차장이었던 김후란 시인은 이 장면에서 "또 이·박 회담이 시작됩니다"라고 애교 있게 예고를 날리곤 했어요. 그런데 이렇게 계속 점심을 함께하면서 둘은 막역해졌습니다. 박권흠 차장은 신민당의 40대 기수론을 내걸고 대통령 후보 경선을 할 때 김영삼의 연설문을 맡았던 투철한 YS 지지자였지요. 그는 어차피 언론계를 떠날 참이었는데 정계에 가더라도 중요한 매체를 적으로 둘 수는 없었기에 진심으로 화해한 뒤에야 떠난 것 같아요. 참으로 놀라운 인내심이자 처세술의 본보기였어요.

유성호 박권흠 의원은 YS 측근으로 옮긴 뒤 신민당 총재 비서실장, 국회의원 등을 지내며 YH 사건 때는 경찰 진입 차단에 앞장섰다가 격심한 폭행을 당하는 등 수모를 겪었다면서요?

임헌영 그때 YS 측근들 다 그랬지요. 그는 YS의 연설이나 정책 등 중요 행사가 생기면 나를 호출해 일을 맡겼는데, 나는 기꺼이 들어주었지요. 그를 통해 나는 YS와 잠시 가까이 할 수 있었고 실제로 대북문제에서 매우 전향적인 자세를 취하도록 하는 데 약간의 도움은 주었다고 생각합니다. 그중 가장 큰 사건이 1979년 김영삼 신민당 총재가 "필요하다면 김일성과도 만날 용의"도 있다는 발언이었습니다. 그가 1979년 5월 신민당 전당대회에서 중도통합론을 내세우며 청와대와 정보부가 은근히 지지했던 이철승을 누르고 총재로 선출되자 박정희 정권은 호떡집에 불난 꼴이었지요. 세칭 '사쿠라 야당'설이 팽배했던 유신독재 치하에서 연금상태였던 김대중도 김영삼을 적극 지지하면서 일어난 야당 내의 혁명이었습니다. 총재로 당선된 김영삼은 '선명야당'과 '민주회복'의 기치를 내세우며 6월 11일, 외신기자클럽 강연 겸 기자회견을 열었는데, 그 연제가 「민중이 역사의 주인이 되는 새 시대를 연다」였습니다.

유성호 제목이 선생님의 냄새가 물씬 풍깁니다.

임헌영 박권흠 의원이 나를 불러 초고를 쓰게 했었어요. 그래서 나는 외신기자 클럽 강연장에도 직접 참석했어요. 그 뒤 예상대로 온갖 어용단체들이 일어나 YS 규탄집회를 여는 등 소란이 일어났지요. 야당 총재가 터놓고 그런 말도 못했던 참 한심하던 시절입니다.

결혼은 사랑과 운명의 결합

유성호 그 무렵 결혼하셨지요?

임헌영 톨스토이는 결혼의 조건으로 사랑과 운명을 들었는데, 인간은 운명에 대한 예감이 있는 것 같아요. 여성 월간지 『주부생활』에 내 수필이 실렸는데, 내 글 바로 위에 흰색 옷을 밝게 입은 한 여성 필자의 사진이 시선을 끌었습니다. 보는 순간 아, 이런 여자와 사랑해봤으면 하는 달콤한 환상에 사로잡혔습니다. '숙대신보사 편집장 고경숙'으로 되어 있었어요. 나는 몇 번이고 보고 또 보면서 그 이미지와 비슷한 차림의 여성을 거리에서 보면 혹시 저 여자가 고경숙이 아닐까 하는 망상이 들곤 했습니다. 그런데 정말로 운명일까요? 김윤희 시인의 부탁이라며 평론가 구중서 형(그들은 부부입니다)이 나에게 애인이 있느냐고 넌지시 물었습니다. 경기도 광주 출신이면서도 말은 충청도 사람보다 더 느리게 하는 구중서 형이 떠듬떠듬 상대의 인적사항을 소개하는데, 어, 바로 내가 사진으로 봤던 그녀였습니다. 1970년이었지요.

어느 여름날 구중서 형은 나를 남산의 한 다방으로 호출했는데, 그게 고경숙과의 첫 만남이었습니다. 구중서 형은 우리를 소개한 후 애프터서비스로 식물원을 관람시켜준 뒤 슬그머니 빠져서 우리는 더 오래 이야기를 나누다 헤어졌어요. 두어 달이 지난 일요일 아침이었어요. 여기저기 선을 보라고 조르던 어머니를 도저히 당해낼 수 없어 만나는 여자가 있다는 말을 비쳤지요. 성정 급한 어머니가 서둘러 나들이옷을 꺼내 입더니 그 처녀를 만나러 가시겠다는 거예요. 도저히 그 고집을 못 꺾어 에라, 모르겠다, 택시를 잡아타고 두어 번 바래다준 그녀의 집을 찾아갔습니다. 깜짝 습격을 받은 그녀의 어머니는 얼마나 놀랐겠습니까. 그런데 그다음은 더 놀랍습니다. 그 집 대문에 발을 들여놓자마자 어머니가 인사드리러 뛰어나온 그녀에게 "아가, 나 냉수 한 사발 다오" 하는 겁니다. 어리둥절한 그녀가 부엌으로 가더니 유리잔에 냉수를 담아 받쳐 들고 나오니까 어머니는 도무지 성에 안 찬다는 듯 거칠게 손사래를 치면서 "아이다. 니, 큰 사발 있재? 큰 사발에 가득 떠서 가오란 말이다" 하는 거예요. 얼떨떨해진 그녀가 종종걸음으로 정말 넙적한 큰 사발에 냉수를 가득 채워 오자 어머니는 덥석 받아들더니 벌컥벌컥 한 모금도 남기지 않고 다 마시는 겁니다. 그러고 난 어머니가 손바닥으로 찻상을 탁 치며 하시는 말이 뭔 줄 압니까? "보소 안사돈요! 이제 이 혼인은 다 됐니더. 오늘 우리 만난 김에 혼인날이나 받읍시다"였어요. 그녀의 어머니는 영문도 몰랐는데, 어머니 혼자 신이 난 겁니다. 사실 나도 이 무슨 해프닝인가 싶었는데, 우리 경상도의 옛 풍습에 매파가 혼담을 가져왔을 때 마음에 들면 냉수를 달래서 한 사발 남김없이 마시는 게 응낙의 표시였대요.

고경숙은 숙명여대 국문과 출신으로 김윤희 시인의 후배지요. 진남포(현 남포)에서 태어난 그녀는 서울 돈암동에서 유소년기를 보내다가 한국전쟁 통에 대전에 정착해 대전여고를 거쳐 숙명여대에 진학했습니다. 나보다 세 살 아랩니다. 2남 2녀의 맏이였던 그녀는 모교 은사들이 대학원 진학을 권해서 준비하다가 갑자기 아버지가 별세하자 진학을 포기하고 숙대신보사 편집국장으로 눌러앉아 있을 때라 번민이 많아 어머니에게 신랑감은커녕 그 비슷한 이야기도 꺼내지 못했다고 해요.

유성호 양쪽 다 잘 된 거군요.

임헌영 우리 집은 세 누나가 다 출가한 뒤라 환갑이 두 해도 안 남은 어머니는 며느리가 급했어요. 전쟁 때 식구를 잃은 어머니로선 행여나 새 식구를 늘려주나 싶어 보통 성화가 아닐 때였습니다. 졸지에 어머니를 만난 미래의 장모님은 딸에게 결혼을 말렸다고 해요. 시골 풍습과는 먼 서울내기에 가까운 딸을 경상도 홀시어머니에게 보내는 게 내키지 않았겠죠. 이러나저러나 우리는 두 달 후 약혼식 겸 상견례를 치르고, 이듬해

백철 선생 주례로 결혼했다(1971. 3. 16). 신랑 왼쪽으로 평론가 구중서, 시인 박봉우와 이근배, 작가 오인문, 뒷줄 왼쪽부터 시인 신세훈과 권일송, 벗 김세중(나중 굿예술가 무세중), 한 사람 건너 민주투사 김승균, 그 왼쪽으로 친구 정진석 교수, 맨 뒷줄 왼쪽부터 벗 박유일·임기봉·함용헌, 한국기자협회 김수인.
신부 측 앞줄 왼쪽에서 첫째 피아니스트 장민자, 셋째 조복자(도서출판 문음사 대표), 넷째 성락희 교수, 둘째 줄 왼쪽에서 첫째 김경애, 셋째 줄 왼쪽에서 첫째 최영호(교직), 맨 오른쪽 김동애(대학교육정상화 운동본부장), 맨 윗줄 첫째 이현희(김태홍 의원 부인).

인 1971년 3월 16일에 결혼식을 올렸습니다. 주례는 백철, 예식장은 신문회관(현 한국언론회관) 강당이었습니다. 장모가 예물을 고르라기에 나는 일본 헤이본샤(平凡社)의 『현대인의 사상』(現代人の思想) 전 22권을 청했어요. 이 전집은 20세기 모든 분야, 즉 정치·경제·사회·철학·종교·혁명 등에 걸쳐 쟁점별로 여러 명문들을 집대성한 것이었습니다. 검열로 구입이 힘들었지만 전집으로 들여오면 통과된다는 걸 알았기 때문에 무척 간절했지요. 이 책 제1권 속표지에는 "두 사람의 결혼을 기

장모님이 직접 딸을 식장으로 입장시켰다. 아내는 드레스가 아닌
흰색 한복 차림에 면사포를 썼다.

념해. 1971. 3. 16. 장모"라는 친필이 그대로 또렷하게 적혀 있습니다.

따뜻하던 날씨가 결혼식 날은 새벽부터 흥남 부두처럼 눈보라가 흩날렸습니다. 둘 다 아버지가 없는 결혼식인데, 아버지 대신 당신이 직접 딸을 데리고 입장하겠다는 장모님의 의견을 존중해 무척 이색적인 결혼식이 되었습니다. 화려한 드레스 대신 흰빛 한복 차림에 머리에 새하얀 너울을 쓴 신부복도 특이했지만 분홍빛 한복을 곱게 입은 장모의 등장이 화제였지요.

신혼여행도 유별났어요. 항공기 편으로 속초공항에 내리니 그야말로 설국이었어요. 이른 봄인데도 설악산이 그 이름값을 톡톡히 하더군요. 눈이 1미터 넘게 쌓여 집과 집 사이에 새끼줄

신혼여행지 설악산에서
이틀 동안 원 없이
설국을 즐겼다.

을 매고 터널을 만들어 다니는 거예요. 난생처음 보는 광경이라 얼마나 신기하던지요. 눈 터널 속을 걸어서 간신히 예약해 둔 산장을 찾아가니 주인은 손님들이 다 해약해버리는 바람에 온 가족이 서울로 떠났다며 남은 종업원 두어 명이 쩔쩔매는 거예요. 그 총각들과 신부가 합세해 저녁상을 잘 차려먹고 이틀 동안 원 없이 설국을 즐겼어요. 눈이 쌓인 계곡 안은 바람이 없고 춥지도 않더군요. 징검다리를 건너느라 발을 적셨지만 기분 때문인지 별로 차가운 줄 몰랐어요. 만사 제쳐놓고 둘 다 그렇게 평안할 수가 없었습니다.

유성호 노총각 결혼하시는 이야기가 참 재미있습니다. 이제 『경향신문』 시대를 마감하고 월간 『다리』지 시대로 진입하는 거지요?

8 박정희 군부독재 시기의 월간 『다리』

'너와 나의 대화의 가교'

유성호 선생님께서 역사의 아이러니로 탄생했다고 하시던 『다리』지 시대가 열립니다. 이른바 제3공화국에서의 일인데요. 그 무렵 정치상황은 어떻게 돌아갔는지요?

임헌영 5·16 쿠데타 세력은 국내외에서 군은 본연의 자세로 돌아가고 민간인 정부를 세우라는 압력에 못 이겨 1963년 10월 15일에 대통령 선거를 실시합니다. 이때 지리멸렬한 야권이 단일후보만 냈다면 5·16을 물거품으로 만들 수 있었지만 여전히 정신 못 차린 '옹고집들의 행진'으로 군복을 갓 벗은 박정희에게 대통령 자리를 내주어 5·16을 합법화시켜버렸지요. 그래서 탄생한 제3공화국은 초기(1963. 12. 17~1972. 10. 17)와 유신통치시기(1972~1979. 10. 26)로 나뉩니다.

대통령이 된 박정희가 미국의 요구대로 '제2의 이완용이 될 각오'를 하고 한일회담을 추진하자 야권이 소 잃고 외양간 고치듯이 또 힘을 모아야 한다면서 뭉친 게 민중당이었지만 역시나 내분과 분열의 복마전으로 헛싸움질만 하던 중에 매국적인 한일협정이 도쿄에서 1965년 6월 22일에 조인됩니다. 당황한 민중당은 전체 의원 사퇴설을 내놓지만 진짜로 사퇴한 의원은 김도연·서민호·정일형·윤제술·정성태·정해영·김재광 등이었습니다. 그 빈자리를 메꾸기 위해 국회의원 보궐선거가 실시됩니다.

유성호 그 보궐선거로 김상현 의원이 정계에 입문하지요? 선생님과 유난히 가까웠던 정치인이었던 것 같습니다.

임헌영 1965년 11월 9일 보궐선거에서 김상현이 서대문 갑구의 김재광 국회부의장이 사퇴한 자리에 민중당 공천 신청서를 제출해놓고는 윤형두를 졸라 김대중의 도움으로 공천을 받아 당선된 겁니다. 범우사의 윤형두 회장은 자유당 치하에서 월간 『신세계』의 김대중 주간 밑에서 근무한 경력이 있었어요. 부산 피란 시절에 조병옥이 발행했던 『자유세계』의 후신으로 야당지였던 『신세계』의 편집국장은 시인 전봉건이었고, 편집부에는 시인 박성룡도 함께 근무했습니다. 잡지는 단명으로 끝나 여기저기 떠돌다가 다시 윤형두가 김대중을 만난 것은 4월혁명 후 민주당 집권 시절이었습니다. 당 선전부장이었던 김대중 선생은 윤형두에게 당보 『민주정치』를 맡겼어요. 물론 5·16 쿠데타로 된서리를 맞고 둘은 헤어져 윤은 고서점을 운영하면서 절친이었던 김상현과 '4·19 혁명정신 선양회'를 창설해 청년민주화운동의 깃발을 들었습니다.

1965년 어느 봄날, 윤형두는 심심풀이로 장안에서 명망이 높았던 적선동의 김봉수 작명소에 친구들과 몰려갔답니다. 김 도사는 이름과 사주를 훑어보더니 "여기 김상현이 누구냐?" 하더래요. 김이 "네, 접니다" 했더니 "다른 사람은 볼 것도 없다. 다이 사람만 따라다녀라" 해서 폭소가 터졌답니다. 그는 일행 중 가장 빈털터리로 밥값·술값조차 윤형두 회장의 몫이었던 처지라 정작 따라다녀야 할 상대는 윤이었으니 헛웃음이 나왔겠지요. 그런데 이 상거지 김상현이 불과 몇 달 만에 국회의원이 된 것입니다.

유성호 인간만사 새옹지마로군요. 아주 드라마틱합니다.

임헌영 김상현은 영광을 얻었으나 윤형두는 다시 빈손으로 돌아가 이런저런 아르바이트를 하다가 1966년 출판사를 등록해 이듬해에 범우사라고 개명한 겁니다. 나는 동인지 『상황』(1969. 8. 15. 창간)을 범우사에서 출간하게 되면서 윤형두와 더욱 친밀해졌습니다.

유성호 김상현 의원은 조용하지 않았을 것 같은데요?

임헌영 최연소 국회의원으로 이름을 날립니다. 일본 전역을 발 빠르게 누비며 취재한 자료를 바탕으로 1968년 『재일한국인』(어문각)이라는 육중한 연구서를 출간해 박정희 대통령까지 감동시켰습니다. 재일동포들의 실상에 대해 어느 학자도 엄두를 못 낼 정도의 현장 감각과 자료 섭렵으로 완성한 결실이었어요. 이효상 국회의장이 놀고먹는 국회의원을 비난하는 언론계를 향해 "김상현 의원 같은 분도 있다"며 반론의 자료로 삼기도 했어요. 박정희가 경제기획원장관 김학렬로 하여금 이 책

5,000권의 책값 600만 원을 지불하도록 하자 김상현 의원은 그 돈으로 윤형두에게 월간 잡지를 간행하자고 제안합니다.

유성호 그래도 그 시절엔 여야 간 물밑에 무언가가 있었네요. 결과적으로 『다리』 창간에 박정희 대통령이 역할을 했다니 신기한 일입니다. 자금 출처는 여, 인적 구성은 야, 그렇게 합동 작품인 셈이네요.

임헌영 잡지 이름을 『다리』로 정하고, 그 제호 밑에다 '너와 나의 대화의 가교'라고 한 것은 희대의 천재 이어령 선생의 발상이었어요. "지금 우리는 모두가 단절된 상황 하에서 몸부림치고 있다"라는 창간사도 매우 감성적인 접근이었어요. 1970년 9월에 그렇게 창간한 『다리』는 표면적으로는 누구의 이름으로 나왔든 김상현 의원과 윤형두 사장이 시종 발간 주체였고 독자들은 『다리』 하면 이 두 인물을 떠올리지요.

1970년대 군사독재에 도전했던 3대 비판지로는 함석헌 옹의 『씨알의 소리』가 맨 처음이었고, 그다음이 『다리』, 그리고 가톨릭 주관의 『창조』(1972)가 있었습니다. 조금 성격이 다르지만 정경연구소에서 펴냈던 『정경연구』도 좋은 글을 많이 실었는데, 1970년대 후반부터 젊은 층에게 인기 있는 필자로 부상한 리영희 · 박현채 · 장을병 · 한승헌 등 쟁쟁한 필진이 이들 잡지를 통해 널리 알려졌습니다.

유성호 『다리』지 변천사가 복잡하지요?

임헌영 세 시기로 나누어 봐야 합니다. 1970년 9월 창간해 1971년 대통령선거를 치른 후 1972년 10월유신으로 김상현 의원이 투옥됨으로써 폐간당한 때까지가 1기입니다. 잡지사는

월간 『다리』지를 통해 일생을 스승으로 모신 한승헌 변호사 화갑연(1994).
앞줄 왼쪽부터 정동익(4월혁명회 전 대표), 한승헌·김송자 부부, 윤형두 대표.
뒷줄 왼쪽부터 박원순·임헌영, 최종고 서울대 법대 교수, 장영달 전 의원.

종로구 도렴동 115 삼육빌딩에 있었지요. 여기는 국제앰네스티 한국본부의 산실이기도 하고, 1970년대 초 민주화운동의 어설픈 결집처이자 진보적 지식인들의 쉼터였습니다. 두 번째는 편집장 출신인 박창근이 유신독재 아래서 폐간을 막아보겠다고 납본용으로 출간했던 시기이고, 세 번째는 1987년 6월항쟁 이후 1989년에 복간한 『다리』입니다. 이 세 시기 중 『다리』 하면 첫 번째를 지칭한다고 보면 되지요.

유성호 창간 당시 편집위원 진용이 화려하군요. 김경래·남재희·이홍구·장을병·정광모·정을병·탁희준·황문수 등이네요. 단연 화제의 중심에 섰겠는데요.

임헌영 창간호부터 1971년 8월호까지가 『다리』지 초창기로 현실 비판보다는 인간주의적 사회 만들기라는 김상현의 정치의식과 사람 좋아하는 기질이 반영되어 있습니다. 그는 파란만장한 성장기와 청소년기를 보냈으면서도 언제나 싱글거리며 사람을 좋아합니다. 편집실에서는 필자가 원고료를 받으러 와서 기다리는데 국회(지금의 서울시 의원회관)에서 돈을 가지고 광화문 지하도를 건너오다가 반가운 사람을 만나면 술집으로 직행해 필자를 허탕 치게 만들곤 했어요. 그러고도 필자들이 미워할 수 없는 장기가 그에게는 있었지요. 그가 사석에서 "김대중 의원을 대통령으로 만들기 위해 잡지를 만든다"고 할 정도로 둘은 밀착해 있었습니다.

유성호 1970년이라면 정인숙 여인 의문사(2. 17), 와우아파트 붕괴(4. 8) 등 부패와 반윤리성을 드러낸 사건부터 김지하의 『오적』 필화(6. 2), 전태일 분신(11. 13)으로 민심이 흉흉하던 때지요.

임헌영 이듬해인 1971년에도 대형사건이 연이어 일어납니다. 서울의 빈민들을 강제철거시켜 집단이주한 데 대해 폭력으로 저항했던 광주단지 사건(8. 10), 실미도 공군특수부대원들이 처우개선을 요구하며 탈출해 일으킨 난동사건(8. 23), KAL빌딩 난입사건(9. 15) 등 민중항쟁적인 사건이 연이었지요.

유성호 그때 박정희가 3선 금지였던 헌법 그대로 물러나고 새 대통령 후보를 내세웠으면 역사는 달라졌을 텐데, 독재자는 항상 무리수를 둡니다.

임헌영 추방당한 이승만을 본받아 대통령 3선 금지 헌법을 무리하게 고치지요. 국회 본회의장에서 개헌 반대 농성 중인 의원들을 따돌리고, 지지 의원들만 도둑고양이처럼 몰래 길 건너 제3별관에 모여서 1969년 9월 14일 일요일 새벽 2시에 날치기 통과시킨 게 이른바 3선개헌(대통령의 3선 연임 허용)이었습니다. 그 현장에 제일 먼저 나타나 탁자를 뒤엎은 게 바로 김상현 의원이었지요.

유성호 1971년 대통령 선거 전초전이었지요?

임헌영 박정희는 전혀 물러날 꿈도 안 꿨어요. 그때 청와대와 정보부가 예측 못한 돌발사가 터졌지요.

유성호 신민당 차기 대통령 후보 경선에서 김대중 의원이 선출된 거지요.

임헌영 김대중 대통령 후보는 "3선개헌이 통과되는 날은 대한민국 헌법 제1조 1항 '대한민국은 민주공화국이다'라는 조문을 장사 지내는 날이다"라고 일갈했습니다. "인류의 역사는 현실의 부조리에 대한 영원한 저항과 투쟁의 역사"라고 믿었던 그는 『내가 걷는 70년대』(범우사, 1970)의 제사(題詞)에서 "역사는 모든 국민에게 기회를 준다. 그러나 이 기회를 선용하고 안 하고는 그 국민의 자유다. 다만 기억할 것은 역사는 주어진 기회를 선용하지 않는 국민에 대해서는 무서운 보복을 했다는 사실이다"라는 라스키의 말을 적었습니다. 한국 정치인의 저서 중 가장 가치 있는 이 책의 운명은 김대중 탄압사와 궤를 함께 했습니다. 판금을 거듭하다가 1985년에야 제대로 나올 수 있었지요.

미친 황소가 갈 길은 도살장뿐이다!

유성호 김대중이란 인물은 한국 정치사에서 새로운 전환기를 만들었다고 볼 수 있지요. 그 책을 좀 소개해주세요.

임헌영 비판적 논조이면서도 활기 넘치는 데다 유머 감각이 번득이는 이 저서는 1970년대를 '대중의 시대'로 규정하고, 쿠데타 세력은 집권 자격이 없다면서 "이 체제 하에서의 대중은 오직 부패할 수 있는 자유, 맹종하고 기만당해야 하는 의무, 낭비와 타락에 대해 공동으로 책임을 지는 권리밖에 가질 수 없다"면서 "미친 황소(여당인 공화당의 상징)가 갈 길은 도살장뿐이다"라고 외쳤으니 박정희로서는 촉각이 곤두섰겠지요. 그의 험악한 운명을 예언이라도 한 것 같지 않습니까?

유성호 당연히 『다리』지에 대한 탄압도 극심했겠지요?

임헌영 인쇄소와 제본소 등 모든 거래처를 세무사찰합니다. 소방점검, 공장 앞 도로 교통단속, 정전 등 기묘한 압력을 모두 동원했습니다. 책 제작 중 무시로 해약해버려 제작처를 이리저리 옮겼지만 결국 12월호는 낼 수 없었습니다. 그런 와중에도 범우사는 『내가 걷는 70년대』의 부록으로 대중용 팸플릿 『희망에 찬 대중의 시대를 구현하자』『빛나는 민권의 승리를 쟁취하자』『대중경제 100문 100답』 등을 대량 제작해 배포하는 등으로 40대 기수 김대중을 띄우기 바빴어요.

유성호 이제 『다리』지 필화사건이 닥쳐오는군요.

임헌영 제7대 대통령선거(1971. 4. 27)를 앞두고 김대중 후보의 홍보 활동을 원천봉쇄하려는 독재체제의 음모가 바로 이 필화입니다. 거기에 중앙정보부의 용공조작이 더해지고 이에 공조한 권력 지향의 검찰 세력이 가담하지요. 무죄판결을 내린 용감한 판사가 나중에 사법부 파동으로 법복을 벗게 되는 국면까지 이어집니다. 가히 '필화의 종합세트'였어요.

유성호 왜 김대중 후보를 그렇게 두려워했을까요?

임헌영 아마 그가 가진 정치철학 때문일 겁니다. 분단 고착 이후 한국 정치인들은 이론이나 정강보다는 권력에 추종하는 경향이 강했는데, 그 첫 이탈자가 김대중이 아닌가 싶습니다. 김대중 선생의 정치행로는 야당사에서 특이했습니다. 그는 8·15 직후 여운형의 건준에 가입했다가 불법화되자 탈퇴합니다. 이어 그는 중국 옌안에서 돌아온 독립동맹 참가자들이 만든 정당으로 좌우합작을 표방하는 신민당(조선신민당)에 입당했으나 그들이 공산당과 합당하자 결별했지요. 이런 경력은 그가 분단 지지 세력과는 근본이 달랐음을 나타냅니다. 한국전쟁 중 부산으로 간 김대중은 첫 번째로 조봉암을 찾아가지요. 분단 고착화 이후에야 그는 장면을 대부로 가톨릭 신자가 되었고, 저절로 야당에 투신하게 됩니다. 그래서 신익희의 죽음으로 야성을 잃어버린 야당이 김대중에 의해서 부활하는 겁니다.

김대중의 『내가 걷는 70년대』는 인류 역사를 시시포스처럼 부조리에 대한 저항과 투쟁의 과정으로 봅니다. 원시시대부터 씨족시대, 장원시대, 봉건시대, 자본주의시대까지 인류는 언제나 그들이 직면한 모순과 부조리에 대해 끊임없는 개혁을 시도해오면서 실패를 거듭했으나 영원히 후퇴한 일은 없었다고 역설하지요. 이 책을 펴낸 윤형두는 『다리』지 주간을 겸임하고 있었을 뿐만 아니라 대통령선거에 대비한 여러 홍보관련 업무를 맡고 있었기에 필화사건은 다분히 정치적인 속죄양이 되었던 셈입니다.

유성호 정치인 김대중의 활약상이 눈에 그려지는 것 같습니다. 『다리』지의 필화사건은 구체적으로 어떻게 전개되었는지요?

임헌영 대통령 선거를 목전에 둔 1971년 2월이었어요. 정보계통의 M이 윤형두 주간에게 월간 『다리』에서 손을 떼고, 임중빈이 쓰고 있는 『김대중 회고록』을 출판하지 말며, 『내가 걷는 70년대』를 다시 찍지 말고, 부록인 '대중시리즈' 10권을 중단하라고 겁박했습니다. 윤형두 주간이 정면으로 거절하자 그는 『다리』의 판권을 모 영화사에 넘기고 그 돈으로 가족을 데리고 외국 나가 살면 되지 않느냐고 유혹했어요. 이를 거절하자 2월 11일 새벽 6시 봉천동 언덕배기의 윤형두 집으로 서울지방검찰청이 발부한 출석요구 통지서를 들고 건장한 청년 둘이 들이닥쳤지요. 오전 9시까지 당청(검찰청) 703호 검사실로 출두하라는 요청서와 도장을 지참하고 와달라는 요지여서 가겠다고 했지만 그들은 윤형두를 강제로 끌어내 승용차에 태워 노량진 경찰서를 경유해 남산 숭의여전 정문 건너편 신한무역 건물로 연행했습니다.

윤형두는 몇 대 맞고 나가나 싶었는데 그들은 통일혁명당 사건에 연루되어 징역 1년 집행유예 2년을 선고받은 문학평론가 임중빈이 『다리』 1970년 11월호에 발표한 「사회참여를 통한 학생운동」을 거론하며 발행인 윤재식·주간 윤형두·필자 임중

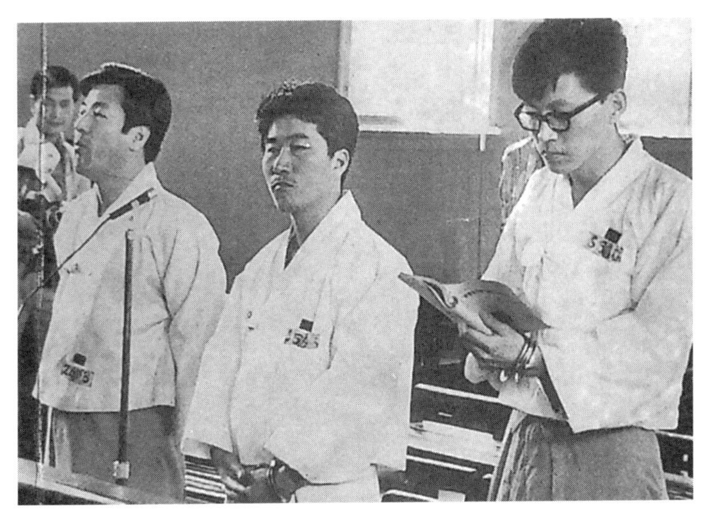

월간 『다리』지 필화(1971. 2) 재판정에 선 발행인 윤재식, 주간 윤형두, 문제 글의 필자 임중빈(왼쪽부터).

빈 모두에게 단 하루 만인 12일 공안부 부장검사가 신청한 구속영장을 서울지법 부장판사가 발부하면서 서대문구치소에 수감해버렸습니다. 김대중 후보를 견제하기 위해 비서실장 김상현 고문까지 구속시킬 작정이었으나 마침 그는 일본에 머물렀다가 국회가 열린 뒤에야 귀국해 체포를 면했어요. 결국 김대중 후보는 자서전도 홍보물도 준비하지 못한 채로 대통령선거를 치를 수밖에 없었지요. 이후 검찰은 비열한 방법으로 재판지연작전을 폈습니다. 구속된 세 사람 모두에게 도서 반입과 가족 접견은 물론이고 목욕과 운동조차 금지시켜 어떤 긴급한 업무도 진행할 수 없도록 차단해버린 것입니다.

유성호　담당판사도 그냥 두지 않았겠지요.

임헌영 정보부 요원이 담당 목요상 판사에게 "고위층에서 이 사건에 관심이 많다. 그런 나쁜 놈들은 엄벌에 처해야 하는데 잘못하면 신상에 좋지 않을 것이다"라며 노골적으로 위협을 가했습니다. 4·27 대통령선거에서 박정희가 당선되었는데도 사정은 조금도 달라지지 않았습니다. 김대중 지지 세력에게 위협을 가한 거지요. 그런 판인데도 목요상 판사는 세 구속자를 모두 직권보석으로 석방했습니다. 경악한 검찰은 목요상 단독판사에서 합의부 재판으로 이송해달라는 요청을 했지요. 이런데도 목요상은 뒷문으로 나와 친구 집에서 판결문을 작성해 셋 모두에게 무죄를 내렸습니다. 목요상은 1973년 법관 재임용에서 탈락했고, 양주시 농협 지부장이었던 그의 큰형도 세무조사를 당하는 등 고통을 겪다가 사직했습니다.

매년 2월 12일이면 『다리』지 필화사건 관련자 전원은 인사동 '선천집'에 모여 회고담을 나누는데, 여기에 목요상 판사도 꼭 초청합니다. 필화 관련자들과 김상현 의원·한승헌 변호사·증인 남재희 장관, 드물게 이어령 선생까지 함께하는 이 자리는 세월의 부침 속에서 이미 타계한 분들이 늘어나면서 점점 숫자가 줄어들고 있어 안타까워요.

유성호 필화사건의 파장은 굉장했지요?

임헌영 그 파장은 잡지의 명성을 높여줌과 동시에 판매도 오르게 해 면모를 쇄신하게 되었는데, 우선 윤형두가 발행인이 되고 주간으로 구중서가 취임해 김지하를 등장시켜 낙양의 지가를 올렸습니다. 김지하는 이 기간에 시 「아주까리 신풍」과 장시 「앵적가」를 『다리』지에 발표했는데, 당시 문화 풍토에서는

월간 『다리』 창간 1주년 자축연. 왼쪽부터 강원채(삼성당 출판사 대표), 김상현 의원, 차인석 서울대 교수, 작가 한문영, 언론인 엄기형 · 임헌영.

그의 작품을 게재할 엄두도 못 내던 때여서 잡지의 성가는 높아질 수밖에 없었습니다.

유성호 선생님이 『경향신문』에서 『다리』로 옮긴 건 그 후지요?

임헌영 구중서 형이 가톨릭에서 창간 준비를 서두르던 월간 『창조』로 옮겨간 뒤를 이어 1971년 하반기에 내가 간 겁니다. 나는 가자마자 9월호부터 기획을 싹 바꿨습니다. 표지에다 그 전까지의 구호였던 '너와 나의 대화의 가교'를 '민족 활로의 가교'로 바꾸고, 제호를 김기승의 웅혼한 필체로 바꿈과 동시에 화보를 싣고, 이론과 주장 대신 정치 현장에 밀착하는 방향으로 잡았습니다. 편집위원도 김동길 · 박현채 · 장을병 · 탁희준 ·

한승헌 등으로 바뀌었습니다. 특집으로 '중공과 동북아시아의 기류'를 다뤘는데, 여기서 리영희 교수가 「중공연구: 그 초보적 시도」를 썼습니다. 이 한 편의 글은 잡지와 필자를 모두 유명하게 만든 계기가 되었지요. 당시 합동통신 조사부장으로 재직했던 리영희의 원고를 받아 읽었을 때의 감동을 지금도 나는 잊을 수 없습니다.

유성호 대중 강연 같은 것도 직접 주최하셨나요?

임헌영 창간 1주년 기념으로 지방순회 강연회를 했는데, 첫 지역이 인구에 비해 도서 보급률이 저조했던 대구와 부산이었습니다. 김대중·김상현 의원에 한승헌 변호사가 연사로 나섰습니다. 내가 사회를 맡았지요.

유성호 책 내용에서 기억에 남는 건 없습니까?

임헌영 특집 '전환기의 학생운동'(1971. 11)은 반독재 투쟁을 주장하면서 크리스천아카데미의 앙가주망 선언을 실었습니다. 교련 문제와 관련해 서울대생들이 당했던 고문 체험기를 어렵게 받아냈는데, 결국 그걸 싣지 못하고 사장해버렸던 아픈 기억도 있습니다. 그때 언론인 출신 오한근 씨는 신문사와 잡지사를 두루 찾아다니며 검열로 게재 못 하고 폐기되는 기사들을 수집했는데, 『다리』지에도 정기적으로 들러 미게재 기사를 많이 기증했지요.

유성호 김지하 시인은 그 후 계속 작품 활동을 했나요?

임헌영 이미 단골 필자가 된 그는 문제 희곡 「구리 이순신」을 비롯해 신작이 있을 때마다 작품을 보내왔어요. 김지하의 전성기이기도 했습니다. 1971년 송년호에서는 '1971 시국선언

10장'과 특집으로 '위기의식의 행방'을 다루었어요. 이 호의 목차에서 검은색 바탕에 흰 글씨체로 뽑은 가장 큰 제목은 '정보정치는 항쟁을 낳는다'라는 김대중 의원의 국회발언 속기록이었습니다. 그는 "지금 이 나라의 중앙정보부는 만능의 폭군이야. 선거 때 필요하면 정당을 만들어 조작하고 언론은 중앙정보부의 압력에 의해서 자유로운 보도와 비판이 크게 제약 당하고. 심지어 경제문제까지 개입합니다. 은행융자, 차관문제, 미군 기관의 입찰에도 개입. 하다못해 배우들이 모여서 배우협회 회장 뽑는 데까지 중앙정보부가 간섭을 해. 이렇게 중앙정보부가 행정·입법·사법의 삼권 위에서 군림하고 있다"라고 절규했습니다.

유성호 이미 유신독재가 잉태되던 시기인지라 민주화운동은 고난의 연속일 수밖에 없어서 재정난과 직간접적인 압력이 많았을 것 같군요.

임헌영 1972년 1월호에서 『다리』는 김상현 고문 명의로 「침묵을 강요하는 시대에의 응답」이라는 권두언을 싣고 휴간에 들어갔습니다. 이 고전적 권두사는 일본 『아사히신문』에 소개될 정도였습니다. 그러나 정력가 김상현은 석 달 후 1972년 4월에 복간호를 내게 됩니다. 민주주의의 마지막 언덕인 국회에 기대하는 국민 여망을 담은 내용으로 어용 지식인들에게 경종을 울리고자 했어요.

통제받지 않는 권력은 악이다!

유성호 『다리』지의 또 다른 필화사건이 터지잖아요?

임헌영 2차 『다리』지 사건이지요. 인기 상승세를 타고 있던 김동길 교수와 김대중 의원의 대담 기획을 추진했지요. 윤형두 발행인과 나만 알게 극비리에 추진해 김옥길 이화여대 총장 댁의 마당 팔각정(인수정)에서 진행했지요. 1972년 8월 11일이었습니다. 점심식사를 곁들여 진행한 대담은 9월호를 제작하던 중 인쇄소에서 비밀이 새어나가 김동길 교수와 윤형두 사장이 연행되어 조사를 받았어요. 그러나 우리는 「통제받지 않는 권력은 악이다: 김대중 의원과 김동길 교수의 대담」이란 제목으로 대담을 내보냈지요.

주로 김동길 교수가 김대중 의원에게 향후의 활동 계획과 정치철학, 민족문제와 민주주의 등에 대해 질문하는 형식을 취하고 있습니다. 정치인으로 당대 정치문제를 논하면서 민족과 역사와 이데올로기를 연관시켜 이렇게 체계적이고 설득력 있게 논의하기란 결코 쉽지 않은 일입니다. 두 분 모두 탁월한 유머 감각의 소유자들인지라 분위기는 한결 밝았습니다. 불과 두 달 뒤 유신의 검은 안개가 덮칠 사실을 감안하면 이 장면은 실로 감동적이지 않았나 생각합니다. 그것은 바로 『다리』의 대미를 장식해준 비장미이기도 했어요.

유성호 강연회도 정기적으로 열었지요?

임헌영 주로 프레스센터나 흥사단 강당 등에서 강연회와 심포지엄을 열었는데 항상 대만원이었습니다. 신상초·남재희 등

당대 최고 논객들이 단골 연사였지요. 그런데 1972년 10월 심포지엄에서 3차 필화가 터졌어요. 프랑스 소르본에서 '한반도의 재통일 문제와 그 기원'이란 주제로 박사학위를 받은 건국대 김준희 교수의 강연이었습니다. 그는 남북한이 유엔에 동시가입해야 한다는 신념을 주장했어요. 그것만으로도 섬뜩한데, '조선민주주의인민공화국'이니 '김일성 주석'이니 하는 말들을 얼굴색 하나 변하지 않고 하는 거예요. 나는 겁이 나서 메모지로 '북한 명칭을 조심해주세요'라고 적어 올렸어요. 그랬더니 오히려 "괜찮습니다. 나는 프랑스에서 이런 자료를 다 봤습니다"라며 북의 자료들을 들어 보이며 자신만만해하는 거예요. 마침 내 옆에 앉은 한 여성이 "왜 그렇게 부릅니까! 당장 사과하세요!"라고 날카롭게 항의하기에 나는 그녀를 만류시키려 했지만 "이런 강연 들을 수 없어요!"라며 나가버리기에 뒤따라나가 설득했습니다. 하지만 그녀는 당장 신고해야겠다고 쏘아붙이고는 그대로 가버렸습니다.

김준희 교수의 요지는 대북 적대감은 냉전 체제의 유산이라는 너무나 당연한 것이었습니다. 뒤풀이에서도 그는 너무 당당해서 나는 속으로 '아, 멋진 새로운 학자가 나타났구나!' 탄복하면서도 행여 뒤에 든든한 믿는 구석이 있는 학자인가 하는 의구심도 들었습니다. 불과 1년 뒤 박정희가 남북한 유엔 동시가입을 반대하지 않는다고 한 게 1973년 6·23 선언이건만 그는 이 강연으로 기소당해 억울한 옥살이를 해야 했습니다. 정작 남북이 유엔에 동시 가입한 것은 1991년 9월이었으니, 밤 12시부터 새벽 4시 사이에 통행금지가 있던 시절에는 4시에

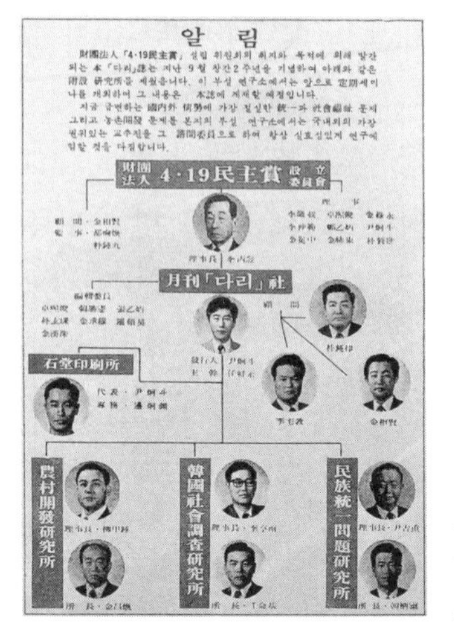

알 림

財團法人「4·19民主賞」설립 위원회의 취지와 목적에 의해 발간되는 本「다리」誌는 지난 9월 창간2주년을 기념하여 아래와 같은 附設 研究所를 세웠읍니다. 이 부설 연구소에서는 앞으로 定期세미나를 개최하여 그 내용은 本誌에 게재할 예정입니다.

지금 급변하는 國內外 情勢에 가장 절실한 統一과 社會福祉 문제 그리고 농촌開發 문제를 본지의 부설 연구소에서는 국내외의 가장 권위있는 교수진을 그 諮問委員으로 하여 항상 실효성있게 연구에 임할 것을 다짐합니다.

財團法人 4·19民主賞 設立委員會

月刊「다리」社

石堂印刷所

農村開發研究所

韓國社會調査研究所

民族統一問題研究所

창간 2주년을 맞아 월간 『다리』가 미래 한국사회개혁 프로젝트를 위한 조직기구 구성을 공개했다.

일어나면 부지런한 사람으로 표창받지만 3시 50분에 일어나 나가면 통금으로 구속되던 풍속도와 같다고나 할까요.

유성호 선생님이 주간을 맡은 뒤 필진은 어땠습니까?

임헌영 인적 구성을 더 확장적이고 강력한 비판세력으로 교체했어요. 지금 생각해봐도 그 동원력에 나 스스로도 놀랍니다. 주요 필진들로 정계 인물들을 대거 참여시켰고, 학계·언론계의 진보적인 인사는 거의 필진으로 참여토록 했지요.

유성호 마당발이라는 김상현 의원이 잡지만 만들고 있지는 않았을 것 같은데요.

임헌영 물론 큰일을 또 벌였지요. 창간 2주년을 맞은 1972년 9월에는 김상현 의원의 발의로 윤형두 사장과 내가 숙고해 앞으로 한국 정치를 바꾸려면 무엇이 중요한지를 논의해 세 가지 쟁점으로 압축해보았습니다. 통일 문제와 복지 문제 그리고 농촌 및 농민 문제였습니다. 유능한 정치인들이 참여하는 3대 연구소를 설립하자는 내 건의를 김상현 의원이 적극 수용해 대대적인 조직을 구성했지요. 그 부설연구소로는 민족통일문제연구소(이사장 윤길중, 소장 한병채), 한국사회조사연구소(이사장 이형우, 소장 천명기), 농촌개발연구소(이사장 유갑종, 소장 김창환)를 둔다는 그림이었지요. 이 정도의 조직이면 대통령도 만들 수 있겠다는 포부였습니다. 『다리』 고문에는 박종률 · 김상현 · 이택돈 의원, 편집위원으로 탁희준 · 한승헌 · 장을병 · 박현채 · 김승목 · 나석호 · 김한수가 참여했고, 『다리』지 소속 석당인쇄소 대표는 윤형두, 전무는 변형연이었습니다. 이론과 정당정치의 결합을 시도했기에 차기 대통령 선거에서는 막강한 위력을 발휘할 것을 예상한 구도였습니다.

독재체제에서 정치인이 될 수 있는 3대 조건

유성호　어쨌거나 『다리』는 김상현 의원의 뚝심으로 이끌어 간 것 같군요. 지금은 고인이 되어 그리우시지요. 언제나 웃음을 창조했던 그에 대한 기억이 각별하실 것 같습니다.

임헌영　김상현은 늘 낙천적이었고 유머를 담고 다녔습니다. 무슨 모임이나 상가(喪家) 같은 데 가면 여기저기 흩어진 좌석 가운데서 왁자지껄하게 웃고 있는 곳에는 언제나 그가 있어요. 한국 정치나 사회는 유머를 모르는 데서 갈등이 증폭되는 게 아닐까 생각이 들 때마다 그의 존재가 새삼 아쉽습니다. 칠전팔기의 역전극 같은 눈물겨운 성장기와 오뚝이처럼 넘어질 줄 모르던 한국판 덩샤오핑 같은 존재, 그야말로 팔방미인의 드문 정치인이었습니다.

내가 그에게서 배운 가장 중요한 인생관 제1조는 화가 나도 웃기입니다. 그게 얼마나 힘든 일입니까? 그에게서 배운 두 번째는 한국에서 출세하려면 무조건 친미파가 되어야 한다는 거예요. 한국의 대통령 선거권은 첫째 미국에 있고 둘째는 군부에 있다, 이 둘이 비토하면 절대 대통령이 될 수 없다는 거예요. 여기에 한 가지 더 추가하면 절대 친북파로 몰려서는 안 된다는 거였어요. 1970년대적인 상황을 정확하게 간파해 현실정치를 직시하는 정치감각이 느껴집니다. 그는 결코 친미주의자도 친군부주의자도 아니었고, 반북주의자도 역시 아니었지요. 다만 한국적 현실정치를 간파하는 탁월한 감각이 있었던 것입니다.

유성호 김대중과 김상현은 어떻게 가까워졌지요?

임헌영 김상현은 정치지망생으로 김대중의 웅변학원에 다니면서 막역한 사이로 발전합니다. 1971년 5월 25일, 제8대 국회의원 선거전 비화가 참 재미있어요. 라이벌이었던 민주공화당 후보 임택근 아나운서가 후보자석에 앉아 다른 후보가 연설할 때 손을 입에다 대고 온갖 동물들 울음소리를 내자 동네 꼬마들이 헤헤거리며 환호했습니다. 그때 김상현은 임택근의 인기를 따라잡기 틀렸구나 싶었는데, 웬걸 김대중 의원이 찬조 연사로 등장해 도리어 임택근을 열렬히 칭찬합니다. 김상현은 자기를 칭찬해달라고 불렀는데 상대편을 칭찬하러 왔나 하고 의아해했대요. 그러더니 연설 막판에 스포츠 경기중계 아나운서들이 요즘 질이 떨어져 중계방송 들을 게 없다면서 우리가 멋진 스포츠 방송을 들으려면 이 훌륭한 임택근 아나운서를 방송국으로 보내야 한다고 역설해 우레 같은 박수를 유도했습니다. 이어 김상현을 거론하면서 "이 사람, 아무것도 할 줄 몰라요. 오로지 나라와 국민 사랑밖에 몰라요. 그러니 이 사람은 국회로 보내야 합니다"라고 연설을 끝냈어요. 결국 김상현은 국회로, 임택근은 방송국으로 갔지요.

카이사르와 표트르 대제와 저우언라이, 그리고 링컨

유성호 선생님께서는 김상현 의원과 폭넓게 교유하시면서 그에게 정치인으로서의 이상을 보신 것 같아요.

임헌영 나는 그에게 한국이 요구하는 이상적 정치인상으로 카이사르와 표트르 대제와 저우언라이, 그리고 링컨을 추천했습니다. 카이사르는 독재자의 이미지가 강하지만 매우 인간적인 캐릭터였습니다. 그가 독재자 술라의 살생부에 올라 위기를 맞았을 때 평소에 쌓았던 인심이 워낙 두터워 명단에서 삭제해주자는 의견이 많아지자 술라는 아내와 이혼해야 한다는 조건을 내걸지요. 카이사르의 첫 아내가 반(反) 술라파의 딸이었거든요. 당시 로마의 분위기라면 이를 수긍할 수밖에 없었고 실제로 이혼한 정치인도 있었지만, 카이사르는 그 조건을 거절하고 망명길에 올랐습니다. 이 부분은 노무현 전 대통령의 처가 쪽 좌경 활동을 비판하자 "그렇다고 이혼하란 말입니까?"라고 반문한 대목을 연상케 하지요. 나는 카이사르가 갈리아나 이집트를 정복한 능력에 뒤지지 않게 이 대목도 중요하다고 봅니다. 정치가는 이런 인간적인 신뢰와 지조가 있어야 한다고 봐요. 카이사르에게 더 배울 점은 집권 뒤에 어느 한 사람의 살생부도 작성하지 않았을 뿐만 아니라 몰수한 재산도 되돌려주었다는 것입니다. 관용 정신이지요. 자신이 당한 일을 되갚기 위해 반카이사르파의 딸과 결혼했던 측근들에게 이혼을 강요하지도 않았고 그들을 멀리하지도 않았습니다. 그만큼 자신이 정도를 걷기에 인맥 따위로 인사를 하지 않았던 거지요. 민주 개혁파였을 때의 카이사르를 나는 본받을 만한 인물이라고 봅니다.

러시아의 표트르가 고생을 많이 한 점은 김상현 의원과 닮았습니다. 세계사에서 국민의 구체적인 삶의 모습을 가장 깊숙하게 변혁시킨 개혁가가 그라고 나는 생각합니다. 작게는 수염을 깎게 했고, 손수건에 코를 풀지 말라는 것에서부터 크게는 외침을 막고 페테르부르크로 천도를 하는 등, 아시아적 러시아를 서구적 러시아로 탈바꿈시킨 정치인이었습니다. 가장 감동적인 장면은 하도 고위 공직자들이 수염을 안 깎으니까 직접 가위를 들고 정문에 나선 사건인데, 이래서 그는 '이발사 표트르'라는 별명을 얻지요. 물론 오늘날과 같은 민주주의 사회에서는 사생활 침범이라고 야단이겠지요? 정치인이 진정으로 국민을 위해서 여론도 두려워 않고 직접 나섰다는 점을 나는 높이 평가해요. 물론 표트르가 자기 신념과 다른 상대를 무자비하게 숙청한 대목은 용서할 수 없지요.

저우언라이는 '킹메이커 역할'을 진정으로 실천한 정치인입니다. 그는 어찌 보면 마오쩌둥에 못지않은 위대한 지도력과 식견을 지녔지만 한 번도 대권을 넘보지 않고 일생을 마오를 위해 바친 인물이지요. 자신이 중요한 것이 아니라 내 능력이 다른 한 인간에 의해 얼마나 유용하게 쓰일 수 있느냐는 데서 자신의 존재가치를 확인하는 인간의 표본이 저우언라이입니다.

나는 김상현 의원에게 빌리 브란트의 '동방정책'을 모방해 '북방정책'이란 개념을 제안했으나, 대북문제에 신중해서 채택하지 않았습니다. 유행처럼 정치인들이 떠드는 '국가안보' 대신 '민족안보'란 새 개념으로 전환기를 만들어야 한다고도 했으나 역시 사용하지 않았습니다. 그만큼 신중을 기한 거지요.

김상현 의원은 빈번하게 "전투에는 실패해도 전쟁에서는 이겨야 하는 것이 정치"라며, 한국 정치인들은 사사건건 이기려고만 한다고 한탄했어요. 그는 고졸 학력이었지만, 나중에 독학으로 여러 학위를 받았어요. 하지만 그 가운데서도 국비 장학금으로 공부한 2차에 걸친 감옥에서의 4년 3개월간의 공부를 제일로 칩니다. 읽은 책이 한 트럭이 넘었다니 그가 얼마나 사생결단하고 독서를 했는지 알 만하지요. 1970년대에 그렇게 더듬거리던 영어 회화 실력이 1980년대에는 의사소통에 지장이 없어질 정도였으니 대단한 노력파였고요.

유성호 그 시절에 선생님과 친하던 운동권 거물들이 많지요?

임헌영 김철 선생은 작가이자 정치인인 김한길과 독문학자 김누리의 아버지입니다. 김철 선생은 함북 경흥 출생으로 도쿄대학 역사철학과 연구생으로 있었습니다. 8·15 후 재일 거류

나의 도플갱어인
권오헌 형.
박현채·권오헌·임헌영은
삼인방이었다.

민단 사무총장 등을 지내다가 귀국합니다. 그 후 『민족일보』 논설위원, 한국사회당 대변인 등을 맡으면서 일생 동안 사회민주주의를 추구한 정치인이에요. 여러 차례 투옥으로 온갖 고난을 당했지요. 나는 통일운동가 권오헌 형을 통해 김철 선생과 매우 친해져서 그가 흑석동 뒷산에서 어렵게 지낼 때 여러 번 찾아갔어요.

김철 선생은 한국여성유권자연맹 김정례 위원장과 정치적 동반자 관계여서 자주 함께 등장하곤 했습니다. 별명이 탱크인 김정례 여사는 전남 담양 출생으로 이희호 여사를 김대중 전 대통령에게 소개해준 인물로 알려져 있을 정도로 치맛자락이 넓을 뿐만 아니라 어디든지 안 통하는 곳이 없었죠. 그것을 실감한 것은 1974년 내가 문인간첩단 사건에 걸렸을 때였어요. 검사실에서 조사를 받고 있는데 느닷없이 김정례·김철 콤비가 귀한 바나나와 귤을 한 아름 안고 등장한 거예요. 너무나 놀라 입이 안 다물어지는데 김정례 여사는 검사에게 거의 반말조로 "이런 사람들이 무슨 죄가 있다고 이러냐. 도대체 배웠다는 게 뭐고?"라며 따지듯이 말했습니다. 어떻게 검사에게 이럴 수 있나 궁금했는데, 김정례 여사 자신이 피고인으로 바로 그 검사에게 조사를 받으면서 친해졌다는 거예요. 5공 전두환 시절에 보사부 장관을 지낼 때 내가 출옥하자 제일 먼저 연락해 장관실로 오라고 해서 갔더니 덮어놓고 궁핍한 호주머니를 채워주기도 했습니다. 아마 김철 선생이 5공 때 잠시 국보위에 참여한 것도 필시 김정례 여사의 닦달 때문이었을 것입니다.

권오헌 형은 1960년대 후반부터 나의 도플갱어였습니다. 박현채 선생과 우리는 삼인방이었지요. 권오헌 형은 김철의 통일사회당에 적극 참여했던 분입니다. 통일사회당은 5·16 이후 군부세력에 의해 혁신계 전체가 짓밟혀버린 뒤인 1965년에 창당했으나 역시 2년 만에 해체의 운명 앞에 섰습니다. 권오헌은 통일사회당 문화국장으로 몇몇 동지들과 당명을 그대로 유지하며 집회와 운동을 이어나갔어요. 그는 중장비기사로 일하면서 결혼도 않고 오로지 민주화운동권과 문단·통일운동가 주변을 들쑤시고 다니는 활동가였습니다.

나와는 어떤 시사담론이나 당면 쟁점에서도 사전 협의 없이도 신통하게 의견이 일치했지요. 그는 통일사회당 행사에 나와 박현채 선생을 수시로 동원했지요. 어쩐지 셋은 첫눈에 너무나 궁합이 잘 맞아 아무리 많은 문인이나 지식인들이 모여도 언제나 최후까지 남는 건 박현채·권오헌·나 셋이었습니다. 가히 형제라도 이렇게 푸근할 수 없었어요. 권을 가리켜 내가 "수염만 갖다 붙이면 딱 호찌민이야"라 했고, 아무도 이견이 없어 우리는 그렇게 부르기로 결의했는데 본인도 싫지 않은 눈치였습니다. 독신으로 지낸 것까지 호찌민을 닮은 데다 체구나 외모가 비슷하고, 단순·소박·검소한 생활이나 진솔함도 닮았고, 투지와 의지, 심지어는 보잘것없는 학력까지 일치해 이 별명은 가장 권오헌다운 것이었습니다. 다만 호찌민은 대미 독립전쟁을 하면서도 담배만은 미제를 피웠다는데 권오헌은 금연으로 일관했어요.

위대한 인간상 호찌민

유성호 호찌민 이야기는 널리 회자되지요. 누구나 부인할 수 없는 인물로요.

임헌영 1969년 9월 2일 호찌민이 서거하자 미국을 포함한 적대국들 언론조차도 비난을 삼갔을 정도로 그는 온화하고 소탈한 인품과 고매한 애민정신을 가졌던 인물입니다. 투철한 인도주의에 바탕을 둔 반제국주의의 투쟁에 대해 "훌륭한 적"으로 경의를 표하지 않았던가요. 1965년 처음으로 작성했다가 1968~69년에 고쳐 쓴 유언장에는 유해를 화장해 자신의 조국 북부·중부·남부에 나누어 뿌리고 장소를 밝히지 말아달라고 했지요. 그러나 미래 세대의 교육을 위해 방부처리해 기념관에 보존되었지요.

하노이 바딘 광장의 묘지와 그 부근 호찌민이 살았던 소박한

호찌민 영묘 앞에서. 그는 품성과 인격을 갖춘 세계사의 드문 혁명가로 나의 멘토였다.

저택, 딱딱한 침대, 의상과 그릇, 자동차 등을 보노라면 그 검약함에 저절로 고개가 숙여집니다. 이 관광길에서 홀연 권오헌 형의 얼굴이 떠오른 것은 자연스러운 일이었습니다. 청년시절부터 일관해온 권오헌의 사상은 민족주체성에 바탕을 둔 자주와 평화 정착 그리고 통일이었습니다. 그는 항일·반미와 통일운동에 진력해오다가 결국 나와 함께 남민전 사건에 연루되었지요. 징역을 살고 나온 뒤에는 양심수후원회와 북을 고향으로 둔 장기수 선생님들을 돌보는 일에 매진하고 있습니다.

유성호 박현채 선생과의 일화도 많으실 것 같습니다.

임헌영 박현채 선생은 아마도 분단시대 최고의 명물일 것입니다. 당시 그는 중부경찰서 맞은편 골목길 깊숙이 들어가 있는 곳의 사무실에 '국민경제연구소'라는 간판을 달아놓은 채 언제나 글을 썼습니다. 내 글씨보다야 낫지만 도대체 읽기 어려울 정도의 굴곡체인 데다 내용 또한 어렵기로 소문이 나 있었습니다. 왜 민족경제를 연구하면서 모든 민족이 알 수 있도록 쉽게 이론을 펼치지 않느냐고 하면, 글이란 쉽게 쓸 수 없는 영역이 반드시 있다면서 절대 동의하지 않았어요. 1974년, 나는 문인간첩단 사건으로 구속되면서 대학 강단에서 추방당했는데, 출옥 후 밥벌이로 자리한 곳이 퇴계로 수도경비사령부 입구 옆 골목에 있던 태극출판사였습니다. 퇴계로만 건너면 박현채 선생 사무실이니 얼마나 자주 만났겠습니까? 권오헌 형도 자주 이곳으로 왔습니다. 박현채 선생과 나는 그 부근에 사무실을 가졌던 한학자이자 작가인 최남백의 소개로 알게 된 선병한 선생에게 『맹자』를 일주일에 2회, 점심때 한두 시간씩 배워 『맹자』를 다 뗐어요.

유성호 중년이 되어 만나신 분들인데 꼭 죽마고우를 그리는 듯합니다. 누구보다도 그 삼인방과의 동행이 선생님 삶에 가장 깊이 박혀 있네요.

임헌영 외롭고 어려운 시절의 감옥동지들이라 끈끈하지요. 1978년 문단의 기묘한 사건 하나를 말해볼까요. 김동리가 9월 12일 '한국문학의 나아갈 길'이란 강연에서 별안간 참여문학 비평가들을 '빨갱이'로 몰아붙입니다. 구체적으로 '창비' 세력을 지칭한 이 공격에 대해 내가 즉각 흥사단 강연에서 반론을 폈고, 구중서 형이 정식으로 논리적 반박을 시도하자 김동리는 기다렸다는 듯이 "임 씨의 소론에서 내가 의견을 나눠보고자 하는 것은"이라고 구체적으로 나를 적시하고 나섰습니다. 이 대목을 박현채 선생이 지적하면서 "너, 절대 논쟁에 끼어들지 마"라고 충고했지요. 나는 그걸 지켰습니다. 참으로 살벌했던 시절이라 그만큼 박현채 선생이 나를 아꼈던 거지요.

조정래의 『태백산맥』에 나오는 소년 빨치산 조원제는 박현채를 모델로 삼은 것이었습니다. 조정래가 이 소설 1부를 마쳤을 무렵, 박 선생이 조정래에게 전화해 만나자고 합니다. 둘은 광주서중 선후배 관계지요. 빨치산을 어떻게 쓸지 아직 정하지 못한 상태인 조 작가에게 박 선생이 "내가 누군지 알어? 내가 빨치산 출신이야!"라고 합니다. 그는 열여섯 살부터 열아홉 살까지 빨치산 활동을 하다가 잡혀 고생한 이력이 있었어요. 자신의 경험뿐 아니라 보고 들었던 모든 걸 생생하게 기억해 다 들려주었지요. 조정래가 『태백산맥』의 90퍼센트가 박 선생 이야기를 바탕으로 했다고 해도 지나치지 않다고 실토를 하더군요. 두 사람은 지리산 답사도 10여 차례 함께했습니다. 조정래가 이 소설을 쓸 때 가장 힘든 부분이 박현채 선생이 등장하는 장면이었다고 합니다. 쓰노라면 눈이 부리부리한 그가 '야, 그렇게밖에 못 써?' 하고 힐난할 것 같았대요. 다 쓰고 나자 박현채 선생은 "워메, 잘 써부렀네. 참말로 잘 썼어!"라고 탄복했답니다.

유성호　박현채 선생 주변에는 혁혁한 인사들이 포진해 있었다고 들었습니다.

임헌영　박현채 이야기를 하면 그의 막역지우 박중기 형님을 빼놓을 수 없어요. 어느 날 박현채는 박중기 대형과 권오헌과 나를 자기 집으로 불렀습니다. 예상 외로 아담한 2층 집에서 윤택하게 살아가는 게 보기 좋았습니다. 박현채에게는 아무리 술에 취해 늦잠을 자도 아침식사는 반드시 온 가족이 함께한다는 원칙이 있더군요. 나도 아침식사는 반드시 온 가족이 함께해요. 별명이 『삼국지』의 '장비'였던 그는 일생을 빨치산 소년돌격중대 문화부 중대장처럼 한국 변혁운동사의 주류에서 중대장 이상의 사령관으로 살았습니다. 그 박현채의 최측근이 박중기 선생이었습니다. 거기에 노동운동가 김금수 선생이 끼어들어 '산바가라스'(三羽烏)가 되지요. 그들은 혈육의 정이라도 나눈 것 같았어요. 셋 다 '인자'(人革黨) 투사들로 도원결의를 맺은 듯했습니다.

유성호 참으로 부러운 관계입니다. 지식인들이나 운동권의 교우관계에서 그런 예가 드물지 않습니까?

임헌영 드물지요. 정말 멋진 분들이었어요. 헌쇠는 박중기의 아호입니다. 그는 우리 시대의 '따꺼'(大兄)로서, 누구나 그의 앞에서는 계급장을 떼게 만듭니다. 그냥 '형'이 아니라 꼭 '님' 자를 붙여야 하는 건 일본식 서열 따지기가 아니라 대륙식 신뢰감이 짙은 따꺼(大哥)정신에 가깝습니다. 그만큼 박중기 형님에게는 아우를 자청하는 사람이 많아 아마도 우리 시대에 아우를 가장 많이 가진 분일 것입니다. 웬만큼 세상 풍파를 겪은 사람으로 중기 형님과 한자리에서 30분 정도를 넘기노라면 '형님'이란 호칭이 절로 안 나오고는 못 배길 것입니다.

그의 토착성에 바탕을 둔 민중성은 언제나 투철한 민족적 자존의식을 담고 있어요. 내가 가장 좋아하는 시인 이용악의 서정적 주체와 딱 닮았어요. "잠자듯 어슴프레히 저놈의 소가 항시 바라보는 것은 하늘이 높디 높다란 푸른 하늘이 아니라 번질러 놓은 수레바퀴가 아니라 흙이다 검붉은 흙이다"(이용악,

우리 시대의 진정한
'따꺼'(大兄) 박중기.

「흙」) 같은 진국 토착성이 그에게는 있거든요. 오행(五行)의 중심부를 차지한 토(土)자 항렬인 대지의 신 같은 무한한 포용력, 그를 마주하노라면 어떤 권세와 명예와 학식과 재물과 완력도 소용없는, 그저 몽땅 집어던지고 한낱 '사람'으로 존재하게 만드는 정을 느끼게 됩니다. 아니 자신이 소중하게 지녔던 긍지나 장식이 용광로에 들어간 헌쇠처럼 스르르 녹아버리지요.

그가 한때 헌쇠(고철)수집을 생업으로 삼았지만 그는 영원히 신동엽이 절규한 '흙사람'으로, 흙가슴을 간직하고 살아온 인간 진품명품입니다. 살벌했던 군부독재 시절에 군용기가 어디엔가 추락했다는 기사를 보고는 바로 군 관련 당국에 전화를 걸어 부서진 비행기 잔해를 사고 싶다고 제안했던 고철 수집상 박중기 따꺼의 기발한 아이디어는 기가 막힌 일화예요. 뭐라고 답하더냐고 물으니 "에이 여보슈!"라는 대꾸가 돌아왔답니다.

유성호 선생님이 들려주시는 인물들은 어째 하나같이 다 진기명기입니다. 같은 시대를 살아가는 분들 같지가 않고 어디 따로 계시는 신비한 존재들 같기만 해요. 선생님과 가까이 지내셨던 다른 운동가들 이야기도 원 없이 들어봤으면 좋겠어요.

임헌영 1960년대 후반기부터 가장 열렬했던 청년 운동가 3인방은 김승균·이재오·최동전이었습니다. 그들이 주축이었던 민주수호청년협의회(초대 사무장 전대열全大烈)는 유일한 운동단체여서 그들이 나서서 어른들을 이끌었다고 해도 지나치지 않을 것입니다. 서울대 철학과를 나온 최동전은 경주 출신으로 단단하고 깐깐한 체구에 성격도 외모 그대로였습니다. 4·19 혁명, 6·3 굴욕외교 반대운동 등을 주도했던 그는 김도현·김중태·송철원·현승일 등이 체포되었을 때 날쌔게 잠수를 탔기에 나중에 잡혔으나 이미 주요 인물에선 제외된 뒤였기에 이름이 세간에 널리 알려지지 않았지요. 그는 나중에 김영삼계 중에서도 최형우에게 큰 기대를 걸었습니다. 단단한 신임을 얻어 본인이 원한다면 웬만한 자리는 얻을 수 있었는데도 끝내 사양하고 세상을 푸르게 만든다는 취지의 사단법인 '푸른한국'을 만들어 작고할 때까지 이끌었습니다. 너무나 대추씨 같아서 자신은 백 살까지 산다며 큰소리쳤으나 이 또래 중 가장 먼저 세상을 떠났어요.

내가 두 번째 징역을 살고 출옥한 1983년 무렵 그는 동광출판사를 만들어 나에게 진보적인 책 기획을 의뢰해서 평론가 김재용과 함께 『한국민족문학전집』을 낸 적이 있어요. 납·월북 작가, 재일과 재중 작가의 작품들을 많이 소개했는데 가령 재일동포 시인 허남기의 걸작 서사시 『화승총의 노래』도 이때 펴

왼쪽부터 임헌영·권오헌, 1960년대부터 청년민주화운동에
투신했던 최동전·이재오, 작가 신상웅.

냈습니다. 이 작품은 동학혁명부터 3·1 운동과 6·25 전쟁에 이르는 3대에 걸쳐 반외세 투쟁을 지속해가는 인물들을 다룬 것으로서 신동엽의 『금강』보다 한발 앞서 근대민족운동사를 형상화한 것이었습니다. 최동전은 이재오와 세 차례나 함께 징역을 산 가장 밀접한 관계였습니다.

유성호 이재오와는 너무나 막역했지요?

임헌영 그의 성장지인 영양의 석보는 작가 이문열과 바로 이웃동네로 영양고 재학 때부터 농민운동에 투신했지요. 한국 현대 농민운동의 대가 이우재 선생과 그는 절친입니다. 중앙대에서 6·3 한일회담 반대시위 주동자로 퇴학당한 뒤 고려대에서 국어학을 전공해 나중에 대성고 국어교사가 되었는데 그때의 제자가 노웅래 의원입니다. 그는 교사 시절 탁월한 강의 실력과 지도력으로 인기를 독점했고, 고교에서는 있을 수 없는 외래 초청 강사제를 도입해 나도 불려가 강의를 했지요. 그는 내 주변의 문인들과도 가까이 지내면서 교사극단을 만들었고, 극단 이름을 우리 동인지였던 '상황극단'으로 할 정도로 우리와 밀착했습니다. 나와는 감옥살이를 두 번 함께했고, 가족들과도 친했어요.

김승균은 성균관대에 적을 두고서도 서울대에서 노상 지내서 서울대생으로 착각할 정도였다는데, 4월혁명 때부터 학생운동에 투신해 6·3 등을 겪으면서 청년운동 기반을 다졌지요. 김지하의 『오적』이 발표되었을 때 『사상계』(1970. 5) 편집장으로 있었어요. 그는 김지하와 함께 여관에서 뒹굴며 희귀한 한자를 찾는 등 시 창작을 돕기도 했어요. 이화여대 운동권으로 『일제하 민족언론사론』(일월서각, 1978)의 저자인 최옥자(필명 최민지)와 결혼했습니다. 김승균 역시 나와 남민전 사건으로 함께 옥고를 치렀고, 나중에 도서출판 일월서각을 열어 『하버드대학의 공부벌레들』이라는 베스트셀러를 터뜨렸지요.

『다리』지 사무실에서 출발한 한국앰네스티

유성호 선생님은 국제앰네스티 한국지부의 활동에도 관여하셨지요?

임헌영 국제사면위원회(Amnesty International)의 한국지부 창립이 『다리』지 사무실에서 진척됐기에 그 과정을 어깨 너머로 지켜봤지요. 이 단체는 1961년 5월 28일 런던에서 변호사 피터 베넨슨이 창립했습니다. 조간신문에서 포르투갈 대학생 2명이 식당에서 자유를 위해 건배했다는 이유로 7년형을 선고받았다는 기사에 충격을 받은 그는 주영 포르투갈 대사관에 찾아가 항의했으나 아무런 효과가 없었대요. 그가 영국과 프랑스 신문에 양심수(prisoner of conscience)를 위한 운동을 전개하겠다는 기명의 글을 발표하자 반응은 뜨거웠습니다. 그래서 이 글이 발표된 날이 앰네스티 창립일이 되었습니다. 당시 미국은 공산화될 우려가 있는 지역에서는 독재를 옹호하던 때라 앰네스티 운동은 큰 반향을 일으켜 1977년에는 이 기구가 노벨평화상을 수상하기도 했습니다. 국제앰네스티 한국지부는 윤현 목사의 헌신으로 1972년에 탄생했습니다. 윤현 목사는 작가 김승옥의 외삼촌이자 순천고 선배입니다. 출범 당시의 임시 사무실은 월간 『다리』였고 그의 글을 게재한 곳도 바로 『다리』지였습니다.

앰네스티 본부는 활동 원칙으로 다섯 가지를 제시했습니다. 사형제 폐지, 모든 고문 반대, 공정한 재판, 옥중 처우 개선, 조기 석방으로 요약할 수 있습니다. 1970년대의 정치범 치고 앰네스티의 직간접적 후원을 받지 않은 양심수가 없을 정도였습니다.

유성호 선생님 말씀을 듣고 있으면 한 시대의 반인륜적인 범죄행위, 인간이 인간을 극도로 핍박한 위정자들에 대해서는 특히 공소 시효를 두지 않아야 할 것 같아요. 그게 국제적인 추세 아닌가요? 아직도 우리에게 앰네스티가 필요하다는 이 역설이 우리 민주주의의 실체에 대해 곰곰이 되돌아보게 합니다.

9 유신시기의 지식인들

퇴색되어가는 재일동포들의 민족의식

유성호 유신시대에 한국 사회의 통치구조나 지적 상황이 급변할 수밖에 없었겠는데요. 유신시대가 열리는 1972년은 어떻게 맞으셨나요?

임헌영 1972년 새해가 열리자 내게 행운이 다가온 듯했어요. 『다리』지 발행은 순조롭게 진행되었고, 문단에서의 내 위치도 자리를 잡아갔습니다. 새 학기부터는 중앙대 국문과 강사생활을 시작하게 되었어요. 김상현 의원은 『다리』지를 만드느라 수고했다면서 박창근 편집부장과 나에게 일본 여행을 시켜주겠다고 했습니다. 난생처음 여권을 만들었지요. 나는 3급 이상의 직급을 가진 공무원 두 명에게 신원보증서를 받아야 여권이 나오는 처지였으나 김상현 의원이 나를 비서로 등록해주어서 공무여권을 금방 발급받을 수 있었지요.

먼저 일본에 가 있던 김 의원이 공항으로 우리를 마중 나왔습니다. 함께 택시를 타고 데이고쿠(帝國)호텔로 가는데, 라디오에서 흘러나오는 여성 아나운서들의 함박웃음 섞인 말투가 너무 사교적이라 좀 가식적인 느낌이었어요. 나는 일본책은 읽지만 입과 귀는 안 통했고, 김 의원은 나보다 더 깜깜이었으나 임기응변이 뛰어났어요. 거기다 여러 번 일본을 오가서 그런지 일상 대화는 별 불편이 없더군요.

유성호 특별한 목적이 있는 게 아니어서 홀가분한 관광이었겠지요?

임헌영 나는 그랬으나 워낙 사람을 좋아하는 김 의원은 관광은 뒷전이고 재일동포 단체나 기관을 탐방하고 저명 정치인과 학자를 만나는 데만 신경 썼어요. 얼굴에 험한 흉터자국이 난 어떤 분은 한국에서 8·15 후 우익 테러리스트로 활약하다가 수배에 쫓겨 일본으로 도주했는데 지금은 후회한다며 민단 사람들 앞인데도 조총련이 민단보다는 훨씬 일을 잘한다고 노골적으로 말해서 놀랐어요. 민단 간부들은 한일회담을 앞두고 김종필이 일본에 나타나자 반대데모를 해주면 어떻겠느냐고 건의했으나 묵살당했다는 이야기를 하면서, 일본은 야당의 반대로 돈을 더 주고 싶어도 못 준다고 핑계를 댄다는 비화를 들려주기도 했습니다. 오히려 정부에서 데모를 해달라고 하는 게 정치인데 이건 뭐 슬슬 기는 판이니, 라며 혀를 끌끌 찼습니다.

유성호 그곳 분들은 말끝마다 동포라고 하지요?

임헌영 그들은 자신을 '재일동포'라고 부를 만큼 모국에 대한 관심과 사랑이 각별하지요. 강제 동원이나 연행에 의한 이주가 다수를 형성하고 있다는 증좌인 셈입니다. 제2차 세계대전 후 일본은 강제 동화정책 일변도여서 그렇게 됐지요. 일본 내의 한인은 1910년 강제병탄 이듬해에 불과 2,000명이었다가, 1925년 13만, 1930년 30만, 1940년 119만에서 1945년 8월에는 240만 명까지 급증합니다. 8·15 후 온갖 어려운 조건에서도 대부분 귀국했고, 빈농 출신을 비롯한 70여만 명이 그대로 체류했습니다. 일본 내 좌파 세력이 1945년 10월 재일본조선인연맹을 창립해 대부분이 그리로 쏠리자 우파는 재일본조선거류민단을 만들어 마치 토막난 한반도처럼 좌우 단체가 양립하게 됩니다. 남한 지지파는 1948년 재일본대한민국거류민단(약칭 민단)으로 개칭했고 북한 지지파는 1955년 재일조선인총연합회(약칭 조총련)로 재편돼요.

유성호 해방 후 일본에서 살아가게 된 이들은 가까운 조국을 두고도 섬나라에 남는 가혹한 운명을 택할 수밖에 없었던 것 같습니다. 이 모든 것이 분단이라는 비극의 연장선이 아닌가 생각됩니다.

임헌영 대구 10·1 항쟁, 제주 4·3 항쟁에 이은 여순항쟁 그리고 한국전쟁을 전후한 대학살극을 피하려는 밀항자들이 대거 일본으로 건너가 자연스럽게 반(反)이승만계 동포가 늘어나 1955년경에는 조총련이 거의 80퍼센트를 훌쩍 넘었다고 합니다. 조선인에 대한 일본의 정책은 외국인등록법에 의한 차별대우(1947년 외국인등록령에 따라 '조선' 국적 명기), 민족교육 규제와 탄압(1948년 4월부터 미 점령군 동의 아래 조선인학교 폐쇄), 공민권 차등화 등으로 나타났습니다. 미국은 근대 이후 한일

관계에서 한 번도 한국 편을 들어준 적이 없었는데, 이는 패전국 일본의 한국인 정책에서도 다를 바가 없이 그대로 나타났습니다.

유성호 1965년 한일협정 이후 한국 내의 민주화 과정을 거치면서도 재일동포에 대한 그들의 시각은 그대로였지요?

임헌영 오히려 점점 더 악화되었지요. 재일동포 2~4세가 90퍼센트를 상회하면서 일본 문화에 동화되어 민족의식은 급속도로 탈색되어갔지요. 이런 악조건 속에서 조총련은 의연하게 조선인교육을 강화해 유치원부터 대학까지 모든 교육기관에서 우리말과 우리 역사를 가르쳤습니다. 1972년 상황을 회상해보면 아마 요즘 젊은이들은 놀랄 것입니다. 우선 조총련이 압도적인 다수를 이루고 있었기에 민족적 응집력이 막강했습니다. 일본의 진보적 국민들까지 그들을 응원해주면서 자신들의 식민지 정책을 반성하는 분위기가 역력했습니다.

유성호 1972년 무렵에는 아무래도 민단과 조총련이 대립하는 상황이라 불편했을 수도 있겠네요.

임헌영 재일동포 시인의 상징적인 존재인 김윤 선생은 한국 문인들이 일본에 가면 손수 접대를 맡곤 했어요. 그는 민단과 조총련 모두와 두루 교류하는 드문 존재였습니다. 남해가 고향인 그는 동국대 출신으로 조연현과 가까웠는데 한국전쟁 때 밀항했습니다. 그때 도쿄는 공사장처럼 어수선했고 온통 오물투성이라 김윤 선생은 똥구덩이 속에서 고구마로 연명했답니다. 지금의 일본인들에게 그때 이야길 하면 다 거짓말이라고 한답니다.

검정치마에 흰 저고리를 입은 조총련계 여학생이 거리에서 일본인 학생들에게 놀림을 받고 있을 때 못 본 척 지나쳐버린 것에 양심의 가책을 느낀다고 하더군요. 위기의 여학생을 피신하도록 조처하고 일본 남학생을 꾸중했다는 사실이 민단 측에 알려지면 '빨갱이'로 몰렸답니다. 일본 학생을 편들어 여학생을 놀리면서 조총련 탈퇴를 종용하는 부류도 있었다고 해요. 조총련은 그런 환경을 견디며 존속했는데, 재일동포의 다수가 내놓고 조총련 편을 들지는 못하지만 심정적으로는 지지하고 있다는 것이었어요. 조직력도 막강해서 의장 한덕수는 장관급만 만나면서 VIP 대접을 받는다고 민단 사람들도 혀를 내둘렀어요. 일부 민단 간부들조차도 자녀들에게 한글을 가르치려고 조총련계 학교에 보낸다는 말을 듣고 무척 놀랐습니다.

1970년대 일본 진보세력의 활발한 활동

유성호 그때는 한국인이 일본 여행 가서 조총련 관련자와 접촉하면 바로 반공법 위반으로 붙잡혀가거나 간첩으로 고발됐지요.

임헌영 유학생들이 조총련계 재단 장학금을 받았다가 귀국 후 간첩죄로 일생을 망친 경우도 흔했습니다. 타이완은 우리와 같은 분단 상황인데도 유학생이 중공계 장학금을 받은 게 알려지면 대사관에서 불러 사실 확인 후 이런 돈을 받아도 좋으니 열심히 공부해 국가를 위한 일꾼이 되어달라고 당부한다며 우리 교민들은 한국 정부를 비판하더군요.

유성호 처음 일본에 가서 그동안 알았던 일본에 대한 관점이나 견해가 더 구체화되셨을 것 같습니다. 일본이 패전 후 자신들의 잘못에 대해 반성보다는 은폐 쪽으로 기운 것을 두고 선생님 역시 크게 울분을 터뜨렸을 텐데요.

임헌영 1945년 8월 15일은 제2차 세계대전 최후의 교전국이던 일본의 패전일이지만 그들은 철저하게 '패전'이 아닌 '종전'이라는 용어를 써요. 미국의 문화인류학자 루스 베네딕트는 국방부의 지원을 받아 『국화와 칼』이란 저서를 썼는데, 마지막 장에서 "일본인같이 극단적으로 기회주의적인 윤리를 가진 국민의 경우 항복이라는 것은 있을 수 없었다. 단지 국지적인 항복이 있었을 따름이다"라고 했어요. 1946년 천황이 '인간 선언'을 행하자 유미주의와 군국주의의 화신인 소설가 미시마 유키오는 그의 단편 「영령의 소리」에서 "어째 천황 폐하는 인간이 되셨는가?"라고 절규했지요.

한때 좌익운동에 투신했다가 중·일전쟁에 동원되어 상하이 상륙작전에 참가했던 작가 다케다 다이준은 『멸망에 대해』에서 "전쟁으로 어느 나라가 멸망하고 소멸하는 것은 세계라는 생물의 흔한 소화 작용이며 월경 작용이며 하품이기도 하다. 세계의 자궁 안에서 몇 개 혹은 몇 십 개의 민족이 싸우고 소멸하는 것은 혈액순환이 잘 되기 위한 세계의 내장운동에 지나지 않는다"라고 했습니다(호쇼 마사오 외 지음, 고재석 옮김, 『일본현대문학사』 상권, 문학과지성사, 1998). 일본 지식인과 위정자들의 망발은 그때나 지금이나 끝이 없어요.

유성호 지식층도 그 모양이니 일본사회의 윤리적 수준을 우리가 비판하는 것이 아니겠습니까?

임헌영 미국을 비롯한 서구 열강에 대해서는 국제적인 가치관을 따르는 나긋나긋한 일본이 1945년 8월 9일 소련이 참전해 만주와 조선으로 진격한 사실은 침략이라고 강조합니다. 아시아에 대해서는 천황제 이데올로기가 낳은 대동아공영권 그대로지요. 일본이 시혜를 베푼 대상이기에 보상할 의무가 없다는 겁니다. 한 역사교재는 미·일전쟁의 원인이 미국에 있다면서 일본의 국가자위론이라 우깁니다. 미국이 일본을 패배시킴으로써 소련의 급부상을 도와준 거라고도 합니다. 동남아 침략국을 향해서는 자신들이 철수한 뒤 다시 제국주의로 복귀한 현상을 들어 그들의 독립의식을 고취했다는 논리를 전개하지요. 어떤 공민교과서는 진보주의·휴머니즘·평화주의·민주주의 등이 전후 반세기를 부도덕의 늪으로 끌어넣었다고 비판하면서 일본의 황민화 정신을 부상시키고 있어요. 이처럼 침략전쟁을 합리화하고, 해외출병을 정당화하며, 미국과 하나가 되어 세계제패를 노리는 일본은 끊임없이 '과거로의 회귀'를 실현하려고 합니다.

유성호 미·일 관계가 낳은 산물로 주일미군이 있지요? 한국전쟁 때 미국이 일본을 활용함으로써 전후 일본이 새롭게 일어나는 계기가 된 것이지요?

임헌영 제2차 세계대전 후 일본의 정치상황은 한국처럼 주일미군의 통치 아래 있게 되었습니다. 맥아더 최고사령관은 점령군으로 행세하면서도 천황의 파시즘으로부터 국민을 해방시켜주러 온 것처럼 행동했습니다. 미군이 내린 5대 개혁안은 여성해방, 노조결성 장려, 교육 자유화, 압제적 제도의 철폐, 경제 민주화였습니다. 이를 위해 파시즘 체제의 상당수 공직자를 파면했지요. 한국에서 친일파를 유임시킨 것과는 사뭇 대조됩니다. 일본 정치인이 기초한 헌법을 폐기시키고 맥아더가 정한 헌법을 채택한 것이 이른바 '평화헌법'입니다. 제9조가 평화헌법 정신을 담고 있지요. 우경화한 일본 정부가 수정하려는 바로 그 문제의 조항입니다. 참고로 한번 볼까요?

> 1. 일본 국민은 정의와 질서를 기조로 하는 국제평화를 성실히 희구하며, 국권의 발동인 전쟁과 무력에 의한 위협 또는 무력의 행사는 국제분쟁을 해결하는 수단으로서는 영구히 이를 포기한다.
>
> 2. 전항의 목적을 달성하기 위해, 육해공군 그 외 전력은 이를 보유하지 아니한다. 국가의 교전권은 이를 인정하지 아니한다.

파시즘 아래서 탄압받았던 공산당이나 사회당 등 진보세력은 연합정당을 만들어 잠시 집권하기도 했고, 보수파가 정권을 잡아도 진보세력의 저력은 막강해 1972년에는 곧 사회당이 집권할 것이라는 전망도 있었습니다.

유성호 1970년대 초 일본에서 보혁구도가 대등하게 공존했다는 사실이 새롭습니다. 당시 일본 언론이나 출판계는 어땠습니까?

임헌영 『아사히신문』『요미우리신문』 NHK 방송 등 주요 언론 구성원이 거의 진보세력이었습니다. 한반도 문제에서는 남한보다 북한 지지세가 압도적이었지요. 서점에는 '중국·조선 코너'가 따로 있었으며, 『마르크스-엥겔스 전집』이 불티나게 팔렸고 심지어는 중고생을 위한 요약판까지 있을 정도였습니다. 특히 일본 공산당 계열로 정통 마르크스주의적 입장이었던 오츠기서점(大月書店)과 역시 마르크스주의 계열이지만 인문사회과학과 문학예술론을 주로 출간한 아오키서점(青木書店)은 쌍벽을 이루었지요.

유성호 벌써 50년 저편의 일인데 선생님의 선명한 기억으로 동아시아 역사 공부를 하고 있는 듯한 느낌이 듭니다. 남북 관계에 대한 정보는 좀 새로운 게 있었습니까?

임헌영 제한적이지만 많은 이야기를 들었어요. 김상현 의원을 따라다니는 게 큰 공부가 되었습니다. 너무나 많은 각계 인사를 만났기 때문에 다 기억이 나진 않네요. 그래도 빼놓을 수 없는 일본 정치인 한 분만 찬찬히 소개하고 싶습니다. 김상현 의원이 개인적으로 가장 관심을 가진 분은 자민당의 우츠노미야 토쿠마 의원이었습니다. 그는 3·1 운동 당시 조선군 사령관(1918~19)이었던 우츠노미야 타로의 아들로 아버지의 죄업을 씻고자 조선 문제에 깊은 애정을 가졌던 평화주의 운동가입니다. 고교 시절부터 마르크스주의에 빠져들었던 그는 교토제대 경제학부 재학 시절에 사회과학연구회원으로 활동하다가 퇴학당한 뒤 공산당에 입당해 피체되어 옥중 전향을 합니다. 나중에 사업에 투신해 성공했고 종전 후 정계로 뛰어들어 자민당 의원이 되었습니다. 소속 정당은 자민당이었지만 그는 제3세계에 각별한 애정을 쏟아 중국과 남북한 모두에 관심이 많았어요. 특히 프랑스 식민지에서 벗어나고자 독립투쟁을 펼쳤던 알제리의 민족해방전선(FLN)을 원조하고 직접 그 전선을 시찰하기도 하는 등 일본 정계에서는 매우 이색적인 존재였습니다. 자민당 소속이었기에 그를 만나는 건 반공법에 저촉되지 않았어요.

그를 만난 곳은 의원회관이 아닌 개인 사무실이었는데, 온통 책으로 둘러싸여 무슨 대석학의 서재 같았어요. 그는 남북은 대화와 화해만이 살길임을 강조했습니다. 그 가능성에 대한 질문에도 그는 대화 외에 다른 길이 없다고 딱 자르더군요. 어떤 제3자도 근원적인 도움을 줄 수 없다고 역설했습니다. 우츠노미야는 김대중이 도쿄에서 박정희에 의해 한낮에 납치당한 사건(1973. 8. 8) 이후부터 김대중 구명운동에도 나섰고, 전두환 시절에 사형언도를 받았을 때에도 구명운동에 발 벗고 나섰지요. 1974년 김일성 주석과도 만나 그 대화록(『김일성·우츠노미야 도쿠마 회담의 기록』, 자민당 アジア·アフリカ문제연구회사무국, 1974)을 남겼다는데 읽어보지는 못했습니다. 김상현 의원과 동행했던 누군가가 일본에서 자민당이 장기집권할 수 있는 비결은 보수를 표방하면서도 사회주의적인 정책을 기꺼이 실현하며, 우츠노미야 같은 진보적인 의원까지도 포용하고 있기 때문이라고 했어요.

그를 만난 후 나는 그곳 서점에서 『아시아-아프리카연구입문』(アジア-アフリカ研究入門, 青木書店, 1965)의 1970년 제5판본을 구입해서 그 분야에 눈을 확 뜨게 되었습니다. 지금도 아끼는 책 중 하나입니다.

유성호 우츠노미야의 존재와 부재가 일본 정치의 어제와 오늘을 선명하게 보여주는 듯합니다. 대중들에게 다가갔던 것도 일본 정치의 한 가능성을 보여주었던 순간이었겠는데요? 그런 풍토라 출판계도 매우 앞섰지요?

임헌영 일본 출판계는 세계 어느 나라도 따라잡기 어려운 특이한 장점을 가지고 있었는데, 그중 각 분야별로 입문자들이 필요로 하는 책을 멋지게 펴내는 편집이 뛰어났습니다. 『아시아-아프리카연구입문』도 여러 필진을 동원해 제3세계의 민족해방운동을 개관하면서 그 참고목록을 소개하는 형식인데, 각 지역별 연구에서 한국을 중국보다 먼저 다룰 만큼 중시했습니다. 일본 식민지 시대의 연구서로 가장 중시한 책은 호소카와 카로쿠의 『식민사』(植民史, 동양경제신보사, 1941)였습니다. 고학으로 도쿄제대를 나온 그는 독일·프랑스·영국·러시아 유학을 다녀온 마르크스주의자로서 투옥과 석방을 반복하다가 종전 후에야 출감했습니다. 이후 참의원이 되었으나 미국의 점령정책을 비판하다가 참의원 신분을 박탈당한 뒤 계속 일·중 국교정상화 운동과 오츠키쇼뎅(大月書店)의 『마르크스-엥겔스 전집』 감수자로 살았습니다. 제2차 세계대전 후 독일민주공화국의 독일사회주의통일당 중앙위원회 소속 마르크스-레닌주의 연구소가 펴낸 이 전집은 러시아어판과 거의 같은 정통본으로서 일본도 그에 따랐다고 자랑하는 판본입니다.

이 판본은 한국인 독자들에게도 널리 보급되었지요. 호소카와의 『식민사』는 일본에서의 조선 식민지 시대 연구 중 총독부 자료와 관변학자들의 관점을 처음으로 탈피한 것으로 평가받았습니다. 그러나 조선 후기까지도 자본주의적인 맹아는 싹트지 않았다고 본 아시아적 정체성 이론은 나중에 비판을 받았지요. 어쨌든 이 책은 일본 식민통치를 체계적으로 연구한 결과로 높이 평가받았습니다.

일본의 농촌문제, 진보적인 문제의식으로 개혁 성공

유성호 제가 알기로 조선 역사 전반에 대한 일본의 연구서로는 단연 하타다 다카시의 『조선사』(이와나미, 1951)라고 들었습니다.

임헌영 마산 출신인 하타다는 도쿄제국대학을 나온 뒤 만철(滿鐵, 남만주철도주식회사의 약자) 조사부에서 연구 활동을 하다가 종전 후 역사학자가 되어 진보적인 조선사 연구의 중추가 되었지요. 러·일전쟁에서 승리한 일본은 러시아가 가져갔던 중국의 창춘(長春)-뤼순(旅順) 구간 철도 관리권을 빼앗아 그 관리회사를 '만철'이라 했습니다. 중국 침략의 야욕을 가졌던 일본으로서는 그 지역을 깊이 연구할 필요가 있어 진보적인 두뇌를 가진 룸펜 인텔리들을 조사부에 근무하게 했기 때문에 만철은 당시 일본 최대의 두뇌집단이 되었지요. 종전 후에는 일본의 정재계는 물론 학계에까지 폭넓은 인맥을 형성했습니다. 실로 침략 일본제국주의의 치밀한 두뇌 보호정책이었지요.

유성호 선생님이 앞에서 일본 시민단체의 실속 있는 영리함이 부러웠다고 하셨는데, 일찍이 일본 기업까지 그렇게 영리했다는 게 약이 오르는군요. 그때 일본에서 부럽게 느껴진 건 또

뭐가 있었을까요?

임헌영 제가 만난 재일동포들은 이구동성으로 일본을 구경하려면 농촌에 가봐야 한다고 했어요. 하도 농촌 자랑을 하기에 한나절 돌아보았는데 농경지 정리가 잘 되어 있는 데다 논농사를 짓는 농가 대문 앞까지 모든 도로가 포장되어 있어 놀랐습니다. 일본 농촌은 미 점령군의 명령으로 두 차례에 걸쳐 농지개혁을 실시했습니다. 1950년까지 경작자 중심의 토지 소유가 90퍼센트에 달해 기생지주제를 청산할 수 있었지요. 같은 점령군이었던 미군이 일본에서는 이렇게 잘했는데 한국에서는 무슨 연유로 친일청산도 토지개혁도 하지 않았을까요? 더구나 일본에서 미군정은 노동조합 결성도 장려해 일찌감치 1947년에 8시간 노동제와 여성과 소년 노동을 제한했습니다. 워낙 식량이 모자랐던 일본이라 종전 후부터 바로 주곡은 국가에서 전량을 비싸게 수매해 정부가 손해를 보고 싸게 공급하는 배급제를 오랫동안 실시했습니다. 완전 사회주의지요. 그러다가 쌀 생산량이 급증해 내가 일본에 갔던 1972년에는 정부에서 농민들에게 벼를 심지 말아달라고 사정할 정도였지요. 아예 빈 논을 그대로 놀려도 일정한 보상을 정부가 해주는 정책을 시행했습니다. 당시로서는 참으로 꿈같은 낙원이어서 교포들이 농촌 자랑을 할 만했다고 봐요.

교민 중 한 분이 왜 한국은 그렇게 못 하느냐고 타박하면서 북한의 농촌정책을 은근히 두둔했습니다. 그가 권한 것은 김일성의 「사회주의 농촌문제에 관한 테제」(1964. 2. 25)였습니다. 북한은 1946년 2월부터 이미 지주 소유 농토를 무상몰수 무상

분배했지요. 이때를 전후해 지주들이 대거 월남합니다. 황순원 장편 『카인의 후예』는 이 사건을 다룬 소설이지요. 그러나 북한에서도 정작 이러한 농촌개혁의 과정을 사회주의 체제로 전환시킨 것은 한국전쟁 직후부터였습니다. 여러 단위로 나뉘어 있던 농장을 협동농장으로 재편했고, '청산리 방법'으로 '군 농업협동조합 경영위원회'(1961)를 중심으로 하는 통일적 농업 지도체제를 조직했습니다. 그러나 농민과 노동자, 도시와 농촌간 격차가 더 벌어지자 당중앙위원회 제4기 제8차 전원회의에서 제시한 것이 바로 이 '농촌테제'였습니다.

유성호 그 내용을 간략히 소개해주세요.

임헌영 이 테제는 사회주의에서의 농촌문제 해결은 사상·기술·문화라는 3대혁명의 실현으로 가능하다고 했습니다. 기술 문제에서 농촌을 수리화·기계화·전기화·화학화해야만 노농·도농간 격차를 줄일 수 있다는 것이었지요. 그러려면 군 단위에서 공업을 비롯한 여타 분야도 발전시켜야 농업도 병행 발전할 수 있다는 것이 이 논문의 요지입니다. 지금 보면 고리타분하지만 당시로서는 괄목할 만한 주장이라서 세계 농촌문제 해결의 새 진로라도 되는 듯 널리 퍼졌고, 일본에서도 그 논문이 널리 퍼져 있었기에 손쉽게 접할 수 있었습니다.

내가 궁금했던 점은 과연 그 주장대로 북한 농촌이 일본처럼 좋아졌을까 하는 것이었지요. 일본 내의 조선인 식당에 들어가면 흔하게 볼 수 있는 것이 조총련에서 배포한 달력이었는데, 그 무렵 북한이 일본에 대량 보급한 달력은 농촌을 배경으로 다룬 그림과 사진으로 된 것이었습니다. 정리된 농지와 농로·

트랙터·전기가 모두 공급된 농촌, 없어진 초가집 등이 마치 몇 년 뒤 남한에 나타난 새마을운동의 뉴스 화면 같았습니다. 다만 북한은 슬레이트 지붕이 아니라 벽돌로 쌓은 기와집 2층이 주축이었습니다.

유성호 일본의 지방 도시들도 다녀보셨겠지요? 김상현 의원 일정 때문에 마음대로 되진 않으셨겠지만요.

임헌영 김 의원은 후반부에 미국으로 떠났어요. 미국에도 데려가고 싶지만 경비 감당이 안 된다며 양해를 구하고는 금일봉을 주고 떠났습니다. 비로소 나 혼자만의 여행이 시작되었지요.

유성호 그럼 관광도 좀 하셨겠군요. 어디를 보셨어요?

임헌영 교토·오사카·고베·나고야 등지를 둘러봤어요. 나고야에서 우리 식 비슷한 명품 자라탕에 탄복했는데, 이십여 년 뒤 들렀을 때 수소문하니 아는 이가 없더군요. 일본 중산층 남성의 소망이 오사카 출신 여성에게 장가들어 교토 태생 여인을 첩으로 삼고 고베 출신 연인을 얻어 스위스 주택에 사는 거라는 우스갯소리가 있더군요. 상업도시 오사카의 여인은 생존력이 뛰어나 가족을 굶기지 않으며, 전통 고도인 교토는 문화와 예절의 고장이라 그 탁월한 교양미가 있고, 항구도시로 일찍부터 외항선이 드나든 고베는 혼혈로 늘씬한 미녀가 많기로 이름나서 그렇다는군요. 주마간산으로 휙 한 바퀴 돌고 다시 도쿄로 가서 김윤 시인의 안내로 가장 숙박비가 싼 아시아회관에 머물렀습니다. 한국의 여행자들이 쉽게 머물 수 있는 곳이 한국YMCA회관과 아시아회관이었지요.

재일동포 문인들과 김윤 시인

유성호 이제야 본격적으로 재일동포 문인들을 둘러볼 차례가 되신 거군요.

임헌영 그 무렵까지 내가 절친했던 분은 오로지 시인 김윤 선생뿐이었어요. 그는 나와 둘도 없는 관계로 만년까지 모든 사연을 털어놓고 지냈습니다. 그가 나에게 국내에서 볼 수 없는 자료들을 얼마든지 구해주겠다고 해서 보고 싶은 책 목록을 만들어주자 바로 이튿날부터 갖다주더군요. 나는 아예 외출도 않고 호텔에 틀어박혀 독서 삼매경에 빠졌어요. 특히 북한의 문학사와 평론집과 각종 논쟁집, 근현대사 관련 자료들을 두루 섭렵할 수 있었습니다. 서점에서 구입 가능한 책들, 가령 박경식이나 강재언의 저서도 구입해 독파했습니다. 김윤은 재일동포 작가 김달수·김석범·이회성 등 조총련계 작가들에 대해 소상히 꿰고 있었어요.

김윤이 주목한 정치인은 도쿄도지사였던 미노베 료키치였습니다. 파시즘 시절에 반전주의자로 대학에서 쫓겨난 그는 1967년에 사회·공산당 공천으로 도쿄도지사에 출마해 당선된 후 1979년까지 내리 3선을 지낸 명물이었습니다. 도쿄를 청결하게 유지한다는 미노베의 신조 덕분에 도쿄는 모든 도심의 물을 노출시켜 공해를 제거해서 실제로 와이셔츠를 일주일간 입고 다녀도 깨끗했습니다. 당시 서울은 2, 3일만 지나면 깃이 더러워졌잖아요. 전철을 타노라면 느닷없이 강물이 나타나 펼쳐지는 수려한 풍경이 좋더군요.

하코네 관광(1972. 1) 중 전철역
앞에서 김윤과 함께.
그렇게 많은 관광을 하고 사람들을
만나면서 사진은
전혀 신경 쓰지 않았다.

미노베는 노약자에 대한 무료복지 혜택과 재일조선인 민족학교 설립 자유화 및 재일본 조선인총련합회에 대한 면세혜택, 재일외국인에 대한 의료보험 혜택 등 일대 혁명을 일으켜 재일동포들에게 큰 환영을 받았어요. 조총련이 성장할 수 있었던 큰 배경이 되었던 그는 1971년 북한을 방문해 김일성과도 만났습니다. 그러나 이후 "일본이 한국을 침략한 게 아니라 한국이 선택한 것이다"라는 폭언을 남긴 극우 작가 이시하라 신타로가 도쿄도지사로 당선되면서 재일조총련에 대한 모든 권리가 박탈당한 채 오늘에 이르고 있는 겁니다.

유성호 김윤 시인은 선생님에게 친절한 일본 개인교수 역할을 해주셨군요. 무엇보다 선생님의 책에 대한 갈증을 시원하게 풀어주시고요.

임헌영 모든 면에서 고마운 대선배였어요. 그와 지하철을 비

롯해 여러 교통시설을 두루 이용했는데, 어쩌다 전기가 나가면 차가 멈추기도 해서 놀랐지만 그들은 지진 때문에 잠시 정차했다 가는 거라며 오히려 태연해요. 그는 일본인들의 사생관을 이해하려면 하코네에 다녀와야 한다고 나를 그리로 데려갔어요. 하코네는 실로 일대 모험이었어요. 우리가 가던 날은 폭설로 열차가 거의 기어가다시피 했습니다. 그런데도 우리는 케이블카를 탔지요. 화산의 위력을 나타내는 김이 무럭무럭 피어오르는 아래를 내려다보면서 김윤은 "저런 평화로운 풍경이 언제 난폭한 폭발로 이어질지 모릅니다. 일본사람들은 지진이나 화산 폭발로 인한 죽음을 언제든지 받아들일 각오가 되어 있기 때문에 가미가제 특공대가 가능했었다"고 하더군요. 의리·하라기리(腹切り, 할복자살) 등도 자연 환경이 지닌 특성 때문이라고 풀이하고요.

유성호 문제가 된 월간지 『한양』의 관계자들과의 만남도 역시 김윤 시인의 안내였나요?

임헌영 여행 막바지에 김윤이 원산 출신으로 시인 구상과 막역한 사이인 월간 『한양』의 김기심 발행인과 김윤과 남해 동향인 김인재 편집장을 소개했어요. 게 요리만 하는 3층짜리 게 전문점에서 만났는데, 대나무로 된 긴 칼로 게를 먹도록 하더군요. 난생처음 그 비싼 게를 실컷 먹어봤습니다. 그 뒤에도 김인재와는 여러 차례 합석해 다양한 화제로 대화를 나눴어요. 그는 아주 신사다운 풍모로 원숙한 인격이 느껴지는 분이었지요. 첫 여행 치고는 너무 많은 걸 듣고 보고 배운 일본이었습니다. 더구나 여행 중인 1월 25일 아침, 서울에서 아내가 첫아들을 순산했다고 연락해주어 혼자 호텔 방에서 펄쩍펄쩍 뛰며 기뻐했지요.

유성호 득남의 기쁨까지 곁들인 일본 일정이었는데 이게 나중에 그런 후환을 낳을 줄은 전혀 예상을 못 하셨겠지요. 귀국 후에는 어떻게 지내셨나요?

데탕트 속에서 피어난 정치인 저우언라이

임헌영 귀국 후 다른 활동은 다 접고 모교인 중앙대 강의에 집중했어요. 대학원을 마친 지 5년 만에 학교로 간 건데 별로 신명은 안 났어요. 내 심경과는 관계없이 국제정세는 엄청난 변화를 겪고 있었습니다. 귀국 후부터 놀랄 일들이 계속되었는데, 닉슨 미국 대통령이 베이징을 방문(1972. 2)한 일이 제일 컸지요. 1968년 대통령에 당선된 공화당의 닉슨은 아시아 방위 문제는 아시아 국가들 자체가 지고 미국은 핵우산을 제공함으로써 대소봉쇄전략을 추진한다는 취지의 '닉슨독트린'을 선언(1969. 7. 25)했습니다. 미군의 베트남 철수를 명시했을 뿐만 아니라 그 연장선에서 6만여 주한미군 중 1971년에 2만 명 정도가 철수했지요. 이미 데탕트라는 술어는 널리 쓰이고 있었지만, 세계에서 가장 잔혹한 한랭전선을 형성하고 있는 남북한 관계가 저절로 풀리려나 싶은 일말의 기대가 부풀어 올랐습니다.

유성호 세계적인 데탕트 장면이 한국인에게는 놀라웠을 거예요. 당시 중국 상황이 녹록지 않았을 텐데, 냉전의 한 파트너인 미국 대통령이 중국을 찾은 것은 대단한 일로 다가왔겠습니다. 그때 마오쩌둥이 닉슨을 맞았나요?

임헌영 공항에 나온 건 저우언라이였지요. 흑백 텔레비전 생중계로 봤는데, 닉슨이 흥분한 표정으로 베이징공항에 내리자 저우가 다가가 악수하는 감동적인 장면을 우리는 무리지어 다방에서 지켜보았습니다. 그때 베이징공항에서 닉슨 환영 사열을 할 때 울려 퍼졌던 행진곡풍의 음악은 지금도 내 귀에 쟁쟁합니다. 품위와 절도가 있으면서도 군대식 걸음걸이와는 무언가 달랐던 저우언라이의 꼿꼿한 보행 자세가 너무나 인상적이었습니다. 저우언라이를 좋아했던 나는 한동안 그의 걸음걸이를 흉내 내봤지만 그 국제정치 무대의 미남을 어찌 따라갈 수 있었겠습니까?

마오쩌둥은 끊임없이 새 연인을 두었지만, 저우는 첫사랑 덩잉차오와 해로하며 인간미까지 풍기는 윤리적 품성을 가졌던 사람입니다. 근면 질박한 생활에 이르기까지 그야말로 인류 역사의 모범이 될 만한 인간상이었지요. 그의 건강비법은 하루 세 끼 정해진 식사 외에는 간식을 하지 않는 것인데, 나도 그것부터 해보려고 무던히 노력했지요.

정치인들뿐만 아니라 인간 누구나 가장 어려운 일은 '너 자신을 알라'는 고비길이 아니겠습니까? 2인자는 반드시 1인자를 넘보려 하지요. 박정희에게는 JP가, 김대중에게는 김상현이 한때 그럴 처지에 있었지만 저우는 넘지 말아야 할 선 가까이에 어정댄 흔적이 없습니다. 물론 박정희나 김대중이 마오가 아니었다는 점 또한 이 두 사람을 품지 못한 원인이었을 것입니다. 박정희와 김대중이 도량이 좁아 그들을 받아들이지 못했다는 게 내 소견입니다. 그러나 마오는 달랐습니다. 문화대혁명으로 숱한 인재들을 핍박했지만 저우는 살아남았고 저우 역시 치욕과 시련 속에서도 '일인지하 만인지상'의 입지를 지켰지요. 이호철·남정현·박용숙·최인훈 등이 모여 중국 이야기를 하다 보면 거의 저우를 찬양하면서도 결론은 그런 위대한 인간을 밑에 두는 마오가 더 대단하다는 데로 귀착하곤 했어요.

혁명의 위기 시절 마오와 저우는 옌안에서 동굴생활을 했어요. 그 어려운 시절에도 마오는 새 애인 장칭과 바람이 났지요. 장칭이 승마 연습 중 고삐를 늦추어 그녀를 도와주던 저우의 말을 부딪쳐 저우가 낙마해 오른팔을 다쳤어요. 그 사고로 저우는 평생 동안 오른팔을 쭉 펴지 못하고 팔목 아래 부분을 꼬부려 마치 손이 배꼽이라도 잡은 듯이 살아야 했어요. 닉슨을 맞았을 때도 그는 오른팔을 펴지 못한 채 구부리고 있었습니다. 이 사연을 모르고 봤다면 참으로 부자연스러운 자세라고 여겼을 거예요.

유성호 선생님께서 좋아하신 저우언라이는 지금도 많은 비화를 남기고 있는 정치인입니다. 그에 관한 이야기를 더 듣고 싶습니다.

임헌영 김상현 의원도 틈만 나면 나에게 저우에 대해 이야기해달라고 했어요. 닉슨의 역사적 방중은 1972년 2월 21일부터 28일까지 이루어졌고 세계사는 요동쳤습니다. 마오쩌둥과 닉슨의 정상회담 사진은 많은 상념을 불러일으킵니다. 이 자리를 마련하려고 극비리에 키신저가 베이징을 오간 비화 중 내가 잊을 수 없는 것은 키신저가 저우언라이에게 장제스를 은근히 비난했다는 대목이었습니다. 그렇게 미국의 편에 서서 어제까지 단짝처럼 지낸 장제스를 비난한 건 필시 저우언라이의 호감을 얻으려는 속셈이었겠지요. 그러나 저우는 잠시 침묵하다가 키신저에게 단도직입적으로 그래도 장제스는 당신네가 요청한 월남 파병은 거절하지 않았느냐고 도리어 비호했다는 것입니다.

이 위대한 중화사상에 나는 아연해집니다. 이승만이나 박정희에게 김일성을 비난했다면 어땠을까요? 역으로 소연방 측에서 한국의 정치 지도자들에게 그랬다면요? 거꾸로 오늘의 미국이 북의 호감을 사려고 그들에게 남한을 비난했다면 북의 반응은 어떨까요? 남한이 아무리 잘나가도 세계무대에서 북을 비판한다면 상식을 가진 세계인들은 같은 민족끼리 아옹다옹하는 못난이로 보지 않을까요? 지금도 우리는 여전히 누워서 침 뱉기에 바쁩니다. 왜 우리에게는 저우언라이 같은 정치인이 없을까요? 그는 몇몇 외국어에 능통했지만 국제 기자회견에서는 꼭 통역을 대동하고 중국어를 썼습니다. 불평하는 기자들에게는 빨리 중국어를 배우라고 일갈해 가면서요.

7·4 남북공동성명에 웃다가 울다

유성호 닉슨의 중국 방문은 한반도에도 냉전 붕괴 조짐을 가져온 분단 이후의 첫 쾌거였습니다. 우리 문인들은 축제라도 벌어진 듯이 좋아했다지요.

임헌영 특히 리영희와 남정현은 내가 만났던 중 가장 신난 때를 맞은 듯했습니다. 닉슨 덕분에 즐거운 봄을 보내고 맞은 1972년 여름, 중대발표가 있다고 해서 남정현을 비롯한 몇몇 문인들과 종로의 한 다방에서 텔레비전 앞에 앉았지요. 바로 7·4 남북공동성명을 이후락이 발표하던 날이지요. 어? 그냥 모두들 어? 소리만 나왔습니다. 이럴 수가! 친일 반민족주의자에 쿠데타 주범으로 민주주의를 학살한 정권이, 반공법으로 '빨갱이 때려잡기'를 지속해온 인물이 어떻게 감히 남북 화해와 통일을 운운할 수 있나? 우리가 해오던 통일운동을 도둑맞은 것처럼 곤혹스러웠습니다. 북은 또 무슨 꿍꿍이로 반민족주의자와 입을 맞추어 이런 선언을 하는가 말입니다. 결국 남북이 함께 우리 같은 순진한 민족 주체세력의 기대를 저버리고 저들끼리 막 놀아나고 있다는 생각마저 들었어요. 이건 마치 스탈린과 히틀러의 불가침조약처럼 곤혹스러운 사건이었습니다.

이건 분명 닉슨의 방중 사건이 주었던 통쾌무비와는 무언가 다른 야릇한 배신감과 의구심을 주었습니다. 남북공동성명을 발표하던 이후락의 약간 흥분된 표정과 말투가 눈에 선합니다. 평양 방문 소감을 묻는 기자들 질문에 그는 아찔했다고 짤막하게 답했는데, 이건 아마 명답이었던 것 같습니다. 다방에서 현장 토론이 벌어졌는데 내 당혹스러운 생각과는 달리 다른 문인들은 대환영 일색이었지요. 박정희 일파가 아무리 용을 써도 안 되니까 결국 국제정세에 따라 남북화해 무드로 방향을 바꿨다는 풀이였습니다. 나중에 보니 그건 한낱 헛된 꿈으로 우리가 먼저 마신 김칫국이었습니다. 그러나 당파성을 가진 진보파라면 일단은 환영해야지요.

유성호 이른바 7·4 남북공동성명의 충격이군요. 어쩌다가 반공 일색의 독재정권이 남북 화해의 물줄기에 몸을 실었을까요?

임헌영 세상 이치는 참으로 묘합니다. 이런 신명은 오래 가지 않았습니다. 이후락의 목소리가 미처 귓전에서 사라지기도 전인 7월 13일에 김규남 의원이 처형을 당했거든요. 그는 김종필의 추천으로 공화당 전국구 의원이 된 도쿄대 출신의 학구파 정치인이었습니다. 이어 7월 28일에는 박노수 케임브리지대 교수도 똑같은 간첩죄로 서대문형무소 사형장에서 사라졌습니다. 7·4 남북공동성명으로 냉전이 풀리는 줄 알았더니 역시나! 더 무섭게 압박하는 것 아니겠습니까? 당연히 진보세력에게 까불지 말라는 협박이었어요. 다른 의견으로는 3선개헌에 어깃장을 놓은 김종필 일파를 위협하려는 김형욱의 빗나간 충성심이라는 설도 있었습니다. 둘 다 일리 있는 견해로서 박정희와 김형욱은 한 화살로 두 꿩을 함께 잡은 것이지요.

대통령을 두 번이나 했으면 물러나는 것이 순리인데도 박정희는 영구집권을 노리고 3회 이상 대통령에 오를 수 있도록 개헌에 나서자, 여당인 공화당에서조차 지지자가 적어 국회통과가 어려웠습니다. 더구나 최측근으로 믿었던 김종필조차 동지들과 함께 반대했습니다. 김종필 측근이었던 일본과 유럽 유학생 출신 김규남 의원을 간첩으로 잡아들인 게 1969년 5월이었지요. 그해 4, 5월에 박노수·김규남·김판수 등 60여 명을 잡아다 유럽 무대 간첩단을 조작했지만 모양새가 잘 안 잡혀 16명 정도만 구속 수사하게 되었습니다. 수사가 진행될수록 사건은 왜소화했지만 이미 '간첩단'이라는 이름으로 중앙정보부가 발표한 것만으로도 3선개헌을 반대하던 김종필과 그 지지자들은 멈칫할 수밖에 없었습니다. 이른바 제2의 국회프락치사건 격이었지요.

유성호 김판수 선생은 최근에도 여러 번 뵌 분인데, 이때 연루되셨군요?

임헌영 이 사건에 연루되어 죄 없이 인생이 바뀐 인물이 너무 많지만 그중 한 분이 바로 김판수입니다. 평론가 염무웅 형과 막역한 사이지요. 그의 일대기는 가히 소설감으로 손색이 없습니다. 이 사건 관련자였던 이자훈은 지금 오사카에 살고 있는데, 내가 일본에 왕래할 때부터 친구이며, 기세문은 내가 대구교도소 특사에 있을 때 아주 가깝게 지냈습니다. 어쨌든 김규남 사건은 그 여파가 내 주변에 긴 그림자를 드리워주었습니다.

1967년 6월 8일에 부정선거를 격렬하게 반대하던 대학생을 제압하기 위해 과대 포장한 것이 '동백림 간첩단' 사건이었다고 합니다. 203명을 조사했으나 실제 간첩은 한 명도 없었지요. 박정희가 3선개헌을 위해 총선에서 여당이 의석 3분의 2를 얻어야 한다며 막걸리와 고무신을 살포하는 타락상을 보여줄 때입니다. 그 사건 조사 중 불거져 나온 것이 김규남·박노수 등이었다는 것입니다. 동백숲을 가리키는 이 아름다운 베를린의 한자 명칭의 간첩단은 인권을 중시하는 독일의 강력한 압력으로 34명에 이르는 인물들이 다 풀려납니다. 작곡가 윤이상, 화가 이응로, 농업문제 전문가 주석균, 피천득의 애제자인 독문학자 천병희 등입니다. 진짜 동백림이 동백숲처럼 아름답게 피어날 수 있게 해준 건 천상병이었지요.

천상병은 정보부에서 전기고문을 세 차례나 받은 데다 매를 맞다가 공포증에 걸려 고문하러 접근만 해도 소리를 지르면서 넘어졌고 책상 밑으로 기어들어가 부들부들 떨었답니다. 이런 모습이 수사관들에게 웃음을 자아냈고 희극배우 김희갑과 닮아 '천희갑'이라는 별명도 얻었다고 합니다. 그가 간첩임을 알고도 신고하지 않은 대가로 금품을 갈취한 액수가 여러 차례 합쳐서 총 3만 원이라고 하니 세계 간첩사에서 가히 채플린 격으로 모셔도 손색이 없을 것입니다. 김규남·박노수는 7·4 남북공동성명으로 들뜬 분위기가 독재정권을 구석으로 몰아넣을까 하는 우려에서 휘둘러댄 조작 빨갱이 소탕전의 결과였습니다.

「어떤 조사: 어느 사형수의 죽음」으로 구속된 한승헌 변호사

유성호 정치적 격변기였지만 정말 가혹한 한 시대의 비극이 아니었나 생각됩니다.

임헌영 1단 짤막한 단신으로 처리된 김규남의 사형 보도는 예기치 않게 한승헌 변호사에 의해 되살아났습니다. 유머감각이 뛰어난 한 변호사는 '헌법을 이긴다'는 이름부터 불온한 데다. 유신통치 내내 해외에 머물며 반독재운동을 하는 인물들을 정부가 '반한 인사'로 규정하자 도대체 한 씨 가문에 나쁜 감정을 품은 사람들이 왜 외국에 그리 많은가 궁금해 알아봤더니 '반한'이 아니라 '반박 인사'들이라고 해서 웃음을 자아냈던 유머의 일인자입니다. 그런데 그가 전혀 유머감각을 풍기지 않은 채 숙연하게 「어떤 조사: 어느 사형수의 죽음」(『여성동아』, 1972. 9)이라는 글을 발표합니다. 7월에 사형 집행당한 김규남을 추모하는 형식을 빌려 사형제도 폐지를 주장한 내용이었습니다.

"신문 한 귀퉁이, 눈에 띄기도 힘든 일단 기사에서 당신의 죽음을 알았습니다. 사형이 집행된 것입니다"로 시작하는 이 글은 "이 세상에서 좌절된 당신의 소망이 명부(冥府)의 하늘 밑에서나마 이루어지기를 빕니다"라고 끝을 맺었지요. 이 글이 필화가 된 것은 1975년이었습니다. 검찰은 한 변호사를 구속하면서 이 끝 구절을 간첩의 적화야욕이 저승에서 이루어지기를 빈다는 취지로 몰아갔습니다. 한 변호사는 저승에도 분단이 있느냐는 반론으로 막아냈지만 재치가 석방 조건은 아니었지요. 투옥과 동시에 변호사 자격까지 박탈당했습니다. 도무지 어처구니가 없어 말이 안 나왔어요. 요새 젊은이들이 박정희 정권이 이런 짓까지 했단 걸 알기나 하는지 모르겠어요. 굳이 중앙정보부가 이런 무리수를 둔 것은 그가 거의 모든 민주인사들의 변론을 맡았기 때문입니다.

유성호 그에게 변론을 못 맡게 했던 피고들은 누구였나요?

임헌영 정보부가 변론을 엄금한 사건은 대한변호사협회 회장 출신으로 당시 인권변호사의 대부 격이었던 이병린 변호사와 『오적』의 시인 김지하였습니다.

유성호 이병린 변호사에 대해 알려주시지요. 김지하 시인도 관련 있군요.

임헌영 의병 유인석의 증손녀를 어머니로 둔 이병린은 양평에서 태어나 가난한 집안에서 경성사범을 나와 초등학교 교직에 있으면서 독학으로 변호사가 되어 민주화의 투사가 됩니다. 1964년 한일회담 반대시위가 극에 달했던 6월 3일 박정희 정권의 계엄선포로 체포의 광풍이 불자, 변협(대한변호사협회) 회장이었던 이병린이 나서서 전쟁이 아닌 상황에서는 계엄 자체가 불법이라며 「인권에 관한 건의서」(6. 22)를 배포해 무단 구금당했습니다. 군재에 회부되자 법정사상 초유의 변협회장 구속 사건에 130여 명의 변호사들이 변론을 맡았습니다. 그들은 이 회장에게 그 건의서만 취소하면 풀려난다고 회유했지만 그는 오히려 화를 내며 대법원까지 가서 법률적 판단을 받아보겠다고 소신을 굽히지 않았습니다. 7월 28일 계엄이 해제되자 저절로 공소가 취하되어 풀려났지요. 이후에도 그는 계속 민주화에 앞장서서 법률적 정당성을 주장하면서 당국의 주시를 받았습니다. 그러던 중 1975년 1월 이례적으로 간통죄 명목으로 구속됩니다. 이미 많은 시국사건 변론을 맡지 말아달라는 엄명을 거절해오던 터였는데, 정보부는 마지막 담판에서도 그가 거절하자 가장 파렴치한 죄명을 붙인 것이었습니다. 아내와 사별한 그는 남편과 사실상 이혼 상태였던 일식집 마담과 가까이 지냈는데 그 여인의 남편을 꼬드겨 고발하도록 조작한 사건이었습니다. 28일 만에 풀려난 그는 경북 안동과 김천 등지에서 지내다가 만년에 상경했습니다. 서거 후 용인 공원묘역에 안장되었고, 변협은 2003년에 현관에 그의 흉상을 세워 추모하고 있습니다. 『다리』지 일이나 민주수호국민협의회 일로 나도 이병린 변호사를 자주 뵈었어요. 엉뚱한 죄명을 뒤집어쓴 노 변호사의 변론을 한승헌 변호사가 맡겠다고 나서자 정보부가 그걸 막고 나선 것이었어요.

유성호 이런 막장 탄압을 도구로 박정희 정권은 근근이 명맥을 유지한 것이군요.

임헌영 1972년 10월 17일 오후 6시, 박정희의 목소리가 전파를 타고 '특별선언'을 낭독하던 때부터 1979년 10월 26일 오후 7시 40분, 궁정동 총성이 울릴 때까지를 역사는 '유신독재' 시기로 구분합니다. 공식적으로는 1979년 12월 7일의 긴급조치 9호 해제나 1980년 10월 27일의 개정헌법 공포까지로 볼 수 있겠지만, 사실상 박정희의 죽음으로 유신시대는 종막을 고했지요.

중대선언을 한다고 예고된 그 방송을 내가 들었던 곳은 예총회관(현 세종문화회관 자리) 앞마당이었습니다. 중앙대 강사로 나가면서 『다리』 편집주간으로 있던 나는 그 역사적 순간을 당시 야당의 총아 김상현 의원의 차 안에서 윤형두 사장과 셋이서 맞았습니다. 『다리』지 사무실이 바로 예총회관 뒤 도렴동이어서 김 의원이 예총회관 마당에다 차를 세워두고 그 방송을 듣기로 한 것이었지요. 박정희가 "1972년 10월 17일 19시를 기해 국회를 해산하고"라고 하는 대목이 나오자 기지가 넘치는 김 의원은 "이제 국회의원도 아니네" 하고는 바로 금배지를 떼

1972년 정초, 김대중 선생에게 신년 하례를 갔던 날이다.
왼쪽부터 한승헌 변호사, 김상현 의원, 임헌영, 윤형두 대표.

어냈어요.

유성호 유신독재의 시작을 알리는 현장에 대한 생생한 기억이군요. 유신이 선포되자 국내 정세는 급격히 얼어붙었겠지요?

임헌영 막상 "헌정을 중단하고"라는 말을 듣자 오싹해졌지요. 헌법이 살아 있어도 벌벌 떨던 판에 이제 그 허울조차 벗어던진 막가파 세상이 오는 거니까요. 우리 세 사람은 당분간 피신하기로 하고 김상현 의원이 지니고 있던 현금을 나누어가지고 윤형두와 나는 야간열차로 해인사로 향했습니다. 모처럼 여유롭게 해인사를 한 바퀴 돌고는 한낮부터 바로 술집으로 가서 만취했습니다. 비몽사몽간에 깨어보니 이튿날 한낮인데 술값·밥값에 숙박료까지 완전 바가지를 쓴 통에 여비 절반 이상을 날려버렸지요. 배를 쫄쫄거리며 경부선을 따라 몇몇 사찰을 돌아다니다 상경했으나 집엔 가지 않고 아내가 근무하던 숙명여대 부근 청파동에 하숙방을 구해 종일 방 안에 틀어박혀 얼마간 지내다가 별 위험한 기미가 없자 귀가했습니다.

이 시기를 리영희 선생은 '우상의 시대', 한승헌 변호사는 '위장 시대', 시인 양성우는 '겨울공화국'이라고 표현했지요. 악몽 같은, 홍역 같은, 지옥 같은, 질곡 같은 감시와 협박과 형벌과 해직의 연대였습니다. 미체험 세대에게 유신의 정치사회 풍속도를 적확하게 이해시키기란 퍽 어려울 것입니다. 다른 한편 체험 세대 가운데서도 개발독재의 효율적 측면만을 과장해서 기억하거나 아련한 추억담 정도로 여기는 이도 적지 않겠지요. 이렇게 유신의 실체가 희미해져가는 것도 문제지만 더 우려스러운 것은 '유신 주모자'였던 박정희에 대한 허황된 미화 신기루지요. 이후 유신독재 기간에는 대통령을 정통성과 대표성이 없는 통일주체국민회의가 간접선거로 뽑았습니다.

유성호　유신체제 형성은 국제적으로는 1969년 닉슨 독트린과 1972년부터 연속적으로 개최된 미·소정상회담으로 조성된 데탕트 흐름에 역행해 냉전으로 회귀하는 것을 의미하는 것 같습니다. 국내적으로는 1972년 7·4 남북공동성명 정신을 파기해 남북화해 구도를 다시 대결국면으로 전환하는 긴장 조성의 흐름이고요. 남북관계를 통일 지향이 아닌 대결 구도로 극대화해 '남침 위협'을 빌미삼아 국민들을 억압하려는 속셈이었겠지요. 한국 현대사가 내내 격랑을 겪긴 했지만 인류사회의 보편적 가치가 이때만큼 철저히 훼손당했던 시기는 없는 것 같아요.

임헌영 이 시대야말로 "도둑질만이 재산을 지킬 수 있다. 거짓 맹세만이 종교를 구할 수 있다. 서자만이 가정을 구할 수 있다. 무질서만이 질서를 구할 수 있다"(마르크스, 『루이 보나파르트의 브뤼메르 18일』)라는 역설이 복음으로 위장되어 통용되었던 정신사의 암흑기였습니다.

기자촌에서 맞이한 새로운 억압의 시대

유성호 선생님의 지적은 처절하고 준열합니다. 그때 개인적인 생활은 어땠습니까?

임헌영 서울살이 15년 만에 내 집을 처음 마련했던 곳은 '기자촌'이었습니다. 『경향신문』 시절에 기자들에게 특혜로 조성되어 분양된 마을이었지요. 지금은 은평구에 속해 있지만 당시는 고양군 신도면으로 1969년부터 입주가 시작되었습니다. 20년 분할 상환 조건으로 입주한 초기에는 도로 포장도 안 되어 있어서 장화를 신고 버스 정류장까지 나가 구두로 바꿔 신었고, 귀가하려고 택시를 잡으면 기사들이 당당하게 승차를 거부하던 지역이었습니다. 나중에 백기완 선생이 우리와 한 집 건너로 이사를 했지요. 작은 단독주택에 마당이 딸려 있어 고향 대추나무를 옮겨 심었고 어머니 모시고 첫아들 재롱을 보며 신혼을 즐기던 시절이었습니다.

『다리』지는 폐간했지만 나는 중앙대에 강사로 나가면서 당분간 문학에 전념하자고 다짐했지요. 그러는 중에도 권력의 역사는 뻔뻔하게 흘러갔습니다. 10·17 독재선언 한 달 만인 11월

21일 유신헌법 개헌안이 국민투표에서 92.2퍼센트의 찬성을 얻자 이내 12월 23일 통일주최국민회의의 간접선거에서 압도적인 지지로 박정희는 유신대통령에 당선되었습니다. 어찌 이렇게 감쪽같이 도둑질하듯이 헌법이 급조될 수 있을까에 대해 한인섭 교수는 칼럼 「끝이 좋지 않았던 유신학자 한태연」(『한겨레신문』, 2015. 11. 1)에서 소상히 밝혀줍니다. 박정희가 타이완식 종신총통제를 획책하고 있다는 음모를 폭로하며, 총통제 기도는 국민의 이름으로 규탄받아야 하고, 폭력집단보다 더한 정권의 횡포에 맞서 대학의 자유를 지키기 위해 끝까지 싸우자고 한 건 서울대 총장을 지냈던 유기천 교수였어요. 그는 별명이 쌍권총이었던 기인이었는데, 결국 1972년에 한국을 떠났고, 유신헌법은 '한갈이'(한태연·갈봉근·이후락)에 의해 만들어졌다는 소문이 파다했습니다. 당시 법무부장관은 박정희의 법무참모이자 법률공작에 앞장선 신직수였는데, 개정안은 이후락과 신직수가 주도해 김기춘 등 검사들을 시켜 만들어놓은 상태였고, 개정안 골격은 손대지도 못한 채 한태연은 개정안의 자구 수정에 조금 관여했다는 것이 한인섭 교수의 주장입니다.

유성호 그런 역사의 소용돌이에서 야당 주요 인사들은 무사했을까요?

임헌영 무사했을 리가 있겠어요? 유신놀이패는 12월 30일, 신민당 의원 중 강경 비판론자였던 조윤형·김상현·조연하를 본보기로 '뇌물수수혐의'란 누명을 씌워 구속시킵니다. 그렇게 1972년은 저물어갔습니다. 세 분 다 『다리』지에 자주 왕래해 무척 정들었던 의원들이었지요. 조병옥의 차남인 조윤형은 그 명망만으로도 정계 입지가 탄탄했던 거물이었고, 승주 출신 조연하는 매우 신사적인 강골로서 주견이 분명해 특정 정파보다는 자신이 올바르다고 택하는 노선에 충실한 정치인이었습니다. 이 셋은 당시 야당의 대표적 반골이었지요.

이들을 구속한 명분은 뇌물알선죄였습니다. 8대 국회 때 내무분과위원회 위원장은 여당 오치성에 야당 간사는 김상현이었습니다. 1971년 추석 때 떡값이 안 나오니까 위원들이 오치성과 간사를 비난하자 발 빠른 김상현 의원이 아이디어를 냈지요. 서울시장에게 어떤 공사를 부탁하고 건설업자에게 떡값을 받아내자는 구상이었는데 그가 자진해서 앞장을 섰습니다. 500만 원을 받아 22명의 의원들에게 20만 원씩, 여야 간사에게 30만 원을 분배했던 것이 빌미였습니다. 그래 놓고 정보부 3국장, 강창성 보안사령관, 이후락 청와대비서실장 등이 인기 높았던 김상현 의원에게 직간접적으로 유신헌법 아래서 총선에 출마하면 만사가 풀린다고 유혹했어요. 그는 이 제의를 거절하고 기관원의 감시를 받으며 메디컬센터에 입원해버립니다. 부인 정희원 여사 역시 한가락 하는 분이라 그런 정치인은 되지 말라고 신신당부해서 마음 놓고 감옥행을 선택했다고 하더군요.

그는 재판정에서 변호를 맡은 한승헌이 너무나 추상같아서 징역을 깎아주는 게 아니라 도리어 더 살게 하려고 작심한 것 같다고 늘 좌중을 웃겼는데, 형 확정 뒤 안양교도소에서 텔레비전을 통해 한승헌 변호사가 미스코리아 심사를 하는 장면을 보고는 남은 징역 살게 해놓고 자기는 저렇게 희희낙락하고 있더라고 콕 찍어 개그를 날리곤 했어요. 서대문구치소에 있을 때 나는 윤형두와 함께 접견을 간 적이 있는데, 김상현 의원은 다짜고짜 담배를 찾으며, 다른 건 하나도 안 아쉬운데 담배가 제일 아쉽다고 했습니다. 여전히 싱글벙글하며 우수에 잠긴 우리를 도리어 위로해주어 누가 갇힌 쪽인지 혼란스러웠어요.

유성호 그렇게 한 시대가 닫히고 또 새로운 억압의 시대가 열렸습니다. 개인적으로 알게 모르게 다가오는 위협을 느끼지는 않으셨나요?

임헌영 나는 일단 대학 강의를 맡고 보니 공부가 목전에 다가왔어요. 유명한 문학자료 소장자였던 김근수가 소장을 맡은 한국학연구소를 자주 찾느라 바빴어요. 그는 자신의 귀한 장서를 중앙대에 기증하는 대신 학교 측에서는 그에게 교수직을 주고 장서 보관 시설을 한국학연구소로 만들어 소장직을 보장해줬습니다. 백철 선생이 총장을 설득했다고 해요. 당시 근현대 자료의 소장자는 단연 김근수와 백순재 두 분이었기에 이 자료를 본다는 것은 큰 특혜였습니다. 나는 틈만 나면 거길 들러 마음껏 자료를 찾아 읽고 복사도 하느라 눈에 불을 켰어요. 외로운 김근수 소장에게 말동무가 되어드리기도 하면서요.

그럴 수 있었던 것은 그렇게 훌륭한 자료가 있는데도 찾는 사람이 별로 없었기 때문이에요. 거기서 가장 자주 만난 분은 중앙대 영문과 김병철 교수로, 그는 그 자료들 덕택에 『한국근대번역문학사 연구』(을유문화사, 1975)를 집필해서 일약 명성을 날렸습니다. 나도 거기서 카프문학 자료를 수집하고 정리해 차곡차곡 쌓아나갔지요. 그야말로 횡재였어요. 그러던 차에 1973년 8월 8일, 김대중이 도쿄에서 실종되었지요. 썩은 언론들은 조총련이나 북한의 소행이라며 증거물로 그가 묵었던 호텔 방에서 북한제 담배꽁초를 들이댔습니다. 만화처럼 김대중은 8월 13일에 자택 앞에 나타났고 그 뒤 줄곧 연금당했지요. 이 이야기는 널리 알려져 있으니 생략합니다.

그 무렵 나는 뭔가 불안한 예감이 들어 중학교 2학년 때부터 하루도 빼먹지 않고 매일 써왔던 내 보물 제1호인 일기장들을 다 태워버렸습니다.

유성호　파노라마처럼 유신시대가 개막되어 갑니다. 이제 선생님의 운명을 바꾼 문인간첩단 사건이 일어나는 거지요?

10 고문과 간첩 조작의 기술자들

폭력과 공포로 얼룩진 서빙고

유성호 이제는 선생님의 운명을 바꾼 첫 번째 고비로서 이른바 '문인간첩단 사건'입니다. 그게 1974년의 일이지요?

임헌영 그해는 정초부터 어수선했어요. 나는 '문인 61인 개헌지지성명'에 서명했어요. 이 서명이 언론에 발표되자 재빠르게 그 이튿날 1·8 긴급조치가 선포되었습니다. 하루 지나 관할 경찰서 형사가 집으로 찾아왔더군요. 이틀 후 또 형사 둘이 찾아와서 여러 가지를 꼬치꼬치 캐물었습니다. 밤에도 전화를 걸더군요. 소재 파악을 하나 싶었어요. 이미 이호철은 연행당했고, 형사들이 함석헌 선생과 천관우 선생도 연행해갔다는 유언비어도 있었거든요. 장준하 선생과 백기완 선생은 긴급조치 1호 위반으로 이미 구속된 상태라 뒷소식이 자못 흉흉한 때였지요. 다음 날 낮에 집으로 보안사에서까지 다녀갔다기에 서명자들을 모조리 연행하겠구나 싶어 나는 귀가를 포기하고 며칠간 피신해 있기로 했어요.

유성호 보안사, 그 끔찍한 이름이 나왔네요. 그야말로 공포와 폭력의 대명사 아니었습니까?

임헌영 보안사는 미군정청 국방사령부 산하에 설치되었던 정보과(1945. 11)가 남조선국방경비대 정보과(1946. 1)로 바뀌었고, 육군본부 정보국 특별조사대(1948. 11)가 되었다가 다시 방첩대(1949. 10)라는 명칭을 거쳐 육군본부 직할 특무부대(CIC, 1950. 10)로 신분을 바꿉니다. 이승만 독재체제를 위해 비판세력에게 온갖 만행을 저질러 악명이 높았지요. 4월혁명 후 육군방첩부대로 개칭(1960. 7)되었으나 5·16 쿠데타 세력은 육군 보안사령부로 개칭(1968. 9)한 뒤 육해공군을 망라하는 국군보안사령부로 확대 개편(1977. 9)했습니다. 시종 박정희 군사정권의 버팀목으로 중앙정보부와 충성 경쟁을 전개한 쌍두마차였지요. 연행을 당해도 가족조차 어디로 끌려갔는지 알 수 없던 공포의 시절이었습니다. 매일 집 앞에 차를 대놓고 망을 보던 사람들에게 잡혀서 어디론가 연행된 게 1월 17일이었습니다.

유성호 간단히 말씀하시는데 사실은 피신한 임 선생님의 도피처를 알아내려고 사모님까지 연행했었다고요?

임헌영 퇴근하는 아내를 집 근처에서 지키다가 붙잡아 창문을 가린 지프차에 태우고 서빙고로 갔더라고요. 아내는 거기가 서빙고인 줄도 모르고 벌벌 떨며 연행되어 이틀 밤을 꼬박 닦달당하고 나왔습니다. 쌍욕을 퍼부으며 모욕을 주고 피신처를 대라고 으르렁거렸던가 봐요. 거기가 그 무서운 곳인 줄 모른 아내는 분을 못 참고 대들다가 수차례 뺨까지 얻어맞았더군요. 사실 가족들 누구도 내 도피처를 몰랐으니 아무리 억지를 써도 나올 게 없었지만, 취조관은 알면서도 딴전을 피우는 줄 알고 가혹하게 다그쳤던 모양입니다. 아내는 잠 한숨 못 자고 100장 넘는 일대기를 쓰며 이틀 밤을 취조당한 후 한쪽 볼이 퍼렇게 부은 모습으로 일단 풀려났지만, 나중에 서빙고로 2차 연행을 당해요.

유성호 사모님이 풀려난 날 밤에 선생님이 연행된 거네요.

임헌영 나를 뒷좌석 가운데 앉히고 양쪽에 두 남자가 조이는 상태로 검은 지프차는 퇴계로의 한 호텔에 들렀습니다. 아주 으슥한 방으로 데려갔어요. 귀신이라도 나올 듯이 어두컴컴한 큰 방 입구에 책상과 걸상이 있었는데 거기 앉으라고 하더군요. 잠시 후 덩치가 어마어마하게 큰, 소설 『쿠오바디스』의 우루서스 같은 남자가 내 맞은편 의자에 와서 앉았어요. 태어나서 그렇게 몸집이 거대한 사람은 처음 봤습니다. 그냥 마주하기만 해도 내 존재가 초라해지는 것 같았습니다. 위기 속에서도 조선 혈통에 저런 골조의 인간도 있구나 생각했어요.

그 남자는 입은 다문 채 커다란 눈동자를 이리저리 굴리며 나를 유심히 건너다보았는데, 소름 끼치는 시선만으로도 내 사지가 얼어붙는 것 같더군요. 반나치 영화에서 레지스탕스들이 잡혀가는 장면에서 이 비슷한 걸 본 기억이 문득 떠올랐어요. 아무리 대담한 레지스탕스도 기가 질려버리던 모습, 마치 기중기가 작은 바위를 들어 팽개치듯이 벌벌 떠는 상대를 내리박던 장면이 떠올랐습니다. 그런데 그는 아무 말도 않고 10분쯤 관상 보듯 나를 건너다보더니 우레 같은 음성으로 "데려가!"라고 고함을 질렀어요. 나중에 보니 서빙고 분실로 데려가라는 거였어요.

유성호 그땐 남산 3호터널이나 반포대교도 없던 시절인데, 서빙고가 정확히 어디였나요?

임헌영 서울역에서 삼각지로 가서 이태원 쪽으로 좌회전해서 언덕길을 오르면 이태원 입구(지금의 녹사평 역. 당시에는 콜트 장군 동상)인데, 거기서 우회전해 초라한 내리막길을 달리노라면 좌우에 미군부대 철조망만 쭉 늘어서 있었습니다. 길은 좁고 왕래하는 차는 거의 없었지요. 지금의 크라운 호텔을 지나 반포대교가 나오기 직전에 동작대교로 빠지는 오른쪽 길로 들어서면 이내 왼쪽으로 약간 경사진 곳에 삼엄한 검문대가 나타났어요. 그때는 그게 어딘지도 몰랐지만 그게 보안사 서빙고 분실이었어요.

유성호 물리적인 고통이 엄습해오는 분위기입니다, 선생님. 연행 후에 겪으신 일들을 자세히 듣고 싶군요.

임헌영 1층 어느 방, 카펫이 안 깔린 맨바닥에다 벽에 머리를 박아도 상처 나지 않도록 특수 장치를 설치한 방이었는데 간이침대만 한쪽에 있고, 화장실은 복도 끝에 있었습니다. 허리띠부터 소지품을 전부 압수하고 의사가 간단한 건강진단을 마치고 인정심문이 끝나면 바로 고문이 시작되지요. '네 죄를 네가 알렷다'라는 식입니다. 무조건 털어놓으라면서 매질입니다. 뭘 털어놓으라는 건지도 모른 채 비명을 내지르며 혼비백산할 즈음에야 의자에 앉으라더니 그간 살아온 일대기를 쓰라고 명령합니다. 으레 그랬지요. 밤이고 낮이고 시시콜콜 써야 합니다. A4용지로 한 7, 8매 정도로 엮어서 건네주면 그걸 대충 읽고는 엉터리라며 확 찢어버립니다. 여기까지가 프롤로그지요.

광기와 야만의 세월 속에서 고통을 감내하다

유성호 그러고는 바로 제1막이 열리는군요.

임헌영 "이 새끼 안 되겠구먼. 군복으로 갈아입혀!" 하고는 진짜 옷을 갈아입혀 맨바닥에다 꿇어앉히고서 주먹으로 때리고 발로 차고 온갖 학대를 가합니다. 묻지도 않고 그냥 때리는 거지요. 그러다가 더 자세히 쓰라면서 그제야 큰 인심이라도 쓰듯이 일본 여행 간 적 없느냐고 묻습니다. 그걸 자세히 써넣으라고 일러주며 다시 쓰라고 합니다. 일본에서의 여행기를 대충 엮어서 주면 건성으로 읽고서는 또 "이 새끼 안 되겠구먼"이라고 험한 표정을 짓습니다. 이 말은 새로운 막을 열겠다는 시그널로 몇 번이고 반복됩니다.

우리 사건 총책을 맡은 '강 전무'(5공 때 민정당 국회의원이 된 YSJ의 가명)는 이 방 저 방 다니며 강압적으로 수사를 전개했는데 나도 그에게 몇 번이나 직접 가격을 당했어요. 그는 나를 바닥에 꿇어앉히고 날카로운 구둣발을 옆 날로 세워 무릎 위를 세차게 걷어찼습니다. 이미 숙달된 그 발길질은 치명적이라 차라리 매를 맞는 게 훨씬 낫습니다. 나이 들면서 그 부위가 자주 견딜 수 없게 아파요. 날씨가 흐리거나 비가 내리면 영락없이 통증이 더 도져요. 아구창을 날리는 것은 예사고 엎드려뻗쳐, 꿇어앉기, 팬티 차림 등은 그들에게 한낱 오락이지요. 그러다 아예 발가벗겨 세워두곤 저희들은 쉬면서 나체를 감상하기도 해요. 심문할 땐 어디선가 희미하면서도 분명히 '아아아아' 하는 신음소리가 들리도록 장치가 되어 있어요. '당신도 저럴 수 있다'는 것을 보여주기 위해 음향 효과를 배경에 깔고 진행하는 기법이었습니다.

그렇게 마구 조져댄 뒤에 의자에 앉히고는 한 명은 내 맞은편 의자에 앉고 나머지 대여섯 명이 나를 병풍처럼 둘러서서 심문자의 말을 큰 소리로 반복하거나 윽박지르며 "이 새끼가 아직도 정신 못 차리는군!"이라든가 "뭐 이런 놈이 다 있어!"라는 베이스를 수시로 넣어 단 한순간도 공포를 벗어날 수 없도록 합니다. 설사 죽은들 누가 알겠어요? 그렇게 몇 시간 동안 타작을 하고는 지금까지 말했던 그대로 적으라며 백지와 볼펜을 주고는 사라집니다.

유성호 정말 끔찍합니다. 다시는 그런 세상이 오지 말아야 할 텐데요. 대체 그게 몇 막까지입니까?

임헌영 개인에 따라 다르지만 아무리 간단한 사건이라도 10막은 족히 될 걸요. 일단 고문이 끝나면 그들은 철수하고 대학생 징집자들로 이루어진 사병들이 감시하는 가운데 손목이 시릴 정도로 일대기를 집필해야 했어요. 그들은 교대해가면서 나를 괴롭히고 통 잠을 못 자게 했어요.

유성호 다 쓰고 나면 그들이 읽어보고는 또 "이 새끼 안 되겠구먼"이라며 고문이 반복되는 형식이군요.

임헌영 그렇지요. 집필량은 점점 불어나 나중에는 100매를 넘나들 정도가 되지요. 아내도 이걸 100장 넘게 썼다고 해요. 가끔은 "이 새끼, 엘리베이터 태워야 하나!"라고도 해서 무슨 뜻인지 몰랐는데, 엘리베이터에 태워 땅 밑 몇 백 미터로 하강시켜 죽여버린다는 겁니다. 그냥 속임수로 땅 밑으로 깊이 내려가는 것처럼 느끼게 해서 어느 지점에서는 문이 열리면서 갑자기 고문 담당자들이 몰려들어 매질을 하고는 다시 집어넣으며 내려가다 보면 또 문이 열려 다른 식의 고문을 하는 빙고동 호텔에서 가장 끔찍한 고문 코스라고 하는데 나는 거기까지는 안 가고 끝났어요.

그런 고문과 심문을 받으면서도 나는 대체 뭘 가지고 이러나 통박을 굴리기가 바빴어요. 시간이 지나고 반복되면서 선명하게 초점이 떠올랐습니다. 재일동포 교양 월간지 『한양』(漢陽)지에 글을 써서 원고료를 받았으며, 여행 중 그 잡지의 발행인이나 편집인과 만나 대접을 받은 걸 엄청난 범법으로 몰아가는 것 같아 얼핏 참으로 우습다는 생각이 들었습니다. 1962년에 창간한 『한양』은 그동안 한국 내 유명 문사들(예를 들면 박종화·백낙준·백철·이해랑·모윤숙·김동리·조연현·정비석·조경희·유주현 등)이 필진으로 망라된 데다 한국 보급 총책으로 박정희와 개인적으로 아주 친했던 구상 시인이 관여되었던 터라 어떤 명분으로도 나 같은 피라미가 얽혀들 것 같지는 않았기 때문입니다.

유성호 듣기만 해도 광기와 야만의 세월을 느끼게 됩니다.

비록 젊으셨지만 살아오면서 그때 당했던 고통을 감내하시는 게 선생님도 가족들도 쉽지 않으셨을 것 같습니다.

임헌영 가족들은 장장 19일 동안 내가 연행된 후 언론에 발표(2. 5)될 때까지 전혀 소식을 몰랐어요. 고문받다 죽었다 한들 그들이 내가 죽였소, 하겠습니까? 당사자인 나보다 사실 어머니와 아내가 얼마나 애통해하며 지낼지 가슴이 터지는 것 같았습니다.

징집당해 온 근무병들은 수사관이 잠깐 자리를 비운 사이에 "망해라!"고 소리 지르며 노골적으로 나를 동정했습니다. 필요한 것 있으면 밖으로 전화해줄 테니 부탁하라고 동정어린 표정을 짓는데, 이게 또 무슨 함정일까 싶어 선뜻 응하지 못했어요. 어느 수사관은 지나다가 들러 천장의 텔레비전과 벽의 녹음장치를 가리키며 조심하란 몸짓과 함께 종이에다 "반공법, 문제가 많다"라고 써서 보여주곤 잘게 종이를 찢어 휴지통에 넣어버리곤 했습니다. 그걸 보고 곧 풀려나겠구나 낙관했는데, 웬걸 며칠 사이에 슬그머니 분위기가 얼어붙더니 취조관들이 사법경찰관으로 싹 바뀌더군요. 그러고는 본격적인 서류 작성에 들어갔는데, 뭔가 뜻대로 안 되는지 다시 한 차례 담당이 교체되면서 사뭇 경직된 분위기였습니다. 나중에 들은 이야기를 종합해보면 각료회의에서 문공부장관이 사전 통보도 없이 군 관련 기관에서 문인들을 연행해간 사실을 문제삼아 풀릴 듯했지만, 보안사는 이를 기정사실화하려고 더 확실한 범죄로 몰아갔고, 여기에다 예술단체 모 간부가 양념을 쳤다고 해요.

한 닷새 지나자 슬슬 요령이 생겨 내가 한 대답들을 일치시키려고 초인적인 노력을 하는 반면 그들의 표정만 보고도 그 다음 행동을 예견할 정도가 되더군요. 시일이 지나자 우리 다섯 명은 각자 누구누구가 잡혀 와서 심문을 받고 나갔고 최종적으로는 누가 남았는지를 안 보고도 알게 되었습니다. 인간은 참으로 영특한 동물이지요. 시간이 갈수록 심문자들과도 말문이 터져 잡담을 나눌 계제까지 되었습니다. 필시 그들도 이 사건을 간첩으로 조작하는 게 무리임을 알았기 때문에 약간 체념한 것 같았어요. 심문관 중 한 사람은 거의 표정이 없었는데, 월남한 진짜 간첩 출신이었어요. 눈빛이 매섭고 과묵하면서도 어딘가 공포를 느끼게 했는데, 한쪽 엄지손가락이 뭉그러져 있었습니다. 체포당해 심문 중 고문을 받다가 그렇게 된 것이라고 친절하게 설명까지 해줬어요. 듣고 보니 그가 측은한 생각도 들더군요.

유성호 참, 선생님도 어이가 없군요. 그런 상황에 뭐가 측은합니까?

임헌영 고문을 체험한 사람의 동병상련일까요. 너도 내 처지와 다를 바 없었구나 싶었나 봐요. 하루는 심문관 하나가 서비스라며 잠시 시원한 바람이나 쏘이라며 선심을 쓰기에 건물 옆눈 덮인 뜰로 나갔습니다. 마침 거기에 바로 그 월남 간첩이 멍하니 쪼그리고 앉아 담배를 피우면서 연기를 하염없이 허공으로 날리고 있더군요. 그때 내 눈엔 그냥 한 처연한 인간이 보였어요. 그 허망함! 그는 대체 무엇을 생각할까, 그의 착잡한 심경과 뇌리에 어떤 회한이 서려 있을까, 북녘 고향과 부모와 어렸을 적 동무들, 남녘에 와서 강제로 결혼당해 얻게 된 처자식들, 자신이 믿었던 '인민공화국의 이상'과 남녘의 풍요로운 '미제의 식민지로서의 미끼인 달콤한 물질적인 유혹의 삶'의 괴리가 주는 번민·민족·역사·진리·정의, 대체 그런 게 무엇이었을까? 이런 잡상이 이어지더군요. 그는 나에게도 가끔씩 "이 사람이!"라는 협박성 말을 내뱉으며 눈을 부라렸지만, 눈 덮인 마당에 혼자 쪼그리고 앉아 담배 연기를 뿜어내던 그를 떠올리면 다 용서하고 싶어졌습니다.

아내가 그곳에 두 번째 연행된 사실을 나는 전혀 몰랐어요. 마지막 단계에서 나를 진짜 간첩으로 넘기기 위해 가택수색을 했는데, 그때 압수한 물건들에 관해 진술을 받기 위해서였어요. 집에 있던 소니 녹음기와 라디오, 심지어 서랍 속 만년필까지 압수해서 공작품이라며 들이밀었는데 TV에 그 물건을 증거로 방영시키기 위한 사전작업이었지요. 아내는 그때 숙명여대에 근무했는데, 그 녹음기는 아내의 직장친구들이 준 결혼 선물이었으니 원하는 대답이 나왔겠어요? 펄펄 뛰는 아내에게 그들은 옆방에서 으으 신음하는 소리를 들려주며 남편 목소리 아니냐고 하더래요. 아내는 펑펑 울면서 그냥 지장을 찍어주고 나왔다고 해요.

이런 거지 같은 간첩은 처음이야

유성호 문인간첩단 사건이 정국의 흐름을 유리하게 하려던 독재 정권의 조작극이라는 것은 이미 판결이 났지만 그 정도일 줄은 몰랐어요. 그때 선생님의 나이가 약관 33세, 그 젊은 나이에 팔자에 없는 영어의 몸이 되신 것은 큰 충격이 아닐 수 없었겠습니다. 그 극심한 공포와 협박 속에서 무슨 생각을 하셨을까요?

임헌영 생사가 달린 긴장의 연속이라 비감이고 뭐고 없었어요. 나는 8일 만인 1월 25일에 서빙고에서 서대문 구치소로 이송되어 수감되었습니다. 물론 다섯 명이 따로따로 수감되었지요. 1월 25일은 내 생애에서 잊을 수 없는 세 가지 일이 겹쳐진 날입니다. 내가 초등학교 교사를 그만둔 뒤 고향을 떠나 상경한 날이었고, 그때 두 살이었던 아들의 생일이었으며, 지긋지긋한 서빙고를 떠나 감옥에 갇힌 날입니다.

보안사에 대해서는 김병진이 쓴 『보안사』(소나무, 1988)를 참고하세요. 김병진은 재일동포 유학생으로 보안사에 연행되어 고문을 당한 유경험자로서 거기서 2년간 근무 후에 사직하고 이 책을 통해 그 사실을 폭로했습니다.

나는 잠 한숨 제대로 잘 수 없었던 고통에서 풀려나 구치소로 옮겨지자 너무나 마음이 편안해졌습니다. '국립서대문대학'의 입학시험은 까다로웠습니다. 일반 죄수와는 달리 온몸을 철저히 조사합니다. 모욕감도 느끼게 홀랑 벗겨서 구멍이란 구멍은 다 들여다보며 거기 뭘 숨기지 않았나 검사합니다. 플라스틱제 밥그릇과 국그릇, 숟가락에다 대나무 젓가락, 수인 번호판을 받고는 감방에 갇힙니다. 5사 하 8방이 내 방. 원래 독방이 아니라 여럿을 함께 수감했던 곳이라 혼자 쓰기에 좁진 않았습니다. 그러나 찢어진 비닐 창틀로 찬바람이 들이쳤고, 이불은 솜뭉치들이 한쪽으로 내몰려 있고 눅눅했어요. 가족들은 우리가

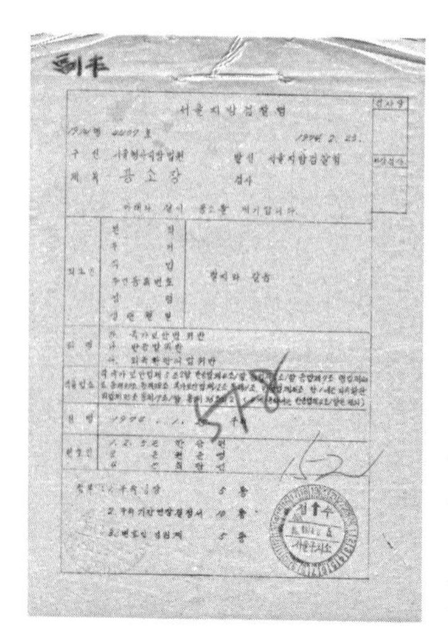
서울지방검찰청
제목 공소장
별지와 같음
가. 국가보안법 위반
나. 반공법 위반
다. 외국환관리법 위반

서울지방검찰청의 공소장 표지. 가운데 붉은색으로 쓴 '5下8'은 내가 갇혀 있던 '5사 하층 8방'이란 뜻이고, 그 밑에 '152'는 서울구치소에서의 내 수감번호다.

구치소로 갔다는 사실도 모르니 차입이 있을 리 없어 한겨울인데 얼마나 추웠는지 몰라요. 입고 덮을 것이 변변치 못한 강추위 속에서도 워낙 밀렸던 단잠이라 첫날밤은 금방 곯아 떨어졌지요.

이튿날 새벽, 기상나팔 소리에 일어나니 복도로 수감자들이 수시로 몰려 나가 어디론가 부산하게 오갔습니다. 알고 보니 세면 시간이라 간수가 문을 열어주면 세면장과 방을 오가는 것이었습니다. 누군가 "형, 왜 여기 왔어?"라기에 보니 후배 이재오였습니다. 그는 얼른 "형, 내가 필요한 것 다 보낼 테니 걱정 마소" 하고는, 자기는 내 방과 멀리 떨어져 있고, 바로 내 옆방에 노동운동 연구가이자 통일운동가인 김낙중 선생의 공범 노중선 선생이 있으니 뭐든 필요하면 그에게 말하라고 소개까지 하는 게 아니겠습니까? 이재오는 일본 유학생 간노 히로오미

(나중 도쿄외국어대 교수)가 오가며 북의 주체사상을 소개한 『철학사전』을 들여와 갖고 있다가 들켜 투옥되었습니다.

유성호 그 유명한 통일운동가 김낙중 선생이 그때 거기 계셨군요.

임헌영 그는 당시 고려대 노동문제연구소 총간사였고 노중선은 간사였지요. 김낙중은 임진강과 한탄강의 합류 지점인 파주에서 태어나 서울대 사회학과 재학 때 '통일독립청년공동체수립안'을 작성, 남북이 평화롭게 지내자는 취지의 청원서를 이승만에게 발송했습니다. 1955년 봄의 일입니다. 당연히 조사를 받고 곤욕을 치르지요. 남쪽에서 자기 의견을 안 받아들이니까 북에 가서 그쪽 의견을 듣고자 그는 월북합니다. 고향이 오두산 전망대 바로 위쪽이라 썰물 때 몸을 물결에 맡기면 저절로 강 북안에 닿아 넘어갔다고 해요. 그러나 이 열혈청년의 이상을 모르는 북에서는 남한의 첩보원으로 의심해서 투옥합니다. 어찌어찌 석방되어 휴전선 철길을 따라 월남하다 바로 잡혀 온갖 고생을 하지요. 그는 고려대 노동문제연구소에 근무중이던 1973년에 피체되었어요. 명석한 학자이자 운동가인 그 앞에 서면 누구나 겸허해질 만큼 그는 날카로우며 직설적인 논리를 구사했지요. 자서전 『굽이치는 임진강』(삼민사, 1985)은 소설보다 더 재미있는 남북한 양쪽의 옥중 체험기입니다. 이 실록을 토대로 시인 최두석은 『임진강』(청사, 1986)이라는 서사시를 썼지요. 김낙중 선생은 역저인 『사회과학원론』(한길사, 1987)도 출간했습니다.

노중선은 이미 1968년 '남조선해방전략당' 사건에 연루되어 혹독하게 당한 적이 있습니다. 최근 이 사건의 희생자였던 권재혁의 억울한 처형을 다룬 기사들이 쏟아져 나오면서 새삼 주목을 받았지요. 권재혁이 1969년 11월 4일 조작 간첩죄로 형장의 이슬로 사라졌을 때 그의 딸(권재희)은 일곱 살이었는데, 탤런트가 되어 현대사 연구자이자 민주통일 연구자인 성공회대 한홍구 교수와 결혼해, 이 사건의 날조성이 낱낱이 세상에 드러나게 되었습니다. 유진오의 외손자인 한홍구는 현대사 발굴의 뛰어난 개척자입니다.

비극론과 카타르시스를 실험하다

유성호 인생도처유청산(人生到處有靑山)입니다. 거기 귀중한 인재들이 다 모여드는군요.

임헌영 나는 일단 보안사의 그 끔찍한 공포에서 벗어나 감방에 갇힌 게 너무나 좋았습니다. 그러나 너무 사정없는 추위라 며칠 만에 동상에 걸렸지요. 선험자의 처방대로 바늘로 찔러 피를 짜내니 검붉은 피가 쏟아져 나오더군요. 아리스토텔레스는 근엄한 귀족답게 카타르시스를 너무 고상하게 언급해 문학청년 시절에 이를 이해하려고 무던히도 끙끙댄 적이 있었습니다.

> "비극은 진지하고 일정한 크기를 가진 완결된 행동을 모방하며, 쾌적한 장식을 가진 언어를 사용하되 각종의 장식은 작품의 상이한 제부분에 따로따로 삽입된다. 비극은 드라마적 형식을 취하고

서술적 형식을 취하지 않으며, 연민과 공포를 환기시키는 사건에 의해 바로 이러한 감정의 카타르시스를 행한다."(아리스토텔레스, 천병희 옮김, 『시학』, 문예출판사, 1991, 47쪽)

그 카타르시스가 생리적인 정화(purgation)와 종교적인 정화(purification)를 포괄하는 것인지, 또는 아리스토텔레스 자신이 어떤 체험에서 이런 이론을 도출했는지는 모르겠지만 적어도 내가 살아오면서 겪은 비극은 전혀 아리스토텔레스적이지 않다는 것만은 분명해요. 비극론을 보면 그는 아무래도 별로 비극적인 체험을 못하지 않았나 싶습니다. 나에게 비극은 진지하지도 않고, 완결된 행동의 모방이나 쾌적한 장식의 언어로도 사용될 수 없는 지저분한 잡문 형식으로 다가왔기 때문이지요.

1974년 유신독재 치하 겨울의 비극도 나에게는 너절한 산문 형식으로 운명의 낡은 소매를 잡아끌었습니다. 이호철·김우종·정을병·장백일과 나 다섯이 엮인 '문인간첩단' 사건은 차라리 헤겔적인 비극에 가까웠던 것입니다.

"남편, 부모, 자녀, 형제 같은 가족에 대한 사랑, 국가적인 삶, 시민들의 애국심, 지배자의 의지, 더 나아가 교회에 나가면서도 신앙행위는 거부한 채 경건함만 지니고 있거나, 행동하더라도 선악을 인간의 가슴속에 있는 신앙에 따라 구분하지 않고 반대로 실제적인 관심사나 상황에 따라서 행동함으로써 진행된다."(헤겔, 두행숙 옮김, 『헤겔 미학』 3권, 나남출판, 1998, 682쪽)

지극히 시민적이고 현실적인 이 비극의 범주, 특히 '지배자의 의지'라는 단어에 초점이 갑니다. 한 독재자의 의지에 따라 역사는 얼마나 많은 범죄와 불행이 저질러졌던가요? '지배자의 의지'의 함정 속으로 내가 빠져든 건 1974년 겨울, 유신독재가 가장 매웠던 때였습니다.

유성호 공감이 느껴지는 장면입니다.

임헌영 1908년 독립투사를 가두고자 일본이 지은 서대문구 현저동 101번지의 경성감옥은 그 명칭이 여러 번 바뀌었으나 유신시절에는 서울구치소로 불렸습니다. 원래는 히터와 유리창 시설이 있었으나 다 떼어 내버린 채 유리 대신 얇은 비닐로 창을 만들어 찬바람에 찢어진 비닐이 마구 펄럭였어요. 동장군이 엄습하기 좋게 찬 시멘트 위에 마루를 깔아 거기에 가마니 거적을 덮어 바닥을 만들었습니다. 이불은 축축하고 얇은 데다 솜은 오랜 세월 쩔어서 꼬질꼬질했습니다. 그 추위에도 이(虱)들은 감기도 안 걸리고 전신을 공격해댔습니다. 육신의 고통보다 밖의 식구들이 당할 괴로움이 차츰 가슴을 후벼 팠습니다.

빈방에는 아무것도 없었어요. 읽을 생각도 없었지만 읽을거리도 주지 않았고 면회도, 도서 차입도, 접견도 일절 금지된 밀봉 상태였거든요. 그렇게 한동안 보내면서 인간이 고통 속에서도 절망하지 않을 수 있는 게 뭘까를 생각하게 되었습니다. 읽었던 많은 책들, 아름다웠던 장면과 슬픈 장면을 다 떠올렸으나 그것으로는 위로가 되지 않습디다.

어느 날 목사 한 분이 내 방을 들여다보더니 "당신, 평양에서 왔소?"라고 홍두깨 같은 화두를 던졌습니다. 그때는 반공법 위반자 문 위에는 빨간 표지판을 붙여 일반수와 엄격히 구분해 차단했습니다. 얼른 "네, 평양에서 왔시다" 했더니 뒤도 안 돌아보고 휑하니 다른 방으로 가버렸습니다. 길 잃은 한 마리 양을 구하려는 게 그들의 사명일 텐데 정작 길 잃은 양을 팽개치다니! 섭섭하더군요. 소내 방송은 유신과 박정희를 찬양하며 새마을 노래들을 연신 틀어댔습니다.

유성호 그런 가운데서도 다가올 검찰 심문에 대비하느라고 머릿속은 부산하셨을 텐데요.

임헌영 수사기관의 기록을 그대로 옮겨 요약하는 게 당시 검찰 풍조였던 터라 너무나 긴장이 돼서 잡념이 다 사라질 정도였어요. 그런데 그게 끝이 아니었어요. 쉽게 죄명을 뒤집어씌울 수 없게 되자 그들은 새로운 위협을 시작했습니다. 나를 검찰청으로 소환하지 않고 담당검사가 직접 구치소로 와서 심문을 진행했습니다. 그는 나를 보자마자 "이 새끼 거짓말 하면 그냥 안 둬!"라더니 "누가 뭐 일본 가서 오입한 이야기나 듣자고 온 줄 아나?" 하기에 나는 대뜸 "그런 건 하지도 않았습니다" 했더니 "이 새끼, 그러니까 빨갱이잖아!" 이런 식이었습니다. 그는 혼잣말로 "다른 놈보다 좀 뻣뻣한데?" 하더니 자기 뜻대로 안 되자 웬일인지 바로 감방으로 돌려보내더군요.

아니나 다를까, 그날 밤 나는 구치소 보안과장실로 끌려갔습니다. 낯익은 보안사 요원들! 세상에 그 끔찍한 얼굴들이 거기까지 와서 기다리고 있더군요. 그들은 나를 둘러싸고서 왜 검찰 심문에서 순순히 말하지 않았느냐며 팔다리 하나 부러지고 싶으냐고 악을 썼어요. 말을 안 들으면 다시 보안사로 데려가

서빙고 보안사 분실터. "이 장소는 조선 건국 초기인 1396년부터 얼음창고(西氷庫)였던 곳으로서 인조 13년 (1635), 태조 이성계의 신덕왕후 강씨의 영정을 모신 제당((府君堂)으로 사용되었으며 일제 치하인 1910년경부터 군사훈련장으로 이용되었다. 해방 후인 1957. 9. 1부터 특무대 공작분실로 개관, 1971. 9. 20 보안사 수사분실로 개칭하여 사용하다가 1990. 11월 폐쇄할 때까지 자유민주주의 체제 수호를 위해 수많은 방첩인들의 땀과 혼(魂)이 서려 있는 터로서 그 의미를 되새기고자 이 표지석을 세운다. 2008년 7월 16일."

겠다고 하기에 나는 속으로 '야, 감옥 넘어온 놈을 니들 맘대로 하냐' 싶었는데, 어느 날 야심해서 그들은 정말로 서빙고로 나를 데려갔어요. 아, 아무도 모르게 죽는구나! 전율이 왔어요. 그 심야의 드라이브, 통금으로 텅 빈 거리를 질주해 온갖 위협에 시달리다가 다시 구치소로 되돌려지기까지의 과정은 내 심장을 얼어붙게 했어요.

나를 맡았던 최 모 수사관은 남의 눈을 피해 슬쩍 귀띔을 하더군요. "잘했어! 그러나 1심 받을 생각은 해야지. 깡그리 부정하면 병신 될 수도 있으니 조심해라"라고 병인지 약인지 모를 충고를 했어요. "일단 기차에 태워졌으면 다음 정거장에서 내

인권서울이 세운 옛 보안사 터(현 아파트) 입구 보도 위의 표지판. "'빙고호텔'(The Bingo Hotel) 터, 1957~90. 민주인사 등에게 고문수사를 했던 국군보안사 서빙고 분실 자리."

릴 생각을 해야지 중간에 뛰어내리면 크게 다쳐!"라고도 했습니다.

통금 시절 심야의 드라이브

유성호 짐작은 했지만 인권은 아예 무시된 사각지대였군요?

임헌영 인권이니 가족이나 변호인 접견권 같은 단어가 상관없던 시절이라 독방에 갇힌 채 세상으로부터 버려져 있었던 거지요. 그나마 나는 노중선·이재오에게 큰 도움을 받아 소소한 물건을 얻어 쓸 수 있었습니다.

그러던 어느 날 밤 다시 보안사 요원들이 나를 차에 태워 또 빙고호텔로 데려갔습니다. '이번엔 죽었구나'라는 혼잣말이 저절로 나왔습니다. 그런데 이번엔 특실로 갔어요. 큰 방에 푹신한 침대, 고문대도 안 보이는 별천지라 야, 여기 이런 특실도 다 있구나 싶었어요. 공작과장이라는 모 대령과 함께 귤과 사과를 정갈하게 담은 접시가 등장하는데 나는 심신이 얼어붙어 부동의 자세로 그들의 하는 양을 주시했어요. 대령은 빙그레 웃으며 나를 슬슬 구슬리기 시작했습니다. 자기들이 쳐놓은 각본대로 몇 가지 죄를 뒤집어쓰기만 하면 뒷마무리를 잘 해주겠다고요. 나는 정신을 바짝 차리고 일절 대꾸를 하지 않았어요. 옆방에서는 단말마의 신음 소리가 들렸습니다. 나는 눈을 딱 감고 내 묵비권에 그들이 보이는 인내심이 어디까지일지 생각했어요. 새벽녘까지 겨루다가 그들은 나를 다시 감방으로 돌려보내더라고요.

그다음 날이었어요. 구치소 소장실 옆 부속실에서 검사에게 취조를 당하고 있는데, 불쑥 문이 열리더니 아니, 한승헌 변호사가 들어오는 게 아니겠어요? 그냥 눈시울부터 젖어오더군요. 아, 살았구나! 이런 상황을 전혀 예상 못 했던 검사가 "어, 엉, 이러면 안 되는데…" 하면서 더듬거렸지만 한 변호사는 개의치 않고 대뜸 나를 향해 "어디 팔다리는 성합니까?"라고 물었습니다. 그 뒤를 이어 권순영 변호사도 들어섰습니다. 두 변호사는 검찰조사 때 검사실로 막무가내로 들이닥치자고 약속을 해두었는데, 검사가 구치소로 출장 나갔다기에 득달같이 뒤쫓아온 것이었어요.

권 변호사는 1955년 전후 한국판 카사노바로 유명했던 박인수에게 "법은 보호할 가치가 있는 정조만을 보호한다"라며 무죄선고를 내린 판사지요. 해병 헌병 대위였던 박인수는 약혼녀가 배신하고 어느 대령과 결혼해버리자 실의에 빠져 군기를 위반, 불명예제대 후 현역으로 행세하며 1년여 동안 70여 명의

文人·知識人 간첩단 5명 검거

검찰 指令받고 投稿통해 反政府 활동

日本 건너가 北의 工作員과 접선

學生 선동 포섭 대상자 名單 密送

문인간첩단 사건의 신문 기사.
이호철·임헌영·김우종·정을병·
장백일의 사진이 실려 있다.

여인들(미용사 한 명만 처녀였다고 증언)과 놀아난 1950년대의 댄스 붐 시절의 첫 제비였습니다. 고관이나 상류층 출신녀들은 당하고도 입을 다물었을 뿐만 아니라 사건이 터지고도 쉬쉬해서 더욱 화제가 되자 권순영 판사는 "E여대가 박인수의 처가"라느니, 장가가려면 '박인수 리스트'를 미리 점검하라는 등으로 구설수에 오르기도 했지요.

권 변호사는 1962년에 "고의적인 살인범은 사형에 처하는 것이 당연하다"는 윤형중 신부의 글 「처형대의 진실」에 대해 현직 판사(서울지법 소년부 지원장)로서 반론을 펴서 사형폐지론의 선두에 서기도 했었습니다.

어쨌든 두 변호사들에게 검취 현장을 들킨 이후 검사의 자세가 변했어요. 담배도 권하며 "검사 생활 중 이런 거지 같은 간첩은 처음이야"라는 농담도 서슴없이 하더군요. 하도 사건이 이상해서 검찰은 보안사의 공작 일지까지 보여달라고 했다더군요.

유성호　그때 언론은 어땠습니까?

임헌영　이 사건이 정식으로 언론에 발표된 건 2월 5일, 내가 서빙고로 연행되어간 지 꼭 19일째 되는 날이었어요. '문인·지식인 간첩단 검거'라는 제목 아래 "이호철·임헌영·김우종·정을병·장백일 씨 구속/언론인(천관우) 조사 중"이라고 일간지마다 1면에 특호활자로 받아쓰기라도 한 것처럼 도배를 했다고 해요. 우리 집에서 압수한 녹음기와 라디오를 늘어놓고 이호철과 내 눈을 가린 채 나온 MBC 뉴스를 보다가 어머니가 기겁을 해서 TV를 껐다고 하더군요. 이호철 부인 조민자 여사와 내 아내가 정동 MBC로 쳐들어가 악을 쓰며 항의했지만 언론들은 들은 척도 않고 검찰발표문을 글자 한 자 안 틀리게 받아쓰기 바빴던 시절이었습니다.

감방 안에도 소식은 스며듭니다. 신문은 우리를 "문인간첩단"으로 대서특필했고, 개헌 서명을 한 이호철과 나는 '간첩', 서명을 하지 않은 김우종·정을병·장백일은 반공법 위반으로 딱지를 붙였다고 즉시 통방이 뜨더군요. 그나마 다행인 점은 검찰이 수사기관에서 뒤집어씌운 무리한 죄명인 '간첩'죄를 떼어내고 국가보안법과 반공법 위반으로만 기소하기로 굳혔다는 점입니다.

나에게 씌워진 죄명은 국가보안법 5조 2항(반국가단체의 구성원 또는 그 지령을 받은 자로부터 그 정을 알고 금품을 수수한 자는 7년 이하의 징역에 처한다), 11조(자격 정지 병행), 12조(금품 수수

액 또는 보수의 몰수 및 압수물품의 국고 귀속), 반공법 4조 1항(반국가단체나 그 구성원 또는 국외 공산계열의 활동을 찬양, 고무 또는 이에 동조하거나 기타 방법으로 반국가단체를 이롭게 하는 행위를 한 자는 7년 이하의 징역에 처한다. 이러한 행위를 목적으로 하는 단체를 구성하거나 이에 가입한 자도 같다), 5조 1항(반국가단체 구성원과 회합 통신죄), 7조(편의 제공) 등이었습니다.

이렇게 법조문을 뜯어 보면 어마어마한 죄라도 있는 것 같지만 실은 『한양』지에 다른 문인들처럼 글을 써주고 원고료를 받았으며, 일본 여행 중 식사와 술을 얻어먹고, 관광 안내 몇 번 받은 것이 전부였습니다.

유미주의 소설에 빠지다

유성호 참으로 국가 권력이 상상이 안 갈 정도로 무자비하게 횡행하던 시절을 지나오셨군요. 이야기만으로도 저는 몸서리가 쳐집니다.

임헌영 재판이 시작된 어느 날 한 교도관이 갑갑할 터이니 이거라도 보라면서 『신약성서』를 넣어주더군요. 워낙 책이 궁하던 터라 어느 대목을 보면 마음이 평온하게 될까 궁리하다가 예수의 처형 장면을 찾아보기로 했습니다. 바로 아리스토텔레스의 카타르시스론을 실험해보려고 했지요. 그 고상한 이론을 한국의 한 평론가가 겨울 감방에서 생존전략으로 써먹어보자는 것이었습니다. 나보다 더한 비극을 보노라면 위로받을 것인즉 그건 연민과 공포만으로는 해결되지 않는 뭔가가 있겠지 하면서 예수의 죽음 장면을 찾아보았습니다. 당장 「마태복음」과 「마가복음」에서 그 대목을 찾아냈어요.

"그의 옷을 벗기고 홍포를 입히며 가시관을 엮어 그 머리에 씌우고 갈대를 그 오른손에 들리고 그 앞에서 무릎을 꿇고 희롱하여 이르되 유대인의 왕이여 평안할지어다 하며 그에게 침 뱉고 갈대를 빼앗아 그의 머리를 치더라. 골고다 즉 해골의 곳이라는 곳에 이르러 쓸개 탄 포도주를 예수께 주어 마시게 하려 하였더니 예수께서 맛보시고 마시고자 아니하시더라. 그들이 예수를 십자가에 못 박은 후에 그 옷을 제비 뽑아 나누고 거기 앉아 지키더라."(「마태복음」 27: 28~36)

"예수에게 자색 옷을 입히고 가시관을 엮어 씌우고 갈대로 그의 머리를 치며 침을 뱉으며 꿇어 절하더라. 희롱을 다 한 후 자색 옷을 벗기고 도로 그의 옷을 입히고 십자가에 못 박으려고 끌고 나가니라. 예수를 끌고 골고다라 하는 곳에 이르러 몰약을 탄 포도주를 주었으나 예수께서 받지 아니하시니라. 십자가에 못 박고 그 옷을 나눌새 누가 어느 것을 가질까 하여 제비를 뽑더라."(「마가복음」 15: 17~24)

「누가복음」과 「요한복음」에도 이와 비슷한 장면이 나오지만 그 묘사력에서는 이 둘에 뒤집니다. 그 추운 겨울 감방에서 카타르시스를 유발하려는 동기로 읽는 성서에서 나는 도무지 카타르시스가 일어나지 않았습니다. 내가 신앙인이 아니어선지 아니면 그 묘사가 너무 고차원적이어선지 모르겠으나 어쨌건 카타르시스를 일으키는 데는 실패했습니다.

검찰 심문이 끝나고 기소되면서 책 차입이 가능해져 이러저러한 독서 편력에 몰두했지만 역시 카타르시스를 일으킬 만한 비극을 찾기가 쉽지 않았습니다. 결국 아리스토텔레스가 말한 카타르시스는 비참하지도 않은 사람에게나 감동을 줄 수 있는 하찮은 것일까 하고 생각했습니다. 더불어 문학이란 이렇게 무력한 것인가 하는 자책이 들었습니다.

이에 비해 『주역』이나 『사기』 같은 육중한 책이 오히려 나를 사로잡고는 당장의 감각적인 고통에서 해방시켜 역사와 인생과 진정한 삶을 추구하는 투지를 일깨워주었습니다. 차라리 그런 저작들을 통해 고통을 카타르시스로 승화했다는 게 내 솔직한 고백입니다. 혹 내가 너무 사회과학파인 탓일까 싶기는 합니다.

유성호 글쎄요. 선생님은 그런 경향이 농후하시니까요. 그 후 재판 과정은 어땠나요? 사법부라고 해서 독재체제로부터 자유롭지는 못했을 것 같은데요.

임헌영 재판은 시종 말장난 같았습니다. 핵심은 『한양』지 발행인과 편집인이 '북괴'의 공작원임을 알고서 그들을 만났다는 가공의 시나리오였고 우리는 시종 부인했습니다. 그들이 북한 공작원임을 증명할 자료는 수사기관에도 없었으니 마치 뿌리 없는 둥치를 두고 펴나가는 가지처럼 공허한 죄명을 놓고 치고받을 수밖에 없었던 거지요. 더구나 어떤 공작원이 상대가 눈치챌 수 있도록 친절하게 '나는 공작원입니다' 하며 다가서겠습니까? 아니면 우리가 무슨 수사요원이라도 되어 상대를 보면 공작원인지 아닌지 금세 알아보고 피해야 한다는 논리일까요? 다만 그 잡지가 일본 동포들 중 박정희 비판 성향이 강한 진보적인 인사의 글을 많이 실어 미움을 샀다는 건 분명한 사실이었습니다.

유성호 마음대로 읽진 못하셨겠지만 옥중에서 읽은 문학작품 가운데서는 어떤 것이 기억에 남으셨나요?

임헌영 내 정신을 빠져들게 할 작품은 없을까 하고 찾던 중 만난 것이 다니자키 준이치로의 유미주의 소설이었습니다. 세계 수준의 유미주의자인 다니자키는 사회비판 성향의 내가 애당초 반동 작가란 낙인을 찍어둔 작가였지요. 그는 처제를 사랑한 나머지 아내를 학대해 이를 가까이에서 지켜보던 시인 사토 하루오가 아내를 양도하라고 요구해 둘은 계약서를 작성합니다. 그러나 막상 아내를 넘겨주려던 다니자키의 심경에 변화가 생겨 약속을 파기해버리자 사토는 폐인이 되어 둘은 절교를 합니다. 그 9년 후에 다니자키는 다시 변심해 아내를 정식으로 사토에게 넘겨주고 자신은 다른 여인에게 빠져듭니다.

일본 문단에서는 아내 양도 사건으로 알려진 이 이야기가 소설이 아닌 실제이며 그 주인공이 다니자키인지라 나로서는 이해할 수 없기에 이런 작가는 읽을 가치조차 없다고 치지도외해왔던 터였습니다. 그런데 아내가 영치해준 다니자키의 소설을 어쩔 수 없이 슬금슬금 읽다가 그의 출세작 「문신」(刺靑)에 폭 빠져들고 말았어요. 소설 주인공은 풍속화가 출신으로 당대 최고인 문신사 세이키치(淸吉)인데요. 그는 상대가 바늘에 찔린 고통으로 신음하는 소리를 들으며 미묘한 쾌감을 느끼는 사디스트입니다. 그는 상거래로서의 문신이 아닌 진정 자신이 원하는 아름다운 여성의 피부에 자신의 혼을 새겨넣고자 그 대상을 물색하다가 한 소녀를 마취시켜 소망했던 화폭(그녀의 피부)에 작품(암거미)을 완성해나가지요. 문신 후 마취에서 깨어나면 고통 때문에 신음하기 마련인데요. 세이키치는 마취에서 깨어난 그녀에게 자초지종을 설명하며 그 문신 때문에 "남자라는 남자는 모두 노예로 전락해 너의 몸을 살찌우는 비료가 될 것이다"라고 일러줍니다. 보통 여자라면 부어오른 바늘 자국의 고통 때문에 혼미할 터인데 이 말이 떨어지자 그녀는 대뜸 "당신이 제일 먼저 내 몸을 살찌우는 비료가 되었어요"라고 문신사를 유혹하는 장면으로 소설은 끝이 납니다.

유성호 성문학의 탐미주의자 다니자키는 선생님과 영 거리가 먼데 감옥에서 아주 푹 빠지셨네요. 설마 남녀관계에 대한 열망은 아닐 테고.

임헌영 이 작품을 평온한 일상 속에서 읽었다면 나는 즉각 "유미주의 따위가!"라고 식상했겠지요. 그런데 이상하게도 이 소설이 내게 위안을 준 건 존 키츠가 말한 것처럼 아름다움은 영원한 진리라는 걸 새삼 깨닫게 해준 덕분인 듯했습니다. 참여와 사실주의 일변도에 치중했던 나로서는 오히려 그런 고통을 통해 문학예술의 심오한 세계, 진실로 아름다움이란 얼마나 소중한 것인지를 생생하게 느낄 수 있는 계기가 되었다고 할까요?

유성호 유미주의 작품을 통해 선생님의 문학적 지평이 넓어

출소 후 석방운동 관련자를 우리 집으로 초대했다. 앞줄 왼쪽부터 한승헌 변호사, 어머니, 일본에서 재판 과정을 보러 여러 차례 와준 나카다이라 겐키치 변호사가 우리 맏아들 민을 안고 있다. 그 옆은 동행인, 김우종, 김상현. 뒷줄은 정을병, 임헌영, 김상현 의원 보좌관 이재걸.

지는 희한한 경험이 오히려 감옥 안에서 이루어졌다니 그것도 인생의 아이러니를 느끼게 해주는 풍경이 아닐 수 없겠습니다. 그렇게라도 선생님의 영혼이 문학에서 위안받으셨다니 다행이네요. 그해 1974년은 '민청학련(전국민주청년학생총연맹)사건'으로 학생들이 대거 구속될 때였는데, 거기서도 만나지 않았습니까?

임헌영 지옥에서도 시간은 흘러 겨울이 가고 봄이 되자 구치소에는 개나리가 활짝 피었습니다. 진짜 개나리도 피었지만 대통령 긴급조치 3호 위반 교수와 지식인, 학생들이 대거 들어왔는데 그들의 가슴팍엔 빨간 딱지인 우리와는 달리 노란 딱지를 붙여서 우리는 긴급조치 위반 수감자를 '개나리'라고 불렀습니다. 이렇게 개나리가 순식간에 그득해지자 구치소 분위기가 확 바뀌면서 숨통이 트이는 것 같았습니다.

희극이 된 재판정 풍경

유성호 그런 분위기에서 재판이 시작됐겠군요.

임헌영 재판은 참 재밌었어요. 우리 다섯 사람보다 더 『한양』지와 관계가 깊었던 문인들이 증인으로 나오면서 재판은 점점 희극처럼 변해갔습니다. 특히 구상 시인과 조연현 평론가의 증언은 잊을 수 없습니다. 박정희 대통령과의 개인적 관계 때문에 구상 시인은 관심의 대상이었는데, 감옥 안으로 그가 증인으로 못 나올 것 같다는 소문이 들려와서 우리는 서운하게 여기고 있던 터였습니다. 그런데 재판 도중 느닷없이 판사석으로 메모지가 전해지는 거예요. 구상 선생이 바빠서 증인으로 오기 어려운데 지금 시간이 나서 왔으니 당장 법정 증인석에 세워주길 바란다는 요지였습니다. 그는 여러 정황으로 미루어볼 때 미리 자신이 증인으로 출두한다는 게 알려지면 제동이 걸리지 않을까 해서 못 나간다고 소문을 내놓고 용의주도하게 깜짝 등장을 택한 것이었어요.

이 사려 깊은 시인은 증인석에서 당당히 여기 앉은 사람들보다 자신이 『한양』지 발행인(김기심)과 훨씬 더 가깝다고 말하며 무죄를 강변해주었습니다. 조연현은 나의 등단 은사로서 가까우면서도 문학관에서는 너무나 달랐는데 단호하게 자신과 『한

오랏줄에 묶인 채 법정에 선 5명의 문인(1974), 왼쪽부터 정을병 · 장백일 · 김우종 · 임헌영 · 이호철. 오른쪽 이호철과 나 사이의 배경에 시인 조태일(왼쪽), 작가 이문구(오른쪽)의 모습이 보인다.

양』지와의 친근감을 강조하며 우리의 무죄를 논리적으로 입증해주었습니다.

안양교도소에 갇혀 있던 김상현도 내 증인으로 등장했습니다. 기결수라서 죄수복을 단정하게 입은 당찬 모습으로 그는 법정에 들어서면서 경호원들이 양쪽에서 붙들자 강하게 뿌리쳐버리고 뚜벅뚜벅 우리에게 다가와 다섯 피고들에게 차례로 고생한다며 악수부터 했습니다. 그 삼엄한 세상에 재소자로 있는 증인이 이렇게 당당한 건 처음 봤어요. 그는 나와 함께 여행 중 내가 소개해서 『한양』지의 편집장과 호텔에서 만나 축사도 구두로 불러주곤 했었지요. 더구나 그는 일본 문제 전문가라 『한양』이 조총련이 아니라 민단 소속임을 분명히 알고 있었기에 자신 있게 우리의 혐의를 부정해주었습니다.

일어판 『한국의 다섯 솔제니친』 팸플릿 표지. 국제앰네스티 일본지부가 일본 시민들을 상대로 석방운동을 전개하기 위한 책자.

검찰은 이에 질세라 남파 전향 간첩을 비롯해 여러 증인을 내세웠는데, 가장 인상적인 인물은 『한양』지 편집장(김인재)의 고향인 남해에서 상경한 모 농민이었습니다. 검찰 측 증인이라 우리는 무슨 거짓말을 하려나 바짝 긴장했습니다. 검찰이 "김인재가 6·25 때 '빨갱이'로 나서서 마을 사람들을 죽이는 등 만행을 저질렀지요?"라고 묻자, 그는 서슴없이 "아입니더. 그 분 절대로 그런 일을 않았심더. 그분 아주 얌전하고 착했심더" 라고 대답했어요. 당황한 검찰이 "그럼 이 조서에 왜 날인을 했어요?"라고 묻자, "보안대에서 와서 찍어라 캐서 찍은 겁니더" 라고 해서 온 법정은 와르르 웃음바다가 되어버렸습니다. 판사가 얼른 그에게 끝났으니 나가라고 하자, "그냥 가면 됩니꺼?" 라고 물어 된다고 하니 문을 열고 순순히 나가다가 이내 바로 되돌아오는 거예요. 판사가 왜 들어왔느냐니까 "차비를 준다고 캤는데 어디서 줍니꺼?"라고 해서 또 한바탕 마음 푹 놓고 웃었지만 판사도 웃음을 제지하지 않았습니다. 이쯤 되니 재판은 점점 희극이 될 수밖에 없었지요.

유성호 당시 세계적인 여론은 단연 반(反)박정희 논조였고, 특히 그때는 일본의 언론이 거의 진보적인 기자들이라서 아주 우호적이라 들었습니다.

임헌영 그랬습니다. 문인들도 순수 참여를 가리지 않고 진정서를 제출해주었고 국제앰네스티는 『한국의 다섯 솔제니친』이란 책자를 영문판·일문판으로 발간하고 세계적인 석방 운동을 펼쳤습니다. 일본 문인들의 발 빠른 석방 운동과 서명 작업 덕분에 국제적인 관심사로 변해버린 '문인간첩단 사건'은 정작 한국 사회에서도 '간첩'이란 게 어마어마한 죄인 줄 알았는데 이렇게 조작될 수도 있구나 하는 인식의 변모를 가져다주었어요. 특히 일본에서는 소책자를 만들어 대량 배포했는데, 와세다대학의 오무라 마스오 교수가 나를 만났던 기억을 되살리며 석방을 호소하는 글을 기고해주었습니다.

피신 중이던 김지하가 무슨 재주로 영치금을 넣어주었는지 깜짝 놀랐는데 아니나 다를까, 얼마 후 잡혀와 나와 같은 처지가 되어버렸습니다. 바로 4·3 긴급조치 3호 위반이었습니다. 유홍준·윤한봉·일본인 하야가와 요시하루 등이 나와 같은 5사 하층으로 들어왔지요. 백기완 선생의 아우뻘로 말발이 센 방동규도 반공법 위반으로 내 옆방에 들어왔습니다.

유성호 이제 판결 결과가 나올 때가 됐군요.

임헌영 8차에 걸친 심리가 끝나고 6월 28일 금요일에 제1심

1990년대 이후 무수히 드나들었던 일본, 그중 와세다대학 행사장(임헌영 초청 강연장) 앞에서. 왼쪽부터 오무라 마스오 교수, 임헌영, 김윤 시인, 도쿄의 조선대 교수로 김일성대학에서 카프 연구로 박사학위를 받은 재일동포 최고의 학자였던 김학렬.

판결이 있었는데 정을병은 무죄, 김우종과 나는 집행유예, 이호철과 장백일은 실형이 선고되었습니다. 밖에서는 아예 다 풀려날 줄 알고 리영희 선생은 『전환시대의 논리』 출간기념회를 이날 신문회관에서 개최하기로 저녁시간을 잡아두었을 정도였습니다.

나는 다행히 풀려났지만 마음이 개운치 않았던 것은 이호철·장백일의 실형(둘 다 2심에서 석방)이었지요. 유무죄 판결과 상관없이 우리 다섯은 그 희극 같은 사건으로 결국 그간 지녔던 사회적인 모든 직책과 활동을 깡그리 박탈당해버렸어요. 우리 다섯 모두 복직도 복권도 안 된 채 요시찰 인물로 오랫동안 살아야만 했습니다. '관제 빨갱이'라는 단어가 얼마나 허황된 독재 권력의 산물인지를 여실히 보여준 사건이자 그 피해로

제2심에서 출소한 이호철을 맞으며 서대문구치소 앞에서. 왼쪽에서 두 번째부터 이호철·남정현·임헌영, 하와이 근성 시비로 필화를 일으켰던 시인 조영암.

자신이 속했던 사회권으로부터 근거 없는 멸시를 받으며 일생을 불행하게 살아야만 되었던가의 본보기가 바로 이 사건이었습니다. 출소했으나 아무것도 할 수 없었지요. 내가 정식으로 복권이나마 된 건 57세가 된 1998년이었습니다. 무죄판결은 2018년 8월, 사건이 발생하고 44년이 지난 후였지요.

유성호 선생님께서 당하신 수난과 고통이 선생님을 성숙시키는 데는 기여했지만, 자연인으로서 겪은 참담함과 부자유는 타락한 국가권력의 극치를 볼 수 있게끔 해줍니다.

11 민족정신사를 담아내는 한국문학 정전 만들기

'고문정치 종식을 위한 국회의원 선언'

유성호 석방되신 후 오히려 연구자로서, 비평가로서 차분히 저력을 쌓는 시간을 보내셨을 것 같습니다. 그러나 워낙 굵직한 정치적 사건이 쏟아지는 유신 막바지라 그런 시국을 뒤로하고 과연 공부나 집필만 하셨을까 싶기도 합니다.

임헌영 나는 숨 막히는 유신 치하에서도 틈틈이 힘을 보탤 일이 있으면 나섰어요. 1975년 '2·28 고문정치 종식을 위한 국회의원 선언'을 김상현 의원이 주동했을 때는 동교동 김대중 선생 사저에서 선언문을 작성해서 등사까지 혼자 다 했지요. DJ 사저는 늘 감시 중이고 연행당할 위험도 있던 때라 몰래 들어가 혼자 하루 종일 작업에 매달렸습니다. 내가 작성한 문건을 DJ가 검토한 뒤 내가 직접 가리방(がり版)으로 써서 등사기에다 밀어 기자 배포용 프린트까지 완성했어요. 김상현 의원은

고문당했던 국회의원들의 서명을 받으러 동분서주했고요.

DJ와 둘이 점심식사를 했는데, 워낙 달변가라 나는 경청하는 쪽이었습니다. 해박한 DJ 앞에서는 누구나 경청자가 되고 맙니다. 그전에 DJ가 몇몇 학계 인사들, 예를 들면 당시 이름을 날리던 조용범 고려대 교수를 만나고 싶다 해서 김상현 의원 집으로 내가 조 교수를 모시고 갔는데, 그때도 DJ는 조 교수의 이야기를 듣기보다는 자신의 경제정책을 어찌나 유창하게 펼치는지 누가 끼어들 틈이 없었어요.

그런데 그날 저녁나절 김상현이 완성된 걸 쭉 훑어보더니만 DJ에게 "형님, 이러시면 안 됩니다"라면서 제동을 걸었어요.

유성호　둘 사이가 그 정도로 가까웠습니까?

임헌영　그땐 김상현이 DJ의 오른팔 정도가 아니라 일심동체였습니다. 문제 삼은 것은 서명자 명단 순서였어요. 나는 DJ의 지시대로 선언문 뒤에다 서명자 명단을 넣었는데 김상현이 맨 앞에 있고 그 뒤에 조윤형이 있었어요. 조병옥의 아들로 국민들의 촉망을 받던 조윤형인데 DJ와는 좀 안 맞았을 때였지요. 나는 그런 미묘한 관계를 몰랐는데, DJ와 김상현의 말씨름을 옆에서 듣다가 알게 되었습니다. 아무리 개인적인 호불호는 있어도 오히려 그럴수록 측근을 뒤로 빼고 그런 분들을 앞에 내세워야 한다는 게 김상현의 주장이었습니다. 그는 앞으로 대선이 있을 때를 대비해서 어떻게든 조 의원을 동교동계로 끌어들여야 한다는 포석이 있었지요.

유성호　역시 정치하는 사람은 다르네요.

임헌영　그때 그 방에 나뿐만 아니라 사모님(이희호)과 비서

1975年2月28日 金曜日

고문政治 종식 宣言

8代 野議員13명 情報部등 고문暴露

眞相 철저규명·政治犯석방등 요구

고문뿌리뽑는 계기로

金泳三·金大中씨·梁一東 會見

金相賢前議員연행

고문 眞相규명

新民,特委구성

최형우 신민당 의원은 국회의원 13명이 고문당한 사실이 담긴 "고문정치의 종식을 위한 선언"을 낭독했다. 이 사건을 자세히 보도한 『동아일보』는 광고 탄압을 받던 중이었다.

진들(한화갑·김옥두)도 있었는데 김 의원이 우기는 걸 못 말리더군요. 결국 다시 고쳐 인쇄하느라 그날 밤을 거기서 보냈어요.

유성호 그 선언은 예정대로 잘 진행되었습니까?

임헌영 다음 날 뉴서울호텔에서 신민당 김영삼 총재, 전 신민당 대통령 후보 김대중 선생, 통일당 양일동 당수가 입회한 가운데 대표로 최형우 의원(신민당)은 8대 의원 13명(조윤형·홍영기·이종남·조연하·김녹영·김경인·최형우·이세규·박종률·강근호·나석호·유갑종·김상현)이 1972년 10월 17일 국회가 해산된 후 보안사, 헌병대, 중앙정보부 등 수사기관에 끌려가 당했던 물고문, 거꾸로 매달기, 알몸 구타 등 온갖 고문 사실이 낱낱이 담긴 '고문정치의 종식을 위한 선언'을 낭독했습니다. 이 기자 회견은 성공적이었습니다. 당시로서는 상상도 할 수 없는 일이었으니까요. 특히 『동아일보』와 동아방송은 국회의원들이 당한 고문 사례를 끔찍할 정도로 자세히 다뤄주었어요.

> "이날 폭로된 바에 따르면 조윤형 씨는 보안사에서 야전용 침대 각목으로 3일 동안 전신을 구타당했고, 이종남 씨는 6관구 헌병중대에서 알몸으로 구타 등 고문으로 실신하면 찬물을 끼얹어 깨워놓고 링거주사를 준 다음 다시 구타하는 모진 고문을 당해 이제까지 장염, 위염, 하혈, 복부팽만증 등 지병을 얻었다고 밝혔다. 김상현 씨는 보안사 요원에 의해 서빙고동 대공처로 끌려가 알몸으로 손을 묶어 무릎에 끼우고 양다리 사이에 막대기를 끼워 거꾸로 매달고 조서를 받는 등 9일 동안 심한 고문을 받았다고 밝혔다."(『동아일보』, 1975. 2. 28. 제1면)

나 역시 한이 맺힌 고문을 불식시키기 위해 내가 작성한 문서가 널리 퍼지니까 뿌듯했어요. 선언 말미에 '10월 사태'라는 용어를 쓴 건 유신헌법 자체를 근본적으로 부정하는 의미를 담았습니다. 이 선언은 "박 대통령 스스로의 중대한 결단이 내려져야 할 때"라고 지적하면서 ① 1972년 10월 사태 이후의 모든 고문 상황을 공정하고 철저히 조사 규명할 것, ② 현 단계에서 정치적 조작에 의한 모든 관련자들에게는 일대 사면을 내리고 '10월 사태' 이후 정치적인 흑막으로 이루어진 사건 관련자인 김한수 씨와 긴급조치 위반자 전원을 석방할 것, ③ 인혁당 사건 및 물의가 많은 반공법과 국가보안법 사건은 공정한 재판에 회부할 것, ④ 최근 민주회복 운동에 투신한 인사들에 대한 직간접적인 일체의 부당한 고문을 중지할 것을 촉구하면서 우리들이 당한 고문에 대해 우리는 국민들에게 인간회복 운동의 역사적인 계기를 만들기 위해 사직당국에 고발조치를 취한다"고 밝혔습니다. 의원 개개인의 고문사항을 하나하나 구체적으로 폭로하면서 "『동아일보』의 익명 광고 사태는 고문정치의 산증인"이라고 지적하고 "가장 현저한 고문정치의 증거는 고문당한 사람이 보복고문이 두려워 폭로조차 못하고 있다는 사실"이라고 밝혔지요. '10월 사태' 이후 "한국 사회는 공포의 유령이 전국을 배회하고 있다. 참된 인간회복과 자유 민주를 찾기 위해서는 이 땅에 횡행하는 모든 직접 및 간접적인 고문을 근절시켜야 한다"고 촉구했습니다.

『동아일보』와 동아방송이 이렇게 자세히 보도할 수 있었던 것은 1974년 10월 24일 동아일보사 기자들의 '자유언론 실천 선언'과 함께 자유언론 투쟁의 열기가 고조된 덕분이었습니다. 이에 유신독재는 『동아일보』에 광고를 못하게 강력히 압력을 가했습니다. 그러나 기자들은 광고란을 백지로 남겨둔 채 신문을 발행했고, 이에 분격한 시민들은 열렬하게 자발적으로 격려·지지 광고를 내던 때였지요.

유성호 정치인들의 상투적인 고문 폭로선언이 아닌 독재의 근간을 흔든 선언문이라 역시 선생님의 체취가 느껴집니다. 시대의 흐름을 가장 민감하게 반영하는 출판문화는 이 시점에서 어떻게 변하고 있었을까요? 출판문화사적으로도 1970년대는 그야말로 일대 격변기였을 텐데요.

임헌영 1965년 한일협정과 월남파병 등이 이어졌고, 근대화 추진의 부작용이 빈부 격차 확대와 민족적 갈등 심화로 나타났습니다. 이를 계기로 신중산층이 성장했고 강남 개발이 이루어지면서 경기도의 광주나 시흥·고양 땅이었던 지역이 1963년에 서울로 편입되지요. 1964년 8월에는 말죽거리 상업지구가 나타났고, 1966년 2월 22일에 12만 가구와 60만 명을 수용할 수 있는 이른바 '남서울 도시계획'이 수립됩니다. 혜은이의 노래로 유명한 「제3한강교」가 1969년에 개통되고요. 이러한 변화와 출판계의 흐름은 매우 밀접합니다. 신규 주택지가 생겨남에 따라 장식용 도서가 다량 필요하게 되어 전집류 월부 판매가 대성행했지요. 그때 무명 출판사들이 떼부자가 됩니다.

유성호 선생님께서도 출판계에 자리를 잡게 되셨지요?

임헌영 출옥 후 번역으로 돈벌이를 하다가 처음으로 들어간 곳이 태극출판사였습니다. 홍윤희 사장은 한국 역사소설의 최고봉인 『임거정』의 작가 벽초 홍명희의 집안으로 온 인척들이 엄청 고생을 했더군요. 남동생 홍선희 교수는 청주고와 고려대 철학과를 졸업하고 『조소앙 연구』(태극출판사, 1975)를 펴낸 진보주의자로 홍기삼 평론가와 작가 김문수가 그의 고등학교 동기였어요. 1970년경 지금의 세종문화회관 자리에 있던 예총(한국예술문화단체총연합회)회관에는 한국문인협회와 국제펜클럽 한국본부까지 다 한 건물에 있었습니다. 그때 홍기삼 형은 예총 기관지 『예술계』 편집장을 맡고 있었고, 그 옆자리가 늘 방문객으로 채워졌던 시절입니다. 그 역시 벽초의 인척으로 나와는 막역했습니다.

어쨌든 이런저런 인연으로 태극출판사가 처음엔 진보적인 관점에서 '한국문학전집'을 내보겠다는 야심으로 나를 앞세웠어요. 그때 나는 기왕의 고리타분한 문학전집이 아닌 참신한 '민족정신사'를 아우를 수 있는 문학전집을 내자고 했습니다. 한국문학의 정전(正典, canon)을 만들자고 강력히 주장해 전 100권의 대야망을 목표로 출발했지요.

태극출판사에서 한국문학대전집 기획

유성호 민족정신사적인 문학전집은 이채롭고 아주 독특한데요. 출판사에서는 어떤 반응이었나요?

임헌영 좀 의아해했어요. 태극출판사는 전집류 외판 1위를 달렸기에 백과사전을 비롯한 멋진 전집이 즐비했는데, 문학이 없으니까 그냥 한번 내보자며 소박하게 출발했습니다. 막말로 멋진 디자인에 먹물만 묻히면 영업부에서는 얼마든지 팔 수 있다는 자신감에 차 있었습니다. 그런데 내 의견을 듣던 홍선희 교수가 열을 냈어요. 나는 문학의 범주를 민족정신사로 확대할 욕심을 냈어요. 이때의 내 꿈의 이론적 근거는 세계적으로 정평 있는 문학사가 랑송의 『프랑스 문학사』(*Histoire de la littérature française*, 1894; 번역판, 을유문화사, 1983)였어요. 이 명저는 '과학·철학·역사·지리' 항목을 설정해 근대문학 이전 시기의 광범위한 명저들을 담아낸 것으로 유명합니다. 우리 식

『한국문학대전집』 출간을 기획하며 자축 모임. 왼쪽부터 임헌영, 출판인 강원채, 이호철, 정을병, 평론가 신동한.

으로 표현하자면 '광의의 산문문학'일 터인데, 여기서 랑송은 당대의 자연, 인문 사상의 정수를 선정해 소개하고 있습니다. 세계문학을 주도해온 프랑스의 지적 자긍심을 이러한 광의의 문학 개념 설정과 전 장르를 포괄하는 자세에서 느낄 수 있었지요. 나는 이 책을 통해 시·소설·비평만 취급하는 협의의 문학 개념에서 벗어날 수 있는 타당성을 굳혔습니다.

유성호 우리가 접할 수 있었던 한국문학사, 가령 임화·백철·조연현·박영희의 문학사는 시·소설·평론·수필·희곡으로만 축소해 정착시켰는데, 이나마도 그 이후 문학사가들은 아예 수필·평론·희곡은 탈락시키고 시와 소설만 다루기도 했어요.

임헌영 이런 협의의 문학 개념을 확장적 개념으로 대처한 좋은 예로는 조동일 교수가 유일합니다. 그는 『한국문학통사』 중 근대문학에서 '교술(敎述)문학' 또는 '근대문학의 주변 영역'이란 항목을 설정해 한문학, 실록과 전기, 야사와 민담, 언론문학, 기행문, 서간과 수필, 아동문학, 노래 등을 두루 포함시켰습니다. 그의 문학사는 세계에서도 가장 넓은 개념의 문학사로 자리 잡고 있습니다. 주목할 것은 유행가사도 포함시킨 점인데, 이를 감안하면 역시 문학은 시·소설만의 좁은 장르에 머물러서는 안 된다는 사실을 재확인하게 됩니다.

그때 나는 '민족정신사의 정통'을 세울 수 있는 전집을 만들고 싶었어요. 이것은 내 평생의 소원이기도 했는데 아직도 그 꿈을 이루진 못했지요. 정치인·인문사회과학자들과 독립운동가들도 과감히 포함하는 '민족사상대전집'을 묶는 것이 젊은 시절부터의 꿈이었습니다.

유성호 참으로 야심찬 꿈이지만 여간해서 이 전집 출간을 동의하는 출판사가 없을 것 같습니다. 제가 보기에는 정전을 잘 내는 것도 참 중요하다고 봅니다. 지금도 연구자들은 논문을 쓸 때 어떤 텍스트를 선택하느냐 항상 고민합니다. 이 텍스트라면 오자 하나 없이 완벽하다고 자신할 만한 정전이 드물지요. 그래서 결론이 어떻게 났습니까?

임헌영 1975년 5월부터 1978년 7월까지 3년여 동안 태극출판사 기획부장을 맡았는데, 우선 한국문학전집 '1권은 이광수'라는 천편일률만은 탈피하고자 했습니다. 제목을 『한국문학대전집』으로 정하고 편집위원은 시에 서정주와 박두진, 소설에

『한국문학대전집』 첫 편집위원회. 왼쪽 둘째 안수길, 이마만 보이는 김동리, 머리칼만 보이는 백철 등과 오른쪽 둘째 서정주·박두진·임헌영 등.

김동리·안수길·황순원, 희곡에 여석기, 평론에 백철·조연현, 수필에 김소운을 넣어 첫 회의를 개최했습니다. 그런데 첫 모임부터 김소운 선생이 너무나 까다로운 요청을 많이 해 위원에서 빠지게 되었어요. 편집위원들은 내가 일일이 댁으로 찾아가 정중히 모셨습니다. 황순원 선생의 정갈하고 정돈된 집과 미당의 이상한 마력이 잊히지 않습니다. 서정주는 하늘을 쳐다보며 나에게 고생하지 말고 "바람처럼 구름처럼 살 것"을 권유했습니다. 그의 눈은 싸움 잘하는 수탉처럼 초점이 있는 듯 없는 듯해 사람을 응시해도 전혀 날카롭지 않은 마력이 있었어요.

유성호 불교적 인연을 중시하는 삶의 자세군요. 미당은 농담도 곧잘 한다고 들었는데요.

임헌영 두 살 연상인 김동리에게 거리낌 없이 "동리, 요새 산 좀 하나?"라고 농을 걸자 김동리는 "그럼, 미당은 어때?"라고 톡 쏘며 대화를 주거니 받거니 했어요. 그는 느닷없이 나에게 "일본말로 산스케가 뭔지 아나? 일본말 웬만큼 알아도 잘 모를걸?" 하고 말을 건넸습니다. 물론 나는 몰랐어요. '산스케'(三助)란 목욕탕의 남자 때밀이더군요. 미당은 신이 나서 영어로 '네더 아이'가 뭐냐고 물었으나 나는 알 턱이 없었지요. 'nether eye'란 초서의 『캔터베리 이야기』에 나오는 은어로 여성 성기를 말한다는 것이었습니다. '아래 눈!' 대단한 아어(雅語)라고 생각했습니다. 단순한 은어는 몰라도 되지만 그 출처가 고전이라면 달라지잖아요. 미당은 영문과 교수들도 잘 모른다며 으스댔는데, 나는 곧 *Webster's Dictionary*에서 찾아봤으나 없어서 지금까지도 더 이상 확인을 못 했습니다.

평론가들은 대개 과묵했어요. 하기야 작가나 시인의 주석담은 일품이지만 평론가들은 너무나 건조해 작가 송기숙은 까놓고 "평론가들과 술을 마시느니 집에 일찍 들어가 어머니와 민화투를 치는 게 낫다"라고 했지요.

유성호 요즘은 평론가 중에도 '구라'가 있습니다.

임헌영 그거 유 교수 아닌가요? 주석담으로 자주 히트를 치시던데. 편집위원들은 간행 취지와 방법 등을 듣고서는 자신과의 친분을 따져가며 누구를 1차에 넣어달라, 여러 사람이 한 권에 실리는 대신 전권을 달라 했지만 나는 천천히 그 의견을 수정해 나갔어요. 기획위원은 시에 정한모·박재삼, 소설에 이호철·정을병·김문수, 평론에 신동한·백낙청으로 확정했습니다.

내 계획은 수필·평론·희곡도 다 포함시킨 100권이었습니다. 기존 민중서관판이나 어문각 전집과는 확연히 다르게, 그야말로 이 전집으로 한국근현대문학의 정본을 만들겠다는 단단한 각오였지요. 총제작은 편집국장 이봉혁, 실무 총책은 이호일이 맡았습니다.

유성호　이 책이 현실화되었더라면 당대는 물론 그 후의 한국 근현대문학 전공자들의 바이블이 되었을 것 같습니다.

임헌영　1권을 개화기 문학으로 하고 2권에 이광수를 넣었지요. 이것만으로도 속이 후련했습니다. 모든 원고는 매절이 원칙이었지만 궁했던 시절이라 현금을 주니 환영받으며 쉽게 계약이 진행되었습니다. 내가 할 일은 100권 기획과 함께 계약을 맺는 것이었습니다. 다들 환영하는 분위기라 순조롭게 진행되었지만 이광수와 김동인에서 막혔어요. 김동인의 부인 김경애 여사가 어찌나 까다롭던지 결국 1차 발간에서 포기해버렸습니다.

유성호　그때는 이광수가 빠지면 전집이 안 되는 걸로 알던 시대였지요.

임헌영　마침 봉선사에서 이광수가 일제 말기에 머물렀던 기념비를 세워 그 낙성식에 참석하려고 미국에 살던 춘원의 부인 허영숙 여사가 영식 이영근 박사와 함께 내한했습니다. 나는 백병원에 입원 중인 허영숙 여사를 찾아가 이영근 교수와 협상했는데, 그는 장인인 배정현 대법관에게 일체를 맡긴다고 했습니다. 배정현은 법조인답게 매절은 안 되고 인세로 하자면서 계약서를 쓰자고 하기에 작품 선정을 내가 하겠다니까 반드시 자신이 하겠다고 고집해서 요구대로 들어주었어요. 게재 작품까지 명기한 계약서에 도장을 찍고 나자 공증을 받아오라고 해서 황당했습니다.

유성호 출판계약서 공증은 전무후무하지요.

임헌영 결국 그대로 다 해서 오케이 했습니다. 이영근은 나에게 무척 미안한 표정을 지었지만 그 역시 따를 뿐이었어요. 책을 다 만들고 인지를 부탁했는데, 당시 관례는 제본 때 실수를 감안해 1,000부당 50~80매, 인심 좋으면 100매 정도의 인지를 덤으로 주는 거였어요. 그런데 배정현은 딱 30부씩 배당하고 절대로 더 주지 않는 거예요. 야박하더군요.

유성호 태극판 전집은 제가 보기에는 아주 특이했어요.

임헌영 일본의 세계문학전집을 흉내 내어 맨 앞 페이지에 수록 작품을 주제로 한 화가의 그림을 싣고, 가장 정확하고 완벽한 연보를 위해 연보 작성자 이름을 기재하고, 해설에 작가 사진과 작품 배경 사진을 컬러 인쇄로 게재했습니다. 이런 점이 대인기였지요. 특별히 전집과 동시에 추진한 별권이 2종 있었어요. 한 권은 임헌영 편 『문학논쟁집』, 다른 한 권은 홍선희 편 『어록: 민족의 소리』였습니다. 둘 다 내가 직접 자료를 수집하고 목차를 맡아 진행했습니다. 논쟁집은 흩어져 있던 식민지 시대의 논쟁 자료를 찾느라 정말 많은 품을 들였습니다. 1920~30년대의 자료를 찾느라 대학 도서관과 자료 수집가를 두루 찾아다녔습니다.

유성호 우리 출판 역사에서 『문학논쟁집』은 지금 생각해보아도 매우 선구적이었습니다.

태극출판사 기획부장으로 재직하면서 만든 『문학논쟁집』.

임헌영 내 개인적으로는 근현대 비평사 집필을 위해 온갖 자료를 수집 중이었고, 본격적인 논쟁사를 다룬 첫 결실을 이루고 싶기도 했습니다. 그 결과가 임헌영 편, 『한국문학대전집 부록 1 문학논쟁집』으로 나온 겁니다. 1979년에 내가 남민전 사건으로 구속되고, 전두환 신군부가 집권하자 편자인 내 이름은 삭제해버렸더군요.

근대문학사 이후 노대가들이 처음으로 한자리에

유성호 그 첫 부록에 노대가들의 좌담이 볼 만했어요.

임헌영 권말에다 「근대문학 논쟁 비화」라는 좌담을 마련했습니다. 참석자는 김팔봉·백철·양주동·이헌구 선생이었고 사회자로는 이어령 선생을 모셨지요. 1976년 3월 12일의 일입

『문학논쟁집』 권말 좌담회 본문(1976). 왼쪽은 김팔봉·백철,
오른쪽은 양주동·이헌구·이어령.

니다. 분단 이후 아니 근대문학사 이래 거물들이 처음 한자리에 모였지요. 1903년생 동갑인 김팔봉과 무애 양주동, 1905년생 이헌구, 1908년생 백철 모두가 60대 후반에서 70대 초반인지라 청년 시절 이야기를 허심탄회하게 털어놓아 깊은 감동을 받았습니다. 1920년대에 톨스토이를 흉내 내어 루바시카를 입고 민중문학을 옹호하던 신경향파들, 프로문학의 역사를 아무런 여과나 이해관계 없이 진솔하게 추억담으로 털어놓았습니다. 김팔봉이 일본 유학 중 프랑스 공산당원인 바르뷔스의 클라르테 운동에 감화되어 대중을 위한 문학을 하자는 취지로 알지도 못했던 박종화에게 편지를 보냈다는 사실은 매우 유명하지요. 김팔봉은 그때 러시아 최고의 혁명적인 평론가 플레하노

프의 영향을 많이 받았다고 해서 충격을 받았습니다. 나도 등단 이후 민족·민중문학에 관심을 가지면서 플레하노프에 전념하고 있었기 때문에 문학사도 결국 돌고 도는구나 싶더군요. 특히 김팔봉과 무애의 적나라한 대화는 퍽 감동적이었습니다.

양주동: 내 솔직한 고백이지만 나는 그냥 재주로 논쟁을 했는데 팔봉은 뭔가 있었어요. 사회주의니 민족주의니 자본주의니 하고 말입니다. 그런 이론적 배경이 있으니까 재주만으로 대항하던 나는 많이 배운 반면에 팔봉도 나의 논쟁 기술에 대해서는 많이 배웠을 것입니다.(웃음)

김팔봉: 무애, 그때 생각나요. 우리 그때는 서로 알지도 못하면서 논쟁을 했는데, 하다가 잘 모르는 부분이 있으면 사신으로 연락해 공개된 논쟁의 배경까지를 설명해가면서 아주 신사적으로 하지 않았습니까? 요새 사람들도 그렇게 하는지 모르겠어요. 우린 그때 싸우면서도 아무런 유감이나 인신공격이 없었습니다.(좌담 「근대문학 논쟁 비화」, 임헌영 편, 『문학논쟁집』, 태극출판사)

작가 최서해는 경향소설을 쓰면서도 친구는 국민문학파에 더 많아 무애가 어느 쪽이냐고 다그치자 "허허허" 웃기만 하고 끝까지 대답을 하지 않았다든가, 해외문학파란 실체도 없었는데 프로문학 측 공격을 받으면서 한 흐름을 이루었다거나, 프로문학 빼고는 이론도 체계도 없이 그냥 프로문학이 싫어 억지 논리를 전개해보았다든가 하는 등의 고백은 문학의 본질을 진지하게 생각하도록 만들었습니다. 가장 잊을 수 없는 장면은 김팔봉과 무애의 인생론적인 사담이었습니다. 무애는 사회주의 이론이나 사회과학에 대해서는 백지 상태였다고 했습니다. 이어 무애가 팔봉에게 프로문학에서 전향한 것이 강제적으로 이루어진 것인지 아니면 자발적으로 한 것인지를 물었습니다. 팔봉은 외부적인 강제였다고 단호하게 말했습니다. 이에 무애는 "역시 팔봉은 대단해. 나 같으면 내면적인 자발성에서 전향했다고 말할 텐데. 그럼 아직도 그런 일 했던 거 후회하지 않나?"라고 따졌습니다. 팔봉은 "후회도 않고, 나의 문학관은 그때나 지금이나 변함이 없어!"라고 해 잠시 자리를 숙연케 했지요.

유성호 팔봉의 이야기는 뜻밖입니다.

임헌영 그 대답은 나에게 그가 6·25 때 인민재판으로 사형 언도를 받아 거리로 끌려다니다가 시체 구덩이에서 기어 나와 살아남은 사실을 상기시켰습니다. 그의 인민재판 체험기는 6·25만 다가오면 반공 교육용으로 재생시키곤 했었는데, 거기 실린 유명한 일화였지요. 여담이지만 만약 북이 팔봉을 처치하기로 들었다면 확인 사살까지 하던 때라 결코 살아남을 수 없었을 것입니다. 나는 북이 팔봉을 혼쭐만 내고 살려준 것이라고 믿습니다. 어쨌건 이런 고통을 겪고도 팔봉이 여전히 프로문학이 옳았다고 고백하는 것은 경이로웠습니다. 실은 이 좌담 이전에 내가 김팔봉 선생 댁으로 찾아가 프로문인들의 인적 사항을 문의할 때도 이와 비슷한 이야기를 했습니다. 놀랍게도 그는 내 이름을 듣더니만 너무나 반갑게 맞아주면서 "얼마나 고생했냐?"라며 그윽한 애정을 나타냈습니다. 나를 통해 자신의 청년

이 좌담회로부터 30년 뒤 나는 교토의 리츠메이칸대학 평화박물관(관장 안자이 이쿠로安齋育郎) 주관 '클라르테(Clarte) 운동과 씨 뿌리는 사람(種蒔く人)' 심포지엄에 참가했다. 그 준비를 위해 내한한 일본 측 인사들.
뒷줄 왼쪽부터 오무라 마스오 교수, 프랑스에서 일본에 처음으로 클라르테 운동을 소개한 잡지 『씨 뿌리는 사람』을 창간한 고마키 오우미(小牧近江)의 아들 내외, 김팔봉의 사위 백선기, 팔봉의 영애 김복희, 앞줄 왼쪽부터 홍정선 교수, 이수경 교수, 안자이 이쿠로 평화박물관장, 임헌영.

시절을 회상했을지도 모른다는 생각도 들었습니다. 그는 프로문학 이야기만 나오면 그리운 추억처럼 일일이 회고해주었는데 어쩌면 만년의 이런 모습이 진짜 김팔봉이 아니었을까 생각해봅니다. 문학사가 진지한 사상사인 것은 이런 인사들의 고난 덕분이 아닐까 지금도 생각하고 있습니다.

유성호 홍윤희 사장의 동생 홍선희의 이름으로 나간 부록 2는 어땠나요?

임헌영 『어록: 민족의 소리』는 홍선희의 뜻에 따라 문학전집과는 별도로 '태극신서'의 한 권으로 출간했습니다. 이 저서는 가히 민족해방 투쟁사의 대(大)증언록이자 역사의 교훈을 담아낸 귀중한 자료라고 나는 자부합니다. "19세기 중엽부터 1961년 5월 15일까지 약 1세기 동안에 걸쳐 발표된 각종 선언·연설·논설·일기·서간·전단 등의 기록들 가운데서 편자가 우리 민족의 진로에 교훈이 된다고 판단되는 기록을 뽑아 모은 것"입니다. 1961년 5월 15일로 끊어버린 것은 5·16을 부정하는 관점을 반영하고 있지요. 목차는 "민족/국가/주체성/역사/사상/독립운동/혁명/인권/양심과 신앙/자유/평등/민족경제/노동자와 농민/권력/복종과 반항/민주주의/사회정의/지식인, 학생/문화예술/여성/분단과 통일" 등이었습니다. 선현들이 남긴 모든 자료를 섭렵하느라고 당시 뒤질 수 있는 도서관은 다 찾아다니며 엄청난 양의 자료를 모았습니다. 그것을 선별해 목차에 따라 배열하고 그 출처를 밝혔지요. 여기 인용된 인물들이 곧 내가 이상적으로 생각하는 '한국민족문학대전집'의 목록이기도 합니다. 물론 당시를 기준으로 작고한 인물들만을 대상으로 삼았고 생존자는 제외했지만요.

유성호 태극출판사 시절에 선생님의 문학관 확산과 정치화(精緻化)가 진일보한 것 같습니다.

임헌영 나로서는 전집을 준비하는 한편으로 너무나 알차게 근현대민족지성사를 탐구할 기회까지 얻었던 거지요. 당시 내가 구했던 그 희귀 자료들을 투옥 중 다 잃어버려 못내 아쉽습니다. 내가 두 번째 징역을 살고 나와 보니 태극출판사는 분해

되어버렸고, 그 후손들도 수소문했으나 연락이 닿지 않았습니다. 그때를 회고하면 지금도 나는 '민족정신사의 대전집'에 대한 꿈이 화들짝 살아납니다. 나는 이런 꿈을 수시로 다른 많은 출판인들에게 해보라고 호소했지만 내 꿈을 선뜻 들어주는 출판사를 지금까지 만나지 못했어요.

유성호 선생님은 좌절당한 꿈을 그 후에도 계속하셨지요?

임헌영 1990년대에 한길사를 통해 시도했으나 좌절됐다가 2000년대 초엽에 윤형두 사장의 범우사에서 '범우비평판 한국문학'을 기획할 때 시도했어요. 전 200권 기획이었으나 제1기 50권만 완간하고 중단되었지요.

유성호 저도 그 기획 기억납니다. 시·소설·희곡·아동문학·평론·산문(수필)·인문사회과학·노래까지 두루 포함시켰지요. 방정환·이돈화·안재홍·손진태·여운형에다 『근대대중가요』는 노랫말들을 이 분야의 전문가 이영미 교수가 편찬해주었더군요.

임헌영 참으로 공들인 책입니다. 중앙대 오창은 교수와 함께 했지요. 문학사에서 사라져버린 인물인 최독견·김영팔·홍사용·최승일·이익상 등은 처음으로 그 작품 전모가 드러난 것으로 자료 발굴의 성격도 지니고 있습니다.

유성호 제 기억에도 이 전집은 선생님의 기획과 운영이 단연 미더웠고, 범우사의 지원도 튼실해 매우 방대한 작업이 충실하게 이루어졌던 것 같습니다.

임헌영 나는 이것이 한국 근대문학의 정본이 되어 누구나 이 텍스트를 쓰도록 만들 참이었습니다. 그러기 위해 각주를

'범우비평판 한국문학'은 '민족정신사의 복원'을 구호로 문학의 개념을 확대시킨 관점으로 손진태·안재홍 등도 포함시켰다.

다 달아 다른 판본의 오류까지 밝히도록 했으나 각 권의 책임 편자들은 내 뜻대로 해주지 않았습니다. 거기에 더 악화된 건 어떤 편자는 아예 책임교정을 엉터리에게 맡겨 오자투성이로 나온 예도 있어 참으로 문학연구자들의 양심을 부끄럽게 만들었습니다.

대항문화로서의 '이달의 좋은 책'과 금서파동

유성호 선생님은 손댔다 하면 뭔가를 보여주십니다. 그 후 태극출판사를 떠나 『월간 독서』로 옮기셨지요?

임헌영 『월간 독서』 발행인 여승구 회장은 담양 출신으로 당시 출판계의 큰손이자 새로운 스타였습니다. 해외도서 출판판매주식회사를 경영했는데, 1층은 한국 책을 다루는 서점, 2층은 『월간 독서』 편집실, 3층은 미국·일본·프랑스·독일 등의 유명 신문과 잡지 등의 한국 총판점, 4층은 회장실이었습니다. 그는 정계·관계 등에도 발이 넓었고, 그 당시 귀한 무선전화 시설을 갖춘 지프차를 탈 정도로 위풍당당했습니다. 나중에 빌딩을 팔아 필생의 꿈이었던 도서와 고자료(지도·서화·문서 등 포함) 수집에 전력해 지금은 화봉책박물관 회장이지요. 현존 인물로는 최다 자료를 소장하고 있고, 근현대 문학작품도 많습니다.

유성호 여승구 회장은 최근 『근대서지』 같은 책 발간에도 큰 힘을 보탠다고 들었습니다. 근대 자료들에 대한 관심이 활황을 누리고 있지요.

임헌영 『근대서지』는 보성고 교사로 정년을 한 오영식 선생이 그 분야의 일인자로 부상해 무불통지이십니다. 나는 중요한 글을 쓸 때마다 그의 신세를 지고 있습니다. 이를 뒷받침해주는 분이 바로 여승구 회장과 소명출판사의 박성모 대표지요. 넉넉한 재정만 가능하다면 이런 단체는 얼마든지 좋은 일을 할 수 있을 텐데요.

유성호 『월간 독서』에서는 어떠셨어요?

임헌영 나는 무교동 한가운데, 광화문에서 보면 종로에 더 가까운 대로변에 있는 『월간 독서』에 1978년 7월부터 이듬해 7월까지 꼭 1년간 주간을 맡았습니다. 이때 함께 근무했던 인사로는 영화감독이 된 장선우(본명 장만철), 자유문고 사장이 된 이준영, 시인 김창완, 작가 백상태 등인데, 거의가 긴급조치 위반 투옥 경력이 있는 분들이었지요. 『월간 독서』는 내 아이디어로 '이달의 좋은 책'을 선정해 발표했습니다. 하도 엉터리 책이 많아 독자들에게 독서 안내역을 해준 겁니다. 선정위원으로는 박현채·이만열·손봉호 교수와 도서관협회 관련 인사 등이었지요. 매월 선정위원회를 열어 월 4~6권을 선정해 심사평과 함께 발표했습니다. 거의 모든 신문과 방송에서 다룰 정도로 히트를 친 기획이었어요. 여기 거론된 책은 거의 베스트셀러로 부상했는데, 그 덕에 나는 동아방송과 동양방송에 고정으로 매주 출연했습니다. 사무실 위치가 좋아 문인·기자·지인들이 수시로 들락거리면서 시끌벅적했어요.

유성호 유신의 막바지인데, 전직기자들이 대거 출판계에 포진할 때였지요?

임헌영 당시 출판계는 바야흐로 대전환기였습니다. 한길사의 김언호, 예조각의 임채정, 전예원의 김진홍, 청람의 권근술 등이 『동아일보』 해직기자들이었고, 도서출판 두레의 신홍범 등은 『조선일보』 기자 출신으로 쟁쟁했지요. 노동운동가 출신인 광민사의 이태복과 청년사의 한윤수, 청사의 함영회 등 재재다사(才才多士)들이 좋은 책을 연이어 출간했습니다.

1970년대는 청년과 통기타, 청바지와 장발 같은 저항문화로 상징됩니다. 탄압의 시대를 맞으면 지배계급의 이데올로기를 방출하는 전반적 문화(total culture) 대신 주요 문화(main culture)와는 달리 하위문화 또는 부차적 문화(subculture)가 왕성해져서 각 분야별 문화 활동들이 결국은 대항문화(counter culture)를 자연발생적으로 분출해냅니다. 보수적 권위주의의 주류문화에서 위안이나 즐거움을 얻지 못한 젊은 세대는 소그룹 형태로 대항문화를 이루게 되는데, 독재체제는 예외 없이 이런 저항문화를 탄압합니다. 1970년대 내내 이러한 문화 지형이 온존했습니다.

유성호 그러고 보니 해방 후의 흐름은 주류문화와 대항문화, 친일문화와 민족문화, 식민주의 잔재 청산의 움직임이 길항하고 갈등하고 싸워온 역사라고 할 수 있겠습니다. 선생님은 이러한 1970년대 최전선에 서 계셨던 것 같습니다.

임헌영 제1쿠데타인 5·16에 이어 3선개헌의 제2쿠데타, 그리고 제3의 쿠데타인 10월유신 선포 후 문화는 새로운 형태의 대중적 속성으로 변화되어갑니다. 오락적 기능의 문화는 대개 어용화되기도 하는데 그럴 경우 대중적 호응을 얻을 수 없기 때문에 권력의 비호 아래 유지될 수밖에 없습니다. 따라서 상업적 고려를 염두에 둔다면 중산층의 구미에 맞는 무저항의 예술성을 담아내되 어용은 아닌 비윤리적 내용을 반영할 수밖에 없는데, 그런 범주에 속하는 사례가 소설과 영화에서 모두 성공했습니다. 『별들의 고향』(최인호 원작, 이장호 감독), 『영자의 전성시대』(조선작 원작, 김호선 감독), 『겨울 여자』(조해일 원작, 김호선 감독) 등이 그런 예일 것입니다. 이 작품들은 유신 치하에서 대중문화가 제기할 수 있었던 신중산층의 오락물에 해당한다고 볼 수 있을 것입니다.

그런데 정작 어용 문화예술은 민족문화의 탈을 쓰고 나타났습니다. 그 특징은 '한국적 민주주의'라는 술어의 이데올로기적인 마취성이었지요. 박정희 파시즘을 포장한 술어로 그 이데올로기의 뒷바라지를 위해 1978년에 한국정신문화연구원이 만들어졌어요. 충효사상으로 요약되는 복종의 문화는 유신시대의 도덕률 제1장이었습니다. 두 번째로는 대중적 저속문화를 효율적으로 통제했습니다. 한국의 언론매체나 방송은 대중용으로 역사극과 현대극을 배합시켰는데, 유신시대의 주류는 궁중비사와 일제 하의 비극이었습니다. 궁중극을 통해 충효사상을 주입시키는 한편 식민지 시대의 민족적 설움을 통해 독재일망정 내 나라가 얼마나 소중한지를 일깨워주었습니다. 그렇다고 항일민족투쟁을 높게 평가한 것은 아니었고요.

유성호 반공문화의 극대화도 그 한 예 아닐까요? 레드 콤플렉스는 극우 보수주의의 정치적 조어로 부정부패한 보수정권의 도깨비방망이로 휘둘러졌으니까요. 한국에서는 1960년대만 해도 그 술어의 위력은 별로 없었지만 유신 이후 초법적 위력으로 작용하게 되었습니다. 1973년에 설립한 한국문화예술진흥원은 문학 단체와 문예지에 대한 지원금으로 비판문화를 자율적으로 통제했습니다. 이와 함께 정부는 새마을운동을 대대적으로 지원하면서 어용문화가 그 절정에 이르러 어디서든 눈을 뜨면 일제강점기의 군가조인 새마을 노래를 들어야 했잖습니까?

임헌영 주류 문화예술계가 지배이데올로기의 확산에 길들여져 있는 동안에도 체제와 각을 세운 대항문화의 착근이 이루어지고는 있었지요. 문학에서는 『장길산』(황석영), 『토지』(박경리), 『난장이가 쏘아올린 작은 공』(조세희) 등을 이 시기의 대표적 결실로 평가할 수 있습니다. 유신정권이 자행해온 일련의 초헌법적인 긴급조치(1974년부터)에도 불구하고 이러한 흐름이 이어진 것은 일제강점기로부터 면면하게 이어져온 저항의 전통 때문이기도 할 것입니다. 이 시기 사회문화사를 간략히 정리해보지요.

1973년: 자유언론 선언 이어짐. 경향신문사(10. 9), 한국일보사(11. 22), 조선일보사(11. 27), 중앙일보사(11. 30), 동아일보사, 신아일보사(12. 3).

1974년: 1월 7일 문학인, 61명 개헌청원. 문인간첩단 사건. 『동아일보』『조선일보』 기자들, 자유언론실천선언(10. 24). 국제펜한국본부 21차 정기총회에서 김병걸 등 31명이 제안한 '표현의 자유에 관한 긴급동의안' 만장일치 채택(11. 16). 자유실천문인협의회 101인 선언(11. 18). 『동아일보』 광고주들 무더기 해약(12. 26).

1975년: 『동아일보』 광고 탄압. 1월 여러 일간지 기자들 언론자유 실천 재확인 및 결의문 채택, 『동아일보』(10), 『조선일보』(13), 『중앙일보』(14), 『매일신문』(15), 『영남일보』(16). 『동아일보』 기자들 10·24 자유언론실천선언 재확인(2. 8). 『조선일보』 기자들 자유언론 억압하는 외부세력과의 투쟁 결의(3. 6). 『동아일보』 기자 감원 및 해임(3. 8). 자유실천문인협의회 '165인 선언'(3. 15). 5. 22, 서울대가면극회원 주도 긴급조치 9호 반대 데모. 8. 27, 문공부, 긴급조치 9호 위반 출판물 15종 판금조치. 9. 16, 김지하의 형 집행정지 결정 취소, 계속 수감.

1976년: 노동운동 격화.

1977년: 12. 2, 해직교수협의회 창설. 문화예술인으로는 김병걸·김윤수·문병란·백낙청·송기숙·염무웅·임영천 등.

1978년: 4. 24, 민족문학의 밤. 6. 27, 전남대 교수 11명 '우리의 교육 지표' 발표.

1979년: 4. 27, 구속문인을 위한 밤. 7. 4, 워커힐 세계펜대회장에서 자유실천문인협의회 문인들 "한국의 시는 죽었다" 시위.

유성호 '이달의 좋은 책' 운동은 당시 전국적으로 발산했던 양서협동조합운동과 결합해 저항문화 창출과 확산에 큰 원동력이 되어주었을 것 같습니다.

임헌영 정확히 봤어요. 양서협동조합운동은 1977년 부산의 중부교회 전도사 김형기가 맹아를 트게 해 이 지역의 김희욱·최준영 등의 공동 작업으로 추진되었습니다. 그 결과 1978년 4월에 부산양서협동조합이 설립된 데 이어 마산·대구 등지로 확산되어 서울을 비롯한 전국 도시로 번져갔습니다. 부산은 막강했던 송기인 신부와 김광일·이흥록 두 변호사 등의 적극 지원 아래 고호석·정동진 등의 참여로 분위기가 한결 뜨거워졌습니다. 광주에서는 박현채·전철환·장두석·문병란·서경원 등의 지지로 확산되었습니다. 교육지표 사건으로 해직당한 안진오 교수가 이사장을 맡았고 박석무·임추섭·김준태 등 실천가들이 응집해 활발해졌습니다. 서울에서는 조영황 변호사, 김쾌상·오균현·부길만 등이 주도했고 소흥열 교수와 내가 후원 세력으로 나섰지요. 당시 이 운동은 앰네스티운동과 겹쳐서 추진되기도 해 나는 서울·부산·광주로 직접 강연하러 다니기도 했습니다. 이들은 나중에 부산지역에서는 1979년 부마항쟁과 노무현 전 대통령을 다룬 영화 『변호사』에 등장하는 부림사건의 주도자로 부상했고 광주에서는 1980년 광주항쟁 때 적극 참여해 민주화운동에 크게 기여합니다.

각종 윤리위원회로 규제와 판금을 합리화

유성호 유신 말기가 되면 검열과 금서, 금지곡도 유행했지요? 일제강점기와 마찬가지로 유신시대는 문화예술계 통제의 핵심이 철저한 검열제도였으니까요. 그중에서도 문학에 대한 검열이 압도적 다수를 점하고 있습니다.

임헌영 5·16 쿠데타 이후에 자리 잡은 각종 윤리위원회가 이 분야에서 핵심적 역할을 수행했습니다. 1964년에 발족한 한국잡지윤리위원회는 1970년 1월 한국도서출판윤리위·한국아동만화윤리위와 통합해 한국도서잡지윤리위원회로 개편됩니다. 그 뒤 1976년 한국도서잡지 주간신문윤리위원회로 확대되었고, 1989년에 한국간행물윤리위원회로 개칭되었습니다. 유신시대의 검열 삼총사는 중앙정보부와 문화공보부와 각종 윤리위원회였습니다. 정보기관은 모든 권력 위에 군림해 웬만한 기관에는 출입 담당자를 두고 있었고 그걸로도 모자라 각계에 정보 보조 혹은 협력자들을 두었지요.

유성호 그러나 금서(禁書)는 금서(金書)였고, 금지곡은 애창곡이 되었지요?

임헌영 맞아요. 유신독재가 양산해낸 어용 문화예술에도 불구하고 1960년대의 한국학 연구의 축적 위에서 전통문화가 부활했는데 그 가운데 특히 민속극이 운동사에 미친 영향은 괄목할 만합니다. 1971년 3월 서울대 민속가면극연구회가 발족한 시점이 계기가 되어 풍물과 마당극은 엄청난 인기를 끌어 1980년대 이후 민주화운동의 한 동력으로 작용하게 됩니다. 노래문화 역시 유신독재에서 시위문화를 진화시키는 데 크게 기여했지요. 이런 모든 문화운동의 견인차 역할은 역시 문학의 몫이었습니다. 1960년 이후 본궤도에 오른 참여문학론은 1970년대 유신 치하에서 사이비 민족문화와 달리 민족해방 투쟁의 이념에 입각한 민족문학론을 전개했습니다. 이어 노동문학과 농민문학을 거쳐 민중문학론으로 승화되어갔습니다. 이런 일련의 문화예술 운동에 비례해 금서 지정도 급증하게 되었지만, 결국은 이런 금서들이 하위문화에서 주류문화로 성장해 역사의식을 바로잡는 데 크게 기여하게 되었지요.

유성호 대중가요도 한몫했고, 필화사건도 많았지요?

임헌영 그 무렵 널리 알려진 필화사건을 정리해보면 다음과 같습니다.

한승헌 산문, 「어떤 조사(弔辭)」(『여성동아』, 1972. 9)

김지하 산문, 「고행... 1974」(『동아일보』, 1975. 2. 25~27일간 3회 연재)

양성우 시, 「겨울공화국」(광주YMCA집회에서 낭독, 1975. 2. 12)

김명식 시, 「10장의 역사연구」, 타자로 찍어 서강대 교정과 강의실에 배포(1976. 3)

양성우 시, 「노예수첩」(일본 『世界』지 게재, 1977. 6)

박양호 소설, 「미친 새」(『현대문학』, 1977. 10)

현기영 소설, 『순이 삼촌』(단편집 게재, 1979. 11)

검열이 가장 맹위를 떨친 분야는 아마 대중가요일 것입니다. 이 분야는 이영미의 종합적 연구가 큰 도움이 되기에 여기서는 상론을 생략하려 합니다. 음악의 경우도 1966년 1월에 창설된 한국예술문화윤리위원회(예륜)가 담당하다가 1976년 5월 한국공연윤리위원회를 설립해 담당하게 했지요. 이어 1986년 1월에는 공연윤리위원회(공륜)로 명칭을 변경했습니다. 유신 때의 가수로는 김민기·양희은·조영남 등이 대표적 탄압사례로 꼽히는데, 특히 김민기는 1972~75년 사이 아무런 법적 근거 없이 음반 판매와 방송 출연을 함께 금지당했습니다. 225곡이라는 엄청난 수의 노래가 왜색·저속·퇴폐·허무·불신·치졸·창법 저속이라는 명분으로 금지곡이 되었지요.

신나는 '으악새 모임'의 명선언문

유성호 이제 남민전 사건이 터지기 직전의 상황, 즉 유신독재 후반기를 간략하게 짚어주시지요.

임헌영 미국과 한국이 엄청난 규모의 군대를 파견했는데도 독재와 부패와 외세 의존에 기댔던 월남은 1975년 4월 30일 맥없이 무너져내렸습니다. 화력이나 군사력으로는 월남이 단연 월맹을 압도했지만 민족주체성과 국민 공조에 호찌민의 탁월한 역량이 가져다준 역사적 필연의 결과였지요. 물론 호찌민은 통일을 못 보고 1969년 타계했지만요. 그는 한국인에게도 인기가 높았는데 나 역시 20세기 최고 정치인으로 그를 꼽고 싶습니다.

유성호 파월 국군을 주인공으로 한 많은 소설들을 통해 보면 한국 작가들도 호찌민을 비난한 내용은 없어요.

임헌영 월남전을 다룬 박영한의 『머나먼 쏭바강』(1978)이 당시 베스트셀러였고, 그 뒤 이상문의 『황색인』(1986~89), 황석영의 『무기의 그늘』(1988), 안정효의 『하얀전쟁』(1989) 등으로 이어졌지요. 참전했던 한국군 병사들이 월남인이 지녔던 강력한 민족주체 의식과 반외세 의식을 그리고 있지요. 호찌민조차도 호감을 가진 것으로 그려줍니다.

유성호 참 놀라운 일이지요. 월남전 문학은 당시 우리의 '민족문학'이나 분단 인식의 냉전적 가치관에 일대 경종을 울려주었어요.

임헌영 어떤 역사적인 교훈도 독재자에게는 깨우침을 주지 못합니다. 월남의 패전을 박정희 정권은 역이용해 한 월남 여고생을 등장시켜 역사적 조건은 다 빼고 나라 잃은 슬픔을 감성에 읍소하게 해서 독재 수호를 거들게 했어요.

유성호 월남전 종전과 유신정권의 폭주로 정세가 가파르게 전개되던 때였다는 생각이 드는데요. 그래도 기억에 남는 비사들도 많았겠지요?

임헌영 이 답답함 속에 신나는 모임도 있었어요. 1974년 12월 9일, 김상현·조연하·조윤형 전 의원들이 안양교도소에서 출감해서 김상현 환영을 겸한 송년 모임에 한승헌·장을병·리영희·이상두·윤현·김상현·윤형두가 모여 '으악새 모임'이 만들어졌습니다. 나중에 김중배·한완상과 내가 가입한 이 모임은 암담했던 유신통치 후반기에 마음 놓고 떠들고 노래하며 스트레스를 풀자는 취지라 모여서 맘껏 스트레스를 풀었습니다. 한승헌 변호사가 "오늘 우리는 '체'에서 벗어나기로 한다"로 시작하는 '으악새 선언'을 작성했는데 가히 명문이었습니다.

"오늘 우리는 '체'에서 벗어나기로 한다.

허울 좋은 도덕의 멍에 때문에, 처세와 체면 때문에 '나'를 속박해온 '체'를 벗어던지기로 한다. 자신을 학대해온 1년을 묻어버리고, 있는 그대로의 '나'를 발산하기로 한다. 생각하면 얼마나 거짓생활에 이끌려 다녔던가. 우리의 고뇌와 피로를 알고 있는 것은 오로지 자신뿐이 아니던가. 화려한 위장보다는 처참하더라도 진실의 목소리를 우리는 그리워한다. 남을 속이는 기만보다는 자신을 속이는 일이 얼마나 고통스럽고도 불가한 것인가를 새삼 느낀다.

이에 우리는 겉으로 그럴듯하면서도 내심으로 외롭고 불행했던 자신을 위로하기 위하여, 나아가 그런 위로라도 삼고자 이 해를 잊을 수 없는 비밀스러운 가슴을 마주 대하는 공동의 술상 앞에 나와 다음과 같은 행동강령을 전원의 뜻으로 선포한다.

1. 오늘 이 자리에서는 누구나 솔직해야 한다. 솔직할까 말까 망설이는 자는 천추의 한을 면치 못할 것이다.

1. 오늘 이 자리는 저질을 우대하는 자리다. 인간의 태어남이

곧 저질의 부산물인고로 저질을 욕하는 자야말로, 태어남을 욕하는 자니라.

1. 오늘 우리는 모든 것을 잊어버리도록 한다. 어제와 오늘뿐 아니라 내일도 잊어버리라. 내일 내일 하지만 언제 내일이라는 것이 한 번이라도 있어봤나. 기다렸던 내일이란 것도 당하고 보면 항상 오늘이었지 않은가.

1. 오늘 우리는 기분에 살고 기분에 죽기를 맹세한다. 사람에게서 기분을 빼놓으면 주민등록증밖에 남을 것이 없다. 괜히 호마이카질 하지 말고 있는 그대로의 감정 발산에 일로매진하기를 다짐한다.

1. 만일 위와 같은 강령을 위반하는 자가 있거나 그로 인해서 이 자리의 무드에 금이 갈 염려가 있을 때에는 사회자가 본의 아닌 긴급조치를 취할 수 있다. 이 긴급조치를 위반하거나 비방하는 자는 아무런 벌도 받는 일이 없다."

유성호 거기서 김상현 의원이 제일 활개를 쳤을 것 같은데요.

임헌영 그는 노래·춤·외설 등 모든 잡기에서 엔터테이너라 남을 즐겁게 해주려는 사명감에 불탔고, 다른 분들도 모두 한 가락들 해서 참으로 통쾌한 모임이었습니다. 온갖 외설담들도 거침없이 나눴는데, 그중 김상현이 했던 국제매독 이야기는 내가 즐겨 인용했어요. 월남전에 참전했다가 악성 국제매독에 걸린 한 고위층이 유명 병원을 섭렵했으나 양물을 잘라내지 않으면 생명이 위험하다고 경고해 애간장이 탔습니다. 지푸라기라도 잡는 심정으로 을지로6가 뒷골목 허름한, 그러나 이름난 한의사를 찾게 됩니다. 노(老)한의가 안경을 비스듬히 쓴 채 그의 양물을 한참 응시하더니 "다른 병원에 가 보셨소?"라고 물어 "네"라고 대답하자 "뭐랍디까?" 하고 물었답니다. 그가 주저하다가 "잘라내야 한답디다" 하니 한의사 왈 "자르기는 왜 잘라! 미친놈들!" 하더랍니다. 환자는 매달리듯 호소조로 "그렇지요? 안 잘라도 되지요?"라고 다그치자 한의사는 여유 있게 "미친놈들!"을 몇 번 반복하며 뜸을 들이더니 "그냥 둬도 저절로 뚝 떨어질걸!" 하더래요. 나는 이걸 역사적인 필연성을 이야기할 때 즐겨 활용했습니다. 부패한 월남 패망에 대한 풍자적 의미와 역사적인 대세가 팍 와닿았어요.

유성호 각박한 시대에 그런 카타르시스 장치를 가진 건 행운이지요. 그 당시 일본 지식인이나 언론들은 박 정권에 대해 매우 비판적이었지요? 재일동포 작가들도 그랬을 것 같습니다.

이회성의 『금단의 땅』과 『유역』

임헌영 사할린 출신 재일동포 작가 이회성의 문제작 『금단의 땅』이 일본에서 큰 화제였습니다. 와세다대학 러시아문학과를 나온 그는 조총련 소속으로 활동하다가 1970년 비밀리에 한국을 방문한 뒤인 1972년에도 내한해 한국일보사 강당에서 환영 모임이 있었는데 나는 거기서 처음 만났습니다. 그의 소설 『금단의 땅』(이호철·김석희 옮김, 미래사, 1988)은 유신통치 시기 남한을 신랄하게 비판한 결실이었습니다. 소설 『유역』(김석희 옮김, 한길사, 1992)은 카자흐스탄의 우리 동포를 화두 삼아 재일동포의 정체성을 다룬 교민문학의 걸작입니다.

유성호 『금단의 땅』을 자세히 소개해주시지요.

임헌영 이 소설은 '토착사회주의' 또는 '자생사회주의'라고 명명한 변혁추진 세력의 정신적 뿌리를 자주적 개화파에서 찾을 만큼 민족사에서 도도한 흐름을 이룬 것으로 봤습니다. 재일동포 유학생 간첩단 사건으로 구속된 주인공 조남식을 비롯한 그 주변 인물들은 토착사회주의 세력으로 신분계층으로는 자유민주주의 세력과 겹치는 중산층 출신입니다. 민족과 계급의식에 눈뜬 각성된 국내의 세력과 재일동포 중 이들과 맥을 함께하는 세력이 손을 맞잡습니다. 박채호·조남식·김치열·오창수 등은 이런 부류에 속합니다. 이들은 통일과 민주화를 추구하면서도 북은 극력 반대하며 그에 동조하는 운동도 가차 없이 비판합니다. 장기 독재체제와 세습제 권력이양, 개인숭배를 바탕으로 한 대남전략에 이르기까지 거의 모든 면에서 이들은 체질적으로 북에 거부감을 지니고 있습니다. 이와 대조적으로 혁명지향 세력을 상징하는 나도경·나경리 남매는 통일혁명당 재건에 몰두하며, 북한 노선에 충실해 북에서 내려온 요원인 고용엽을 안내하고 그 지시도 받습니다.

유성호 독특한 구도군요.

임헌영 작품 속 대화의 한 부분을 볼까요?

"이대로 가다가는 남한 사람은 모두가 쇠사슬에 묶여, 숨을 쉴 때도 지배자의 허락을 받아야 할 거야. 독재가 이 지경까지 왔어.

이럴 바에는, 설사 희생자가 나오더라도, 500만 명이 목숨을 잃더라도 5,000만, 아니 자손까지 포함해서 1억 민족이 평화롭게 사는 날이 온다면, 전쟁도 불가피하지 않을까. 그게 차라리…"(나도경)

"그게 진심이에요? 아니면 내가 잘못 들었나요? 정말로 '전쟁'이라고 말했어요?"(나경리)

참으로 생각만으로도 끔찍합니다. "이 시절이 언제 망하려나, 나와 네가 함께 망해도 좋다"(時日曷喪? 予及汝皆亡)라는 『서경』의 「탕서」(湯誓)를 연상케 합니다. 하나라 마지막 독재자(걸왕)의 횡포를 보다 못해 은나라의 탕왕(湯王)이 거병해 정복전에 임하면서 그 정당성을 갈파한 이 명구절은 1970년대 한국에 그대로 적용해도 좋을 듯했습니다.

유성호 1970년대의 문화 지형이 훤하게 보입니다. 이제 선생님 생애에서 가장 큰 화인(火印)이었고 한국 현대사의 비극 중에서도 기억할 만한 남민전 사건으로 가보겠습니다.

12 제국주의와 민족해방운동

힘이 강해지면 제국주의자가 되는 원리

유성호 이제 1970년대 후반으로 접어듭니다. 이 시기 상황을 선생님은 어떻게 파악하고 계신지요?

임헌영 근대 이후 우리 민족의 불행이 제국주의의 침탈에서 비롯되었음은 논란의 여지가 없습니다. 세계사는 연표가 아니라 제국주의의 침략 야욕을 꿰뚫어보면 너무나 쉽게 보입니다.

유성호 제1차 세계대전을 일으킨 독일이 첫 검토 대상이 되겠군요.

임헌영 독일은 중앙집권제 절대왕정과는 달리 300여 영방(領邦)국가로 나눠져 민족적 일체감이 결여되어 있었는데, 나폴레옹이 침략해 30여 개로 통폐합당하면서 민족적 자각이 고조됩니다. 그중 2대 강대국이 프로이센과 오스트리아 왕가로, 프로이센의 주도로 통일이 추진됐지만 이웃 프랑스가 강력히 방해합니다. 통일의 선제조건이 프랑스를 설복시켜야 했기에 음험한 비스마르크가 아주 사소한 외교적인 문제를 고의로 뻥튀기해 프랑스의 나폴레옹 3세가 미리 선전포고를 하게끔 꼬드겨 프로이센·프랑스전쟁(1870~71)이 발발하지요. 승리한 비스마르크는 프랑스의 긍지인 베르사유 궁전에서 '독일제국'을 선언합니다. 이때 통일에서 빠진 게 오스트리아입니다.

유성호 독일통일의 과정은 분단국가들에게 긍정적이든 부정적이든 귀감이 됩니다.

임헌영 우리가 언젠가 남북통일을 워싱턴과 도쿄, 서울과 평양에서 동시에 선언할 날을 꿈꾸게 하지요. 통일제국으로 국력을 갖춘 독일 제국주의가 집어먹을 곳을 살펴보니 이미 세계는 포르투갈·스페인·벨기에·프랑스·영국의 순서대로 다 삼킨 뒤였지요. 역사학자 에릭 홉스봄의 말대로 '제국의 시대'(1875~1914)였습니다. 그러니 독일은 이미 남의 위장에 들어간 것이라도 토하게 만들어 빼앗으려고 등을 후려친 것이 제1차 세계대전이었고, 패배한 독일이 다시 일어난 것이 제2차 세계대전이었습니다.

유성호 이런 세계사적인 흐름 속에서 미국은 과연 어떤 역할을 했을까요?

임헌영 남북전쟁(1861~65) 이후에야 미국은 막강한 무장력을 갖추게 되었습니다. 자고로 힘이 강해지면 개인이나 나라나 모두 약탈자로 표변합니다. 강국이 된 미국 역시 턱밑의 쿠바나 중남미 그리고 태평양의 필리핀을 먹으려고 보니 모두 스페인의 뱃속에 있었습니다. 결국 스페인의 등을 쳐서 토해내게 해야만 얻을 수 있었지요. 유 교수가 미 제국주의자라면 어떻게 할까요?

유성호 답이 뻔합니다. 스페인의 등을 쳐야지요.

임헌영 그게 미·서전쟁(1898. 2. 5.~12. 10)이었습니다. 그런데 평화로운 상태에서 어떻게 전쟁을 일으키지요?

유성호 전쟁을 하려면 뭔가 단초가 필요하겠지요. 조작하는 거지요.

임헌영 그 원리만 터득해도 제국주의의 정체를 변증법적으로 이해한 겁니다. 쿠바의 아바나항에 정박 중이던 미 군함 메인호가 폭발(1898. 2. 5)합니다.

유성호 보나마나 미국의 자작극일 텐데, 그걸 스페인의 도발이라고 뒤집어씌웠겠지요. 그걸로 미국의 제국주의적 속성의 역사적 연원이 밝혀지는군요. 그런 자작극은 20세기에도 반복되지요?

임헌영 1964년 8월 2일 월남의 통킹만에서 침략을 노리던 미 구축함 매독스호가 돌연 폭파되자, 미국은 월맹의 소행이라면서 하노이 폭격을 감행합니다. 월남전 확대의 구실을 찾은 거지요. 이 사실은 국방장관이었던 맥나마라가 미국의 자작극이었다고 1995년에야 실토합니다. 이런 걸 보면 언제 한반도에서 분란을 일으킬지 조마조마하지요.

유성호 그럴 때 미국의 언론은 가만히 있었습니까?

임헌영 반대파가 막강했지만 권력은 항상 옳은 소리는 안 듣지요. 헝가리에서 유대인으로 태어난 신문왕 조셉 퓰리처는 "재미없는 신문은 죄악"이란 기치를 내걸고 만평과 사진으로 독자를 유인한 데다 체육부를 처음 창설해 오락성 신문에 제국주의의 침략 이데올로기로 전쟁을 부추긴 '선동 저널리즘'의 원조였습니다. 그가 앞장서서 미·서전쟁의 분위기로 몰아갔지요.

유성호 권언유착이 그때부터 시작된 거군요.

강철왕 카네기와 작가 마크 트웨인의 반제국주의 운동

임헌영 미·서전쟁을 일으켜 승리한 공화당 소속의 매킨리 대통령은 카리브해 일대를 점령하고는 필리핀 침략전(1899~1902)에도 나섭니다. 필리핀 독립세력을 압살한 그의 식민정책을 비판한 두 거장이 강철왕 카네기와 작가 마크 트웨인이었지요. 이 둘은 미국반제국주의자연맹(American Anti-Imperialist League, 1898~1921)의 부의장으로서 미·서전쟁을 반대했고, 1900년 대통령선거에서 식민정책을 반대하는 후보(W. J. 브라이언)를 적극 지지했지만 매킨리가 재선되어 침략전을 이어가다가 진보파에게 암살당해요. 그 뒤를 이은 공화당의 루스벨트 대통령은 '부드러운 말과 큰 곤봉'(speak softly and carry a big stick) 정책으로 제국주의 이념을 본궤도에 올렸는데 이에 마크 트웨인은 정면으로 도전했습니다.

유성호 강철왕 카네기는 남의 나라를 침략하면 돈을 가장 많이 벌 텐데 반대한 게 대단하군요.

임헌영 그 정도가 아니라 필리핀이 미국에게 진 부채를 대신 갚아주겠다고 나섰지만 받아들여지지 않았습니다. 그는 한

때 노동자를 탄압한 악명 높은 기업주였지만 이런 점은 높이 평가해야 한다고 봐요. 스코틀랜드의 가난한 직조공의 아들로 태어나 미국으로 건너가 자수성가한 이 구두쇠는 학교에 다니지 못했지만 도서관에서 공짜로 책을 읽은 덕에 출세했기에, 영국과 미국에 2,500여 공공도서관을 지어준 데다 일찌감치 은퇴해 카네기협회(1902), 카네기교육진흥재단(1905), 카네기국제평화재단(1910), 카네기재단(1911)을 만들어 자선사업에만 전념했습니다. 뉴욕 태리타운의 슬리피 할로 묘지에 새겨진 그의 묘비명은 "자기보다 훌륭하고 덕이 높고,/자기보다 잘난 사람,/그러한 사람들을/곁에 모아둘 줄 아는 사람/여기 잠들다"입니다. 카네기와 마크 트웨인 같은 인물들을 생각하면 미국의 저력이 느껴져요.

유성호 선생님이 미국의 양면성을 두루 섭렵하고 계신 데 놀랐습니다. 달콤한 저력과 파괴적인 폭력이 공존하는 아이러니야말로 미국의 모습이군요. 우리와 가장 밀접한 사건에 얽힌 미국의 역할도 언급해주시지요.

임헌영 도쿄대 명예교수 와다 하루키는 『러일전쟁: 기원과 개전』(이웅현 옮김, 한길사, 2019)에서 일본이 한반도 침략 사전작업으로 청·일전쟁(1894), 가쓰라·태프트 밀약(桂·Taft Agreement, 1905. 7), 제2차 영·일동맹, 러·일전쟁(1904. 2. 8~1905. 9. 5)을 치렀다고 재확인해주었습니다. 조선 점령을 위해 일본이 미국과 영국 등 제국주의 선배들에게 사전 내락을 받는 절차였지요.

유성호 널리 알려진 사실들이지만 구체적으로 소개해주시

지요.

임헌영 청·일전쟁은 청나라가 조선에서 손을 떼도록 만들었고, 가쓰라·태프트 밀약은 필리핀은 미국이, 한반도는 일본이 보호권(점령)을 갖도록 했지요. 마지막 관문인 러·일전쟁은 포츠머스 조약(1905. 9. 5)으로 마감되는데, 우리와 관련된 문제는 조선을 일본이 차지하도록 러시아를 굴복시킨 것입니다. 루스벨트 대통령은 포츠머스 회담을 주선했다고 노벨평화상을 수상했으나 냉혹하게 말하면 한반도를 팔아서 상을 탄 것이라 해도 지나치지 않지요. 이 루스벨트에 이어 가쓰라·태프트 밀약의 주인공인 태프트가 대통령이 되자 일본은 마음놓고 조선을 침탈(1910)한 것입니다. 그런 속내도 모르고 이승만은 미국에게 조선을 도와달라고 했으니 그 나라 고위층이 속으로 뭐라고 했을까요?

유성호 그럼에도 우리 주위에는 미국이 우리의 철저한 우방이요 따뜻한 시혜자라고 인지하는 관행이 뿌리 깊지 않습니까? 그런데 미국 선교사들은 우리의 독립운동을 적극 후원하지 않았습니까?

임헌영 보수세력은 미국이 근대 이후 우리나라를 꾸준히 도와주었다고 철석같이 믿고 있는데, 실은 그들은 항상 일본 편이었습니다. 아베 신조가 한국을 백색국가에서 제외시켰을 때도 미국은 분명히 일본 편을 들었잖아요. 다만 '제국주의 미국'은 그랬지만 '양심적인 인도주의 미국'은 조선의 독립에 크게 기여했음을 기억해야겠지요.

유성호 미국의 양면성에 우리가 속고 살았군요. 한·일강제병탄 이후의 미국은 어땠습니까?

임헌영 윌슨 대통령은 '민족자결주의 원칙'(Principle of National Self-determination)을 선양(1918. 1)해 노벨평화상을 받았습니다. 그 때문에 3·1 운동이 일어났다고 하지만, 정작 제1차 세계대전의 마무리였던 베르사유 체제는 약소민족의 독립보다는 제국주의의 안정과 정착이 목적이었습니다.

유성호 미국이 일본과 전쟁을 하면서도 대한민국 임시정부를 승인하지 않은 속셈이 무엇이었을까라는 생각이 들어요. 역사의 진실 밝히기가 그만큼 어렵다는 뜻이겠지요?

임헌영 역사도 완전범죄가 가능하기에 자료만 꿰맞춰볼 게 아니라 상상력도 필요합니다. 세계사에는 미궁에 빠진 사건이 많지요. 링컨 암살부터 케네디 암살도 영원한 미제로 남아 있지요. 진상조사위원회가 수없이 만들어졌지만 정작 진상을 밝힌 예는 한 건도 없는 것 같아요. 그래서 나는 소설이나 기록물을 매우 중시합니다. 가령 전 극동지역 CIA 고위간부 하리마오 박의 증언 『38선도 6·25 한국전쟁도 미국의 작품이었다: 1950년 한국전쟁 X파일』(새로운사람들, 1998)은 흥미를 끌어요. 맥아더가 중국 동북지역 맹폭을 통해 통일 완수라는 미국의 침략 야욕을 노린 것으로도 볼 수 있지만, 목적을 위해 제국주의 나라는 역사 날조가 얼마든지 가능하다는 것을 입증해줍니다. 총을 먼저 쏜 것은 북한이지만 그렇게 하도록 유도한 것은 미국이라는 것인데, 주원인이 제2차 세계대전 때의 적체된 군수품 처리도 한몫했다는 것이지요.

내가 더 관심을 가진 건 일본 『아사히신문』 외신부 기자 출신

으로 역사 가상 추리작가가 된 도모노 로입니다. 그의 소설 『코리아 파일 38』은 일본에서 카파노벨스(カッパ·ノベルス)판으로 1978년에 출간된 뒤 다른 출판사들에서 계속 나와 관심을 끌었지요. 한국에서는 『코리아 파일 38』(창작시대, 1995)이라는 제목으로 6·25 전쟁 30주년 기념으로 나왔으나 별로 시선을 끌지 못하고 사라졌어요.

유성호　제목만 봐도 한번 읽어보고 싶어지는데요. 'K-파일'은 맥아더사령부(GHQ)의 극비 문서 중 한반도 파일임을 쉽게 유추할 수 있군요.

임헌영　외신기자답게 그는 직접 확인한 자료에다 상상력을 가미해 썼다고 하는데, 박정희나 김종필의 실명도 나오는 등 꽤 역사적 진실을 담고 있다고 느꼈습니다. 요지는 한국전쟁이 일본 재벌과 맥아더 장군의 야합으로 일으킨 것이란 주장입니다. 일본 패전 후 재계의 한 원로가 자기들의 살길은 특수(特需)뿐이고, 그러려면 전쟁이 최고며, 그것도 국지전으로 소련이 참전하지 않도록 해야 하며 전쟁터는 일본과 가까워야 한다고 강조합니다. 바로 한반도가 최적이지요. 한국전쟁이 일어나면 미군이 개입할 것이고 그러면 모든 병참이나 공장이 일본에 서게 되고, 주일미군 숫자로는 어림없기 때문에 일본은 군사력 대신 경찰력을 강화해야 치안유지가 될 것이라서 저절로 재무장할 명분까지 얻게 되어 일석이조라는 이야기지요.

유성호　참으로 대단한 각본이네요.

임헌영　맥아더가 의외로 쉽게 해결해줍니다. 그는 1952년 미국 대선 때 대통령 후보로 나설 야망을 가졌고, 그러려면 아이젠하워가 유럽에서 노르망디 상륙작전으로 세계적 명성을 얻었듯이 자신도 그런 극적인 연출이 절실했습니다. 그게 일본 재벌들의 야망과 배짱이 맞아 한국전쟁을 일으키도록 북을 유인했다는 거지요. 전쟁 초반에 패퇴해 온 세계의 주목을 받을 정도로 위기를 맞게 해서 인천상륙작전으로 극적인 역전을 시키는 게 다 짜고 치는 고스톱이었다는 거지요. 그 뒤 바로 원자탄을 던져 맥아더는 일약 영웅으로 부상해 저절로 대통령 후보가 되도록 만든다는 거예요. 그런데 그는 트루먼과 사이가 안 좋아 사령관직에서 해임되었고, 역사의 수레바퀴는 달리 굴러가지요. 이 소설은 거기까지는 가지 않고, 한국전쟁이 터진 뒤 맥아더 사령부가 원폭을 사용하려는 극비문서가 한국 내 첩보요원에게 발각되어 그걸 막고자 시도하는 것으로 끝납니다.

미국의 그리핀 교수는 『새로운 진주만』(*The New Pearl Harbor: Disturbing Questions About the Bush Administration and 9/11*, 2004)이라는 저서를 통해 일본의 진주만 기습사건과 통킹만 사건 그리고 9·11 테러사건 등이 미국의 전략적 필요에 따른 조작이라고 주장했다고 해요. 나는 아직 이 책을 읽지 못했지만 그 내용 소개만으로도 흥미가 당깁니다. 그렇다고 북한의 남침설은 흔들리지 않아요. 다만 북도 이런 제국주의 세력들의 깊은 속내를 몰랐을 수도 있겠다는 아쉬움은 남지요. 그만큼 미국은 우리들이 상상하기 어려운 5차원의 나라이고, 이런 초국가적 존재가 지구를 지배하고 있다는 것이 한반도의 불행이기도 합니다. 물론 이런 소설이나 실록을 맹신해서는 안 되겠지요. 다만 역사적인 진실을 탐구하는 데 상상력은 필요하다는 취지입니다.

한국민주투쟁 국민위원회에 가입하다

유성호 이만하면 한국의 독재를 비호하는 배후가 미국과 일본이라는 유추가 가능해집니다. 왜 통일은커녕 남북평화협정도 이루기 힘든지를 알 것 같군요.

임헌영 한국의 유신독재를 둘러싼 국제적 배경을 훑어보는 시사 얘기가 너무 길어졌군요. 이제 1979년 10월에 일어난 남민전 사건의 전말을 간추려보겠습니다. 내가 그 단체에 가입한 건 1976년 11월이었어요. 남민전은 '남조선민족해방전선 준비위원회'의 약칭인데 하부조직으로 '한국민주투쟁국민위원회'를 두고 있었어요. 나는 그 하부조직에 가입해 활동을 시작했습니다. 유신치하에서는 민주화운동이 극심한 탄압의 대상이었기 때문에 저항하는 방법은 지하조직이라야 했습니다. 이 조직은 청년·농민·노동·학생·연합·교양 등 6부를 두었으며, 그 강령과 규약은 아래와 같습니다.

강령

1. 한국민의 민주역량을 총집결해 박정희 유신독재 정권을 타도하고 민중의 진정한 이익을 대변하는 민주연합 정권을 수립해 폭넓은 민주주의를 실현한다.

2. 대외의존적인 재벌독점 경제구조를 전면 개혁하고 민족 자주적이고 자립적인 경제를 건설하며 농업과 공업의 균형 있는 발

전을 기하고 국민생활을 개선한다.

3. 남녀평등의 실현과 지방색의 타파를 기하고 민주적이고 민족주체적인 교육을 실현하며 민족문화를 계승시킨다.

4. 군의 정치개입과 정치적 도구화를 배격하고 군 본연의 임무에 전념케 하며 병역의 정예화와 장비의 현대화로 자주국방 체제를 완비한다.

5. 일체의 사대주의적 외교방식을 지양하고 평화적 자주외교를 실현하며 7·4 남북공동성명의 원칙과 토대 위에서 남북관계를 조속히 개선하고 조국의 재통일을 촉진한다.

규약

1. 본회는 한국 민주투쟁국민위원회라 칭한다.

2. 본회는 정견과 종교의 차이를 초월해 한국민의 정당, 정파, 단체 및 개인의 민주세력을 총망라, 반독재 민주전선을 조직하고 그 주동적 임무를 수행함을 목적으로 한다.

3. 본회의 회원(민주투사라 한다)은 본회의 강령과 규약에 적극 찬동하고 성실하게 활동할 사람으로 민주투사 1인 이상의 추천으로 소정의 심사를 거쳐야 한다.

4. 민주투사는 발언권, 결정참여권, 선거권, 피선거권과 비밀 사수, 규율엄수, 성실활동, 회비 납부의 의무를 갖는다.

5. 본회 내에 중앙집행위원회를 둔다. 본 집행위원회는 일체의 회무를 통괄하고 지도한다.

6. 본회는 중앙집행위원회의 결의에 의해 필요한 기구를 설치할 수 있다.

7. 본 규약에 미비한 사항은 민주투사의 일반적인 원칙을 준용한다.

유성호 '한국민주투쟁국민위원회'란 명칭은 처음 듣습니다. 그냥 다들 '남민전 사건'으로만 알고 있지 않습니까?

임헌영 언론이 처음부터 '남민전'으로만 부각시켰기 때문입니다. 민주화조차도 미국과 일본의 예속에서 벗어나지 못한 게 우리의 처지라 '남조선민족해방전선 준비위원회'란 명칭 자체만으로도 쇼킹했습니다. 민족해방전선(National Liberation Front)에서 유래한 이 명칭은 분단 체제에서 금기어였지만 이미 시인 조지훈이 처음으로 써서 무척 인상적으로 남아 있었던 말입니다.

유성호 단체의 정식 명칭은 '남조선민족해방전선 준비위원회'이고 그 산하에 행동대로 지하조직 '한국민주투쟁국민위원회'가 조직되었던 것이군요.

임헌영 사실 '민족해방전선'이라는 명칭은 1950~70년대에 걸쳐 제3세계에서 들불처럼 번졌던 독립운동 방법이었습니다. 1941년 그리스로부터 알제리와 앙골라(1954), 바레인(1955), 베트남(1960) 등을 거쳐 중남미의 페루(1960), 니카라과의 산디니스트(1961), 베네수엘라(1963), 그리고 중동의 남예멘(1964), 동남아의 필리핀(1972)까지 NLF는 널리 번져나갔습니다. '해방전선'은 제국주의의 강력한 탄압 때문에 정치조직으로 발전하지 못한 상황에서 독립을 모색하려는 단계의 산물입니다. 이념적으로는 진보적이지만 양심적 민족의식을 가진 세력과 연대를 추구하기 때문에 국민적인 공감대가 가장 중요하지요. 투쟁의 주체는 '민족'일 수밖에 없지만 그것은 인종적 개념을 넘어섭니다.

나는 일제에 항거했던 독립투쟁의 기본 정신도 '민족해방투쟁'에서 비롯된 것이라고 봅니다. 우리의 독립투사들이 오로지 일본의 침략만 반대했겠습니까? 남의 나라를 침략하는 모든 나라들, 즉 제국주의를 반대해서 민족해방을 이룩하자는 게 항일독립운동 아닙니까? 독립운동가들이 설마하니 일본의 침략은 안 되지만 미국의 지배는 좋다고는 않았겠지요. 독립운동가는 기본적으로 반제국주의 투사였기 때문에 우리나라의 보훈처가 규정한 공훈판별 기준에서 사회주의자를 제외한 것은 큰 오류지요.

'친공적인 반공' 정권과 '반공적인 친공' 정권의 대립

유성호 그런데 한반도에서는 7·4 남북공동선언을 남한은 유신헌법과 긴급조치로 역이용해 박정희 독재를 강화해버렸고, 북한은 사회주의적 소유제도를 확립하고 주체사상의 명문화와 국가 주석제 및 주석의 권한 강화를 반영한 사회주의 독재헌법으로 나아갔습니다. 어찌 이렇게 남북이 닮았을까요?

임헌영 나는 그때 박정희는 가장 '친공적인 반공주의자'이고, 김일성은 가장 '반공적인 친공주의자'라는 별명을 붙였습니다. 박 정권 아래서는 부르주아 민주주의운동이 불가능해져서 진보적 사상이 지하로 퍼져나갔는데, 전두환 쿠데타는 이에 더

박차를 가했지요. 저항은 탄압하면 할수록 판자에다 못을 박는 것처럼 위에서는 안 보이지만 그 아래로 못이 깊숙하게 박히는 원리입니다. 박정희와 전두환이 부르짖었던 반공의 목소리가 커질수록 사회주의에 대한 동경이 더 커진 것입니다. 군사독재는 역설적으로 청년들로 하여금 사회주의적인 이상을 가지게끔 한 것이지요. 마치 일제 식민통치 아래서 민족독립을 위해서는 사회주의자가 되는 것이 중요한 방편이었던 것처럼 말입니다.

유성호 이런 시대적 상황 아래서 민족해방전선론은 한국 내에서의 자생적인 민족 자주독립을 위한 진통으로 볼 수 있었겠군요.

임헌영 그러나 너무나 나약하고 위험한 모험으로 마치 일제하 독립운동처럼 희생으로 끝나버렸습니다. 그래서 스스로도 '준비위원회'라 호칭했을 것입니다.

유성호 그 실제 진행 과정은 어땠나요?

임헌영 남민전을 주도했던 이재문 선생은 1974년 긴급조치가 내려지자 시국토론에서 제1차 인혁당사건 관련자들 일부가 피신이 최선이라고 주장했지만, 아무런 활동을 하지 않았는데 왜 피신하느냐는 주장이 우세해 선생 혼자서 잠행에 들어갔어요. 그러나 그의 예상대로 제2차 인혁당 사건이 터졌고, 그들은 한국 사법사상 가장 억울한 희생자들이 되었습니다. 그들은 온갖 고문을 당해 몸이 성한 곳이 없어 내의가 피투성이가 된 채 가족에게 그대로 전해졌어요.

유성호 인혁당 사건은 그 후 신문지상을 통해서도 많이 알려져 있지요.

임헌영 한이 맺힌 이 선생은 동지들의 피묻은 내의를 얻어 그걸로 남민전 깃발을 만들었어요.

유성호 인혁당 사건은 1, 2차로 나뉘는데, 박정희가 무모하게 한일협정을 체결하려는 데 대해 범국민적 저항이 일어나자 이를 빨갱이 짓으로 조작한 것이 제1차 인혁당사건(1964. 8)이지요.

임헌영 혁신계 인사와 언론인·교수·학생 등을 검거해 중앙정보부에서 엄청난 고문을 가해 조작한 것이지요. 관련자들에는 4·19 혁명 후 민족자주통일중앙협의회 중앙조직 부책을 지낸 도예종, 빨치산 문화부 중대장 출신으로 민족경제학자 박현채, 합동통신 조사부장 정도영, 민주민족청년동맹 중앙간사장을 지낸 노동운동계의 대부 김금수, 『민족일보』 기자 출신의 이재문 등이 '인혁당 중앙상무위원회'를 맡았다고 중앙정보부가 발표했었습니다.

민주민족청년동맹(약칭 민민청)은 이종률 교수의 주장에 따라 부산대와 동아대 중심의 제자들이 주축이 되어 1960년 6월 12일 부산상공회의소 강당에서 창립된 조직으로서 인혁당의 모체라 할 수 있습니다. 민주민족청년동맹 경북맹부를 맡은 3역이 서도원 위원장, 도예종 간사장, 송상진 사무국장이었지요. 부산과 대구에서 상경한 이수병·김금수 등 '암장(岩漿)전선' 출신들이 서울조직을 결성했고요. 암장그룹은 1955년 부산 시내 고교생 비밀 이념서클이었습니다. 민주민족청년동맹은 곧 민족자주통일중앙협의회(약칭 민자통) 결성의 중추가 되었는데, 이 단체는 4월혁명 후 사회민주주의나 민주사회주의 등과 중립화 통일론을 비판하면서 반외세민족자주와 민족혁명 노선을 주장했습니다. 따라서 이 조직은 대학생들이 주축이었던 민족통일전국학생연맹(약칭 민통련)의 남북학생회담을 지지하면서 진보세력의 정치활동에도 관여했으나 5·16 쿠데타로 무산되었지요.

이 커다란 흐름을 이룬 이종률은 남한 내 진보운동의 몇 안 되는 원조의 한 분이었습니다. 포항 죽장에서 태어난 그는 이완용에게 학자금을 대달라고 편지를 보냈다가 요시찰 인물이 되기도 했습니다. 일본 유학 중에도 투쟁과 투옥으로 일관한 그는 귀국 후 경성제국대학 교수로 조선공산당 재건을 도운 미야케 시카노스케 사건에 연루되어 3차 투옥되었다가 석방 후 가평 용문산에서 숯 산판을 하며 강제징집 도피 청년들을 도우면서 일제 말기를 보냈지요.

8·15 후에는 이균이라는 가명으로 경제학자 백남운 주도의 조선학술원 창립준비위원으로 참여해 서기국 위원 겸 상임위원을 지냅니다. 그는 민족건양회를 주도해 혁명을 도모하는 한편, 여운형 노선을 지지하며 이극로·조봉암 등과 함께 민주주의독립전선을 결성해 단정 수립을 반대했습니다. 한국전쟁 후 그는 부산에서 작가 김정한 등과 함께 민족문화협회를 창립해 민주통일운동을 전개했으며, 1956년 제3대 대통령선거 때는 야권 후보단일화를 위해 신익희·조봉암·김창숙 3인의 명륜동 회담을 주관했으나 신익희의 급사로 계획이 좌절되었지요. 이런 인물의 영향으로 혁신운동의 한 맥락이 생겨난 것입니다.

유성호 잠깐 인혁당 관련 인사들의 면면을 보기로 하지요. 유명한 분들이 많았던 걸로 알고 있습니다.

임헌영 너무나 많고 복잡한 인맥이라 나도 다 모르지만, 쉽게 떠오르는 분들만 해도 우리 종씨인 한학자이자 민족자주통일중앙협의회에 참여했던 임창순 선생을 비롯해 박중기·최병태, 서울대 철학과 학생으로 학내 최고 검술 유단자였던 오병철, 서울대 철학과 서정복, 서울대 법대생으로 통일운동에 참여했던 황건, 서울대 정치학과 학생으로 불꽃회 창설자인 김정강, 역시 서울대 정치과 학생으로 불꽃회 조직책이었던 김정남, 서울대 정치학과 학생으로 6·3 사태의 주역이었던 김중태·현승일·김도현, 성균관대 동양철학과 김승균, 나중 지식산업사 대표가 되는 김경희 등등 재재다사입니다.

유성호 제1차 인혁당사건은 막강한 정보부가 서울지검에게 창피를 당한 일로 유명하다지요?

임헌영 공안부 여러 검사들(이용훈 부장, 김병금, 장원찬)이 증거 불충분으로 기소할 수 없다고 검사장과 검찰총장과 법무부장관에게 보고했지요. 서울지검은 차장검사 명의로 기소하도록 종용했지만 거부되자 구속 만기 날 서울지검 당직담당 검사가 중앙정보부의 문건 그대로 공소를 제기하도록 했습니다. 이를 거부했던 검사들은 모두 사직했고 순순히 기소에 응했던 검사는 중정 5국 부국장으로 전근해 출세가도를 밟았지요. 그때 기록 보따리를 들고 항의하러 검사장실에 들어갈 때 모 검사는 화장실에 간다는 핑계로 그 자리에서 벗어나버렸고, 나머지 셋은 사표를 냈다는 일화도 전합니다. 화장실 검사는 졸지에 공로를 인정받았을 것이라고 한승헌 변호사는 어느 글에서 썼지요.

유성호 제2차 인혁당사건은 또 어떻게 시작되었습니까?

임헌영 그로부터 딱 10년 뒤인 1974년 4월 민청학련 사건이 터졌습니다. 이에 중앙정보부는 민청학련 사건 배후에 공산당이 있다고 여론을 끌어가고자 제1차 인혁당 관련자 전원에다 플러스알파까지 연행했습니다. 제1차 때보다 더 가혹한 고문을 가했지요. 제1차 때의 양심적 검사는 모두 사라졌고, 더구나 법정은 비상보통군법회의 검찰부가 맡았습니다. 사건 관련자는 인혁당 재건위 관계자에다 민청학련 관련자까지 뒤엉켜 엄청난 사건으로 커졌습니다.

이때 인혁당 재건위 관련자들의 형은 매우 무거웠습니다. 사형에 김용원·도예종·서도원·송상진·여정남·우홍선·이수병·하재완 등 8명, 나머지는 무기징역에서 15년형까지 받았습니다. 1975년 4월 8일, 대법원 전원합의체가 이 사건을 기각하고 18시간이 지난 4월 9일 서울구치소에서 8명의 사형이 집행되었지요. 대법 확정 판결문이 구치소에 도착하기도 전에 형이 집행되었다고 합니다. 그들에게 무죄가 선고된 것은 32년 만인 2007년 1월 23일 서울중앙지법에서였습니다. 잔혹한 처형 뒤에 뜻있는 분들은 해마다 그날을 추모해왔습니다. 잠행을 택하지 않았다면 9열사가 될 뻔했던 이재문은 온갖 어려움을 뚫고 서울에서 떠돌며 동지들의 처절한 죽음에 혀를 깨물며 남민전 조직에 나섭니다.

남민전의 형성 과정

유성호　남민전이 조직되는 과정과 인적 구성을 소상하게 알려주세요.

임헌영　이재문 선생에 대해 김남주는 시 「전사 1」에서 이렇게 노래했습니다.

> 일상생활에서 그는
> 조용한 사람이었다
> 이름 빛내지 않았고 모양 꾸며
> 얼굴 내밀지도 않았다
>
> 무엇보다도 그는
> 시간 엄수가 규율 엄수의 초보임을 알고
> 일분일초를 어기지 않았다
> 그리고 동지 위하기를 제 몸같이 하면서도
> 비판과 자기비판은 철두철미했으며
> 결코 비판의 무기를 동지 공격의 수단으로 삼지 않았다
> 조직생활에서 그는 사생활을 희생시켰다
> 조직의 이익을 위해서라면 모든 일을 기꺼이 해냈다
> 큰일이건 작은 일이건 좋은 일이건 궂은일이건 가리지 않았다
> 그리고 아무리 하찮은 일이라도
> 먼저 질서와 체계를 세워
> 침착 기민하게 처리해 나갔으며

꿈속에서도 모두의 미래를 위해
투사적 검토로 전략과 전술을 걱정했다.

이윽고 공격의 때는 와
진격의 나팔소리 드높아지고
그가 무장하고 일어서면
바위로 험한 산과 같았다
적을 향한 증오의 화살은
독수리의 발톱과 사자의 이빨을 닮았다
그리고 하나의 전투가 끝나면
또 다른 전투의 준비에 착수했으며
그때마다 그는 혁명가로서 자기 자신을 잊은 적이 없었다.

이재문은 1976년 2월 29일, 청계천3가 태성장 2층의 한 방에서 신향식·김병권 등과 남조선민족해방전선 준비위원회를 결성했습니다. 이재문 위원장까지 셋이 중앙위원이 되었다가 나중 안재구 선생이 추가되었습니다.

주도 세력은 인혁당의 승계자 이재문, 통일혁명당의 승계자 신향식, 해방전략당의 승계자 김병권이었습니다. 8·15 후 한국 내 변혁운동의 총체적인 계승을 상징하지요. 이들 셋만이 아니라 남민전 관련자 중에는 사회당 당무부장 출신으로 한국 내 진보운동의 족보를 꿰뚫고 있는 김영옥, 지리산 빨치산 입산 경력자로서 그 분야 노래를 깡그리 다 불렀고 나중에 광주교도소에서 각종 빨치산 노래를 비롯해 「부용산」을 널리 퍼뜨렸던 김봉권이 있었습니다. 또한 인혁당과 통혁당 등 진보운동에 두루 관여했던 한국 전통무예의 발굴자 임동규, 이호덕·전수진 부부와 그 아들 이해경, 통일사회당 임원을 지낸 권오헌, 통일운동에 두루 관련됐던 김승균 등과 반공법 전과자들이 다수였습니다.

유성호 그렇게 투쟁 경력을 지닌 분들 말고 젊은 층이나 학생들도 많았지요?

임헌영 민청학련과 긴급조치 관련자 윤관덕·이학영·임규영·조봉훈·황철식 등이 있고요. 가톨릭농민회 또는 농촌농민 관련 권영근·김종삼·서혜란, 학생운동 관련자 김남주·김성희·김정길·박석률과 박석삼 형제, 백정호·이강·정만기, 여성운동 관련 곽선숙, 흥사단 관련 이은숙, 노동운동 관련 박문담·임영빈, 중고교 교사 김정자·박광숙(나중에 김남주의 아내)·신우영·이수일·이재오·임기묵·장미경이 있었습니다. 서울대 법대 출신 김명·이계천·최강호, 그 외 김세원·김영철, 교도관 출신 김재술, 그 밖에 김충희·김홍·나강수·박남기·심영호·이영주·임인영·최광운·최평숙 등에, 대학생 권명자·김경중·김부섭과 박미옥(이들은 나중에 부부)·노재창·민동민·신영종·탁무권·황기석, 그리고 백령도 파견 보안대 책임자였던 조태범 현역 중령, 사건 당시 해외에 있어 체포되지 않았던 회사원 홍세화, 무역업자 안용웅 등이 있습니다. 다양한 분야의 서로 얼굴도 몰랐던 인물들이 불과 3년 만에 하나의 조직으로 모일 수 있었다는 것은 유신시대의 탄압의 반작용이자, 일제강점기 시대부터 축적된 투쟁사의 면면한 계승을 보여주는 것이지요.

유성호 민청학련이나 긴급조치와 관련된 젊은 층이 훨씬 많습니다. 이들은 투쟁경력도 별로 없었을 것 같은데요. 선생님도 문인간첩단 사건으로 투옥된 것 외에는 직접 지하운동에 가담하신 적은 없었지요?

임헌영 물론이지요. 나는 서대문에 살던 이재오의 권유로 그의 집에서 입회식을 가지며, 한민성(韓民聲)이라는 가명을 받았습니다. 글쟁이니까 한국인의 마음을 대변하라는 뜻이었겠지요. 입회 후 이재문, 나중에 숙명여대 수학과 교수로 부임한 안재구, 서울대 철학과 출신의 이해경, 나중에 양심수후원회 회장이 되는 권오헌, 나중에 일월서각 사장이 되는 김승균, 서울대 국문과 출신의 시인 정희성과 동기인 임기묵, 고려대 운동권 최석진 등과 자주 만났어요. 그 외에는 여성운동가 곽선숙, 고교 교사 박광숙, 서울사대 출신 교사 김정자(『한겨레』 김효순 대기자의 아내) 등과도 몇 번 만났는데, 남민전으로 구속된 86명 중 내가 한국민주투쟁국민위원회 조직원임을 서로 알고 지낸 범위는 이 정도뿐이었습니다. 나머지는 다른 파트여서 사건이 터진 후에 법정에서 처음 만난 사람들이었지요.

유성호 선생님을 이끌어주신 분은 누구였고, 초기에 무슨 활동을 하셨나요?

임헌영 민투위원장 이재오와 총책 이재문이었습니다. 이재문은 세계혁명사부터 한국 변혁운동사는 물론이고 남로당, 통혁당, 임자도 사건, 조봉암 사건, 인혁당을 비롯한 여러 사건들에 대해 일반이 접할 수 없는 은밀한 뒷이야기에도 정통해 항상 대화가 흥미진진했어요. 당시 일어난 사건들의 이면, 어떻게 탄로났고 누가 고문을 받았으며 누구의 진술로 인해 정보가 알려졌으며, 끝까지 입을 다문 인물은 누구이고, 비밀 사항을 밀고해 조직에 피해를 입힌 사례들도 일목요연하게 꿰고 있었지요.

한국민주투쟁국민 위원회의 역할은 대중들에게 그 삼엄한 시대에도 반유신투쟁을 하고 있는 단체가 있다는 것을 널리 알리고, 한편으로는 조직을 심화하고 확대하는 일이라는 걸 그는 강조했습니다.

유성호 하지만 면면을 보니 홍길동·임꺽정·로빈 후드·쾌걸 조로 같은 재능도 없는 데다 여러 조건이 양산박을 건설할 만한 처지도 아닌 것 같은데 뭘 어떻게 하셨습니까?

임헌영 사실 그럴 시대도 아니지요. 그래서 참 답답했어요. 이재오 등과 의논한 뒤 우리는 결국 반독재 전단을 몰래 살포하는 것을 첫 과업으로 삼았습니다. 나는 글을 써서 전해주었고, 그 뒤 제작과 배포는 1977년 1월 18일에 실행됩니다. 나중에 밝혀진 걸 보면 4, 5명이 한 조가 되어 3개조로 편성했고 서울 3개 지역에 살포했는데, 나는 3조로 이재오·임기묵·최석진과 함께 청계천6가를 배정받았습니다. 애초에는 빌딩 옥상 살포에서부터 풍선 이용까지 대량 살포 방법을 연구했지만 그러지 못해서 우편을 이용해 개개인에게 보냈어요. 어쨌든 전단은 외신기자들에게도 은밀하게 전달되어 『아사히신문』은 조용해 보이는 유신통치 하의 한국에서 드물게 반대성명이 나온 건 이례적이라면서 '한국민주투쟁국민 위원회'는 운동권에서 전혀 알려지지 않은 단체로 새로 출현했다고 소개했습니다. 조직이 늘어나면서 나중에는 전단 단계를 넘어 기관지 격의 신문 형태로 『민중의 소리』도 제작해 주로 대학가에 배포했다는데 내 역할이 아니라 나는 몰랐어요.

유성호 정확히 민투와 남민전이 구분됩니까?

임헌영 나는 남민전 동지들 중 정확히 누가 '민투'고 누가 '남민전'인지 지금도 구분이 안 가요. 조직 전체를 관할하는 사람이 아니면 나처럼 어떻게 돌아가는지 몰랐을 거예요.

1977년 3월에 이재오가 구속되자 4월부터는 내가 부득이 그를 대신해 한국민주투쟁국민 위원회 위원장을 맡게 되었어요. 그러자 이재오 대신 수학자 안재구 교수와 이해경을 만나게 되더군요. 이때부터 안재구와는 무척 친해졌지요. 그는 할아버지부터 아버지·본인·아들에 이르는 4대가 항일·민주·평화통일 운동으로 이어져온 밀양 출신의 투사였습니다. 조부는 1945년 4월에 화악산으로 입산해 청년들을 훈련시키다가 8·15 후 하산해 건국준비위원회에 참여했습니다. 민족전선 밀양지부 수석 의장을 지냈는데, 유독 손자 안재구를 편애했고, 안 교수는 중학생 때 독서회 활동을 개시했어요. 절친했던 박말수 선배의 맏형이 유명한 투사시인으로 월북한 박석정(朴石丁)이었습니다. 쉽게 말하면 소년 빨치산을 지낸 박현채처럼 그 역시 파란만장한 청소년기를 보낸 뒤 세계적인 수학자가 된 것이지요. 그의 아들 안영민은 통일 일꾼이고, 딸 안소영은 『갑신년의 세 친구』 『시인 동주』라는 실록소설의 작가입니다.

서울대 철학과 출신 이해경은 통혁당 사건의 서울대 검도단 최고수였던 오병철과 함께 활동했던 경력에다 부모가 남민전 회원으로 한때는 이재문이 이 집에 은신하기도 했어요. 이해경의 여동생 이영자의 부군이 서울대 불문과 출신의 언론인 주섭일입니다. 남민전 때 이영자·주섭일 부부는 프랑스에 체류했는데 이재문을 만나러 그 집에 갔을 때 책꽂이에 주섭일이 보던 여러 일서들이 꽂혀 있었습니다.

나는 1977년에 권오헌을 가입시켰습니다. 오랫동안 피신 중인 이재문의 가족들이 의지하던 인천 송현성당 최분도 신부를 비밀리에 방문해 자세한 근황과 감사 인사를 전하는 일도 맡았습니다. 가족은 부인 김재원 여사와 어린 남매였지요. 요시찰인의 가족이라 참으로 어려운 처지였지만 이를 받아주어 성당 일을 돌보며 생활하도록 해준 최분도 신부는 미국 메리놀파(Maryknoll Society)였습니다. 메리놀은 1961년에 인천 지역을 중심으로 평화와 사회정의를 위해 투쟁하는 해방신학적 성향의 단체로, 1975년 인혁당 사법살인을 저지하고자 박정희 독재에 도전했다가 1975년에 추방당한 제임스 시노트 신부 역시 이 교파였습니다. 인연이란 참으로 묘해 김옥경이 쓴 최분도 신부 평전 『가거라! 내가 너를 보낸다』(2017)를 출간하도록 앞장선 분이 바로 몬시뇰 김병상 신부였습니다. 김 신부는 2008년부터 2013년까지 민족문제연구소 이사장을 지냈지요. 이따금 나는 몰래 송현성당으로 가서 최분도 신부님과 김 여사와 함께 여러 이야기를 나누며 서로의 안부를 전해주곤 했습니다.

유성호 이재문은 분명 한국 민주화운동사에 각인되어야 할 분이지만 그 많은 조직원들과 가족들이 나락에 던져진 걸 상기하면 정말 안타깝습니다.

임헌영 빈틈없는 분이었는데 결과적으로 그렇게 되었지요. 그 사건이 터진 1979년은 불길하게 밝았습니다. 3월에 '임동규 간첩사건'이라는 조작사건이 터지면서 거기에 박현채 선생도 연루되어 또다시 구속되었습니다. 남영동 대공분실에서 조사를 당했지요. 임동규는 무기형을 받았고 박현채는 이듬해 2월에 출소했습니다. 그 사건의 임동규가 남민전 회원이란 걸 듣고 나는 너무 놀랐어요.

거의 비슷한 시기에 크리스천아카데미 사건도 터졌어요. 크리스천아카데미의 전신은 1959년 강원용 목사가 인문사회과학자 및 신학자들과 함께 창설한 '기독교사회문제연구소'로 1965년 5월 7일 창립되어 1968년 대화모임·연구조사·교육훈련이라는 세 가지 활동을 해왔습니다. 1970년대 이후 중간집단의 의식화를 위해 여러 사회교육을 실시했고, 특히 농민·노동·여성운동을 활성화하는 데 크게 기여했지요. 나도 가끔 그 모임에 강사로 참여했어요. 1979년 3월 9일 여성사회분과 간사 한명숙이 연행되고, 농촌사회분과 간사 이우재·황한식·장상환, 산업사회분과 간사 김세균·신인령 등과 정창렬 교수 등 일곱 명이 구속 기소되었습니다.

유성호 이명박 측근이 된 이재오, 총리가 되는 한명숙, 이대총장이 되는 신인령까지 쟁쟁한 인물들이 현대사의 증인이자 주인공으로 등장하는군요. 정말 많은 분들이 목숨을 건 고행을 했던 시절입니다.

임헌영 그런데 그해 여름에는 이재오가 또 구속됩니다.

유성호 계속 순탄치 않으시네요.

임헌영 이재오는 다섯 번 구속돼요. 한승헌 변호사가 나중에 농담으로 이름이 '재오'여서 다행이지 재구였으면 아홉 번 갔을 거라고 해서 웃었는데, 말이 그렇지 본인과 가족은 얼마나 처절했겠어요.

오원춘 사건의 여파

유성호 이해를 돕기 위해 차근차근 풀어주시기 바랍니다.

임헌영 먼저 국제앰네스티 한국지부 이야기부터 하는 게 좋겠습니다. 이 국제기구는 1972년에 윤현 목사가 출범시킨 이후 계속 전무이사로 주역을 맡았고, 실무위원에는 리영희·류근일·양동안·신상웅과 나도 함께했지요. 1979년 5월 12일 윤현 목사가 부이사장으로 승격하고, 한승헌 변호사가 전무이사, 사무국장은 이재오였고, 조직이사는 홍성우 변호사, 재무는 황인철 변호사, 교육은 한완상 교수, 캠페인은 현 경기 교육감인 이재정, 홍보이사는 내가 맡았지요. 국제이사는 김상헌이었고요. 이사진도 쟁쟁해 『민족일보』 출신 양수정·이세중 변호사·리영희 교수·윤형두 범우사 회장·황상근 신부·이홍록 변호사·송기인 신부·백윤석 목사·이성학 장로·김상현 전 의원·이재정 신부·정호경 신부·황인철 변호사·홍성우 변호사·한완상 교수·백낙청 교수·송건호 선생·이우정 교수·안병무 신학자 등으로 일대 혁신을 단행합니다.

유성호 이재오라는 이름은 그때는 민주화운동의 최전선에 있었군요.

임헌영 청년운동가인 이재오는 자기 고향인 영양의 농민운동 때문에 또 징역살이를 하게 됩니다. 영양군 청기면의 오원춘 농민은 당국이 권장한 감자 씨를 받아 회원들에게 나누어주고 심었으나 아예 싹도 나지 않자 보상대책위원회를 조직해 투쟁으로 그 목적을 달성해서 일약 농민운동사의 명사가 되었습니다. 유명세를 탄 그는 어느 다방 여종업원과 살갑게 지내다가 유부남인 데다 가톨릭 신자로서의 심리적 갈등으로 그녀와의 관계를 청산하려고 마음을 굳히고 보름가량 울릉도로 여행을 다녀왔습니다. 주변에서는 그 속내도 모르고 자꾸 그간 뭘 하다가 왔느냐고 물어서 그는 투쟁의 명성에 걸맞게 정보부가 2주 동안 울릉도로 납치해 구타와 협박을 했다고 거짓말을 했지요. 경북 일대의 가톨릭 농민운동은 안동교구의 정호경 신부가 주도했는데 그에게까지 오원춘의 거짓말이 알려지자 사건이 커져버렸습니다. 조작 사건으로 악명 높았던 정보부가 이번에는 거꾸로 억울하게 궁지에 몰렸으니 가만히 있을 리 없었지요. 정보부는 오원춘과 정호경 신부를 허위사실 유포로 고발해버려 진실공방으로 번졌어요.

유성호 그야말로 코미디 같은 해프닝이군요. 억압이 워낙 강하니 그 압력을 견디다 튀어 오르는 용수철의 힘으로 제법 원심력이 큰 순간들이 많을 수밖에 없었겠습니다.

임헌영 1979년 8월 21일 안동의 목성동 천주교회 미사에 김수환 추기경과 함께 내려간 이재오는 "박 정권은 망한다. 망한다는 사실을 모르는 것은 박정희뿐이다"라고 질타한 뒤 밤 10시까지 안동시내 촛불시위에도 참여했습니다. 그는 체포조를 따돌리려고 위장해 김승훈 신부의 차로 무사히 상경했으나 이튿날 앰네스티로 출근하다가 연행되었습니다. 긴급조치 9호 위반으로 구속되었지요.

유성호 임동규 사건에 연이은 충격이군요. 선생님도 가슴이 철렁하셨겠어요.

임헌영 연이은 악재에 위험을 느낀 이재문은 4월부터 나에게 활동을 정지하도록 했습니다. 나는 민투 활동을 접고, 1979년 8월 『월간 독서』도 사직했어요. 그전 해에 이사한 녹번동 집에 들어앉아 임기묵(당시 고교 교사)을 발행인으로 내세워 '도서출판 상황사'를 차렸지요. 문학동인지 『상황』을 재출간할 기회나 만들어보자는 야심에서였지요. 출간 첫 책으로 G. 프라우저가 쓴 『천재들의 성적표: 아무도 가르쳐주지 않는 삶』을 곽복록 교수 번역으로 출간했는데 금방 재판을 찍을 만큼 반응이 좋았어요. 세계적인 위인 73명 중 학창 시절의 우등생은 19명뿐이었다는 사실을 들어 성적우월주의를 비판한 책이라 학생들 사이에 인기가 있었어요.

나는 곧 김승균의 일월서각과 나병식의 풀빛이 공동으로 쓰는 사무실에 합세해 세 출판사가 함께 모이게 되었지요. 셋이 모이니 저절로 관계기관의 요원들이 눈독을 들여 드나들었습니다. 공동사무실은 지금 서울경찰청 뒤편 내자동에 있던 내자호텔 옆의 2층짜리 낡은 건물이었습니다. 내자호텔에는 미 정보부가 청와대를 도청하는 시설을 갖추고 있다는 소문이 파다해 박동선의 코리아게이트 사건 이후 도청을 방해하려고 바깥 창문을 밀폐했던 것으로도 유명했지요. 1976년부터 1978년을 강타한 코리아게이트는 유신독재를 비호하기 위해 박동선이 미 정부와 국회에 금품을 살포한 로비 활동을 말합니다. 김형욱 전 중앙정보부장이 1976년 미국으로 망명해서 더 크게 부각됐지요. 재미교포 언론인 문명자까지 가세해 5·16 쿠데타 세력의 흑막에 얽힌 비리를 파헤쳐 박 정권의 위기의식을 고조시켰습니다. 어쨌든 달랑 책 한 권을 냈지만 수금액이 적잖아 기대가 컸지요.

추석 전야의 검은 연기 치솟는 악몽

유성호 그해 가을에 박정희가 암살되지요. 그 무렵 유행하던 노래는 독일 노래를 번안한 용맹스러운 「칭기즈칸」이나, 그 반대로 애잔한 심수봉의 「그때 그 사람」이었는데, 박정희가 마지막으로 들은 노래가 그 노래였어요.

임헌영 역시 유 교수는 『문학으로 읽는 조용필』의 저자답게 유행가를 적절히 떠올리시네요. 남민전 사건은 박정희가 죽기 딱 22일을 앞두고 터졌어요. 10월 4일 새벽에 나는 불길한 꿈을 꾸었습니다. 사람들이 뛰쳐나와 "불이야!" 하고 고함치는데 강 건너에 불꽃은 안 보이고 검은 연기가 하늘을 뒤덮는 거예요. 추석 전날이었지요. 나는 꿈에 큰 의미를 두지 않으나 가끔씩은 예언성을 지닌다고 봅니다. 다만 프로이트의 해석보다는 우리 전통 해몽법을 더 신뢰하는데, 불은 길하나 연기는 아주 불길합니다. 영 기분이 안 좋은 꿈이었어요. 나중에 알고 보니 바로 이재문이 은신처에서 체포당하던 시간 무렵이었어요.

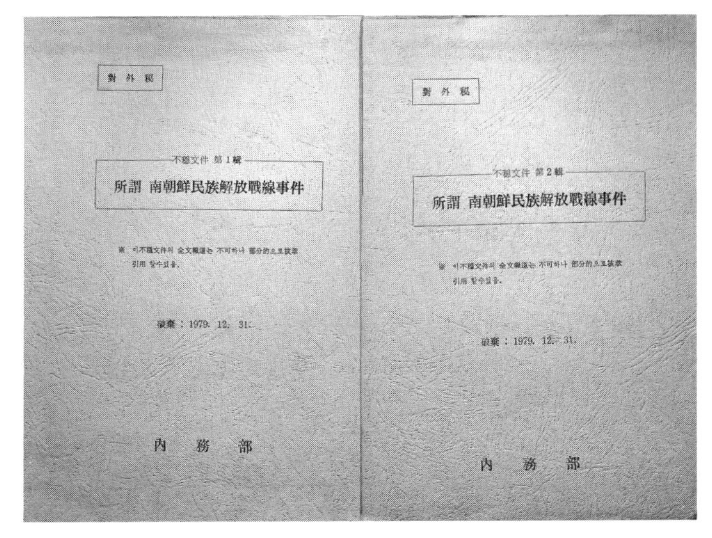

대외비 자료로 내무부가 특별 제작해, 언론사 등 주요 관련 기관에 배포한 '불온문건' 「소위 남조선민족해방전선 사건」 자료집 1집과 2집 표지. 1979년 10월 4일 이재문 선생 체포 현장에서 입수한 자료 및 사진 등 각종 증거품까지 첨부되어 있고 인쇄본 뒤 '부록'으로 여러 가입자들의 친필 문서들도 있다.

이튿날인 추석 아침에 차례를 올리고 느긋하게 있는데, 임기묵이 별안간 찾아왔어요. 사건이 터졌다면서 이재문 선생이 모든 것을 기록한 문서와 자료를 보관하고 있다가 체포되었으니 바로 다 잡힐 거라며, 급히 피신하라고 했어요. 그의 집에 한동안 이 선생이 피신했기에 너무나 자세하게 알고 있었어요. 나는 권오헌에게 연락해 함께 피신 길에 올랐으나 둘이 함께하는 것이 위험하다 싶어 도중에 헤어져 혼자 후배들(유비룡과 시인 임종철) 집을 전전했지요. 나중에 보니 바로 10월 5일 밤 자정 넘어서 관할 경찰서 정보과 형사 8명이 우리 집 담장을 넘어 권총을 들고 현관유리를 깨고 들어와 온 동네가 놀라는 소동을 벌였더군요. 그들은 방마다 천장을 칼로 긋고 온 집안을 들쑤셨습니다. 시골의 세 누나들 집까지 야밤에 급습해 곳간까지 뒤졌다고 해요.

그들은 우리 집 2층 서재에 눌러앉아 서가를 뒤엎어놓고 책을 한 권씩 뒤지거나 고스톱을 치기도 하면서 무슨 수사본부처럼 엿새 동안 거기서 자고 먹으며 지냈어요. 형사들 중 한 사람은 날마다 숙명여대로 출근하는 아내를 따라가 지키다가 함께 퇴근했답니다. 이날의 청천벽력을 아내는 나중에 「푸른 배낭을 멘 남자」라는 소설로 썼는데, 그걸 읽어보니 내가 상상했던 것보다 훨씬 심했습니다.

유성호 저도 읽었습니다. 정말 무지막지하더군요.

임헌영 도피 중인 10월 9일 한글날, 구자춘 내무부장관이 특별기자회견에서 건국 후 반국가활동 단일사건으로는 최대 규모인 74명이 가담한 '남조선민족해방전선준비 위원회' 사건 총책 이재문을 위시한 20명을 경찰이 검거했다는 수사 결과를 발표하면서, 나를 포함한 나머지 54명에 대한 검거령을 내렸어요. 온갖 증거물 1,374점을 압수했다는데, 그중에는 남조선민족해방전선준비 위원회 깃발도 있었다며, 혜성대, 봉화산 작전, 땅벌 작전 등 암호를 사용해 활동했다고도 했습니다. 언론이란 항용 이런 사건을 부풀리기 마련이라 긴가민가하면서도 이만한 증거품을 확보했다는 건 임기묵이 말한 대로 많은 기록이 이미 수사기관에 가 있다는 것이기에 전원이 체포되는 것은 시간문제라는 생각이 들었어요. 이 보도 이후 나를 숨겨준 내 후

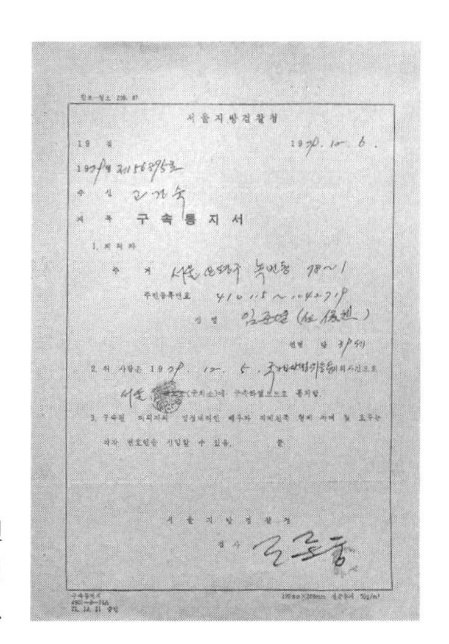

서울지방검찰청

1979. 10. 6.

수신 고경숙

제목 구속 통지서

1. 피의자

주거 서울 은평구 녹번동 78-1

주민등록번호

성명

2. 위 사람은 1979. 10. 6.

서울 (구치소)에 구속하였으므로 통지함.

3. 구속된 피의자의 법정대리인 배우자 직계친족 형제 자매 및 호주는 각각 변호인을 선임할 수 있음. 끝

서울지방검찰청

검사

아내 고경숙에게 보낸
서울지방검찰청의
구속 통지서 표지.

배들도 눈이 휘둥그레져서 나도 뭐라 할 말이 없어졌어요. 나는 많은 생각 끝에 주변의 피해를 줄이려면 자진 출두가 낫겠다는 판단에서 내무부의 사건 발표 사흘 뒤 자진 출두할 결심을 굳혔습니다.

유성호 아마 선생님은 자수로 다른 동지들이 입을 피해를 고려하지 않을 수 없었을 것 같은데요.

임헌영 이미 그 단계는 지난 것 같았어요. 주요 인물들을 비롯해 수십 명이 체포된 데다 임기묵이 하던 말을 종합해보면 다른 도리가 없다는 판단이 들었어요. 관계 기관에 전화로 자진 출두하겠다고 밝히고 마지막으로 집에 전화를 걸었어요. 10월 12일이었는데, 우리 집 내 서재에서 그때까지 합숙하고 있던 8명 중 책임 형사가 아내 대신 내 전화를 받더군요. 나는 곧바로 택시를 타고 집 앞에 도착해 대기하고 있던 수사관들과 가

족을 만났습니다. 만일 내가 상부에 연락 없이 그냥 귀가했다면 골목을 지키던 형사들이 나를 붙잡아서 자기들의 수훈감이 되었을 거라고 하더군요. 그들은 이미 자수자에 대한 상부 지시를 일일이 받으면서 나를 데려갔습니다.

유성호 무슨 영화 같습니다. 저까지 긴장감이 넘칩니다.

임헌영 나는 치안본부 남영동 대공분실로 연행되었어요. 이미 조사가 마무리 단계라며 자수로 봐줄 수 없다고 하더군요. 이미 신문지상에 자수자로 보도되었기 때문에 나는 개의치 않았어요. 수사관들은 워낙 배부르게 자료를 확보한 상황이라 나에게 숫제 두툼한 다이어리들을 주고는 거기에 내 가명이 등장하는 대목을 찾아 자술서를 쓰라고 했어요. 이미 자료를 통해 전모를 훤히 파악한 상황인데다 여기저기서 거의 잡혀와서 이제 남은 사람은 몇 명 안 된다고 아주 느긋해 하더군요.

그런데 어느 날부턴가 그들이 갑자기 험악해지는 거예요. 눈을 부라리며 부산에 최근 다녀온 적 있느냐고 다그치더군요. 그게 바로 10월 16일부터 20일까지 있었던 부마항쟁 때문이었습니다. 남민전 관련자들이 부마항쟁의 배후라고 몰아붙이려는 저의가 있었던 것 같아요. 다행히 그 무렵 부산에 간 적도 없었고, 남민전 전체에서도 부산 관련 사항이 나오지 않았는지 며칠 후 그 광란은 가라앉았어요.

유성호 북에 보낸 보고문 작성자가 선생님이라는 유언비어가 한때 인터넷에 떠돌기도 했지요?

임헌영 그것 때문에 큰 곤욕을 치렀어요. 자료에 '김일성 수령에게 보낸 보고문'이 테이프와 함께 있었는데, 시종 그 작성자가 나라고 몰아붙이는 거예요. 그들이 제시한 것은 그 다이어리 구석에 '민성'이란 흘림 글씨의 메모가 있다는 것이었어요. 수사관은 필자가 아니라면 감수라도 했지 않냐고 다그쳤는데, 나는 수뇌부도 아니었고, 그런 보고문을 본 적도 없었어요. 나는 박정희 독재를 타도하려면 과격한 행동도 수용할 수 있다고 생각했지만 그런 식으로 북과 연계한다는 건 상상도 못했어요.

유성호　그 다이어리라는 게 정확한 기록물은 아니었나요?

임헌영　일지식 기록부터 구상했던 일들, 장차 지시하려는 사항들까지 적어놓은 일종의 비망록을 겸한 일지였어요. 문장으로 써놓은 것도 있고, 단어나 이름, 숫자만 써놓기도 한 걸로 봐서 치밀한 자료인 것 같아요. 남민전 사건 관련자들 상당수가 그 기록과 자료 때문에 수난이 많았어요. 의논만 하고 실천하지 않은 일들도 있어 고문도 숱하게들 당했지요. 심문과정 내내 당사자가 아무리 부인해도 기록에 있으니 안 했다는 증거를 대라고 수사관들은 우겼어요. 그들은 조그만 메모라도 나오면 그걸 맹신하고, 아무리 부인해도 절대 안 받아주었어요. 나중에 나와서 들으니 한승헌·홍성우 두 변호사도 남민전으로 곤욕을 치를 뻔했다고 해요. 모 수사관이 한 변호사를 찾아가 남민전이 한 변호사를 통해 앰네스티를 조종하려 했다던데 사실이냐고 물었답니다. 한 변호사에게는 임헌영이, 홍 변호사에게는 이재오가 불었다고 했대요. 수사관들도 다이어리에 유명인사 이름이 나오니까 친했던 사람들과 연결시켜 한번 짚어봤던 모양인지 우리에겐 묻지도 않았고, 더 이상 확대하지는 않았어요.

이재문의 철저함은 누구에게나 신뢰를 주기에 족했고, 비밀조직 활동 기록에 대해 그는 일제하 독립운동 기록들처럼 그 보관의 중요성을 강조했습니다. 그러나 수사관들이 확보한 자료들은 무척 곤혹스러웠습니다. 오죽했으면 내 변론을 맡았던 홍성우 변호사는 나에게 자수한 입장이니 차라리 다 시인해주고 감형받을 궁리를 하는 게 어떠냐고도 했지만 나는 법정투쟁을 택했습니다. 두 사람 이상이 알면 이미 비밀이 아니라는 말은 비밀조직의 수칙이지요. 그러니 독립운동부터 현대에 이르는 많은 조직들이 아무리 철칙을 강조한다 해도 탄로가 나는 걸 보면 우리가 남민전 조직의 비밀이 지켜질 거라고 신뢰한 것은 무리였는지 모릅니다. 우리 어머니는 나에게 수시로 "소한테 한 말은 몰라도 어미한테 한 말은 소문난다"라고 하셨어요.

유성호 남민전 사건에 대해서 들을 기회도 없었지만 참 특이한 사건이었군요. 사건 당사자 이재문은 어떻게 되었나요?

임헌영 검거 당시 이재문은 평소 지녔던 호신용 단도로 자신의 심장을 찔러 중태였어요. 과다한 출혈로 관련자 심문이 거의 끝난 상태에서 의식을 회복했지만 일반인 같은 심문은 불가능했어요.

남영동 대공분실에서 맞은 10·26

유성호 정말 애석하군요. 거기서 모두 심문을 받으시던 중에

10·26이 일어났지요?

임헌영 우리가 그걸 안 게 아마 10월 27일이었을 겁니다. 심문이 대충 끝나가던 어느 날, 아침식사가 끝났는데도 아무도 안 나타나더군요. 고대생인 방위병이 종잇조각에다 '박정희'라고 쓰더니 목이 잘리는 흉내를 내고 지나가지 뭡니까? 나중에 들으니 아내는 10월 27일 새벽 4시에 전화를 받았다더군요. 평론가 김병걸 선생이 "박정희가 죽었어요. 이제 모든 일 잘 될 테니 염려 마십시오"라고 알려줬대요. 며칠간 쥐죽은 듯 조용하다가 다시 심문이 재개되었는데, 그들 태도가 여간 너그러워지지 않았어요. 그들은 틈틈이 휴식시간이면 삼삼오오 모여서 자기들끼리 여러 쟁점을 토론하는 눈치였습니다. 우리 사건 관련자들이 너무 많아 남영동 대공분실로는 공간이 부족해 몇몇 기관으로 분산되었고, 심문관이 부족해서 지방 경찰청에서 베테랑급을 특별 소환해 조사를 받았습니다. 전기고문까지 당했던 교도관 출신의 김재술이 가장 심한 고문 피해자였다고 들었어요. 최석진도 무척 고생해서 들것에 실려 나와 재판을 받았지요.

유성호 재판정에서는 관련자들을 다 만날 수 있었나요?

임헌영 너무 많아서 가까이 앉은 사람과는 대화도 했는데, 멀찌감치 떨어져 얼굴만 볼 정도였지만 서서히 다 알게 되었고, 전혀 몰랐던 부분도 알게 되더군요. 재판은 물으나 마나 전원을 유죄로 몰아갔습니다. 대통령은 죽었어도 삼엄한 법정은 검찰의 공소장을 그대로 판결문에다 쓰고, 언론은 그걸 똑같이 받아쓰는 유신체제의 관행은 여전했습니다. 법정에서 아무리

법정의 남민전 관련자들. 맨 앞 오른쪽 이재문, 그 뒷줄 오른쪽부터 김남주·차성환·최평숙·황금수. 워낙 피고인들의 숫자가 많아 대법정의 앞좌석을 가득 차지할 정도라서 전체 사진은 없고, 나중 사안별로 분리하여 재판을 진행했는데, 그중 한 장면이다.

진실을 말해봤자 전혀 반영되지 않았어요.

현역군인이었던 조태범은 군사재판을 받았고, 프랑스에 출장 중이었던 홍세화는 법정에 서지도 않은 채 긴 망명생활로 들어갔지요.

아내가 겪은 1980년의 5박 6일

유성호 재판 결과도 참혹했겠지요?

임헌영 이재문·신향식에게 사형이 언도되었고, 안재구·최석진·이해경·박석률·임동규 등 5명은 무기징역을 받았어요. 시인 김남주 등 7명이 징역 15년, 그 밖의 30~40명 동지들이 징역 3년에서 10년을 언도받았고, 나와 이재오 등 10명은 징역 5년을 받았습니다. 동지들이 전국 지방 교도소로 뿔뿔이 흩어져 이감된 후, 이재문은 1981년 11월 22일 서울구치소에서 병사했고, 신향식은 1982년 10월 8일 정오 서울구치소에서 처형되었습니다.

이 사건은 언론이 하도 떠들어서 정작 감옥 안에서 징역 사는 죄수보다 밖에서 생계를 이어야 하는 가족들, 아내와 남편, 부모 친척들의 곤욕과 고뇌가 더 아팠던 것 같습니다. 형기를 마치고 나왔어도 사회적 멸시와 박대가 거침없이 쏟아졌는데 그 가혹한 수모를 가족들이 먼저 겪어야 했지요.

유성호　밖에 있는 우리들도 그해 5월은 공포의 시간이었습니다. 5월 15일의 대규모 대학생 시위를 구실로 전국에 비상계엄령이 내려졌고, 중앙청 앞에 탱크가 나왔어요. 광주에서 5·18 항쟁이 일어났고, 6월에는 계엄사가 교수·목사·언론인·학생 등 300여 명을 지명 수배하더니 전국에서 5,000명 가까운 공무원들이 숙정 대상으로 발표되기도 했어요. 모두가 꽁꽁 얼어붙어버렸습니다.

임헌영　구치소는 새로운 죄수들이 계속 들어오기 때문에 바깥소식이 아주 빠르지요. 바로 그 무렵 김재규 관련자들의 처형이 있었어요. 1980년 5월 24일 토요일 새벽 3시, 육군교도소 7호 특별감방의 문이 열리고 이감이라며 수갑을 차고 포승줄에 묶인 김재규를 태운 호송차가 새벽 4시 서울구치소에 도착해 보안청사의 지하 독방에 갇혔어요. "이미 집행을 예상하고 있었으므로 감방에 들어가자마자 정좌하고 염주를 굴리면서 마음속으로 『금강경』을 외웠다"(문영심, 『김재규 평전: 바람 없는 천지에 꽃이 피겠나』, 시사인북, 2013)고 합니다.

> 아침 7시 정각, 김재규는 사형집행실로 갔다. 사형집행관이 유언이 있느냐고 물었다.
>
> "나는 할 일을 하고 갑니다. 나의 부하들은 아무런 죄가 없습니다."
>
> 마음을 정리하고 담담하게 죽음을 맞는 순간까지 김재규의 마음에서 떠나지 않는 것은 부하들에 대한 안쓰러움과 미안함이었다.
>
> "스님과 목사님을 모셨으니 집례를 받으시겠습니까?"
>
> 집행관이 다시 물었다. 김재규는 눈을 감은 채 대답이 없다가 눈을 뜨고 고광덕 스님과 김준영 목사를 쳐다보았다.
>
> "집례는 필요 없습니다. 나를 위해 애쓰시는 여러분께 감사드립니다."
>
> 교수형이 집행되고 숨이 멎고 나서도 그는 양손에 쥔 염주를 놓지 않았다.
>
> 한 시간 후에 같은 장소에서 그의 충실한 부하 박선호가 그의 뒤를 따라갔다.
>
> 박선호의 뒤를 따라서 한 시간씩 간격을 두고 이기주, 유성옥, 김태원이 같은 자리에서 차례로 이승을 하직했다.(문영심, 위의 책, 350~353쪽)

이들이 처형당한 그 자리는 일제치하에서 493명의 독립투사들이 희생된 곳이기도 합니다. 그날을 나는 선연하게 기억하고 있습니다. 아침부터 교도관들이 수인들을 바닥에 앉히고는 일어서지 못하게 통제하더군요. 사형장이 바로 눈 아래로 보이던 옥사 옆동 2층에 있던 나는 교도관의 눈을 피해 일어나서 창밖을 내다봤는데 앰뷸런스 몇 대가 들락거리는 게 보였습니다. 나중에 들은 것과 종합해보니 그게 바로 시신을 운구한 차였습니다.

『김재규 평전』의 작가 문영심은 "그날 하늘은 비구름이 덮여 컴컴한 날씨였다"라며 "김재규 일행은 죽은 후에도 신군부로부터 가혹한 대접을 받았다. 빨리 시신을 치우라는 독촉에 떠밀려 정신없이 장례를 서둘렀다"라고 썼습니다. 김재규의 부인 김영희 여사는 처형된 다섯 사람의 수의를 똑같이 주문해 시신이 안장된 육군통합병원으로 가져갔다고 해요. 보안사는 장례에도 일일이 간섭해 3일장도 못 지내게 하고 바로 그다음 날 함께 묻히려는 소망조차 들어주지 않았습니다. 그들은 서로 흩어져 묻혔지요.

유성호 역사의 단애에 우뚝 섰던 한 인간이 형장의 이슬로 사라져가는 모습을 먼발치로나마 직접 목격하셨군요.

임헌영 참으로 덧없는 게 인간입니다. 이렇게 누군가가 처형되는 날은 모든 죄수들이 종일 숙연해져요. 더구나 정치적인 사건으로 목숨을 잃는 사람들의 최후에는 나름대로 경배를 올리며 하루를 지냅니다.

유성호 재판에서 형량이 확정되면 지방으로 이감을 가는 거지요? 광주로 가신 게 언젠가요?

임헌영　2심이 끝나는 9월까지는 서울구치소에 있었습니다. 다음 재판을 기다리는 동안 나는 독방 신세를 청산하고 일반수들과 합방을 하게 되었어요. 나는 경제사범들 방에 배정되었습니다. 이것은 정치범들에게 베푸는 유일한 특혜였어요. 징역을 받은 정치범을 경제사범 방에 넣어 그들에게 약간이라도 도움을 받으며 지내라는 배려라고 해요. 내가 들어갔던 방의 수감자들 공소장에 등장하는 총액은 당시 돈으로 무려 200억 원 전후였습니다. 접시돌리기든 뭐든 그 엄청난 돈을 만졌던 인사들이라 노는 차원이 달랐지요. 그들은 나에게 영치금을 아끼라면서 아무런 부담을 주지 않았어요.

유성호　선생님이 광주로 이감되시기 전, 사모님의 소설 「5박 6일」에 나오는 그 여름에 서울구치소에 계셨을 텐데 거기서 멀지 않은 서대문 치안본부에 사모님이 연행되어 6일 동안 모진 고초를 당하시는 사실을 모르셨던 거지요?

임헌영　전혀 몰랐어요. 아내는 아침마다 출근 전에 구치소에 들러 책을 차입해주고 빨랫감이나 다 본 책을 찾아가곤 했는데, 어쩐지 며칠 동안 얼씬을 안 해서 처음엔 학교에서 바쁜 일이 생겼나보다 생각했어요. 그런데 차입이 1주일이 지나도록 끊어지니 이상한 생각이 들더라고요. 어머니나 아이들이 아픈가? 교통사고? 등등 걱정이 되면서 꿈자리도 사나워졌어요.

나중에 들으니 7월 24일 출근길에 연행되어 29일까지 구금되어 있었다고 해요. 아내를 구금하면서 또 한바탕 가택수색을 해서 온 집안을 쑥대밭으로 만들어놓고 아내의 일기장까지 압류해가서는 곳곳에 붉은 줄을 그어가며 반성문을 쓰게 하고 사표를 강요했답니다. 대학을 정화한다는 명분으로 사건가족을 몰아내려 했다고 해요. 지금의 서대문 치안본부 자리에다 전국에서 연행해온 200명 넘는 교수들을 바닥에 구금해놓고 사표를 받는 자리였습니다. 여기서 교수들은 모두 사표를 강요받고 해직교수가 되었습니다. 아내는 유일하게 교수가 아닌 행정직으로 구금되어 곤욕을 치렀던 거예요. 결국 엿새를 울며불며 사표를 못 내겠다고 버틴 끝에 남편에 대한 배신 각서를 써주고 풀려났다고 해요.

13 국가폭력, 당신을 위한 나라는 존재하는가

대변을 보고도 뒤를 안 닦아야 단전의 도사

유성호 서울구치소에서 2심이 끝나면서 지방 교도소로 이감을 떠나셨지요. 먼저 간 곳이 광주교도소였지요.

임헌영 1980년 9월 5일, 서울구치소에 있던 남민전 관련자는 이재문·신향식 두 사형수 외에는 거의 모두 광주교도소로 이감됐어요. 일부만 전주교도소로 갔지요. 오랜만에 한 버스로 나들이 가는 기분이 들었지만 광주교도소는 별칭이 '앙거'로 징역살이가 고되다고 소문난 터라 은근히 걱정들을 했어요. '앙거'는 '앉아'를 그렇게 호령한다는 헛소문에서 유래한 것이라는군요. 도중에 대전교도소에 들러 점심을 먹고 다시 출발해 광주에는 늦은 오후에야 도착했습니다.

유성호 그곳은 5·18 항쟁 이후라 삼엄했을 것 같은데요?

임헌영 5월 광주항쟁 때 좌익수들을 다른 지역으로 다 보내버리고 비어 있던 특별사동에 남민전만 배치했더군요. 비전향 장기수들만 가두는 특별사동은 교도소 안의 교도소로 담을 높이 쌓아 교도관들도 함부로 못 들어가게 만들어놓은 특별구역입니다. 가운데 복도를 두고 양쪽으로 독방이 늘어서 있는 전국 공통의 감옥 형태였습니다. 내 왼쪽 방은 최광운, 그 옆은 김남주, 오른쪽은 김홍, 복도 맞은편은 최평숙 등이 포진했습니다. 저녁식사를 마치면 화장실로 들어가 옆방들과 한담을 나누거나 때로는 복도를 마주 보고 건넌방과도 잡담할 수 있었습니다. 유신통치 때는 특별사동이 엄청 고달팠지만 광주항쟁 이후 예상과는 반대로 무척 민주화되어 오히려 순시도 드물고 식사도 넉넉하게 주는 등 배려가 있었어요. 가족 접견이나 서신은 월 1회였습니다.

유성호 아무리 나아졌다 해도 만만찮은 수형생활일 텐데, 건강을 어떻게 유지하셨나요?

임헌영 나는 유년기에 매우 허약했다가 자라면서 제법 건강해졌으나 고교 시절에 간디스토마와 폐병을 앓았는데 저절로 완쾌됐어요. 체력에 자신은 없었지만 기를 쓰고 매일 눈을 뜨자마자 보건체조와 냉수마찰을 했습니다. 더 좋은 방법을 궁리하던 중 퇴계의 『활인심방』(活人心方)도 뒤적여보고 몇 가지 연구 중 아내가 넣어준 책이 이이지마 간지쓰가 영어로 쓴 걸 일역판으로 낸 『불교요가입문』(仏教ヨーガ入門)이었습니다. 이이지마는 불교학을 전공한 뒤 신학을 공부한 마르크스주의자로 천황제의 위험을 경고하다가 박해를 피해 미국으로 건너가서 평화운동가로 활동한 독특한 이력을 지닌 사람이었습니다.

이 책은 몸동작 사진까지 곁들여 혼자 수련할 수 있도록 구성한 것인데, 초등학교 때부터 하던 국민보건체조와 흡사하더군요. 체조보다 더 세분화해 온몸을 최대한으로 펴고 죄고 비틀고 돌리고 눌러야 한다는 점만 달랐습니다. 세상의 모든 체조는 심장이 먼 곳부터 가까운 순서로 운동을 하는 게 기본 원리로, 하면 할수록 몸이 유연해지면서 가벼워지는 게 마술 같아서 그 어떤 보약보다 즉효였습니다. 6개월쯤 하다 보니 보건체조와 요가 동작을 내 몸에 맞게 변형해 열두 가지 동작을 다 하든 서너 개만 하든 내 맘대로 할 수 있게 되더군요. 이 책은 요가보다는 단전수련법을 소개하는 게 목적으로 체조란 단전호흡을 위한 준비운동이었어요.

유성호 감옥에서 육신 단련을 위한 절차들을 터득하셨네요. 정신 수련에도 꽤 도움이 되었겠습니다.

임헌영 삼라만상의 순환법칙에 내 몸을 맡기는 것이 곧 육체적 단련이고 그러다 보면 정신도 저절로 수련된다는 걸 배울 수 있었습니다. 그 원리는 섭취한 음식을 깡그리 연소시켜 에너지화하고자 산소를 충분히 공급해주는 호흡법에 있었습니다. 숨쉬기는 폐로 하지 않고 배로 한다는 거지요. 개구리 배에 바람 불어넣은 듯 배를 불룩하게 원으로 만들어야 했습니다. 체조는 폐에다 공기만 넣어주면 몸이 알아서 역할을 수행한다는 서양 의학적 원리이지만, 단전은 배로 들이마신 산소를 천천히 몸 전체에 회전시키는 동양철학적 순환기공법입니다. 몸 구석구석, 손가락 발가락 끝부분까지 산소를 돌리면서 굳은 피와 노폐물을 말끔하게 태워 혈관을 청소하는 거였지요. 자동차에 비유하면 연비를 최대화하는 작업인 셈입니다. 중요한 건 무엇을 얼마나 먹느냐가 아니라 어떻게 소화하고 흡수해서 에너지화하느냐는 것이었지요.

유방의 오른팔 장량처럼 숨을 쉴 때 코밑에다 새 깃털을 가져다 대도 흔들리지 않는 경지를 목표로 삼았습니다. 내가 매혹된 대목은 숨쉬기 단련이 최고조에 이르면 온몸이 유연하면서도 강해지는 반면에 죽음이 가까워지면 온몸이 뻣뻣해진다는 것이었습니다. 몸이 유연해지듯 마음 역시 유연해져 관대하고 여유로우며 융통성이 넘치게 되는 경지를 이 호흡법은 궁극적으로 추구하는 것이지요.

유성호 요가·체조·단전 등의 용어가 정말 영어(囹圄)의 생활을 실감나게 합니다. 단전의 원리가 매우 재미있습니다.

임헌영 단전은 힘을 넣는 것만 아니라 빼는 것을 강조하는 훈련입니다. 보건체조의 12단계 준비운동은 몸풀기로 전신을 초봄의 수양버들처럼 유연하게 만드는 준비과정이지요. 이 단계를 마친 뒤 편안하게 앉아 온몸의 힘을 뺀 후 전신호흡을 하는 게 단전입니다. 힘 빼기 작전은 마음으로 치면 무념무사의 경지를 말하지요. 몸에 힘이 없고 머리에 아무 생각이 없는 상태가 바로 단전의 최고 경지입니다. 그런 상태에서 숨쉬기를 하루 15분 이상 하면 제 몸 하나는 건사할 수 있다는 것이 불교 요가의 비법입니다. 고뇌는 그만큼 건강에 좋을 리가 없지요. 그러나 역사상 가장 고뇌가 컸던 석가도 당시로서는 장수한 걸 보면 꼭 그렇진 않고, 고뇌하더라도 낙천적이거나 무념무사의 경지에 이르면 괜찮을 것 같습니다. 그러나 누구나 석가처럼 될 수는 없으니 보통 사람은 보건체조에 이어 무념무사의 자세로 단전호흡이나 할 수 있다면 행복이지요. 웃음이 보약인 까닭도 웃는 순간에 몸이 유연해지는 데다 무념무사의 경지에 이르기 때문일 겁니다.

건강비법이 된 낙지춤

유성호 그걸 출옥 후에도 계속했습니까?

임헌영 출옥 후에 나는 감옥에서 익힌 걸 확인하고자 이 분야의 도사인 작가 송기원의 소개로 단전도장에 열심히 다녔어요. 거기서 나는 '낙지춤'을 배웠어요. 온몸에서 힘을 빼고 낙지처럼 흐물거리며 아무렇게나 흔들어대는 아나키스트형 해체주의 춤입니다. 무당의 신내림처럼, 그리스인 조르바가 크레타 해변에서 몸을 흔드는 것처럼, 머리·뇌세포·눈·눈동자·얼굴근육·볼·코·입·혀·목·팔·손가락·가슴·배·등뼈·다리·관절·발목·발가락까지 몸 전체를 중추신경에서 독립시켜 제멋대로 낙지처럼 약동하는 것이 곧 낙지춤입니다. 보건체조는 그 낙지춤을 위한 준비운동인 셈이지요. 바쁠 때는 준비운동을 생략하고 낙지춤만 5분 이상 해도 거뜬해집니다. 발동작이 나비처럼 사뿐하기 때문에 아파트에서 해도 아래층에 피해를 주지 않습니다. 모든 존재는 흔들리면서 살아가는 것이 아니던가요? 최고 경지에 이르면 대변을 본 후에 뒤를 닦지 않아도 항문이 깨끗해진다는데, 그때는 하산해도 된답니다. 나는 그런 경지에는 어림도 없지만요.

유성호 엄혹하고 춥고 또 단조로운 생활에서 몸을 장악하고 관리하는 방책을 습득하셨군요. 독서는 어떻게 했습니까?

임헌영 읽는 사람보다 책을 넣어주는 사람이 고생입니다. 처음엔 웬만한 두께의 단행본은 하루에 한두 권씩 해치웠어요. 아내가 그 많은 책을 보급하기 힘들 것 같아 한 권으로 오랫동안 씨름할 대상을 찾다가 결국 외국어 교재로 갔지요. 오전에는 러시아어, 오후에는 중국어로 정해놓고 맞춤한 텍스트를 부탁했더니 차입해준 것이 일본의 유명 외국어 전문출판사 다이가쿠쇼린(大學書林)에서 출간한 와쿠리 세이이치의 『러시아어 4주간』과, 가나마루 쿠니조의 『중국어 4주간』이라는 책이었습니다. 한나절씩 두 교재와 씨름하자니 한참 동안 다른 책을 안 넣어도 되었고, 이걸 끝내고는 역시 다이가쿠쇼린의 러일·중일 대역본 문고에다 머리를 묻고는 세월과 분노를 달랬습니다.

유성호 감옥에서는 '통방'이 중요한 소통구실을 한다고 알려져 있는데, 김남주 시인과 가까운 방에 계셔서 사연이 많을 것 같습니다.

임헌영 가장 즐거운 오락이 저녁식사 후의 통방으로 대개 7, 8명 정도가 한 조를 이루어 대화를 나누지요. 이럴 때면 애인 이야기부터 온갖 사연이 다 나오는데 밖에서 들어오는 모든 편지는 전부 공개 낭독을 합니다. 김남주도 나와 대화의 한 조여서 온갖 속내를 다 털어놨지요. 김남주는 15년형을 받고 입버릇처럼 "아, 앞이 안 보입니다. 10년만 되어도 앞이 보이는데…"라고 시를 읊듯이 탄식했습니다. 그가 가장 기뻐했을 때는 나중에 아내가 될 박광숙의 편지를 읽을 때와 자작시를 우리에게 들려줄 때였습니다.

그때 김남주는 독일어, 스페인어와 함께 혁명시인 하이네, 브레히트, 네루다에 흠씬 빠져 있었었고, 그들에 관한 책은 무엇이든지 다 구해 읽으면서 그걸 우리들에게 번역해 낭독하곤 했습니다. 특히 브레히트와 네루다에 경도되어 그들의 기법을 모방해 많은 작품을 썼습니다. 「그 방을 나오면서」「각주」「자유」 등 많은 수작들이 바로 이 계열이며 특히 브레히트의 정치시는 그에게 일대 전환기를 마련해주었지요. 이때 쓴 그의 시는 1980년대 한국 상황에서 그를 최대의 혁명시인으로 만들어주었고 그 결실은 시집 『진혼가』(1984), 『나의 칼 나의 피』(1987), 『조국은 하나다』(1988), 『사랑의 무기』(1989) 및 일어판 『농부의 밤』(1987), 하이네와 브레히트와 네루다의 혁명시를 번역한 『아침저녁으로 읽기 위해』(1988)를 낳았지요.

광주시민항쟁 옥중 세미나

유성호 그런데 그때는 5월 광주항쟁 후인데, 그 소식도 곧바로 들어왔겠지요?

임헌영 얼마 지나니까 광주항쟁 때 시민수습대책위원을 맡았던 분들이 특별사동으로 왔어요. 시민과 군 사이의 충돌을 막아보려고 당국과 교섭을 하던 광주지역 유지들이었습니다. 홍남순·이기홍 변호사를 비롯해 송기숙 교수, 전남대 영문과 명노근 교수, 김성용 신부, 다산연구가 박석무 선생 등이었습니다. 다수의 광주항쟁 관련자와 사형을 언도받은 참가자들은

광주민주화 운동의 대부 격인
홍남순 변호사.

김남주와 각별했던
박석무 다산연구소 이사장.

특별사동이 아닌 일반사동에 갇혔습니다. 복도를 가운데 두고 마주보는 형태라 그 어르신들이 맞은편 방에 쫙 다 있었어요. 매일 밤마다 저녁을 먹고 난 뒤에는 서로 마주보면서 광주시민항쟁 세미나가 열렸지요. 덕분에 발생하던 때부터 경과와 결과까지 너무 잘 알게 되어 광주시민항쟁에 참여한 모든 사람을 민주화운동의 동지로 느끼게 된 거지요.

유성호 밖에서 떠도는 이야기나 뉴스보다 더 생생한 다큐멘터리였겠습니다.

임헌영 홍남순·송기숙·박석무는 워낙 전부터 알고 지냈던 터였는데 감방에서 만나니 너무나 반가웠습니다. 교도관들은 이런 어른들을 잘 알고 존경의 대상으로 삼고 있었기 때문에, 우리도 덩달아 격이 올라가 처우 개선 투쟁 같은 것이 필요 없어졌지요. 그분들이 들어와 날개를 단 것은 광주가 활동 무대였던 김남주였습니다. 그때 김남주는 호를 '민산'(民山)이라고 했는데 박석무는 후배 시인을 '민산 선생'이라고 다정하게 불렀어요. 우리가 투옥된 이후 1980년대 초기의 국내외 정치상황까지 소상히 경청할 수 있었습니다.

유성호 광주항쟁은 한국 민주화운동의 기념비적 사건이고 또 훌륭한 시민의식의 꽃이었습니다. 그럼에도 폭력적 진압으로 많은 희생을 감수해야 했습니다. 우리 정치사는 언제나 그렇게 혁명과 그 좌절의 연속이었던 것 같습니다.

임헌영 1980년대 한국 사회를 어떻게 평가할 것인가 하고 물을 때 나는 선량하고 훌륭한 혁명적 정치가가 없었다는 쪽입니다. 8·15 직후도 그랬고, 4·19 혁명 이후도 그랬듯이 우리나라의 정치인들은 여전히 제정신 못 차렸다고 판단합니다. 물론 간디 같은 인물 아래서도 정파들이 갈라졌듯이 인간 사회에서 분파주의는 숙명적이지요. 전두환 신군부를 향해 계엄령 해제와 민주화를 요구하려고 서울 지역 30개 대학교 학생 10여만 명이 1980년 5월 15일 서울역 광장에 운집했습니다. 그들은 모여서 항의 집회를 계속할 것인지 그만둘 것인지를 두고 논쟁했으나 군부가 투입될 것이라는 우려로 중단을 결정했지요. 이 '서울역 회군' 사건은 우리에게 중요한 교훈을 주었습니다. 지나고 보니 그 논쟁이 얼마나 공허했던가요? 이미 미국과 전두환은 대학생들이 시위를 하든 않든 육사 11기로 하여금 박 정권의 보수체제를 그대로 이어가게끔 계획하고 실천하지 않았습니까? 왜 김대중·김영삼·김종필은 18년이나 박정희 밑에서 고생하면서 그런 예상도 못 했을까요? 왜 그 주변에 모인 참모들은 그런 역사의 흐름을 직시하지 못했을까요? 박정희가 사라진 뒤 김종필을 옹립하려고 보수세력이 심리적 연대를 이루어 여론 형성을 꾸려나갈 건 뻔한 이치인데, 왜 DJ와 YS는 그걸 주시하지 않았을까요. 한국 야당 정치인의 숙명적 한계를 8·15 이후 35년이 지난 이 시점에서도 탈피하지 못했습니다. 이런 현상은 4·19 후에도, 1987년 6월항쟁 이후에도 그대로 반복되었습니다. 당파성의 결여지요.

유성호 정치인만이 아니라 언론인·학자·문화예술인·교육자·종교인 모두의 연대책임이지요. 사실 따지고 보면 그게 바로 혁명의 어려움 아닐까요? 여기에다 미국이 배후에서 몇몇 지도급 인물들로 하여금 뭉칠 수 없게끔 일관되게 방해하지 않았을까요?

임헌영 차라리 대학생들이 서울역 광장으로 DJ·YS·JP를 함께 초청해 담합을 요청하고, 군부가 민주화에 협조하도록 공언하게 해서 세 분이 군부 퇴진을 공동선언하도록 했다면 어땠을까요? 백면서생인 내가 옥살이하면서 그런 것까지 고민할 처지는 아니었지만 울분이 터지더군요. 그러나 우리 같은 사람이 이런 걸 고민하지 않으면 대체 누가 해주겠어요.

모든 탄압은 국가폭력의 일환

유성호 8·15 이후 우리 민족 비극의 모든 근본책임을 추궁하려면 그 폭력의 근원을 확실히 알아야 해결의 실마리를 찾을 수 있습니다. 대구 10월항쟁부터 여순사건, 제주 4·3, 한국전쟁 전후의 학살들, 4·19, 유신통치의 만행과 광주항쟁, 6월항쟁 그리고 수많은 노동자와 농민의 희생 등을 아울러 통째로 그 근본책임을 물으려면 그것은 '국가폭력'이라는 개념으로 파악해야 하지 않을까요?

임헌영 막스 베버는 "모든 국가는 폭력에 그 기초를 두고 있다"는 레온 트로츠키의 말을 인용하면서 "정당한 물리적 강제력의 독점을 (성공적으로) 관철시킨 유일한 인간공동체는 곧 국가"라고 했습니다. 『직업으로서의 정치』에 나오는 유명한 말이지요. "국가가 존속하려면 피지배자가 그때그때의 지배집단이 주장하는 권위에 복종해야 한다"는 베버의 가설로 미루어볼 때, 국가란 폭력의 독점(monopoly on violence)기관에 다름 아닙니다. 그러나 박노자는 이러한 국가폭력의 정당성이 한국 근현대사에서는 전혀 어울리지 않는다고 말했습니다. 한국이란 거짓말의 총체이자 '전쟁하는 기계'로서, 전쟁은 합법적 살인과 성폭행의 제전이자 자본가에게 축복을 내려주는 행위에 지나지 않는다고 했지요. 전쟁은 패권과 경제적 이익을 위해 기관총을 열어젖히고 학살을 감행하는 것이며, 이를 정당화하기 위해 그 부당한 권력의 적대자나 비판세력을 '악의 축'으로 규정한다는 겁니다. 거기다 반공주의를 기치로 내건 한국에서는 기독교 역시 이에 동조하는 역할을 수행한다는 것이 박노자의 한국적 국가폭력관입니다. 그의 저서 『당신을 위한 국가는 없다』(한겨레출판, 2012)를 가로지르는 내용이 바로 이런 겁니다.

그런가 하면 이삼성은 한국 국가폭력의 두 축을 전쟁과 제국주의로 보면서 한국적 제노사이드 사례로 일본군 '위안부' 문제와 노근리 학살을 포함시킵니다. 이것은 제노사이드의 범주를 학살만이 아니라 각종 인권유린부터 성 학대까지를 두루 포함시킬 수 있다는 새로운 지평을 열어준 것입니다. 실제로 제노사이드에 가려진 그늘에는 비록 죽음에는 이르지 않았지만 가장 비인간적인 학대 양상들이 깃들어 있기 마련입니다. 이러한 견해를 이삼성은 『20세기의 문명과 야만: 전쟁과 평화, 인간의 비극에 관한 정치적 성찰』(한길사, 1998)에서 주장했습니다. 이 저서는 범지구적인 제노사이드 현상의 주범으로 미국을 지목하지요.

유성호 '국가폭력'이라는 개념을 폭넓게 적용할 경우, 우리 근현대사가 비교적 선명하게 보이겠군요.

임헌영 김동춘은 정의롭지 않은 국가폭력의 이유로 '빨갱이'로 내모는 행위와 '가짜 우익'을 듭니다. 그는 한국 국가폭력의 기본 골조는 전쟁정치의 메커니즘에 있다고 보고 한국을 "국가폭력의 백화점"이라고 표현했습니다. 이 분야의 독보적인 연구자인 그는 『대한민국 잔혹사: 폭력 공화국에서 정의를 묻다』(한겨레출판, 2013) 및 『전쟁정치: 한국정치의 메커니즘과 국가폭력』(길, 2013) 등을 통해 전쟁과 제국주의가 한국 근현대사의 국가폭력의 연원임을 입증해주고 있습니다.

유성호 그렇기에 광주학살도 국가폭력에서 비롯됐다는 것과 그 부당한 폭력의 배후조종자가 미국이라는 점을 부각시킨 것은 한국적 국가폭력의 진상규명을 위해 매우 중요한 관점으로 보입니다. 그 행위자와 명령자를 밝히는 미시적 관점과 함께, 미국과 일본 등의 동향까지도 연구 대상으로 삼은 거시적 입장에서 연구되어야 진상규명이 될 것 같습니다.

임헌영 안병욱은 광주민중항쟁 연구의 중요성을 "한국 사회의 발전을 저지해온 국제적인 음모에 관한 것"이라면서, "이러한 국제적인 공작은 19세기 이래로 자행되어왔다고 합니다. 그 음모자들은 폭력 세력을 이용해 한반도에서 진보세력을 송두리째 도려냈으며, 그 대신 국내적인 기반이 취약한 정당성이 없는 대리인을 내세워 한국을 지배해왔다고도 했습니다(「1980년 광주민중항쟁과 한국 현대사의 전환」, 동아시아평화인권한국위원회, 『동아시아와 근대의 폭력 1』, 삼인, 2001). 이어 그는 "베트남전쟁에서 패배하고 이란혁명으로 궁지에 몰린 미국은 한반도에서의 지배력을 안정적으로 유지하기 위해 혁명 예방의 수순으로 유신 독재자 박정희는 제거되었으나 정권의 승계가 의도한 대로 손쉽게 진행되지 못했다고 봤습니다. 그는 4·3 항쟁조차도 한반도 분할과 우익 정권 창출을 위한 "적절한 희생양"으로 지목된 곳이 제주도라면서 광주항쟁도 같은 맥락으로 파악하고 있습니다.

유성호 김동춘·안병욱 교수의 광주항쟁 연구는 우리의 시선과 입장을 확연하게 해준 성과라고 할 수 있겠습니다.

임헌영 강정구는 미국 책임론에서 더 단호하지요. 그는 미국의 냉전시기를 1946~53년으로 보고, 적대기로 1953~69년, 화해기로 1969~79년, 신냉전기로 1979~89년, 탈냉전기로 1989년 이후로 나눕니다. 신냉전기에 일어난 광주항쟁은 "미국의 목적을 위해서는 당연히 한반도쯤이야 언제나 희생양의 제물이 되어야 한다는 미국 지상주의의 발로였다"고 「한반도 속의 미국, 5·18에서 금창리 핵 위기까지」(학술단체협의회, 『5·18은 끝났는가』, 푸른숲, 1999)에서 주장합니다. 그는 홀브루크 당시 동아시아 태평양 담당 차관보나 글라이스틴 주한 미국대사가 김영삼 등 야당 정치인과 윤보선·함석헌 등 민주 원로인사들을 노골적으로 비난한 사례를 들면서 겉으로는 한국 민주화를 지원하는 듯하지만 속은 전혀 그렇지 않은 야누스적인 마각을 들춰냈습니다. 그는 광주항쟁을 신군부가 진압하지 못하면 미군을 직접 투입하겠다는 계획을 백악관에서 세우던 바로 5월 22일에 6억 달러 차관도 제공했다고 밝혔습니다. 전두환의 4·13 호헌조치도, 6월항쟁의 진화용인 직선제 개헌도, 양김 대통령 후보로 야권을 분열 책동한 것이나 노태우 당선까지도 미국의 개입이 있었다는 겁니다. 따라서 광주항쟁의 철저한 진상규명은 발포 명령자 색출만으로 끝날 일이 아니라는 것이 명백히 드러나지요.

미국의 실체와는 아랑곳없이 1980년 5월 광주항쟁에서는 일반 시민들 중 상당수가 유혈사태를 막기 위해 미국의 개입을 요구했고, 또 시민들에게 희망적 뉴스를 전파하기 위해 의도적으로 미국의 도움을 거론하면서 외신 기자들에게 미국 대사와 협상을 주도해주도록 부탁하기도 했으며, 심지어는 광주시민을 구하기 위해 미국 항공모함이 부산항에 입항했다고 거짓 선전도 했습니다. 그런가 하면 정근식은 미시적 관점에서 왜 하필 광주였는지를 파고들었습니다. 그는 "군부의 전략적 선택설과 과잉 진압설"을 들지요. "전자는 하나의 가설로서 아직까지 분명한 증거가 제시되어 있지는 않지만, 정권 획득의 가장 큰 장애였던 김대중의 제거와 연관되어 있다"고 했습니다. 그는 광주항쟁이 획득한 성과를 첫째, 억제당했던 미국의 위상 문제를 사회적인 이슈로 부각시켰고, 둘째, 사회운동의 주류를 '자주·민주·통일' 이념으로 집약시켰으며, 셋째, 지방의 중요성을 제고해 각종 지역운동과 시민운동을 활성화시켰고, 넷째, 대규모 양민학살 사건의 진상규명과 역사적 명예회복의 중요한 전거를 마련했다고 보았습니다. 「광주민중항쟁과 5월운동」(동아시아평화와 인권국제학술대회보고서, 『동아시아의 평화와 인권』, 역사비평사, 1999)에서 그런 주장을 펼쳤습니다.

감방의 봄은 짧고 여름과 겨울은 길다

유성호 이분들의 선구적 연구가 지금도 5·18에 대한 심층적 탐구로 이어져가고 있다고 할 수 있겠습니다. 교도소에서의 외국어 공부는 진도가 잘 나가셨는지요?

임헌영 진척을 많이 보았습니다. 러시아어 교재의 마지막 4주차 제6일째 단원에 톨스토이의 『부활』 앞머리 거의 한쪽 분량이 연습문제로 실려 있었어요. 물론 일본어 번역문이 있었지만 직접 『러일사전』(일어판)을 뒤적이면서 간신히 우리말로 뜯어 맞추어 읽는 맛은 참으로 경이로운 체험이었습니다. 내가 직접 가꾼 채소처럼 싱싱해서 감성이 배가되었기 때문일 것입니다.

“몇 십만의 사람들이 비좁은 곳에 모여서, 서로 밀치락달치락하며 그 땅을 못 쓰게 만들려고 아무리 애를 써도, 땅에서 아무것도 돋아나지 못하게 아무리 돌을 깔아도, 작은 틈새로 싹트는 풀을 아무리 뜯어도, 석탄이나 석유로 아무리 그을려도, 아무리 나뭇가지를 베고 짐승과 새들을 쫓아버려도—봄은 도시에서도 봄이었다.”(톨스토이, 『부활』 서두)

『부활』의 첫 부분으로 4월 28일, 카츄샤의 재판 날 아침 풍광을 묘사한 대목입니다. 4월, 지구촌 북반부는 봄입니다. 우리도 비록 감방에서일망정 봄을 맞습니다. 아, 봄! 아무리 기력이 쇠잔한 생명체일지라도, 빈부와 노유와 신분 구별도 없이, 누구에게나 소생과 회복과 재생과 희망을 가져다주는 축복의 계절이 봄입니다. 그런데도 인간은 “자기 자신을 괴롭히며, 서로 속이고 남을 괴롭히는 짓을 그치지” 않았습니다. 상생하는 만물과는 달리 인간만은 “서로가 상대를 지배하기 위해서는 그들 자신이 생각해낸 일들만 신성하고 중요하다고 생각하고” 있었지요. 여기서 봄은 생명 또는 카츄샤가 되살아난다는 ‘부활’의 이미지이자 어떤 훼방에도 계절은 오고 새 생명은 자라난다는 역사적 필연의 상징이기도 합니다. 소설 첫 대목은 봄이 왔지만 고약한 판검사들이 순진한 여인 카츄샤에게 유죄판결을 내릴 거라는 사실을 암시하는 대목입니다. 고교 시절에 처음으로 『부활』을 읽었을 때는 이 첫 장면을 아무런 감동도 없이 그냥 지나쳤는데 ‘봄’이라는 단어 하나만으로 가슴이 뛴 것은 내가 성숙했기 때문이거나 1981년 겨울 광주교도소의 특별사동 독방, '시베리아'라는 별명이 붙은 특별사동의 별난 추위와 무관하지 않았을 것입니다.

그러나 감방의 봄은 너무 짧고 고달픕니다. 카츄샤가 갔던 유형지 시베리아는 지금 맑은 공기와 밝은 태양이 가득한 봄과 여름의 낙원일지 모릅니다. 그러나 그곳에서도 가난한 사람들은 여전히 팍팍하겠지요. 그렇게 봄이 가고 무더웠던 여름도 저물어가던 1981년 9월 5일경, 광주교도소에 온 지 만 1년이 되던 때 나는 항쟁의 세미나 장이었던 이곳과 별안간 작별했어요.

만델라에 뒤지지 않는 비전향 장기수 서승

유성호 광주교도소를 떠나 대구교도소로 이감되신 거지요?

임헌영 그날 새벽 갑자기 몇몇 사람들의 이름을 부르더니 대구교도소로 떠나라고 하더군요. 정든 많은 감방 동기들과 헤어지는 시간은 순식간이었습니다. 보따리를 싸서 아침식사가 끝나고 바로 출발했어요. 대구교도소에 도착해서 당연히 특별사동으로 갈 줄 알았는데 우리 남민전 일행 중 10년 이상 징역자는 특사로 보내고 5년 이하 징역자는 특사 옆 사동에다가 나란히 넓은 방을 혼자 쓰도록 배려해주었습니다.

유성호 대구교도소에서도 역시 새로이 만난 분들이 많았겠지요?

임헌영 우리가 갇힌 바로 두 개 사동 건너에는 제2차 인혁당 사건 관련자들이 있었습니다. 그 관련자 중 대구에는 유진

양심수의 상징 서승.
혹독한 고문을 이겨낼 수 없어
분신자살을 시도했다.
동생 서준식의 고통까지 더하면
'서승 형제 사건'은 인권 탄압의
상징으로 기록될 것이다.

곤·전창일·강창덕·김한덕·김종대 제씨가 투쟁해 감방살이를 편하게 하도록 기초를 잡아둔 상태였습니다. 우리와 인혁당 관계자들은 운동 시간에 수시로 만나 여러 이야기를 나눴는데, 그들은 이듬해인 1982년 12월 13일에 형 집행정지로 출소했지요.

우리 사동 바로 앞은 특별사동으로 담장이 높았습니다. 누구도 감히 넘을 수 없을 정도로 높았지요. 그런데 어느 날 얼굴이 나환자 같은 사람이 그 높은 담장에 양팔로 몸을 걸친 채 나에게 "선생님은 누구시죠?" 하고 묻기에 내 이름을 말하니까 "아, 남민전!" 하면서 자신은 '서승'이라고 응대했습니다. 아! 그 유명한 서승을 이렇게 만나다니! 아, 서승의 얼굴! 민족 분단의 숱한 비극 속에서 그의 얼굴만큼 우리 시대의 아픔을 축약시켜 주는 상징도 흔하지 않을 것입니다. 사형수나 옥사자 말고 살아나온 사람 가운데 그 누가 서승의 그 참담한 모습을 넘어설 수 있을까요? 일제하의 징역 중 불구가 된 심산 김창숙을 우리는 기억하고 있습니다. 분단시대에도 고문과 징역 속에서 숱한 희생자가 속출했지만 서승의 모습은 민족 분단의 대서사시로나 표현해야 할 것입니다.

유성호 그 유명한 일본 유학생 서승을 거기서 만나셨군요?

임헌영 교토에서 태어나 도쿄대를 졸업한 그는 1969년 서울대 대학원으로 유학을 와서 사회학을 전공했습니다. 처음으로 정한 하숙집이 『다리』지로 나와 인연이 깊은 김상현 의원 댁이었지요. 『재일 한국인』 저자로 일본 동포에게 널리 알려져 있던 김 의원은 당시 대학 강사로 모국에 왔던 『이산 아리랑』의 저자 구말모 간첩사건이라든가, 내가 당했던 『한양』지 사건 등 일본과 관련된 일이 터질 때마다 수사기관으로부터 내사를 당해왔습니다. 사실 김 의원 집에는 워낙 여러 사람이 들락거려 서승은 이내 다른 곳으로 옮겼지만 정치인으로서 김 의원은 중요한 표적이 되었습니다. 김 의원은 당시 수사를 받을 때 그 사건의 정치적 파장을 예상하고는 선수를 쳐서 "아예 나를 삼팔선으로 끌고 가 북으로 가게 만들어서는 총살시켜 버려라. 그러고는 김상현이가 월북하려 했다고 발표하면 되지 않느냐?" 하고 항변했었다고 합니다.

서울대 대학원 석사과정을 마치고 교토 집에서 마지막 겨울방학을 지내고 새 학기부터 교양과정부 조교를 맡게 된 이 스물여섯 살의 미남 재일동포 유학생은 1971년 3월 6일, 서울로 오는데 희한하게도 자신을 찾는 기내방송을 들었답니다. 스튜 어디스가 탑승 확인이라고 해명해주었지만 무언가 불안했습니다. 김포공항 도착 즉시 보안사 옥인동 분실로 연행되어 2주일 남짓 조사 끝에 그들이 원하는 조서를 작성한 뒤 재일교포 학생이니까 반성할 기회를 주겠다는 말을 듣고 "금후 국가에 충성할 것, 여기서 있었던 일은 일절 입 밖에 내지 말 것"이라는 단서를 달고 석방되었습니다.

심신이 지쳐 있던 그의 집으로 보안사 요원이 다시 들이닥친 것은 4월 18일 저녁이었습니다. 이날 낮 4·27 대통령선거를 코앞에 두고 장충단공원에서 김대중 후보의 유세가 있었는데, 그 공포 분위기 속에서도 100만 인파가 몰려들어 항간에서는 정권교체까지 거론되는 판국이었습니다. 왜 그가 하필 이날 연행되었는가 하는 것은 상상에 맡깁니다. 보안사 서빙고 대공분실로 연행당해 혹독한 고문 속에서 서승에게 들씌우려는 굴레는 서울대에 지하조직을 만들어 군사훈련 반대와 박정희 3선 반대를 배후 조종했다는 것에다 김상현 의원을 통해 김대중 대통령 후보와 뭔가 연관성을 엮지는 않을까 하는 의혹도 불러일으켰겠지요.

유성호 다시 박정희 시대의 잔혹한 고문에 의한 정치조작극이 상기된 거지요.

임헌영 서승이라는 교포학생 하나를 고문해 학생운동 탄압과 대통령선거를 유리한 국면으로 바꾸려는 각본이었다면 그 대상이 누구였든 혹독한 고문 앞에 굴복할 수밖에 없었을 것입니다. 결국 서승은 심문관과 감시병이 자리를 비운 사이에 겉옷을 벗어버리고 난로의 경유를 온몸에 뿌려 불을 붙여 분신자살을 시도했습니다. 살아서는 도저히 고문을 이겨낼 수 없는 데다 각본대로 되는 데 대한 양심의 가책이 그에게 생명을 던지게끔 한 것입니다. 팔을 감싸고 있던 얇은 스웨터가 타들어가면서 바늘로 찌르는 듯한 통증이 온몸에 퍼졌습니다. 경비병이 눈치채지 않도록 필사적으로 비명을 참았지만, 기세가 붙은 불길이 어깨에서 얼굴로 옮겨오자 도저히 견딜 수 없게 되어 비명이 목구멍을 비집고 나와버렸습니다. 그리고 시멘트 바닥에 나뒹굴었지요. 의식은 죽으려고 했는데 본능은 불을 끄려고 했던 것입니다. 죽어야 한다는 의지와 죽음에 대한 본능적 공포 사이에서 그렇게 그의 비극이 시작된 겁니다. 74킬로그램이었던 몸은 40킬로그램으로 줄어들었고 한 달여에 걸친 수술로도 "원자탄으로 타들어간 들판처럼 타 문드러진" 얼굴은 옛 모습을 찾을 수 없게 되었습니다.

1971년 서승의 분신자살 시도는 비록 불발에 그쳤지만 실로 분단 한국사에서 전태일과 쌍벽을 이룰 대사건이었습니다. 그런 몰골로 같은 해 6월 말경 그는 서대문구치소로 옮겨져 재판을 받고 사형수에서 무기수가 되어 대전을 거쳐 대구에 왔던 겁니다. 내가 출소 후 그는 대전교도소로 이감됐다가 1990년 2월 28일 석방되었습니다. 여기에 동생 서준식의 고통까지 더하면 '서승 형제 사건'은 가히 20세기 후반 세계적 인권 탄압의 상징으로 기록될 것입니다. 무슨 상이나 표창으로도 보상받을 길 없는, 흔히 해외에서는 넬슨 만델라에 비유하지만, 내가 보기에는 오히려 서승이 훨씬 더 위대해 보였습니다.

유성호 1990년 2월 11일 만델라가 석방되었을 때, 세계 모든 언론이 흥분해 남아공의 백인 탄압정권에 대한 분노의 불길을 태웠습니다.

임헌영 만델라 정도는 우리나라에 숱하고 오히려 그를 능가하는 장기수가 득실거리는데도 왜 관심이 없는지 한탄합니다. 45세가 된 서승은 19년 만에 만델라의 석방보다 17일 뒤 비전향수 신분으로 대전교도소에서 풀려났어요.

유성호 그런 서승 선생을 대구교도소에서 만나게 된 거로군요. 선생님이 얼마나 반가우셨을지 짐작이 가네요.

임헌영 나는 서승을 보는 순간, 넓은 방에서 자유로운 징역살이보다 차라리 특별사동으로 가고 싶어졌습니다. 교도관을 거쳐 부장과 보안과장과도 면담을 했지요. 그들은 이해할 수 없다는 표정이었지만 이내 보따리를 챙겨 특별사동으로 옮겼습니다. 방의 규모나 시설은 광주와 똑같기에 익숙했지만 이곳은 온전히 비전향 좌익 장기수만 있었습니다. 전향하면 일반수와 혼거하며 아침에는 매일 배정된 작업장에 나가 노역을 하게 됩니다. 대구의 특별사동에는 무기수부터 최하 20년형 장기수들로 만원이어서 나처럼 5년형짜리를 '양갈보 월경 징역'이라 불렀습니다. 좌익수들이 갇힌 교도소는 대개 38선에서 남쪽 지역이면서도 항구와는 먼 곳으로 한정되어 있어서 특별사동 시설은 대전·광주·전주·대구에만 있었습니다. 이렇게 된 것도 대략 박정희 시대의 일이었지요. 좌익수들이 엄청나게 넘쳐나던 시절에는 감방이 모자랄 때도 있었으나 행여 북한의 특수부대가 교도소를 습격할 경우에 대비해서 이렇게 위치를 선정했다는 유언비어가 있어요. 실제로 부산에도 좌익수들이 많았지만 1968년 1월 김신조의 청와대 기습 미수 사건 이후 모두 대전 등지로 이감시켰다는 게 정설입니다. 교도소마다 70개 전후의 방으로 꾸며진 특별사동은 세워진 시기가 각각 다르지만 대략 1972년 이후일 것입니다.

유성호 비전향자들에게는 교도소 안에서도 갖은 고문과 징벌, 유혹과 협박이 따랐겠지요.

임헌영 비전향 장기수 문제를 가장 잘 다룬 소설로 나는 김민숙의 단편 「봉숭아 꽃물」과 김하기의 「살아 있는 무덤」을 꼽습니다. 특히 후자는 자신의 특별사동 옥중 체험기라 소름이 끼칩니다. 유신선포 1년 후인 1973년 9월에 박정희는 "남한에 있는 비전향 장기수도 전향시키지 못하는데 어떻게 북의 이데올로기를 깨부술 수 있겠느냐"면서 100퍼센트 전향을 목표로 '전향공작 전담반'을 설치할 것을 지시합니다. 이에 따라 비전향자들을 강당에 소집, "저는 전향하지 않겠습니다. 이 때문에 개처럼 맞아 죽어도 관이나 관리를 탓하거나 책임을 묻지 않고 아무런 유감없이 기꺼이 죽음을 감수할 것을 이에 서약하나이다. 1973년 9월 23일"이라는 전향거부 서약서에 서명하라고 강제합니다.

유성호 아니 이건 무자비한 고문을 하겠다는 공식통보네요. 서약까지 받고 고문을 하다니요.

임헌영 이후 흉악범들로 교도소에서 '좆밥'으로 불리는 세놈을 동원해 '반공애국청년'이란 미명으로 갖은 악독한 고문과 테러 만행을 공공연하게 자행합니다. 그들은 가학증을 가진 데다 몇 주에 걸쳐 "교회사(敎誨士)로부터 20여 가지의 고문기술을 체계적"으로 배운 터라 "바늘로 찌르기, 비행기 태우기, 손가락 꺾기, 관절 뽑기, 비녀 꽂기, 쇠줄로 공중에 매달기, 급기야 불에 달군 연탄집게로 살 지지기까지 서슴지 않았다"고 소설은 증언합니다. 고대 법대 출신으로 회사 연수차 일본에 갔다가 조총련을 만났다는 이유로 조작 간첩이 되어 무기형을 받은 이태석은 20대 청년인데, 좆밥 중 우두머리로 별명이 개삼실인 원삼실에게 비역을 당하기도 했답니다.

유성호 그런 문제작이 있는 줄 몰랐습니다.

임헌영 고문은 1973~74년에 절정에 이릅니다. 폭력범과 한 방에다 넣어 밤새도록 죽지 않을 정도로 때리기도 했고, 교도관들이 직접 매질에 가담하기도 했으며, 가족과 친지를 동원해 전향을 강요하기도 했고, 곧 석방시켜준다고 속여 전향서에 손도장을 찍고 돌아서면 다른 교도소로 보내버리기도 했습니다. 이 무렵에 십중팔구가 전향했으니, 내가 만났던 분들은 다 그런 고통을 이겨낸 고수들이지요.

유성호 형기가 끝나도 내보내지 않고 다시 재수감했다지요?

임헌영 유신헌법 비판이나 반대를 엄금한 긴급조치 9호가 선포된 1975년 5월 13일에서 한두 달 뒤에 제정된 '사회안전법'은 이미 석방된 반국가사범일지라도 재범 우려가 있다고 판단되면 언제든지 재수감하도록 강제했습니다. 세계사상 악법 중의 악법이지요. 박정희와 친분이 있었던 작가 이병주조차도 행여 자신도 재수감당할까 두려워했다고 할 만큼 이 법은 끔찍했습니다. 남민전 지도부였던 신향식도 이 법이 나오자마자 바로 잠행을 해서 체포와 감금을 피했어요. 상당수가 다시 체포

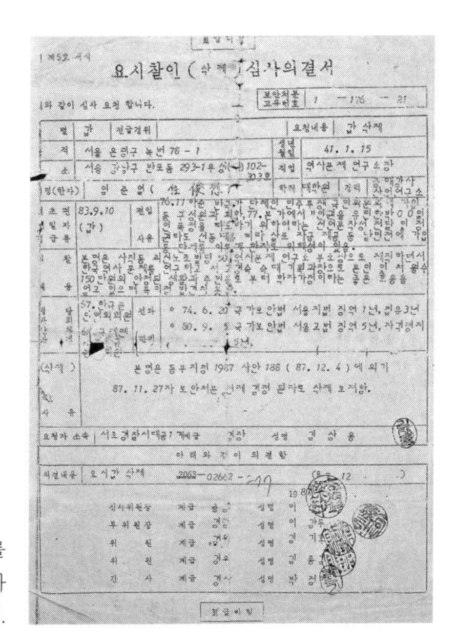

요시찰인 (삭제) 심사의결서

와 같이 심사 요청 합니다.

보안처분 고유번호 1 — 176 — 21

별	갑	전급경위		요청내용	갑 삭제
적	서울 은평구 녹번 78 - 1			생년월일	41. 1. 15
소	서울 강남구 반포동 293-1 우성(아) 102-303호			직업	역사문제 연구소장
명(한자)	임 준 열 (林 俊 烈)			학력	대학원

[illegible]

(삭제) 사유: 본명은 동부지청 1987 사안 186 (87. 12. 4) 에 의거 87. 11. 27자 보안처분 면제 결정 된자로 삭제 코저함.

요청자 소속 | 서초경찰서대공1계 계급 경장 성명 김 상 용

아래와 같이 의결함

의결내용 | 요시갑 삭제 2063—02662 -

심사위원장	계급	총경	성명 이
부위원장	계급	경정	성명 이 강두
위원	계급	경위	성명 강 기
위원	계급	경오	성명 김 종
간사	계급	경사	성명 박 정

출소 후에도 재수감 여부를
2년마다 한 번씩 하다가
마지막으로 풀린 결정서.

되었으나 막상 가둘 곳이 마땅찮아 일반 교도소에 수감하다가 1978년에 청주보안감호소를 신설하면서 전부 그곳에 갇혔습니다. 2년마다 보안처분심의위원회의 의결을 거쳐 그대로 재수감할지 석방할지를 결정했습니다. 1987년 6월항쟁 이후 이 법에 대한 비판 여론이 거세지자 사회안전법은 '보안관찰법'으로 대체해 폐기되었고, 이에 따라 1989년 10월 보안감호소도 폐지되었습니다. 내가 들어갔던 대구교도소의 장기수들은 모두 치열한 고문에도 전향하지 않고 버틴 분들이었습니다.

유성호 비전향장기수들과 함께 생활하신 느낌은 어떠셨나요?

임헌영 보통 사람들과는 달랐어요. 인생의 큰 고비를 지나온

담대함, 겸손, 강철 같은 인내심을 지닌 조용한 사람들이었어요. 내부에는 용광로 같은 투사의 결기를 새기면서도 필요 없이 그걸 내색하지 않는 원숙한 인간미를 공통점으로 지녔더군요. 그들은 상대를 '선생'이라 부르며 거기에 맞게 인격체로 존중하면서 서로 의견이 달라도 충돌하지 않고 진지한 토론으로 실마리를 풀었습니다. 한 분 한 분이 모두 대하소설의 주인공들이었지요. 남로당 때부터 활동하면서 몇몇 고위층을 직접 만나보았다는 관상전문가 조용순 도사는 군사법정에서 사형언도를 받았으나 사단장 부인이 선생의 역술에 경도되어 목숨을 건졌다는 일화로 유명했어요.

팔자 고치는 비결은 친구들과 밥 맛있게 먹기

유성호 대구에서도 공부를 많이 하셨겠지요?

임헌영 『백범일지』에는 김구 선생이 한때 관상 공부에 몰두했던 사실이 나옵니다. 몰락한 집안의 7대 독자였던 백범은 명문서당에도 못 가본 사람이지요. 시쳇말로 가방끈이 짧았지만 워낙 비상해서 1892년 해주에서 치른 향시에 응시했는데, 시험장 입구부터 저명한 서당 이름이 등장하더니 온갖 방법의 부정행위가 횡행해 이미 합격자가 내정되어 있는 듯했답니다. 부패가 만연했던 조선 말기 풍조가 백범의 뇌리에 꽂히자 낙망한 그는 아버지에게 그 자초지종을 아뢰며 학업을 중단하겠다고 합니다. 이에 아버지는 풍수나 관상 공부를 권하지요. 백범은 『마의상법』을 비롯한 중국 고서에 열중했어요. 누구나 관상 공부를 할 때는 이론과 자기 얼굴을 대비시켜보기 마련인데, 백범도 그러다 보니 "어느 한 군데도 귀격(貴格), 부격(富格)의 좋은 상은 없고, 얼굴과 온몸에 천격(賤格), 빈격(貧格), 흉격(凶格)"밖에 없었다는군요. 이렇게 크게 낙담하다가 그는 이런 구절을 만났습니다.

> 상 좋은 것이 몸 좋은 것만 못하고,
> 몸 좋은 것이 마음 좋은 것만 못하다.

> 相好不如身好
> 身好不如心好

얼굴 잘생긴 것보다는 몸 튼튼한 게 더 중하고, 몸보다 마음 선량함을 더 중히 여긴다는 구절에서 백범은 일약 환호하며 "상 좋은 사람(好相人)보다 마음 좋은 사람(好心人)이 되어야겠다고 결심"합니다. 이로써 백범은 팔자를 고치게 되지요. 백범은 동양 병서에 심취해 당시 가장 진보적인 개혁운동의 선봉이었던 동학에 투신합니다. 덧붙이면 백범이 인용한 이 구절 뒤에는 "마음 좋은 것도 덕을 쌓는 것보다는 못하다"(心好不如德好)는 말이 있습니다. 신영복은 덕을 '이웃'으로 풀이하며 그의 신조인 '더불어 삶'을 강조했지요. 그러니 아무리 사주와 관상을 잘못 타고나도 몸을 튼튼히 다지고 마음을 아름답게 수련해 다른 사람들과 더불어 살기를 도모하면 어떤 액운도 물리칠 수 있다는 것이 현대인의 지침이라는 뜻입니다. 이른바 변증법

대구교도소의 수번 표지.

적 운명론이 아닐까요?

유성호 백범 김구 선생이 소환되면서 대구교도소에서 선생님은 변증법적 운명론을 개척하게 되시는군요.

임헌영 나는 『백범일지』를 보고서 아내에게 부탁해 『관상보감』(佐藤六龍 지음, 이인광 옮김, 명문당)을 구했어요. 약간 조악한 제본의 싸구려 책이었지요. 일본 관상의 대가 미즈노 난보쿠의 학설을 소개한 이 책은 우선 그의 생애가 너무나 재미있었습니다. 반주에 맞추어 이야기를 풀어가는 일본 전통 예능인 조루리의 각색자 아들로 오사카에서 태어난 그는 일찍 아버지를 잃고 대장장이 숙부 밑에서 술과 도박에 싸움질로 놀아나다가 18세 때 6개월간 투옥당합니다. 수감자들의 얼굴에서 공통으로 어두운 그림자를 느낀 그는 출옥 후 마의선사의 제자 진단(陳摶)의 『신상전편』(神相全編)을 입문서 삼아 보다가 관상은 이론이 아닌 실전임을 깨닫게 됩니다. 작심하고 이발소에서 3년, 목욕탕에서 3년, 화장장에서 3년 세월을 거치고 나자, 그는 누구든 한번 보면 3대(아버지·본인·아들)의 운명을 다 볼 수 있게 되었다고 합니다. 난보쿠 상법(南北相法)을 창안한 그에게는 3,000여 명의 제자들이 따랐습니다. 만년에 수제자들과의 대화를 통해 인생 운기법의 요체를 역설했는데 그게 유명한 '절식개운론'(節食開運論)입니다. 밥만 조절해서 잘 먹으면 아무리 액운 악상이라도 팔자를 바꿔 운이 탁 트인다는 걸 제자들에게 강조한 것입니다.

그 요지는 하루 세끼를 배가 고프든 안 고프든 정해진 때에, 맛이 있든 없든 일정량을, 모든 반찬을 빠짐없이 골고루 다 먹으라는 것입니다. 그는 인간의 덕행이란 남에게 보여주기 위한 것이 아니라 자신의 내면적인 은덕(隱德)이 중요하다고 강조하면서 그중 최고는 단연 소략한 반찬에 거친 밥을 적게, 정해진 때에 먹는 절식이라고 했습니다. 이 세 가지 음식 계율을 3년간 준수하면 작은 소망이 이루어지고 5년가량 지속하면 중간 소망이 이루어지고 10여 년 실천하면 큰 소망도 성취된다는 것이 난보쿠 상법의 요체입니다.

유성호 선생님께서는 그의 처방을 어떻게 받아들이셨나요?

임헌영 나는 나름대로 이 원칙의 과학성을 추리해보았습니다. 정해진 시간에 식사를 하는 건 규칙적 생활을 뜻하고, 일정량의 절식과 골고루 먹는 것은 굳건한 의지와 자신의 성정을 다스릴 줄 아는 인내의 척도가 됩니다. 어떤 일이 생기면 입맛이 떨어지기 마련이지만 그럴 때일수록 이 세 원칙을 지키라고 난보쿠는 신신당부합니다. 이 세 가지를 실천한다는 것은 곧 건강을 위한 최고 비결로 3년이면 몸이 좋아질 뿐만 아니라 얼굴도 훤해질 터입니다. 5년이면 풍채가 달라지고 10년이면 아우라를 풍기는 경지에 이를 것입니다. 우리 속담에도 3년 병원 안 가면 부자가 된다는 말이 있습니다. 건강해지면 관상이 좋아지는 것은 당연한 생리적 이치일 것입니다. 잘생겼다는 것은 성형수술로 되는 것이 아니라 타고난 골격의 원형 그대로에 알맞은 근육과 혈액순환으로 피부를 윤택하게 가꾼 모습일 것입니다. 어딜 가나 요즘 얼굴 좋아졌다는 인사를 듣게 되면 자신감에 차서 만사가 풀리게 됩니다. 그래서 내가 내린 운명론의 결론은 '좋은 친구들과 의기투합해 잘 먹는 것'이 팔자 고치기의 비결이기에 아래와 같은 공식을 만들었습니다.

상 좋은 것이 몸 좋은 것만 못하고,
몸 좋은 것이 마음 좋은 것만 못하다.
마음 좋은 것은 덕을 쌓는 것만 못하며,
덕 쌓는 것도 좋은 친구 갖는 것만 못하고,
좋은 친구 갖는 것도 잘 먹는 것보다 못하다.

相好不如身好
身好不如心好
心好不如德好
德好不如友好
友好不如食好

사연 많은 장기수 열전

유성호 달관의 경지이십니다. 장기수 선생들에 대한 이야기를 좀 더 해주세요.

임헌영 내가 만난 장기수들 이야기는 단행본을 내도 될 만큼 많습니다. 몇 분 이야기만 간추려 소개해보지요. 김석형 선생은 북에서 경찰 계통의 요직에 있어서 상당한 고위층을 직접 가까이에서 본 일화들을 들려주었습니다. 가령 남한에서까지도 널리 알려진 거물 정계 여성 Y모 여사가 인기 남자 배우와 어느 사찰에서 밀회를 하고 나오다가 자신에게 들킨 걸 거론하기에 거기서도 외도가 있느냐니까 인간 세상에 왜 없겠느냐며 그와 관련된 사건들을 이야기해주었습니다.

작고해 지금은 양산 솥발공원묘지에 안장된 박판수 선생은 진주농고 3학년 때 동맹휴학으로 퇴학당한 뒤 일본으로 건너가, 교토에서 수학하다가 태평양전쟁이 발발하자 귀국해 지리산에 들어가 8·15 후 남로당 활동을 했고, 한국전쟁 때 다시 입산했지요. 이른바 '구(舊)빨치산'인데 여기서 구빨치산은 이때 입산자이고 '신(新)빨치산'은 6·25 때 입산자를 말합니다. 그러니 박판수는 신구 빨치산을 두루 체험한 거지요. 경남도당 유격대에서 보급과 위생을 맡은 후방부 부장으로 피체되었지요. 그는 지리산 빨치산들이 언젠가 해인사를 급습했는데, 그 절에 이병주가 있는 걸 보고 그대로 나온 적이 있다고 하더군요.

31년 5개월 옥살이를 한 정순택 선생은 출소 후 『보안관찰자의 꿈』(한겨레출판, 1997)을 출간했는데, 많은 장기수 수기 중 가장 볼 만합니다.

유성호 내용을 간략하게 말씀해주시지요.

임헌영 그는 진천 출신으로 청주상업학교 4학년 때 조선인이면서도 일인 교사보다 더 악질로 조선어 사용 학생을 엄벌하던 화학 교사의 시험 시간에 백지동맹을 주동했지요. 이때의 절친이 한운사입니다. 경성고등상업학교(현 서울대 상대)에 들어간 그는 만주 지역으로 탈출 계획을 세웠으나, 1943년 12월 28일 학도지원병 행사장인 부민관으로 강제연행당합니다. 거기서 고이소 총독이 형식적인 장행사(壯行辭)를 마치고 돌아가려는 찰나, 절친 한운사가 우렁차게 "고이소 총독! 총독한테 한 가지 묻겠습니다. 총독은 우리가 출정한 후에 2천 5백만(조선인)의 장래를 보장할 수 있습니까, 없습니까? 명확한 대답을 바랍니다"라고 고함칩니다. 한운사 역시 그 현장에서 학도병으로 끌려가, 그 체험을 3부작 『현해탄은 알고 있다』 『현해탄은 말이 없다』 『승자와 패자』를 썼지요.

유성호 토착왜구들에게 일독을 권할 만하겠군요. 그 뒤 정순택 선생의 운명은 어떻게 됩니까?

임헌영 그 역시 학병으로 끌려가 고참병에게 당했던 금붕어 잡기를 소개합니다. 훈련 나간 사이에 고참이 침구 점검 중 불량하면 붉은 분필로 붕어를 그려뒀다가 일정 마치고 귀소한 신병들에게 금붕어 그려진 침구의 당사자를 집합시켜 그 붕어로 요리를 만들라고 명령하지요. 그림으로 어떻게 요리를 만듭니까? 우물쭈물하면 요리도 못 만드는 붕어를 왜 잡았느냐고 때리는 겁니다. 정순택은 학벌이 좋아 6개월 만에 도쿄사단에 속하는 지바현 사쿠라시의 64부대에서 초급 장교로 복무 중 8·15를 맞아, 일군 장교들을 설득해 조선인 병사 300여 명을 인솔해서 무사히 귀국했습니다.

유성호 복학 후에 맹활약했겠군요.

임헌영 그렇지요. 미군정이 추진하던 국대안(경성제대를 중심으로 여러 대학을 합쳐 국립대학으로 만든 계획) 반대로 퇴학당한 그는 재무부 관재처에서 회계감사원 공모에 합격해 근무 중에 들었던 당시 유행어가 "왔다갔다 군정청, 두고 보자 서울시청, 잔돈 없다 서울역, 잡아넣자 수도(경찰)청, 나눠먹자 상공부"였다고 증언합니다. 1949년 봄에 월북해 상업성 재정경리처 재정부장으로 근무 중 6·25를 만나 서울에서 각종 일용품과 보급품 조달책임을 맡았대요. 휴전 후 그는 상업성으로 복귀 근무 중 남파돼 방송문화연구소의 연구실장으로 있던 절친 한운사를 만나러 갔다가 체포당합니다. 운수 사납게 바로 그때 한운사는 모종 사건으로 구속당해 연구실이 삼엄하게 감시당하고 있었는데 정순택은 그걸 모르고 찾아간 거지요. 한운사는 정순택의 저서 뒤에다 발문 「내가 본 정순택」에서 "우리(민족)는 돈보다도 더 소중한 재산이 있습니다. 정이라는 것이 바로 그겁니다. 우리는 정의 민족입니다"라고 썼을 만큼 둘 사이의 우정은 돈독했습니다.

유성호 선생님은 한운사 선생도 만나보셨습니까?

임헌영 내가 정순택 선생보다 먼저 석방되어 한운사 선생을 뵙고 그의 안부를 전해주었더니 그때 한운사 선생은 자신도 혼쫄이 났다며 한참 회고담을 들려주었지요. 그는 충북 괴산 출신으로 여러 학교에 다니다가 서울대 불문과를 마지막으로 다녔는데, 피천득 선생이 제자 중 가장 인상 깊은 인물로 그를 꼽았어요.

유성호 그 밖에 떠오르는 분들은요?

임헌영 서울 경복고 출신으로 6·25 때 월북해 원산농대 교수였던 오영식은 장기수 중 가장 젊었습니다. 광주사범 출신의 기세문, 눈이 언제나 매섭게 빛나던 투사 중의 투사 홍경선, 그리고 리종환·안학섭·왕영안·우용각·윤수갑·윤용기·윤희보·최선묵을 비롯한 여러 얼굴이 지금도 푸른 수의를 입은 모습 그대로 눈에 선합니다.

재일동포 간첩 조작 관련자들

유성호 장기수들의 저마다의 인간적인 저력이 무척 인상 깊습니다. 재일동포 출신 장기수도 많았지요?

임헌영 일본에서의 민주화와 통일운동은 북한과 조총련의 관계 때문에 늘 위험을 내포하고 있습니다. 청년학생 운동의 성행과 더불어 한국민주회복통일촉진국민회의(약칭 한민통)가 결성된 1973년 8월 15일을 계기로 일본 내 민주화운동은 처음부터 반유신독재를 선언하고 김대중을 후원하겠다는 명백한 의사를 밝혀 일찌감치 반국가단체로 지목당했지요. 그러나 1977년에는 미국과 유럽 교민들에게까지 그 영향력을 확대해 한국민주민족통일해외연합(약칭 한민련)을 결성하게 됩니다. 그 후 민주통일운동의 뿌리를 형성했지요. 일본에서는 배동호·곽동의라는 쌍두마차가 이 운동을 이끌었는데, 특히 배동호는 한국 민주화운동의 숨은 일꾼 김정남과 서신을 교환하면서 협력했습니다. 물론 가명으로 편지가 오고 갔지요. 어쨌든 이 두 주역 가운데 곽동의 선생과 가장 가까웠던 인물이 최철교 선생이었는데, 그 역시 대구교도소에 있었습니다. 내가 1972년 일본 여행 중 만났던 진두현도 대구교도소에서 잠시 만났습니다. 그는 통혁당재건위 사건으로 강을성·김태열·박기래 등과 함께 투옥되었지요. 이밖에도 재일동포 조작간첩은 수두룩해요.

유성호 재일동포들은 한국에 와서 체포만 되면 다 간첩으로 둔갑할 정도였나 봅니다.

임헌영 내가 아는 얼굴만도 강종헌·강종건·이철·김정사 등인데 모르는 분들이 훨씬 많아 물어보니 얼추 160여 명 정도 된다고 해요. 정확한 통계는 없지만 그중 34명 정도만 재심을 통해 무죄 판결을 받았다니 우리가 살고 있는 이 시대가 여전히 이념적인 빙하기라는 생각이 듭니다. 하기야 아직도 해외에서 입국조차 못하는 인사들이 수두룩하지 않습니까. 재일한국인 양심수에 관한 다큐영화로는 「고발」이 널리 알려져 있는데요. 이들의 명예회복을 위해 각종 변호와 연구로 앞장선 국내 인사들로는 이창복·이석태·최병모·임종인·김효순·한홍구 등이 있습니다.

유성호 특별사동에서 다른 국내사건 관련자들도 만나셨습니까?

임헌영 오동잎이 피고 지고 세월은 흘러 특별사동에는 한동안 새로운 식구들이 없어 단조로웠습니다. 그러다가 부산의 새로운 젊은 손님들이 대거 들어왔습니다. 부림사건 관련자들이었지요. 전두환 쿠데타에 반대하던 대학생들의 운동이 서서히 불을 지피던 1981년 무렵, 서울에서는 용공조작 사건의 신호탄으로 '학림사건'이 터졌습니다. 이태복·민병두·신철영·엄주웅 등이 관련된 이 사건은 전국민주학생연맹(약칭 전민학련)과 전국민주노동자연맹(약칭 전민노련) 등이 싹트면서 이를 발본색원하겠다는 치안본부 대공분실이 영장 없이 연행하고 고문해 조작한 사건입니다. 학림다방에서 모임을 자주 가졌다는 데서 붙여진 명칭이었습니다. 이 사건이 부산에서 일어났다고 하여 작명한 것이 부림사건입니다.

유성호 유명한 영화 「변호인」에 나온 그 사건이지요?

임헌영 그렇지요. 부산은 대구보다 인구는 많아도 일제 때부터 저항운동에서는 대구에 뒤졌는데 민주화운동도 마찬가지였습니다. 그러다가 인혁당 사건으로 대구지역의 투사들이 일망타진되면서 부산이 점점 활기를 띠게 되었지요. 1970년대 부산지역의 민주화운동에 첫 횃불이 된 건 앰네스티 운동이었습니다. 작가 김정한과 윤정규, 변호사 김광일과 이흥록, 송기인 신부, 최성묵 목사, 언론인 조갑제와 임현모, 청년학생 박상도·김희욱·김재규·조태원·박점용, 여성계 정은희·박홍숙 등이 앰네스티에 참여했습니다. 이와 병행해 이흥록·김형기·김희욱·노경규·송기인·최성묵·최준영 등이 양서협동조합운동을 전개했습니다. 나는 앰네스티와 양서협동조합 두 단체에 모두 인연이 있었고 거기 연사로도 참여했었습니다. 이 두 단체는 1979년 부마항쟁으로 부각되었다가 탄압 대상이 됩니다. 전두환 쿠데타 이후 이 두 단체 참가자들을 중심으로 부산시경 대공분실이 22명을 체포 고문하면서 '부림사건'이라는 용공 조작을 하게 되지요.

유성호 부림사건은 노무현 대통령을 민주화운동에 투신하게 만든 유명한 사건이잖아요?

임헌영 이 사건은 너무나 널리 알려져 있기에 여기서는 생략하겠습니다. 부림사건 이후 영남지역 민주화운동의 대세가 대구에서 부산으로 옮겨지게 되었다는 평가입니다.

우리 남민전 공범 차성환은 대구교도소 시절에 아무런 잘못도 없이 폭력을 일삼던 교도관 때문에 무척 고통을 받았는데, 지금 생각하면 그때 같이 합세해 투쟁해주지 못한 게 안타깝습니다.

유성호 아니, 이유 없이 죄수를 폭행하나요?

임헌영 유독 그런 교도관이 있어서 수인들의 미움을 받곤 했어요. 물론 좋은 사람들도 있지요. 교무과 소속의 교회사는 수인들 교화가 주 업무였는데 사상범들의 전향을 독촉하는 것도 전담했지요. 내 담당은 춘천교대를 나와 초등학교 교사를 지낸 묵호 출신 박기완 교회사였습니다. 그는 교회사 중 가장 젊고 인품이 반듯했습니다. 만날 때마다 작가 이외수가 자기 선배라고 자랑했어요. 그에게 나는 많은 신세를 졌습니다. 특별면회에 수시로 나를 호출해 외국어 독학에 편의를 제공해주었어요. 러시아어는 알파벳 그대로 읽는 것이기에 엉터리나마

묵독하는 데 지장이 없으나 중국어는 책을 읽어도 도통 발음 흉내조차 낼 수 없어 녹음기와 중국어 기초 테이프를 넣어달라고 요청했거든요. 처음에는 고개를 끄덕이더니 막상 녹음기가 도착하자 위에서 불가라며 공작실로 나와서 거기서만 듣게 해주었습니다. 그때는 어학공부에 미쳐 있을 때라 얼마나 고맙던지요.

대구교도소의 수인들

유성호 선생님 말씀을 들으면 당시의 감옥은 반유신독재 인사들의 합숙소 같습니다. 계속 듣고 싶어집니다.

임헌영 맞아요. 정말 귀중한 인물들을 널리 만나볼 수 있었어요. 아내가 특별사면을 거론하며 풍선을 띄울 즈음 나는 혼자 특별사동에서 나와 바로 옆 병사로 옮겨졌습니다. 병사는 아주 큰 방을 나 혼자 쓸 수 있는 특별대우였어요. 하루 종일 문을 개방해 옆방에 슬쩍 들어가 잡담도 할 수 있었어요. 그 병사에는 1982년 3월 18일에 일어났던 부산 미문화원 방화사건 주역인 가톨릭 원주교육원 원장 최기식 신부가 있더군요. 그는 문부식과 김은숙을 숨겨주었습니다. 이 사건은 방화로 동아대 학생 장덕술이 사망하면서 큰 물의를 빚었으나 광주항쟁의 주범을 미국과 전두환으로 몰아세워 반미운동의 큰 획을 그었습니다. 김화석·이미옥·최충언·박원식·최인순 등이 검거되었고 피신한 문부식과 김은숙에게는 수배령이 내려졌습니다. 최신부는 당시 한강성당 주임신부인 함세웅과 논의를 거쳐 이들

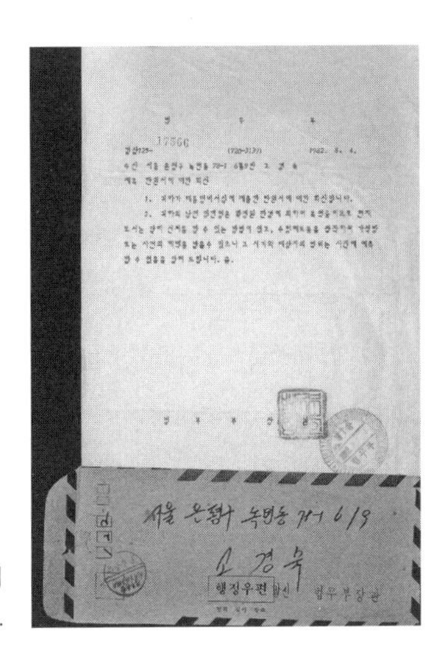

아내 고경숙의 사면 탄원서에 대한 법무부 답신과 봉투.

을 자수시켰습니다. 그럼에도 그들은 최기식 신부를 비롯한 관련 인사들까지 추가로 구속한 데다 광주항쟁 때 시민군이었던 김현장을 문부식의 배후조종자로 체포했지요. 병사에서의 운동은 자유로워 그 옆 사동에 갇힌 사람도 수시로 만났는데 문부식·김현장도 운동 시간에 멀찌감치서 바라볼 수 있었습니다. 그들은 사형수라 운동 시간에도 수갑을 차고 있었지요.

그들만이 아니라 대구에서 알게 된 인물로는 나중에 빨치산 대하소설 『녹슬은 해방구』 『붉은 산 검은 강』 『월악산』 등을 남긴 권운상도 있었습니다. 제천 출신인 그는 1980년 6월 미스유니버스대회 때 광주항쟁 폭로를 위한 시위를 벌이다가 체포되었습니다. 당시 대중적으로 큰 인기를 끌었던 이 대회는 트럼프가 1996년부터 2015년까지 주도했던 행사였지요. 사북탄광 파업 관련자였던 황인오가 항상 그와 함께 운동을 했습니다.

그때 고은 시인도 1980년 김대중 내란음모사건에 연루되어 대구교도소에 있었습니다. 독방에 가두는 것만으로도 모자랐는지 아예 그 옆방을 통째로 비워버리고 한 사동 전체를 차지하게 하고는 그만을 전담하는 단독 교도관을 두었습니다. 그의 담당 김용기 교도관은 무척 인품이 좋았습니다. 담당 교대시간이면 김용기는 가끔씩 다른 사동에도 배치받아 오곤 했습니다. 고은 선생과는 거리가 상당해 목소리도 들리지 않을 정도여서 운동장 멀찌감치서 손만 들어 인사를 했습니다. 김용기의 전언으로는 필기도구를 허락받지 못한 고은 선생이 국어사전에다 해당 단어를 찾아 마크를 해두는 식으로 메모를 했다고 합니다. 필기도구 문제는 김남주도 끈질기게 요구했지만 허탕을 쳐서 담뱃갑 은박지에다 못으로 긁어 쓴 시로 유명해졌지요. 나중에 내가 자유로워져 악명 높았던 차르 치하의 페트로파블롭스크 요새에 가보니 도스토옙스키 · 체르니셉스키 · 고리키 등의 감방이 아늑한 데다 침대와 책걸상까지 갖추어져 집필실로 손색이 없었습니다. 부럽더군요. 박정희와 전두환 시절의 감옥이 얼마나 비민주적이었는지 절감하게 해주었지요.

유성호 대구교도소에서 출소하셨지요? 나오실 때 이야기 좀 들려주세요.

임헌영 가족들은 경축일마다 행여 출소할까 학수고대했답니다. 아내는 자수자인데 왜 특별사면해주지 않느냐고 탄원서를 계속 내며 국경일마다 기다렸지만 몇 해를 넘겨도 소식이 없었습니다. 1983년 3 · 1절에는 사면된다는 소문이 나서 나도 약간 기대를 했는데 허탕이었습니다. 어머니는 그날 출소를 기다리

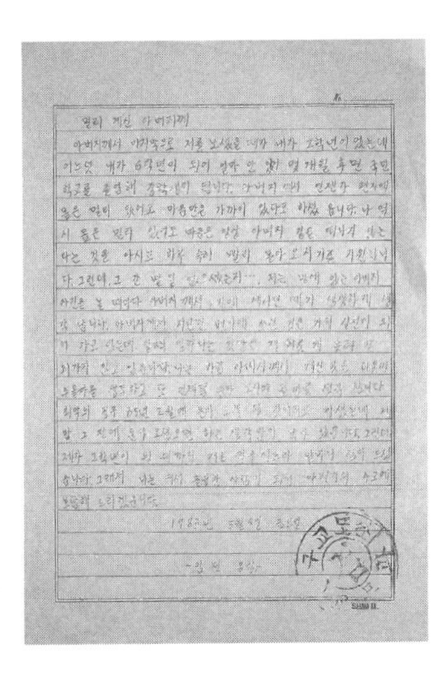
멀리 계신 아버지께
아버지께서 마지막으로 저를 보셨을 때가 제가 2학년이었는데 어느덧 제가 6학년이 되어 얼마 안 있어 몇 개월 후면 국민학교를 졸업해 중학생이 됩니다.

아들 민이 옥중으로 보낸 편지.
3남매는 내가 미국 유학 간
것으로 알고 있었다.

며 음식장만을 하라고 조르며 내 양복까지 내놓으셨다가 못 온다는 소식을 듣고 머리맡에 소중히 간직하던 불상을 내팽개치며 통곡했다고 아내가 편지에 썼더군요. 그러다 그해 8·15 특별사면 명단에 5년형을 받은 우리 동지 10명과 함께 8월 13일 출소했습니다. 출소하던 날 새벽 우리 집 주소 관할인 서초경찰서 정보과 형사가 대구까지 아내와 동행해서 그대로 나를 인수해 그 차로 상경했어요.

유성호 어머님은 물론이지만 자녀들이 얼마나 반가웠을까요?

임헌영 아이들은 내가 그동안 미국에 있는 걸로 알았어요. 나를 잡으러 와서 엿새 동안 묵었던 형사들이 그렇게 둘러댔나 봐요. 아들이 일곱 살이었는데, 이 개구쟁이가 책만 보면 뜯어서 딱지를 접는 거예요. 그래서 내가 함부로 서재에 와서 책을

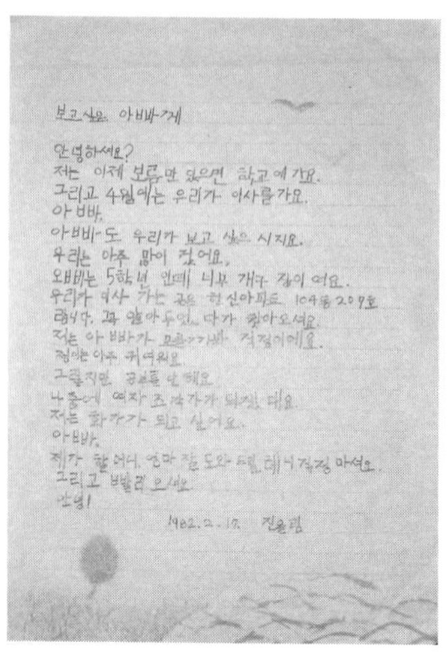

보고 싶은 아빠께

안녕하세요?
저는 이제 보름만 있으면 학교에 가요.
그리고 4월에는 우리가 이사를 가요.
아빠,
아빠도 우리가 보고 싶으시지요.
우리는 아주 많이 컸어요.
오빠는 5학년 인데 너무 개구쟁이에요.
우리가 이사 가는 곳은 현신아파트 104동 209호
랍니다. 꼭 알아두었다가 찾아오세요.
저는 아빠가 [illegible] 걱정이에요.
정이는 아주 귀여워요
그렇지만 공부를 안 해요
나중에 여자 조각가가 되겠 대요
저는 화가가 되고 싶어요.
아빠,
제가 할머니, 엄마 잘 도와 드릴 테니 걱정 마세요.
그리고 빨리 오세요
안녕!

1982. 2. 17. 진올림

큰딸 진의 편지.

둘째 딸 정의 그림편지.

만지지 못하게 했었거든요. 웬 사람들이 서재에서 마구 책을 바닥에 쏟고 소란을 피우니까 이 녀석이 그러면 우리 아버지에게 혼난다고 했대요. 그때 그 형사가 너희 아버지 미국 가는데 우리 보고 책을 찾아오라고 해서 심부름하는 거라고 했대요. 그 후 이 녀석이 그 말을 하도 철석같이 믿어 할머니와 다른 가족들이 모두 다른 말을 못하고 지냈다는 겁니다.

유성호 자녀들이 꽤 컸겠어요. 아버지를 알아보던가요?

임헌영 초등 5학년이 된 아들은 철든 후 헤어져서 괜찮았는데, 딸들은 네 살, 두 살에 헤어졌으니 사진이 아니었으면 몰라봤을 뻔했어요. 안방에 아예 커다란 내 사진을 걸어두고 저녁마다 잘 자라고 인사하고, 상장 타면 거기다 보고하며 늘 바라보고 지냈다는데도 아주 서먹서먹해서 처음엔 달아나더군요.

아, 세 아이들이 나란히 잠든 집에 오니 눈물이 핑 돌 정도로 그냥 좋았어요.

유성호 선생님 인생의 한 고비가 이렇게 지나가는군요. 이제 세상으로 다시 나오셔서 선생님의 연구와 새로운 활동이 왕성하게 이어질 텐데, 다음에는 역사문제연구소 시대가 열리는 거지요.

14 우리 근현대사를 제대로 인식하기

문익환·이해동 목사와 김승훈 신부

유성호 이제 햇수로 5년 만에 사회로 귀환한 뒤의 이야기가 시작됩니다. 그간 세상이 많이 변했지요?

임헌영 1979년부터 1983년 8월 13일 출소할 때까지 내가 징역 사는 동안 아내는 혼자서 은평구 녹번동 단독주택에서 서초구 반포 3동 고속버스터미널 맞은편 한신아파트로 이사했어요. 광주항쟁의 열기로 이미 민주화운동은 대학가를 달구어 중앙대 후배들 환영 모임에 갔더니 내가 알던 얼굴에다 새로운 세대들로 북적였습니다. 운동권의 폭이 그만큼 확대된 거지요. 거나한 술판을 주도한 것은 이석표·이상·백상태·안정배·최연 등으로 중앙대 민주동문회를 만들어 치열하게 투쟁하고 있었습니다. 학생층에서는 남민전을 적극 수용했지만, 기존 민주화운동권에서는 남민전을 양심수 석방 대열에서조차 밀어내면

우리 시대의 목자 문익환 목사.

서 서자 취급을 했습니다. 목요집회에도 안 끼워주다가 나중에야 참여할 수 있었지요. 3년형을 받았던 권오헌 선생이 먼저 출소해 동료들의 석방을 위해 헌신적으로 활동하면서 이루어진 성과였습니다. 남민전에 처음부터 따뜻한 관심을 보내준 건 문익환·이해동 목사와 김승훈 신부를 비롯한 종교계 인사 소수였습니다.

유성호 문익환 목사가 여기서 나오시는군요. 그분은 뜨거운 시인이기도 하셨지요.

임헌영 그는 목사에다 차라리 신부였고, 스님이며, 이맘이자, 랍비에, 박수무당에다 세상의 신앙이란 신앙, 온갖 신이란 신에 잡귀까지 두루 품은 시대적 한(恨)의 대행자로 보였습니다. 민중의 허기를 채워줄 밥알이었던 늦봄 문익환 목사님은 일흔여섯 생애 중 여섯 차례에 걸쳐 11년 2개월을 옥중에서 보냈던 우리 민족의 겸허한 심부름꾼이었지요.

유성호 제게는 북간도 룽징(龍井)의 윤동주 친구로 기억됩니다. 윤동주에게 쓴 「동주야」라는 시를 통해 부끄럽게 살아남은 자의 마음을 통렬하게 남기기도 했습니다.

임헌영 그가 우리글에 관심을 가진 것은 최현배의 『글자의 혁명』을 읽고 난 뒤부터였다고 합니다. 최현배는 연희전문 시절 윤동주의 스승이기도 했지요. 문익환 목사는 1968년에 신구교 『성서』 공동번역 책임위원에 위촉됩니다. 이를 통해 그는 "첫째, 신교와 구교의 벽이 허물어지는 경험, 둘째, 신학적인 편견이 걷히는 경험, 셋째, 히브리인들과 한국인들 사이의 벽을 허물고 교회와 사회를 갈라놓는 말의 담을 허무는 경험"(김형수, 『문익환 평전』, 실천문학사, 2004, 375쪽)을 했다고 합니다. 그는 감히 "히브리어와 한국어가 부딪칠 때 깨어져야 하는 것은 한국어가 아니고 히브리어여야 한다!"라고 할 정도로 우리말의 토착성을 중하게 여겼습니다.

그럼에도 이오덕 선생의 깐깐하고 약간은 답답한 우리말 원리에는 이의를 제기합니다. "뜻밖에 반가웠었다"라는 문장에서 우리말에는 본래 '웠었다'식 대과거 시제는 없다는 것이 이오덕의 논리였지만, 문 목사는 "외국어의 영향으로 시제가 분화되어 대과거형이 무리 없이 생긴" 것이며 "이것은 바람직한 발전이라고 생각"했지요. 그렇다고 이오덕 선생의 우리말 바로 세우기 운동을 부정한 것은 아닙니다.

유성호 문익환 목사는 신앙과 문학을 어떻게 융화시켰습니까?

임헌영 함석헌 선생이 한국 시를 섭렵하지 않고 성서적 가치관으로만 시를 쓴 사실과 달리 문익환 목사는 『성서』에서 벗어나는 데서 문학을 출범합니다. 함 선생은 시를 쓰면서 『성서』와 토착성, 현실비판 의식과 서정성의 갈등 문제를 전혀 의식하지 않은 듯합니다. 두 종교인의 시를 비교해보는 건 그 자체로 흥미로운 과제일 것 같습니다.

유성호 목사이자 시인인 문익환이 민주투사로 전력 투신했던 시점은 언제로 봅니까?

임헌영 1975년 8월 17일 장준하 선생이 등산 중 의문사를 당하자 문익환 목사는 장례위원장을 맡았습니다. 명동성당에서 영결식을 마치고 파주군 광탄면 소재 묘지에 장준하는 안장됩니다. 귀로의 버스에서 백기완 선생이 "이제 문 선생님이 장준하 영감의 대타로 나서주지 않겠습니까?"라고 졸랐고 문 목사는 자연스럽게 역사의 현장에 나서게 되었습니다. 리영희의 글을 통해 월남전의 진상에 다가선 그는 민중이 하나가 된다면 세계 최강의 힘을 가진 외세도 무릎을 꿇을 수밖에 없다고 믿었습니다. 자유주의가 독재를 하면 분단 사회의 민중은 공산주의를 택해서라도 국민통합의 길을 가게 된다는 취지의 주장을 하는 단계에 이르러 민주화와 통일운동의 상징인물로 우뚝 서게 된 것입니다.

감옥에 오지 않았다면 예수를 헛믿을 뻔

유성호 이제 문익환 목사께서 시인의 길을 따라 광야에 서신 것이군요. 『공동성서』 번역이 그분에게 많은 도움이 되었고, 또 번역 과정에서도 그분의 시적 열정과 역량이 큰 역할을 했을 것으로 보입니다.

임헌영 1976년 3·1 구국선언 사건이 그의 첫 징역살이가 되어 22개월 만에 출옥했는데, "감옥에 오지 않았다면 예수를 헛믿을 뻔했다"라고 늦봄 특유의 도통에 이르렀지요. 그의 시와 신앙의 세계에서는 토인비가 말한 민족 토착성의 짙은 흙냄새가 나서 좋습니다. 아널드 토인비는 아들 필립 토인비와의 대화에서 미국 앨라배마주 소도시 다시키지 소재 흑인 대학을 방문했을 때 예배당에서 보았던 아담과 이브를 비롯한 『성서』 이야기의 그림에 대해 대화합니다.

> "거기를 보니까 아담과 이브는 검었다. 구약의 예언자가 검었다. 신약의 사도도 검고. 그러나 그리스도만은 하얗게 되어 있었다. 불쌍했었다. 비극적인 일이다. 과연 그리스도를 까맣게 그릴 용기가 없었으니 말이지. 이건 아주 잘못된 일이야. 이것은 결국 흑인도 하얗게 되고 싶다는 감정을 나타내고 있는 것이 아닌가!"
> (『역사의 여울목에서』, 범우사)

흑인이 믿는 예수는 검어야 한다는 이 촌철살인! 시인 김정환은 장편 연작시집 『황색예수 1』(실천문학사, 1983)을, 정호승은 시선집 『서울의 예수』(민음사, 1982)를 냈지만, 한국 교회는 여전히 백인 예수만 맹신하는지라 이에 대한 반성이 문 목사에게 천지신명을 내세우게끔 했을 것입니다. 일찌감치 단재 신채호는 「낭객의 신년 만필」(1925)에서 한국의 외세 추종 풍조를 이렇게 질타하고 있습니다.

"중국의 석가가 인도와 다르며, 일본의 공자가 중국과 다르며, 마르크스도 카우츠키의 마르크스와 레닌의 마르크스와 중국이나 일본의 마르크스가 다 다름이다. 우리 조선 사람은 매양 이해(利害) 이외에서 진리를 찾으려 하므로, 석가가 들어오면 조선의 석가가 되지 않고 석가의 조선이 되며, 공자가 들어오면 조선의 공자가 되지 않고 공자의 조선이 되며, 무슨 주의가 들어와도 조선의 주의가 되지 않고 주의의 조선이 되려 한다."

문익환은 이런 문명사의 이치와 민족주체성을 넉넉하게 깨달았음이 분명하고, 그래서 시 창작에 임하는 자세에서는 유난히 토착성 짙은 정서와 언어를 즐겨 수렴했을 것입니다. 강북구 미아 9동에 있는 한빛교회는 북간도 룽징의 정기를 이어받아, 분단시대에 민중신학을 태동시킨 갈릴리교회의 정통 승계자로서 1970년대 이후 동아자유언론수호투쟁위원회 사건, 명동 3·1 민주구국선언문 사건, 양성우 필화사건, 이어 전두환 군부통치 이후부터는 비전향 장기수와의 교류, 전국교직원노조 투쟁 지원, 용산 철거민과 함께한 예배, 4대강 반대 시국선언 기도회 발표, 쌍용자동차 농성 지원, 세월호 진상규명 활동 등 우리 시대의 모든 아픔을 함께해오고 있습니다. 한빛교회에 애정을 가진 분들에게는 문영미가 지은 『세상을 품은 작은 교회』(삼인, 2017)라는 책을 권하고 싶습니다.

문익환 목사와 언제나 함께했던 민주화운동의 현장 증인 이해동 목사.

이 문익환 목사 바로 옆에는 항상 이해동 목사가 있었습니다. 한빛교회 하면 문·이가 함께 떠오릅니다. 이 목사님은 1970년대 이후 모든 민주화 운동의 현장에 가장 열심히 참여한 것으로 명성이 자자하지요. 이해동 목사는 인평대군의 왕족 후예인데도 민주화와 통일을 위해서라면 신앙과 이념과 신분의 차이를 넘어 누구와도 동지가 될 수 있는 아량을 가진 성직자입니다. 3·1 구국 선언사건과 5·18 때 김대중 사건으로 두 차례 옥고를 치렀지요. 그 뒤 과거사진상규명위원장을 비롯해 군 의문사진상규명위원회 위원장 등을 지낸 큰 어른이지요. 이해동·이종옥 부부의 『둘이 걸은 한 길』(대한기독교서회, 2014)은 민주화운동 비사가 담긴 흥미진진한 저작입니다.

유성호 그 당시 선생님은 김승훈 신부와도 깊은 관계이셨다

남민전 석방운동에 적극 나서주었던
김승훈 신부.

고 들었는데요.

임헌영 대구교도소 특사에서 단식투쟁 등으로 위장에 문제가 생겨 고생한다는 말을 아내에게 듣고, 김승훈 신부는 나를 동대구의 가톨릭계인 파티마병원에서 검사하도록 주선해주었지요. 까리따스 수녀회 파견 수녀님이 김 신부의 특별 부탁을 받고 내 검사 결과를 위조하지 못하게 일일이 직접 체크해주어 얼마나 고마웠는지요. 그에게는 마음 놓고 우리 사건 가족들이 자주 드나들며 석방운동을 당부하곤 했어요.

유성호 출소 후 건강은 괜찮으셨습니까?

임헌영 기분은 날아갈 것 같았지만 병원에 장기 입원했다 나온 사람처럼 한동안 외출이 어려웠어요. 이래선 안 된다 싶어 아르바이트 삼아 『월간 독서』 때 편집부에 근무했던 이준영이 제안한 『관광연감』이란 걸 제작하는 데 나갔습니다. 세계는 온통 관광 붐인데 이 분야의 자료나 연구는 미진한 때였습니다. 주간 『교통신보』에서 오랫동안 재직하며 편집국장을 지냈던 분(서동규)의 아이디어였는데, 대상은 교통부 산하 모든 업종과 기관이었습니다. 관광업계는 지금도 광고가 풍성한데, 그때 그 연감을 내면 충분히 영업적인 이득을 볼 것 같았어요. 큰 돈은 못 벌었으나 나름대로 내가 전혀 몰랐던 세계를 알게 되었지요. 한국특수관광협회라는 단체를 알게 되었는데, 바로 미군 상대 업계와 미군 위안부 경영 업체들의 단체였습니다. 그들의 이면 세계를 알 수 있었지요.

『관광연감』 출간기념회(1985)는 신라호텔에서 호화롭게 했는데, 예기치 않게 정주영 회장이 불쑥 나타나더군요. 나로서는 난생처음으로 대부호 영감님을 만난 건데, 내가 안내하고 접대하면서 슬쩍 물어보니 그는 저녁 약속이 없으면 아무 호텔에나 발길 가는 대로 들러보다가 관심 가는 분야의 행사장에 무조건 들어간답니다. 누구나 정주영 회장이 오면 대환영하지 않겠어요? 가는 곳마다 그 분야의 사정을 꼼꼼하게 질문해서 자기 나름대로의 견문을 넓히는 습관이라더군요.

원경 스님의 청룡사에서

유성호 역시 경영인으로서 성공한 사람은 비결이 따로 있군요. 역사문제연구소를 창립한 것은 얼마가 지난 후였지요?

임헌영 그 직후였어요. 박원순 변호사를 알게 된 건 내 평론집을 내준 형성사의 이호웅 대표의 소개를 통해서였습니다. 무슨 일로 1985년 10월 초 안성 청룡사 원경 스님에게 가게 되었을 때 박 변호사의 차를 함께 탔던 게 역사문제연구소를 탄생시킨 단초였지요. 말수가 적으면서 유머 감각이 탁월한 박 변호사가 민주화운동을 더 알차게 추진하려면 근현대사를 다룰 연구소가 절실하다고 해서 쉽게 의견의 일치를 봤습니다. 당시에는 대학에서도 1919년 3·1 운동 이후의 역사는 아예 가르치지도 않았거든요. 이호웅, 작가 김성동, 원경 스님 등이 청룡사에서 밤새워 토론을 했지요. 분단 정치사에서 가장 비극적인 인물이었던 박헌영의 아들로 소문난 원경 스님은 그 아버지에 뒤지지 않는 파란만장한 성장기를 거쳐 불교에 투신했습니다. 듬직한 체중이 주는 신뢰감과 친화력으로 광범위한 인맥을 형성해온 바탕에다 민족사적인 열정까지 갖춰 역사문제연구소의 태동에 큰 역할을 했어요.

유성호 모두 역사학 전공자가 아니시잖아요? 의외입니다.

임헌영 초기에는 그랬습니다. 논의가 급진전되면서 사무실을 종로구 내수동 4번지 옥빌딩 401호에다 먼저 얻어두고 소장 후보로 여러 역사학자가 거론되어 교섭에 들어가 결국 영남대의 정석종 교수로 낙착되었습니다.

유성호 정석종 교수는 황석영의 걸작 『장길산』의 단초를 제공한 학자로 알려져 있지요?

임헌영 『장길산』이 『한국일보』에 연재되기 시작한 것은 1974년 7월 11일이었는데, 그 사료의 단초가 정석종 교수였거든요. 숙종 5년(1679)부터 숙종 25년(1699)간의 20년을 배경으로 한 소설이기에 엄밀히 말하면 17세기가 배경이라야 하지만 작가는 아예 초장부터 18세기가 배경이라고 못을 쾅쾅 박아버렸습니다. 역사학자 이이화 선생이 역사적 고증으로 소설의 잘못된 부분을 문제 삼아서 논쟁을 유발했지만 스스로 자신의 주장을 철회해버렸습니다. "문학이고 예술 작품이니까 관대하게 보아줄 수도 있다는 쪽과 작가들이 고증에 더 철저해야 한다는 쪽"으로 엇갈린 반응 속에서 "용인해서는 안 된다"라는 원칙은 고수하면서도 이이화는 시대와 환경에 따라 "함부로 지적해서는 안 된다고 보았다"(이이화, 『역사를 쓰다』, 한겨레출판, 2011)고 적었습니다. 후일담이지만 정석종 교수도 이 논쟁에 대해 무척 관대한 입장으로 양쪽 다 옳다는 양시론(兩是論)이었습니다. 학문적으로는 바로잡아야 하지만 특수한 환경에서는 묵인도 가능하다는 자세는 지식인의 비겁이 아니라 겸허의 미덕이 될 수도 있다는 건데, 엄혹한 시대를 견뎌본 지혜의 산물일 것입니다.

유성호 그 논쟁이 나중엔 좀 싱거워지지 않았던가요?

임헌영 『장길산』에 대한 학문적 접근은 한참 뒤 강영주 교수가 찬찬히 수행한 걸 참고하면 됩니다. 숱한 일화를 뿌리면서 『장길산』은 총 2,902회로 『한국일보』 연재를 1984년 7월 5일에 마칩니다. 작가는 연재 중에 부마항쟁에 발맞추어 난민들이 세곡창을 터는 장면을 넣었고, 남민전 사건이 발표되자 검계(劍契)와 살주계(殺主契)를 삽입했으며, 광주민중항쟁 때는 관군이 구월산 토벌을 하도록 치밀하게 구성했다고 합니다. 소설 속 인물인 표창의 명수 곽말득은 해남 기독교 농민회 정광훈 총무를, 마감동은 광주항쟁 때 죽어간 윤상원을, 산진이는 시인 김남주를 투사시켰다고 하지요.

비역사학자들이 만든 역사문제연구소

유성호 이후 역사문제연구소는 어떻게 진척되었습니까?

임헌영 사무실을 가지면서 일부터 벌였습니다. 소장 정석종, 부소장 임헌영, 총무부장 천희상, 총무 진창희, 이사장 박원순, 운영위원 김성동·박원순·원경·이호웅·임헌영·정석종·천희상 체제로 출범했습니다. 천희상은 서울대 오둘둘사건(1975. 5. 22, 서울대 농대 김상진의 할복자결 추모를 위한 항의 시위) 가담자였고, 진창희는 이화여대 운동권이었지요.

유성호 그렇게 창립의 맥락이 후다닥 형성되었군요. 초창기 연구소 운영은 어떻게 하셨습니까?

임헌영 모든 결정권은 운영위원회가 맡았습니다. 나는 상근하면서 오로지 회원 확보와 연구팀 구성, 그리고 자문위원단 구성에 전력을 다 했지요.

유성호 우선 가장 중요한 인물은 박원순 변호사 같은데요. 그의 역할이 어느 정도였지요?

임헌영 그는 매우 성실하고 근면하면서도 모든 회의를 민주적으로 진행하면서 어떤 쟁점이든 밤샘 토론을 거쳐 만장일치를 끌어내는 명수였습니다. 거의 매일 밤을 그의 집으로 가서 밤참까지 먹어가면서 토론과 술판을 이어 갔지요.

박원순에게는 정치와 비정치, 제도권과 비제도권, 여당과 야당, 진보와 보수, 좌와 우, 영남과 호남, 부유층과 하류층, 신앙인과 비신앙인, 유식한 계층과 그렇지 못한 계층 등 어떤 이분법적 갈등을 유발하는 경계선도 허물어버릴 수 있는 용해력이

역사문제연구소 여름
강촌 수련회(1986).
왼쪽부터 이상경(과기대 교수),
김철 교수, 채호석(외국어대 교수),
임헌영, 박원순.

마술사처럼 있었어요. 박 변호사가 주장하는 사람다운 세상은 우선 '역사 청산'에서 출발합니다. 그는 올바른 역사 인식과 인도주의를 위해서는 특정한 범죄에 대한 공소시효를 없애야 한다는 입장을 견지했습니다. 그 기초로는 지속적인 법률 제정과 집행을 주장했지요.

유성호 우리는 흔히 '악법도 법'이라는 말을 절대시하잖아요? 그게 정당할까요?

임헌영 지금도 우리 눈앞에서 그런 일들이 버젓이 일어나고 있지요. 법대로 했으면 무죄라는 논리가 강제력을 지니고 인혁당 사건이 재심 판결에서 무죄가 나자 한 정치인은 '당시의 법'대로 했기에 떳떳하다는 논리를 폈습니다. 과연 유신독재 시기에 그 악법이나마 '법대로' 적용했는지를 되묻고 싶습니다. 그들은 결코 악법도 따르지 않았습니다. 그런데 마치 법을 지킨양 호도하는 그들은 불리해지면 고개를 가로젓는 과거사 망각에 익숙한 사람들이지요. 소크라테스가 20세기 한국의 한 독재자를 위해 '악법도 법'이라는 망언을 남겼을까 하는 회의는, 그 악법조차 지키지 않는 독재체제를 당해본 누구나가 품었던 해방의 꿈이었을 것입니다. 이에 대한 해답을 우리는 한 세대가 흐른 뒤에야 시민운동 변호사 박원순을 통해 명쾌하게 얻게 된 셈이지요.

유성호 이제 박원순 변호사가 작고하고 그에 대한 여러 평가들이 상존하는 것 같습니다. 가장 가까이에서 보신 선생님의 생각은 어떠신지요? 우리 시대에 박원순 변호사의 좌표는 어디까지일까요?

임헌영 프랑스 혁명사를 읽노라면 두 변호사의 노선이 엇갈려 역사를 그르친 대목을 만나게 됩니다. 로베스피에르와 당통이지요. 봉건왕조를 타도하기 위해서는 동지였으나 혁명이 성공하자 그 통치방법에서 달라졌습니다. 창백한 얼굴에 묵직해 보이는 로베스피에르가 신부 타입의 혁명지상주의자라면, 거인처럼 큰 몸집에 입술은 두껍고 눈초리는 번쩍거리는 당통은 이재(理財)에 밝은 부패와 향락분자로 변신합니다. 결국 조화를 이루지 못해 당통이 처형당했으나 곧 로베스피에르도 그 뒤를 따름으로써 혁명은 좌절에 빠지지요. 그들의 갈등 구조를 훌쩍 넘어 혁명을 이끌어갈 만한 역량을 나는 박원순 변호사에게서 보았습니다. 언젠가 그는 로베스피에르와 당통의 총화이자 그들을 넘어서는 개혁과 조화의 조율사로 재평가될 것이라고 기대합니다.

그는 틈만 나면 고서점가를 누비며 책을 사들여 읽었습니다. 자신이 모은 책을 모두 역사문제연구소에 기증했지요. 한참 후 또 엄청난 장서를 연구소에 기증하기도 했습니다. 나도 한국 근현대사에 관한 책들을 골라 역사문제연구소의 책꽂이를 채워주었습니다.

유성호 역사문제연구소(약칭 역문연)의 초기 활동을 소개해 주시지요.

임헌영 초기 역문연에서는 이호웅과 김성동이 유독 긴밀했고, 원경 스님과 천희상은 술로 다져진 정이 각별했습니다. 이호웅은 애당초 사회운동과 정치에 열정이 남달랐고, 원경 스님은 한 맺힌 설움을 역사 속에서 우려내주기를 기대했으며, 박원순 변호사는 학문과 운동의 조화에 초점을 맞췄고, 천희상은 젊은 운동권 연구자들의 한마당 잔치판 마련에 정성을 쏟았습니다. 어쨌건 이런 동상이몽이 조화를 이루어 여러 인재들이 모여들게 되었지요. 물론 이호웅의 폭넓은 정치력과 원경 스님의 깊은 인덕, 그리고 박 변호사의 탁월한 동화력, 천희상의 술 실력이 저마다 큰 역할을 한 결과이지요. 특히 천희상의 역할은 막강해 연구소 개소 두 달 만에 해방 3년사와 일제시대사, 곧이어 문학사 연구팀이 막을 올릴 수 있었습니다. 실로 놀라운 반향이었지요.

유성호 이른바 '재야연구소'였기 때문에 제도적 한계가 있었겠습니다. 재정적 압박도 있었겠고요.

임헌영 어떻게 진로를 설정할지 우려도 많았습니다. 굳이 내가 참여한 것은 1980년대 중반 정세가 이런 성격의 연구소를 필요로 하고 있다는 절박함을 느꼈기 때문입니다. 또한 나 자신이 근현대사에 더 본격적으로 다가서고 싶기도 했습니다. 내가 제일 먼저 추진했던 것은 자문위원단 구성이었는데, 전공을 가리지 않고 한국 근현대사와 관련이 있는 모든 분야의 중견 학자들을 일일이 찾아다니며 참여를 호소해 강만길·김남식·김진균·리영희·박현채·성대경·송건호·송남헌·이만열·이이화·이효재·장을병·조동걸·최상룡 등등 막강한 진용을 형성했습니다.

두 번째로 역사의 대중화를 위한 학술강연을 추진했어요. 대중강연의 성격에 심포지엄의 요소를 가미한 행사로, 참석자들의 자생적 조직을 유도해 '바실모'(바른역사모임)도 생겨 큰 역할을 했지요. 이들은 나중에 역사기행을 겸하면서 응집력을 길러 많은 후원자들이 나왔습니다.

세 번째는 송년의 밤이나 신년하례 가운데 하나는 거창하게 치르는 거였어요. 박원순 변호사의 부인과 내 아내가 빈대떡을 부치고 안주를 마련해 동동주를 차려내는 등 화기애애했어요. 초기 상근자들 가족(미혼일 경우에는 애인도)은 매우 친하게 지냈습니다. 내가 이런 행사를 주장한 것은 조봉암의 당 조직 관리법에서 힌트를 얻어서였습니다. 진보당은 자금 부족으로 상근자 봉급을 몇 달씩 제대로 주지 못했는데, 당원과 간부들은 자신의 신념으로 진보당을 택했지만 가족들의 고난은 극심했겠지요. 어쩌다가 자금이 생겨 밀린 봉급을 주면 남자들이란 우선 술집 외상부터 갚고 또 한잔 걸치고 나면 봉투가 비어버리지요.

1988년 신년 하례식. 왼쪽부터 서중석 교수, 김시업 교수, 임헌영.

이걸 간파한 죽산은 봉급을 당사자 몰래 아내들에게 직접 보내줬다고 합니다. 싸구려 술타령으로 밤늦게 귀가하면 잔소리하기 마련이던 아내가 어느 날 갑자기 상냥해져 "아무리 어렵고 유혹과 압박이 심해도 절대 조봉암 선생의 진보당을 떠날 생각은 말라"고 당부했대요. 역문연은 이 행사도 전통적인 방식으로 했습니다. 돼지머리와 시루떡을 놓고 축문을 지어 읽고는 내빈들이 예를 올리며 돼지 입에다가 현금을 꽂게 했습니다. 그 자금은 2차 여흥비로 충당했지요.

네 번째 내가 고집했던 것은 수련회였습니다. 매년 여름 1박 2일의 수련회를 가졌습니다. 내가 재직 중에는 강촌·안동·여주 등에서 개최했습니다. 수련회 때마다 특강을 실시했지요. 모두 인상적이었지만 특히 안동 수련회 주제는 박호성의 '한국

사회와 지식인, 지식인 일반론', 김동춘의 '한국 사회 계급구조와 지식인', 서중석의 '한국 근현대사에서의 지식인의 존재형태와 운동' 등으로 기억에 남습니다.

유성호 초기 인적 구성과 중점 활동이 그려집니다. 이제 초기 형태를 벗어나 연구소는 어떻게 나아가게 되나요?

임헌영 운영위원에 반병률·박용일·서중석·이균영·이이화·김신재·원혜영 등이 참여하면서 일대 방향전환을 맞았습니다. 세대교체를 한 거지요. 1986년 10월에 연구소는 사직터널 위 체신노조회관의 큼직한 곳으로 옮긴 뒤부터는 아예 웬만한 행사는 여기서 했습니다. 그만큼 여유가 생긴 데다 연구소의 대내외적 위치도 확고해져갔습니다. 실무진과 연구실은 수시로 바뀌었는데, 터줏대감 격으로는 김익한·반병률·윤해동·정해구·최혜월·한상구 등이 있었습니다.

상설 연구팀은 주 1회씩 발제와 토론을 진행했는데, 그 결과는 단행본으로 출간해서 근현대사연구에 고속도로를 낸 선구역을 수행했지요. 예를 들면 해방 3년사 팀의 『해방 3년사 연구 입문』(까치, 1989), 식민지 시대사 팀의 『민족해방운동사: 쟁점과 과제』(역사비평사, 1990), 19세기 민중사 팀의 『동학농민전쟁 연구 자료집』(여강, 1991) 외에 동학 관련 책 다수를 출간했습니다. 카프문학 연구 팀은 『카프문학 운동연구』(역사비평사, 1989), 『변혁주체와 한국문학』(역사비평사, 1990)을 출간했지요. 러시아어 학습 팀도 운영되었습니다.

정기 월례발표회에서도 첨단의 주제를 다루었기에 야심 찬 학자라면 누구나 참여하지 않을 수 없도록 유도했습니다. 월례

역문연 해방 3년사 팀이 만든
『해방 3년사 연구 입문』(1989).

역문연 문학사연구 모임이 펴낸
『카프문학 운동연구』(1989).

발표회는 역사학의 중요 주제도 다루었지만 시류를 따라 베스트셀러였던 『남부군』의 저자 이태를 초청해 강당이 미어질 정도의 인파에 취재진이 몰려들기도 했습니다. 주요 대학의 강사나 박사과정에 있는 회원으로 구성된 이들은 대학에서는 들을 수 없는 주제를 다루었기에 적극적으로 참여했어요. 이때 참가했던 이들이 지금 각 대학의 중견교수가 되어 진보학계를 이끌어가는 주역으로 활동하고 있지요. 특히 서중석 교수의 추진과 원혜영 선생의 희생적인 후원을 시작으로 『역사비평』을 창간(1987)한 것은 사학계의 일대 혁명이었습니다.

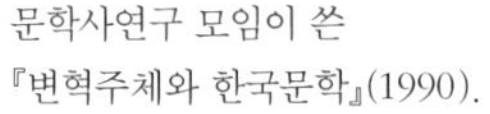
문학사연구 모임이 쓴
『변혁주체와 한국문학』(1990).

비정기간행물 『역사비평』
첫 호(1987).

서중석 교수의 헌신으로 『역사비평』 성장일로

유성호 『역사비평』은 저희 세대에게는 역사와 문헌학의 어떤 표준을 제시했고, 나아가 금기시되었던 사관과 자료를 접하게 해준 해방구 같은 역할을 했지요. 줄여서 『역비』라고 많이 불렀습니다. 문단에 『창비』가 있다면 역사학계에는 『역비』가 있어요.

임헌영 '제1집 부정기간행물'이라 표지 위쪽에 쓰여 있는 『역사비평』 창간호는 "역사연구의 대중화와 새로운 역사인식의 정립을 위한 대중역사지"를 표방했습니다. 판권란에는 편집처 역사문제연구소, 발행처 형성사, 공급처 역사문제연구소 출판국, 발행일 1987년 9월 30일, 값 3,900원이라고 적혀 있네요. 편집위원은 강만길·조동걸·김진균·이이화·서중석·이균영·김광식입니다. 그러나 실질적인 『역사비평』의 주춧돌을 놓은 건 서중석 교수입니다. 서 교수의 근현대사 연구는 학문과 실천을 겸비한 그 꼿꼿한 자세로 더욱 유명하지요. 나는 분단시대가 낳은 그 연배 최고의 학자로 그를 꼽을 뿐만 아니라 신뢰하며 존경합니다. 그의 노고로 무상한 세월 속에서도 『역사비평』은 탄탄해졌지요. 그와 함께 사라지지 않을 이름들인 원혜영·홍종도·장두환·김백일을 거쳐 현 발행인인 정순구, 여기에 임대식·김성보·박태균을 비롯한 역대 주간과 창간의 얼굴격이었던 편집장 김윤경 등이 현대사의 현장감과 함께 겹쳐집니다.

유성호 『역비』는 언제부터 정기 계간지로 바뀌었지요?

임헌영 부정기간행으로 2호를 낸 뒤 1988년 여름호에 이르러 역사종합 계간지로 변신해 발행인 정석종, 편집인 이이화, 발행처 역사문제연구소에다 편집위원 박호성·주진오가 추가되었습니다. 어떤 관점에서건 『역비』는 많은 업적을 남겼는데 그중 가장 괄목할 만한 것은 '한국 사학계의 새 세대'를 형성해 낸 점입니다. 한국 사학계는 '역문연'과 『역사비평』의 노력으로 세계사적 보편성에 근접하는 양식(良識)을 어느 정도까지 대중화시킬 수 있었다고 생각합니다. 이렇게 말하는 것은 『역비』가 지식인들을 상대로 한 활동이었음을 전제한 것이고, 한국의 지적 풍토에서는 그럴 수밖에 없다는 현실적인 제약을 염두에 둔 것입니다. 단군 이래 역사를 지배해온 것은 기득권 지배세력이었는데 어찌 불과 10여 년이라는 민주화 과정에서 세상이 바뀌기를 바랄 수 있었겠습니까? 오히려 프리미엄을 얻은 일부 진보주의자의 기득권화가 따라오기도 했지요. 두고두고 우리에게 남은 난제일 것입니다.

유성호 역사문제연구소와 『역비』가 이루어낸 많은 업적의 토대 위에 진보사학이 활력을 얻게 된 것은 분명합니다. 그러나 현실적인 한계는 엄연히 있었겠지요.

임헌영 해방 3년사 팀이 어느 날 갑자기 종로경찰서로 연행되어 곤욕을 치렀는데, 김남식 선생이 참여했던 이 모임을 누군가가 밀고한 거지요. 박원순 변호사와 내가 경찰서로 가서 정보과장 등을 면담해 바로 석방 약속을 받았습니다. 김남식 선생은 당시 특수 신분으로서 북한자료 소장 자격까지 갖춘 분이었지요. 그는 분단시대의 특이한 천재 중 한 분으로 조선민주주의인민공화국과 조선로동당 문제의 최고 전문가입니다. 그는 한국 공산주의운동사부터 당대의 북한 동향이나 전망에 이르기까지 두루 다룬 석학입니다. 그가 내놓는 북한 관련 전망은 백발백중이어서 우리의 탄복을 자아냈지요. 나는 그의 집에서 희귀한 자료들을 많이 볼 수 있었습니다.

김남식의 저서 『남로당 연구』는 누구도 따를 수 없는 독보적 업적입니다. 그의 발언을 빌리면 전향 초기에는 '노예의 언어'로 살았으나 민주화 이후 만년에는 자유롭게 지냈다고 합니다. 자수한 간첩이면서도 한국 진보운동에 큰 도움을 주었기 때문에 묘소에는 '통일애국지사'라는 문구가 들어갔습니다. 물론 일부 보수파들은 그 묘소를 훼손할 정도로 적대감을 표하기도 했지요. 그가 더욱 훌륭하게 보였던 점은 종로경찰서에서 그의 신분을 확인하고는 바로 나가시라고 했건만 다른 일행을 석방해주지 않으면 안 가겠다며 하룻밤을 함께 지낸 뒤 나온 점이었습니다. 그 뒤 그는 해방 3년사 팀에서 지사처럼 존경받는 존재가 되었어요.

유성호 선생님께서 그때 판단하셨던 근현대사의 흐름 가운데 중요한 것은 어떤 것이 있었나요?

임헌영 20세기 세계사를 한번 볼까요? 20세기는 19세기 후반의 제국주의 팽창기가 일단락되면서 이를 재편성한 1919년 베르사유 체제로부터 실질적으로 시작됩니다. 약소민족에게 '민족자결주의'라는 복음 선포로 잘못 알려진 베르사유 체제란 서구 열강이 1917년 볼셰비키 혁명의 확산을 차단하려는 방역선(cordon sanitare)으로 설계된 것이지요. 특히 동유럽 취약 지구의 대소련 반혁명 전초기지화 의도가 강하게 배어 있었습니다. 이와 대조적으로 제3세계를 향한 반제 민족해방 투쟁과 반봉건 혁명을 주창한 이데올로기는 러시아가 주도한 코민테른(Comintern, Communist International의 약자, 제3인터내셔널이라고도 함. 1919~43)으로서 서구 열강과 정면으로 맞섰습니다.

결국 베르사유 체제란 코민테른 이데올로기를 붕괴시키기 위한 서구 제국주의의 재결합 형태였지요. 이를 위해 전범국가 독일의 신속한 재무장이 묵인되었을 뿐만 아니라 스페인의 프랑코 쿠데타(1936~39) 독재도 용인했지요. 독일의 공공연한 동유럽 침공을 유발시킨 것이 바로 제2차 세계대전이었습니다. 이 격랑의 시대에 열강은 대외적으로는 반소 전략과 식민지 확대라는 두 가지 목표 달성을 위해 이합집산을 거듭하면서 내적으로는 진보세력을 억눌러야만 했습니다. 이런 기묘한 국제관계가 제2차 세계대전을 촉발시켰지요.

냉전 체제에서 남북한의 역사의식은 달라져

유성호 베르사유 체제가 유럽과 미국의 세계 지배를 위한 반볼셰비키 방역선이었다면, 제2차 세계대전의 산물인 얄타 체제는 러시아의 억제와 식민지 해방투쟁의 근절을 위한 냉전 체제의 구축이 목적이었겠습니다. 특히 임자 없는 땅으로 남게 된 동북아시아 지역은 얄타 체제 아래서 두 세력 간의 가장 탐스러운 대지로 부상해 그 각축전이 치열해질 수밖에 없겠다는 전망이 나오는군요. 그래서 남북은 분단됐을 텐데, 남북한의 현대사 인식에서 근본적인 차이는 무엇입니까?

임헌영 남한은 대체로 1919년 3·1 운동 이념의 계승, 상하이 임시정부 법통이라는 역사관에 입각해 제2차 세계대전을 바라보고 있는 것 같습니다. 여기서는 항일무장투쟁 노선을 정통으로 삼고 있는 북한과 분명히 대립각을 이루지요. 이에 따라 일제강점기를 어떻게 보느냐는 관점도 달라집니다. 남한이 이 시기를 포괄적으로 식민통치시대로 명명하는 것과 달리 북한과 중국은 '항일민족해방투쟁시기'로 설정하고 있습니다. 여기서 투쟁의 주체를 항일 빨치산(북한)이나 공산당(중국)에 둔 점이 눈에 띕니다.

유성호 그 연장선으로 보자면 8·15에 대한 인식도 차이가 나겠군요.

임헌영 당연하지요. 8·15를 연합국의 승리와 조선인의 독립투쟁의 결과로 보는 관점은 남북한이 대체로 일치하지만 각론에서는 차이가 납니다. 북한은 연합국에서 소련의 역할을 강조하는 데 비해 남한은 미국의 역할을 강조하지요. 원폭 투하를 보는 시각도 다릅니다. 남한은 소련 참전과 원폭 투하를 거론하는 한편 그 잔혹성과 전쟁의 피해를 함께 취급하면서 평화교육을 하는 데 비해, 북한은 원폭 문제는 외면하고 소련군 참전을 큰 비중으로 다루고 있지요.

유성호 동아시아에서 북한은 중국의 영향을 많이 받지 않았습니까?

임헌영 3,500만 명의 희생에다 6,000억 달러의 피해를 입었다는 중국은 항일민족해방투쟁사적 관점으로 역사를 평가하기에 내전 승리(1949) 후 사회주의적 혁명주의가 팽배했는데, 1996년경부터 "배금주의, 향락주의, 극단적인 개인주의가 점차 만연되면서 일부 사람들은 서양 것을 숭배하고 우리 민족을 폄하하며 우리의 역사를 왜곡하고 우리의 전통을 더럽히고 있다. 이것은 모두 애국주의의 고상한 정서와 배치되는 것이다"(『인민일보』, 1996. 9. 28)라며 강력한 애국주의의 강화로 나아가고 있습니다. 이는 아시아태평양전쟁 서술에 그대로 적용되어 '중화민족의 항일투쟁'에 초점이 맞추어지게 됩니다. 투쟁 주체는 중국 공산당이 되며, 투쟁 목표는 항일과 자산계급의 민주혁명으로 설정했기에 통일전선적인 유격투쟁이 역사의 중심을 이루고 있습니다. 이런 과정에서 항일 유격투쟁을 전개했던 조선인에 대해서도 관심을 가지는 게 당연하지요. 그래서 주로 김일성의 유격투쟁 및 동북인민혁명군과 동북항일연군 활동에 초점을 맞추고 나머지에 대해서는 서술을 피하고 있습니다. 원폭 문제를 기술하긴 하지만 전쟁 종결의 원인으로만 다룰 뿐 이를 평화사상으로 승화시키지는 않은 게 중국의 역사 교재입니다.

유성호 다시 남북한 이야기를 이어주시지요.

임헌영 남한은 1945년 8월 15일부터 단독정부 수립일인 1948년 8월 15일까지를 '해방 공간' 또는 '해방 직후'라는 술어로 얼버무리고 있는 데 비해, 북한은 '반제·반봉건 민주주의 혁명기' 또는 '평화적 건설시기'로 분류하고 있습니다. 북한과 중국은 8·15 이후 '사회주의적 애국주의'를 고취하는 것까지 입장이 같습니다.

유성호 이후 연구소는 어떤 궤적을 밟아갔고 선생님은 연구소에서 어떤 활동을 이어가셨나요?

임헌영 1988년 10월 연구소가 충정로로 이전한 이듬해에 나는 부소장직을 사임했습니다. 그 뒤 역문연은 중구 필동 사무실을 거쳐 계동 시대, 제기동 시대로 이어졌습니다. 창립부터 3년간 전 회원은 역사연구와 민주화 운동을 병행했는데, 얼마나 철저했던지 대중집회가 있으면 거기서 만나 뒤풀이까지 했기에 불참자들은 다음 세미나 때 공통화제에 끼어들 수가 없을 지경이었습니다. 각종 필화사건과 빈번한 구속 사태로 재판 방청만도 줄줄이 이어졌던 각고의 시절이었지요. 이 험난했던 시기에 흔들림 없이 '나'를 지키도록 버팀목이 되어준 역문연 참여 인

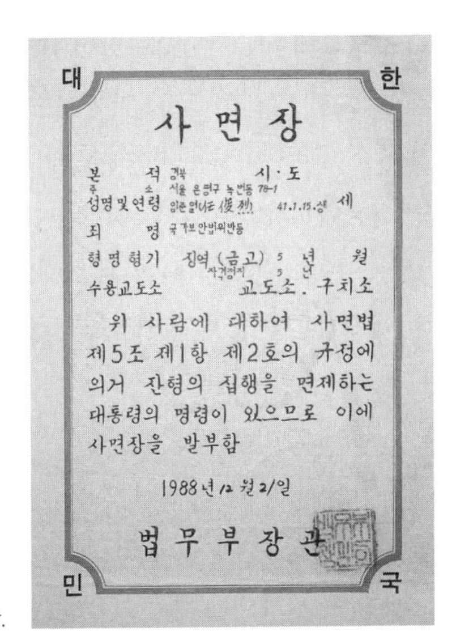

대 한

사 면 장

본 적 경북 시·도
주 소 서울 은평구 녹번동 78-1
성명 및 연령 임준열 [illegible] 41.1.15.생 세
죄 명 국가보안법위반등
형명형기 징역(금고) 5 년 월
자격정지 5 년
수용교도소 교도소. 구치소

위 사람에 대하여 사면법 제5조 제1항 제2호의 규정에 의거 잔형의 집행을 면제하는 대통령의 명령이 있으므로 이에 사면장을 발부함

1988년 12월 21일

법 무 부 장 관

민 국

잔형 집행 면제사면장.

사들에게는 지금도 큰 빚이 남아 있습니다. 이렇게 말하는 것은 1983년 광복절 특사로 출소한 뒤 남민전 사건이라는 꼬리표 때문에 행동 제약이 너무나 많았던 가장 어려운 시기를 역문연에서 견디고 한 걸음 더 나아가 나 자신을 수련할 수 있었기 때문입니다. 문학 전공인 나로서는 외도였던 역사문제연구소 3년 체험이 오히려 근현대사를 내 본령으로 인식하도록 만든 계기가 되어주었고, 아직도 문학과 역사의 변경지대를 고수하고 있습니다. 그 학문적 외도를 나는 여전히 사랑합니다.

유성호 참으로 좋은 연구소인데 왜 그만두셨지요?

임헌영 나는 처음부터 이 연구소가 궤도에 오르면 역사학자들에게 맡기고 문학으로 돌아가야 한다는 원칙을 미리 정해두고 있었습니다. 그 시점이 왔다고 생각했기 때문입니다. 초기 단계에서는 비(非)역사학자인 내가 필요할지 몰라도 이만큼 초석을 다졌으면 역사학자들에게 맡길 때가 무르익었다고 판단했어요. 내가 역사문제연구소에 몸담았던 건 창립 준비단계였던 1985년 하반기부터 1989년 12월까지입니다. 4년여의 시간 동안 일어났던 개인사를 메모해보면 특별사면으로 석방된 나의 잔형 집행 면제사면(법무부장관, 1988. 12. 21)이 있었고, 평론집 『민족의 상황과 문학사상』(한길사, 1986), 산문선 『모래야 나는 얼만큼 작으냐』(금문당, 1986), 홍정선과의 공편 『한국 근대비평사의 쟁점』(동성사, 1986), 『한국현대문학사상사』(한길사, 1988), 평론집 『문학과 이데올로기』(실천문학사, 1988), 평론집 『변혁운동과 문학』(범우사, 1989)을 펴냈습니다.

6월시민항쟁의 한가운데서

유성호　그 무렵 1987년 6월항쟁으로 쟁취한 대통령 직선제 개헌에 의해 실시된 12월 16일 대통령선거 결과를 놓고 모두 울분에 차 있었지요?

임헌영　그렇지요. 당시 내 주변 사람들 모두가 낙담과 분노에 찼어요. 사회구성체 논쟁과 혁명론, YS와 DJ의 단일화 문제 등 논쟁이 치열하게 전개되었지요. 나는 그 논쟁이 학술적 측면에서는 중요했을지라도 그때 그 절박한 역사적인 순간에 왜 그렇게 열을 올렸는지 안타까웠어요. 이한열의 장례식을 앞두고서 식민지냐, 신식민지냐, 국가독점자본주의냐를 논쟁하는 지식인들의 옹고집을 아무도 말릴 방법이 없었습니다. 이런 풍조는 지금도 그대로입니다. 혈기방장한 새로운 세대들이 온 세계의 모든 이론을 두루 들여와서는 그걸 당장 대통령에게 실시하라고 외쳐대는 걸 보면 참으로 갑갑한 심경입니다. 역사의 진보에는 나름대로의 질서와 순서가 있습니다. 그런 모든 조건을 고려 않고 자신이 보고 듣고 연구한 걸 최고의 이상적인 목표로 알고 그걸 무조건 해내라고 생떼를 쓰는 건 도리어 진보를 분열시켜 보수세력에게 반동의 빌미를 줄 수도 있음을 깊이 반성해야지요. 바로 당파성이 없는 증거지요.

이런 식자우환(識字憂患)의 풍조 속에서 6월항쟁의 피의 대가도 못 얻은 채 군부독재의 계승자인 노태우를 청와대에 앉히게 한 건 오로지 민주세력의 분파주의가 낳은 죄악의 결과지요. 이걸 반성하지 않았기에 그 뒤에도 우리 역사는 그런 비극이 일어났습니다. 개혁세력은 언제나 샴페인을 먼저 터뜨리거나 떡 줄 놈은 생각도 않는데 김칫국 먼저 마신다는 과오를 되풀이하고 있습니다. 바른 당파성이 없는 지식인들의 자기 학식 자랑 경쟁이 빚은 결과입니다.

유성호　선생님의 심경을 알 것 같습니다. 이후 사회주의 체제가 해체되면서 한국 사회에서의 이념 지형도 큰 변화를 겪지 않습니까?

임헌영　이어 1989년을 전후해서 동유럽 사회주의권이 분해되기 시작했지요. 그걸 보고 진보세력의 타락과 한계가 한국만의 문제가 아니라 세계사 전체에 퍼진 뿌리 깊은 공통요인이라는 생각을 했습니다. 우리나라나 세계사는 크게 보면 지배계층이 수천 년 간 역사를 움직여왔기에 그 노하우는 가히 상상을 초월합니다. 그들은 옳고 그름을 중시하지 않은 채 수단과 방법을 가리지 않고 권력을 잡으려 합니다. 거기에 비해 사회주의 세력이 나라를 통치한 경험이라고는 1세기도 안 됩니다. 그걸 못 버티고 외침에 의해서가 아니라 자체 붕괴하는 모습을 보면서 대체 학문이란 무엇인가를 되묻게 만들었습니다. 나의 이런 심경을 꿰뚫어본 것이 정석종 교수였습니다.

유성호 정석종 교수와는 미국에서 귀국 후 얼마나 더 가까워지셨습니까?

임헌영 자주 어울려 시국 토론을 했지요. 이때 정 교수가 들려준 이른바 '경상도 기질론'은 역사학자로서 매우 날카로운 지적이었다고 기억됩니다. 정 교수는 우리는 수천 년 동안 신라가 지배해온 나라이기 때문에 그 속성이 현대에도 그대로 이어져왔다고 꼬집었지요. 영남대에 재직하면서 신임 교수를 채용할 때마다 그 분야의 최고 실력자를 추천하며 그 당위성을 역설하면 동료 교수들은 다 묵묵히 듣는다는 것이었습니다. 그러면 정 교수는 속으로 쾌재를 부르며 우리 학과에 훌륭한 신임 교수가 들어오려나 보다 하고 기대에 찼대요. 그런데 막상 뚜껑을 열어보면 전혀 엉뚱한 인물이 임명되기를 반복해 한참 만에야 경상도의 신라 기질을 간파하게 되었다는 논리였습니다. 그들에게 침묵은 긍정이 아니라 아예 무시였던 거지요. 대선을 앞두고도 그 신라 기질을 염려하던 정 교수의 지역별 기질론은 역사 교수만이 할 수 있었던 특이한 접근법이었습니다. 나라마다 이런 지역별 기질론이 성행하는 터라 부인하기도 어려웠습니다. 물론 오늘의 경상도를 수구 동네로 만든 것은 박정희였습니다. 그전에는 결코 그렇지 않았거든요. 이승만과 조봉암이 대통령 선거 대결에서 조봉암 지지표가 이승만을 능가한 유일한 지역이 대구였다는 것도 널리 알려진 사실입니다.

유성호 결국 선생님은 8·15 이후 반독재 민주투쟁 세력으로 면면히 내려온 민주당의 한계를 보신 거군요. 그때 DJ와 YS가 합세했다면 압도적 다수로 당선되어 적어도 5·16과 신군부 세력은 역사의 심판대에 세울 수 있었을 텐데요. 더구나 YS와 DJ 집권 시절에 잘나가던 인사들 중 상당수가 원적지인 민주당을 버리고 고무신 거꾸로 신어버린 사실을 상기하면 오늘 한국 정치의 뿌리가 얼마나 추악한지를 느끼게 됩니다. 진보와 개혁과 혁명이란 이다지도 어려운 모험일까요?

임헌영 딱 한 가지 다행은 6월항쟁 이후 판금도서 650종 중 431종이 해금된 것이었어요. 역사발전의 한 가닥이라고 하겠지요. 이런저런 어려움 속에서도 역사는 진보하는 것이지요.

유성호 선생님이 심혈을 기울였던 역사문제연구소의 위상은 한마디로 어떻게 정리할 수 있겠습니까?

임헌영 금기시했던 한국 근현대의 역사를 신진 연구자들로 하여금 객관적으로 바라볼 수 있도록 길을 열어주었을 뿐만 아니라 역사를 학문의 전당에서 해방시켜 시민들에게 올바른 역사의식을 심어줄 수 있도록 해주었다고 봅니다.

유성호 파란만장한 해방 후의 역사 흐름을 역사문제연구소를 중심으로 짚어주셔서 우리 현대사를 환하게 이해할 수 있었습니다. 역문연을 떠나신 선생님의 이정표는 한길사를 향했지요?

15 오늘의 사상, 한길사와 더불어

집념과 실천으로 기획한 '오늘의 사상신서'

유성호 이제 선생님의 한길사 시대로 왔군요. 아마 1980년대 후반의 학술문화운동 중심지는 한길사였다 해도 지나치지 않을 것입니다. 역사강좌와 역사기행을 시작한 것도 한길사였고, 비판적 지식인을 한자리에 모이게 해서 심포지엄을 개최한 것도 한길사였습니다.

임헌영 문단사에서는 창비가 큰 영향력을 가졌지만 인문사회과학에서는 뭔가 허전했을 때 그 빈자리를 채운 게 한길사였지요. 한길사라면 김언호 대표를 먼저 좀 알 필요가 있습니다. 밀양 출신인 그는 우리 지인들 사이에서는 '못 말리는 사람'으로 통하지요. 세상에서 가장 무서운 사람이 누구일까요? 바로 못 말리는 사람입니다. 이 표현에는 고집만 센 부정적인 이미지가 강한데, 김언호 대표는 그 의미를 긍정적인 이미지로 바꾼 사람입니다.

유성호 김 대표님에 대한 찬사가 최상급이십니다. 선생님의 주요 평론집도 한길사에서 가장 많이 나왔지요?

임헌영 누구나 인정하는 그의 다이내믹한 열정이 우리 사회의 진보적인 동력이 된 것은 확실해요. 그 기발함이나 근면성은 누구도 따라가기 어렵습니다. 나로서는 역사문제연구소에서 맺어졌던 인문사회과학자들의 지적인 성장을 한길사에서 꽃피운 격이지요. 김 대표와 나는 역사인식이나 가치관, 현실정치에 대한 대응까지 한 치도 어긋난 적이 없었어요.

유성호 출판가의 명콤비라고 해야겠어요.

임헌영 그는 출판을 사업이 아닌 운동적 차원으로 바꾼 데다 그걸 시민사회운동으로까지 대중화시켜 그 역량을 연구자에게 돌려주었어요.

유성호 독자들의 이해를 돕기 위해 우선 초창기부터 화두를 잡아주시면 좋겠습니다.

임헌영 한길사는 『동아일보』의 해직언론인 김언호가 1976년 12월 24일 출판사 등록을 마치면서 자기 집 책상에서 출발해 이듬해부터 '오늘의 사상신서' 시리즈를 발간하기 시작했어요. 제1권이 송건호의 『한국민족주의의 탐구』로 시작해 제2권 고은 에세이 『역사와 더불어 비애와 더불어』, 제3권 리영희 『우상과 이성』, 제4권 안병무 『시대와 증언』, 제5권 박현채 『민족경제론』에 이어 창립 10주년을 맞은 1986년에 제101권 안병무의 민중신학론 『역사 앞에 민중과 더불어』를 냈습니다. 그 기념으로 김언호는 『우리시대 출판운동과 오늘의 사상신서 101권:

1977~1986』을 편찬해냅니다. 이를 격려해 고은 시인은 기념시 「우리는 큰 길에 이르렀다」에서 "이윽고 우리는 큰 길에 이르렀다/각자의 작은 사상을 버리라/때가 왔다/삼천리 대지 위에서/저 스스로 빛을 내뿜는 길에 이르렀다/새 세상 맞이할 지친 사람이여/이 길을 가야 한다"라고 노래했습니다. '오늘의 사상신서'는 1990년대까지 기획되어 200여 권이나 됩니다.

유성호 당대 인문사회과학 최고의 지성들이 포함된 명단을 보니 충분히 그럴 만하다고 봅니다.

임헌영 기념 좌담회를 열었는데 송건호·강만길·박현채·김진균·진덕규·김언호와 내가 한 시대에 출판이 어떤 의미를 갖느냐를 토론했습니다. 리영희 선생은 이 기획에 소설 형식으로 「풍운아 『우상과 이상』 일대기」를 써서 화제를 불러일으켰습니다.

'오늘의 사상신서'에 동원된 저자와 역자를 합치면 228명인데, 그 가운데 해직교수 15명, 해직언론인 10명, 투옥 경력자 15명, 조사를 당했거나 일시 투옥 경력자 10명 등이었습니다. 행동하는 지식인으로 당대 민족진보운동의 주류였습니다. 정치·경제·사회·역사·문학 등을 망라했고, 한국 근현대사와 사상, 제3세계, 자본주의와 사회주의 등이 총망라된 주제였습니다.

이중 괄목할 만한 저서로는 "수난에 찬 민족의 역사적 과정을 더듬어보고 오늘날 우리 민족이 나아갈 자세와 길"을 모색한 송건호의 『한국민족주의의 탐구』(1977)와, 이 저서 때문에 징역 2년을 산 리영희의 『우상과 이성』(1977)을 들 수 있습니

한길사에서 출간한
『해방전후사의 인식』 초판본(1979).

다. 리영희는 후일담에서 누군가가 "이 선생님은 USCIA이거나 KCIA와 상당히 깊은 관계를 맺고 있다"고 했다는 비화를 털어놓았습니다. 워낙 구하기 어려운 자료들로 이뤄진 그의 글을 본 애독자들의 감탄 섞인 코미디지였지요.

유성호　한길사 하면 저는 『해방전후사의 인식』과 박현채의 『민족경제론』이 떠오릅니다. 특히 '민족경제론'이란 제목은 비경제학도인 저에게도 귀에 익을 정도입니다.

임헌영　『민족경제론』은 1972~77년에 박현채가 썼던 경제·사회론 18편을 편집한 것으로 본문에는 '민족경제론'이란 용어가 없답니다. 저자는 차관 도입과 외채 및 기술 의존적인 상태로는 예속경제의 신분을 탈피할 수 없기에 아무리 경제개발과 수출 증대를 이룩해도 그 부가 선진 제국주의 국가로 유출될 수밖에 없다면서, 경제적인 자립체제를 갖춰야 민주주의가 제대로 설 수 있으며, 그래야 바람직한 통일을 달성할 수 있다고 주장했습니다. 김언호 대표가 제목으로 '민족경제론'을 제안했고, 저자도 이를 흔쾌히 수렴했지요. 출간하자마자 독자들의 비상한 반응을 불러일으켰습니다. 결국 출간 석 달 후에 판금이 됩니다. 젊은이들이 많이 읽는 책이 되었기 때문입니다. 1980년 '서울의 봄'에 이를 살려낸 김언호는 '한길사회과학 강좌'의 일환으로 '민족경제론 특강'을 기획했고, 박현채는 무크지 『한국사회연구』 등을 통해 '민족경제론'을 이론적으로 정립시켜 나갔습니다.

유성호 경제학계에서 '민족경제'는 늦게 등장한 편이지요? 정치학에서는 '민족주의'가 오래전에 등장해서 민족해방투쟁론이 나왔고, 문학예술에서는 '민족문학' '민족형식의 미학론'이 벌써 나왔는데요.

임헌영 문단에서는 근대문학부터 발아해서 1950년대의 '참여문학론'이 1960년대에는 '민족문학론'으로 승화되었지요. 나는 1971년에 '민족적 사실주의'를 주장하는 글을 발표한 바 있습니다. 이어 홍익대 김홍식 교수의 『민족건축론』과 노동은·이건용 교수의 『민족음악론』이 출간됐습니다. 둘 다 한길사에서 단행본으로 출간했지요.

박현채의 '민족경제론'은 노동자와 농민문제 및 국민복지론까지 승화된 인간주의 경제학에다 민족주체론의 개념으로 연결시켰습니다. 그는 『민족경제론』 서문에서 "자립적 민족경제의 확립을 위한 길은 생활하는 민중의 소망에 쫓아 국민경제의 내용을 정리하는 것이다. 이것은 한 민족의 자립·자주의 기초를 조성하는 것이기도 하다"라고 씁니다.

유성호 '오늘의 사상신서' 제7권으로 기획된 이오덕의 『삶과 믿음의 교실』을 비롯한 우리말 관련 저서들도 국어 바로 쓰기 운동의 계기를 만들었지요. 목록을 보니 선생님의 평론집 『민족의 상황과 문학사상』(1986)이 '오늘의 사상신서' 제95권에 들어 있군요. 그런데 그때 신생 출판사들이 다 어려웠는데, 유독 한길사만 우뚝 솟은 계기는 무엇이었습니까?

임헌영 출판운동과 학술운동을 겸했기 때문입니다. 이오덕 선생의 '우리글 우리말 바로 쓰기'는 범국민적인 캠페인으로 큰 반향을 일으켰습니다. 교사들이 자발적으로 조직을 만들어 국어운동이 민족애와 결부되도록 했지요.

'오늘의 사상신서' 제11권 『해방전후사의 인식』이 바로 한길사의 기초를 닦은 효자둥이가 됐어요. 1979년 10월 15일에 출간된 이 문제작은 당초 김언호 대표가 5,000부 정도 판매될 것으로 예상했답니다. 출간 직후 부마항쟁과 10·26이 일어나자 바로 계엄령이 선포되었지요. 김언호 대표가 문공부로 호출당해 갔더니 문공부 과장은 『해방전후사의 인식』을 흔들어대면서 "친일 따위를 지금 들춰내서 뭘 하겠다는 것이냐?" 하고 호통을 쳤답니다. 판금과 회수 조치가 이어졌습니다. 김 대표는 450부를 용달차로 문공부에 실어다주었지요. 출간 열흘 만에 벌써 4,500부가 팔렸으니 놀라운 반응이었지요. 이 책을 되살리고자 남민전 사건으로 구속 중이었던 내 글을 2쇄부터 빼고 다른 글로 대체해 계엄하의 검열을 통과했어요. 불티나게 팔려 일본에서도 번역 출간됐습니다. 내 글은 나중에 다시 실렸습니다.『해방전후사의 인식』 2권은 1985년 10월 30일에 출간한 데 이어 1989년 제6권으로 완성됩니다. 2016년 『경향신문』이 창간 70주년을 맞아 "해방 이후 한국 사회에서 가장 큰 영향을 미친 저술 제1위"로 이 책을 선정했습니다.

80여 연구자가 모인 병산서원 대토론

유성호 그 주역들 혹은 진보적 지식인들끼리 기행이나 수련회를 통해서도 많이 어울리셨겠지요?

임헌영 한길사는 그 엄혹한 시절에도 다채로운 프로그램을 진행합니다. 내가 참여했던 한길사 주관 첫 대형행사는 1985년 8월 10일부터 2박 3일 동안 해인사 홍제암에서 진행됐던 '독자와 저자와 출판인이 함께하는 연찬회'였습니다. 전국에서 모인 독자들과, 저자로는 송건호·김진균·이호철·법성 스님과 내가 번갈아 강의와 대화를 했고 오후에는 가야산 등반을 했습니다.

이듬해인 1986년 8월 10일부터 2박 3일간 안동 병산서원에서의 지식인 대회는 지식인 및 학술운동사에서 기억할 만한 일대 사건일 겁니다. '오늘의 사상신서' 101권 기념행사였지요. 주제는 '우리 시대 학문과 사상의 민족화 문제'였고, 중진·신서 필자 위주에다 신진 학자들을 추가해 80여 명이 모였습니다. 강만길 교수가 「새로운 한국학 연구를 위한 제언」을, 김진균 교수가 「한국사회과학의 현재적 과제」를, 유초하 교수가 「삶의 운동으로서의 철학적 전개를 위하여」를 발제했던 역사적인 모임이라 참석자 전원을 소개하고 싶군요.

'오늘의 사상신서' 101권 기념으로 병산서원에서 열린 '우리 시대 학문과 사상의 민족화 문제' 심포지엄(1986. 8). 이런 규모의 학자들이 모이기는 근대 이후 처음일 정도로 대성황이었다.

강돈구(한신대, 신학), 강만길(고려대, 사학), 고은(시인), 권인호(대진대, 동양철학), 김광식(정치학) 김낙중(통일운동가), 김대환(인하대, 경제학), 김상기(계명대, 철학), 김성재(한신대, 교육학), 김시업(성균관대, 국문학), 김영하(홍익대, 한국사), 김윤식(서울대, 국문학), 김인환(고려대, 국문학), 김장호(숙명여대, 경제학), 김진균(서울대, 사회학), 김창락(한신대, 신학), 김쾌상(신학), 김홍명(서강대, 정치학), 리영희(한양대, 신문방송학), 박석무(다산 연구자), 박원호(고려대, 중국사), 박태순(작가), 박현채(조선대, 경제학), 박호성(서강대, 정치학), 반성완(한양대, 독문학), 백낙청(서울대, 영문학), 백승균(계명대, 철학), 변형윤(서울대, 경제학), 서관모(충북대, 사회학), 송건호(언론인), 송기숙(작가), 송재소(성균관대, 한문학), 심성보(부산교대, 교육학), 양재혁(성균관대, 동양철학), 유초하(충북대, 한국철학), 이광우

(전남대, 정치학), 이광주(전주대, 서양사), 이근수(경기대, 한국사), 이명현(서울대, 철학), 이상희(서울대, 언론학), 이선영(연세대, 국문학), 이영훈(한신대, 경제사), 이수인(영남대, 정치학), 이이화(한국사), 이인호(서울대, 러시아대사), 이종오(계명대, 사회학), 이준모(한신대, 교육학), 이효재(이화여대, 사회학), 임철규(연세대, 영문학), 임헌영, 정운영(한신대, 경제학), 조정래(작가), 조희연(성공회대, 사회학), 한정숙(부산여대, 서양사), 허석열(충북대, 사회학).

유성호 당대 각 분야의 최고 권위자들이라 실로 장관이었겠습니다.

임헌영 참석자들은 연구자의 위상을 넘어선 실천가들로 모두가 독특한 경력을 가진 분들이었습니다. 주제 발표에 이어 각 분과로 나뉘어 토론을 가진 후 종합토론을 했지요. 분과별 토론 때 나는 문학분과 사회를 맡았는데, 고은 선생이 벌인 독무대, 박태순과 이명현 교수와의 옥신각신, 저녁식사 후 여흥 등이 두고두고 웃음을 자아내는 통쾌한 추억을 만들었어요. 특히 리영희 선생은 국적이 불분명할 정도로 독창적인 춤을 신나게 추어 좌중의 박수를 받았습니다.

유성호 그 시대에 고생했던 명사들이 한데 모여 참으로 멋진 시간을 보냈겠습니다. 이런 행사는 좀처럼 없지 않나요?

임헌영 전에도 후에도 없을 겁니다. 김언호 대표는 이듬해에 '분단시대의 사회과학과 민족운동'이란 주제로 젊은 인문사회과학 연구자들의 모임을 또 주최했지요. 1987년 8월 7일부터 9일까지 해인사에서 열린 이 젊은 학자들 모임에 기성세대로는 송건호·박현채·김진균과 내가 들러리로 참석했습니다. 황한식(부산대, 경제학), 이종오(계명대, 사회학), 김광식(정치학), 임영태(한국사)가 발제했고 참석자는 병산서원과는 달리 신진연구자들이었습니다.

유성호 학술단체나 대학에서도 주관하기 어려운 이벤트들이 줄을 이었군요. 역시 '못 말리는 사람'이란 별명이 딱입니다.

임헌영 한길사는 안암동 고려대 후문 근처의 3층 단독주택을 사옥으로 마련해서 지속적인 강좌와 토론 프로그램을 진행했습니다. 사회과학과 역사인식의 대중화를 위한 한길역사기행과 역사강좌, 사회과학강좌라는 세 가지를 추진했지요. 김대표가 "역사는 책으로만 공부할 수 없다. 역사의 현장에서 살아 있는 역사정신을 온몸으로 호흡할 수 있다"라는 깃발을 내걸고 시작한 한길역사기행은 기행문화의 선두주자로 자리매김했습니다. 그만큼 영향력이 있었기에 특별한 프로그램 때는 문화부 기자들이 동행 취재해 크게 다뤄주었습니다. 한길역사기행의 단골로는 작가 박태순과 사진작가 황헌만이 있었습니다.

유성호 박태순 작가는 중반기 이후 소설보다 실록이나 기행에 더 많은 업적을 남겼지요?

임헌영 한길역사기행의 기획에는 박태순의 영향이 컸습니다. 박태순이 한길사에서 1983년에 펴낸 『국토와 민중』은 우리 국토를 인문역사로 살펴봅니다. 새로운 문제의식을 제공해주었습니다. 박태순은 2008년에 『나의 국토 나의 산하』 전 3권을 저술했는데, 현대판 『동국여지승람』이라 할 만합니다. 황헌만은 우리 국토와 역사를 본격적으로 기록해나가는 한길역사기

한길역사기행 중 지리산행(1989). 왼쪽부터 조정래·고은·박태순·임헌영.

행을 예술의 차원으로 격상시킨 공로자입니다. 황헌만은 한길역사기행에 동참하고서 경이로운 사진작업을 남겼습니다. 인간문화재입니다.

유성호 그 외의 주요 참가자와 행선지를 좀 소개해주시지요.

임헌영 기행의 단골로는 박석무·신경림·박태순·박현채·이이화·최영준 제씨에 정치인 이철과 김도현도 자주 참여했습니다. 기자 차미례·이근성이 거의 동행했고, 동학 현장, 안동 병산서원, 남한강, 해남, 강진, 정선, 진도, 지리산, 금강산 건봉사, 낙동강, 제주도, 무안, 함평, 거제, 봉화, 풍기, 수원, 양주, 익산, 고창, 청해진, 상주, 울릉도, 송광사, 선암사, 부산, 부안, 공주, 부여, 순천, 벌교 등을 다녔지요. 그때만 해도 요즘처럼 길이 잘 뚫려 있지 않아 여행이 어려운데다 독재 시절이라 웬만한 지역으로 답사를 가면 관련 기관들이 공공연하게 감시하곤 했습니다. 단순한 '관광'이 '역사문학기행'으로 탈바꿈된 흐름이 생긴 것은 한길사의 이 행사 덕분일 것입니다.

유성호 해외에서도 동참하셨지요?

임헌영 일본에서 오무라 마스오 교수나 서승 교수도 몇 차례 참가했지요. 통일운동가 권오헌도 늘 참가했는데, 그는 이 기행 참가자들 가운데 마음 맞는 분들과 '옴시롱감시롱'이라는 동아리를 만들었습니다.

권오헌과 오병철의 옴시롱감시롱 모임 탄생

유성호 '옴시롱감시롱'은 참 재밌는 이름입니다. 어떤 역할을 했지요?

임헌영 이들은 1989년 3월에 창립해 권오헌 선생이 주도했던 양심수후원회에 입회해 활동합니다. 권 선생은 현재 명예회장이고 '(사)정의·평화·인권을 위한 양심수후원회'로 이름을 바꿉니다. 후임 회장은 옴시롱감시롱 출신의 김호현·김혜순이 이어가고 있습니다. 이들은 주로 장기수의 석방을 위해 노력하면서 그들의 생활까지 돌보며 북으로 가기를 원하면 보내주기 운동에 나서는 등으로 많은 성과를 이루어냈습니다.

'낙성대 만남의 집'은 장기수들의 상징적 보금자리로 널리 알려졌지요. 북쪽 출신이거나, 남쪽 출신이라도 가족이 없는 석방자들을 돌보는 이곳을 맡은 게 바로 옴시롱감시롱이었습니다. 양심수후원회의 모태 격인 민주화실천가족운동협의회(약

한길역사기행에서 탄생한
'옴시롱감시롱'의 두 주역.
왼쪽부터
오병철·권오헌·임헌영.

칭 민가협)는 1974년 민청학련 사건 때 만들어진 '구속자가족협의회'에서 비롯되어 윤보선 전 대통령 부인 공덕귀 여사가 회장을 맡았습니다. 이 단체에는 민주화운동의 배후활동가로 알려진 김정남 선생이 초기에 깊숙하게 관여했습니다. 이때 그가 얻은 별명이 '윤 신부'였고 내가 남민전 활동을 할 때도 그를 그렇게 불렀습니다. 그 뒤 늘어나는 투옥자들로 점점 회원들이 폭증했고, 여러 단체가 명멸하다가 1985년에 민가협이 본궤도에 올라 초대의장을 전태일의 어머니 이소선 여사와 문익환 목사 부인 박용길 장로가 맡았지요. 이 단체는 1989년 사회안전법 폐지로 장기수들 80여 명이 석방된 뒤에도 여전히 갇혀 있던 장기수들 50여 명의 석방 투쟁을 강력하게 벌였습니다.

이 사실이 널리 보도되어 1999년 12월 31일 모든 비전향 장기수들을 석방하도록 만들었지요. 그런데도 여전히 새로운 구속자들이 생겨났습니다. 양심수 없는 사회를 위해 이 단체는 1993년 9월부터 매주 목요일 오후 2시가 되면 탑골공원 앞에서 '목요집회'를 열었습니다. 2014년 10월 16일 1,000회를 맞았고 지금도 여전히 이어지고 있습니다. 일본군 위안부 희생자들 모임인 '수요집회'보다 더 역사가 길지요. 이들의 투쟁 덕분에 사회안전법(1989년), 전향제도(1998년), 준법서약서(2003년) 등이 폐기되었습니다. 임기란(민가협 초대회장), 배은심(이한열 어머니), 박정기(박종철 아버지), 김재훈과 김순정(분신한 서울대생 김세진 부모) 등이 참여한 민주화투쟁 희생자나 투옥자 가족 모임인지라 어떤 탄압과 위협에도 굴하지 않습니다. 우리 시대의 가장 강력한 행동 전위대로, 이 단체 앞에서는 누구나 고개를 숙이지 않을 수 없습니다. 민가협과 양심수후원회는 일심동체처럼 움직이는데 옴시롱감시롱이 그 가운데서 큰 역할을 하고 있습니다.

박태순과 변두리 민중들의 삶

유성호 기행문학의 선두주자였던 박태순 작가와 관련한 기억은 어떤 것이 있으신지요?

임헌영 박태순은 1960~70년대 도시 변두리 사람들의 삶을 실록 기법으로 파헤친 작품으로 주목을 받았는데 이때 '도시 빈민'의 실체는 두 가지로 나뉩니다. 하나는 월남한 실향민들을 다룬 단편 「사민」(私民)과 장편 『가슴속에 남아 있는 미처 하지 못한 말』 등입니다. 또 하나는 판자촌 철거민이나 이농민들로 「정든 땅 언덕 위」를 비롯한 『외촌동 사람들』 연작 18편에 반영됩니다. 변두리 인생을 통해 작가는 개발독재 시대의 사회경제적 부작용을 음각해 그 극복 의지를 보여준 겁니다. 이런 도시 빈민층 의식은 중산층의 타락과 허위의식을 그린 「침몰」 「속물과 시민」 「좁은 문」 등으로 승화되어 한국 사회가 직면했던 모순과 갈등의 극복을 위한 비판의식이 어떻게 마비되어가는지를 보여줍니다.

유성호 박태순이 변혁의지를 가지게 된 것은 1980년대의 군부독재 치하에서였지요?

임헌영 소설창작에 못지않게 박태순에게 중요한 작업은 역사적 증언이었습니다. 민중 주체의 변혁운동에 전력투구했던 1987년 6월항쟁을 다룬 「밤길의 사람들」은 변혁주체 세력을 전면에 등장시킨 문제작으로 평가받았습니다. 박태순 자신의 말대로 "나는 소설가라기보다는 산문가이었으리라 생각"한다는 고백은 매우 적확합니다. 그는 1970년대 이후 한국 사회가 당면했던 갈등과 모순의 현장을 누비며 실록보고 문학의 선두에 서왔습니다. 『분신: 전태일』(1970), 『광주단지 3박 4일』(1971), 『한국탐험』(1973), 『작가기행』(1975), 『국토기행』(1981), 『인간과 역사』(1986), 『사상의 고향』(1988), 『기층문화를 찾아서』(1989), 『신열하일기』(1991) 등은 현대문학사에서 실록보고 문학을 궤도에 진입시킨 업적으로 높이 평가받습니다. 4·19 세대의 증언자로서 김동춘과 함께 『1960년대 사회운동사』를 쓰

한길문학기행 이문구의 『관촌수필』 현장. 앞줄 왼쪽에서 세 번째 작가 남상순,
뒷줄 왼쪽에서 두 번째 작가 김남일, 시인 이소리·공광규·박몽구,
하나 건너 이문구·임헌영·김남주.

기도 했습니다.

유성호 박태순 선생이 소설가로, 국토 탐사자로, 번역가로, 문학운동가로 남긴 공적이 매우 뚜렷하게 다가옵니다. 박람했지만 비교적 완벽주의적 성격도 지니셨던 것 같아요.

임헌영 1970년대부터 박태순을 알게 된 나는 그가 자유실천문인협의회에 앞장선 이후 고은·이문구와 삼인방이 되어 온갖 위험을 돌파해내는 용기에 박수를 보냈습니다. 1970년대 후반 언젠가는 자기 집으로 문익환·백기완 등 유명 인사들과 나를 초청한 적이 있었습니다. 박태순은 당시로서는 구하기 어려웠던 러시아 민요와 빨치산 노래들을 녹음한 카세트테이프를 가

'한길역사강좌'를 묶어낸 졸저
『한국현대문학사상사』(1988).

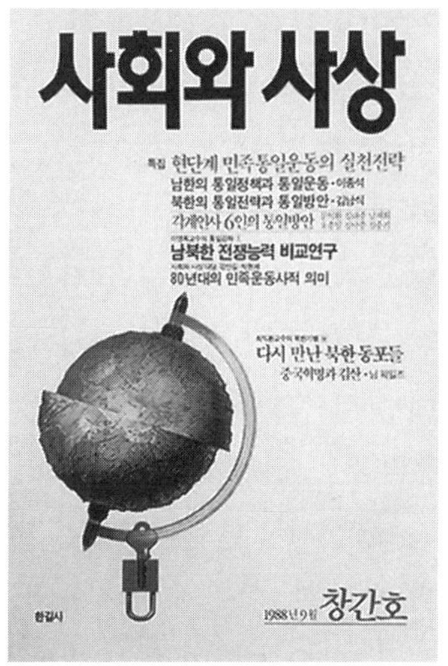

1980년대 인문사회분야의 종합 월간지
『사회와 사상』 창간호(1988년 9월 창간).

지고 있어서 그걸 내가 빌려 복사해서 열심히 들었습니다. 아마 내가 러시아민요에 빠진 계기는 박태순이 빌려준 그 카세트 테이프에서 비롯되었을 것입니다.

유성호 박 선생은 한길역사강좌 등에도 참여해 중요한 강의도 했지요?

임헌영 한길사회과학강좌와 한길역사강좌는 제1회에는 '민족운동의 이념과 역사' 주제로 박현채·신용하·강만길·박태순·김진균·송건호가 맡았고요. 제2회는 '한국의 사회사상'으로 이우성·윤사순·김태영·조광·임형택·김경태·이이화·고은이, 제3회는 '한국 현대사와 역사의식'으로 진덕규·강만길·신용하·김윤식·리영희와 내가, 뒤이어 단독 연속 강의로는 송건호·이이화·김남식과 내가 했습니다. 나의 『한국현대문학사상사』는 이 강좌를 진행해 단행본으로 출간한 결실이었지요. 현대문학을 사상사적으로 접근한 건 아마 이게 처음일 겁니다. 나는 8·15 직후의 민족문학론부터, 실존주의, 문학사회학, 리얼리즘론, 민중문학론을 사상사적으로 접근했습니다.

유성호 한길사의 출판과 기행의 족적이 정말 큽니다. 그 밖에 한길사와 관련된 인상적인 기억을 풀어주시면요?

임헌영 김언호 대표가 우리 시대의 문제의식을 담론하는 공간으로 만든 '한길사랑방'은 1987년 9월 28일에 문을 열었습니다. 이이화·박현채·김진균과 내가 참석했고, 이호철·고은·신경림·박태순 등이 초청 대화에 나왔습니다. 그 진행 일부를 내가 맡았지요.

유성호 무크지도 여러 종 출간하셨지요?

임헌영 『한국사회연구』는 당초에 계간지로 등록하려 했으나 퇴짜를 맞아 무크지 형식으로 나왔습니다. 『제3세계 연구』『문학과 역사』 등도 출간했지요. 나는 세 무크지에 젊은 학자들과 함께 편집위원으로 참여했습니다. 『문학과 역사』 편집위원은 신경림·김윤식·박태순과 나였어요.

유성호 그 외에 한길사에서 나온 월간지도 있었죠?

임헌영 1988년 9월에 창간한 월간 『사회와 사상』은 매우 중요한 역할을 했습니다. '사상의 대중화'를 표방하면서 창간한 『사회와 사상』의 편집위원은 강만길·고은·김진균·박현채·리영희, 그리고 막내로 내가 끼었습니다. 그 기획위원은 김세균·김형기·이종석·임영태였지요. 창간호에 실린 리영희의 「남북

1987년 한길사랑방 모임에 초청한 작가 이호철(왼쪽)과 진행자 임헌영.

한 전쟁능력 비교연구」가 큰 파문을 일으켰는데요. 독재정권이 한결같이 북의 남침 위협을 거론하며 독재를 합리화한다고 비판한 글입니다. 국회 국방통일위원회가 공개토론회에 출석해 증언할 것을 요구했습니다. 박관용 위원장 사회로 12시간 동안 격론을 벌였지요. 국방부는 건국 후 처음으로 『국방백서』를 출간했는데, 이듬해에는 남한의 군사적 우위를 시인했습니다.

『사회와 사상』은 지금 봐도 읽고 싶은 글들로 가득합니다. 현대 한국지성사에서 진보적인 지식인들이 총동원되었고, 중요한 쟁점을 짚어낸 인문사회과학의 결정판이었습니다.

유성호 한길사에서 펴낸 책들 가운데 기념비적인 것을 꼽으신다면 어느 것입니까?

임헌영 1986년에 시작해서 1994년에 전 27권으로 펴낸 『한국사』를 먼저 들겠습니다. 남북한 현대사를 처음 본격적으로 다룬 이 주제별 민족사는 170여 명의 연구자가 참여한 기획으로 지금도 이런 책은 없습니다. 김언호는 이 『한국사』에 '민찬 한국사'라는 이름을 붙였지요. 『한국사』를 펴낸 그해 봄·여름·가을에 한길사는 집필자들이 직접 참여하는 '한국사대학'을 개설합니다. 총 72강이나 되었는데 김대중 전 대통령도 특강을 했지요.

한길사의 역사분야 출판에서 획기적인 업적으로는 이이화 선생의 『한국사 이야기』 전 22권을 빼놓을 수 없습니다. 대중들에게 널리 읽힐 수 있는 반만년 민족사를 다룬 처음이자 앞으로도 나오기 어려운 개인 저술입니다.

이후 1995년부터 출간하기 시작한 후반기 한길사의 야심작 '한길그레이트북스'는 현재 진행형으로 2021년까지 180여 권에 이르는 동서고금의 인류문화의 정신적 유산을 집대성한 세계명저 시리즈입니다.

유성호 좋은 필자를 찾고자 국내는 물론 세계를 누비는 김 대표의 결실이 연륜을 더할수록 점점 그 지평이 광대해지는군요.

임헌영 해외유학파들도 학위를 받고 귀국하면 제일 먼저 방문할 정도로 인문사회과학 분야 출판에서 한길사는 독보적인 존재로 알려져 있습니다. 모든 분야에서 일급 필자가 아니면 책을 안 내주는 출판인의 자존의식이 출판사로서의 위상을 매우 탄탄하게 지키게 했지요. 사실상 1980년대 이후 한국 사회의 진보적 이론의 총화는 한길사에서 이루어진 셈입니다.

유성호 이왕 언급하는 자리이니 김언호 대표의 삶과 활동

등을 총괄해서 정리해주시지요.

임헌영 김언호 대표는 스스로 편집기획자이자 연출가이기도 하지만 1980년대부터 '위대한 책의 시대'를 펼친 출판운동가이기도 했습니다. 젊은 출판인들과 연대해 출판을 탄압하는 정부와 권위주의에 대응하기도 했지요. 한국출판인회의를 창립하는 운동에도 앞장섰고, 파주의 출판도시와 예술인마을 헤이리를 건설하는 인프라 구축에도 나선 디자이너에다 기획자이기도 했습니다. 1987년에 발표되는 '출판인 17인 선언'도 주도했습니다. 김 대표는 1980년대와 1990년대에 출판인들의 의견을 선언하는 일을 앞장서서 해내기도 합니다.

유성호 출판인 중 많은 책을 직접 저술한 분이기도 하지요?

임헌영 아마 그럴 겁니다. 자신의 활동 전반에 대해 기록과 성찰을 담은 저서들도 꽤 많습니다. 그 가운데 『출판운동의 상황과 논리』(1987), 『책의 탄생 1, 2』(1997), 『한 권의 책을 위하여』(2012), 『책의 공화국에서』(2009), 『세계서점기행』(2016), 『그해 봄날』(2020) 등은 주목할 만합니다.

월간 『한길문학』과 계간 『한길문학』

유성호 선생님이 온갖 사랑을 쏟으신 『한길문학』 차례가 된 것 같습니다. 제가 선생님을 처음 뵈었던 곳이 한길사였는데 아마 1990년 『한길문학』 창간 전후였을 거예요. 이 시점부터는 저도 직접 연관되는 것 같습니다.

임헌영 『한길문학』은 1990년 5월호부터 월간으로 나오다

1990년 5월에 창간한
월간 『한길문학』.

가 1991년 봄호부터 계간이 되었지요. 그러다가 1992년 여름호 통권 13호로 종간한 단명의 문학지였습니다. 월간지 때의 편집위원은 고은·신경림·김남주·박태순·조정래·이선영·임형택·강형철·유중하·김재용이었습니다. 나중에 계간지로 바뀐 뒤 편집위원은 김재용과 나였고, 그 후에는 내가 빠지고 김재용·김윤태·임규찬이 맡았습니다. 사실상 편집기획의 모든 결정권은 내가 신뢰하는 김재용 교수에게 맡겼고 그가 추천한 시인이자 평론가인 강형철, 나중에 연세대 중문과 교수가 되는 유중하 셋이 전담했습니다.

유성호 『한길문학』은 기존의 문예지보다 한걸음 앞선 진보적 색채를 드러내는 데 집중한 것으로 보입니다.

임헌영 강준식의 연재소설 『역사』는 여운형 일대기였고, 정화진의 「철강지대」는 노동소설이었습니다. 시는 김초혜의 「조선 의용군 마지막 분대장」, 도종환의 「이제는 더 낮아질 수 없는 곳에 쓰러져」를 실었고요. 희귀 자료는 박두진의 『학생계』 주간 시절의 사진이 담겼습니다. 광주항쟁을 특집으로 해 송기숙·임철우의 글과 임진택 창작판소리 「오월 광주」를 실었고, 창간기념 설문조사로 「한국 문학인의 사회경제적 위상」과 이경철 기자의 「원고료 변천사」를 넣었습니다.

특히 오장환의 장시 『전쟁』을 발굴해 게재한 것은 쾌거였지요. 이 시는 김언호 대표가 망설이는 걸 인사동 최고의 고서점상인 문경서림의 송해룡 사장의 권고로 매입해 공개했습니다. 일제강점기의 생생한 검열상이 그대로 보관된 건 아마 당시로서는 이게 처음일 것입니다. 깨끗하게 정서된 원고지 상태 그대로를 검열용으로 제출했고, 검열자가 삭제할 부분을 붉은 붓글씨로 가위표 하고는 '삭제'라는 빨간 도장을 찍고는 검열자 개인의 인장까지 남긴 명백한 검열 입증자료였습니다.

이게 진짜 오장환의 것이 맞는지 확인하려고 나는 서정주 시인에게 문의를 했습니다. 방문 전에 전화로 묻자 그는 "오장환의 글씨는 초등학교 6학년생처럼 또박또박 쓴다. 그때 오장환의 집은…" 하면서 옛이야기를 쏟아내기에 바로 찾아뵙겠다고 하곤 사당동 댁으로 직행했습니다. 그는 2층 방에 하루 종일 누워 지내며 방문객이 오면 일어나 접대하곤 했습니다. 미당은 오장환의 자초지종을 그리운 추억처럼 쏟아냈어요. 그의 관찰과 기억력에 탄복하는 순간이었습니다. 잊히지 않는 대목은 오장환이 아내가 웃을 때 잇몸이 다 드러나는 걸 싫어해서 그렇지 않은 여인을 찾아 연애했다는 것이었습니다.

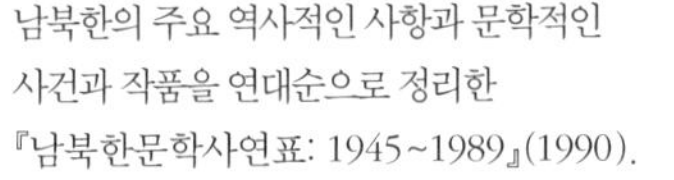
남북한의 주요 역사적인 사항과 문학적인 사건과 작품을 연대순으로 정리한 『남북한문학사연표: 1945~1989』(1990).

근대 이후부터 1980년대까지 역사적인 흐름을 연대별로 연구한 『한국근현대 문학연구 입문』(1990).

이 검열원고에는 '김성근'이라는 타원형 도장이 선명하게 찍혀 있었습니다. 조사해보니 8·15 후 국사편찬위원장을 지낸 '김성근'과 동일인이었습니다.

유성호　최명희 작가의 『혼불』 전 10권도 한길사의 히트작이었지요?

임헌영　그 소설에 대해 굳이 덧붙인다면 정교한 민속을 다룬 것이라 사건구조가 약한데도 일대 붐을 일으킨 것은 전적으로 한길사의 캠페인이 낳은 결실이었어요. 참 독특한 소설이지요.

유성호　선생님은 역사문제연구소 시절부터 제일 가까웠던 평론가가 김재용 교수였지요?

임헌영 김재용·이상경 부부를 나는 참으로 신뢰하고 좋아합니다. 이미 역사문제연구소 시절부터 절친했는데, 그대로 한길사 시절로 연결된 거지요. 나는 그에게 많이 의지했습니다. 그때 김재용이 책임지고 펴낸 단행본이 '월간한길문학 전권특별기획' 제1권으로 『남북한문학사연표: 1945~1989』(한길사, 1990)였습니다. 제목 그대로 남북한의 주요 역사적인 사항과 문학적인 사건과 작품을 연대순으로 정리한 데다 이 시기에 나온 문학단체의 역사적인 문건을 부록으로 실었습니다. 특별기획 제2권인 『한국근현대 문학연구 입문』(한길사, 1990)은 근대 이후부터 1980년대까지의 주요 작가·작품론과 논쟁·사조 등의 역사적인 흐름을 연대별로 연구한 성과들을 집약시킨 것입니다. 제3권 『한국문학명작사전』(한길사, 1991)은 근대 이후부터 남북한의 명작을 줄거리 소개부터 평가까지 간략히 정리한 자료집이었습니다. 문학연구자 필수의 자료들이자 남북한의 명작을 일목요연하게 볼 수 있는 대중서라고 나는 평가합니다.

유성호 한길역사기행과는 별도로 한길문학기행도 대단한 인기였는데, 그 첫 주자가 조정래 선생이었지요? 『태백산맥』도 한길사에서 나왔고요.

임헌영 『태백산맥』은 한길사의 대히트작이지요. 1986년 11월 12일 『태백산맥』 제1부 출간 기념모임이 있었습니다. 인사동 사천집에서 조정래 작가와 평론가 김윤식·전영태·홍정선·황광수와 나, 그리고 교정 담당 서정옥 등이 모였습니다.

조정래 부부와 나의 인연은 참으로 깁니다. 그가 『현대문학』에 「누명」으로 제1회 추천을 받은 건 1970년 6월이었습니다.

근대 이후부터 남북한의
명작을 정리한
『한국문학명작사전』(1991).

카투사에 배치받은 신병 강태준이 미군 문제아 프랭크에게 일방적으로 당하고도 도리어 물품 절취 죄명으로 몰려 한국군으로 원대복귀 당하는 줄거리입니다. 한국군 장교들은 전적으로 미군 편을 들어주며 미군 측의 모든 부정을 묵인하지요. 미국 비판이라면 6·25 이후 1970년대까지 미군 양공주 소설의 수준을 넘어서지 못했는데, 이 소설은 그 수준을 훌쩍 넘어선 거예요. 조정래 작가를 추천한 것은 오영수 선생이었는데 그는 까다롭기로 유명했습니다. 오영수는 그 자신이 미군 위안부의 비극인 「안나의 유서」를 쓰기도 했지만, 직접적인 사회고발은 피하면서도 분단시대의 비극을 즐겨 다루어 북한의 평론가들도 하근찬과 함께 높이 평가했던 작가였습니다. 그때 나는 『현대문학』 소설 월평을 맡고 있었습니다. 원래 월평은 등단 추천작은 아예 다루지 않는데, 나는 내 월평 제목을 「조정래의 '누명'」이라고 붙여 이 소설 한 편만 다뤘어요. 이를 본 조정래 작가가 이름도 못 들어본 새내기 평론가를 물어물어 찾아왔던 것이 첫 만남이었습니다. 그 후 기자촌의 우리 집으로 자주 와서 문학 이야기로 꽃을 피웠는데 어머니가 그 부부와 아들(우리 아들과 동갑)의 이름을 기억할 정도로 친해졌어요. 지금까지도 '문단궁합'이 아주 잘 맞는 평생 절친으로 지내고 있습니다. 그는 작가로서의 성장 속도가 매우 빨랐습니다. 한길사에서 1989년 『태백산맥』 제4부가 완결판으로 나오면서 날개를 달고 승승장구했지요.

유성호 이왕 조정래 작가 이야기가 나왔으니 그 뒷이야기까지 하고 넘어갔으면 좋겠습니다.

임헌영 그는 명예와 함께 사정당국으로부터 받는 고통도 컸지요. 이런저런 고발로 11년간 조사를 받았고, 2005년 5월에 결국 무혐의로 결정이 났습니다. 500여 혐의사항이 담긴 긴 고발장이었는데, 박원순 변호사는 묵비권을 권장했지요. 작가는 한 차례 답변하고 나머지 모든 질문에 "전과 동"을 반복했답니다. 이 무렵 조정래를 적극 옹호했던 분은 권영민 교수와 작가 최일남 선생이었습니다. 검사가 객관적 자료 제출을 요구하자 밤새워 수집해 제출할 때 소설가 김훈이 동행해주었다고 합니다. 한길사는 『태백산맥』 연구서인 『문학과 역사와 인간』(한길사, 1991)도 기획했습니다.

유성호 『태백산맥』의 필화사건인 셈인데, 어쩌면 역설적으로 이 작품의 성가를 높여준 셈이네요. 그런 반면 보성군청이 추진하던 '태백산맥 문학공원' 조성사업은 자유총연맹 등의 방해로 한때 무산되기도 했지만, 지금은 문학기행 코스 가운데 국내 최고 인기를 점하고 있던데요. 이후 그는 『아리랑』에 이어 『한강』까지 3부작을 통해 민족사 100년의 최고 증언자가 되었습니다. 민족문학 최고의 금자탑을 쌓은 거지요.

임헌영 특히 『한강』은 4·19 혁명에서 광주항쟁 발단까지의 변천상을 그려낸 우리 시대의 자화상입니다. 여기서 작가는 임종국을 높이 평가합니다. 그는 실제로 임종국 선생께 최선을 다해 편의를 제공해드렸어요. 원고료라도 만들어드리려고 연재까지 청탁해놨는데 임 선생이 작고해버렸지요. 아마 만년의 임종국 선생을 가장 끔찍하게 보살핀 사람이 국내에서는 조정래일 것입니다. 그만큼 그는 친일청산에 적극적이었지요. 3부작을 관통하는 주제는 민중의 발견, 통일 의식의 자각, 친일파 청산 의지였습니다. 그는 이 3부작을 통해 유럽의 지난 200년 역사가 전 세계를 향한 식민지 착취의 역사였고, 그들의 부가 약소국들에 대한 착취로 이루어졌음을 환기시켜줍니다.

유성호 조정래 작가는 만년이 없는 만년청춘작가이신 것 같습니다.

임헌영 대하소설 3부작 이후에도 내는 작품마다 선풍을 일으켰지요. 소설 『허수아비춤』(2010)의 서문에서 작가는 이렇게 말합니다.

"진정한 작가이길 원하거든 민중보다 반발만 앞서 가라. 한 발은 민중 속에 딛고. 톨스토이의 말이다. 진실과 정의 그리고 아름다움을 지키는 것이 문학의 길이다. 타골이 말했다. 작가는 모든 비인간적인 것에 저항해야 한다. 빅토르 위고의 말이고, 노신은 이렇게 말했다. 불의를 비판하지 않으면 지식인일 수 없고, 불의에 저항하지 않으면 작가일 수 없다. 나랏일을 걱정하지 않으면 글이 아니요, 어지러운 시국을 가슴 아파하지 않으면 글이 아니요, 옳은 것을 찬양하고 악한 것을 미워하지 않으면 글이 아니다. 다산 정약용의 말이다."

한길문학학교와 문학기행

유성호 이번엔 한길문학학교로 가볼 차례입니다.

임헌영 김언호 대표가 아마 재력만 있었다면 대학을 세우고 싶었을 텐데 그 대신 세운 게 '한길문학예술연구원'으로 1990년 7월 2일에 개강했습니다. 6개월 과정으로 전 과정이 2년 4학기로 편제되었습니다. 총 180강좌로 교과과정을 구성했지요. 원장은 고은 시인, 자문위원은 김우창·박형규·반성완·이선영·이호철·조동일이었습니다. 나는 실제로 모든 일을 맡아 했지요.

유성호 한길사와 한길문학학교 시절은 선생님의 인생에서도 어쩌면 어떤 정점이 아니었나 생각됩니다.

임헌영 그때가 참 좋았어요. 문학학교 이름으로 문학기행을 비롯해 여러 활동을 많이 했지요. 특히 문학학교에는 일급의 문인들이 와서 통과의례처럼 특강을 했는데, 나는 신인작가들도 거리낌 없이 초청했습니다. 교육과정을 내가 직접 짰는데, 국내 문창과 교과과정과 외국 몇몇 대학의 문창과 것까지 구해

한길문학기행 중 사물놀이에 맞춰 덩실 춤추는 김남주·고정희 두 시인.

서 구성했기에 가히 세계 최고의 교육과정이었다고 나는 자부했습니다. 이걸 전 5단으로 일간지에 광고까지 냈으니까요. 어떤 대학도 따르지 못하게 유명 문인들로 화려한 강사진을 짰지요. 문인이 아니더라도 신영복 선생 같은 분까지 초청연사로 배정했습니다. 고정 강사진에는 소설반은 문단의 찰스 브론슨이란 별명을 가진 마초의 사나이 천승세, 어머니 같은 아량으로 학생을 휘어잡은 이경자, 평론가를 능가하는 명창작론으로 입소문이 난 최인석, 뒤풀이에서 수강생들을 매료시켜 지금도 그를 중심으로 모임을 유지하고 있는 송기원이었지요. 시반의 이시영은 시인으로는 보기 드문 신사형 미남에다 정연한 강의로, 김남주는 그 특유의 인간애와 친밀감으로, 고정희는 누나와 언니 같은 품성으로, 박몽구는 은근한 융화력으로 수강생을 휘어잡았습니다. 탄복할 만한 교수는 단연 김사인으로 인기가 최고였습니다. 그는 야유회 갈 때도 도시락 싸가는 걸로 유명했는데, 강의 시간에 30분 정도 늦게 와도 수강생들이 불평 한 마디 없이 경청할 정도로 신뢰가 탄탄했습니다.

그래서인지 첫 모집 때부터 지원자들이 운집해서 고은 선생이 직접 면접시험까지 본 뒤에 합격자를 발표했습니다. 이 인기를 살려 영화반도 만들어서 이효인 교수가 일체를 맡아 역시 성황을 이뤘습니다. 많은 재밌는 이야기들이 쌓여 있지만 두고두고 풀어나가겠습니다.

『한길문학』으로 등단했거나, 문학학교 출신으로 다른 매체를 통해 등단한 문인은 상당수가 되지만 친목 모임 하나 꾸리지 못한 채 삶에 쫓겨버린 게 무척 안타깝습니다. 그 명단을 종합해보면 아래와 같습니다.

시인: 강재순, 김응교, 김인호, 김혜정, 박광배, 박광원(박금리), 박미숙, 박상률, 박판용, 박홍식, 송경동, 송은명, 오민석, 이윤하, 이정록, 정동용, 정이랑, 조길성, 조용미, 조은덕, 조현설, 최영숙, 최은숙.

작가: 김서령, 김이정, 남상순, 박형숙, 부희령, 심영의, 유영갑, 이경혜, 이성아, 임영태.

평론가: 고영직, 오길영. 김응교와 오민석은 평론가로도 활동.

아동문학가: 오경희.

수필가: 윤영전.

그들의 열정적이었던 문청 시절의 모습이 아른거립니다.

유성호 의외의 인물들도 많군요. 문학학교 교장 고은 시인 이야기도 좀 들려주시죠.

임헌영 고은 선생은 전반기의 방랑벽을 접고 후반기에는 민주화와 통일운동의 최선봉에 섰던 투사이면서, 가장 서정적이며 낭만적이고 사실적이면서도 상징적인 기법으로 가장 많은 양의 작품을 쓴 시인이며 소설가요 비평가이자 에세이스트입니다. 고은처럼 인간의 삶을 총체적으로 관조해 이를 문학 전 장르에 걸쳐 창작하는 한편, 당대의 역사 현실에 전력을 투신해 민족과 민중을 옹호한 문인은 찾아보기 어렵습니다. 20세기 후반 기이한 정치적 억압과 냉전 체제가 낳은 시대적 총아로서의 면모를 고은은 예술적 형상화로 증언해 걸출한 업적을 이뤘어요. 고은의 전체상을 조망하기에는 문학적 전망대만으로는 어림없습니다. 이미 1980년대 중반 이후부터 한국 근현대문학사의 지평을 벗어나 그는 민족적 특수성과 세계적 보편성을 화엄의 변증법으로 승화시켜 사상운동사적 중력권으로 진입해버렸거든요.

분단시대 최고의 혁명시인 김남주

유성호 제가 그때 김남주 선생도 한번 뵌 일이 있는데요. 선생님과는 남민전 동지로 막역했지요.

임헌영 이미 앞 장에서 많은 이야길 했지요. 아마 김남주야말로 한길문학학교 시절이 절정이었을 겁니다. 그는 9년 여에 걸친 투옥생활을 마치고 1988년 12월 21일 출감합니다. 감옥에서 다져진 혁명적 세계가 김남주 시의 제2기에 속합니다. 출옥 후 그는 남민전 동지인 박광숙과 1989년 1월 29일에 결혼합니다. 박광숙은 『숙대신보』 기자 출신이자 내 아내의 국문과 후배이기도 하지요.

유성호 김남주의 시는 문학사에 어떻게 남을까요?

임헌영 그는 분단 한국문학사에서는 1960년대의 신동엽과 김수영, 1970년대의 김지하에 이어 처음으로 민중시를 혁명시로 승화시켰을 뿐만 아니라 그 영향력과 공감대에서 가장 성공한 시인으로 남을 거예요. 이런 시인이 더 오래 버티면서 우수한 서정시와 연시를 남길 시간을 가지지 못한 게 아쉬울 뿐입니다. 하이네처럼 가난했고, 브레히트처럼 쫓겼으며, 네루다처럼 정치투쟁에 전력투구했던 김남주입니다.

유성호 그래도 김남주 시에서 서정성이 강하게 묻어나는 것은 어쩔 수 없는 것 같습니다.

임헌영 전적으로 공감합니다. 서정성이란 용어만큼 오남용(誤濫用)되는 개념어도 드물 것입니다. 이에 대해서는 진즉 유 교수가 썼지요?

"시 안에서 어떤 사건이 다루어지거나(서사) 풍경만이 제시되거나(서경) 또는 사유의 편린인 지적 관념이 늘어놓아진다거나(진술) 할 때 대개 그것들은 서정시의 정수(精髓)의 영역으로 포괄되지 못하고 배제되어버리는 협의적 태도가 야기되기 쉽다는 것이다. 다시 말하면 그것들을 일러 '이야기시' '서경시' '관념시' 같은 서정시와는 다른 하위 범주를 설정해버릴 개연성이 있는 것이다."
(유성호, 「서정시의 제개념: 감각, 감정(정서), 정조에 대해」, 『한국 현대시의 형상과 논리』, 국학자료원, 1977)

서정의 개념을 서사나 서경 등과 대립·상반되는 배타적 시각이 아니라 모든 시문학 예술의 기본 성격으로 파악하고 있는 유 교수의 글은 모더니즘적 기교까지도 포용하는 관점을 취하고 있습니다. 서정시를 흔히 '전통적 서정시'의 개념으로만 접근하는 자세에 대해 분명히 새로운 울타리를 친 것은 김형수지요. 그는 리얼리즘 시야말로 서정성을 담아야 한다는 논리를 전개하면서 "시는 수천 년 동안 변함없는 서정 장르로서 역사 진보에 관해 본질적으로 무력한 것으로만 취급되어"온 사실이 잘못이었음을 분석해줍니다. 서정성에 대한 이런 편견으로 말미암아 김남주도 아예 서정시를 깔아뭉개고 자신의 시는 서정성과 거리가 멀다고 목청을 높이면서 그게 혁명시에 더 가까이 다가서는 것으로 여겼지요. 그런데 김형수는 리얼리즘시의 서정성을 논하는 글에서 주로 김남주 작품을 인용함으로써 김남주가 그리도 박대했던 서정성을 역설적으로 증명해주고 있습니다.

"서정을 직접 표현하는 서정시에서는 그 서정을 드러낸 주체의 성격이 창조되는데, 이 인물이 반드시 창작자 자체라기보다 작품 속의 인물이라 보아야 하기 때문에 우리는 그를 서정적 주인공이라 부르게 된다. 이 서정적 주인공이 시의 모든 것을 이해하는 열쇠다. 왜냐하면 시인이 전달하고자 하는 작품 핵을 직접 체현하고 있는 실체가 이 서정적 주인공이기 때문이다."(김형수, 「서정시의 운명을 밝히는 사실주의」, 이은봉 편, 『시와 리얼리즘』, 공동체, 1993)

김형수는 여기서 사실주의자들이 고민하는 쟁점인 전형, 환경과 인물 문제, 세부 묘사의 생활적 진실성 문제 등을 거론하면서 이런 요소를 담아내면 서정성을 확보하게 된다는 취지의 주장을 하고 있습니다. 이를 한마디로 "사실주의가 서정시의 운명을 밝힌다"라고 이야기하지요. 그의 논리대로라면 가장 서정적인 시가 가장 혁명적인 시로서 김남주의 투쟁시는 곧 서정시의 한 성취로 평가받을 수 있게 됩니다. 이런 맥락에서 김남주가 네루다나 브레히트를 흉내 내며 자신의 시가 거칠다면서 투덜댔던, 서정시는 역사에 대해 아무것도 할 수 없다고 폄하했던 그 자체가 하나의 서정시가 된다면 역설일까요? 엥겔스는 불평등한 분배에 대한 "도의적인 분노가 아무리 정정당당해도 그걸 경제과학의 증거로는 볼 수 없다. 다만 상징으로만 볼 수 있을 뿐이다"라면서 한 개인의 직접 체험의 보편성을 인정하지 않았습니다. 그러나 "분노가 시인을 낳는다"라는 말처럼 이 사건이 한 시인에게 감동을 주어 이를 전형화해 형상화하면 그 분노야말로 정당화될 수 있다는 것이 「반듀링론」의 요체이지요. 민중시의 서정성을 일찌감치 천착했던 헤겔은 『미학』의 '서정시'에서 다음과 같은 것들이 중요하다고 지적한 바 있습니다.

"첫째, 내면이 자신을 느끼고 표상하는 내용. 둘째, 이 내용의 표현이 서정시로 형태화되는 것. 셋째, 서정시의 주체가 자기의 느낌과 표상을 드러내는 의식과 교양의 단계."(헤겔, 두행숙 옮김, 『헤겔 미학』, 나남, 1998).

헤겔은 서정시에서는 주체가 자신을 표현하므로 이를 위해 주체는 하찮은 내용으로도 만족할 수 있다고 썼습니다. 주관성 자체가 원래 내용이 되므로 대상보다는 느끼는 영혼이 중요하다고 했습니다. 모든 느낌은 순간적 움직임을 통해 지속적인 것으로 만들어진다고 했지요. 이런 요소들은 거의 모든 시에 스며 있어서 구태여 서정시가 호수와 구름만 노래한 것이 아님을 감지할 수 있습니다. 헤겔은 이 논리의 연장선에서 경건한 신앙심과 애국심, 민족애와 자유애를 노래했던 시인 클롭슈토크를 훌륭한 서정시인으로 평가했습니다.

마찬가지로 괴테와 실러가 위대한 시인이 될 수 있었던 까닭으로 헤겔은 "그것들은 전적으로 그와 그의 민족에게 속하는 시들이며 그 고향에서 성장해 나온 시들로서 우리 독일 정신의 기저음과도 완벽하게 일치하기 때문이다"라고 했습니다. 김남주 시를 이해하는 데 더없는 시사점을 주고 있는 발언들이라 생각합니다.

유성호 저의 오래된 글까지 기억해주셔서 감사합니다, 선생님. 저도 공감합니다.

임헌영 빅토르 위고는 "실로 시인이란 무엇인가? 자신의 감정을 강렬하게 느끼며 이를 보다 풍부한 언어로 표현하는 자"라고 말했습니다. 서정적 주체가 구성하는 시는 근본적으로 서정시일 수밖에 없는 거지요.

유성호 김남주 시인은 갑작스럽게 타계하지 않았습니까? 건강 이상이 오는 걸 본인도 몰랐습니까?

임헌영 이상하게 소화가 잘 안 된다고 거듭 말했습니다. 우리는 그럴 때도 있다며 예사로 넘겼지요. 또한 그때 한국 문단은 슬그머니 저 치열했던 투쟁의 계절이 추억담으로 돌려지기 시작합니다. 이 혁명시인에게도 강연과 집회에서의 시 낭송이 슬며시 줄어들기 시작했어요. 초조해진 그는 어느 날 나에게 이제 드라마를 쓸까 고민하고 있다고 했습니다. 나는 차라리 타고난 재능으로 서사시를 써보라고 권했지요. 그는 여러 병원을 가봐도 병명을 알 수 없다고 투덜대더니 증세가 악화된 뒤에야 췌장암이라는 진단을 받았습니다. 마지막은 경희대병원이었습니다. 양의학과 한의학을 겸한다며 주변에서 권했지요. 문병을 가면 어떨 때는 편안하게 대화를 나눌 수 있었으나 어떨 때는 통증이 심해 견디기 어려워하는 모습을 마주하기가 힘들었습니다.

그는 끝내 가버렸고, 영결식은 서대문 경기대학교 캠퍼스에서 인산인해를 이루며 치러졌습니다. 내가 전체 사회를 맡았는데 자꾸 눈물이 나서 무슨 말을 잇기 어려울 지경이었습니다. 나중에 도종환 시인이 시청 앞에서 노무현 대통령 영결식 사회를 하는 걸 보고 나는 탄복했습니다. 도 시인은 허공을 향해 "노무현 대통령님!"을 목청껏 반복해서 외쳤습니다. 그 외침은 일찍이 문익환 목사의 전매특허였지요. 이한열 영결식이 연세대학교에서 열렸을 때 문 목사는 그 우렁차면서도 애조 띤 목청으로 처랑하게 "이한열 열사아아아!"를 몇 번이나 외쳤습니다. 김소월의 「초혼」이 떠올랐지요. 왜 역사가 필요로 하는 인물들은 이렇게 일찍 세상을 떠나야 하는지요.

유성호 마음이 짠합니다. 이제 한길사 시절을 마무리하면서 단재상을 잠깐 언급하는 게 좋겠습니다.

임헌영 1986년 제정한 이 상은 단재 선생의 역사의식과 민족정신을 기리고자 했습니다. 초기에는 이우성·변형윤·강만길 선생이 운영위원으로 나섰다가 후기에는 리영희·고은·최일남·이이화·이만열·임헌영이 맡았습니다. 학술 부문과 문학 부문으로 나누어 시상했습니다.

유성호 저의 기억으로는 1991년인가 김언호 대표와 선생님이 소련을 여행한 적이 있었던 것 같은데요.

임헌영 중요한 체험이었지요. 소련(소비에트사회주의연방공화국)은 1991년 12월 26일 오후 7시 32분에 크렘린의 국기게양대에서 망치와 낫의 사회주의 국기를 내리고 혁명 이전의 국기를 게양하면서 그 막을 내립니다. 나는 사회주의 체제의 소련을 꼭 보고 싶어 여기저기 줄을 대다가 '고리키명칭 세계문학연구소'에서 김언호 대표와 공동 초청장을 받았습니다. 이 연구소의 김레호 교수가 한길사에서 '러시아소비에트문학전집' 편집위원의 소련 측 담당자를 맡고 있었기에 그의 도움으로 우리는 1991년 6월 하순에 소련에 갔습니다. 엄청난 얘깃거리가 있지만 줄이자면 사회주의 종주국 소련의 허망함을 절감한 여행이었습니다. 김레호 교수는 우리가 원하는 모든 걸 다 보여준 걸 넘어 자신의 인맥을 통해 중요 문학지, 작가동맹, 주요

제14회 단재상(수상자 『녹색평론』 김종철과 작가 황석영) 시상식. 왼쪽부터 고세현·이시영·임헌영·리영희·고은·황석영·김종철·김우창·백낙청·이수인·김언호·이기웅.

출판사 등등에다 소련 최고의 긍지인 노벨문학상 수상작가 숄로호프의 『고요한 돈강』의 영화 여주인공 역을 맡았던 여배우까지 만나게 배려해주었습니다.

유성호 그 시절에 한국의 진보적인 젊은 평론가들이 열광했던 고리키문학연구소나, 사회주의적 사실주의의 현장이니 선생님은 경탄했을 것 같습니다.

임헌영 그가 직접 통역을 맡아 우리는 러시아문학의 정황을 깊게 들어볼 수 있었는데, 사회주의적 사실주의에 대해서 그들이 나보다 모르는 게 많아서 내가 더 놀랐습니다. 오히려 내 말에 놀라며 어떻게 그렇게 잘 아느냐고 반문해서 곤혹스러웠어요. 서점에서는 레닌이나 마르크스-엥겔스 코너가 있긴 했으

분해 직전에 방문한 소련(1991). 고리키 명칭 세계문학연구소 앞뜰에 세워진 주먹을 불끈 쥔 고리키 동상을 배경으로 왼쪽부터 김언호 · 김래호 · 임헌영.

나 러시아 사람들은 얼씬도 않는 터라 우리 둘만 얼찐거리게 되었습니다. 내가 좋아하던 플레하노프의 저서를 기념으로 사려고 했으나 아예 없었습니다. 김레호 교수는 그래도 명색이 사회주의 체제라 모든 상품은 탄탄하고 속임수가 없다면서 나를 위로했는데 다만 주의할 점은 생산 날짜를 꼭 확인하라고 충고했습니다. 공장마다 매월 생산량이 보고되는데, 월초에는 노동자들이 성의껏 양심적으로 탄탄하게 만들다가 월말이 가까워지면 생산량을 채우고자 속도전을 강행하기에 질이 떨어진다고 했습니다. 김레호 교수는 특히 약품은 자본주의 국가와는 달리 양심적으로 인민을 위해 제조하기 때문에 믿을 만하다며 '판토크린'이라는 녹용이 들어간 보약을 권하기에 샀더니 참 효과가 좋았어요. 물론 월초에 생산된 걸 잘 골라야지요. 김언호 대표는 책에 욕심을 내어 둘 다 귀국 때 수하물 무게를 넘겨버려 추가비용을 내게 됐는데, 김레호 교수가 유창한 언변으로 항공사 여직원에게 "이들은 한국의 문학인으로 러시아문학을 한국에 널리 소개하고자 책을 많이 산 탓에 그렇게 됐으니 양해해달라"고 당당하게 말하니 그 아름다운 아가씨가 상냥하게 웃으면서 통과시켜서 놀랐어요.

유성호 바로 그해 연말에 소련은 분해되어버렸지요?

임헌영 그곳 뉴스를 내가 봤던 그 현장과 겹쳐보면서 착잡했습니다. 그 해체 원인을 세계의 석학들이 연구해서 여러 설이 분분하지만 나는 사회주의 혁명세력들의 오만방자함이 빚은 부패와 타락이라고 봅니다. '인민'을 구실 삼아 지배층만 호강했고, 약소국에게는 제국주의 행세로 거들먹거리며 놀아난 것 아닙니까. 더구나 세계사의 대전환기였던 1964년부터 1982년까지 장기간 통치했던 브레즈네프는 술에 취하면 모스크바·레닌그라드 고속도로를 전면통제한 채 자기가 직접 자동차로 질주하는 걸 도락으로 삼을 정도로 천박했습니다. 전문 연구자들은 소비에트 멸망 원인을 의도론과 구조론이라는 술어로 축약하지요. 의도론은 고르바초프와 옐친이 발트 3국이나 우크라이나 등 강제병탄했던 소수민족 공화국을 분리시켰다는 것이며, 구조론은 사회주의 체제 자체의 근본적인 모순을 거론합니다만 그 나라 내정에 문외한인 나도 고르바초프와 옐친을 아주 아주 싫어합니다. 서방세계에서는 개혁의 영웅처럼 떠받드는 이 두 인물이 소련을 해체시킨 주범이라고 나는 보고 있습니다.

유성호 한길사 이야기를 끝내기 전에 '한길세계문학'에 대해 잠깐 이야기했으면 좋겠습니다.

임헌영 1981~83년에 공들여 낸 주목할 기획인데, 이상하게 성공하지 못했습니다. 편집위원으로는 김치수·박태순·반성완·이종진·임철규·장선영이 참여했는데, 지금 봐도 다른 세계문학전집에는 들어 있지 않으나 매우 귀중한 작품들이 선정되어 있어요. 예를 들면 앙드레 말로 『희망』, 하인리히 만 『충복』, 리처드 라이트 『토박이』, 하인리히 뵐 『신변보호/카타리나 블룸의 잃어버린 명예』, 엔도 슈사쿠 『바다와 독약』, 스코트 오마데이 『새벽으로 만든 집』 등 주옥같은 작품들이 포함되어 있는데도 성공하지 못했어요. 그 무렵 김 대표가 인문사회과학 분야에 전력하면서 나는 한길사를 떠났습니다.

유성호 한길사 시절은 선생님께서 만나신 분들만으로도 문학사를 쓸 수 있을 것 같습니다. 시종 종횡무진 활약이 크셨어요.

16 생활글쓰기 운동과 『한국산문』

논술학원 강사 생활과 '웅진문학앨범'

유성호 한길사에서 오사카문학학교를 모델로 삼았던 선생님의 꿈이 좌절된 이후 선생님께서는 많이 아쉬우셨지요?

임헌영 한길문학학교를 닫으면서 김언호 대표에게 대단히 미안했어요. 롤 모델로 삼았던 일본의 오사카문학학교는 단독 빌딩을 가지고 기관지로 『수림』(樹林)을 발간할 정도로 성세를 이루었습니다. 일본 및 재일한국인 일급 작가들을 수시로 초청해 강연회와 각종 행사를 하는 등 마치 대학 단과대학을 연상케 했습니다. 나도 몇 차례나 가서 강연을 했고 그들도 한길문학학교를 방문하면서 자매결연까지 맺었습니다. 나는 욕심껏 구상했던 내 꿈을 접고 김정환 시인에게 문학학교를 아무 조건 없이 넘겨버렸습니다.

이 무렵, 어머니를 모시고 세 아이들과 지내는 비좁은 아파

오사카문학학교는 대학 문창과 같은 역할을 하며 기관지 『주린』(樹林)을 출간냈다. 내 평론과 작가 신경숙, 윤대녕의 작품, 재일동포 작가 김석범의 글이 실린 1998년 10월호 표지.

트에서 내 장서들을 가지고 나와 신사동 한길사 건너편 빌딩에 서재를 차렸다가 건물주에게 전세금을 몽땅 떼이는 재난을 당했습니다. 거주용 입주자가 아닌 상가 세입자는 그런 일을 당하면 속수무책이더군요. 박원순 변호사에게 물어보니 그냥 잊어버리는 게 건강에 좋다고 합디다. 돈을 떼인 건물 세입자 전원이 모여봤지만 건물주가 사채업자에게 당한 일이라 법적 보호가 어렵다고 해서 포기했어요.

3만 여 권으로 늘어난 장서를 좁은 아파트에 도로 들여놓기가 어려운 지경이라 산본에 널찍한 아파트를 구해 이사했어요. 거기서 10년 동안 살았지요. 당시 신반포는 집값이 꽤 비쌀 때라서 내 아파트를 팔면 신도시로 나가 큰 집을 골라 이사 갈 수 있었는데, 아내는 분당으로 가길 원했습니다. 그때 막 한겨레신문 기자가 된 아들, 숙대를 다니던 아내와 딸, 동덕여고생 막내딸에게 적당히 먼 거리인데다 어머니도 좋아할 것 같아 내가 전원 맛이 나는 산본을 우겼어요. 10년이 지나 산본 집을 팔고 서울로 다시 돌아올 때는 내가 예전에 살던 아파트에는 전세도 못 들어갈 만큼 사정이 바뀌어 아내 말을 안 들은 게 무척 후회되더군요.

유성호　그 후에는 사모님 말씀 잘 들으시는지요?

임헌영　잘 들으려고 노력합니다. 두 번의 손재수를 복구해보려고 두 가지 아르바이트를 했어요. 하나는 동양문화에 심취한 미군 장교에게 8군 영내 그의 집에서 『논어』를 가르치는 일이었고, 다른 하나는 그때 막 생기기 시작한 대학입시 논술 학원 강사였어요. 학원가의 인기강사였던 신우영의 소개로 대치동 어느 논술학원에서 서울대 전담반 강사를 했어요. 그때 아내도 퇴근 후 한 클래스를 맡았지요. 수입이 원고료와는 비교가 안 될 정도라 좀 벌충이 됐어요.

유성호　고생이 많으셨군요. 신우영 선생도 남민전 동지이시지요? 그때 출옥한 지식인들이 논술학원을 휩쓸었잖습니까?

임헌영　신우영은 부산고 출신의 안경환·김세균 교수, 박용일 변호사와 동기생인데 고려대 출신으로 교직에 있다가 남민전으로 해직된 후 복직이 안 되어 학원으로 진출했습니다. 워낙 영어에 달통한 수재이자 백과사전 같은 두뇌의 기인이라 학원가의 별이 되었지요.

나는 이왕 할 바에야 잘하자는 마음에서 일본·미국·프랑스 등의 출제집들을 구해보니 기발하고 재미있는 문제가 많았어요. 도쿄대에서는 “벽에 대해 논술하라”라는 출제도 있었고, 어느 대학에선가는 다빈치의 「모나리자」에다 마르셀 뒤샹이 콧수염을 그려넣은 'LHOOQ'(불어로 엘라쇼오뀌 Elle a chaud au cul, '그녀의 엉덩이는 뜨겁다'란 뜻)를 보여주며 논술하라고도 했어요. 단순하면서도 다양한 해답이 가능한 변별력 있는 문제라 채점하기 좋은 출제를 연구한 관록이 느껴졌어요. '벽'에 대해 쓰라면 유치원생부터 대학교수까지 다 쓸 수 있지만 그 접근 방법은 천차만별이잖아요.

그때 웅진출판사에도 주 1회 나가면서 편집기획회의에 참여했어요. 출판사는 어디나 잘 팔리는 작가와 인연 맺기를 갈구하는데, 문학 장사는 이미 몇몇 출판사가 입도선매한 상태라 유명 작가들은 고자세였습니다. 출판사와 평론가와 언론의 카르텔로 베스트셀러 목록이 등장했지요. 그래서 나는 독서할 때나 책을 살 때, 이 책을 자식들에게도 권장할 만하며 물려주고 싶은지를 따지라고 합니다.

웅진에서 내가 낸 아이디어는 '웅진문학앨범' 시리즈였습니다. 기획위원으로는 평론가 홍정선과 하종오 시인이 함께했습니다. 유명 작가와 시인의 앨범을 겸한 작품세계 개관, 직접 선정한 대표작 수록, 부록으로 연보와 작품 목록 및 참고 도서를 싣는 것으로 규격화한 기획이었습니다. 대중들이 문학을 이해하는 데 최고의 동기를 부여할 수 있게 했어요. 이렇게 앨범을 해나가면서 그 작가의 신작을 계약할 수 있도록 출판사와 인연을 굳게 다져나가게 하려는 의도도 있었어요. 편집장이었던 최정순은 이화여대의 운동권 출신으로 두뇌회전이 비상해 이를 바탕으로 박완서의 『그 많던 싱아는 누가 다 먹었을까』를 웅진에서 출간해 베스트셀러로 만들었습니다.

생활글쓰기 운동을 위한 강좌

유성호 바로 그 무렵부터 여러 백화점들이 문화센터를 설치해 강좌를 열었지요?

임헌영 1993년 9월부터 현대백화점 압구정점에서 '생활글 수필쓰기' 강좌를 개설한 게 첫걸음이었어요. 역사문제연구소 시절부터 알았던 서성숙(현 용산아이파크 문화센터 대표)이 나를 강사로 불러들였습니다. '생각이 아름다우면 사람도 아름다워 진다'라는 슬로건으로 제법 인기를 끌었어요. 나는 주부들이 접근하기 쉬운 '생활글'이란 단어를 창안해 서간·일기·기행·감상·웅변·실록·자기소개서·보고서·전기 등등을 누구나 쓸 수 있도록 독려했어요. 지금은 어느새 '생활글'이 보편화되어 시·소설·평론·드라마와 극예술 이외의 모든 글을 포함하는 개념으로 정착했지요. 현대백화점 압구정점은 한국 상류층을 상징하는 백화점인데 내 기질과는 궁합이 안 맞아 첫 강좌 때 몰려들었던 수강생의 3분의 2가 다음 학기에는 등록을 않더군요.

나는 개의치 않고 계속 내 스타일대로 가르쳤어요. 끝까지 내 강의를 들어주신 분들에게 어떻게 계속 나오시게 됐느냐고 물으니 내가 세상을 향해 욕을 하도 잘하기에 어디까지 가는지 들어보자는 심정에서 계속 나오게 됐다고 해서 한바탕 웃었습니다. 어쨌든 나는 꽤 한껏 '언론 자유'를 누리며 열심히 강의

『한국산문』 송년의 밤에 출연한 소리꾼 장사익. 그는 이후 『한국산문』과 각별히 지냈다.

한승원의 장편 『아제아제바라아제』의 무대인 예산 수덕사 일대 기행. 송만공, 김일엽에 윤봉길의 숨결이 느껴지는 기행.

했고, 전업주부뿐만 아니라 문학에 뜻을 둔 퇴직 교수·교사·예술인들이 모여들면서 글쓰기만이 아닌 문학강좌를 추가하게 되었습니다. 차츰 수강생이 늘어나 얼마 지나고부터는 연속 수강생들로 정원이 차버려 한때는 대기번호를 주어야 했어요. 강의가 끝나면 점심을 함께한 후 찻집에서 '3교시'를 열고 봄가을에는 야외수업도 하니 어느새 수강생들끼리도 절친이 되어가더군요. 내가 파고들 틈이 없을 만큼 오랜 세월 돈독한 인간관계가 쌓이면서 지금 『한국산문』의 튼튼한 저력이 된 것이죠.

유성호 연속 수강자들 때문에 대학처럼 교안을 계속 쓸 수 없었을 텐데 어려우셨겠어요.

임헌영 3개월마다 새 교안을 만들자니 너무 시간이 아깝더군요. 그만둘까 고민하다가 이 기회에 내가 필요한 공부를 하면서 거기에 강의를 맞추자고 생각을 바꿨어요. 그 후 각 지점에서도 요청이 와서 월요일부터 금요일까지 모든 지점이 내 강의를 넣게 되었지요. 20여 년을 그렇게 지내다 보니 문단 선후배들이나 시민운동 인사들과 점심을 함께할 시간이 없어 점점 외톨이가 되어가는 게 제일 서운했어요. 나는 중년 이후 줄곧 일찍 귀가해 책을 읽은 뒤 오후 10시에 취침하고 새벽 5시에 일어나서 글을 쓰고 나서 그날 일과를 시작하는 습관을 지켜왔어요. 술친구를 잃은 대신 여제자가 제일 많은 문단인이 내가 아닐까 싶은데요. 이런 생활 틈틈이 저서도 내야 했기 때문에 기고하랴, 저술하랴 항상 시간에 쫓겼습니다.

유성호 그때는 대학 강의도 나가셨지요?

임헌영 이미 중앙대와 동국대 등에서 강의를 계속 맡고 있었지만 오히려 문화센터가 더 재밌더군요. 현대문화센터를 통해 내 강의를 듣고 수필가로 등단한 사람이 얼추 400여 명 정도 됩니다. 등단 여부와 관계없이 첫 학기부터 지금까지 석 달마다 한 번씩 등록하면서 내 강의를 계속 들어준 분도 다수였고, 그러다 연로해 작고한 분들도 여럿 있지요. 전혀 예상을 못했던 일이지만 나는 그렇게 강의실을 지키며 제자들과 함께 늙어가는 처지가 되었습니다. 가르치는 사람은 나였지만 실은 내가 그분들에게 한국 상류층의 미덕을 많이 배웠습니다. 그들은 현실적으로 학벌·지위·경제력 등 상류계층의 여건을 모두 갖춘 처지이면서도 끊임없이 더 배워서 자기를 완성하고자 하는 집념과 실천력이 존경스러울 만큼 대단한 분들이었어요. 자

정호승 시인과 마이산 기행. 고향인 하동이 아닌 마이산은
시인 자신이 선택했다. 오무라 마스오 교수도 동행.

녀교육에서도 대단히 모범적이어서 가정생활에 높은 자부심을 가진 여성들이었습니다.

20여 년 강의를 접게 된 배경

유성호 갑자기 현대문화센터를 그만두신 때가 2013년이었지요?

임헌영 후일 블랙리스트 파동으로 불렸던 2013년 박근혜 시절이었습니다. 그 직전에 내가 소장으로 있는 민족문제연구소가 낸 다큐 「백년전쟁」이 문제였지요. 갑자기 현대문화센터에서 내 강의를 중단하라는 상부 압력이 왔다는 이야기를 들었어요. 수강생들은 아무 동요 없이 강의에 협조했지만, 문화센터와 백화점 측이 무척 난처해하기에 삼고초려해서 명강사님들을 초빙해놓고 20년 계속해온 강의를 접었어요. 그렇게 결정한 것은 거칠게 살아온 나에 대한 탄압은 얼마든지 견딜 수 있지만, 내가 버티면 제자들의 입장이 어려울 것이라는 점 때문이었습니다. 오랜 세월 좋은 인연을 맺은 기업체가 나로 인해 당하는 고충을 모른 척하기도 어려웠어요.

내가 2013년에 현대백화점 강의를 접자마자 예전에 나를 현대문화센터로 불렀던 용산아이파크 서성숙 대표이사가 이번에는 아이파크에 강의를 개설해달라고 강청하더군요. 이후 용산아이파크 백화점과 분당AK플라자에서 강좌를 진행하다가 민족문제연구소 일이 바빠져서 그마저도 2017년부터 다 접어버렸습니다. 내가 문화센터 강사로 모셔놓고 온 분들이 작가 송하춘과 손홍규(압구정 본점과 목동점), 시인 이재무(미아점과 일산점), 김응교 교수(용산아이파크), 박상률 교수(무역센터점과 천호점, 분당AK플라자)인데, 지금은 나보다 더 인기가 좋으십니다. 2017년부터 나는 『한국산문』 자체가 개설한 평론반만을 맡아 4년째 강의 중입니다.

유성호 서울디지털대학 강의는 그대로 하시지요?

임헌영 대학 강의는 70세 이후 다 접었는데, 오봉옥 교수의 권유로 서울디지털대학 문예창작학과만은 객원교수로 강의를 하고 있어요. 디지털 강의라 3년에 한 번씩 녹화해두고 질문만 받으면 되는데, 의외로 해외에서까지 호응이 좋습니다.

유성호 거기서도 수필작가를 양성하고 계시지요?

윤홍길의 작품 『완장』의 무대인 김제 백산저수지와 그 일대
모악산, 금산사, 귀신사 등지를 기행했다.

임헌영 2007년 재학생들로 구성된 수필창작 동아리는 노정숙 작가가 지도하다가 2010년부터 '수필 쉽게 쓰기' 강의와 병행해서 내가 지도하고 있는데, 젊은 나이에 사회경험을 했던 인재들이 많아 글이 다양하고 시사적인 감각과 재능이 톡톡 튑니다. 하나둘 등단시키다 보니까 등단자가 늘어나 저절로 '수수밭' 동아리가 형성되었지요.

유성호 현대문화센터는 선생님이 강단을 떠난 이후에도 계속 강좌가 늘어나고 있답니다.

임헌영 어디서 배우든 등단하면 한국산문작가협회의 식구가 되기 때문에 소식 잘 듣고 있어요. 이제 이 조직은 탄탄한 응집력을 갖춘 문학단체이고, 늘어나는 수필강좌를 모태로 더

교육방송(EBS)의 인기프로 '문학의 세계' 진행을 1991~93년에 맡아 유명 문학인의 연고지를 탐방할 때 갔던 이현·이문열 형제 생가의 원형 집(지금 재건축되기 전) 앞. 왼쪽 두 번째부터 의사로 빨치산에 관심이 깊었던 유기수 작가, 평론가 장백일, 작가 이현(형)과 이문열(아우), 한 사람 건너 임헌영.

욱 발전해나갈 거라고 봅니다. 수필창작 강좌의 선두주자인 김창식 선생의 종로반은 2013년에 서강대학에서 개설해 지금은 종로에서 진행되고 있습니다. 러시아문학반은 모스크바대 문학박사로 『한국산문』 등단작가인 김은희 교수가 2016년에 『한국산문』 자체 개설로 진행 중입니다. 현대백화점 판교반도 2015년부터 새로 개설되어 박상률 교수가 맡았고, 롯데백화점 잠실반도 2019년부터 개설되어 유성호 교수가 맡았는데 수강자와 등단자가 늘어나는 속도가 가장 빠르다지요? 청주반은 현지 출신 박종희 작가가 2017년부터 열었고, 박 작가의 인기에 힘입어 세종반도 2018년에 신설되었습니다. 롯데백화점 건

대스타시티반은 수필가 조헌 선생이 2018년에 개설해 진행되고 있어요. 모두 듣기만 해도 흐뭇합니다.

유성호 이런 강좌를 통해 선생님은 부대 활동들을 많이 하셨는데, 초청특강 행사도 많았지요?

임헌영 내 수강생들에게 우리나라 유명 작가들의 강의를 다 들려주고 싶었어요. 수강생들도 대환영이었고요. 다달이 만날 작가를 내가 직접 교섭해 모셨습니다. 김남조 시인을 비롯한 원로부터 김태길·박연구·윤재천·서정범 선생 등을 초치해 강의 후 수강자들과 식사도 하고 차도 들면서 인간사를 털어놓으시게 했어요. 나중에는 국내문학기행을 시작해 수강자들을 현지로 인솔해가서 유명 작가들에게 직접 자신이 성장한 지역을 안내하도록 했습니다. 나로서는 생존 작가들을 심층 취재할 겸 초청 작가의 고향이나 작품 무대를 찾아다니며 모든 궁금증을 풀어헤칠 수 있었습니다. 기행 초청문인을 모두 명기하기 어려울 정도인데, 명망 있는 작가로서 초청 안 받은 문인은 거의 없을 것입니다. 이문열과 그의 형 이현 작가와는 영양 고향에서 1박을 하며 그 족보까지 탐구했습니다. 강승원·구효서·김문수·김승옥·김용락·김원일·김원우·도종환·문순태·방현석·윤후명·윤흥길·이문구·이순원·이태수·인병선·정호승·조태일·최성각·한승원·현길언·홍상화·황지우 등등 많은 분들이 떠오릅니다. 여기에다 특정 주제나 소재별로 분단문학, 공주문화권, 보길도와 강진 등으로 특별 테마기행을 하기도 했습니다.

유성호 한길사에서 하신 기행 취미가 다시 발휘되신 거네요. 그게 나중에는 세계문학기행으로 번지는 거군요.

부다페스트의 루카치문학관. 세계문학기행 사진은 너무 방대해 이 사진만 소개한다.
마침 수리 중이었는데 사정해서 입장해 다른 관람객 없이 잘 볼 수 있었다.
이 대석학은 미발표 원고를 산더미처럼 남겨뒀으나 찾는 사람이 없다고 했다. 시나 소설이었으면 앞다퉈 출간했을 텐데 비평문학의 슬픔이 느껴졌다.

임헌영 1996년경부터 국내 기행과 병행해서 매년 겨울방학과 여름방학을 이용해 세계문학기행을 기획해 대성황을 이뤘어요. 내가 관심을 가진 작가 위주로 여행 일정을 세워 여행사에 주면 여행사가 비용을 계산해 신청자를 모집하는 방식으로 진행했습니다. 나는 현지에서 그 나라의 역사와 문학예술가에 대해 강의를 했지요. 식상한 해외여행이 아닌, 문학·예술·역사·인문학을 아우르는 기행으로 한 번만 참여하면 다른 여행이 싱거워지도록 알차게 진행했습니다. 독일의 경우에는 문인뿐만 아니라 니체와 헤겔, 그리고 마르크스의 생가까지 탐방했지요. 그 덕분에 내가 관심을 가졌던 모든 인물과 세계사를 차

러시아와 유럽의 대문호라 일컫는
작가 10명을 찾아가는 이야기인
『임헌영의 유럽문학기행』(2019).

분히 살필 기회를 가졌습니다. '이집트·그리스·터키 3국'을 필두로 2018년 이탈리아까지 20회에 걸친 세계문학기행이 진행됐어요. 러시아는 내가 개인적으로 여행한 것까지 합하면 다섯 번을 다녀왔습니다. 만년에 그걸 정리해서 '세계문학기행'을 나라별로 내고 싶었는데, 그 작업의 첫 시도가 『임헌영의 유럽문학기행』(역사비평, 2019)이었습니다. 참가자들 중 사진에 일가견이 있는 분들과 아내가 '찍사'가 되어 생생한 현장 사진을 많이 제공해주어서 큰 도움이 되었지요.

유성호 세계문학기행 강의록이 유튜브에도 올라 있지요?

임헌영 지금 유튜브에 '임헌영의 문학과 인문학'이란 강의가 올라 있는데, 이건 평소 내가 생각하는 문학, 즉 문학수업을 인문학적으로 접근해야 된다는 취지로 모든 인문학을 섭렵하는 강의 시리즈입니다. 세계문학기행은 '독일문학기행'이 완성되어 올라가 있고, '러시아문학기행'도 거의 완성 단계이며, '멀지 않아 '미국문학기행'도 올릴 계획입니다.

수필을 산문으로 바꾼 『한국산문』 창간

유성호 듣기만 해도 부러운데요. 이렇게 여러 강좌와 행사를 진행하면서 자연스럽게 조직이 생겨났겠군요.

임헌영 처음에는 에세이포럼 문학회가 형성되어 거기서 자연발생적으로 월간 『한국산문』이 태동합니다. 2005년 여름부터 월간지 창간 논의가 시작되어 이듬해에 창간했지요. '수필'의 개념을 '산문'으로 바꾸자는 게 내 생각이었습니다. 창작의 요체는 흥미와 정보(interesting & information)였고, 길이는 관계없었습니다. 두 가지 요소를 갖추었으면 길어도 되고 짧아도 된다고 주장했습니다. 나는 강좌의 목표를 수강생들이 글로 밥 먹을 수 있도록 교육하는 데 두었습니다. 교정이나 독서 지도사, 논술 강사 등의 자격을 갖추게끔 하려고 했어요. 이런 일들은 아동문학가들이 다수를 차지하고 있는데 나는 수필가도 적격이라고 생각했습니다. 그러려면 한국 수필의 위상은 개념 확장이 필요하다고 생각했어요. 내가 추구해왔던 '민족정신사'를 담아낸 모든 글을 산문으로 봤기에 월간지 제목도 『한국산문』으로 했습니다.

유성호 '산문'이라는 개념으로 수필을 대체하고 그것을 확장적으로 사유하신 선생님의 문학사가로서의 면모가 약여하게 나타납니다. 이런 차원을 구현한 산문가로는 누가 있습니까?

임헌영 현대 한국 수필문학은 독자나 출판계의 시각으로 보면 1950~60년대 초기의 철학적 인생론 시기가 인상적입니다. 1920년생 동갑내기 안병욱·김태길·김형석 선생이 그 분위기를 주도했지요. 그 가운데 김형석 교수는 특정 신앙에 치우쳐 공허하다는 느낌은 있지만 글이 지닌 대중성이 돋보였습니다. 안병욱 선생은 흥사단 행사나 심포지엄에서 몇 번 뵙고 진지한 이야기를 나눌 기회가 있었는데, 나는 이 3대 철학 산문작가 중 안병욱 선생을 한국의 베이컨이라고 부를 만하다고 봅니다. 역사와 사회를 보는 자세도 도산 안창호 노선과 일치합니다.

1960년대 이후로는 이어령·전혜린 등의 문예적인 산문이 유행했지요. 이어령은 해박한 데다 추리력까지 가미해 읽을 만했지만 자칫하면 지적 유희로 빠질 수 있다고 느꼈어요. 전혜린의 아버지 전봉덕은 『친일인명사전』에 등재된 친일행위가 심각했던 인사였지만 이 작가는 그런 흔적을 완전히 세탁해 독일 뮌헨대학 유학 시절 반나치운동을 하다가 처형당한 '백장미 클럽'의 이념을 체현한 매력 있는 작가였지요.

1970년대에는 사회비판 의식이 고조되어 한승헌·최일남·박완서·김중배·법정 등의 수필이 많이 읽혔습니다. 특히 한승헌의 풍자와 유머 기법은 가히 독보적이었지요. 유머 수필의 개척자로 손색이 없어요. 1970년대 후반부터 1980년대의 군부독재와 비인간화 속에서 사회 전체의 정신병리학적인 접근 방법의 대두로 정신과의사인 이시형·이나미 등이 인기였습니다.

그 이후 한국 수필계는 신앙 에세이가 지배했지요. 현재 한국 수필의 정상은 법정과 피천득인 것 같아요. 나는 오랫동안

수필 창작을 가르치며 피천득을 재발견했습니다. 처음에는 수필을 일러 "'난'이요 '학'이요"라는 대목에서 반감을 느꼈는데, 나중에 찬찬히 연구해보니 순수와 역사의식의 결합이었습니다. 그는 철저한 친일파 비판의식을 가졌습니다. 그는 춘원 이광수에게 큰 은혜를 입었으면서도 그 은인의 친일행각에 대해 "그는 아깝게도 크나큰 과오를 범했었다. 1937년 감옥에서 세상을 떠났더라면 얼마나 다행한 일이었을까"라고 썼어요. 누구도 감히 이런 말을 못하는데 말입니다. 그리고 미당 서정주를 향해서도 "서 아무개 같은 사람은 아무리 좋게 봐주려고 해도 봐줄 수가 없어요. 일제뿐만 아니라 정권이 바뀔 때마다 그랬어요. 작가는 인격이나 인품이 먼저 되어야 합니다. 또 문학하는 사람들은 자기가 가진 물건은 다 버려도 자기를 버려서는 안 됩니다. 인품이 좋지 않으면 좋은 작품이 나올 수가 없습니다"라고 일갈했어요. 피천득이야말로 아름다움이 진실임을 실천한 문인입니다. 안타까운 건 이런 피천득의 진심을 많은 분들이 알지 못하고 있다는 겁니다.

유성호 지금 수필잡지들이 대성행이지요?

임헌영 현재 수필계는 서울에서 발행하는 것만으로도 월간지 『한국산문』 『수필과 비평』 『한국수필』 『수필문학』이 있고, 격월간 『에세이스트』 『그린 에세이』, 계간 『에세이문학』 『현대수필』 『수필』 등 다양하며, 지역에서 나오는 잡지를 합하면 백화제방입니다.

유성호 어쩌면 지금이 산문문학의 절정이라고 생각되는데요. 지금 산문문학의 현황을 어떻게 보세요?

부산 해운대에서 의사 수필가 박문하 선생과 함께(1970). 『경향신문』에서 경남 일대 취재차 만난 그는 독립운동가 약산 김원봉의 처남, 박차정의 친동생으로 엄청난 수난 속에서 독학으로 의사가 되어 일생을 가난한 사람들에게 봉사했다.

임헌영 산문문학 또는 에세이의 독자는 전체 도서판매 점유율 중 2015년에는 4.7퍼센트였다가 2016년에는 5.9퍼센트, 2017년에는 6.7퍼센트로 증가했습니다. 해마다 증가일로에 있지요. 나는 더 늘어나야 한다고 봐요. 수필의 인기는 시와 소설이 독자의 갈증을 충분히 채워주지 못하고 있다는 반증이라고 생각해요. 문학이 슬그머니 모든 인간에게 교양과 상식의 바로미터 역할을 했던 위치에서 문학 전문가만의 관심거리로 변해버린 탓도 있을 것이고요. 그 틈새로 산문문학이 뿌리를 뻗는 중이지요. 거기에다 고학력 출신자들이 은퇴 후 편하게 쓰는 글이 산문문학의 다양성과 현실성을 풍기며 대중들에게 다가간 것입니다. 그 전망을 일본의 산문문학을 통해 살펴볼 필요가 있다고 생각하는데, 앞으로 더 가중되리라 생각합니다.

유성호 일본의 노년 문학 말씀인가요?

임헌영 「아라한 책」(アラハン本, Around Hundred)이라는 기사가 『아사히신문』에 등장한 것은 2017년 7월 26일입니다. "100세 가까운 사람들이 쓴 책이 대량 책방에 나란히 있다"는 이 소개에 따르면 고령의 필자들이 다룬 인생살이 책들이 베스트셀러 목록을 거의 독점하고 있다는 거였습니다. '할머니 책'이 황금박스로 떠오른 계기는 노트르담 세이신가쿠인(ノートルダム清心学園) 이사장인 와타나베 가즈코 수녀가 2012년에 출간한 에세이집 『당신이 선 자리에서 꽃을 피우세요』(置かれた場所でさきなさい, 홍성민 옮김)부터였습니다. 이 책의 제목 "Bloom where God has planted you"(주님이 심은 자리에서 꽃을 피우세요)라는 구절은 클라크의 설교집에서 따온 것입니다. 고야산 절 주지의 어머니인 소에다 기요미의 『고야산에 살아서 97세, 지금 자신에게 감사한다』(高野山に生きて97歳 今ある自分にありがとう)라는 에세이의 무대인 고야산은 와카야마 켄(和歌山県)에 있는 일본 불교의 성지입니다. 이런 평범한 책들이 베스트셀러에 오른 것에 수필가들은 위로를 받아도 되지 않을까 생각해요.

노년 필자들의 전성기

유성호 대체 왜 이런 현상이 일어났을까요?

임헌영 노년 필자만 늘어난 게 아니고 노년 독자가 늘어난 게 아마 가장 중요한 원인일 거라고 봐요. 일본은 이미 2006년에 인구 20퍼센트 이상이 초고령자인 사회에 진입했고 최근에는 25퍼센트 수준의 초초고령사회를 맞고 있습니다. 일본문화 풍토는 우리보다 대략 한 세대를 앞서가는데 오늘의 일본 '아라한'들은 고등교육을 거친 노년층으로 세계여행이나 각종 유희를 즐겼기에 이제는 조용히 독서하는 노인들로 돌아선 것입니다. 한국은 일본보다 약간 늦게 고령사회(14퍼센트)로 진입해 통계청에 따르면 2026년이면 초고령사회가 됩니다. 고령화사회(7퍼센트)에서 고령사회(14퍼센트)가 되는 데 24년이 걸렸던 일본과는 달리 한국은 급격한 의료 개선과 생활수준 향상으로 가속도가 붙을 전망입니다. 곧 우리나라도 이렇게 될 거예요.

일본은 무라카미 하루키를 제친 '아라한' 할머니들이 판을 흔들고 있는데, 93세 할머니 작가 사토 아이코가 낸 『90세, 뭐가 경사냐』(九十歳° 何がめでたい)라는 에세이집은 "스마트폰, 장난전화 등 일상에서 일어나는 일들을 놓고 '하나하나 시끄럽네'라며 거침없는 입담으로 풀어내 많은 공감을 얻었다"는 평가를 받습니다. 그 책은 비록 따분한 글이지만 "작가로서 80대는 오히려 젊고, 70대는 지나치게 젊다"는 것을 딱 부러지게 주장합니다. 그 독자들은 60~80대 여성들인데, 이런 현상은 앞으로 점점 확산될 조짐입니다. 이유인즉 노마드 시대의 문화예술적 감각은 전 세대를 망라할 수 있는 공통성을 창조할 수 없다는 데 있습니다. 대개 문학예술은 젊음을 지향한다는 것이 20세기까지 세계문학사의 공통점이었으나 21세기는 청년층이 좋아하는 작품을 60대 이상에서는 이해하기조차 어려워져버렸거든요.

한국의 경우에도 이제 멀지 않아 노년층이 고학력 세대로 채워져 노인정을 도서실로 고쳐야 할 거예요. 나는 제자들에게 한국의 노년 에세이 붐을 위해 단단히 준비하라고 합니다. 그러려면 인문학적인 소양을 길러두라고요. 수필가를 위한 인문학적 소양 쌓기의 기초는 인생론·자연론·행복론·역사론·처세론·여성론·신앙론 등인데, 내가 판단컨대 아라한들은 이 분야의 세계적 명저들을 거치지 않은 듯해요. 지금부터라도 이 능선을 넘는다면 일본의 '아라한'을 능가할 수 있어요. 청년들과 중장년 남성들을 위한 에세이도 지금보다 더 주목받게 될 거라고 봅니다. 여전히 막강한 황금시장이지요. 치열한 삶의 현장 경험을 담은 글들이 쏟아져 얄팍한 처세훈들을 압도하면 좋겠습니다.

유성호 선생님이 길러내신 『한국산문』 수필가들이 자기 책임이 막중하다는 생각을 할 것 같습니다.

임헌영 산업사회는 지구촌 어디나 비슷합니다. 실업자가 득실거리고, 설사 직장을 잡아도 정규직과 비정규직의 대립이 심하지요. 정규직 안에서도 조직문화가 빚어내는 갈등이 끊이지 않습니다. 구조조정과 이직, 전직, 해직이 이어지지요. 그 후의 삶의 설계가 바로 베스트셀러의 요건입니다. 처세론과 인생론의 짜깁기가 요즘 베스트셀러의 요체지요. 여기에다 한국은 민족 수난사와 독재체제 아래서 당했던 사회적 트라우마가 에세이 독자층의 상당수를 잠식하고 있습니다. 유시민 같은 작가가 이러한 상황에 부합하는 사례이지요. 21세기의 산문문학은 이처럼 다양하게 변주되고 있는데 전통적인 인생론과 행복론·자연론·역사론·처세론 말고도 주시해야 될 분야가 명상록입니다. 이 분야는 이미 칼릴 지브란, 오쇼 라즈니쉬, 틱 낫한 등 고전적인 사례들을 갖추고 있습니다.

유성호 월간 『한국산문』이 든든한 동력이 갖춰졌으니 선생님께서 그런 어려운 주문을 좀 하셔도 되겠어요. 애초에는 『샘터』 같은 수필의 대중화를 꾀하셨던 거지요?

임헌영 『샘터』는 막강한 재력과 금력과 권력을 갖춘 발행인이지만 우리는 그 정반대라 노심초사하며 주주 투자자를 공모했는데 다행히 150여 명의 내부 주주가 참여해 창간이 가능했습니다. 그것만으로도 흐뭇했어요. 주주들 스스로 기획하고 취재하고 편집하고 제작실무를 맡으면서 자부심이 대단했습니다. 서울시 마포구 범우빌딩 301호에 윤형두 회장의 배려로 첫 사무실을 마련했습니다. 2006년 5월 창간 당시의 제호는 『에세이 플러스』였다가 2010년 5월호부터 『한국산문』이 되었지요. 창간호에는 한용운 · 피천득 · 이어령 · 이응백 · 김열규 · 김우종 · 유안진 · 송기원 · 도종환 · 공지영 · 이주향 · 장영희 · 허세욱 · 정목일 · 김학 · 만화가 신경무 등이 등장합니다. 『한겨레』 등 언론의 관심도 뜨거웠지요. 문학인뿐만 아니라 정치 · 경제 · 문화예술에 몸 담고 있는 저명인사들이 '클릭 이사람' 코너에 나왔고, 한국 문단을 이끌어가는 유수의 작가들이 '화제 작가'에 이름을 올렸습니다. 그 뒤 회원인 임차자 작가의 배려로 서울시 서초구로 이전했다가 정진희 회장 때 종로구 율곡로에 사무실을 마련하면서 정착했습니다. 한국문화예술위원회의 우수문예지로 2013, 2014년 연속 선정되었고, 올해 2021년에도 선정되었습니다.

다양한 산문문학상 시상

유성호 『한국산문』이 주관하는 문학상도 꽤 있지요?

임헌영 '조경희수필문학상'과 '윤오영수필문학상' 등을 『한국산문』이 주관하고 있고, 자체적으로는 매년 '한국산문문학상'을 시상합니다. '한미수필문학상' '우하수필문학상' 등과 연대해 당선작을 『한국산문』에 게재하며 등단자로 대우하고도 있지요. 우하는 의사 수필가 박문하의 아호인데, 그는 약산 김원봉의 처남, 그러니까 박차정 여사의 동생입니다. 각별히 내가 애정을 쏟는 상입니다.

유성호 이제 『한국산문』은 우리나라 수필계에서 우뚝 서서 누구도 따라오지 못할 거대한 존재로 부각되는 느낌입니다. 지난 3월 그러니까 2021년 3월에는 『한국산문 15년사: 2006~2020년』도 펴내서 반향이 좋다고 들었습니다.

임헌영 한국산문작가협회가 걸어온 15년사가 그대로 담겨 있습니다. 『한국산문』 15년간의 모든 목차가 실려 있어 역사적인 사료 역할도 하지요. 김미원 편찬위원장을 비롯한 위원들의 노고가 컸어요. 그간 많은 작가들이 활약했는데, 현재의 중요 임원진의 명단만이라도 여기에 소개하고 싶습니다.

고문(가나다 순): 작가 권지예·김주영·송하춘, 시인 유안진 선생, 강사진은 김은희·김응교·김창식·박상률·박종희·손홍규·유성호·이재무·조헌 선생, 편집고문은 이경희·최민자 선생, 편집인은 백시종.

한국산문작가협회가 출간한 『한국산문 15년사: 2006~2020』(2021. 4)는 역사적인 사료 역할도 한다.

역대 회장 겸 발행인: 오길순·박상주·김현정·김미원·정진희·유병숙·박서영(현 회장).

역대 이사장: 구회득·이종열·김정완·설영신(현 이사장).

역대 총무이사: 홍현숙·이상매·노재선·김정희·김보애·주기영(현 총무이사).

역대 감사: 지용기·김정희·신호기·김혜자·이종열(현 감사), 송경미(현 감사).

역대 편집장: 임길순·안정랑·임명옥·박윤정(현 편집장).

편집위원은 많은 분들이 거쳐갔는데, 그중 장기 근속자는 박소현·박재소·송경미·김선희·정혜선·한지황·박재연·김형자.

현 편집위원회 부장급은 이성화·홍정현·노정애·신현순·이완숙·박화영·봉혜선.

새 단장한 월간 『한국산문』
2021년 7월호 표지.
『한국산문』은 이제 우리나라
수필계의 중요한 존재다.

유성호　선생님이 맡고 계신 평론반 소개도 해주시지요.

임헌영　수필·평론 합평과 평론의 바탕이 되는 문학강좌를 병행하고 있어요. 평론가로 홍혜랑·송마나·김선화·김삼진·한복용·박옥희·이옥희·김낙효·유양희 등 9명이 등단해 활동 중이지요. 코로나가 시작된 작년 봄 학기부터 줄곧 영상을 이용한 비대면 강의를 하고 있는데, 의외로 재택수강의 편리함도 있고, 특히 해외 수강자들이 반기더군요. 오랫동안 오정주 반장이 수고하고 있습니다.

유성호　이제 선생님의 만년을 장식한 민족문제연구소로 화두를 옮길 때입니다.

17 제2의 반민특위, 민족문제연구소와 『친일인명사전』

탁월한 인문학자 임종국

유성호 최근 민족문제연구소 창립 30주년 행사를 치르셨지요. 감회가 새로우실 것 같습니다.

임헌영 내 생애 중 가장 오래 투신한 곳이 민족문제연구소입니다. 2001년부터니까 얼추 연구소 역사의 3분의 2 정도 되는 세월이지요. 1991년 2월 27일(강화도조약 체결일)에 4명이 11평 사무실에서 개소한 연구소는 이제 상근자 40여 명에 1만 2,000여 후원회원이 함께 학술연구와 실천운동을 병행하는 단체로 성장했습니다. 지난 2021년 2월 27일에 창립 30주년을 맞은 민족문제연구소 전 가족들과 함께 그간 지원해주신 모든 분들에게 머리 숙여 감사인사를 올렸어요. 코로나 때문에 큰 잔치는 못 했어요.

유성호 저도 그 기념식을 유튜브로 봤는데, 10대 뉴스를 선정했더군요. 여러 사건들이 많으니 우선 그 10대 뉴스를 간략히 소개해주시지요.

임헌영 ①『친일인명사전』 발간, ② 한국사국정교과서 저지 투쟁과 촛불혁명, ③ 식민지역사박물관 개관과 근현대사기념관 운영, ④ 과거사 특별법 제정 운동과 정부 위원회 발족, ⑤ 일제강제동원 소송 지원과 대법원 승소, ⑥ 신흥무관학교와 3·1 혁명 등 독립운동 제자리 찾기, ⑦ 박정희기념관 건립 반대 등 회원들이 앞장 선 친일청산 운동, ⑧ 근현대인물 DB 구축과 식민통치 기초사료 편찬, ⑨ 임종국상 제정과 그 수상자들, ⑩『백년전쟁』『안녕, 사요나라』 등 역사다큐 제작이었습니다.

유성호 이 사건들을 시대순으로 따라 가보는 게 독자들에게는 쉽게 이해될 것 같군요. 먼저 연구소 설립 당시 내외 정세는 어땠습니까?

임헌영 20세기 세계사가 제국주의의 횡행과 전쟁·혁명·반혁명 등으로 이어져왔다면 21세기야말로 새로운 평화와 공존과 번영의 시대가 되리라 기대했지만 그러지 못했습니다. 어쩌면 21세기는 제국주의 제3기가 더욱 공고해지는데다 더 교활해지는 것 같습니다. 제1기가 1848년 무렵부터 20세기 전반의 제2차 세계대전까지를 말하고, 제2기가 그 후 냉전시기를 뜻한다면, 제3기는 소련과 동유럽 해체 이후 미국의 유일 독점 제국주의 체제를 뜻합니다.

유성호 그 분기점이 된 사건들을 단계별로 요약해주시면 좋겠어요.

임헌영 먼저 1990~91년의 '걸프전쟁'이지요. 이유야 뭐든 미국·영국·프랑스 등 34개 다국적군이 '사막의 폭풍작전'으로 이라크를 침공(1991. 1. 17)해 한 달 만에 압승하지요. 인류 역사상 이렇게 무지막지한 침략전쟁을 TV로 생중계한 것은 처음인데, 한마디로 모든 국가는 미국 말을 안 들으면 어떻게 되는지 그 본때를 보여준 것이지요. 전쟁 수행 명분으로 뻔한 거짓말(조작)인 정의나 인도주의 같은 것이 이 전쟁에 존재했습니까?

유성호 다음은 2001년 9월 11일 항공기 납치 동시다발 자살 테러사건을 꼽으실 것 같습니다. 뉴욕의 110층짜리 세계무역센터 쌍둥이빌딩이 파괴된 그 끔찍한 테러로 2,996명이 사망하고 6,000여 명이 부상당했습니다.

임헌영 그 사건 이듬해 조지 부시 미국 대통령은 국토안보부를 신설했고, 세계 모든 공항은 검색을 강화했으며, 아랍인을 잠재적 테러리스트 용의자로 보게 됩니다. 이듬해 1월 29일 부시는 연례 일반교서에서 이라크·이란·북한을 '악의 축'으로 규정합니다. 그간 쌓아온 남북 간 평화무드의 상징인 6·15 남북공동선언(2000. 6. 15)을 원천적으로 깔아뭉개버린 거지요. 대통령 개인의 정치적 전략에 따라 한 나라가 출렁이는 것이 과연 그들이 자랑해온 민주주의의 개념인가 의아해지며 미국식 민주주의를 회의하게 만든 제국주의의 본색이지요.

유성호 20세기 말과 21세기 초에 일어난 굵직한 두 개의 미국 관련 사건은 아직도 우리들 눈에 생생합니다. 외양은 달라졌지만 여전히 제국의 시대가 온존하고 지속된다는 선생님의

민족문제연구소의 정신적 주축인 임종국 선생.

견해를 증명하는 듯합니다. 우선 한반도로 초점을 맞춰보는 게 좋겠습니다.

임헌영 8·15 때 점령군으로 온 미군은 한국전쟁을 계기로 반공을 명분 삼아 오늘에 이르렀지요. 그러나 소련과 동유럽 사회주의가 붕괴되었고, 미·중 역시 공존으로 전환한 데다 북한도 한반도 평화를 위한 변혁의 자세로 입장을 바꾸어가고 있으니 평화정착은 식은 죽 먹기처럼 쉬운데도 오히려 더 긴장을 강화시키고 있습니다. 왜, 누가 그렇게 하는 거라고 보세요?

유성호 물론 미국과 국내 수구세력이겠지요. 그런 미국에 적극 동참하는 게 일본이고 그 일본의 이상이 세계 속의 미국처럼 동아시아와 태평양 일대에서 군국주의의 옛 환상을 되찾는 것이라고 봐야 되지 않을까요?

임헌영 그러니 이런 세계질서의 악화 속에서 한국이 나아가야 할 방향은 오직 친일파 청산이 될 수밖에 없어요. 우리 분단의 비극은 여전히 이런 '제국의 시대'와 연동되어 있습니다.

유성호 민족문제연구소의 창립 이유가 저절로 나오는군요. 민족문제연구소라면 제일 먼저 『친일문학론』을 쓴 임종국 선생이 떠오릅니다.

임헌영 임종국 선생은 창녕에서 1929년 기사(己巳)생으로 나와는 띠동갑이지요. 나와 종친으로 착각하지만 그분은 '林'이고 나는 '任'입니다. 그는 탁월한 인문학자로 민족사부터 문학사까지 달통한 고려대 출신의 정치학도로 음악에도 조예가 있었지요. 김수영과 비슷한 '다혈질 진보파'이기도 했지요.

임종국 정신의 승계자들

유성호 임종국 선생이 남기신 업적과 과제가 정말 큰 것 같습니다.

임헌영 만년에 임종국 선생이 은거했던 천안 시민사회와의 인연으로 경희대 영문과 출신인 김봉우 선생이 초대소장으로 이 어려운 역할을 맡게 되었습니다. 그는 경희대학교 민주동문회장으로 있었는데 자연스레 경희대 출신들이 중심이 되어 '반민족문제연구소'를 열게 됩니다. 경희대 앞 회기동 골목 2층집 11평 규모였습니다. 김봉우는 두 차례 옥고를 치른 운동권 출신으로 내 개인적으로는 남민전 사건 관련자 석방운동에 적극 나서서 큰 도움을 줬던 인연이 있습니다. 그는 타이완에서 개최된

민족문제연구소 초대소장 김봉우. 두 차례 옥고를 치렀으며
남민전 사건 관련자 석방운동에 힘썼다.

서승 교수가 주도했던 '동아시아 국가 테러리즘' 심포지엄 행사 때 한국 측 실무총책을 맡아 온갖 어려운 일을 다 해냈습니다.

유성호 민족문제연구소로 이름이 바뀐 후가 연구소의 제2기라고 봐야겠군요.

임헌영 1995년에 '반'(反)자를 떼고 '민족문제연구소'로 개칭해 초대 이사장은 이돈명 변호사(재임 1995. 6~1999. 9)가 맡아, 1996년 6월 13일에 사단법인 설립인가를 받았습니다. 제2기에는 활동영역을 친일파 청산에서 한일 관계 전반으로 넓혀, 일제하 강제동원이나 식민지 수탈, 독도 영유권 문제, 일본 대중문화 개방 문제, 보훈정책 등으로 확대해갔습니다. 지부와 지회를 조직하기 시작해 국내 28개 지부, 5개 지회, 해외에서

경희대 출신들이 중심이 되어 회기동 골목 2층집에서
반민족문제연구소를 열었다.

는 독일지부와 일본 도쿄지회가 결성되어 활동에 들어갔지요.

유성호 『친일인명사전』 발간의 본격적인 준비 작업은 어디서부터 시작되었나요?

임헌영 1997년 IMF로 연구소가 큰 타격을 입자 그 돌파구로 1만 3,000여 전국교수들의 서명을 얻어 『친일인명사전』 편찬지지 선언(1999)을 했어요.

그해 10월 28일, 부민관 폭파사건 주인공인 조문기 의사가 2대 이사장으로 취임하면서 연구소의 3기가 펼쳐집니다. 화성 출신인 조문기 선생은 일제 말기에 유만수·강윤국과 대한애국청년당을 조직하고, 친일파 박춘금이 주도한 연합군 규탄과 일군 지지를 위한 아세아민족분격대회(1945. 7. 24)에 때맞춰 사제 폭탄으로 부민관 폭파사건을 일으켰던 분입니다.

8·15 직전 국내의 무장투쟁

유성호 친일파들의 간담을 서늘하게 했을 세 투사는 어떻게 되었습니까?

임헌영 폭파 후 잠행에 성공해 일제의 삼엄한 수배령을 피했어요. 이분들은 광복 후 친일파 청산과 단정수립을 반대해 1948년 6월 2일 밤 삼각산 6개 봉우리에 봉화를 올리고 "통일정부 수립하자, 단일정부 수립반대, 미군은 물러가라"는 현수막을 시내에 걸려고 하산하던 중 피체됩니다. 심한 고문 끝에 징역까지 살고 나온 조문기는 10여 년간 유랑극단 배우로 전전하다가 1959년에 또다시 '이승만 대통령 암살, 정부전복음모 조작사건'의 주모자로 몰리는 등 가시밭길을 걸었지요. 조 의사 부인 역시 통일운동으로 청춘을 바친 분입니다.

유성호 조문기 이사장의 항일정신과 실천이 참으로 대단하시네요. 그런 분을 이사장으로 모시고 정통성과 상징성에서 연구소가 확고한 위상을 가졌던 것 같습니다.

임헌영 이 어른은 일생을 공자의 '종심소욕불유구'(從心所慾不踰矩. 마음 내키는 대로 행동해도 지나침이 없는 평정심)로 살았던 분입니다. 그 앞에 서면 옷매무새를 가다듬게 하는 외경심을 지니게 돼요. 그는 여전히 친일파들이 온존하는 세상을 향한 분노와 슬픔을 이렇게 말합니다.

경기 화성에서 열린 고 조문기 선생 동상 제막식. 왼쪽부터
김주호 · 김진영 · 조세열 · 임헌영 · 함세웅 · 이준식 · 유은호 · 김혜영 · 이명숙.
오른쪽 앞줄부터 방학진 · 이용창 · 박수현 · 김승은. 오른쪽 뒷줄부터
방은희 · 강은정 · 박광종 · 권시용 · 강동민 · 안미정 · 신다희 · 김영환 · 송민희 · 유연영 ·
김운성('평화의 소녀상' 조각가). 이 동상도 김 작가가 제작했다.

"그날이 되면 나는 산으로 바다로 경축의 냄새가 안 나는 곳으로, 펄럭이는 태극기가 안 보이는 곳으로, 경축 현수막이 안 보이는 곳을 찾아 피신을 간다. 8 · 15 이후 숙청된 것은 친일파들이 아니라 독립운동가들과 민족운동 세력이었다. 친일파들은 새로운 권력자 미국을 등에 업고 재빠르게 반공 세력으로 변신해 독립운동 세력을 무력화시켜놓고 이 나라의 주류로 등장했다. 그래서 나 혼자라도 광복절 경축식은 국민기만이라고 소리치는 것이다."(조문기 회고록, 『슬픈 조국의 노래』 머리말, 민족문제연구소, 2005)

그가 남긴 말 중에 지금도 내 뇌리를 때리는 한마디는 화성 매송초등학교에 세운 '조문기 선생의 동상'에 생생하게 새겨져 있습니다.

"이 땅의 독립운동가에게는 세 가지 죄가 있다. 통일을 위해 목숨을 걸지 못한 것이 첫 번째요, 친일청산을 하지 못한 것이 두 번째요, 그런데도 대접을 받고 있는 것이 세 번째다."

유성호 이렇게 훌륭한 독립운동가들이 헌신해 목숨까지 바쳤지만 그분들의 이상이 실현된 세상이 아직 오지 않은 것이 안타깝습니다.

임헌영 2000년 김대중 정권 때 208억 원을 배정하고 민간기부금 500억 원을 추가해 2004년 완공을 목표로 박정희기념관 설립이 추진되자 연구소가 앞장서 247개 단체가 박정희기념관 건립 반대국민연대를 발족했습니다. 방학진 당시 사무국장(현 기획실장)이 총 실무를 담당해, 건립 현장 앞에 현수막을 내걸고 매일 시위를 벌여 공사가 중단되었지요. 반대투쟁 중 곽태영 의사는 단지로 쓴 혈서까지 동봉해 김 대통령에게 보내며 면담을 요청했으나 회신조차 없었습니다. 다행히 모금액이 100억 원에 그쳐 중단 위기를 맞자 노무현 정부는 "기부금을 조달하지 못하면 보조금 교부를 취소할 수 있다"는 조건에 따라 김대중 정부가 준 기부금 중 170억 원을 회수해 우리의 꿈을 이루나 싶었습니다. 그런데 이명박 정부가 들어서면서 사태가 급전해 대법원은 보조금 교부 취소가 위법이라고 했고, 전경련 등은 270억 원을 모금해서 지원했습니다. 원통하게도 결국 기념관은 지어지고 말았지요.

현대판 안중근과 윤봉길 같은 독립투사들

유성호 이런 이야길 들으니 여전히 민족문제연구소의 할 일이 많다는 느낌입니다.

임헌영 이 투쟁을 통해 나는 우리 시대의 독립투사들을 우러러보게 되었습니다. 음성 출신 이관복 상임공동대표는 불편한 다리와 노구를 이끌고 1999년부터 5년간 박정희기념관 건립반대운동에 앞장서서 1인 시위 중 군복 차림의 괴한들에게 폭행을 당하는 등 많은 고초를 겪었습니다. 박정희기념관 반대국민연대 상임공동대표를 맡았던 곽태영 의사는 김제 출신으로 김구 선생의 암살자 안두희를 처음으로 응징했지요. 그는 강원도 양구에 은거하며 군납공장을 하고 있던 안두희의 근황을 탐지해 그 동네에 하숙하며 양말·장갑 등을 파는 행상으로 위장했습니다. 1965년 12월 22일, 군납공장에 나타난 안두희를 덮쳐 배 위에 올라타고 우물가의 돌로 머리를 내리치고는 칼로 옆구리를 찔렀습니다. 그는 척살이 성공한 것으로 여기고는 "김구 선생 만세! 남북통일 만세! 삼천만 국민 만세!"를 외친 뒤 경찰에 체포되었습니다. 잡혀가면서 "3천만의 원한을 풀어서 통쾌하다"고 했지요. 그러나 안두희는 서울성모병원에서 두 차례 뇌수술을 받고 살아남았어요. 곽태영은 상해죄로 1심에서 징역 3년을 받았으나 서울고법 형사부는 그 동기가 '공분'

이었다며 집행유예로 수감 220일 만에 석방시켰습니다.

유성호 현대판 의열단전을 읽는 기분입니다.

임헌영 곽태영 의사는 2000년 11월 5일 영등포 문래공원의 박정희 흉상 철거에도 앞장섰습니다. 1961년 5·16 쿠데타의 발상지였던 육군 제6관구 사령부 터가 문래공원인데, 1966년에 홍익대가 기증한 박정희 흉상이 거기에 선 것이지요. 4월혁명회 회장이었던 곽 의사가 주도해 홍익대 민주동문회와 5개 시민단체 및 정당 회원 등이 함께 깨끗이 철거해버립니다. 2001년에는 박정희가 쓴 탑골공원 정문 현판 '삼일문'을 서울시에 교체해달라고 건의한 것이 묵살당하자 11월 23일 그걸 직접 떼어 내버리고 거기에다 "박정희가 쓴 현판을 민족정기의 이름으로 철거함"이라고 써붙이기도 했습니다. 2005년에는 4·19 혁명 45돌 때 수유리묘지에서 혁명민중통일단체 합동참배 중 박근혜 한나라당 대표가 보낸 추모 화환을 내동댕이치며 "4·19 혁명정신을 살려 친일독재의 잔재를 청산해야 한다"고 포효했습니다.

유성호 이관복·곽태영 두 분이 선생님의 증언으로 역사에 기록되기를 바라고, 또 모두 그분들을 기억할 수 있기를 희원해봅니다. 안두희는 그 뒤에 어떻게 되었나요?

임헌영 그 후 세 차례나 더 응징을 당했습니다. 안동 출신 권중희 의사는 안두희를 추적해 1987년 3월 27일 마포구청 앞 대로에서 몽둥이로 안두희를 응징했습니다. 그는 징역 1년 집행유예 2년을 받은 뒤에도 1991~92년에 안두희를 찾아가 범행 일부를 자백받다가 체포되어 징역 1년 집행유예 1년 6개월

처벌을 더 받았습니다. 이 사건에 자극받은 부천 시내버스 기사인 박기서 의사가 안두희 응징에 또 나섰어요. 그는 안두희를 처단하기로 결심하고 부천시장에서 홍두깨 비슷한 40센티미터 정도의 몽둥이를 사서 거기에다 '정의봉'(正義棒)이라 썼습니다. 인천광역시 중구 신흥동의 한 아파트에 은거 중이던 안두희를 찾아가 장난감 권총으로 위협해 두 손을 묶고는 정의봉으로 역사의 심판을 내렸습니다. 1996년 10월 23일의 일이었지요.

유성호 저도 기억나는 순간입니다. 제대로 된 역사적 심판보다는 여전히 의사들의 개인적 실천으로 이런 매듭이 지어지는 것이 역시 안타깝기만 합니다. 이후 연구소의 도정을 이야기해 주세요.

임헌영 2000년 3월 12일 민족문제연구소는 청량리 1동 38-29 금은빌딩으로 이사했습니다. 2001년 2월, 초대 김봉우 소장이 사임한 후 인권운동가이자 헌법학자인 동국대 한상범 교수가 2대 소장으로 취임했습니다. 한 교수는 헌법을 민주주의 수호와 인권신장의 입장에서 해석한 진보적인 법학자였는데, 불교인권위원회 공동대표 시절인 2003년에 리비아 아랍 사회주의 혁명가 카다피가 제국주의자들과의 투쟁에 헌신했다며 불교인권상 수상자로 선정해 논란을 빚을 정도로 그의 진보성향은 독특했습니다.

연구소의 여러 위기를 극복해낸 상근자 중 특히 조세열 당시 사무총장(현 상무이사)은 김봉우 소장을 이어받아 연구소를 일으켜 세운 주역이에요. 2대 소장부터는 상근체제가 아니어서 실무진들이 모든 걸 꾸려나갔지요. 김민철·박광종·유연영·방학진 등이 최장기 근속자들로 숨은 공로자들입니다.

유성호 조세열 선생께서 지금도 연구소의 매우 중요한 역할을 수행하고 계신 듯합니다. 많은 분들이 한마음으로 떠받쳐 오늘의 민족문제소를 빛내셨군요. 공통된 신념이 없고는 불가능했으리라 생각되는데요.

임헌영 상근자들만 아니라 연구소를 실질적으로 돕고 지원하는 운영위원들도 오직 친일파를 척결한다는 신념으로 똘똘 뭉친 분들입니다. 이때 설치된 운영위원회의 초대 위원장은 류진춘, 2·3·4대 김용삼, 5·6대 이봉원으로 이어지면서 연구소의 위상도 탄탄해졌어요. 운영위원으로 민삼홍·임은숙·최수전·최재흔·김순흥·문만기·권위상·김희원·이민석·이달호·이순옥 등이 기여했고, 연구소를 거쳐갔거나 지금도 상근자들로 있는 분들 중 강동민·권시용·김승은·김종천·김혜영·노기 가오리·민연수·박광종·박수현·서우영·손기순·신명식·우수미·위금남·유연영·유은호·윤덕영·이명숙·이용창·장신·최진아 씨도 신명을 바쳐 일하신 분들입니다.

나는 김용삼 운영위원장 시기에 연구소에 왔습니다. 그는 월남전 참전 해병대 출신으로 제대 후에 '효창원을 사랑하는 사람들' 모임에 참여해 아예 백범 묘지 지킴이를 자처하면서 조문기 이사장과 일심동체가 된 분입니다.

유성호 선생님께서 평론집 『한국소설, 정치를 통매하다』에서 작가 최인훈이 『회색인』의 주인공이 백범 묘소로 가는 장면을 부각시킨 게 문득 생각나네요. 백범 묘소야말로 우리가 쉽게 접할 수 있는 상징적인 공간인데, 그 역사가 몹시 순탄치 않다고 들었습니다.

임헌영　이승만과 박정희 아래서 효창원은 포고령만 없었지 삼엄한 금지구역처럼 경계를 당했지요. 그걸 뻔히 알면서도 작가 최인훈은 왜 굳이 이 청년들을 효창원으로 향하게 만들었을까요? 효창원의 역사에는 우리 민족사의 영욕이 그대로 담겨 있었기 때문이었습니다. 그때 김용삼의 심경은 바로 『회색인』의 등장인물들과 닮았을 터입니다.

유성호　효창원 일대를 '역사문화의 거리'로 한다는 뉴스를 본 적이 있는데, 지금은 어떤가요?

임헌영　효창원은 지금의 만리동·공덕동·청파동·남영동·도원동·도화동·용문동까지 펼쳐졌던 100여만 평 대묘역이었으나 청·일, 러·일전쟁 때 군 숙영지로 잠식당했다가 일본군 사령부와 철도의 거점이 되었고, 유곽촌 등이 들어서면서 식민통치의 길을 닦아주는 교두보로 전락했지요. 조선 왕실의 권위를 탈색하려고 일제는 경성 최초의 골프장을 열었고, 창덕궁처럼 공원으로 개발해 1940년에는 '효창공원'이라 개칭했습니다. 이어 1944년에는 이곳의 능묘를 고양 서삼릉으로 옮겨버려 8·15 때는 5만여 평으로 쪼그라들었는데 김구 주석이 이봉창·윤봉길·백정기 세 분의 의사 묘역에다 안중근 의사의 가묘, 이동녕·차리석·조성환 네 임정 요인의 묘역을 조성했고, 그 자신도 여기에 영면하게 되어 오늘에 이르고 있습니다.

유성호　그 뒤 친일 세력들이 그냥 두지 않았을 것 같군요.

임헌영　예상대로 이승만이 공병대를 동원해 운동장을 만들려고 하자 김창숙·신창균 등이 불도저의 칼날 앞에 드러눕는 등 극한상황으로 치달았고 대학생들까지 항의하자 공사가 잠시 주춤합니다. 그러나 이기붕 대한체육회장 등이 공사를 재개해 국내 첫 축구경기장 '효창구장'을 만들었습니다.

유성호 효창구장이 그렇게 해서 생긴 거로군요. 참 기구합니다.

임헌영 이승만이 김구 콤플렉스를 지우려는 추악한 야욕의 산물이었지요. 이 반역사적인 작태는 박정희에게 그대로 계승되어 '북한반공투사위령탑'을 세운 데다 어린이놀이터와 원효대사 동상, 신광학원도서관, 대한노인회중앙회관, 육영수 송덕비 등을 건립해 독립투사들의 정기를 질식시키는 데 진력했습니다. 이것을 '역사문화의 거리'로 바꾸자는 게 민족문제연구소의 오랜 꿈입니다.

유성호 당연히 그 숙원이 이루어져서 번듯한 역사문화의 거리로 거듭나기를 고대하겠습니다. 연구소 최대의 의제였던 『친일인명사전』은 어떻게 준비되었나요?

임헌영 2001년 친일인명사전편찬위원회가 출범했어요. 조세열 당시 사무총장과 김민철 연구실장(현 경희대 교수)이 연구소 부소장직을 권유하러 나를 찾아왔어요. 나는 흔쾌히 2001년 9월부터 부소장직을 맡았습니다. 친일인명사전편찬위원회 초대 위원장으로 이만열 교수를 추대했습니다.

유성호 숙명여대 교수였던 이분도 전두환 독재시기에 해직되셨다고 들었어요.

임헌영 함안 출신 이만열 교수의 학자적 양심은 널리 알려져 있지요. 그의 양심은 두 뿌리에서 연유합니다. 첫째는 단재 신채호의 민족사학 이념과 투철한 실증 자세이며, 다른 하나는 일제 말기의 탄압 아래서도 끝내 신사참배를 거부한 대한예수교장로회 고신파 신앙의 정신입니다.

이만열 교수는 『친일인명사전』 편찬사업의 토대를 만드는 데 진력했지만 국사편찬위원회 위원장으로 임명되어 2년 만에 그만두게 되었습니다. 그 과업을 윤경로 교수가 이어받아 2대 편찬위원장에 취임했습니다.

제2대 편찬위원장에 윤경로 교수

유성호 친일인명사전 편찬에 윤경로 선생님이 총대를 메게 되셨군요.

임헌영 본격적인 편찬사업은 결국 윤경로 2대 위원장의 몫이 되었는데 그 과정에서 숱한 난관을 넘어서야만 했습니다. 열악한 재정과 실무인력의 부족도 문제였지만 주변의 엄청난 사퇴 압력과 비난, 중상도 견디기 힘든 일이었습니다. 당시 규모가 아주 큰 전통 있는 교회의 장로로 있던 그에게 온갖 모함이 난무했습니다. 교회에 무가 배포되던 외부 신문에 윤 교수를 "빨갱이로 매도하는 기사가 실려 교인들이 술렁이고 있다"는 것이었습니다. 일본에서 연례행사로 열렸던 민족화해와 일치를 위한 강연에 연사로 초청강연을 다녀온 강만길·한완상·윤경로 역대 강사들을 계보로 만들어 친북활동으로 몰아간 것이었습니다.

한성대 총장 경선 때는 참모들이 하나같이 "득표에 지장이 있으니 친일인명사전편찬위원회 위원장직을 사퇴하시라"고 윤 교수에게 권유했으나 그는 "총장을 못하는 한이 있더라도 학자적 양심을 버릴 수는 없다"고 일언지하에 거절하는 소신을 보여주었습니다.

그에 대한 모함은 지금까지도 간헐적으로 이어지고 있습니다. 이런 와중에도 윤 위원장은 편찬위원회의 각급 회의를 단 한 번도 빠짐없이 챙겼는데, 한성대 총장 재임 중에도 한결같은 자세를 보여주었습니다. 그의 헌신이 편찬위원회가 순항하는 데 큰 힘이 되었어요.

편찬위원회가 열리면 항상 치열한 논쟁이 벌어졌는데 친일파의 개념과 범주에서부터 이의신청의 수용 여부에 이르기까지 갑론을박이 이어졌습니다. 수록자 선정 단계에서는 특히 신중을 기하며 논의를 거듭했는데 윤 위원장은 이런 지난한 과정에서 합리적인 조정자 역할을 탁월하게 해냈습니다.

유성호 『친일인명사전』 수록자 선정을 두고 고충도 많으셨지요?

임헌영 "좌편향이다" "정치적인 의도가 있다" "전문성이 없다" 등 각양각색의 흠집내기가 계속되었습니다. 윤경로 위원장은 어느 인터뷰에서 "평소 존경하고 가까이 지낸 목사님의 아버지도 들어갔다. 안타깝긴 하지만 역사화는 개인적인 호불호의 문제가 아니다. 또 임헌영 민족문제연구소장의 스승인 백철, 지도위원인 강만길 선생의 지도교수였던 신석호, 연구소의 정신적 지주인 임종국 선생의 부친인 임문호까지 사전에 올랐

민족문제연구소
2대 소장 한상범.

다. 이게 편파적인가"라고 반문했습니다. 이 말대로 편찬위원회의 공정성과 객관성은 의심의 여지가 없다고 장담할 수 있습니다. 제 개인적으로도 다양한 압박을 받았지만 모든 관계자들이 그걸 극복하고 원칙을 지켜냈다고 자신합니다.

유성호 아마 그때가 선생님이 언론매체에 가장 자주 등장하던 시기였던 것 같습니다.

임헌영 온갖 매체들이 친일청산 찬반 논쟁에 뛰어들었지요. 이때가 바로 국민들의 압도적 다수가 친일파 청산의 절실성과 당위성을 인식하게 된 전환기일 것입니다. 나는 모든 토론장에 나가서 싸움닭처럼 싸웠어요.

유성호 연구소 소장으로 취임하신 게 2003년인가요?

임헌영 2대 한상범 소장이 의문사 진상규명위원회 위원장으로 취임하는 바람에 내가 후임을 맡게 된 거지요. 2003년에는 연구소가 태평양전쟁피해자 보상추진협의회(약칭 보추협)의

민족문제연구소는 『오마이뉴스』와 모금운동을 벌였다. 왼쪽부터 윤경로 편찬위원장, 임헌영, 조문기 이사장, 『오마이뉴스』의 오연호 대표와 정운현 편집국장.

사무국을 맡게 되었습니다. 보추협은 일제강점기의 징용, 징병, 일본군 '위안부', 기업노무동원, 근로정신대 등에 강제 동원된 피해자들과 그 유족들로 구성된 단체입니다. 진상규명과 피해 구제운동을 전개하자고 결성되었지요. 이희자 대표는 갓 돌을 넘겼을 때 아버지가 중국 광시성 전장으로 끌려가 희생당한 유족으로 아버지의 행적을 추적하다 야스쿠니 신사에 강제 합사되어 있는 사실을 알게 되었습니다. 개죽음을 당한 것만도 억울한 일인데 침략신사에 원혼이 유폐되었으니 얼마나 가슴이 찢어졌겠습니까? 야스쿠니 신사에 "우리 아버지를 내놓아라"고 항의하며 합사철폐 운동을 전개하는 한편 시민운동을 하는 일본 변호인단의 지원으로 오랜 기간 법정투쟁을 벌여 한일 과거사 청산에 큰 반향을 불러일으켰습니다.

유성호 이때 선생님은 여러 감투를 쓰신 것 같은데요.

임헌영 세 가지 감투를 썼습니다. 한국문학평론가협회 회장, 민족문제연구소 소장, KBS시청자위원회 위원장을 맡았습니다. 정연주 사장 시절이었지요.

유성호 국가가 『친일인명사전』을 지원해주리라는 건 기대도 않았을 터라 무척 어려웠겠습니다.

임헌영 김원웅 의원(현 광복회장)의 청원으로 '일제 단체 인물 연구'에 대한 지원 예산을 올려 국회 상임위에서 여야 합의로 통과되었습니다. 그런데 한나라당이 예결위에서 5억 원 전액을 삭감해버렸습니다. 이에 발 빠르게 조세열 사무총장이 "부도덕한 기득권을 유지하려는 수구세력들이 자신들의 추악한 본질을 은폐하면서 온갖 방법을 동원해 역사청산을 저지하려는 기도"라고 논평을 날립니다. 이 기사가 나가자 국민의 분노가 요원의 불길처럼 번져갔습니다. 고교 교사였던 김호룡이 격노하자 그의 아내가 "그렇게 화만 내지 말고 당신이 나서봐!"라고 했답니다. 김호룡 교사가 『오마이뉴스』에다 글을 올리면서 국민모금운동이 시작됩니다.

연구소는 『오마이뉴스』와 공동으로 모금 운동을 벌여 예상 못 했던 단기간에 목표액을 달성했습니다. 바로 2004년 초의 일입니다. 『친일인명사전』의 부록 『금단의 역사를 쓰다, 18년간의 대장정』에 국민모금 참여자 명단이 다 실려 있습니다. 우리 시대의 독립투사들이지요.

유성호 관련 법률 제안까지 하신 거지요?

임헌영 예를 들면 「일제강점하 강제동원피해 진상규명 등에 관한 특별법」「일제강점하 친일반민족행위 진상규명에 관한 특별법」「친일반민족행위자 재산의 국가귀속에 관한 특별법」 등의 법 제정과 정부 위원회 발족을 이끌어 내어 국가가 제도적으로 과거사 청산에 착수하게 추동해낸 것 등이 그 보기입니다. 이런 법률을 국회에 제안하고 통과시키고자 앞장서준 모든 의원님들께 감사드립니다. 그러나 친일파를 기리기 위한 각종 기념사업이나 국립묘지 안장, 포상 등등을 금지하는 법은 아직도 제정하지 못하고 있습니다. 친일청산은 여전히 미완의 과제라는 것이 제 생각입니다.

유성호 국내적으로만이 아니라 일본을 향해서도 뭔가 해야 되지 않습니까?

임헌영 2006년에 연구소는 야스쿠니(靖國神社)반대공동행동 한국위원회를 발족시켰습니다. 이보다 한 해 앞선 2005년에 보추협의 이희자 대표를 주인공으로 한 야스쿠니 신사 문제 다큐 「안녕, 사요나라」를 제작해, 부산국제영화제 운파펀드와 서울독립영화제 대상을 수상합니다. 야스쿠니 신사는 천황제 이데올로기의 모태로서 메이지 시대에 군인들의 혼령을 안치하려고 1869년에 세운 쇼콘샤(招魂社)에서 연원합니다. 청·일전쟁, 러·일전쟁, 만주사변(이 용어는 침략전쟁으로 고치는 게 옳을 듯), 제2차 세계대전 등 침략전쟁에 희생된 군인과 관련 민간인 246만 6,000여 명을 합사해 신격화하면서 정기적으로 제례를 올리는 시설입니다. 여기에는 조선 출신 2만 1,181위와 타이완 출신 2만 8,863위도 포함되어 있기에, 매년 8월 중순에 한국·

일본·타이완·오키나와의 시민단체가 야스쿠니반대국제공동행동의 이름으로 강제합사 철폐를 강력히 요구하면서 '도쿄 촛불행동'을 진행해 그 부당성을 알리고 있습니다. 이 신사의 부대시설인 대리석 벽에는 일본이 침략했던 태평양 일대의 여러 나라들이 새겨져 있어 그 점령지역을 언젠가 다시 침탈하겠다는 결연한 의지를 드러내고 있습니다. 엄연히 생존하고 있는 한국의 피해자들까지 합사한 사실이 밝혀져 항의했지만 시정하지 않고 있습니다. 반인권적·반종교적·반평화적인 야스쿠니 신사가 존숭되는 일본사회의 현실이 참으로 우려스럽습니다. 매년 8·15에는 제2차 세계대전 당시의 군복 차림새로 야스쿠니를 향해 행진하는 대열을 볼 수 있습니다. 참으로 끔찍하지요. 일본에서의 8·15는 우리와는 정반대로 군국주의 부활을 위한 궐기의 날이 되어 있습니다.

유성호 연구소가 맞닥뜨린 난경이 많았으리라 생각됩니다. 편찬위원회는 어떻게 꾸려졌나요?

임헌영 상근자가 235명이었던 반민특위의 10분의 1 정도의 투사들이 그 정신을 계승한 것이 민족문제연구소였습니다. 이들이 실무조사를 맡았고 따로 교수와 전문연구자로 구성된 편찬위원회, 지도위원회, 상임위원회, 전문분과위원회가 있었습니다. 윤경로 당시 한성대 총장이 진두지휘를 하고 부위원장으로는 권태억·김도형·노경채·노동은·박찬승·서굉일·안병욱·윤범모·이준식·임경석·정재정·조세열·지수걸·하원호·한상권·홍순권 등이 참여했습니다. 180여 국내외 학자가 편찬위원과 집필위원을 맡았는데 해외에서는 일본의 김정미·서승·윤건차·임청·중국의 권혁수·박금해·손춘일·유병호·이광일·전신자 등이 참여했습니다. 윤경로 편찬위원장은 '발간사'에서 그 소회를 이렇게 밝혔지요.

> "위원회는 먼저 일제강점기의 공문서, 신문, 잡지 등 3,000여 종의 문헌자료를 수집하고 분석했습니다. 이를 토대로 약 250만 건의 인물 데이터베이스를 구축하고, 5,000건의 친일혐의자 모집단을 추출해 20여 개 분야의 전문분과회의에서 수십 차례의 심의를 거쳤습니다. 이렇게 선정된 인물들을 다시 50여 차에 걸쳐 소집된 편찬상임위원회의 면밀한 검토를 거쳤으며, 최종적으로 지도위원회의 자문을 구한 뒤 편찬위원회 전체회의에서 확정했습니다."(「고백과 성찰을 위한 '친일인명사전'」)

지도위원회는 강만길·김삼웅·김윤수·김태영·김호일·김홍명·리영희·박석무·박영석·박현서·백낙청·서중석·염무웅·윤병석·이만열·이연복·이우성·이이화·이해학·조동걸·주섭일·최병모·한상범·함세웅·현기영 등과 재일인사로 강덕상·김석범, 재중인사로는 김우종·박창욱·변철호·최삼룡 등 33명으로 구성되었습니다.

나는 서문 「참회와 화해의 첫걸음이 되길」에서 "정파적 목적이나 현실적 이해관계의 벽을 넘어 어떠한 편견도 배제하고 하나의 겨레"의 입장에서 "민족 내부의 진지한 자성"의 계기로 삼아 "동아시아 전체의 과거사 청산과 평화정착"을 지향하는 것이 이 사전 편찬의 목적이라고 밝혔습니다. 연구자들에게는

"개개인을 자신의 조선(祖先)을 대하듯이 유의해 분석"하고 평가해주기를 당부했지요. 그 목적은 '역사 청산'이지 특정인에 대한 비난이 아니니까요.

일제 하 전 민족의 0.02%가 실린 『친일인명사전』

유성호 제가 보기에는 총 4,389명이 실린 이 사전을 8·15 직후 반민특위 시대에 편찬할 수 있었다면 훨씬 더 많은 이들이 기록될 수 있었을 것 같습니다.

임헌영 사르트르는 불과 4년 동안의 독일 점령 하 프랑스에서 전 국민의 1퍼센트 정도가 친독 협력자였다면서 프랑스인이 자랑스럽다고 했는데, 우리는 당시 2,000만 인구 중 4,000명이니까 불과 0.02퍼센트밖에 안 되니 프랑스보다 더 자랑스럽지 않습니까?

유성호 그 방대한 사전을 만들어가는 작업과정이 궁금한데요.

임헌영 『친일인명사전』에서 가장 노고가 많았던 분들은 먼저 집필진입니다. 그다음이 교열 담당자들이고요. 총 진행을 맡았던 조세열 사무총장, 연구실의 박수현·박한용·이용창·유은호·이명숙·강은정·김도훈 등과 편집을 맡았던 신명식·손기순이 떠오릅니다. 작업 진행 중 수록 예상자를 미리 발표하고 '이의신청'을 2차에 걸쳐 접수받았습니다. 총 97건에 127명이 접수되었는데 대다수가 기각되고 단 2명만이 인용되었습니다. 그 사유를 일일이 회신했음에도 법정까지 간 사례도 적지

독립투사 조문기 2대 민족문제연구소 이사장.

않았습니다. 장지연·박정희 등의 후손이 소송을 제기했지만 결과적으로 모두 민족문제연구소가 승소했습니다.

유성호 조문기 이사장님은 『친일인명사전』 발간을 못 보고 돌아가신 거지요?

임헌영 참 안타까웠습니다. 제2대 이사장 조문기 의사가 작고(2008. 2. 5)하면서 제3대 이사장으로는 함세웅 신부님을 모시기로 했으나, 민주화운동기념사업회 이사장으로 재직 중이라 임기 뒤에 맡겠다며 강력 추천한 분이 인천의 김병상 신부(재임 2008. 7~2013. 1)였습니다. 몬시뇰 김병상 신부는 인천 지역 최초로 1977년 답동성당에서 유신헌법 반대기도회를 개최해 긴급조치 9호로 구속까지 당했던 분으로 그 후 '붉은 독수리 사제'로서 인천 하늘을 누볐지요. 그는 만년에 건강 문제로 사임하고 함세웅 신부에게 제4대 이사장직(2013년 2월~현재)을 물려준 뒤 7년 후인 2020년 4월 25일에 선종했어요.

유성호 『친일인명사전』 발간은 김병상 이사장님 때였군요.

임헌영 김 신부님이 숙원의 『친일인명사전』 발간 선언도 직접 하셨습니다.

유성호 효창공원 백범 묘소에 세 분이 나란히 『친일인명사전』을 헌정하시는 모습을 뉴스로 저도 봤어요.

임헌영 호사다마입니다. 2009년 11월 6일에 박정희 유족이 『친일인명사전』 배포 금지 가처분 신청을 냈어요. 이미 '친일인명사전 출간 국민보고대회'를 진행할 장소까지 예약해둔 상태라 초비상이었습니다. 다행히 신청은 곧장 기각당해 예정대로 책이 나왔지요. 그러나 사건은 연이어 터졌어요. 철석같이 확인했던 출간 보고대회 장소인 숙명여대 아트센터에서 행사를 불과 서너 시간 남겨놓고 예약 취소 통보를 해왔어요. 방학진 사무국장은 이미 다른 장소를 물색하기는 늦은지라 그대로 진행하겠다고 통보해버리고, 예정 시간보다 먼저 연구소 임직원들이 그리로 가서 모여든 참석자들에게 사정을 이야기한 다음 바로 옆에 있는 효창공원의 백범 김구 선생 묘소 앞에서 『친일인명사전』 발간 선언을 한다고 공표했어요. 전화위복이었지요. 묘소에 도착한 참석자들은 감격해 눈물을 흘리기도 했어요. 모두 숙연하게 백범 선생에게 묵념을 올리며 『친일인명사전』 발간 선언은 엄숙하게 진행되었습니다. 백범 선생이 기뻐하셨을 거예요.

유성호 연구소가 18년에 걸쳐 기울인 각고의 노력이 위대한 결실로 세상에 나왔으니 얼마나 감회가 깊으시겠어요. 이 사전

『친일인명사전』을 백범 묘소에 헌정. 오른쪽부터 김병상 이사장,
윤경로 편찬위원장, 임헌영.

은 민족사적인 의의에 못지않게 학문적인 연구업적으로도 평가받아야 할 것 같습니다.

임헌영 이 사전이 나올 수 있었던 배경은 우리 근현대사의 숱한 시련 속에서도 굴하지 않고 각 분야의 연구자들이 천착해 왔던 모든 학문적 축적 덕분입니다. 연구소가 발굴해낸 자료도 엄청나지만 그 산적한 연구기록들을 집대성한 것이 『친일인명사전』입니다.

유성호 서술방법이 매우 사실 위주의 기술인데다 책임 집필자를 밝히면서 8·15 이후의 행적까지 모두 다룬 걸 보고 놀랐어요. 진지한 학문적 자세로 보여 좋았습니다. 사회적 반응은 대단했지요?

임헌영 파문이 컸습니다. 나는 이 사전 발간 이전과 이후에 국민의식이 확연히 달라졌다고 봅니다. 보수정당조차도 조상 중 친일파가 등장하면 부담스러워할 정도로 국민적 여론이 형성되어버렸어요. 모든 분야에서 일제잔재 청산운동은 계속 파장을 일으켜나가게 되었습니다.

유성호 민족문제연구소는 『친일인명사전』 출간 등과 관련해 각종 수상도 하셨지요?

임헌영 영예로운 상을 많이 받았습니다. 1993년 윤상원상, 2004년 심산상, 2005년 단재상과 안종필자유언론상, 2008년 참교육상, 2009년 한림기록문화상, 2010년 4월혁명상, 2012년 임창순상을 수상했습니다. 그러나 『친일인명사전』과 관련해서 학술상이나 출판문화상, 특히 3·1 문화상이나 항일단체관련 상은 수상하지 못했습니다. 대단히 섭섭한 일이 아닐 수 없습니다.

민족사의 비극 반민특위의 해체

유성호 정권이 바뀌었어도 그 점은 변함이 없군요.

임헌영 8·15 후 민족사적 과제의 첫 과업이 친일파 청산이었는데, 그걸 미군정은 막아버렸다가 단독정부가 들어서 제헌국회가 열리자 '반민족행위처벌법'이 제헌의회에서 1948년 9월 7일에 통과되었습니다. 엄청난 반대 압력 속에 이 법을 위해 헌신했던 인사들은 앞으로도 역사적으로 부각되어야 할 것입니다.

유성호 어떤 인물들입니까?

임헌영 반민특위조사위원장을 맡았던 김상덕 선생은 경북 고령의 소농 집안 출신으로 일본 유학 후부터 독립투쟁에 투신했는데, 그 노선이 분열이 아닌 민족협동전선을 추구하는 것이었습니다. 그의 영식 김정륙 선생은 온갖 고초를 겪으며 성장해 지금은 광복회 사무총장으로 재직하고 있으며, 민족문제연구소에도 매우 헌신적입니다.

유성호 그런 분들이 일반인들에게는 널리 알려져 있지 않네요. 저도 처음 듣습니다.

임헌영 반민법 제정에 앞장섰던 의원들은 역사에 길이 남아야 하며, 국회의사당에도 그 명패를 새겨야 할 것입니다. 그 주요 인물 열여섯 분만 가나다순으로 정리하면 아래와 같습니다.

> 강욱중·김경배·김명동·김병회·김상덕·김약수·김옥주·김웅진·김인식·김장열·노일환·오기열·오용국·윤석구·이문원·조헌영.

이들 가운데 김명동·김인식을 제외한 모든 의원들은 한국전쟁 중 납북되거나 월북했습니다. 악질 고등계 형사 출신 노덕술 체포를 강력히 주장한 김명동은 반민특위 조사위원으로 활동하다가 기소당하는 등 수모를 겪던 중 한국전쟁 때 타계했습니다. 조사해보아야 할 의문사라고 봅니다. 김인식은 광주학생사건에 연루되어 구속되는 등 독립운동가 출신으로 8·15 후 고향 해주에서 월남했기에 빨갱이 누명만은 벗어나 제헌의원

최후의 일인으로 활동하다가 2008년에 타계했습니다. 조헌영은 시인 조지훈의 아버지입니다.

이 법에 의거해서 구성된 '반민족행위특별조사위원회'가 활동을 시작하자 수도경찰청 수사과장 최난수, 사찰과 부과장 홍택희, 전 수사과장 노덕술이 작당해 반민특위 핵심인물 15명가량을 암살하려고 하수인 백민태를 내세웠으나 그가 자수해버려 미수에 그쳤습니다. 암살로는 제어할 수 없게 된 친일 세력들은 이승만 정권 사수 차원에서 극약처방을 했는데, 그 첫 단추가 국회프락치사건(1949. 5~8)으로 현역 14명의 의원을 체포하는 것이었습니다.

강욱중·김병회·김약수·김옥주·노일환·박윤원·배중혁·서용길·신성균·이구수·이문원·차경모·최태규·황윤호.

이 가운데 강욱중·김병회·김약수·김옥주·노일환·이문원 의원은 반민법 제정에 앞장섰습니다. 정부 수립 후 첫 간첩 조작사건입니다. 이렇게 국회를 마비시키는 한편 친일 세력은 두 번째 작전에 돌입했습니다. 이승만 대통령의 지시에 따라 김태선 시경국장이 앞장서서 윤기병 중부경찰서장의 지휘로 각 서에서 특별 차출된 경찰관 80여 명이 반민특위를 무자비하게 습격한 거지요. 닥치는 대로 폭행을 휘두르며 조사 서류들을 강탈했습니다. 1949년 6월 6일 오전 8시 30분, 그날은 바로 제2의 국치일이 아닐 수 없습니다. 왜 하필 이승만이 이날을 현충일로 삼았는지는 모르겠습니다. 그만큼 그의 뇌리에는 권력 유지를 위해서는 이런 사건 따위는 안중에도 없었던 것입니다. 이런 판세라 한국전쟁이 일어났을 때 투옥 중이었던 의원도 상당수여서 파옥 후에야 출옥할 수 있었으니 그들의 북행이 조금도 이상할 게 없습니다.

유성호 그때 백범 선생이 암살되지요?

임헌영 맞습니다. 이어 세 번째 작전이 전개되었는데 그건 친일파 청산의 정신적 지주였던 백범 선생의 암살로 막을 내립니다.

유성호 친일청산이 안 되고 친일 세력이 다시 발호한 데서 분단시대라는 민족사의 비극을 잉태한 것이 틀림없는 것 같습니다. 반민특위는 어떻게 되었습니까?

임헌영 반민특위는 중구 남대문로 84 KB국민은행 옛 명동 본점을 본부 터로 삼았습니다. 롯데백화점 맞은편 옛 상공부 특허국 건물을 청사로 썼습니다. 민족문제연구소가 세운 반민특위 표석에는 "이곳은 민족말살에 앞장섰던 친일파들을 조사·처벌하던 반민족행위특별조사위원회 본부가 있던 곳임"이라고 쓰여 있습니다. 호텔 신축공사 때문에 사라질 뻔했던 표석은 현재 연구소가 임시로 식민지역사박물관 앞에 이설, 전시 중입니다.

유성호 좌절당한 반민특위의 부활이 곧 민족문제연구소군요. 그러한 운동의 연장선상에서 『친일인명사전』의 필요성과 절박함이 생겨났으리라 짐작됩니다.

임헌영 자유민주주의 원칙을 파괴하고 파시즘을 지향하는 친일 세력은 당연히 자기 나라와 민족을 파괴하는 행위를 일삼

제1회 임종국상 시상식. 이날 수상자는 앞줄 왼쪽부터 김영만 친일청산 시민연대 의장, 정길화 당시 MBC PD, 김경현이다. 그 옆 조문기 이사장, 이이화, 이만열, 주섭일, 함세웅 신부. 뒷줄 왼쪽부터 윤경로 편찬위원장, 전기호 교수, 이기형 시인, 임정택(임종국 선생 차남), 장병화 이사장, 임헌영, 김시업 교수, 이대성(애국지사), 이건 전 운영위원장.

게 됩니다. 제대로 된 국가보안법이라면 친일파 청산을 제1조에 넣어야 합니다. 그래야 국론분열로 국민정신을 파탄내고 민족혼을 말살해온 세력을 징치할 수 있을 것입니다.

임종국 기념상과 신흥무관학교 기념사업

유성호 민족문제연구소가 임종국 기념상을 제정했지요?

임헌영 2005년 민족문제연구소가 주도해 '임종국선생기념사업회'를 발족하고 독립운동가 후손인 장병화 선생을 회장으로 추대해 지금까지 활동을 이어가고 있습니다. 주요사업 중 하나가 '임종국상' 시상인데 학술·문화와 언론·사회 두 부문에서 역사정의실현에 헌신한 개인이나 단체를 선정해 매년 11월 임종국 선생 기일에 앞서 시상식을 가집니다. 임종국기념사업회 운영에는 장병화 회장이 물심양면으로 크게 기여하고 있습니다.

유성호 그분 존함을 처음 듣는데 어떤 분입니까?

임헌영 광복군 장이호 선생의 아들입니다. 신의주 출신 장이호 선생은 광복군 제3지대 분대장으로 독립군 모집책임을 맡아 조선인 학도병을 광복군으로 편입시키는 활동을 했는데, 이때 장준하·김준엽 등을 광복군에 편입시켰습니다. 국내진공작전을 위한 한미합작 특수훈련(OSS) 중 8·15로 중단되었고, 귀국 후 김구 노선에 따라 단정수립 반대운동을 전개해 엄청난 수난을 당하다가 작고했습니다. 그 맏아들인 장병화 회장은 갖은 고초를 다 겪으며 집안을 일으키고 성공해 음향기기 제조업체인 '가락전자'를 선도적 기업으로 키워냈습니다. 이재명 경기도 지사가 성남시장으로 재임할 때는 성남산업진흥원 원장으로 기용하기도 했습니다. 그의 열망은 오로지 독립투사의 후예로서 사명을 실천하는 것이었고 민족문제연구소와 인연을 맺으면서 그 목표를 더욱 구체화했습니다. 우선 광복회를 비롯한 독립운동가 관련 단체부터 혁신해 친일청산에 앞장서야 나라가 바로 선다는 것이 그의 평소 지론이었습니다.

유성호 몇 분 더 소개해주실까요?

임헌영 이항증·차영조 두 회원도 꼭 소개하고 싶어요. 대한

민국 임시정부 초대 국무령 이상룡 선생의 증손자가 이항증 선생입니다. 이상룡 선생은 근대사의 노블레스 오블리주의 대표적 인물로서 안동 임청각의 정통 후예입니다. 선생은 그 엄청난 재산을 처분하고는 노비문서를 불태운 뒤 친족 50여 가구를 인솔하여 중국으로 향했습니다. 역시 명문가인 이회영·이시영 6형제와 이상룡·김동삼 선생까지 힘을 합쳐 재산을 정리해 서간도로 집단 이주해 1911년 6월 10일에 문을 연 것이 신흥강습소였습니다. 이 조직이 신흥(중)학교를 거쳐 1919년에 신흥무관학교로 개칭했으며 3,500여 명의 졸업생을 배출했어요. 일제와 전면적인 독립전쟁이 벌어지면서 1920년 폐교했지만 걸출한 인재들을 많이 양성해낸 독립운동의 요람이었습니다.

8·15 후 제대로 친일파가 청산되었다면 육군사관학교의 기원이 되어야 했던 학교입니다. 실제로 이시영 선생은 8·15 후 그 부활을 위해 신흥대학을 설립했습니다. 조영식 총장에게 경영권이 넘어가면서 1960년 지금의 경희대학교가 되었어요. 이 서사시적인 민족사의 내막은 서중석 교수의 명저 『신흥무관학교와 망명자들』(역사비평사, 2001)에 자세히 기술되어 있습니다. 문학인들이 소설이나 서사시, 희곡으로 쓰기에 아주 좋을 겁니다.

유성호 민족문제연구소에서도 그와 관련된 기념사업을 하시나요?

임헌영 이 자랑스러운 항일투쟁을 기리고자 경희대학교 총민주동문회와 민족문제연구소, 학계와 시민사회가 힘을 모아 2012년 신흥무관학교기념사업회를 창립했어요. 사무국을 연구

신흥무관학교 현지 답사팀이 인천 국제공항을 출국하기 전의 기념촬영.
앞줄 맨 오른쪽이 방학진 실장.

소가 맡아 여러 사업을 전개하고 있는데, 이 단체의 상임대표는 윤경로, 공동대표는 김삼웅 · 서중석 · 이준식 · 이항증 · 전기호 · 한용원 · 황원섭입니다. 학술회의 개최와 2011년부터 매년 중국 장춘 · 선양 · 지린 · 하얼빈 · 태항산 · 퉁화 · 지안 · 단둥 · 백두산 · 압록강 · 두만강 · 연해주 등 일대를 답사해왔는데, 코로나 이후는 쉬고 있어요.

유성호 차영조 선생도 독립운동가의 후손인가요?

임헌영 대한민국 임시정부 국무위원과 비서실장을 지낸 독립운동가 차리석 선생의 장남입니다. 차리석 선생은 임정의 '재상' 격으로 백범의 중매로 장가까지 들었는데, 1945년 8월 9일 과로로 순국했습니다. 백범의 특별배려로 중경에 묻혔던 유해를 봉환해 효창원에 안치했지요. 차영조 선생은 독재 치하에서 차(車)라는 성을 신(申)으로 고쳐 쓸 정도로 온갖 박해와 탄압을 받으며 아이스케이크 장사, 여관 심부름꾼, 국밥집 배달원, 검침원, 건설 노동자, 해외파견 노동자 등을 두루 거쳤을 정도이니 그의 평생 소망이 무엇이었는지는 미루어 짐작할 수 있겠습니다. 그는 지금도 백범과 선친 묘소에 갈 때마다 "친일파 세상을 바로 잡지 못해 죄송합니다"라고 사죄합니다.

역사다큐「백년전쟁」의 쾌거

유성호 지금부터는 세간을 떠들썩하게 뒤흔든 역사다큐「백년전쟁」이야기를 해주세요. 저도 처음 그 다큐를 보고 놀랐는데, 경천동지까지는 아니어도 상당한 파문을 일으켰지요?

임헌영 뉴라이트의 역사왜곡에 대응해 민족문제연구소가 '한국근현대사 진실 찾기' 프로젝트로 기획한 것이「백년전쟁」입니다. 이명박 정부가 들어서면서 공중파 방송의 이승만·박정희 찬양이 도를 넘고 있어 우선 그 둘을 대상으로 삼았습니다. 친일파를 비호하고 중용한 이승만·박정희가 점점 우상화될수록 친일청산이 어렵겠다고 판단해 그 우상을 민족사적 관점으로 해체해야겠다고 생각했기 때문입니다. 김지영 감독이 연구소의 최진아 PD의 조력과 연구소 연구원들의 자문을 받아가며 1년여 고생 끝에 제작했습니다. 2012년 11월 26일 서울아트시네마(옛 허리우드극장)에서 공개 시사회를 했는데, 강만길·성대경·서중석 교수를 비롯한 역사학자들과 일반시민이 대거 참여해 통로를 채우고도 좌석이 모자랄 정도로 시민과 회원들의 관심이 컸습니다. 이를 유튜브에 올리자 곧바로 선풍적 인기를 끌어 연일 상승곡선을 탔지요.

유성호 충분히 대중적인 인기를 끌 만했다고 봅니다. 문제된 것은 박근혜 정권 때였지요?

임헌영 2013년 2월 25일이 제18대 대통령 박근혜의 취임식이었는데, 「백년전쟁」에 대한 탄압의 사슬이 서서히 조여오기 시작하더니 여기저기서 집중포화가 터지기 시작했어요. 나는 그때 인도문학기행을 인솔 중이었어요. 그런데 연구소에서 국내 SNS와 연구소 홈페이지에 '임헌영 빨갱이' 소동이 대대적으로 벌어지고 있다는 연락이 왔어요. 연구소 사무실로는 전화 협박이 이어져 업무에 지장을 초래할 지경이라는 거예요.

유성호 아니, 그게 문학계 블랙리스트 1호 아닙니까? 결국 그 소동은 「백년전쟁」 때문이었군요.

임헌영 2013년 3월 15일 『조선일보』는 청와대에서 박근혜가 국가원로 12명과 함께 오찬(3. 13) 때 이인호 교수가 「백년전쟁」을 "국가안보 차원에서 주의 깊게 봐야 할 것 같다"고 건의했고, 이를 출발신호 삼아 『조선일보』를 비롯한 보수 언론에서 대대적인 공격 기사를 내보내기 시작했습니다. 온갖 소문이 흉흉한 가운데 민족문제연구소 앞에서는 어용단체들의 시위가 잇따랐습니다. 4월에는 '이승만박사기념사업회' 명의로 여러 일간지에 전 5단 규모의 광고가 실렸습니다. "이승만 건국 대통령 박정희 부국 대통령을 욕보이는 '백년전쟁 세력'에 대해 전면전을 선포한다!" "민사소송으로 이들의 기둥뿌리를 뽑아야 하고, 형사소송으로 이들을 사회와 격리시켜야 합니다!"라는 슬로건이었습니다.

유성호 「백년전쟁」으로 또 소송 풍년이 났겠군요.

임헌영 5월 2일, 이승만 전 대통령 유족과 기념사업회는 「백년전쟁」 관련자 임헌영·김지영·최진아를 사자 명예훼손 혐의로 서울지방검찰청에 고소했고 이 사건은 형사부에 배정되었습니다. 2013년 12월 24일부터 2014년 12월 23일까지 1년 여에 걸쳐 총 13차례 피소인 소환과 조사가 있었습니다. 그간 형사부 담당 검사가 1회 교체되더니 공안부로 재배당 통보를 받았습니다. 사자 명예훼손은 결코 공안부가 다룰 사건이 아니라는 것이 법조계 상식인데도 공안1부가 명예훼손 사건을 국가보안법 위반과도 관련해 조사하겠다는 검찰 관계자의 발언이 있었다더니, 공안1부 담당검사 변경 통보로 이어졌습니다. 청년층 모바일 등으로 「백년전쟁」의 시청률이 점점 더 높아지자 시민방송(RTV)이 2013년 1~3월간 이를 방영했는데, 방송통신심의위원회가 해당 방송사에 중징계를 내렸습니다. 시민방송이 재심을 청구했으나 방통위는 기각했습니다. 이 과정에서 심의위는 변론기회조차 원천봉쇄했습니다. 시민방송은 방통위를 상대로 제재조치명령취소소송을 제기했으나 1, 2심에서 모두 패소했으며 2019년에 가서야 대법원 전원합의체에서 7대 6으로 가까스로 승소했습니다. 박근혜 정부에서 자행된 대표적인 표현의 자유 탄압 사례일 것입니다.

유성호 연구소도 선생님도 도무지 평탄치가 못하네요.

임헌영 촛불시위로 정권이 교체된 후 블랙리스트 진상조사

「백년전쟁」은 박근혜 정부에서 표현의 자유가 탄압된 대표적 사례다.

위원회가 구성되기에 이 사건도 조사해달라고 신청했더니 자료가 없다고 서류를 반려해서 어이가 없었습니다. 신경민 의원이 국정원 자료에서 구체적으로 "민족문제연구소 임헌영을 비롯해"라고 분명히 밝혔지만 블랙리스트 진상조사는 용두사미로 끝나버렸습니다. 박근혜 정부가 전교조·민노총·민족문제연구소를 손본다는 소문이 파다했던 시절이었습니다. 이명박·박근혜 정권 시기 연구소는 각종 연구 프로젝트 공모에 한 번도 신청한 적이 없었습니다. 뉴라이트 세력이 심사위원으로 들어가니 아예 포기했지요. 나는 직원들이나 연구소의 감사님에게 입버릇처럼 회계나 결산을 철저히 해줄 것을 강조하며 그들이 반드시 트집을 잡을 것이니 치밀하게 일을 처리해달라고 당부해왔습니다. 실제로 이명박 정부에서는 직간접으로 엄청난 감사를 실시했으며 이런 현상은 박근혜 정부 아래서는 더욱 노골적으로 이루어졌습니다. 「백년전쟁」으로 나는 한 차례 소환을 당했지만 결국 기소 과정에서 나를 빼버리고 김지영 감독과 최진아 PD를 기소하더군요. 1, 2심에서 다 무죄 판결을 받은 데 이어 2018년 8월 29일 검찰이 상고를 포기함으로써 얼마나 무리한 기소였는지가 입증되었습니다. 그때 법정에서 최고의 변론을 펼쳐준 김희수 변호사를 비롯한 변호인단 여러분과 연구소 실무자들에게 거듭 감사드립니다. 이명박·박근혜 정부는 끊임없이 역사 변조를 시도했는데 뉴라이트가 논리를 세우고 수구언론이 이를 쟁점화하고 정권이 정책으로 실현하는 식으로 역할 분담을 했습니다. 민족사 말살의 추악한 모습이었습니다.

이명박·박근혜 정부의 역사왜곡 전 3막

유성호 이명박·박근혜 정부의 역사왜곡 의지는 매우 강해서 온갖 책동을 서둘러댔는데 그 첫 시도가 친일과 독재를 미화하려고 교과서를 개악하고자 나선 건 온 국민이 다 아는 사실입니다.

임헌영 연구소는 역사정의실천연대를 발족해 2011년 이를 전담할 사무국을 설치해야 했습니다. 이명박·박근혜 정부가 역사왜곡을 시작한 3막 드라마 중 제1막은 건국절 논란, 제2막은 역사교과서 논란, 제3막은 친일파 부활을 꿈꾸는 식민지 근대화론입니다.

유성호 참 기상천외한 발상인데, 그 정권을 둘러싼 어용학자들이 문제인 것 같아요. 발생 순서대로 짚어보지요.

임헌영 이영훈 교수가 「우리도 건국절을 만들자」(『동아일보』, 2006. 8. 1)를 쓰면서 불을 지펴, 이듬해 9월 한나라당 일부 의원들이 '국경일에 관한 법률 개정안'을 국회에 제출합니다. '광복절'을 '건국절'로 개칭하자는 거지요. 곧바로 범국민적 성토가 이어지면서 건국절 논란이 좌절당하자 박근혜가 제2막으로 전개한 게 국사교과서 개정입니다. 이때부터 역사전쟁에 대비, 방은희·송민희 두 투사를 교육과 홍보팀으로 각각 특채(2011. 9~2018. 9)해 실무를 맡겨 '친일·독재 미화와 교과서 개악을 저지하는 역사정의실천연대'에 이은 '한국사교과서 국정화저지 네트워크'로 확대·발전시켰어요. 이들은 박근혜의 교과서 개정 음모를 처음부터 끝까지 전담했어요.

유성호 역사교과서 논란에 아주 철저하게 대비하셨군요.

임헌영 처음에는 검인정 기준을 유신통치의 가치관에 맞추려고 했을 뿐입니다. 이미 이명박 정부에서 버젓이 검인정을 통과한 한국사 교과서에 대해 생트집을 잡더니 2011년 고등학교 국사 검정교과서 집필기준안을 새롭게 강요했지요. 이에 기준을 두고 만들어진 새 한국사 교과서가 박근혜 정부가 들어선 6개월 뒤인 2013년 8월 30일, 국사편찬위원회가 검정 심의해 통과된 8종의 교재를 공개했습니다. 여기에 뉴라이트 계열 학자들이 집필한 교학사판 검정교과서가 포함되었는데, 이 책에는 무려 2,260군데 이상 오류가 나타났습니다.

유성호 아니 2,000군데 넘는 오류라면 교과서 한 페이지에 5, 6개 이상 틀린 곳이 있다는 거지요? 그게 무슨 교과서가 됩니까? 그걸로 공부했다간 수능시험 다 떨어지겠네요.

임헌영 민족문제연구소가 일일이 다 찾아냈지요. 치밀한 기획 아래 그 오류를 처음부터 다 공개하지 않고 국민적 반감을 가질 만한 사안부터 차례차례 공개해나갔습니다. 그러자 여론이 들끓었지요. 이런 가운데, 이걸 만든 교학사 측에서는 연구소에 전화를 걸어 어디가 잘못되었는지 좀 알려줄 수 없느냐고 묻는 촌극도 벌어졌습니다. 그러자 정권과 극우 세력은 교학사 교재를 수정해 이를 전국 고교에 공급한다며 대대적인 작전에 돌입해요. 연구소로서는 이를 당장 막아야만 했으니 우리가 계란으로 바위를 치는 건가라는 생각에 무척 긴장했어요. 정권 차원에서 교육부·교육청·학교에 압력을 가하면 거기에 굴복하지 않을 학교가 얼마나 있을까 싶었어요. 연구소는 한국사 전공 교수들에게 오류를 낱낱이 밝히는 호소전으로 맞서, 교학사 교재로 공부해 대입에서 한국사 시험을 보면 필패한다는 사실을 범국민적으로 홍보해나갔습니다. 이게 학부모들의 마음을 움직여 결국 채택률 0퍼센트라는 기적을 이루어냈어요. 실로 역사의 힘은 권력을 이길 만큼 위대함을 입증해준 쾌거로 연구소로서는 기념비적 승리였지요.

유성호 박근혜 정부가 들고 나온 다음 카드가 한국사 교과서 국정화 아니었습니까?

임헌영 2015년 11월 교육부가 국정화 고시를 공식 선언하자마자 연구소는 바로 역사정의실천연대와 병행하는 한국사교과서 국정화저지 네트워크를 가동시켰습니다. 국정화저지 네트워크는 광화문 파이낸스빌딩 앞에 캠프를 차려서 2015년 11월 21일부터 이듬해 1월 말까지 10회에 걸쳐 매주 토요일 오후 2시부터 '시민·학생이 함께하는 거리 역사강좌'를 실시했지요. 여

역사교과서 국정화 반대운동의 일환으로 의원회관에서 개최된 토론회.
왼쪽부터 한상권 교수, 이준식(전 독립기념관장), 유은혜 당시 의원, 조승래 의원.

기에는 이만열 · 조광 · 이준식 · 한상권 · 하일식 · 이동기 · 안병우 · 한철호 · 이이화 · 김육훈 선생이 각각 다른 주제로 한국사의 편향된 교과에 대해 강연을 해주었고 즉석 질의응답과 토론 등으로 추위를 달랬습니다. 이 강연 행사와 동시에 '우리 역사 제대로 보기 범국민역사책 읽기 운동'도 실시했는데, 초등학생부터 대학생까지 많은 호응을 보여주었습니다. 이어 2016년 3 · 1절에는 같은 장소에서 '울려라! 역사 골든벨! 멈춰라! 국정교과서!' 행사를 개최해 시민들의 참여를 유도했습니다.

국정화 저지를 위해 연구소는 아시아평화와역사교육연대, 역사문제연구소, 역사학연구소, 전국역사교사모임, 한국역사교육학회, 한국역사연구회 등과 한국서양사학회, 고고학고대사협의회가 연대해 국정교과서의 오류를 지적해내는 등 학술 운동도 병행했지요. 이때 연구소는 정치인의 도움도 청했는데, 특히 정세균·도종환·유은혜 의원의 활약에 큰 도움을 얻었습니다. 도종환 의원은 나중에 국정교과서가 박근혜의 직접 지시로 추진되었음을 백일하에 밝혀내기도 했지요.

유성호 이 모든 것들이 역사 해석이 얼마나 무서운지를 보여준 중요한 사건이 아니었나 싶습니다. 굽이굽이마다 민족문제연구소의 선전이 참으로 놀랍습니다. 북 치고 장구 치고 때로는 칼 찬 병사처럼 인해전술도 쓰면서 밀려오는 파도를 막아내셨네요.

임헌영 촛불혁명의 성공에는 여러 요인이 있었는데, 한국사 교과서의 국정화가 빚은 어이없는 처사가 의외로 큰 역할을 했음을 나는 촛불시위 과정에서 실감했습니다. 연구소에서는 이상웅 작가가 제작한 대형 소녀상을 1톤 트럭에 싣고 촛불시위에 참여해 많은 시민들의 주목을 받았습니다. 결국 박근혜는 국정교과서와 함께 몰락한 셈입니다. 문재인 정부는 출범 이틀 만에 국정교과서 폐지를 선언했지요. 이 일련의 역사투쟁에 앞장서준 한상권 교수의 투지를 잊을 수 없습니다.

그러나 그들은 여기서 끝내지 않고, 역사 왜곡 프로젝트의 마지막 카드를 쥐고 있었습니다. 친일파 부활 음모극 제3막이 무대에 올랐고 그 주역은 식민지근대화론자들이었습니다. 일제 식민지통치가 한국의 발전에 도움을 주었다는 논리였습니다. 김구나 안중근은 테러리스트이며, 친일파는 현실주의적이기에 박정희도 애국자라는 논리를 부각시키려는 것이었습니다. 그러면 저절로 이승만·박정희는 부활하게 되고, 1948년 8월 15일은 건국절이 되며, 단군이나 조지 워싱턴처럼 새로운 우상으로 섬길 수 있으리라는 계산이었을 것입니다.

나는 이 카드가 분단시대 친일파들이 무대에 올린 마지막 단말마적인 극한투쟁이라고 생각합니다. 헤겔이 말한 대로 이 희극은 한 시대의 종막을 상징합니다. 이론적으로는 이미 오래전에 허수열 교수의 역저 『개발 없는 개발: 일제하, 조선경제 개발의 현상과 본질』(은행나무, 2016), 『일제 초기 조선의 농업: 식민지근대화론의 농업개발론을 비판한다』(한길사, 2011) 및 권태억·허수열·이지원·박찬승 공저 『일제 강점 지배사의 재조명』(동북아역사재단, 2010) 등에서 충분히 다루어졌기에 새삼스러울 것도 없습니다. 특히 널리 읽힌 조정래의 대하소설 『아리랑』은 식민지근대화론의 허구성을 웅변처럼 외칩니다.

식민지근대화론에 대한 대응

유성호 식민지근대화론을 섬기는 그들의 학문적 우군들도 좀 있는 것 같습니다.

임헌영 나는 지금도 식민지근대화론에 대해서는 이론적 공방의 가치가 없다고 생각하기에 언젠가 생전의 조동걸 교수가 했던 농담으로 대처하고자 합니다. 도둑이 남의 집에 사다리를 타고 담을 넘어가 실컷 노략질을 하고 떠나면서 짐이 될 사다리를 두고 가버렸는데, 주인이 사다리가 하나 생겼다고 도둑에게 감사를 드리는 것과 같다는 거였지요. 제국주의란 수탈만을 목표로 삼기 때문에 아무리 개발을 해도 그 목적은 우리의 자원과 노동력을 착취하기 위한 것일 뿐이란 취지입니다.

식민지근대화론은 학문도 이론도 아닌 궤변일 뿐입니다. 그걸 알면서도 기어이 친일의 정당성을 내세우는 것은 그 세력들이 막다른 골목에서 썩은 동아줄을 잡으려는 몸부림일 것입니다. 친일파 직계인 박근혜를 소생시킬 최후의 유일한 근거로 내세운 3막극은 이래서 끝이 났습니다. 그러나 그 후유증이 만만치 않습니다. 연패의 치욕 속에서 극우 세력은 이제 '역사왜곡'의 기교를 재생시켜 오늘 당장 우리가 눈 뜨고 빤히 쳐다보는 사실조차 왜곡시키는, 체면도 염치도 눈치도 없는 괴물 단계로 퇴화해버린 것입니다. 민족문제연구소가 만든 다큐 「백년전쟁」이란 제목이 너무나 실감나지 않습니까?

유성호 위안부 문제도 그 연장선상에 있는 것 같습니다. 최근 미국의 램지어 교수 사태도 그러한 시각에서 불거진 것 아니겠습니까?

임헌영 박근혜가 저지른 숱한 치욕스러운 일 가운데 백미는 세칭 '일본군 위안부 문제 합의'(2015. 12. 28)를 일본의 요구대로 덥석 들어준 사건입니다. 아버지는 한일회담으로, 딸은 위안부 이면 합의로 부녀가 일본에게 쾌재를 부르도록 협조한 것이지요. 이런 어처구니없는 일이 촛불혁명의 불씨에도 한몫했지요. 촛불혁명은 최순실 사건을 불쏘시개로 세월호 참사, 역사교과서 국정화, 위안부 문제의 굴욕적 합의, 전교조 불법화, 민노당 해체, 남북화해 파탄 등 온갖 민족적 분노의 표출 현장이었습니다.

박근혜의 대일 굴욕으로 널리 알려진 것이 '평화의 소녀상'입니다. 2011년 12월 14일 소녀상이 설립된 곳은 위안부 할머니들의 수요집회 장소였습니다. 1992년 1월부터 시작된 이 집회가 1,000회를 맞은 날이었지요. 그 집회에 나도 찬조 발언자로 참여하는 영광을 가졌습니다. 이 운동은 폭발적 반향을 일으켜 2013년 9월에는 고등학교로는 최초로 서울 서초고에 소녀상이 섰고, 이듬해에는 6개 지역에 서더니 다음 해부터는 기하급수로 늘어나 지금은 세계로 번졌습니다. 이 소녀상은 조각가 김서경·김운성 부부의 공동 작품으로서 그들이 스스로 집회 주관단체인 한국정신대대책협의회로 찾아가 이루어진 성과였습니다. 이 부부 작가는 연구소와는 밀접한 관계로 연구소 관련 모든 조각 작품은 이분들의 작품으로 세워져 있습니다.

유성호 2013년부터는 함세웅 이사장 체제지요? 연구소 활동이 더 많아지고 역동적이 되는 것 같은데요.

임헌영 아우구스티노 함세웅 신부는 종교와 상관없이 우리 시대의 스승인 동시에 민주화와 평화운동의 대부입니다. 항일사상이 유독 강했던 그는 로마에서 김수환 추기경이 일본 수녀와 일본어로 대화하자 이탈리아어로 하라고 권하기도 했을 정도로 강골입니다. 1974년 긴급조치 때 지학순 주교의 구속으로 현실정치에 첫 충격을 경험한 후 1974년 정의구현사제단을 발족하면서 본격적으로 민주화운동에 투신한 이후 민주화운동의 전 과정에 어떤 형태로든 관여해왔어요. 두 차례의 구속, 네 차례의 정보부 연행, 한 차례의 해직을 체험한 우리 시대의 산증인이지요. 참여정부 시절에 민주화운동기념사업회 이사

함세웅 현 민족문제연구소 이사장.
함세웅 신부는 종교와 상관없이
우리 시대의 스승이면서 민주화와
평화운동의 대부다.

장(2004~10)을 지낸 함 신부는 안중근의사기념사업회 이사장(2008~현재), 인권의학연구소 이사장(2009~현재)과 김근태기념치유센터 이사장(2013~현재), 항일독립운동가단체연합회 대표(2017~현재)를 맡고 있습니다. 민족문제연구소에는 초기부터 지도위원으로 적극 참여해 후원회장(1993)을 지냈습니다.

유성호 정말 대단한 이사장님을 모신 것 같습니다. 민족문제연구소가 계속 이렇게 많은 일을 해냈다는 사실을 들으니 놀랍습니다. 어쩌면 박근혜 시대가 연구소를 잠시도 쉬지 못하게 한 것 같군요.

임헌영 2015년 일본의 메이지 산업혁명 시설이 세계유산으로 등재됩니다. 이에 대해 박근혜 정부는 전혀 신경도 쓰지 않고 그대로 넘어가려는 것을 연구소가 물고 늘어집니다. 곧 이 문제는 국제적 쟁점으로 비화되었습니다. 메이지 시대는 '식산

흥업'과 '부국강병' 정책으로 식민지 약탈전쟁을 수행할 수 있는 국가를 만든 시대입니다. 일본이 조선 침략을 위해 전개한 외교 전략과 전쟁은 청·일전쟁을 시작으로 러·일전쟁, 영·일동맹, 가쓰라·태프트 밀약 등으로 이어졌는데, 이 모든 과정은 강대국들로부터 조선 침략에 대한 사전 조건을 확립한 것입니다. 특히 청·일전쟁에서 일본이 받은 배상금은 4년 일본 예산과 맞먹는 막대한 금액이었습니다. 이 돈은 80퍼센트가 군비 확장에, 나머지는 제철·건설·철도·전신전화 사업에 투자되었지요. 바로 침략전쟁 수행의 기본을 갖춘 것입니다. 이런 시설이 세계유산으로 등재되다니 있을 수 없는 일이라고 판단해 분연히 행동에 나섰지요.

정부조차 침묵했던 이 쟁점을 부각시킨 건 김승은 실장이었습니다. 2015년 제39차 유네스코 세계유산위원회 총회가 독일 본에서 열렸을 때 일본 전범기업의 근대산업시설 세계유산 등재를 막기 위해 연구소 식민지역사박물관의 김승은 학예실장과 김영환 대외협력실장, 강동민 팀장이 현지로 가서 '부정적 세계유산과 미래가치'를 주제로 국제 세미나와 전시회를 개최해 각국 참석자들의 뜨거운 호응을 이끌어냈습니다. 이에 일본은 전범기업들의 강제노동 사실을 인정하고 희생자를 기리기 위한 조치를 공개적으로 약속했습니다.

그러나 일본은 전범기업의 산업시설들을 근대화의 상징으로 미화하며, 특히 악명 높았던 '지옥섬'인 군함도 등에서의 가혹한 강제노동과 인권유린을 철저히 부정해버렸습니다. 이에 민족문제연구소를 비롯한 한일 시민사회가 줄기차게 일본 정부

강제징용의 야만성을 상징하는 일본 군함도.

의 부당한 행태를 비판하며 세계문화유산위원회에서의 약속이행을 촉구하도록 국제사회의 여론에 호소해왔습니다. 그 결과 2021년 제44차 세계유산위원회에서 7월 22일 도쿄의 산업유산정보센터를 개선하라고 일본 정부에 촉구하는 결정문을 채택했습니다. 연구소의 김승은 실장, 김민철 연구위원, 김영환 실장, 노기 가오리 선임연구원 등의 부단한 투쟁 덕분이었습니다.

서울 강북구의 근현대사 기념관

유성호 4·19 혁명 기념행사 때 제가 초청연사로 갔던 곳이 서울 강북구 근현대사 기념관이었습니다. 연구소와 어떤 관계지요?

강북구 근현대사 기념관.

임헌영 박겸수 강북구청장은 광주 출신으로 5·18을 대학생으로 겪은 세대입니다. 그는 구청장 3선 연임 관록을 가지고 있는데, 민족문제연구소와 깊은 인연을 맺게 된 동기는 항일 독립운동사에 대한 그의 깊은 애정 때문이었습니다. 그는 강북구의 지역적 긍지로 여러 선열들의 묘소와 유적을 꼽았습니다. 4·19 묘지도 여기에 있지요. 분단시대 민주화운동의 증인들의 자택까지 일일이 직접 찾아다니며 세밀히 조사해 그 관리와 유지에 힘써왔습니다. 이를 실현시키고자 박 청장은 강북구 근현대사 기념관을 2016년 5월에 개관해 그 위탁운영을 민족문제연구소에 맡겼어요.

유성호 민족문제연구소의 조직을 해외에까지 확장하셨지요?

임헌영 해외에는 도쿄 지부, 워싱턴 지부 등이 먼저 생겼습니다. 워싱턴 지부는 2017년 12월 윤홍노 이사장 체제로 시작되었습니다. 그는 천안 출신으로 고려대 의대를 나와 미국으로 건너가 흑인 동네의 초청을 받아 병원을 열고 의료활동 겸 봉사를 해왔습니다. 『한국산문』 출신 수필가인 부인 문영애 여사는 워싱턴문인협회를 이끌고 있고요. 워싱턴의 모든 민주화관련 단체와 관련을 맺고 있는 윤 이사장의 정신적 기둥은 함석헌 선생의 씨울사상입니다. 도올 김용옥 교수의 형 김용준 교수가 그의 자형인데, 그의 집에 함석헌 선생이 자주 들러 만나게 된 것이 계기가 되었습니다. 미국 LA 지부는 정찬열 지부장이 2017년 12월에, 중국 광둥 지부는 2019년 4월에 시작되었습니다. 광둥 지부는 김유 지부장이 활성화시켜 기대가 컸는데 코로나 때문에 주춤하지만 곧 그 활약이 나타날 겁니다.

연구소는 팟캐스트 방영을 시작해 유튜브로 방송하고 있습니다. 김세호 PD, 노기환 MC, 임선화, 방은희, 오경아 선생이 제작을 맡고 있습니다.

유성호 2018년부터 민족문제연구소가 지금의 청파동으로 옮겼지요?

임헌영 가난한 살림이지만 좋은 장소로 이사할 수 있었던 데는 강동민 팀장의 노고가 컸습니다. 그가 서울 시내를 헤집고 찾아다닌 덕분에 백범 묘소 근처 청파동으로 이사하면서 연구소의 꿈이었던 식민지역사박물관을 개관했습니다. 2007년 12월 송기인 신부님이 진실과 화해를 위한 과거사정리위원장(재임 2005~2007)에서 퇴임하면서 2억 원을 쾌척한 것이 건립

식민지역사박물관 건립 모금의 마중물을 만들어준 송기인 신부.

모금의 마중물이 되었어요. 그는 부산 출신으로 그 지역 민주화운동의 대부로 노무현·문재인 두 대통령의 스승이기도 하지요. 가톨릭대학교 신학과를 졸업하고 2년 뒤 사제 서품을 받아 숙명적으로 유신독재의 탄생부터 암울한 정치와 정면으로 맞선 조용하고 신중한 실천가였습니다. 유신독재 시절부터 작가 김정한과 윤정규 등을 비롯해 변호사 김광일과 절친해서 양서협동조합운동부터 정의구현전국사제단 결성과 부마항쟁에 이르기까지 부산지역 민주화운동의 대부 역을 맡았습니다. 부산미문화원방화사건을 계기로 노무현과 문재인을 만난 그는 더욱 격렬해진 민주화운동과 각종 기념사업회 등의 사령탑 역할을 해오다가 2005년 사목에서 은퇴하고 김범우 묘소의 '능참봉'을 자임해서 밀양의 삼랑진에서 지내고 있습니다.

11년 걸려 개관한 식민지역사박물관

유성호 연구소의 숙원사업이 식민지역사박물관이었지요?

임헌영 그 실현에 11년이 걸렸어요. 연구소는 2007년 건립 기획안을 회원들에게 발표한 후, 『경향신문』에 식민지역사박물관 건립 희망릴레이 광고와 자료기증 캠페인을 출발신호 삼아 2011년 건립위원회를 출범시켜 그 추진위원장으로 이이화 선생을 추대했습니다. 한국 민족사학계의 녹두장군인 이이화 선생은 오로지 독학으로 한국사를 통달했습니다. 특히 동학농민전쟁사 연구의 선두에 섰던 분이지요. 상아탑에 갇힌 민족사를 대중과 거리와 현실 정치로 이끌어낸 실천가였습니다. 동아일보사 출판국에 근무했던 1960년대 후반부터 나와는 막역한 사이로 발전해 역사문제연구소 때도 함께 일했고, 식민지역사박물관 건립 추진위원장을 맡은 이후 연구소 일이라면 발 벗고 나섰지요. 녹두장군 동상을 서울 종로 한가운데 박원순 시장의 배려로 건립하게 된 것도 바로 그가 기울인 노력의 결실이었어요. 안타깝게도 숙환으로 2020년 3월 18일 작고했지요.

식민지역사박물관 건립 기금 행사는 흑석동 원불교회관에서 개그맨 노정렬의 사회로 진행했던 '깨어나라 역사여!' 건립기금 모금 콘서트(2011. 10)가 공식적인 모금의 선포였습니다. 이 자리에서 고은 시인은 "역사를 어머니처럼 잘 모셔야 한다"는 촌철살인으로 이명박 정권의 역사 왜곡 행태를 일갈했습니다.

유성호 일본에서도 후원세력이 엄청나다고 들었습니다.

임헌영 후원단체는 대표 안자코 유카 교수, 야노 히데키 사

식민지역사박물관 개관. 계단 맨 위에서 두 번째 이이화(모자 씀), 강만길,
그 밑으로 함세웅 · 송기인 · 윤경로 · 한상권 · 방학진(마이크 잡음),
그 맞은편 오른쪽 이준식 · 임헌영 · 이덕우.

무국장, 이케타 나리코(여성들의 전쟁과 평화자료관 관장), 히구치 유이치(고려박물관 관장), 우츠미 아이코(케이센여학원대학 명예교수), 히다 유이치(제6회 임종국상 수상), 스즈키 유코(한일의 여성과 역사를 생각하는 회 대표), 서승(리츠메이칸대 특임교수), 강덕상 대표(재일한인역사자료관 대표), 정조묘(오사카국제교육이해센터 이사장), 이동석(히로시마한국조선사회연구회 대표) 등 여러 인사가 이 후원회에 앞장섰으며, 낙성 이후에도 관람차 방문을 계속하면서 자료수집 운동과 깊은 인연을 이어가고 있어요.

유성호 식민지역사박물관은 이제 근현대사의 명소가 되었군요. 마침 백범 묘소도 가까워 역사탐방 코스로 적격입니다.

임헌영 이 박물관의 건립 과정부터 자료수집, 전시, 각종 기획행사, 관람객 관리 등등 모든 세심한 사항까지 컴퓨터처럼 챙기는 책임자가 김승은 실장입니다.

유성호 연구소 홈페이지를 보니 계속 캠페인을 하시던데, 요즘은 '효창독립커피'도 발매한다면서요?

임헌영 그 아이디어는 애국지사 김창숙 선생의 친손녀가 어머니이신 김태욱 회원이 냈습니다. 그분 어머니는 김구 선생을 '곰보 할아버지'로 호칭할 정도로 친근했다고 합니다. 아버지는 4월혁명 참가자였는데, 4·19 그날 답십리 해병대사령부로 잡혀가 엄청나게 맞고 이승만이 하야하는 날 지프차에 실려 귀가했다고 해요. 집에서는 죽은 줄 알고 영정을 찾아놓을 정도였다고 합니다. 김태욱은 체육대학에서 운동재활 트레이닝을 전공해 여러 곳에서 강의하다가 사업에 투신해 삼각뿔 모양의 커피원두 티백을 국내에서 처음으로 생산합니다. 그가 민족문제연구소를 돕고자 제안했어요. 아주 인기가 좋아요.

유성호 최근 민족문학연구회도 연구소 산하단체로 활동하고 있지요?

임헌영 권위상 시인이 민족문학연구회 운영위 부위원장을 맡아 실무를 추진하고 있어요. 대표는 맹문재 교수이며 송경동 시인도 적극 참여해 주로 친일파 문학상 철폐운동을 추진하고 있지요. 내적인 결속이 강한 조직이 되어 그 단체가 독자적으로 활동하고 있습니다. 연구소는 열심히 뒷바라지를 해주고 있어요.

유성호 그 방대한 활동을 위한 상근자들의 역할이 정말 소중할 것 같습니다.

임헌영 상임이사 조세열, 사무총장 박수현, 기획관리실의 방학진 실장과 유연영 차장, 연구실장 이용창, 자료실장 유은호, 대외협력실장 김영환, 보추협 이희자 대표와 김민철 교수, 식민지역사박물관 총괄 김승은 실장, 근현대사 기념관 심철기 학예실장 제씨들이 막강한 팀워크를 이루고 있는데, 우리 연구소의 보물들입니다.

유성호 연구소를 찾아온 일반인들에게 선생님이 꼭 해주실 말씀이 있다면 무엇일까요?

임헌영 왜 친일파 청산이 중요하냐고 아직도 묻는 사람이 있다면 나는 한마디로 민족반역자는 단순한 범죄행위가 아니라 제국주의 파시즘의 이념에 세뇌당한 인류 평화의 적이라는 점을 들고 싶어요. 그들은 일본에만 충성하는 게 아니라 미국이든 어느 나라든 침략세력에게 붙는 생리구조입니다. 나라 안에서는 당연히 독재와 독점, 반(反)통일, 반(反)평화를 지지합니다. 인류 평화의 적이자 민주주의의 반대세력입니다. 우리가 친일청산해야 일본이 과거사를 정리할 것이며 그래야 동아시아에 평화를 이룩할 수 있습니다.

유성호 친일행위가 단순한 행위 그 자체가 아닌 사상적인 맥락을 가졌다는 것으로 보면 되겠습니다.

18 불확실시대의 평화를 위하여

『문학비평용어사전』과 『그들의 문학과 생애』

유성호 선생님은 만년에 문학적 탐구의 범주를 크게 확장하신 느낌입니다. 한국문학평론가협회를 맡으셨을 때부터 간추려주셨으면 합니다.

임헌영 2003년 2월부터 4년간 한국문학평론가협회 회장을 맡았습니다. 1970년 한국문인협회의 선거용으로 조연현이 원로와 신진들을 대거 운집시킨 이 단체는 『현대문학』 출신 평론가들이 임원을 맡아서 최일수·윤병로·김우종·장백일·홍기삼 교수가 회장직을 이어왔습니다. 나는 홍기삼 회장(재임 1998~2003)의 바통을 이어받아 두 가지 미완사업을 완성하는 게 당면 목표였어요. 『문학비평용어사전』(국학자료원, 2005)과 『그들의 문학과 생애』 전 14권(한길사, 2008)을 완결시켜 간행했습니다. 앞의 책은 장영우·황종연 두 교수가 실무를 집행하

한국문학평론가협회 주관으로 진행해 출간한 『문학비평용어사전』(2005).

다가 둘 다 미국으로 떠나버려 김종회 교수가 총괄해 출간할 수 있었습니다. 비평용어 2,000여 항목을 각 분야 젊은 연구자들이 대거 집필한 역저였지요. 『그들의 문학과 생애』는 납·월북 문인 14명(김기림·김남천·박세영·박태원·백석·이기영·이용악·이태준·임화·정지용·조명희·최명익·한설야·홍명희)의 평전입니다.

유성호 저도 그 책들을 전부 가지고 있습니다. 처음 시도된 『문학비평용어사전』은 귀중한 자료로 참신하고 역동적인 기획이었습니다. 뒤의 것은 개별 작가들에 대한 접근이 단단하고 치밀해 매우 중요한 참고문헌이 되고 있습니다.

임헌영 『그들의 문학과 생애』는 내가 직접 기획해 지원금을 받았고, 필자를 선정한 후 한길사와 교섭해 아주 말끔한 책으로 나왔습니다. 내가 회장 때 직접 기획한 『해외동포문학』 전집

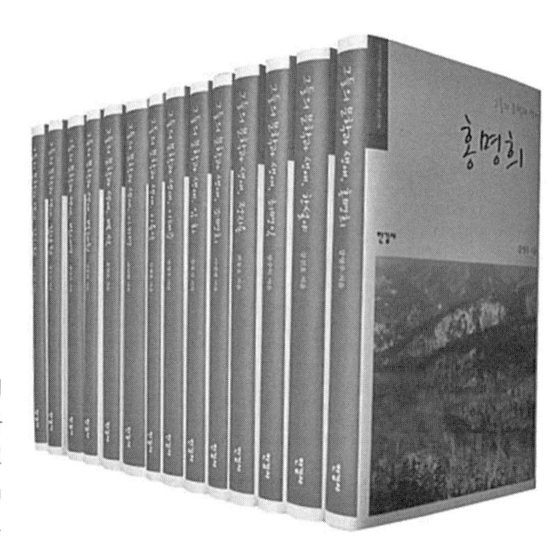

한국문학평론가협회 주관으로 진행한 재북 문학인 14명의 평전 『그들의 문학과 생애』 전집(2008).

역시 지원금을 받아 제작한 것으로 국내 최초의 자료집이지요. 미·소·중·일 4개국에 국한한 것이지만 총 24권으로 각 나라마다 공정하게 6권씩 배정했습니다. 총진행 실무는 김종회 교수가 맡았으며, 각 나라마다 전문가를 동원했으니 기초자료는 구비했다고 봅니다.

유성호 어마어마한 학술적 성과라 그때야말로 한국문학평론가협회의 전성시대였음을 알려주는 것 같습니다. 선생님께서는 한국문학평화포럼 대표도 2006년 1월부터 2008년 5월까지 맡으셨지요?

임헌영 이승철·홍일선 시인이 주관했던 이 단체는 고은 초대 대표에 이어 내가 맡았습니다. 주로 문학 소외지역을 찾아다니며 집회와 강연 등의 행사를 했지요. 외국인 노동자 집단촌부터 휴전선 일대, 8·15 후 민중항쟁이 일어났던 곳 등 꽤

미군기지 건설 반대 운동의 메카인
대추리 행사장에 참석한 고은(오른쪽)과 임헌영.

의미 있는 현장을 찾아다니면서 행사를 했습니다. 임진강 망배단, 백령도, 민통선 애기봉, 철원 대마리, 미 공군 폭격 훈련지 매향리와 미군기지 건설 반대 운동의 메카인 대추리, 광산노동자 항쟁지 사북탄광과 태백 일대, 외국인 노동자촌 안산, 이 밖에 고흥 녹도, 단양 철쭉제, 정선 아라리 축전 등등을 누볐지요. 뜻깊은 행사였는데 이명박 정부 들어 지원이 끊겨 중단되었습니다. 정부의 의지가 문화예술 분야에서 얼마나 중요한지를 실감나게 했어요.

유성호 두 단체의 회장과 대표로서 어느 때보다 분주한 시간을 보내셨을 것 같습니다. 선생님은 그때 대학 강의도 계속하셨지요?

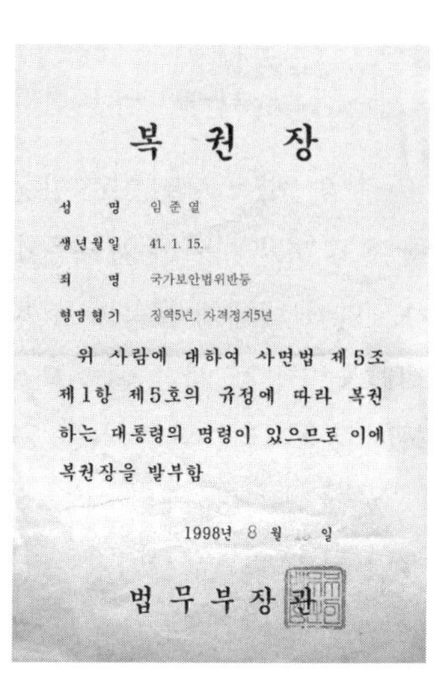

복 권 장

성　　명　임준열

생년월일　41. 1. 15.

죄　　명　국가보안법위반등

형명형기　징역5년, 자격정지5년

위 사람에 대하여 사면법 제5조 제1항 제5호의 규정에 따라 복권하는 대통령의 명령이 있으므로 이에 복권장을 발부함

1998년 8월 [illegible] 일

법 무 부 장 관

나는 만 18년 만인 1998년에 복권되어 민주화유공자로 인정받았다.

임헌영　민주화 덕분에 무척 바빠졌지요. 1998년에야 복권된 나는 2006년 3월 16일 민주화운동 명예회복 및 보상심의위원회로부터 '민주화유공자'로 인정받았습니다. 만감이 교차하는 순간이었지요. 범우사 발간『책과 인생』주간을 1998년부터 맡으면서 중앙대 국문과 겸임교수로 1998년 9월부터 2010년까지 재임했습니다. 이명재 교수가 앞장서 주선한 결과로 주로 대학원 강의를 맡았습니다.

나는 생존 작가 연구는 반드시 그 문인을 만나 현장 취재를 해두는 게 중요하다고 늘 역설하는데, 대학에서의 죽은 연구가 아닌 살아 있는 연구를 위해서였지요.

유성호　세계한민족작가연합 공동대표를 2008년부터 2010년까지 맡기도 하셨지요.

해외동포문학에 대한 총체적 인식

임헌영 사천 출신으로 항공기 조종사를 지낸 뒤 미국에 정착한 김호길 시인이 세계동포문인들을 위한 홈페이지를 운영해오다가 나에게 도움을 요청했어요. 나는 흔쾌히 김 시인의 제안을 수용해 계간『문학과 의식』을 주관하던 안혜숙 작가와 함께 출범시켰습니다.

유성호 안혜숙 작가는 라나에로스포라는 듀엣으로 활동한 유명 가수였는데 장여정이란 예명으로 활동했던 걸로 기억합니다.

임헌영 「날이 갈수록」「당신은 제비처럼」「멋쟁이 그 사내」 등의 곡으로 활동하다가 결혼한 후에는 작가로 변신했지요. 각국 교포 문인들과 연락하며『문학과 의식』에 작품을 게재하기 시작했습니다. 문인의 개념 설정에 따라 그 범주가 들쑥날쑥하지만 어림잡아 해외 문인이 2,000여 명 정도 될 거라고 추산하는데, 작품의 질적 성취가 문제였어요. 국내 독자들이 읽기에는 많은 문제점이 있어 결국 용두사미로 끝났습니다. 같은 해외동포라도 '고려인'(러시아), '조선족'(중국), '재일동포'(일본), '재미교포'(미국) 등 그 명칭이 나라마다 다르듯이, 문학적 경향이나 성취도도 각양각색이어서 어떻게 접근하느냐는 문제가 선결되어야 합니다.

유성호 해외동포문학을 총체적으로 접근해 소개하는 작업은 선생님이 처음인 것 같습니다. 이 문제에 대한 쟁점은 무엇이 있을까요?

임헌영 내가 일찍부터 이 문제에 애착을 가진 이유는 첫째 그들이야말로 분단 극복을 위해 앞장설 수 있는 위치라는 것, 둘째는 세계화 시대에 한반도에 갇힌 갑갑한 민족문학의 지평을 넓히자는 것이었습니다. 우선 논의되어야 할 점을 정리해보도록 하지요.

1. 국적, 거주지, 혈연: 동포 1세 또는 2, 3세 등의 문제로 몇 세까지를 포함시킬 것인가 하는 문제.

2. 사용 언어: 한글 위주인가 아니면 현지어도 전면 수용할 것인가 하는 문제.

3. 문인 개념 기준: 지역과 문화권마다의 차이를 조정하는 문제.

4. 장르: 시·소설·수필·평론·드라마라는 좁은 의미의 문학이 아닌 실록 보고문학까지 포함하는 문제.

5. 동포문학을 광의의 민족문학의 일환으로 수용하는 관점 문제.

나는 이 다섯 가지를 다 수렴해야 된다고 봅니다. 세계화 시대에 해외동포문학은 어떤 형태로든 광의의 민족문학으로 받아들이는 게 마땅하다고 생각해요. 근대적인 한국의 이민은 1863년 러시아 연해주를 시작으로 중국·미국·일본 등으로 그 무대가 넓어져갔는데, 1945년 일제 식민통치까지의 이민 초기는 빈곤과 강제 이민 또는 독립운동을 위한 이주민이 다수를 차지했던 영락없는 디아스포라였습니다.

유성호 디아스포라야말로 21세기의 학문적 화두가 아닙니까? 선생님께서 추적하신 디아스포라 문학의 실상에 대해 듣고 싶습니다.

임헌영 토마스 만은 1936년 미국으로 망명해 "고향을 잃었다고? 내 고향은 내가 행하는 저작 속에 있다. 그 일에 몰두하노라면 나는 삶에 익숙해진 곳에 있다는 친화감을 전혀 잃지 않는다. 그것이 독일어며, 독일의 사고형태이자, 내 나라와 우리 민족의 뛰어난 개성에 의해 발전시켜온 문화유산이다. 내가 있는 곳이 독일이다"라고 했지요. 유대인 출신이었던 카프카는 어느 날 일기에서 이상하지만 어머니에게 사랑한다고 말하기를 주저하도록 만드는 요인이 독일어에 있다면서 "유대인 어머니는 결코 무터가 아니다. 유대인 어머니를 무터라고 부르면, 기필코 그녀는 좀 희극적이 되고 만다"고 했습니다. 모국어에 대한 토마스 만이나 카프카의 신조와는 달리 우리의 해외동포문학은 현지어까지도 두루 포함해야 된다는 것이 내 생각입니다.

유성호 모국어 주창자들은 나름대로 논리가 있을 터이지만 선생님은 아마 독일과는 달리 우리의 동포들은 생존을 위해 현지어를 사용했더라도 민족정서만 가졌다면 수렴해야 된다고 생각하신 것 같습니다.

임헌영 독일의 경우 이미륵의 『압록강은 흐른다』 같은 소설이 그 좋은 예지요.

유성호 우선 아시아 지역, 특히 중국부터 간략하게 소개해 주시지요.

임헌영 8·15 직후 아시아지역 재외동포는 일본과 중국이 단연 압도적입니다. 일본에 살던 75퍼센트, 중국 동북 3성에 살던 40퍼센트가 귀향했지만 여전히 이 지역은 한국 이민의 총본산으로 남아 있지요.

1950년 한국전쟁은 비합법적인 이민을 늘려 일본의 경우에는 교포사회에서도 이념적 분단이 첨예해지도록 변모됐습니다. 이후 한국은 이민정책이 없었다고 할 만큼 잠잠했지만, 1962년 해외이주법이 공포되면서 12월 브라질 농업이민자 92명이 1차로 떠나게 됩니다. 이어 1963년 서독 간호사 파견과 이를 전후로 한 광부들의 파견은 유럽 이민의 신기원을 만들어 현대 유럽 교민사회의 주춧돌을 놓게 했지요. 월남전 관련자들이 인도차이나반도에 잔류해버린 것이 동남아지역 이민의 뿌리를 내렸고, 1970년대의 중동 건설 붐을 타고 그 지역에도 교민사회가 형성되었는데 이들은 대부분 노동력 수출 단계의 이민형태였습니다.

한국 이민이 중산층 형태로 바뀐 것은 1965년 미국의 이민법 개정이 계기가 되었습니다. 의사나 약사를 비롯한 중산층의 미주 이민은 이후 다른 지역으로도 확산되어 이제는 다른 민족에 뒤지지 않는 교민사회가 세계 어디에나 존재하게 되었지요. 그런데도 우리는 아직 그들을 위한 교민청도 없는 상태입니다. 특히 우리 민족의 자산인 문학인에 대한 국가적인 차원의 실태 파악조차 이뤄지지 않고 있습니다. 우리나라에서 처음으로 교민청의 중요성을 설파한 건 해외교포문제연구소 이구홍 이사장입니다. 이 연구소 역시 김상현 의원의 후원으로 운영되었기에 그와는 월간 『다리』 시절부터 가까이 지내면서 저절로 해외

교민문제에 관심을 가져왔습니다.

러시아와 중국 대륙의 교민문학

유성호 근대적 의미로서의 한국 유이민사의 첫 장은 러시아에서 시작되지요?

임헌영 1863년 13가구의 농민이 겨울 야밤에 두만강을 건너간 것이 그 효시라 합니다. 러시아는 1860년 베이징조약에 의해 우수리·아무르 두 강 일대 극동지역의 광대한 영토를 확보하면서 우리와 직접 국경을 맞대게 되었지요. 3년 만에 한국인 농가는 100여 호로 늘어났고, 1869년의 한국 내 대홍수와 흉작은 4,500여 농민을 그곳으로 유인해 연해주 이주를 급증시켰지요. 1870년엔 8,400여 명, 그 2년 뒤에는 한인마을이 생겨날 정도였습니다. 1884년 한·러 외교관계가 맺어지자 상당수(20~30퍼센트)가 시민권을 얻었고, 일제의 강제병탄으로 이런 현상은 상승곡선을 그리게 되어 1923년경에는 10만을 돌파합니다. 1917년 러시아혁명이 일어나자 한인 혁명가들도 동참하면서 한국 사회주의운동의 요람 역할도 하게 되었지요.

유성호 스탈린 시대에는 엄청난 수난을 당했다지요?

임헌영 1930년대부터는 한인 집단농장이 이루어지면서 터전을 굳혔으나 1937년 중·일전쟁 이후 20여만 명이 중앙아시아로 강제 이주당했지요. 9월부터 12월까지 3개월에 걸쳐 강행된 한인 강제이주는 세계사적 비극의 한 장으로 그 3분의 1이 희생됩니다. 작가 조명희도 그 희생자였어요. 강제 이주 1세대

격인 조명희·강태수·김기철·조기천 등, 나중에 중앙아시아로 전입한 연성용·김광현·김두칠 등, 그리고 분단 이후 북한에서 러시아로 간 준망명적 신분으로 창작 활동을 했던 리진·한진·허진 등이 러시아 동포문학의 주류를 이룹니다. 신문을 발간하는 등 화려한 때가 없지 않았지만 1980년대를 고비로 서서히 퇴조해 지금은 빈약하게 명맥이 유지되고 있습니다. 4강국 교민문학 중 가장 열악한 조건이라서 작품성을 기대하기는 어렵고, 다만 민족문학이라는 명맥을 지탱해주는 것만으로도 높이 평가해야 할 형편입니다.

유성호 러시아 내 한인문학의 열악함과 함께 그럼에도 우리 민족문학의 자산이 될 수 있다는 선생님 말씀 잘 알겠습니다. 중국은 사정이 좀 낫지요?

임헌영 중국 조선족은 토착론과 천입론(遷入論)으로 나누어 접근합니다만, 재중 조선인 학자들의 대세는 천입론입니다. 토착론은 고구려나 발해 주민들의 삶의 터전에서 비록 나라는 망해도 민중들은 그대로 남아 오늘에 이르고 있다는 주장이지요. 천입론이란 동북 3성을 중심으로 한 유이민과 상하이를 중심으로 한 망명자들, 그리고 8·15 이후부터 현대에 이르는 소수민족으로서의 정착민으로 나눠봅니다.

유성호 중국은 시대 구분이 우리와 다를 것 같습니다.

임헌영 근대를 1842년 난징조약부터 신해혁명(1911)까지, 현대를 중화인민공화국 성립(1949. 10. 1)까지, 그 후 오늘까지는 '당대'(當代)라는 특유의 시대적 구분으로 설명합니다. 한국인의 중국 이민사는 바로 이 시대 구분에 따라 그 양태가 달라

지지요.

유성호 특히 옌지(延吉)현 룽징촌을 중시하잖아요?

임헌영 1877년 봄에 함경도와 평안도의 14가구가 회령에서 두만강을 건너 터전을 잡은 것이 오늘날 옌볜 조선족 자치주의 기원이었습니다. 해란강 기슭에 살던 조선 처녀가 강가에서 빨래를 하던 중 개구쟁이들이 잉어를 잡아 괴롭히자 그걸 놓아주었는데, 그게 동해(황해) 용왕의 셋째아들이었답니다. 빨래를 할 때마다 그녀 앞에 나타나는 잉어가 안쓰러워 마을 우물에다 넣어 길렀는데, 어느 날 밤 우물가에 가보니 잉어가 총각으로 화신해 둘은 사랑하게 되었습니다. 그러나 용왕의 반대에 절망한 처녀가 우물에 투신해 죽자 거기서 청룡 한 마리가 승천했습니다. 이런 전설의 룽징은 육도구(六道溝)라는 명칭도 함께 썼으나 1931년 이후 '룽징촌'이 됐습니다.

유성호 그 평화로운 지역에 일본 헌병이 들이닥치면서 수난이 시작되지요.

임헌영 1907년 8월 19일입니다. 20여 명의 군경과 54명의 관리가 대거 민가를 급습해 '조선통감부 간도파출소'라는 간판을 내걸었습니다. 1905년 을사늑약에 근거해 간도 한국인에 대한 보호를 구실로 간도협약(1909. 9. 8)을 체결한 일제는 룽징에 간도일본총영사관을 설치하고 영사관 분관과 경찰서를 세워 조선인을 지배했습니다. 이 시기가 중국 조선족의 통칭 '자유이민 시기'(1911~20)로, 1922년 동북 조선족 인구가 51만 6,000명이었답니다. 임시정부가 있던 상하이 지역으로도 망명자가 급증하기 시작했지요.

유성호 그곳에서 펼쳐진 문학의 맥은 어떻게 이어지나요?

임헌영 망명문학 1세대인 김택영은 1908년, 신채호는 1910년, 신규식은 1911년에 그곳으로 가서 망명문학이 형성되지요. 신규식은 쑨원과 동지가 되어 우창봉기에 참여합니다. 홍범도의 봉오동전투(1920. 6), 일제가 항일독립운동을 탄압하기 위해 조작한 훈춘사건(1920. 9), 김좌진의 청산리전투(1920. 10) 등을 고비로 조선인 이민 자유화시대는 막을 내립니다. 이민제한시기인 1921~31년에 중국은 동북지역 한인들에 대해 박해와 금족령으로 대응합니다. 일제의 침략 야욕이 본격화하자 중국은 조선인을 청국인으로 귀화하지 않으면 일본의 앞잡이로 취급하고, 체발역복(剃髮易服, 청나라 습속처럼 앞머리를 깎고 뒷부분만 늘어뜨린 변발이 체발, 청인들이 입던 두루마기인 다부산즈로 바꿔 입는 게 역복)하면 귀화인으로 처우해 토지 소유권을 주었지만 그렇지 않으면 '끼살이호'(寄戶)라는 문패를 달아 토지 소유권도 안 주고 개간한 땅마저 몰수해버렸습니다.

유성호 식민지시기에 동북 3성을 체험한 문인은 신채호·신규식·김택영 말고도 엄청나지요?

임헌영 이광수·염상섭·최서해·한용운·현진건·이육사·주요섭·주요한·염상섭·강경애·모윤숙·안수길·박영준·박계주·손소희·유치환·백석·황건·박팔양·천청송·김조규·현경준·김사량·박세영·최남선 등이 이곳을 지나갔고, 나중에 유명해진 윤동주와 심연수도 여기에 포함됩니다.

유성호 8·15 직전 215만 명에 이르던 중국 조선족은 대거 귀국했지만 120만 명은 동북지역에 그대로 남아 오늘의 재중

동포사회의 기반을 이루었지요. 그들은 한국전쟁 때 '항미원조(抗美援朝) 의용군'으로 참전하기도 하는 등 중국 국민이면서도 모국의 역사적 격변에 휘말리면서 오늘에 이르고 있습니다.

임헌영 이 지역에서 창작된 문학은 중국문학인 동시에 우리 민족문학적인 요소도 지니고 있습니다. '옌볜조선민족자치주'가 된 것은 1955년 12월이었으나, 문화대혁명(1966~76) 때는 소수민족 전체에 대한 탄압이 자행되어 민족문화의 위기를 맞습니다. 그러나 덩샤오핑 체제의 확립으로 조선족 문학은 재생하게 되는데, 옌볜문학은 현지에서는 '중국조선족문학'이라는 이름으로 분류됩니다. 따라서 거대한 중국문학의 한 부분인 동시에 '백의동포 문학'의 한 부분이라는 두 갈래 뼈대를 가집니다. 당연히 그 발전 형태도 중국문학사 시대구분에 따라 ① 근대문학(19세기 말엽부터 1910년대까지), ② 현대문학(1920년대부터 중화인민공화국 창립까지), ③ 당대문학(1949년 이후 오늘까지)으로 나누고 있습니다.

유성호 현대와 당대문학이 궁금한데요.

임헌영 우리의 관심을 끄는 부분은 역시 현대·당대문학으로, 바로 우리 민족문학사와 밀접한 관계를 맺습니다. 현대문학은 ① 1919년부터 일제 만주침략전쟁(1931)까지, ② 1931년부터 일제 항복(1945)까지, ③ 1945년부터 중국 건국(1949)까지로 나눕니다. 여기서 ①·②의 시기는 민족해방투쟁의 문화적 유산을 풍성하게 만들어줄 소중한 유산입니다.

유성호 옌볜문학의 황금기는 강경애·안수길·김조규·박팔양·신영철·현경준·황건·천청송 등 30여 명이 오랫동안 그곳에 머무르면서 활동한 시기였습니다. 그 성과로는 동인지 『북향』(1933 창간), 소설집 『싹트는 대지』(1941), 수필집 『재만 수필선』(1939), 시집 『재만 조선인 시집』(1942), 『만주 시인집』(1942) 등이 있습니다.

임헌영 이 시기가 중요한 것은 '항일혁명문학'이 형성되었기 때문이지요. 시인 리욱으로 대표되는 옌볜 시문학은 가요의 주제들을 그대로 반영하는 형식을 띠어 오히려 시와 가요의 구별이 어려울 지경입니다. 함북 명천 출생으로 명동촌에서 소년기를 보낸 작가 김창걸은 「암야」를 비롯한 많은 훌륭한 작품을 썼으나 일실되어 13편만 전합니다. 착취자와 농민의 갈등을 다루면서 1930년대 조선 농민상을 부각시킨 작품 「암야」는 근대 농민문학에서 빼놓을 수 없는 걸작으로 평가받고 있습니다.

유성호 1945년 이후는 어떻게 되나요?

임헌영 1945년 9월 3일 항일전을 승리로 끝낸 이후 1949년 10월 1일까지의 중국은 국공 내전기였습니다. 이 시기의 시문학은 리욱·윤해영·채택룡·김례삼 등과 8·15 이후 등단한 설인·임효원·김순기 등이 주목됩니다. 특히 「양자강에 봄이 오면」(설인, 본명 이성휘), 「동북 인민행진곡」(윤해영)은 널리 알려진 작품입니다.

문화혁명으로 수난당하다

유성호 중화인민공화국 이후의 당대문학 기간 중 옌볜 조선족 문학은 어떻게 전개되나요?

임헌영 첫째 중국 건국부터 문화대혁명(1966)이 일어나기까지, 둘째 문화대혁명 기간, 셋째 문화대혁명의 종언과 4인방 숙청(1976) 이후 오늘까지입니다. 비록 민족문학적 특성을 갖추고 있긴 하지만 그 시대구분에서는 중국문학사를 따를 수밖에 없지요. 대륙 여러 곳에 흩어져 있던 문인들은 자치주 설립을 전후해 옌지로 모여들어 옌볜조선족자치주 문화예술계 연합회를 결성(1953. 7)했습니다. 1956년 8월에는 소수민족으로는 제일 처음으로 중국작가협회 옌볜분회를 창립해 그 밑에 창작위원회, 구전문학위원회, 번역위원회, 간행물위원회를 설치했지요. 이때 기관지는 『아리랑』(전신은 『옌볜문예』, 1959년부터는 『옌볜문학』)으로 이른바 문학사적으로 '송가시대'(頌歌時代)라고 불릴 만큼 당시 문학은 새 국가 체제에 대한 찬양의 정서가 앞섰으며, 일제 식민지에 대한 회상과 반제투쟁 의식을 고취하는 내용이 압도적이었습니다. 시는 '서정서사시'라는 양식이 나타나 관심을 끌었는데 그 기법은 현대문학사 이래 지속되었던 사실주의적 미학에 입각한 것이었습니다. 서정서사시로는 서헌의 「청송 두 그루」(1955), 리욱의 「고향 사람들」(1957), 김철의 「산촌의 어머니」(1958)가 민족사적 성과로 평가받습니다. 이 밖에 유명한 시인으로는 「진달래」를 쓴 임효원, 「조국은 그대 심장으로 해」를 쓴 설인, 윤동주의 동생 윤광주·조룡남·김례삼·리삼월·김성휘·김태갑·김창석·박화 등이 있습니다.

유성호 소설 분야는 어떻습니까?

임헌영 조선족의 혁명적 열기와 창조적 적극성을 진실하게 묘사하는 데 주력해, 전형성 창조에 역점을 두었지요. 김학철의 『해란강아 말하라』(1954), 리근전의 『범바위』(1962)와 중편 「호랑이」(1960)를 비롯해 김창걸(「새로운 마을」), 백호연(「꽃은 새 사랑 속에서」), 최현숙(「나의 사랑」), 원시희(「최 선생」), 마상욱(「간호장」), 한룡순(「누님」), 김병기(「쇠돌골의 변천」) 등 많은 성과들이 쏟아져 나왔습니다. 렴호렬·김순기·백남표·마상욱·현룡순·허해룡·김병기·윤금철·차룡순·안창욱·박태하 등 많은 작가들도 이 시기에 옌볜문학을 빛낸 업적을 남기고 있습니다.

유성호 생각보다 많은 시인과 작가들이 활동했고 성과도 많이 냈네요. 그 밖의 장르들은 어떤가요?

임헌영 민요·연극·평론 분야에서도 상당한 성과를 이루었는데, 그중 반우파 투쟁이론과 좌경적 오류이론을 둘러싼 논쟁의 회오리는 옌볜에까지도 뻗쳐 많은 상처를 남기기도 했습니다. 특히 문화대혁명 기간에는 인간학으로부터 정치학으로 전락해버려, 민족형식을 네 가지 낡은 것 즉 옛 사상, 옛 문화, 옛 풍습, 옛 습관으로 몰아붙여 한글 사용조차도 불온시하며 중국어를 강요했지요. 옌볜 조선족 문화단체의 해산 과정에서 김학철·김철·김례삼·임효원을 비롯한 유명 문학인을 반혁명분자, 반동적인 학술권위, 간첩, 잡귀신으로 몰아 투옥 또는 탈권을 시킵니다. 1976년 10월 문화대혁명을 주도했던 4인방 숙청 후 조선족 작가들은 민족주체성에 입각한 민족의식과 생활정서에 바탕을 둔 민족문학 창조에 다시 전념하기 시작합니다.

유성호 이 시기의 작품은 국내에도 널리 읽혔지요?

임헌영 김학철의 『격정시대』(1986)를 비롯해 최택청의 『도

강전야』(1981), 윤일산의 『어둠을 뚫고』(1981), 리근전의 『고난의 연대』(1982), 김송죽의 『번개 치는 아침』(1983), 김용식의 『설랑자』(1984), 윤일산의 『포효하는 목단강』(1986), 김운룡의 『새벽의 메아리』(1986), 류원무의 『봄물』(1987) 등이 널리 알려졌지요.

풍요해진 미주 이민문학

유성호 중국 조선족 문학은 우리 민족문학의 아주 중요한 구성 요소라고 할 수 있겠습니다. 시선을 미국 쪽으로 돌려보시지요.

임헌영 미주 대륙으로의 이민사는 1903년 1월 13일 사탕수수 농장에 팔려간 97명의 동포가 호놀룰루에 도착한 때를 효시로 잡고 있습니다. 멕시코 농장 이민은 하와이보다 더 악조건 아래서 미국인과 일본인의 농간으로 추진되었지요. 피눈물 어린 미주지역 이주의 역사가 전환기를 맞은 것은 1965년 미국 이민법 개정에 따라 우리나라도 2만 명 배정을 받았을 때입니다. 기술 이민의 시대가 열리면서 식민지 시대의 이민 유형을 청산하는 계기가 되어 북미와 중남미 여러 나라로의 이민이 급증한 1970년대 이후를 현대 이민의 궤도 진입기로 보고 있습니다.

유성호 미주는 1세기라는 짧지 않은 이민 역사에도 불구하고 다른 지역에 비해 문학적으로는 가장 불모지였지요? 이 지역에 이민문학이 등장한 것은 1970년대부터였으며, 1980년대 이후에는 세계 어느 지역에도 뒤지지 않는 활발한 문학 활동이 이루어졌다고 합니다.

임헌영 초기에는 영어로 창작했던 강용흘의 『초당』, 김용익의 『푸른 씨앗』, 현웅(피터 현)의 『아이스크림』, 김은국의 『순교자』, 이창래의 『모국어로 말하는 사람』 등이 미국문단을 빛냈습니다. 캐나다를 포함한 미주 동포문학이라고 부를 수 있는 우리말 창작은 이미 모국에서 문인으로 명성을 얻은 뒤 1960년대 이후 이주한 시인 박남수·고원·마종기·김송희·전달문·이세방·최연홍, 작가 최태응·서승해(서정주 아들)·송상옥·신예선·박상륭·박시정·평론가 이철범·명계웅 등 많은 문인으로 형성되었지요. 미주한국문인협회가 창립된 것은 1982년입니다.

유성호 미주지역 동포문학의 작품 세계는 다양하면서도 이주자의 삶이 짙게 스며 있었을 것 같습니다.

임헌영 미주 현지에서의 이민문학과 병행해 1980년대 후반부터 세계여행의 기회가 늘어나면서 한국 문인의 미주 여행기와 이를 소재로 한 기행소설과 시가 등장하게 되었는데, 특히 1990년대에 이르러서는 기행문학이 대유행했습니다. 21세기를 맞으며 한국과 미주지역은 어떤 의미에서는 문화적 거리가 사라진 지구상의 가장 가까운 관계로 진전해 국내와 현지 동포문학의 변별이 어려워질 정도가 되어버렸지요. 사실 두 나라를 왕래하며 생활하는 이들이 늘어나면서 나타난 국경 소멸 현상은 문학 작품에도 반영되어 구태의연한 이민 개념보다는 왕래 개념에 더 밀착하게 됩니다. 2020년 현재 미주문학은 양적인 풍요를 누리면서 지역과 장르, 신앙 등으로 나뉘어 엄청나게 많은 잡지와 동인지들이 쏟아지고 있어 마치 한국 문단을 옮겨다 놓은 듯합니다.

재일동포문학은 너무나 방대하기 때문에 여기서는 생략하겠습니다.

분단시대의 두 지성 함석헌과 리영희

유성호 선생님께서 깊은 관심을 가지셨던 북한문학에 대해서는 다음 기회를 기대하겠습니다. 민족문제연구소 시절에 출간된 리영희 선생과의 『대화』와 관련해서 각별한 기억이 있으실 것 같은데요.

임헌영 1970~80년대 독재체제에서 한국의 대표적 지성으로 '사상의 은사'였던 리영희는 너무나 널리 알려져 있어 새삼스럽게 소개할 필요는 없겠지요. 이제 작고한 지 10년이 지난 오늘의 시점에서 한국 현대지성사에서 그를 어떻게 평가할 것인지만 간략히 말하고 싶습니다. '식민사관'이라는 용어는 일제 잔재의식을 역사학에서만 국한해서 적용하는 것 같은데, 실은 근대 이후 모든 분야가 다 탈피하지 못한 원죄와도 같은 것입니다. 과거의 한국 정치학을 심하게 비하하면 식민정치학 혹은 구호물자 정치학이 아니었던가요? 미국과 일본이 쳐놓은 반공 이데올로기를 위한 반소련·반중국의 방역망 안에서 이뤄졌지요. 이 방역망을 처음으로 넘어선 용자가 리영희였습니다. 물론 그 이전 정치학에서 민족주체성을 추구한 차기벽 교수를 비롯한 몇몇 학자가 없지 않았지요. 민주주의·민족주의·산업주의를 중심 과제로 본 차기벽 교수는 제3세계 민족주체성 관점에서 한국 정치문제에 접근했는데, 리영희 선생은 여기서 한 발 더 나아가 바로 우리 민족사적인 관점을 취한 것입니다. 경제학자로는 아마 박현채가 이 범주에 포함될 수 있을 것입니다. 학문이나 진실에 국경이 없다고 하지만 리영희 선생은 시간이 지날수록 점점 더 그리워지는 분단 지성사의 북극성입니다. 후학들은 그를 현재진행형이자 미래지향형 사이에서 만나야 할 거예요.

유성호 특별히 오늘의 시대에는 리영희 사상에서 어떤 점이 더욱 강조되어야 제대로 된 계승이라고 할 수 있을까요?

임헌영 민족지성이란 그 시대가 당면한 가장 화급한 문제를 냉철하게 찾아내어 그 원인과 해결책을 제시하는 어떤 이성의 좌표라고 할 수 있습니다. 작가 최인훈은 문화민족의 개념을 명백하게 정의해주고 있습니다.

> "문화민족이란 것은, 금속활자를 만들었다거나, 불경을 나무토막에 파가지고 축수했다거나, 항아리를 구워낸다는 말이 아닙니다. 문화민족이란 누가 나의 적이며, 그 적을 몰아내자면 어떤 방책을 어떻게 힘을 모아서 실현시킬 것이냐를 아는 집단 슬기라고나 할까요, 그런 재주를 부릴 줄 아는 민족을 말합니다."(최인훈, 「총독의 소리」)

유성호 '민족지성'이라는 용어 역시 이와 비슷하겠지요. 외

대광고등학교에서 연설하고 있는 민족의 지성 함석헌 선생.

국어를 잘하거나 외국 이론에 해박해 그것을 즐겨 인용하며 넓은 견문을 자랑하는 것이 아니라, 우리 민족이 처한 현실적인 고통을 어떻게 하면 해결할 수 있을지를 보다 정확하게 진단하고 찾아내는 양식일 것입니다. 따라서 근대 이후 외세 침탈로 인해 일관되게 형성된 민족주체성 확립이 민족지성의 역할이 아닐까요?

임헌영 민족자주의 주체성을 훼손당하고서야 지성도, 예술도 소용없지요.

유성호 선생님은 어느 글에선가 분단시대 '민족지성'의 대표로 함석헌과 리영희 선생을 거론했지요?

임헌영 둘 다 평북 출신의 호랑이지요. 포효 기질인데 리영희 선생보다 28년이나 먼저인 1901년에 태어난 함석헌 선생은

우상의 첫 파괴자이자 분단고착화 시대 이후 첫 민족지성입니다. 그는 냉전 체제 아래서 외롭게 분단시대가 조작해낸 허깨비들을 짓부수고자 '생각하는 백성'론을 거론했습니다. 외세 의존적 기독교를 민족 주체적 여과를 통해 토착화해 정신사의 새 지평을 열게 해주었습니다. 말하자면 '선교사의 기독교'를 '한국인의 기독교'로 방향 전환한 셈입니다. 이런 신앙은 기독교의 본질에 더 깊이 다가선 자세이자 진정한 예수의 정신에도 부합할 것입니다.

> 내 기독교에 이단자 되리라
> 참에야 어디 딴 끝 있으리오
> 그것은 교회주의의 안경에 비치는 허깨비뿐이니라

미움은 무서움 설으고 무서움은 허깨비를 낳느니라.

기독교는 위대하다
그러나 참은 보다 더 위대하다
참을 위해 교회에 죽으리라
교회당 탑 밑에 내 뼈다귀는 혹 있으리다
그러나 내 영은 결단코 거기 갇힐 수 없느니라.(「대선언」, 『함석헌전집 6』, 한길사, 1988, 257쪽)

이렇게 고백한 것이 바로 1953년 7월 4일 미처 휴전도 되기 전이지요. 이것은 기독교를 버린 것이 아니라 사이비 신앙인의 허물을 벗어던진 것입니다. 그에게 기독교의 참신앙이란 '들사람 얼'이요, 단군신화 중 호랑이의 정신이며, 궁극적으로는 '씨알 사상'입니다. 씨알이 볼 때 분단은 강대국의 꼭두각시일 뿐, 우리는 그저 나라 없는 백성일 수밖에 없다는 것이 「생각하는 백성이라야 산다」라는 글에 나타난 함 선생의 생각입니다. 우리가 이렇게 꼭두각시가 된 것은 "미국 때문에 생긴 우리 썩음 아닌가? 미국의 자본주의의 하수도가 우리다"(「사상과 실천」)라는 게 그의 직설이지요.

그는 1971년에 민족사에서 가장 화급한 과제로 "남북이 불가침조약을 맺는 일"이라고 예언자처럼 외쳤습니다. '남북 불가침'이란 곧 평화로운 삶을 뜻하는데, 이를 가로막는 것은 "정치업자·전쟁업자들의 집단"(「평화운동을 일으키자」)이 만든 남북 적대시라는 게 함석헌 선생의 생각이었습니다. 외세가 아무리 남북에게 싸우라고 부추겨도 우리가 스스로 안 싸우겠다고 해야 하며, 설사 "이북에서 침입하는 경우에도 아무 무력의 대항이 없이 태연히 있을 각오를 해야 한다"(「우리의 살길」)라는 것이 그의 능동적인 평화주의 사상이었습니다. 이렇게 되려면 "한 놈이 죽고 한 놈이 이김으로 결말짓는 것"(『뜻으로 본 한국역사』)이 아닌, 이데올로기의 무승부여야 한다고 함 선생은 주장합니다.

바로 이러한 이데올로기의 무승부를 리영희 선생은 새들이 날려면 '좌우 날개'가 있어야 한다고 표현한 것입니다. 그렇게 되면 외세도 독재자도 존재의 명분이 사라지고 말 것 아닙니까? 그러나 저들은 한사코 우상을 날조해 이러한 움직임을 방해하지요.

> "지배자들은 바로 민중을 위하기나 하는 척 조국을 건지자, 계급을 해방하자, 일치단결해라, 정의는 우리에게 있다, 오랑캐를 물리쳐라, 하며 싸움을 붙여놓고 자기네는 죽지 않을 안전한 자리에 앉아 어리석은 것들을 시켜 훈장까지 붙이게 해가면서 명군(明君), 영웅(英雄), 영도자 노릇을 하며 앉아 있다. 그러므로 그들의 철학으로 하면 전쟁은 없어서 아니 되고 상벌도 없어서 아니 되고 차별도 없어서 아니 된다. 그러한 세상에 평화는 있을 수 없다."(「평화운동을 일으키자」, 『함석헌선집 2』, 484~485쪽)

함석헌 선생의 시야에 비친 남북 평화공존의 장애는 첫째 남북 긴장, 둘째 주위 강대국의 야심, 셋째 인간의 본성, 넷째 민중의 도덕 수준에서 옵니다. 이 가운데 셋째와 넷째는 사상사적인 문제로 앞의 문제가 해결되면 저절로 풀리고 맙니다. 그래서 함석헌 선생은 첫째와 둘째 쟁점인 '남북 긴장'과 '주위 강대국들의 야심'을 타파하고자 일생 동안 실천운동으로 일관했지요. 그는 실천과정에서 가장 중요한 과제가 친일청산임을 절감해 "어제까지 제 말 쓰지 말라면 말 못 하고, 제 옷 입지 말라면 맞지도 않는 유카타에 게다 끌고 나오고, 성 고치라면 조상의 위패 똥통에다 던지고 일본 이름 쓰고, 젊은 놈 남의 전쟁에 나가 죽으라고 시국 강연하라면 있는 지식과 말재주를 다 떨어 하던 사람들이, 사람이 아니라 놈들이 어떻게 그대로 해방 받아 자유하노라 할 수 있겠나?"라고 목청을 높였습니다. 그러니 이치로 따진다면 이미 우리는 일제의 괴뢰였고 그 괴뢰는 8·15 이후에도 그 신분을 그대로 유지하고 있다는 논리입니다.

유성호 함석헌 선생을 가장 높이 평가한 사람 가운데는 시인 김수영도 있었습니다.

> "오늘이라도 늦지 않으니 썩은 자들이여, 함석헌 씨의 잡지의 글이라도 한번 읽어보고 얼굴이 뜨거워지지 않는가 시험해보아라. 그래도 가슴속에 뭉클해지는 것이 없거든 죽어버려라! 언제까지 우리들은 미국 놈들의 턱밑만 바라보고 있어야 하나?"(김수영, 「아직도 안심하긴 빠르다: 4·19 1주년」)

함석헌 선생의 모습이 선합니다. 그가 주장하는 밑바탕에 민족문제연구소의 지향이 숨어 있는 것 같습니다.

임헌영 함석헌 선생을 사회과학적으로 입증해준 학자가 리영희 선생이었습니다. 그에게 글쓰기란 진실 추구 그 자체였으며, 그 진실이란 우상의 정체를 해부해내는 용기 있는 작업이었습니다. 다음을 읽어볼까요?

> "나의 글을 쓰는 유일한 목적은 진실을 추구하는 오직 그것에서 시작되고 그것에서 그친다. 진실은 한 사람의 소유물일 수 없고 이웃과 나눠져야 할 생명인 까닭에 그것을 알리기 위해서는 글을 써야 했다. 그것은 우상에 도전하는 이성의 행위다. 그것은 언제나, 어디서나 고통을 무릅써야 했다. 지금까지도 그렇고 영원히 그러리라고 생각한다. 그러나 그 괴로움 없이 인간의 해방과 발전, 사회의 진보는 있을 수 없다."(리영희, 「읽는 이에게」, 『우상과 이성』, 한길사, 1977)

그의 진실 추구는 우상의 정체가 허깨비임을 밝혀내는 작업이었습니다. 우상은 진실을 못 보는 데서 발생하며 그래서 사람들은 우상의 신앙을 굳게 가지게 되고 그 우상은 더욱 공고하게 뿌리를 내리게 됩니다. 우상을 확신하는 단계에 이르면 추악한 역사적 범죄조차도 아름다운 황금의 가면을 쓴 것으로 보이도록 하는 조작능력이 생기게 되지요. 바로 오늘날 한국의 처지가 이 꼴 아닙니까?

리영희 선생과의 『대화』 작업

유성호 우상의 실체가 리영희 선생에 의해서 밝혀지자 그 우상들은 아름다운 가면을 쓰고 등장했지요. 미국은 한국 민주주의와 인권을 지지하는 척했으며 국제정치 무대의 눈치도 열심히 보았습니다. 이에 발맞추어 한국 보수세력도 체면과 염치를 흉내라도 냈으며, 특히 일본에 대해서는 차마 드러내놓고 친일행각을 벌일 수가 없어 정치무대의 뒤에서는 비록 친일 본색을 보였으나 국민들이 빤히 쳐다보는 무대에서는 반일의 가면이라도 쓰고 있었던 것 아닌가요?

임헌영 그런데 어찌된 판인지 이명박과 박근혜 정부 이후 그 허수아비들은 노골적으로 무대의 구별도 없이 아예 까놓고 친미·친일의 날카로운 이빨을 드러내게 되었습니다. 하기야 아무리 가면을 써보았자 민중들 다수는 그 정체를 꿰뚫어볼 수 있는 투시안을 가지도록 리영희 선생이 개안술을 실시했기 때문에 이미 가면의 효과가 사라져버렸기 때문인지도 모르겠습니다.

유성호 리영희 선생이 뇌출혈을 겪으신 게 2000년 정도로 기억되는데요.

임헌영 그 와병 기간에 그는 인생론에 대한 묵상으로 유유자적하며, 최후의 결실로 열매를 맺은 게 『대화』(한길사, 2005)였어요. 영광스럽게도 내가 대담자 역할을 맡았지요. 이 명저는 일생 동안 필화 6회, 해직 4회, 구속 5회를 겪어야 했던 그의 수난사가 고스란히 담겨 있습니다.

유성호 리영희 선생은 1995년 한양대를 퇴임하셨지요. 퇴임

직전인 1994년에 산본 수리산 밑 아파트로 이사하셨다고 들었습니다.

임헌영 나는 그 이듬해에 산본으로 이사 가서 10년을 살았기에 이웃이 되었지요. 『대화』를 준비할 때 리영희 선생은 워낙 건강 상태가 안 좋아 한 시간 정도 대화를 하면 꼭 휴식을 취해야 할 정도였는데, 책이 나올 무렵엔 건강이 회복되어 꼼꼼히 교정을 보실 수도 있었어요.

유성호 2010년 민중들이 도로 우상 찾기에 빠졌던 이명박 정권 때 작고하셨는데, 리영희 선생의 반응은 어땠나요?

임헌영 2008년 이명박 정부가 들어서면서 내세운 '실용의 시대'를 두고 민주화 세력들 간에는 이미 김대중과 노무현 정권이 이룩한 남북교류와 화해와 민주화 체제를 후퇴시키지는 못할 것이라는 희망적인 기대가 지배적이었습니다. 그런데 리영희 선생은 나에게 "임 형, 두고 보시오. 모든 것이 수포로 돌아갈 뿐만 아니라 상상할 수 없는 끔찍한 사태가 연이을 것"이라고 단호히 경고하시더군요.

유성호 실로 놀랍군요. 이명박 정권 초기에는 다들 역사의 수레바퀴를 되돌리지는 못할 거라 예측했었는데 말입니다.

임헌영 그런 판단을 내린 근거가 뭐냐고 묻자, 모든 존재는 그 본질을 벗어나지 않는다고 했습니다. 이명박은 돈벌레, 황금충을 신으로 모시는 본질이기에 미국과 일본을 새 우상으로 섬길 거라 했지요.

유성호 선생님도 한 수 배우셨겠군요.

임헌영 그 순간, 내가 이제까지 변증법 운운한 게 말짱 헛것이라는 생각이 정수리를 쳤어요. 나도 선생의 말씀을 활용해 박근혜가 집권하자 당장 써먹었지요. 주변에서는 그녀가 아버지의 비극 이후 많은 고생을 했기에 이명박보다는 나을 것이라고 기대하는 지식인들이 대부분이라, 내가 리영희 선생을 흉내 내어 "아마 임기도 못 채울걸"이라고 일갈하니 모두들 비웃더라고요.

진보인사들은 '설마'라는 유혹에 좀 약하지요. "설마 미국이, 설마 일본이, 설마 보수세력이 그렇게까지야 하랴!"라고 말입니다. 그 설마가 사람 잡아요.

유성호 리영희 선생의 그런 본질 판단론은 지금도 유효한 것 같습니다.

불확실시대의 문학

임헌영 촛불혁명 이후 보수세력들 사이에서는 '설마 이제는 되돌리지 못하겠지' 하는 안도감이 팽배했지요. 그런데 더 광적인 파렴치로 표변해 수단 방법을 안 가리잖아요. 그런데도 세상을 제대로 안 보는 '설마' 세력들이 정신을 안 차리는 것 같아 걱정입니다.

유성호 선생님의 사연과 경험을 들으면서 우리 민족사를 다시 한번 되돌아보게 됩니다. 선생님의 활동범위가 넓어지면서 평론집 『불확실시대의 문학』(한길사, 2012)을 펴내기 전까지 문학적 침묵이 좀 길었던 것 같습니다.

임헌영 이미 문단은 거대담론을 땅속 깊이 장사 지내버린 지 한참 지났고, 민주화운동도 김대중과 노무현 정부가 맥없이

광주 MBC 주관 광복 60주년 기념 특별대담(2005). 리영희의 『대화』를
중심으로 전 3부작을 방영했다. 진행은 임헌영.

이명박으로 교체되자 역사의 바람 앞에 풀처럼 미리 누워버렸지요. 2012년 대통령선거를 8개월 앞둔 4월에 낸 평론집 『불확실시대의 문학』은 나로서는 18년 만의 감회 깊은 소산이자 넋두리였습니다. 박정희에게 18년간이나 시달렸는데, 그로부터 33년이 지난 내 만년에 친일파 독재자의 딸에게 또 당해야 하나 싶은 마음에 분통이 터질 때였지요. 나는 이 평론집 앞머리에서 이렇게 그 소회를 적었습니다.

"어떤 공고한 민주주의와 번영·평화도 한 고약한 정치가에 의해 순식간에 붕괴될 수 있다는, 헤겔이나 마르크스의 역사철학으로도 예기치 못한 상황을 유럽이나 미국의 예에서 간접적으로 체험하는

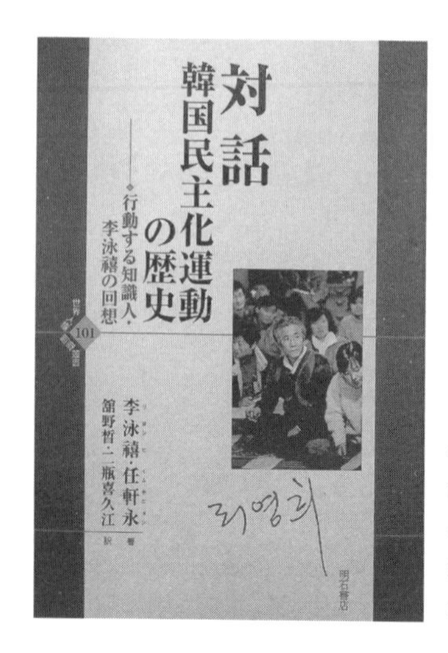

리영희·임헌영의 『대화』 일역본이 타테노 아키라·니헤이 키쿠에의 공역으로 아카시 쇼텐에서 『對話: 韓國民主化運動の歷史』(2019)라는 제목으로 출간.

것은 물론이고 우리나라에서도 통감하면서 '불확실시대'에 대한 명칭에 더 애착이 갔다."(「불확실을 밝히는 하나의 별: 책을 내면서」)

바로 리영희 선생의 우려가 현실화된 상황을 문학적으로 풀어낸 것이 이 평론집이었어요. 세계 민주주의의 상징(나는 미국은 결코 바람직한 민주체제가 아니라고 봅니다만)인 미국의 트럼프가 그 좋은 예지요. '설마 미국이!' 했겠지요. 그런데 그 막가파 트럼프가 안면 몰수하고 온 세계를 상대로, 특히 만만한 한반도를 두고 대형사기를 쳤어요. 그가 북핵문제를 풀겠다고 발표해 다들 희망에 들떴을 때 나는 '설마'를 떠올렸어요. 리영희 선생이 다시 한번 혀를 차며 "임 형, 두고 보시오" 하는 음성이 나에게만은 들렸어요. 막가파가 오히려 우리에게는 좋을 수 있다고 공공연하게 낙관론들을 폈잖아요? 나는 참으로 갑갑했어요.

미국 보수파의 본질은 남북긴장을 그대로 유지하는 겁니다. 무기를 팔아야 하는 그들이 왜 남북평화를 원하겠습니까? 샌더스라면 기대해볼 만하지만요.

유성호 이어서 선생님은 『임헌영의 유럽문학기행』(역사비평사, 2019)도 내셨지요? 참 재미있는 읽을거리였습니다.

임헌영 세계의 문호들이 얼마나 인류 평화에 기여했는지를 공통 주제로 놓고 저간의 세계문학기행담을 풀어내본 것입니다. 지역별로 내고 싶었는데 첫 번째로 유럽부터 냈어요.

유성호 리영희와의 『대화』가 일역판으로 출간됐다는 소식도 들었습니다.

임헌영 2019년에 타테노 아키라·니헤이 키쿠에의 공역으로 아카시쇼텐(明石書店)에서 『對話: 韓國民主化運動の歷史/行動する知識人·李泳禧の回想』(2019)이란 제목으로 나왔습니다. 타테노 선생은 중국 다롄 출신으로 출판인이며, 한승헌의 『분단시대의 법정』(分断時代の法廷: 南北対立と独裁政権下の政治裁判, 岩波書店, 2008) 등 주로 한국 관련 책을 여러 권 번역했지요. 이시이 아키오(石井昭男) 대표의 출신지인 효고현 아카시(明石)시를 출판사 이름으로 채용했으며, 인권확립을 출판 이념으로 내걸고 1978년에 창업한 출판사입니다.

유성호 선생님 생애에는 언제나 거인들이 곁에 계셔서 지남(指南) 역할을 해주신 것 같아 부럽습니다. 그러나 선생님 생애의 최대 거인은 어머님이 아니셨을까 하고 생각해봅니다. 이때쯤 어머님께서 돌아가셨지요?

임헌영 2007년 11월 13일 새벽 1시에 운명하셨어요. 나는 안치실에서도 온돌방 새벽 아랫목처럼 어머니의 체온을 희미하게 느낄 수 있었습니다. 만 96년 동안 심장으로 달구어온 육신이 어찌 그리 쉽게 식을 수 있겠습니까? 자는 듯 온화하게 누운 모습은 설날 우리 형제들의 세배를 받던 흡족한 모습이었습니다. "내가 왜 여기 있지?" 하며 벌떡 일어난다 해도 놀라지 않을 만큼 단아했어요. 나는 이 작은 여인을 세 번이나 가슴미어지게 한 불효자였습니다. 손이 갈퀴가 되도록 일하는 어머니를 두고 서울로 공부한다고 달아나서 한 번, 서울살이를 시작해놓고 호강은커녕 감옥으로 가버리기를 두 번, 어머니 구십평생에서 나 때문에 흘린 눈물이 얼마일지 가늠할 수조차 없습니다. 얼마나 좋은 내세가 망자 앞에 기다리고 있을지 모르지만 이 순간만은 필시 지상에서 아득바득 살아가는, 눈물과 피와 땀을 가진 고뇌 많은 인간이라는 존재가 새삼 소중함을 느끼게 해주더군요. 그냥 유신론자가 되고픈 그런 찰나였어요. 한 인간의 생애가 한 줌 재로 변해가는 불가마 앞에서 통곡하지 않는 사람은 없습니다. 그러나 이내 식당으로 갈비탕을 먹으러 가면서 인간은 영원히 울 수도 없음을 느꼈지요. 순간에 무신론적 허무주의의 유혹에 빠지지 않는 인간이 있을까 싶었어요.

유성호 직접 어머니를 모시고 산 기간은 얼마나 되세요?

임헌영 내가 대학 졸업반이 되면서 서울로 어머님을 모신 게 1965년이니 돌아가시기까지 서울살이 만 42년이었습니다. 어머님의 버킷 리스트는 딱 두 가지였습니다. 보도연맹 사건으로 희생당한 아버님의 유해를 찾아 모시기, 북으로 간 큰형을 살아생전에 한 번만이라도 만나는 것이었습니다. 아버지는 유해는커녕 돌아가신 날짜도 몰라 생일날에 제사를 올리고 있는 형편입니다. 한국전쟁 전후 민간인 피학살 유족들이 행여 유골이라도 찾을까, 역사의 진실을 밝히려고 나섰지만 여전히 오리무중 아닙니까. 어머님이 고령자였기에 2006년 금강산 이산가족 상봉 때 형님 슬하의 남매를 만났는데 이미 형님이 고인이 되었다는 이야기를 들은 것이 유일한 성취였어요.

유성호 그래도 생전에 이산 상봉을 하셨군요.

임헌영 고대하던 맏아들이 이미 저세상으로 갔다는 사실을 들은 후 어머니는 식음을 전폐하더니 급격히 쇠약해졌어요. 인간은 소망으로 살아가는구나 싶었습니다. 어머니 유품을 정리하다가 서랍에 고이 넣어둔 편지를 찾았는데 이렇게 쓰여 있었습니다. 맞춤법 그대로입니다.

> 이 어미 원도 만코 한도 만타. 포부도 컷다. … 어미가 이 세상 떠나가거던 어미 입뜬 오슬 버리지 말고 빈 상제에 꼭꼭 너어 두엇다가 상환이(맏형 이름) 주워라. 어미 본다시.
>
> 상환아 너을 한시도 이저본 젹 업다. 상환아 너 부자을 생각하면 하업시 흐르는 눈물 끗치 업다. 그려나 이제 난 눈물도 매말나다.
>
> 엇지 눈을 깜을가. 구천예 가서 너 압바을 볼가 기대한다.
>
> 친가나 외손이나 다 갓치 잘 되기을 구천의 가서도 부처임게 빈다.
>
> 어미의 먹근 마음 구천의 가도 변치 안는다.

'적과의 동침' 임화문학상 수상

유성호 최근에 내신 평론집으로 임화문학예술상을 수상하셨지요?

임헌영 평론집 『한국소설, 정치를 통매하다』(소명, 2020)는 그간 쌓였던 소설론 중 주로 정치문제와 민족운동사를 다룬 작가와 작품들만 선정한 책입니다. 부러워하던 상을 수상하게 되어 참 기뻤습니다. 평론이 너무 고답적인 학술논문처럼 변질되어 독자들이 범접하기 어려웠던 점을 감안해 나는 그 작가와의 개인적인 교류까지를 겸해 에세이풍으로 고쳤어요. 의외로 반응이 괜찮았습니다. 나로서는 만년에 맞은 경사라 내 돈을 들여서라도 큰 잔치판을 벌이고 싶었는데 코로나로 불발되어 민족문제연구소에서 열린 시상식만 유튜브에 올렸습니다.

유성호 그날 "'미제의 간첩'으로 처형당한 임화 명의의 문학상을 '북괴의 간첩'이란 낙인에 묶여 인생 후반기를 구겨버린 비재박학의 초라한 문사인 소생이 받게 되었습니다. 남북의 두 '간첩'이 분단 75년 만에 문학상이란 인연으로 만나는 건 '적과의 동침'인 셈입니다. 그러나 이 적과의 동침은 변증법적으로 보면 찰떡궁합으로 분단극복을 위한 발판이기도 합니다"라고 시작한 '수상 소감'은 참으로 비장하면서도 인상적이었습니다.

임헌영 임화야말로 민족의 비극의 상징이라 나는 수상 소감에서 남북 국가권력의 편협성을 "남쪽에서는 약산 김원봉 선생 같은 민족사의 정통인 위대한 항일투사까지도 거세당했고, 북쪽은 주체사상의 역린을 건드리면 아예 불알을 까버렸습니다"

임화문학예술상 시상식을 마치고. 앞줄 왼쪽부터 윤영천·염무웅·구중서·임헌영·조정래·도종환·임규찬. 뒷줄 왼쪽부터 권위상·박상률·권성우·유성호·이기성.

라고 비판했습니다.

유성호 임화문학예술상은 선생님 생애의 또 하나의 표지(標識)가 될 것으로 믿습니다. 지금까지 『친일인명사전』 발간, 연구소의 최근 활동, 선생님의 문학 활동 등을 중심으로 최근 우리 정치 지형과 역사 인식을 검토해보았습니다. 짧지 않은 선생님과의 대화가 어느덧 종장에 이르렀군요. 너무 상투적인 쟁점이지만 지금 인류는 코로나19로 대재앙을 맞고 있습니다. 누가 보더라도 이건 단순한 역병의 차원을 넘어 인류의 역사를 바꿀 것 같은데, 이에 대한 짤막한 견해를 듣고 싶습니다.

임헌영 철학자 중에서 가장 선량했던 스피노자가 기독교와 유대교에서 모두 파문당했을 때 받은 형벌이 다른 사람들과 대화하거나 식사 금지에, 모든 사람들과 2미터 이상 떨어져야만 한다는 것이었어요. 이 대재앙은 전 인류에게 이와 똑같은 '고슴도치의 법칙'이란 굴레를 씌워버렸다는 의미에서 마치 천지신명이 전 인류에게 내린 파문선고로, 이제 인류는 지구의 지배자로서의 자격 박탈이라는 위기를 느낍니다. 만물의 영장으로 누려왔던 지난 수만 년에 걸쳐 쌓아온 인류의 업적이 무기력해지는 순간이지요. 이 해괴한 바이러스는 '욕망하는 기계'인 돈벌레(黃金虫)로 인간을 변신시킨 신자유주의 경제체제가 지닌 온갖 병폐를 그대로 드러내주어 선진국일수록 더 허둥대는 꼴불견을 노정시켰습니다.

유성호 지구 전체를 파멸시킬 가공할 무장력을 과시하는 미국과 그 찰떡 공모자인 일본은 많은 지구인들이 부러워했던 나라였지요. 그런데 코로나에 대응하는 꼴을 보고는 그간 우리가 속아온 건지, 아니면 코로나19 이전에는 훌륭한 국가체제였으나 이 괴질로 순식간에 변질된 것인지 하는 의구심이 깊어집니다.

임헌영 그들은 언제나 입으로는 평화를 말하면서도 속으로는 행여나 진짜 평화가 실현될까 조바심하는 전쟁과 분란의 유발자가 아니었던가요? 그뿐이 아니라 코로나19를 아예 중국과 한국 때리기로 삼고자 작심한 듯이 사사건건 생트집을 잡아 물어뜯던 트럼프와 아베의 블랙코미디는 한국의 동맹은커녕 인간적인 자질조차 의심스러울 지경이었지요. 과연 저런 게 인류가 피를 흘려 쟁취해온 참된 자유민주주의일까요?

유성호 한국 같으면 당장 항의 촛불시위가 일어날 법한데 전혀 그럴 기미가 없다는 게 놀랍고 이해가 안 됩니다.

임헌영 코로나19가 아니었으면 넘어갔을 두 부자 나라의 민낯을 보면서 세계가 평화롭게 살아가려면 아무리 너그럽게 봐줘도 미국이나 일본을 본받아서는 안 된다는 사실이 명백해지고 있습니다. 코로나19로 실추한 권위와 경제적 손실을 메꾸기 위해서는 인류애와 평화를 기본으로 삼고 있는 진보적인 정치 혁신을 감행해야 되지만, 이 두 강대국은 까놓고 지구촌 곳곳에서 분쟁을 조장해 엄청난 이득을 챙기려고 혈안이 될 공산은 더 커졌습니다. 더욱 비관적인 건 이 두 공룡국가를 변혁시킬 어떤 전망도 밝지 않다는 점입니다. 지도자나 정당이 바뀌어봤자 그 나물에 그 밥일 수밖에 없을 만큼 오랜 세습제 권력으로 굳어져버려 새로운 비전을 갖춘 정치인을 싹수부터 잘라 왔기 때문이지요.

여기에다 세계 평화를 담보해야 할 유엔은 무력하고, 지구의 평화를 외칠 만한 러셀이나 사르트르 같은 인류의 양심과 용자도 사라져버린 이 삭막한 시대를 오히려 절호의 기회로 삼아 미·일 두 나라의 전쟁상인의 마피아 기질이 더욱 잔혹해지면서 염려스러운 건 만만한 중국과 한반도가 걸려 넘어질까 아찔하기만 합니다.

아무리 돌아봐도 우리 민족이 평화롭게 살려면 남북 당사자가 가장 소중함을 코로나19 사태는 대오 각성케 해주지만 이 공감대를 남북이 공유하기가 어려운 지경이라서 걱정입니다. 분명한 것은 남북 간의 불신과 대화의 단절이 깊어질수록 덕을 보는 것은 미·일 두 강대국이라 우리 민족은 계속 그들의 봉으로 전락해 시달릴 것이란 점입니다. 남도, 북도 진작 알고 있던 이 만고의 진리를 제발 코로나19로 재확인하고 실천하는 계기가 되길 대망합니다.

인류 재앙의 4대 위협요인

유성호 당연한 말씀입니다. 이제 이 대화의 대미를 맺어야겠군요. 독자들에게 인사 겸 맺음말을 부탁드립니다.

임헌영 한국과 세계가 직면한 위기는 크게 보면 네 가지로 다가옵니다. 첫째는 자연재앙이 가져올 인류 존망의 위기, 둘째는 핵무기와 과학이 빚은 인간 절멸의 위기, 셋째는 인간성의 파괴로 말미암은 인간 소멸의 위기, 넷째는 정치인들이 자초할 인류 생존권의 위기입니다. 이중 보통사람들이 가장 쉽게 실천할 수 있는 건 마지막 네 번째인 정치 바로잡기입니다. 이것만 잘 되면 앞의 것은 자동적으로 해결됩니다. 그러기 위해서는 특히 젊은 세대들이 올바른 인문사회과학에 대한 건전한 교양과 상식을 가져야 하는데, 그게 점점 반대방향으로 흘러가고 있습니다. 그래서 좀 심하게 말하면 온 지구의 평화를 위해서는 우리나라만이 아니라 전 지구적인 정치혁명이 일어나야 한다는 것입니다. 나는 그게 가능할 것이라고 낙관하고 싶어요.

21세기야말로 이데올로기의 시대가 끝난 게 아니라 빈부의 격차가 점점 격심해져가기에 정치혁명이 절실한데 지배층은 그걸 원천봉쇄하기에 바쁘지요. 전 지구적인 정치혁명만이 지구의 위기를 치유할 수 있습니다. 그건 한마디로 '온 인류의 진보화'입니다. 진보야말로 역사 발전의 기본이자 평화와 평등과 복지를 이룩할 수 있는 생존 방법입니다.

유성호 너무 첩첩입니다만 충분히 그럴 개연성은 있습니다.

임헌영 캄캄한 어둠 속을 헤매면서 자유와 민주를 갈망했던 나의 세대는 이제 무대 뒤로 사라져가는 운명이지만 다음 세대가 당면할 미래 역시 순탄치 않습니다. 자연재앙, 핵무기, 무한경쟁에 함몰된 인간성 부재, 증오와 불신이 얽힌 민족 분열과 인종차별, 신앙에 대한 편견 등등의 무거운 짐을 다음 세대들이 부디 지혜롭게 해결해주기를 바랍니다. 나는 지금의 유 교수 세대들이 각 분야에서 적극적으로 우리 젊은 세대의 의식을 이끌어야 한다고 봅니다. 우리나라 지식인들은 어디로 봐도 결코 편안한 신세가 아니거든요. 지금 다시 엉망으로 돌아간다면 그건 평생을 온몸으로 싸웠던 우리 세대가 청산하지 못한 암초가 아직도 활보한다는 증거지요. 자라는 세대를 그 암초들에서 지켜내는 무거운 짐을 맡아주셔야 할 것 같습니다. 바쁘신 가운데 나와 장시간의 대화를 이끌어주신 유 교수에게 깊이 감사드립니다.

유성호 우리 시대의 양심의 상징, 임헌영 선생님과 나눈 대화, 행복했습니다. 선생님, 감사합니다.

치열한 민족의식의 언어로 풀어낸 대화록

유성호 한양대 교수·국문과

오랜 소통과 공감의 시간을 나누어 임헌영 선생과의 대화록을 펴낸다. 이 대화는 시간적으로 보면 유년 시절부터 학창 시절을 거쳐 선생이 비평가가 되기까지의 성장사와 한결같은 일관성으로 지속해온 선생의 실천적 삶을 최근 시점까지 풍요롭게 품고 있다. 그 점에서 이 책은 '자연인 임헌영'의 생애를 충실하게 관통하는 자전적 기록으로 따뜻하게 읽힌다.

그러나 한 차원 더 나아가면 이 대화는 한국 근현대 문학사를 활달하게 가로지르고 있다. 선생이 읽어온 책들, 관심을 가졌던 대상과 사건들, 거기에 세계사적 변동 과정을 개입시켜 가는 현란한 독법(讀法)이 흥미진진하게 펼쳐진다. 이러한 점은 이 책으로 하여금 '비평가 임헌영'의 개성적인 식견과 문장과 취향을 담은 문학사가 되게끔 해준다. 그런가 하면 이 대화는 한국 근대사의 흐름과 깊은 연관을 가지고 전개된다. 민족수난사와 함께하는 '실천가 임헌영'의 면모가 선명하게 재현될 때마다 우리를 때로 숙연하게 때로 뜨겁게 해준다. 이때 이 책은 문자 그대로 많은 이들에게 올바른 역사적 관점을 암시해주는 한국 근현대사로 몸을 바꾼다. 이처럼 개인사, 문학사, 민족사, 세계사를 한 몸으로 엮으면서 전해지는 선생의 육성은 우리로 하여금 선생의 인생과 문학을 동시에 기억하고 현재화하는 흔치 않은 경험을 하게끔 해줄 것이다.

두루 알려져 있듯이, 임헌영 선생은 1966년 『현대문학』을 통해 등단한 문학평론가다. 선생은 등단하기 전부터 카프(KAPF)에 관심이 많았고 해금 전부터 납·월북 작가에게 애정이 많았다. 그때 선생은 대학도서관에서 자료를 카메라로 찍으면서 해독이 잘 안 되면 살아계신 분들께 전화로 확인하기도 했다고 한다. 해방기 자료를 누구보다도 선구적으로 모은 선생은 그에 대한 자료집을 열심히 펴냈고 그 역사적 논리와 맥락을 구성하는 데도 온 힘을 쏟았다.

선생은 1980년대 이후 지성사의 한 축을 담당했던 『해방전후사의 인식』 시리즈에도 주요 필자였는데, 학계에서 이쪽을 연구하는 사람이 거의 없던 막막한 시절이었다. 그로부터 지금까지 55년 동안 선생은 민족문학, 참여문학, 리얼리즘, 민중문학 나아가 북한문학, 해외동포문학에 이르기까지 한국 근현대사가 포괄하는 여러 패러다임을 품어내는 큰 규모의 비평적 실천을 해왔다. 안으로는 동학농민혁명, 4·19 혁명, 광주민중항쟁, 6월항쟁 등에서 시민혁명의 에너지를 끌어 모으고, 밖으로는 글로벌시대의 동아시아, 유럽, 제3세계까지 줄기차게 탐구를 수행함으로써 한국문학의 외연을 넓히고 그 내실을 굳건히 해왔다. 디아스포라 문제에도 단연 일찍이 눈을 떴다. 그 점에서 임헌영이라는 세 글자는 한국 근현대 민족 수난사와 함께 지워지지 않을 것이다.

선생의 이미지는 불가피하게 '역사'나 '민족'과 함께 떠오른다. 두 차례의 옥고와 역사문제연구소, 민족문제연구소 등으로 이어진 '학문적 실천'과 '실천적 학문'의 결속 과정이 선생을 우뚝한 저항적 지식인의 형상으로 돋을새김해주기 때문이다. 그런가 하면 치밀하고 고집 센 근현대 자료 섭렵 과정은 선생을 원고지와 컴퓨터 자판 앞에 앉아 있는 다독과 다작의 비평가로 각인해준다.

특별히 민족문제연구소에서 펴낸 『친일인명사전』(2009)의 성과는 우리 근현대사의 어둑한 순간들을 현재로 소환하여 반성적 자료를 구축하는 데 크게 기여했다. 세 권 분량에 4,300여 명을 수록한 이 사전의 성과는 두고두고 선생의 생애를 집약해주는 지표가 되어줄 것이다. 선생은 많은 분들의 뜻과 정성과 언어와 균형 감각이 이 사전을 만들었다고 술회한다. 이 사전은 한 사람 한 사람을 조상 다루듯 하자는 기율 아래, 민족사적 관점에서 반성적 자료가 되기에 족한 이들, 제국주의 협력의 자의식을 충만하게 가졌던 이들만 추려낸 정예화 작업의 결실이었다. 반발도 만만치 않았지만 한쪽에서는 당사자인데도 이러한 과정을 흔연하게 받아들인 이들도 있었다고 하니 그분들이 준 힘은 이루 말할 수 없이 컸을 것이다.

이처럼 이번 대화록은 선생의 비평가적 면모와 운동가적 면모를 씨줄과 날줄로 삼으면서 시종일관 선생의 정확한 기억과 낭만적 추억들, 그리고 세계사를 관통해내는 원근법과 험난한 시대를 함께 살아온 동지들에 대한 사랑으로 빛을 뿌린다. 시대의 고비마다 선생이 읽고 섭렵한 문학작품들에 대한 기억은 모두 한 시대를 첨예하게 재현하고 증언해주는 일급 강의와도 같다. 일찍이 괴테는 "모든 예술작품의 영향 가운데 가장 결정적인 것은 그것이 우리를 그 시대와 그 작가의 상황으로 데려다준다는 점이다"라고 말한 적이 있는데, 선생의 말씀을 듣다보면 우리는 어느새 일제 말기로, 해방기로, 유신시대로 가 있는 것이다. 이 점, 이 책을 정치한 역사적 증언록으로 만들어주고도 남음이 있을 것이다.

그런가 하면 선생의 언어는 치열한 민족의식으로 충일하다. 여전히 파시즘에 대한 향수가 한국 사회에 깊이 남아 있다는 점을 생각할 때, 우리는 아직도 알리고 밝히고 세워가야 할 역사의 흐름이 만만치 않은 것을 알게 된다. 생각해보면 가해자인 일본에도 식민지배 사과와 우경화 반대를 외치는 이들이 있고, 피해자인 우리 쪽에도 아픈 민족사를 도외시하고 민족의 저항 경험을 훼손하려는 이들이 있다. 이러한 복합적 현재형을 돌파하면서 제대로 된 민족사를 쓰기 위해서라도 선생의 시간은 여전히 현재형으로 지속되어갈 필요가 있다.

어느 인터뷰에서 선생은 감옥에서 나와 여행을 못 다닌 게 원통했다고 말했다. 그런데 문화센터에서 강의하다가 외국 문인의 박물관 방문 프로그램을 계획하면서 선생은 평화나 반전 지향의 문호(文豪)들을 찾아 나서게 되었고 남다른 정치의식을 가진 작가들을 새롭게 만날 수 있었다. 선생의 열정적인 답파(踏破)와 재구성에 의해 선명하게 되살아난 이 작가들은 선생의 간결하고 에두름 없는 문장을 통해 한국의 독자들과 제대로 만나게 된다. 선생은 우리가 위대한 시민혁명을 했는데도 여전히 발전된 정치의식이 빈곤하다는 것을 여러 차례 절감하면서 이 작가들의 존재를 국내 독자들에게 알리려 했다고 한다. 이러한 생각이 이 대화록에도 면면히 흐르고 있다.

선생의 문학사 서술과 비평적 실천 그리고 세계문학의 흐름을 해명해내는 혜안은 그 폭과 깊이가 정말 남다르다. 내 기억에는 텍사스대학 교수이자 평론가였던 호버만이 서부소설을 분석하는 한 대목이 남아 있는데, 레이건이 1984년 대통령 재선을 위해 캠페인을 벌이던 중 존 웨인의 탄생지를 순례하는 장면을 그가 언급한 것이다. 레이건은 훗날 백악관을 방문한 시민들에게 "미국인이 되는 방법은 존 웨인처럼 되는 것"(The way to be an American was to be Wayne)이라고 말했다. 여기서 호버만은 서부소설이 미국인의 서사시(American Epic)로서 중요한 고비마다 미국인을 결속시켰고 그 정신을 대변해주었다고 쓰고 있다. 이처럼 어떤 문학 양식이나 작품이 역사적·정치적 맥락과 무관한 것은 하나도 없다. 그렇게 역동적인 정치적 산물로서 문학작품을 바라보는 선생의 시선이 이 대화록에는 차고 넘친다. 선생은 그만큼 문학이 정치와 미학, 권력과 저항을 결합하고 더 높은 수준으로 인간을 승화시키는 일을 한다고 믿고 있기 때문이다. 그러한 운명을 지고서 평생 사회적·문학적 실천을 해온 성과의 연장선상에서 이 대화록은 그 두께를 더해갈 것이다.

선생은 문학은 문학하는 이들의 전유물이 원래 아니었고, 교양의 정점에서 문사철을 모두 이끌어갔다면서 우리도 문학을 손끝으로 하지 말고 가슴으로 하자고 제안한다. 굵직한 의제들을 버리고 쇄말주의에 빠진 우리 문학에 대한 원로다운 문제제기인 셈이다. 선생의 말씀처럼 우리의 노력에 따라 문학의 근본적 위의와 가치는 한동안 굳건할 것이다. 일찍이 주역(周易)에 나온 말로서, 문동(文同)의 그림을 보고 소동파(蘇東坡)가 한 말 가운데 '군거불의(群居不倚) 독립불구(獨立不懼)'라는 표현이 있다. 무리 속에 있으되 남한테 기대지 않고 홀로 서 있으되 두려워하지 않는다는 뜻이다. 임헌영 선생이 그려내는 문학의 상(像)이 그런 것이 아닌가 생각해본다.

결국 선생이 이 대화록에서 강조한 '역사'란 인간과 문학과 정치에 얽힌 경험적 내러티브다. 그것을 전달하는 선생의 언어는 참으로 친절하고 훤칠하고 살갑다. 빙빙 돌리거나 피해가거나 눙치는 법이 없다. 당연히 순결한 중립적 데이터는 없다. 그래서 선생에게 역사는 정치적 역학을 통해서만 기억되고 서술된다. 자료의 선택과 배제, 상찬과 비판 과정은 모두 선생의 이러한 역량 속에서 꼼꼼하게 이루어진다. 변하되 변치 않을 문학을 위해, 여전히 현재형 의제인 역사 복원을 위해, 선생이 걸어가는 고단하고도 외로운 길은 아직도 가파르게만 보인다. 하지만 그 길은 누군가는 걸어 우리에게 비추어야 했던 오랜 지남(指南)으로 남을 것이다. 이 대화록이 널리 읽히길 마음 깊이 소망해본다.

말이 길어졌지만, 선생의 유년 시절부터 노경(老境)에 이르기까지의 시간적 흐름, 좁은 감옥에서 넓은 세계에 이르기까지의 공간적 편폭, 가족사로부터 민족사와 세계사에 이르기까지의 '겹의 시선'이 이 대화록을 읽는 모두에게 행복한 역사와 문학 경험을 가져다주기를 희망한다. 마지막으로 선생과 오랜 시간을 나눈 대화자로서의 기쁨을 여기에 적는다.

2021년 9월
한양대 연구실에서

찾아보기*

■ 인명

* 1) 등장인물이 너무 많아 고향, 학교, 중요 단체나 기구에 속한 인물들은 별도로 '주요 항목과 사건'에서 쉽게 찾을 수 있도록 했다(예: 민족문제연구소 소속 인명은 '민족문제연구소' 항목에서 찾을 수 있다).

2) 단순하게 이름만 거론된 경우, 사적인 관계에 얽힌 인물이나 등장 빈도수가 낮은 인물들은 대폭 생략했다.

ㄴ

ㄷ

ㅅ

ㅇ

ㅈ

■ 주요 항목과 사건

ㅂ

ㅅ

ㅇ

ㅈ

임헌영 任軒永

1941년 경북 의성에서 태어나 중앙대학교 국어국문학과와 동대학원을 졸업했다. 1966년 『현대문학』을 통해 문학평론가로 등단했다. 1972부터 1974년까지 중앙대학교 등에서 강의했으며, 1974년 긴급조치 시기에 문학인사건으로 투옥되었다. 월간 『다리』, 월간 『독서』, 『한길문학』, 『한국문학평론』 등 여러 잡지의 편집주간으로 일했으며 1979년부터 1983년까지 '남민전' 사건으로 복역했다. 1998년 복권되어, 중앙대학교 국어국문학과 겸임교수를 지냈으며 민족문제연구소장과 문학평론가로 활동 중이다. 『한국현대문학사상사』를 비롯해 『임헌영의 유럽문학 기행』 『한국소설, 정치를 통매하다』 등 20여 권의 저서가 있다.

유성호 柳成浩

1964년 경기 여주에서 태어나 연세대학교 국문과 및 동대학원을 졸업했다. 『서울신문』 신춘문예에 문학평론으로 당선 후 한국문단의 주요한 평론가로 활동하고 있으며, 현재 한양대 국문과 교수이자 인문대 학장이다. 주요 저서로 『문학으로 읽는 조용필』 『서정의 건축술』 『단정한 기억』 등이 있으며, 김달진문학상, 대산문학상 등을 수상했다.

문학의 길 역사의 광장
문학가 임헌영과의 대화

지은이 임헌영 · 유성호
펴낸이 김언호

펴낸곳 (주)도서출판 한길사
등록 1976년 12월 24일 제74호
주소 10881 경기도 파주시 광인사길 37
홈페이지 www.hangilsa.co.kr
전자우편 hangilsa@hangilsa.co.kr
전화 031-955-2000~3 **팩스** 031-955-2005

부사장 박관순 **총괄이사** 김서영 **관리이사** 곽명호
영업이사 이경호 **경영이사** 김관영 **편집주간** 백은숙
편집 김지수 노유연 김지연 김대일 최현경 김영길
관리 이주환 문주상 이희문 원선아 이진아 **마케팅** 정아린
디자인 창포 031-955-2097

CTP출력 · 인쇄 예림 **제본** 경일제책사

제1판 제1쇄 2021년 10월 8일
제1판 제2쇄 2021년 11월 8일

값 24,000원
ISBN 978-89-356-6869-4 03900